W0262962

Informatik — Fachberichte

Band 112: Wissensbasierte Systeme. GI-Kongreß 1985. Herausgegeben von W. Brauer und B. Radig. XVI, 402 Seiten, 1985.

Band 113: Datenschutz und Datensicherung im Wandel der Informationstechnologien. 1. GI-Fachtagung, München, Oktober 1985. Proceedings, 1985. Herausgegeben von P. P. Spies. VIII, 257 Seiten. 1985.

Band 114: Sprachverarbeitung in Information und Dokumentation. Proceedings, 1985. Herausgegeben von B. Endres-Niggemeyer und J. Krause. VIII, 234 Seiten. 1985.

Band 115: A. Kobsa, Benutzermodellierung in Dialogsystemen. XV, 204 Seiten. 1985.

Band 116: Recent Trends in Data Type Specification. Edited by H.-J. Kreowski. VII, 253 pages. 1985.

Band 117: J. Röhrich, Parallele Systeme. XI, 152 Seiten. 1986.

Band 118: GWAI-85. 9th German Workshop on Artificial Intelligence. Dassel/Solling, September 1985. Edited by H. Stoyan. X, 471 pages. 1986.

Band 119: Graphik in Dokumenten. GI-Fachgespräch, Bremen, März 1986. Herausgegeben von F. Nake. X, 154 Seiten. 1986.

Band 120: Kognitive Aspekte der Mensch-Computer-Interaktion. Herausgegeben von G. Dirlich, C. Freksa, U. Schwatlo und K. Wimmer. VIII, 190 Seiten. 1986.

Band 121: K. Echtle, Fehlermaskierung durch verteilte Systeme. X, 232 Seiten. 1986.

Band 122: Ch. Habel, Prinzipien der Referentialität. Untersuchungen zur propositionalen Repräsentation von Wissen. X, 308 Seiten. 1986.

Band 123: Arbeit und Informationstechnik. GI-Fachtagung. Proceedings, 1986. Herausgegeben von K. T. Schröder. IX, 435 Seiten. 1986.

Band 124: GWAI-86 und 2. Österreichische Artificial-Intelligence-Tagung. Ottenstein/Niederösterreich, September 1986. Herausgegeben von C.-R. Rollinger und W. Horn. X, 360 Seiten. 1986.

Band 125: Mustererkennung 1986. 8. DAGM-Symposium, Paderborn, September/Oktober 1986. Herausgegeben von G. Hartmann. XII, 294 Seiten, 1986.

Band 126: GI-16. Jahrestagung. Informatik-Anwendungen – Trends und Perspektiven. Berlin, Oktober 1986. Herausgegeben von G. Hommel und S. Schindler. XVII, 703 Seiten. 1986.

Band 127: GI-17. Jahrestagung. Informatik-Anwendungen – Trends und Perspektiven. Berlin, Oktober 1986. Herausgegeben von G. Hommel und S. Schindler. XVII, 685 Seiten. 1986.

Band 128: W. Benn, Dynamische nicht-normalisierte Relationen und symbolische Bildbeschreibung. XIV, 153 Seiten. 1986.

Band 129: Informatik-Grundbildung in Schule und Beruf. GI-Fachtagung, Kaiserslautern, September/Oktober 1986. Herausgegeben von E. v. Puttkamer. XII, 486 Seiten. 1986.

Band 130: Kommunikation in Verteilten Systemen. GI/NTG-Fachtagung, Aachen, Februar 1987. Herausgegeben von N. Gerner und O. Spaniol. XII, 812 Seiten. 1987.

Band 131: W. Scherl, Bildanalyse allgemeiner Dokumente. XI, 205 Seiten. 1987.

Band 132: R. Studer, Konzepte für eine verteilte wissensbasierte Softwareproduktionsumgebung. XI, 272 Seiten. 1987.

Band 133: B. Freisleben, Mechanismen zur Synchronisation paralleler Prozesse. VIII, 357 Seiten. 1987.

Band 134: Organisation und Betrieb der verteilten Datenverarbeitung. 7. GI-Fachgespräch, München, März 1987. Herausgegeben von F. Peischl. VIII, 219 Seiten. 1987.

Band 135: A. Meier, Erweiterung relationaler Datenbanksysteme für technische Anwendungen. IV, 141 Seiten. 1987.

Band 136: Datenbanksysteme in Büro, Technik und Wissenschaft. GI-Fachtagung, Darmstadt, April 1987. Proceedings. Herausgegeben von H.-J. Schek und G. Schlageter. XII, 491 Seiten. 1987.

Band 137: D. Lienert, Die Konfigurierung modular aufgebauter Datenbanksysteme. IX, 214 Seiten. 1987.

Band 138: R. Männer, Entwurf und Realisierung eines Multiprozessors. Das System „Heidelberger POLYP". XI, 217 Seiten. 1987.

Band 139: M. Marhöfer, Fehlerdiagnose für Schaltnetze aus Modulen mit partiell injektiven Pfadfunktionen. XIII, 172 Seiten. 1987.

Band 140: H.-J. Wunderlich, Probabilistische Verfahren für den Test hochintegrierter Schaltungen. XII, 133 Seiten. 1987.

Band 141: E. G. Schukat-Talamazzini, Generierung von Worthypothesen in kontinuierlicher Sprache. XI, 142 Seiten. 1987.

Band 142: H.-J. Novak, Textgenerierung aus visuellen Daten: Beschreibungen von Straßenszenen. XII, 143 Seiten. 1987.

Band 143: R. R. Wagner, R. Traunmüller, H. C. Mayr (Hrsg.), Informationsbedarfsermittlung und -analyse für den Entwurf von Informationssystemen. Fachtagung EMISA, Linz, Juli 1987. VIII, 257 Seiten. 1987.

Band 144: H. Oberquelle, Sprachkonzepte für benutzergerechte Systeme. XI, 315 Seiten. 1987.

Band 145: K. Rothermel, Kommunikationskonzepte für verteilte transaktionsorientierte Systeme. XI, 224 Seiten. 1987.

Band 146: W. Damm, Entwurf und Verifikation mikroprogrammierter Rechnerarchitekturen. VIII, 327 Seiten. 1987.

Band 147: F. Belli, W. Görke (Hrsg.), Fehlertolerierende Rechensysteme / Fault-Tolerant Computing Systems. 3. Internationale GI/ITG/GMA-Fachtagung, Bremerhaven, September 1987. Proceedings. XI, 389 Seiten. 1987.

Band 148: F. Puppe, Diagnostisches Problemlösen mit Expertensystemen. IX, 257 Seiten. 1987.

Band 149: E. Paulus (Hrsg.), Mustererkennung 1987. 9. DAGM-Symposium, Braunschweig, Sept./Okt. 1987. Proceedings. XVII, 324 Seiten. 1987.

Band 150: J. Halin (Hrsg.), Simulationstechnik. 4. Symposium, Zürich, September 1987. Proceedings. XIV, 690 Seiten. 1987.

Band 151: E. Buchberger, J. Retti (Hrsg.), 3. Österreichische Artificial-Intelligence-Tagung. Wien, September 1987. Proceedings. VIII, 181 Seiten. 1987.

Band 152: K. Morik (Ed.), GWAI-87. 11th German Workshop on Artificial Intelligence. Geseke, Sept./Okt. 1987. Proceedings. XI, 405 Seiten. 1987.

Band 153: D. Meyer-Ebrecht (Hrsg.), ASST'87. 6. Aachener Symposium für Signaltheorie. Aachen, September 1987. Proceedings. XII, 390 Seiten. 1987.

Band 154: U. Herzog, M. Paterok (Hrsg.), Messung, Modellierung und Bewertung von Rechensystemen. 4. GI/ITG-Fachtagung, Erlangen, Sept./Okt. 1987. Proceedings. XI, 388 Seiten. 1987.

Band 155: W. Brauer, W. Wahlster (Hrsg.), Wissensbasierte Systeme. 2. Internationaler GI-Kongreß, München, Oktober 1987. XIV, 432 Seiten. 1987.

Band 156: M. Paul (Hrsg.), GI – 17. Jahrestagung. Computerintegrierter Arbeitsplatz im Büro. München, Oktober 1987. Proceedings. XIII, 934 Seiten. 1987.

Band 157: U. Mahn, Attributierte Grammatiken und Attributierungsalgorithmen. IX, 272 Seiten. 1988.

Informatik-Fachberichte 202

Herausgeber: W. Brauer
im Auftrag der Gesellschaft für Informatik (GI)

Subreihe Künstliche Intelligenz

Mitherausgeber: C. Freksa
in Zusammenarbeit mit dem Fachausschuß 1.2
„Künstliche Intelligenz und Mustererkennung der GI"

Thomas Christaller (Hrsg.)

Künstliche Intelligenz

5. Frühjahrsschule, KIFS-87
Günne, 28. März – 5. April 1987

Proceedings

Springer-Verlag
Berlin Heidelberg New York
London Paris Tokyo

Herausgeber

Thomas Christaller
Forschungsgruppe Expertensysteme
Gesellschaft für Mathematik und Datenverarbeitung
Postfach 12 40, D–5205 St. Augustin

CR Subject Classification (1987): I.2.3–6

CIP-Titelaufnahme der Deutschen Bibliothek.
Künstliche Intelligenz: ... Frühjahrsschule; proceedings / KIFS ... – Berlin; Heidelberg;
New York; London; Paris; Tokyo: Springer.
    Teilw. mit d. Erscheinungsorten Berlin, Heidelberg, New York. –
    Teilw. mit d. Erscheinungsorten Berlin, Heidelberg, New York, Tokyo. –
    Bis 1985/86 ohne Kongressbenennung
NE: KIFS
5. 1987. Günne, 28. März – 5. April 1987. – 1989
    (Informatik-Fachberichte; 202 : Subreihe künstliche Intelligenz)
    ISBN-13: 978-3-540-50884-7   e-ISBN-13: 978-3-642-83739-5
    DOI: 10.1007/ 978-3-642-83739-5
NE: GT

Dieses Werk ist urheberrechtlich geschützt. Die dadurch begründeten Rechte, insbesondere
die der Übersetzung, des Nachdrucks, des Vortrags, der Entnahme von Abbildungen und Tabel-
len, der Funksendung, der Mikroverfilmung oder der Vervielfältigung auf anderen Wegen und der
Speicherung in Datenverarbeitungsanlagen, bleiben, auch bei nur auszugsweiser Verwertung,
vorbehalten. Eine Vervielfältigung dieses Werkes oder von Teilen dieses Werkes ist auch im
Einzelfall nur in den Grenzen der gesetzlichen Bestimmungen des Urheberrechtsgesetzes der
Bundesrepublik Deutschland vom 9. September 1965 in der Fassung vom 24. Juni 1985 zulässig.
Sie ist grundsätzlich vergütungspflichtig. Zuwiderhandlungen unterliegen den Strafbestim-
mungen des Urheberrechtsgesetzes.

© by Springer-Verlag Berlin Heidelberg 1989

2145/3140 – 543210 – Gedruckt auf säurefreiem Papier

Vorwort

Die KI-Frühjahrsschule fand 1987 in Günne/Möhnesee statt. Damit wurde es einerseits möglich, mehr Teilnehmer als in den vergangenen Jahren zuzulassen, und andererseits konnten auch neue Formen der Organisation ausprobiert werden. Der neue Tagungsort hat sich inzwischen bei der nachfolgenden KIFS weiter bewährt: Von der Infrastruktur her war es wie in einer modernen Tagungsanlage mit dem entscheidenden Unterschied, daß hier alles sehr viel persönlicher zuging. Die hervorragende Stimmung ermöglichte es den Teilnehmern und den Dozenten, intensiv zu arbeiten und miteinander zu kommunizieren. Die besondere KIFS-Atmosphäre bringt es mit sich, daß sehr viele Teilnehmer sich in den nachfolgenden Jahren wieder bewerben und daß die Zahl der Bewerber die der möglichen Teilnehmer immer um ein Vielfaches übersteigt.

Das Kursprogramm der KIFS-87 ermöglichte es zum ersten Mal, daß die Teilnehmer bis zu vier Kurse überschneidungsfrei besuchen konnten. Die Kurse waren in Grund- und Aufbaukurse aufgeteilt. Der Themenschwerpunkt lag im Bereich Wissensrepräsentation und Wissensakquisition. Von den achtzehn angebotenen Kursen bezogen sich zehn auf diese Gebiete. Das Spektrum reichte von theoretischen Themen, z.B. Nonmonotonic Reasoning, bis zum praktischen Einsatz von Werkzeugsystemen. Nur einige wenige behandelten die Gebiete Sprachverarbeitung und Bildverarbeitung; leider konnten gerade die Dozenten dieser Kurse keinen Beitrag für diesen Band liefern. In früheren KIFS-Bänden sind aber beide Gebiete zusammen mit der Robotik gut vertreten.

Durch die großzügige Unterstützung vieler Unternehmen in Form von Spenden, Geräten und Software war dies die bislang üppigste KIFS: Auf vierunddreißig Rechnern konnten Übungen und Demonstrationen durchgeführt werden; die Tagungsunterlagen waren noch nie so dick (wir mußten eigens ein Auto anmieten, um sie zur Tagungsstätte zu bringen); während der KIFS wurden noch über 100.000 Seiten kopiert.

Der Tagungsband gliedert sich in vier Bereiche. Der erste ist dem Thema Logisches Programmieren gewidmet. Neben der dafür üblichen Einführung in Prolog gibt es einen Aufbaukurs für Fortgeschrittene. In zwei weiteren Beiträgen werden theoretische Fragestellungen behandelt.

Der zweite Teil ist dem Thema Wissensrepräsentation gewidmet. Während die Einführung notwendigerweise mehr in die Breite geht, geben die nachfolgenden Beiträge einen Einstieg in KL-One-ähnliche Repräsentationsformalismen, in die nichtmonotone Logik und in Constraints.

Der dritte Teil beschäftigt sich mit dem Thema Wissensakquisition. Der erste Beitrag kommt aus der Praxis und zeigt, wie man mit marktüblichen Systemen Expertensysteme entwickeln kann. Der zweite Beitrag diskutiert die methodischen Grundlagen und Möglichkeiten, wie dies in zukünftigen Systemen genutzt werden kann.

Der vierte Teil besteht aus (englischsprachigen) Beiträgen über Intelligente Tutorsysteme und Überzeugungssysteme, die bislang noch auf keiner KIFS intensiv behandelt wurden.

Ich danke allen, die zum Gelingen der KIFS-87 beigetragen haben (Teilnehmer, Dozenten, Sponsoren und hilfreichen Menschen der Tagungsstätte), vor allem den Autoren dieses Bandes, die trotz vieler technischer und zeitlicher Schwierigkeiten ihren Beitrag geleistet haben. Besonders möchte ich mich bei Christine Harms bedanken, ohne deren Organisationstalent und persönliches Engagement die KIFS sich nicht so entwickelt und speziell "meine" KIFS nur halb soviel Spaß gemacht hätte.

Für Spenden danken die Organisatoren der KIFS-87 den Firmen: Addison-Wesley, ADV/Orga, Apple, Atari, Digital Equipment Corp., Dornier, Hewlett Packard, IBM, IKOSS, MIAT, Philips, Rank Xerox, SEL, Siemens, SUN, Symbolics, Texas Instruments, Volkswagen.

November 1988   Thomas Christaller

Inhalt

Methodik des Programmierens in Prolog

Projekt ProLab
Reinhard Budde, Karin Kuhlenkamp
Karl-Heinz Sylla, Heinz Züllighoven
Gesellschaft für Mathematik und Datenverarbeitung
Schloß Birlinghoven
D - 5205 St. Augustin 1

Generelle Vorbemerkung

In diesem Text diskutieren wir verschiedene Programmierstile in Prolog-Programmen. Wir versuchen, den Stil zu begründen und seine Vor- und Nachteile abzuwägen, der sich (im Lauf der Zeit) in unserem Projekt *ProLab* durchgesetzt hat. Wir wollen darstellen, wie sich verschiedene Programmierstile auf die Verständlichkeit eines Prolog-Programms auswirken. Die meisten Vorschläge beziehen sich auf das *Programmieren im Kleinen*. Unserer Meinung nach hat beim jetzigen Stand der Prolog-Programmierung der Algorithmen-Entwurf im Kleinen noch die entscheidende Bedeutung für die Qualität von Prolog-Programmen.

Wir haben den Text in einem persönlichen Stil geschrieben, häufig tauchen Formulierungen wie "ich finde, daß" auf. Dadurch liest sich der Text an manchen Stellen "kantiger", als wir das mögen. Wir wollen damit deutlich machen, daß wir nicht an objektive Maße für die Beurteilung der Qualität von Software glauben. Wir sind vielmehr der Ansicht, daß Qualitätskriterien im wesentlichen subjektive Aspekte enthalten, die anderen Personen verständlich gemacht werden müssen, wenn sie nützlich sein sollen. Trotzdem stellt dieses Papier mehr dar als die Meinung einer Einzelperson, da wir versucht haben, die Qualitätsvorstellungen unseres Projektes aufzusammeln. Wir hoffen, daß uns das gelungen ist.

Wir gehen in allen Prolog-Programmen davon aus, daß ein Interpreter oder Compiler verwendet wird, der sich ähnlich wie *CProlog* verhält. Damit entsprechen die Beispiele in etwa dem "de-facto"-Standard, der durch *Programming in Prolog*[1] in Lehrbuchform beschrieben ist.

1 Der pragmatische Aufbau eines Prolog-Programms

Der syntaktische Aufbau eines Prolog-Programms ist in jedem Lehrbuch beschrieben. Deswegen konzentriere ich mich in diesem Kapitel ausschließlich auf den pragmatischen Aufbau eines Prolog-Programms. Darunter verstehe ich die Strukturierung eines Prolog-Programms, die Programmierer(innen) wählen, um das Programm übersichtlich zu präsentieren und gut verständlich zu machen. Dabei ist es klar, daß verschiedene Personen verschiedene Darstellungsformen bevorzugen. Trotzdem gibt es ausreichend Gemeinsamkeiten, weil Prolog-Programmierer(innen) doch etliche Gemeinsamkeiten besitzen. Meine Programme sind z.B. so aufgebaut:

program → files
file → comment procedures

Ein *Programm* ist auf mehrere Dateien verteilt. Ich entwerfe meine Programme als *Datentypen*[1]. Dabei gehe ich folgendermaßen vor (als Beispiel verwende ich ein *dictionary*):

1. Ich lege die Menge aller Exemplare des Datentyps dadurch fest, daß ich die *Konstruktoren* definiere, z.B.

   ```
   Dictionary = [] für das leere dictionary
   Dictionary = [DictEntry|Dictionary]
   ```

   zur rekursiven Definition eines umfangreicheren *dictionaries* aus einem kleineren.

`DictEntry = Key --> Data`	für einen *dictionary-entry*.
`Key = atom`	für den Schlüssel.
`Data = nonvar(Data)`	für den zum Schlüssel gehörigen Wert (in einer einfachen Anwendung).

2. Ich implementiere die Invarianten des Datentyps als Prolog-Regeln, z.B.

   `unique_key_and_key_is_atom_and_data_nonvar(Dictionary)`

   oder beschreibe sie wenigstens.

3. Ich implementiere die Zugriffsoperationen als Prolog-Regeln. Nun hat Prolog die angenehme Eigenschaft der E/A-Symmetrie. Ein Programmierer imperativer Programmiersprachen würde das so beschreiben: "Parameter können mal zur Ein- und mal zur Ausgabe von Ergebnissen verwendet werden, wie es die beiden Aufrufe `append([1,2],[3,4],Is)` und `append(Is,[3,4],[1,2,3,4])` zeigen." Ich habe die Erfahrung gemacht, daß es manchmal sehr nützlich ist, die E/A-Symmetrie auszunutzen, um die Zahl der Regeln klein zu halten.

   So kann man etwa nur eine Zugriffsoperation `dict(KeyData,DictPre,DictPost)` implementieren, die man duch

   ```
   dict(a --> 100,DictPre,DictPost) zum update, und durch
   dict(a --> Data,Dict,Dict) zum retrieve, verwenden kann.
   ```

---

[1] In diesem Text hat das Wort *Datentyp* zwei Bedeutungen, die sich aber im Kontext leicht voneinander unterscheiden lassen: Das Wort wird einerseits im Kontext des Anwendungsbereichs gebraucht, z.B. für den Datentyp *dictionary* beim Interpreterbau, andererseits für Untertypen des (universellen) Prolog-Datentyps wie *integer* oder *atom*.

Manchmal ist es aber auch nützlich, den Zweck einer Zugriffsoperation dadurch deutlicher zu machen, daß man eigene Regelnamen vergibt:

```
update(KeyData,DictPre,DictPost).
retrieve(KeyData,Dict).
```

Dieses Verfahren nenne ich *datentyp-orientierten* Software-Entwurf. Ich fasse nun alle Zugriffsoperationen eines Datentyps in einer Datei zusammen. Am Anfang jeder Datei steht dann ein *Kommentar*, der den Datentyp beschreibt. Da Prolog-Programme sehr kompakt sind, ist es manchmal nützlich, mehrere Datentypen in einer Datei aufzubewahren. Sehr unwahrscheinlich und eher ein Zeichen eines schlechten Entwurfs ist es dagegen, wenn ein Datentyp so umfangreich ist, daß sein Programmtext auf mehrere Dateien verteilt werden muß.

Während der Programm-Entwicklung bewahre ich am Dateianfang meine *Testdaten* und den *Testtreiber* auf. Nach Ende der Entwicklung wandern diese Daten in ein *testdata-Directory* oder in einen Kommentarblock. Nach Änderungen schreibe ich die Testdaten fort und wende sie erneut an (siehe dazu Abschnitt 8). Prolog bietet ausgezeichnete Möglichkeiten zum Testen! In verkürzter, polierter Form sind die Testdaten noch im *demo-Directory* enthalten. So läßt sich die Funktion eines Werkzeugs jederzeit demonstrieren.

In einer *Prozedur* sind alle *Klauseln* (*Regeln* und *Fakten*) zusammengefaßt, deren Kopf den gleichen Hauptfunktor (Funktornamen und Stelligkeit) besitzt. Statt Prozedur verwende ich lieber den Namen Funktorraum. Dieser Begriff ist aber leider ungebräuchlich. Die Klauseln einer Prozedur sollten hintereinander in einer Datei stehen, ohne durch "fremde" Klauseln getrennt zu sein. Das dient nicht nur der Übersichtlichkeit:

- Compiler erzwingen meist, daß die Klauseln einer Prozedur zusammenstehen.

- Das Laden einer Prozedur, das meist mit *reconsult* geschieht, funktioniert nur dann wunschgemäß, wenn eine Prozedur in genau einer Datei enthalten ist.

Zwischen 1 bis 10 Prozeduren in einer Datei anzusiedeln, entspricht meinen Erfahrungswerten[2].

procedure → comment clauses

Der *Kommentar* einer *Prozedur* soll mindestens drei Dinge beschreiben:

- den *Zweck,*

- *Entwurfsentscheidungen* (Termstruktur etc.) und

- *Vorbedingungen* für den Gebrauch (welche Parameter müssen beim Aufruf bereits instanziiert sein etc.).

Beispiel 1 zeigt einen Kommentar eines nicht datentyp-orientierten, funktionalen Entwurfs. Zur Verbesserung der Übersichtlichkeit lohnt es sich immer, projektspezifische Beschreibungsstandards für Kommentare zu entwickeln, insbesonders für den Prozedur-Kopf. So spezifiziere ich, daß eine Prozedur Annahmen über ihre Parameter macht, indem ich durch '+' einen instanziierten Parameter ("Eingabe"), durch '-' einen nichtinstanziierten Parameter ("Ausgabe") und durch '?' einen

---

[2]Erfahrungswerte werden häufig als "Wahrheiten" ausgegeben. Schlechte Programmierumgebungen erzwingen bisweilen unter dem Deckmantel des "ingenieurmäßigen" Vorgehens das Einhalten solcher Erfahrungswerte. Dabei unterliegen diese Erfahrungswerte unerwarteten Einflüssen. Ich stecke z.B. weniger Prozeduren in eine Datei, wenn mein Unix-System hoch belastet (langsam) ist.

```prolog
/* =============================================================== */
/* next_position( +atom Cmd, +int PageI, +int LineI, -int PageO, -int LineO) */
/* */
/*     prepare data for the screens update */
/*     next_position(forward_page,2,6,PO,LO) */
/* */
/*     relates the page number PageI (which is shown on the screen), */
/*        and the line number LineI (in which the cursor is) */
/*     and the next page number PageO andd the next line number LineO */
/*     according to the users input key Cmd */
/* =============================================================== */
/*     return true and new page and new line     if command valid */
/*     return fail                               if command not recognized */
/*     return exception                          if incorrect used */
/* =============================================================== */


next_position( forward_page, PageI, LineI, PageO, LineO ) :-
    PageO is PageI+1, LineO is LineI .

next_position( backward_page, PageI, LineI, PageO, LineO ) :-
    PageO is PageI-1, LineO is LineI .

next_position( half_page_down, PageI, LineI, PageO, LineO ) :-
    ( LineI >  12, PageO is PageI+1, LineO is 1
    ; LineI =< 12, PageO is PageI,    LineO is LineI+12
    ) .

next_position( half_page_up, PageI, LineI, PageO, LineO ) :-
    ( LineI >  12, PageO is PageI,    LineO is LineI-12
    ; LineI =< 12, PageO is PageI-1, LineO is 1,
                 PageO > 0
    ) .

next_position( forward(Count), PageI, LineI, PageO, LineO ) :-
    '...' .

'...' .
```


Beispiel 1: Prozedur mit Kommentarblock

beliebigen Parameter anzeige. Anschließend gebe ich den erwarteten Datentyp, z.B. **integer** o.ä. an, gefolgt von einem Variablennamen, mit dem der Zweck des Parameters charakterisiert wird.[3] Wichtiger als diese Konvention scheint mir aber die sorgfältige Benennung von Atomen, Variablen und Prädikaten zu sein.

- Probleme bei der Namensvergabe für *Atome* behandele ich nicht weiter. Atome treten bei einem datentyp-orientierten Software-Entwurf auf, weil mit Atomen die 0-stelligen (Basis-) Konstruktoren der Datentypen benannt werden, z.B. die leere Liste ' [] ' des Datentyps *list*. Die Namensangabe ist mir nicht als ein wesentliches Problem aufgefallen.

- Namen für *Variablen* haben die Reichweite einer Regel und sind damit nur *lokal* bedeutsam. Die Erfahrung zeigt, daß in Regeln aus höheren Software-Schichten Variablennamen eher am Verwendungszweck orientiert sind, wie [**OrderNum|OrderNums**], in Regeln aus tieferen Schichten eher an den verwendeten Datentypen, wie [**Int|Ints**]. Diese Technik unterstützt die Mehrfachverwendbarkeit von Regeln und erleichtert das Verständnis des Programms. Daß es wichtig ist, die Namen so zu wählen, daß die logische (=relationale) Interpretation von Prolog forciert wird, wird später diskutiert.

- Namen für *Prädikate* haben eine besondere Bedeutung, weil sie an verschiedenen Stellen vorkommen und sich aufeinander beziehen. An wenigen Stellen, fast immer aufeinanderfolgend, wird ein Prädikat durch Regeln *definiert* (das ganze Konstrukt wurde *Prozedur* genannt), an anderen Stellen wird eine Prozedur durch Bezugnahme auf seinen Namen *angewandt*. Meiner Erfahrung nach ändert sich während des Programmierens die Meinung vom Zweck einer Prozedur allein dadurch, daß die Prozedur zur Implementation anderer Regeln eingesetzt wird. Man sollte sich deshalb *nicht* scheuen, Namen von Prozeduren mehrfach zu ändern. Unangenehme Fehler macht der Programmierer ja, wenn er den Aufruf einer Prozedur in einen anderen Regelkörper hinschreibt und nicht *unmittelbar* deren Kommentare, Vorbedingungen, Parametrisierung und (auch!) Implementation sehen kann. Der Name ist hier die entscheidende Hilfe, um den Effekt der Prozedur einzuschätzen.

Um Fehler wenigstens beim Ablauf eines Programms leicht zu finden, ist es sehr nützlich, Vorbedingungen für die Benutzung einer Prozedur nicht nur im Kommentarblock, sondern als 1.Regel der Prozedur zu formulieren. Ob eine positive oder negative Formulierung leichter fällt, hängt von der Art der Vorbedingung ab. Im Beispiel 2 sind 3 Varianten enthalten, die ich alle akzeptabel finde, wenn auch die 3. Variante etwas trickreich ist.

Sorgen wegen der Ineffizienz einer solchen Überprüfung sollte man sich nicht machen:

- Schließlich können die Tests abgeschaltet werden. Das halte ich allerdings nicht für gut.

- Der geringen Unproduktivität beim Ablauf steht die erheblich gesteigerte Produktivität bei der Programmierung gegenüber.

In den meisten Programmen trenne ich Klauseln durch Leerzeilen voneinander, weil das die Übersichtlichkeit erhöht (siehe Beispiel 1). Nur bei vielen kurzen Klauseln verwende ich eine tabellarische Darstellung, wie sie im Beispiel 3 zu sehen ist.

---

[3]Da eine ähnliche Beschreibung in vielen Programmen der gleichnamigen Prolog-"Schule" verwendet wird, heißt sie bei uns *Edinburgh*-Konvention.

Der Text auf vereinbarungsgemäße Verwendung des Prädikats wird als 1.Regel der
Prozedur formuliert.
- vereinbarungsgemäß verwendet: die Testregel liefert "fail" und ist damit "unrichtbar"
- falsche Verwendung: exception-handler aufrufen.

```prolog
/* ================================================================= */
/* next_position( +atom Cmd, +int PageI, +int LineI, -int PageO, -int LineO) */
/* */
/*      ... */
/* ================================================================= */

/* ========== check correct use of the procedure  1. version =============== */

next_position( Cmd, PageI, LineI, PageO, LineO ) :-
    ( not atom(Cmd)
    ; not integer(PageI)
    ; not integer(LineI)
    ; not var(PageO)
    ; not var(LineO)
    ),
      exception(next_position/5,'invalid parameter') .

/* ========== check correct use of the procedure  2. version =============== */

next_position( Cmd, PageI, LineI, PageO, LineO ) :-
    ( no_atom(Cmd)
    ; no_integer(PageI)
    ; no_integer(LineI)
    ; nonvar(PageO)
    ; nonvar(LineO)
    ),
      exception(next_position/5,'invalid parameter') .

no_atom( Object ):- struct(Object) .
no_atom( Object ):- integer(Object) .
no_atom( Object ):- var(Object) .

no_integer( Object ) :- struct(Object) ; atom(Object) ; var(Object) .

/* ========== check correct use of the procedure  3. version =============== */

next_position( Cmd, PageI, LineI, PageO, LineO ) :-
  enforce( (atom(Cmd),integer(PageI),integer(LineI),var(PageO),var(LineO)),
           exception(next_position/5,invalid_parameter)
         ), fail .

enforce( RestrictionShouldHold, CallIfItDoesntHold ) :-
  ( RestrictionShouldHold
  ; CallIfItDoesntHold
  ), ! .
```

```
/* ========== next_position implemented with anonymous disjunction ========== */

next_position( Cmd, PageI, LineI, PageO, LineO ) :-           % spec effect of CMD
    ( Cmd = forward_page,                                     % f
        PageO is PageI+1, LineO is LineI
    ; Cmd = backward_page,                                    % b
        PageO is PageI-1, LineO is LineI,
          PageO > 0
    ; Cmd = half_page_down,                                   % d
        ( LineI >  12, PageO is PageI+1, LineO is 1
        ; LineI =< 12, PageO is PageI,   LineO is LineI+12
        )
    ; Cmd = half_page_up,                                     % u
        ( LineI >  12, PageO is PageI,   LineO is LineI-12
        ; LineI >= 12, PageO is PageI-1, LineO is 1,
                    PageO > 0
        )
    ; Cmd = forward(Count),                                   % + <integer>
        '...'
    ; Cmd = backward(Count),                                  % - <integer>
        '...'
    ) .
```

Beispiel 2: Prüfung der Vorbedingungen einer Prozedur

```
'...' .

w_joinSize( dc,        dc,        dc ) .
w_joinSize( dc,        ge(Int),   Result ) :- w_incAdd(Int,Result) .
w_joinSize( dc,        Int,       Result ) :- w_incAdd(Int,Result) .
w_joinSize( ge(Int),   dc,        Result ) :- w_incAdd(Int,Result) .
w_joinSize( Int,       dc,        Result ) :- w_incAdd(Int,Result) .

w_joinSize( ge(Int1),  ge(Int2), Result ) :- w_geAdd(Int1,Int2,Result) .
w_joinSize( ge(Int1),  Int2,      Result ) :- w_geAdd(Int1,Int2,Result) .
w_joinSize( Int1,      ge(Int2), Result ) :- w_geAdd(Int1,Int2,Result) .

w_joinSize( Int1,      Int2,      Result ) :-
  integer(Int1),
    integer(Int2),
      Result is Int1 + Int2 - 1 .

'...' .
```

Beispiel 3: Tabellarische Darstellung einer Prozedur

clause → head, body

Den Term, der den *Kopf* einer Klausel darstellt, schreibe ich anders als die Terme, die die Prädikate des *Regelkörpers* darstellen:

- Parametern stelle ich ein Komma nach und trenne sie mit einem Leerzeichen vom nächsten Parameter.

- Klammern setze ich durch ein Leerzeichen vom ersten und letzten Parameter ab.

- Prädikate im Regelkörper schreibe ich ohne Leerzeichen, außer es sind "lange" Terme (siehe unten).

Diese Konventionen sind in allen Beispielen zu sehen. Beim Editieren läßt sich dann eine Regel durch das Suchargument **'/pred_name(/'** finden, alle Vorkommen des Prädikat-Namens dagegen mit **'/pred_name(/'**.

Bei der Darstellung längerer Klauseln sind die Meinungen geteilt, wie die Prädikate des Regelkörpers eingerückt werden sollten. Den Liebhabern der Sägezähne stehen die der Blöcke gegenüber. Beide Darstellungen haben Vor- und Nachteile:

- Die links- nach rechts-Schreibweise der Sägezähne ist lesefreundlich.

- Einwand: der Platz für die Kommentare, die doch wohl geblockt werden sollten, wird gegen Ende einer Klausel immer geringer.

- Einwand gegen den Einwand: Klauseln sollten nicht so lang sein.

- Sägezähne erlauben es, benannte und unbenannte Alternativen übersichtlich darzustellen.

- Aber: Blöcke lassen sich leichter umstellen.

- Einwand: *vi* oder *emacs* bieten ausreichende Hilfsmittel auch für Sägezähne.

Ich ziehe Sägezähne vor, bin mir aber im Klaren, daß gute Gründe für Blöcke sprechen. In beiden Fällen ist ein interaktives Werkzeug sehr nützlich, das rechts einer Implementation stehende Kommentare nach Editierarbeiten wieder angenehm blockt (erhältlich als *"public domain software"*). In Beispiel 4 sind beide Formen zu finden.

2 Namensvergabe

Dem logischen (=relationalen) Modell logischer Programmiersprachen liegt folgende Denkweise zugrunde: *Terme* stehen für Objekte des gewählten Gegenstandsbereiches, *Prädikate* drücken entweder Eigenschaften von Objekten oder Beziehungen zwischen mehreren Objekten aus. *Variablen* stehen für eine Objektmenge, die unter einem *Aspekt* zusammengefaßt wird. Damit läßt sich folgende Technik zur Vergabe von Namen motivieren:

- *Variablen* werden als Substantive aufgefaßt. Ihre Namen werden aus Stücken zusammengesetzt, die mit Großbuchstaben beginnen. Beispiele sind *VarName* oder *PrologProgrammer* oder *ValidPredicate*.

- *Prädikate* werden als Verben aufgefaßt. Ihre Namen werden aus Stücken zusammengesetzt, die nur aus Kleinbuchstaben bestehen und durch Unterstriche "_" getrennt sind. Beispiele sind *pred_name* oder *changes_pred* oder *has_written* oder *understandable*.

```
save_func( FunctorName/Arity, File ) :-
    atom(FunctorName),                              % correct called?
      integer(Arity),
        atom(File),
          functor(Head,FunctorName,Arity),
            prove( clause(Head,_) ),
              telling(OldFile),                     % yes. remember out-channel
                tell(File),
                  print_clauses(FunctorName,Arity), % PRINT
                    told,                           % reset out-channel
                      tell(OldFile) .

save_func( FunctorName/Arity, File ) :-
    atom(FunctorName),                              % correct called?
    integer(Arity),
    atom(File),
    functor(Head,FunctorName,Arity),
    prove( clause(Head,_) ),
    telling(OldFile),                               % yes. remember out-channel
    tell(File),
    print_clauses(FunctorName,Arity),               % PRINT
    told,                                           % reset out-channel
    tell(OldFile) .
```

Beispiel 4: Sägezahn- und Blockdarstellung von Klauseln

Ein *sehr* wichtiger Sonderfall ist die Liste, die eine Reihung von Objekten ist. Ich baue den Variablennamen von Listen auf zwei Weisen auf:

- Ich hänge an einen Objektnamen (=Substantiv) ein **L, Lst** oder **List** an, wie in **PredicateLst** oder **PersonL**. Je länger der Objektname ist, desto länger wähle ich den Listensuffix.

- Ich hänge an einen Objektnamen (=Substantiv) ein **s** an, wie in **Xs, ValidPredicates** oder **Persons**.

Heute tendiere ich zur zweiten Version, weil Terme der Art **[O|Os]** oder **[Int|Ints]** sehr übersichtlich sind. Allerdings setzt das voraus, daß Namen in meinen Programmen *kurz* sind, sonst wird das s zu leicht überlesen. Das kann man obigen Beispielen schon ansehen. Das Problem der Namenslänge diskutiere ich später.

Der Zweck dieser Schreibkonventionen sind lesbare Regeln, wie sie in Beispiel 5 zu finden sind. Manche Programmierer(innen) versuchen, die Lesbarkeit durch geschickte Verwendung von Operatoren so weit zu steigern, daß "natürliche" Sprache simuliert wird. Ich mache dies selten, weil durch Operatoren Muster in Klauseln schwerer zu erkennen sind: wenn Klammern wegfallen, geht *optische Struktur* in den Regeln verloren (und für meine Editiergeschwindigkeit ist auch das Hin- und Herspringen zwischen korrespondierenden Klammern wichtig). Im übrigen: fehlerhaft definierte Bindestärken von Operatoren erzeugen falsche Terme. Dadurch entstehen unangenehme

Programmfehler. Außerdem haben bei den meisten Prolog-Systemen Operator-Definitionen *Fern-wirkungen*. Nachdem sie einmal wirksam geworden sind, können sie in anderen Teilen des Programms, die zuvor problemlos geladen werden konnten, Syntax-Fehler erzeugen.

```
changes_pred_s( Programmer, [Pred|Preds] ) :-
    changes_pred(Programmer,Pred),
      changes_pred_s(Programmer,Preds) .

change_pred( Programmer, Pred ) :- has_written(Programmer,Pred) .
change_pred( Programmer, Pred ) :- understandable(Pred) .

:- define_op(600,xfx,changes_preds) .
:- define_op(600,xfx,changes_pred) .
:- define_op(600,xfx,has_written) .
:- define_op(600,fy ,is_understandable) .

Programmer changes_preds [Pred|Preds] :-
    Programmer changes_pred Pred,
      Programmer changes_preds Preds .

Programmer changes_pred Pred :- Programmer has_written Pred .
Programmer changes_pred Pred :- is_understandable Pred .

:- delete_op(600,xfx,changes_preds) .
:- delete_op(600,xfx,changes_pred) .
:- delete_op(600,xfx,has_written) .
:- delete_op(600,fy ,is_understandable) .
```

Beispiel 5: lesbare (?) Klauseln mit und ohne Operatoren

Tippfehler in Namen gehören zu den häßlichen, schwer erkennbaren Fehlern in Prolog-Programmen, da die Sprache kein Typkonzept besitzt und keine Deklarationen kennt.[4] Mit Hilfe eines kleinen Programms lassen sich Tippfehler in Prädikatnamen leicht herausfinden, indem man undefinierte Prozeduren sucht. Bei Variablennamen gewöhne ich mich im Moment an eine Konvention, mit deren Hilfe ich auch Tippfehler in Variablennamen mit einem kleinen Werkzeug herausfinden kann:[5]

- Variablennamen, die nicht mit einem Unterstrich beginnen, wie **VarUsedForDataFlow**, verwende ich, wenn die Variable an mindestens zwei Stellen in einer Regel gebraucht wird.

- Einen Variablennamen mit vorangestelltem Unterstrich, wie **_VarWithOutDataFlow**, verwende ich, wenn eine Variable nur der Übersichtlichkeit halber benannt, aber nur einmal verwendet wird. Zu diesem Zweck wurde eigentlich die anonyme Variable '_' erfunden, die ich nur sehr selten verwende, weil ihre Anonymität die Verständlichkeit stört.

---

[4] Vor- und Nachteile eines (polymorphen) Typkonzepts für logische Sprachen möchte ich an dieser Stelle *nicht* diskutieren.

[5] Eine Reihe solcher Prüfwerkzeuge lassen sich dann in ein *prolog_lint* integrieren.

3 Die Länge von (Variablen-) Namen

Nachdem ich meine ersten 100 Prolog-Programme mit kurzen Namen, insbesonders mit kurzen Variablennamen wie **X, X1** geschrieben und später nicht mehr gut lesen konnte, habe ich kurze Namen als Hackerstil abgelehnt und lange, sprechende Namen verwendet, z.B. **ListOfPositiveIntegers**. Dadurch werden aber manche Regeln so lang, daß sie nur schwer auf einen Blick erfaßt und analysiert werden können. Dadurch sinkt ihre Lesbarkeit auch wieder. Nachdem ich mir überlegt habe, daß in vielen Lehrbüchern der Mathematik *kurze im Zusammenhang verständliche Namen* verwendet werden, habe ich in letzter Zeit meine Schreibweise wieder umgestellt:

Zu Programmbeginn vereinbare ich Abkürzungen wie

- **Cl** für Klausel.

- **T** für Terme.

- **Attr** für Attribute (dann ist klar, was **ClAttr** und gar **ClAttrL** ist, oder?).

und schaffe damit die Voraussetzung für systematisch gebildete kurze Namen. Ich bestreite, daß mir dies nur deshalb lesbar vorkommt, weil Fortran mit seiner *I-N-Konvention* meine erste Programmiersprache war.

Da mein Prolog-System kein (eingebautes) Konzept für datentyp-orientierten Entwurf besitzt, vereinbare ich auch Kurznamen für meine Datentypen und schreibe dann

- **datatyp_predicate** für *exportierte Prädikate*.

- **$datatyp_predicate** für verborgene *interne Prädikate*.

4 Lange Terme

Lange Terme können an zwei Stellen auftreten:

- textuell im hingeschriebenen Programm ("statisch") und,

- wenn Terme von Werkzeugen auf dem Bildschirm präsentiert werden ("dynamisch").

Im *statischen* Fall sollte die Anordnung des Terms in der *Fläche* die Übersichtlichkeit herstellen. Im Beispiel 6 sind verschiedene Formen zu sehen. Ich finde die 3. Variante am übersichtlichsten, vielleicht weil mein Sichtgerät nur 24x80-Zeichen groß ist und damit meine Darstellungsfläche nicht sehr groß. Man beachte aber die Pseudosymmetrie der beiden schließenden Klammern! Versuche, die *Ästhetik* der Darstellung langer Terme in einem *Pretty-printer* zu formalisieren, haben mir die Einsicht beschert, daß es befriedigende Lösungen für jeweils fast alle Einzelfälle gibt, aber *nicht eine* einzige Lösung für *alle* Fälle.

Im *dynamischen* Fall sollten die Werkzeuge so implementiert sein, daß sie verschiedene Abstraktionen des Terms darstellen können. Einfache Techniken betrachten dabei den Term als Baum und erlauben das Ausblenden ab einem bestimmten *level*, kompliziertere Techniken beachten zusätzlich noch den Funktor und verwenden, z.B. für Listen, Disjunktionen und Konjunktionen, spezielle Darstellungen beim Ausblenden.

```
complicated_pred( tree( node1,
                  tree( node2,
                        tree( node3,
                              nil,
                              nil
                            ),
                        nil
                      ),
                  tree( node4,
                        nil,
                        nil
                      )
                    )
                  ) .
```

```
complicated_pred( tree( node1,
                  tree( node2,
                        tree( node3,
                              nil,
                              nil
                            ),
                        nil
                      ),
                  tree( node4,
                        nil,
                        nil
          )     )     ) .
```

Die Klammern korrespondieren nicht so,
wie das durch die Darstellung nahegelegt wird!

```
complicated_pred( tree( node1,
                  tree( node2,
                        tree( node3, nil, nil),
                        nil
                      ),
                  tree( node4, nil, nil)
          )     ) .
```

```
complicated_pred( tree( node1,
                  tree( node2,
                        tree( node3, nil, nil),
                        nil ),
                  tree( node4, nil, nil) ) ) .
```

Beispiel 6: Darstellung langer Terme

5 Benannte und unbenannte Alternativen

Wenn ein Sachverhalt **S1** oder **S2** oder beide zugleich gelten, werden alternative Klauseln geschrieben:

Rule :- S1 .
Rule :- S2 .

Dies nenne ich eine *benannte Alternative*. Mit Hilfe des Operators ';' lassen sich auch *unbenannte Alternativen* formulieren:

Rule :- (S1 ; S2) .

Es läßt sich ebenfalls statt **Rule** die Konstruktion **(S1 ; S2)** direkt in einer Klausel anwenden. Für *pure Prolog* sind alle drei Formen gleichwertig, bei *full Prolog* ändert sich im dritten Fall die Reichweite eines '!'. Ein **not(P=1)** darf z.B. *nicht* durch **(P=1,!,fail ; true)** ersetzt werden.

Von der Verwendung einer unbenannten Alternative wird häufig deshalb abgeraten, weil es die relationale (=logische) Semantik einer Regel störe. Das ist aber nicht der Fall. Vielmehr stört es die relationale *Lesweise* einer Regel. Kaum ein(e) Prolog-Programmierer(in) kann verhindern, bei unbenannten Alternativen im Sinne einer if-then-else-Konstruktion *funktional* zu denken. Dies ist eine *ablauforientierte Sichtweise*, die erschwert, die Klausel im logischen Sinne als Definition der Beziehung zwischen Objekten (=statisch) zu verstehen. So schleichen sich über die if-then-else-Konstruktion Verständnis- und Programmierfehler ein.[6].

Trotzdem hat die unbenannte Alternative ihre Daseinsberechtigung. Ich verwende sie,

- wenn der Datenfluß zwischen der Alternative und der Regel, die sie verwendet, sehr umfangreich ist und,

- wenn außerdem die Alternative sehr kurz ist oder überwiegend aus operationalen Teilen wie arithmetischen Ausdrücken besteht.

In diesem Fall ist nämlich die logische (=relationale) Bedeutung der durch die Benennung neu erzeugten Regel ohnehin nur schwer erkennbar. Durch tabellarische Darstellung der unbenannten Alternativen versuche ich, die Übersichtlichkeit zu erhöhen.

Meistens allerdings gewinnt der Programmierstil, wenn unbenannte Alternativen *nicht* verwendet werden. Im Beispiel 7 sind zwei Fassungen einer Prozedur zu finden, die noch nicht einmal eine logische Bedeutung besitzt: ihre Wirkung besteht aus dem Seiteneffekt, daß eine Prozedur in eine Datei geschrieben wird. Dadurch werden zwar die Argumente gegen die Verwendung der unbenannten Alternative hinfällig und auch das ablauforientierte if-then-else ist rehabilitiert. Trotzdem finde ich, daß durch Einführung benannter Regeln die Übersichtlichkeit der Prozedur gewonnen hat: durch Regeln wie **print_clause(FN,A)** sind *abstrakte Manipulationen* an Objekten definiert, die vom Standpunkt des Software-Engineering äußerst wünschenswert sind. Daher mein Entschluß: ich vermeide möglichst unbenannte Alternativen. Nicht, weil sie die logische Bedeutung meines Programms stören, sondern weil sie Verständlichkeit und Änderbarkeit erschweren.

---

[6]Einen Programmierfehler durch eine ablauforientierte if-then-else-Denkweise beschreibe ich im Zusammenhang mit der **min**-Prozedur.

```prolog
save_func( FunctorName/Arity, File ) :-
    atom(FunctorName),                              % correct call?
      integer(Arity),
        atom(File),
          functor(TestHead,FunctorName,Arity),
            clause(TestHead,_),
              telling(OldFile),                     % yes. remember out-channel
                tell(File),
                  functor(Head,FunctorName,Arity),  % get most general term
                  ( clause(Head,Body),              % generate clauses
                      ( Body = true,
                          write( Head ),
                            nl
                      ; Body ~ true,
                          write( (Head:-Body) ),
                            nl
                      ),
                        fail                         % return to generator
                  ; true                             % generator exhausted
                  ),
                    told,                            % reset out-channel
                      tell(OldFile),
                        ! .

save_func( FunctorName/Arity, File ) :-
    ( not atom(FunctorName)                          % correct call?
    ; not integer(Arity)
    ; not atom(File)
    ; not(( functor(Head,FunctorName,Arity),clause(Head,_) ))
    ),
      exception(save_func/2,'parameter are invalid') .

save_func( FunctorName/Arity, File ) :-
      telling(OldFile),                              % remember out-channel
        tell(File),
          print_clauses(FunctorName,Arity),          % PRINT
            told,                                     % reset out-channel
              tell(OldFile) .

print_clauses( FunctorName, Arity ) :-
    functor(Head,FunctorName,Arity),                 % get most general term
    clause(Head,Body),                               % generate clauses
      print_clause(Head,Body),
        nl,
          fail.
print_clauses( _FunctorName, _Arity ) .

print_clause( Head, true ) :- write( Head ) .
print_clause( Head, Body ) :- Body \= true, write(Head:-Body) .
```

Beispiel 7: Besserer Stil durch benannte Alternativen

6 Ästhetische Fragen

Bei der Berücksichtigung ästhetischer Fragen fehlt der Informatik die Erfahrung, die andere Ingenieurwissenschaften bereits lange haben. In der Architektur z.B. wird ein Stadthaus nicht primär danach beurteilt, ob das Badezimmer vorhanden ist oder nicht (dies entspräche etwa dem Niveau in unserer Wissenschaft), sondern ob das Haus einen ausgeprägten Stil, eleganten Schnitt und eine in die Umgebung eingepaßte Fassade besitzt. Auch in der Physik werden Fragen der Ästhetik physikalischer Modelle diskutiert, z.B. von Einstein, der aus *ästhetischen* Gründen nichtobservable Variablen ablehnte und Axiome der klassischen und relativistischen Mechanik nach ästhetischen Kriterien wie Symmetrie beurteilte (zugegebenermaßen nicht ausschließlich nach diesen Kriterien).

Wenn jemand heute die Bedeutung ästhetisch geschriebener Programme betont, blicken manche Software-Ingenieure, die an Meilensteine, Dokumenttypen und Formalisierung von Arbeitsabläufen in ihrer Software-Fabrik denken, noch erstaunt. Es kommt ihnen anachronistisch vor, daß die bedeutende Algorithmensammlung von D.E. Knuth "The *Art* of Computer Programming" und Sterling/Shapiros hervorragendes Buch "The *Art* of Prolog" heißen. Allenfalls wird ein exzellentes Layout von Werbebroschüren akzeptiert.

Meiner Meinung nach ist die ästhetische Gestaltung von Algorithmen für ihre Verständlichkeit, aber auch für die Produktivität bei ihrer (Weiter-) Entwicklung von entscheidender Bedeutung. Natürlich bilden sich individuelle ästhetische Vorstellungen beim Programmieren heraus. Diese Vorstellungen sind aber *nicht* rein *subjektiv*, sie lassen sich *diskutieren*. Ich will mich an Hand eines Beispiels mit der Ästhetik von Prolog-Programmen beschäftigen und mich auf zwei Aspekte konzentrieren:

- auf die *Symmetrie*. Symmetrie können wir sowohl im Programmtext als auch im Ein- und Ausgabeverhalten der Parameter beobachten.

- auf die *Minimalität*. Minimalität zeigt sich an der Zahl der Klauseln, aber auch daran, ob Lösungen mehrfach aufgezählt werden oder nicht.

Zwischen diesen Aspekten besteht eine Spannung, die ich am Beispiel des Prädikats **min(X,Y,Min)** aufzeigen will. Es soll gelten

min(X,Y,Min) $\equiv$ **X** $\in$ **Integer, Y** $\in$ **Integer, Min** $\in$ **Integer, Min** $\leq$ **X, Min** $\leq$ **Y,**
(Min=X ; Min=Y).

Beispiel 8 enthält 7 verschiedene Algorithmen, die **min/3** zu implementieren vorgeben. Sie haben folgende Eigenschaften:

1. symmetrisch im Text,
   symmetrisch in den Parametern,
   minimal in der Zahl der Regeln,
   Lösungen werden aber nicht minimal generiert.

2. leider asymmetrisch im Text,
   symmetrisch in den Parametern,
   minimal in der Zahl der Regeln,
   Lösungen werden minimal generiert.

3. symmetrisch im Text,
   symmetrisch in den Parametern,
   leider nicht minimal in der Zahl der Regeln,
   Lösungen werden minimal generiert.

```prolog
/* min( X, Y, Min ) :-                                        */
/*    Min is the minimum of the two integers X and Y          */


                                    /* 1. symmetrisch, nicht minimal */
min( X, Y, X ) :- X =< Y .
min( X, Y, Y ) :- Y =< X .


                                    /* 2. asymmetrisch, minimal */
min( X, Y, X ) :- X =< Y .
min( X, Y, Y ) :- Y <  X .


                                    /* 3. symmetrisch, minimal, 3 clauses */
min( X, Y, X ) :- X < Y .
min( M, M, M ) .
min( X, Y, Y ) :- Y < X .


                                    /* 4. asymmetrisch, mit !, minimal */
min( X, Y, X ) :- X =< Y, ! .
min( X, Y, Y ) :- Y <  X, ! .


                                    /* 5. symmetrisch, mit !, minimal */
min( X, Y, X ) :- X =< Y, ! .
min( X, Y, Y ) :- Y =< X, ! .


                                    /* 6. falsch! */
min( X, Y, X ) :- X =< Y, ! .
min( X, Y, Y ) .


                                    /* 7. schlecht! */
min( X, Y, M ) :- X =< Y, !, M = X .
min( X, Y, Y ) .
```

Beispiel 8: Bestimmung des Minimums zweier Zahlen

4. leider asymmetrisch im Text,
   auch asymmetrisch in den Parametern (wegen des '!'),
   minimal in der Zahl der Regeln,
   Lösungen werden minimal generiert.

5. symmetrisch im Text,
   aber asymmetrisch in den Parametern (wegen des '!'),
   minimal in der Zahl der Regeln,
   Lösungen werden minimal generiert.

6. sieht wie eine Optimierung des 5. Algorithmus aus, ist asymmetrisch in Regeln und Lösungen, liefert dazu *falsche* Lösungen.

7. ist die notdürftige Reparatur des 6. Algorithmus, ist aber asymmetrisch in Regeln und Lösungen, verwendet Variablen in einem imperativen *assignment-Stil,* immerhin stimmen die Lösungen.

Ich neige zur 3. Lösung und verzichte auf die minimale Anzahl der Regeln. Das mehrfache Generieren der gleichen Lösung sollte ausgeschlossen werden, auf jeden Fall, wenn es ohne '!' geht.

Die Analyse des 6. Programms zeigt, daß der Programmierer folgenden Denkfehler gemacht hat:

1. Er ging davon aus, daß das Minimum definiert ist als
   if X $\leq$ Y then Min = X else Min = Y fi

2. Dann schloß er, daß **X** dann das Minimum ist, wenn **X** $\leq$ **Y** gilt, und, daß es keine Alternative zu dieser Lösung geben kann. Das machte er durch das '!' in der 1. Klausel überdeutlich.

3. Weiterhin schloß er, daß *andernfalls* **Y** das Minimum sein müsse. Auf den '!' verzichtete er vermutlich deshalb, weil die Klausel die letzte der Prozedur ist (Performance-Steigerung).

Für das Verständnis der geschilderten Denkweise ist der *Ablauf* des Prolog-Programms entscheidend: *erst* wird die Bedingung getestet, danach wird, je nach Ergebnis, eine *Zuweisung* ausgeführt. Unausgesprochen setzte der Programmierer voraus,

- daß die Ergebnisvariable **Min** *nicht* instanziiert ist.

- daß das *andernfalls* in seinem 3. Denkschritt die Verneinung von **X** $\leq$ **Y** ist.

Eine Alternative in einem Prolog-Programm wird aber dann verwendet, wenn der Vorgänger als ganze Klausel fehlschlägt und das bedeutet zum Pech des Programmierers, daß

- *entweder* der *head-match* mißlingt

- *oder* die Auswertung des $\leq$ mißlingt.

Als Folge dieser imperativen (=ablauforientierten) Interpretation eines logischen (=relationalen) Programms liefert **min(4,7,7)** und sogar **min(an_atom,wrong_solution,wrong_solution)** als Ergebnis *true*!

Warum der 7. Algorithmus eine *notdürftige Korrektur* darstellt, kann man nun auch erkennen: durch Einführung der Hilfsvariablen **M** wird sichergestellt, daß der 3. ("Ergebnis"-) Parameter erst *nach* dem arithmetischen Test und dem '!' benutzt wird. Der durch die imperative Denkweise hervorgerufene Fehler wird dadurch kompensiert, die Denkweise des Programmierers bleibt aber un*prologisch*.

Die Verdrängung logischer Bestandteile durch imperative Bestandteile ist in Beispiel 9 zu sehen: trotz der Verwendung des problematischen Prädikats '\=' läßt sich die erste Prozedur relational lesen. Die letzte Prozedur ist vom Stil her ähnlich einem C-Programm. Zur besseren Erläuterung der letzten Prozedur habe ich die entsprechenden if-then-else-Konstrukte als Kommentare vermerkt. Diese letzte Prozedur hat nicht ein Stückchen der Ästhetik, die die Prozeduren von Beispiel 10 aus *The Art of Prolog* [2] auszeichnen.

Ich meine, die Diskussion der Ästhetik in (logischen) Programmen sollte einen hohen Stellenwert in der Ausbildung besitzen und wird z.Zt. sträflich vernachläßigt.

7 Die Bedeutung logischer Programme

Da das logische (=relationale) Verständnis von Prolog-Programmen für einen guten Programmierstil entscheidend ist, möchte ich es noch einmal zitieren:

Terme stehen im Modell des logischen Programmierens für Objekte (Substantive!) des gewählten Gegenstandsbereiches, *Prädikate* für Eigenschaften von Objekten oder Beziehungen (Verben!) zwischen mehreren Objekten. *Variablen* stehen für eine Objektmenge, die unter einem *Aspekt* zusammengefaßt wird.

Ein logisches Programm soll ein Problem lösen; wir wollen also wissen, *was* das Programm tut, uns interessiert die *Bedeutung* des Programms. Meist wird die Bedeutung informell beschrieben. Dazu greift man auf eine gedachte *Umgebung* (=Kontext) zurück, in der dann beschrieben wird, was ein Aufruf des Programms bewirkt (=bedeutet). Erfreulicherweise gibt es für logische Programme ein *einfaches* Modell, in dem der Begriff "Bedeutung" formal gefaßt und diskutiert werden kann. Dazu wird eine "Standard-Umgebung" definiert, die sog. *Herbrand-Basis* und eine Teilmenge von ihr, die *Herbrand-Interpretation*, als die Bedeutung des logischen Programms aufgefaßt. Wegen des großen *praktischen* Nutzens dieser Konstruktion, gebe ich im folgenden eine informelle, kurze Darstellung an Hand des Prädikats **select/3** aus Beispiel 10.

1. Das Herbrand -Universum. Man sucht die Konstanten aus dem Programm. Wenn keine enthalten sind, erfindet man welche (ich erfinde z.B. **a** und **b** statt nur eine Konstante zu erfinden). Mit Hilfe der Funktoren, aber nicht der Prädikatnamen, konstruiert man nun die Menge aller *Ground-terms* (Terme ohne Variablen). In dieser (fast immer unendlichen Menge) sind in unserem Beispiel **a**, **[a,b,a]**, **[b,b,b]** und **[b,a]** enthalten. Damit hat man das Herbrand -Universum.

2. Die Herbrand -Basis. Man sucht die Prädikate aus dem Programm. In unserem Beispiel sind das Exemplare von **select/3**. Dann bildet man die Menge aller *Ground-instances*, indem man die Variablen, die in den Prädikaten vorkommen durch alle möglichen *Ground-terms* ersetzt. In dieser (fast immer unendlichen) Menge sind z.B. **select(a,[a,b,a],[b,a])** und **select(a,[a,b,a],[b])** enthalten. Damit hat man die Herbrand -Basis.

3. Die Herbrand-Interpretation. Man unterteilt die Herbrand -Basis in zwei disjunkte Mengen. Die Elemente der einen Menge gehören zur Herbrand-Interpretation, d.h. diese Menge von *Ground-terms* soll das Programm bedeuten, die der anderen nicht. In unserem Beispiel soll *gelten:*

```
select(a,[a,b,a],[b,a])
select(a,[a,b,a],[a,b])
```

Es soll aber *nicht gelten* (durch vorangestelltes **NOT** verdeutlicht):

```
NOT select(a,[a,b,a],[b])
NOT select(a,[b,b,b],[b])
```

Zugegebenermaßen verkürzt dargestellt, habe ich dadurch definiert, was ein Programm bedeuten soll.

```
/* delete( HasXs, X, HasNoXs ) :-                              */
/*    the list HasNoXs is the result of removing all           */
/*    occurences of X from the list HasXs                      */

delete( [X|Xs], X, Ys     ) :- delete(Xs,X,Ys) .
delete( [Z|Xs], X, [Z|Ys] ) :- X \= Z, delete(Xs,X,Ys) .
delete( [],      X, []     ) .

/* delete( HasXs, X, HasNoXs ) :-                              */
/*    ...                                                      */

delete( HasXs, X, HasNoXs ) :-
    ( HasXs = [X|Xs], delete(Xs,X,HasNoXs)
    ; HasXs = [Y|Xs], X \= Y, delete(Xs,X,NoXs), HasNoXs = [X|NoXs]
    ; HasXs = [], HasNoXs = []
    ) .

/* delete( HasXs, X, HasNoXs ) :-                              */
/*    ...                                                      */

delete( HasXs, X, HasNoXs ) :-
    ( HasXs = [Y|Xs], X =  Y, delete(Xs,X,NoXs), HasNoXs = NoXs
    ; HasXs = [Y|Xs], X \= Y, delete(Xs,X,NoXs), HasNoXs = [X|NoXs]
    ; HasXs = [],                                 HasNoXs = []
    ) .

/* delete( HasXs, X, HasNoXs ) :-                              */
/*    ...                                                      */

delete( HasXs, X, HasNoXs ) :-
    ( HasXs = [Y|Xs],
        ( X =  Y, delete(Xs,X,NoXs), HasNoXs = NoXs
        ; X \= Y, delete(Xs,X,NoXs), HasNoXs = [X|NoXs]
        )
    ; HasXs = [],                    HasNoXs = []
    ) .

/* delete( HasXs, X, HasNoXs ) :-                              */
/*    ...                                                      */

delete( HasXs, X, HasNoXs ) :-
    ( HasXs = [Y|Xs], !,            % <==> if not last list_item then
        ( X = Y, !,                 % <==>    if X = Y then
            delete(Xs,X,NoXs),      % <==>        delete tail_list
            HasNoXs = NoXs          % <==>        don't return Y
        ;                           % <==>    else
            delete(Xs,X,NoXs),      % <==>        delete tail_list
            HasNoXs = [Y|NoXs]      % <==>        return Y
        )
    ;                               % <==> else
      HasNoXs = []                  % <==>    return the empty list
    ) .
```

Operationale Leseweise

Beispiel 9: Logischer und imperativer Programmierstil

```
/* select( X, HasXs, , OneLessXs ) :-                      */
/*    the list OneLessXs is the result of removing one     */
/*    occurence of X from the list HasXs                    */

select( X, [X|Xs], Xs    ) .
select( X, [Y|Ys], [Y|Zs] ) :- select(X,Ys,Zs) .


/* permutation( Xs, Ys ) :-                                 */
/*    the list Xs and the list Ys are permutations of each other  */

permutation( Xs, [Z|Zs] ) :- select(Z,Xs,Ys), permutation(Ys,Zs) .
permutation( [], [] ) .


/* permutation( Xs, Ys ) :-                      VERSION 2  */
/*    the list Xs and the list Ys are permutations of each other  */

permutation( [X|Xs], Zs ) :- permutation(Xs,Ys), insert(X,Ys,Zs) .
permutation( [], [] ) .

insert(X,Ys,Zs) :- select(X,Zs,Ys) .
```

Beispiel 10: Ästhetische Prolog-Prozeduren

Nach diesen drei Definitionen, möchte ich nun erläutern, warum die Herbrand-Interpretation für die Prolog-Programmierung einen großen praktischen Nutzen hat: sie begründet erstaunlicherweise, warum die Überprüfung von Prozeduren mit *Testfällen* von großem Nutzen ist. Es ist nämlich üblich in der Software-Engineering-Gemeinde, Testdaten weniger zu schätzen als Verfahren der formalen Verifikation. Der Grund liegt darin, daß Tests nur das "Vorhandensein", nicht aber die Abwesenheit von Fehlern beweisen können", was ich nicht bestreiten möchte. Manchmal schwingt auch die Arroganz mit, daß Testfälle nur von denen benötigt werden, die zu schlecht ausgebildet sind, um Programme zu verifizieren.

Es tritt aber das folgende Dilemma bei der Verifikation auf: Auf welchem Niveau man auch Algorithmen betrachtet, Verifikation spielt sich nur *zwischen* Algorithmen ab (z.B. ob eine Programmtransformation korrekt ist oder nicht). Immer geht es darum, wie verschiedene Lösungen aussehen. *Was* die Lösung aber ausmacht, läßt sich nicht verifizieren. Der Versuch, im Verifikationsformalismus zu bleiben, indem man einem Prolog-Programm seine Herbrand -Interpretation voranstellt, scheitert daran, daß diese Menge nicht endlich ist. Nun benötigen Programmierer(innen) aber etwas Formalisiertes, um die Brauchbarkeit eines Programms zu überprüfen. Als Approximation der Bedeutung eines Prolog-Programms geben sie deshalb *charakteristische (=endlich viele) Beispiele* für dessen Bedeutung an. Dies ist die einzige Möglichkeit, *konstruktiv* auf die Herbrand-Interpretation Bezug zu nehmen und damit eine solide Legitimation für Testfalldateien.

Ich habe mir angewöhnt, die Bedeutung einer Prolog-Prozedur durch *typische Ground-instances* zu charakterisieren. Ich verwende unmißverständliche *Erweiterungen* wie **NOT** select(a,[b,b,b],_) oder **select(a,[b,a|_],_)**. Je nach Gesprächspartner(in) nenne ich diese (pseudo-) *Ground-instances* entweder "Testfälle" oder "Repräsentanten verschiedener Klassen der Herbrand -Interpretation".

Lehre: Beispiele sind unersetzlich, wenn es um die Bedeutung eines (logischen) Programms geht.

8 Die Beziehung zwischen relationaler Semantik und Testfällen

Prolog hat eine relationale (logische, deklarative, ...) Semantik, die man folgendermaßen interpretieren kann:

H :- B1, ... besagt, die durch **H** beschriebene Beziehung zwischen den Parameterobjekten gilt, wenn die Beziehungen **Bi** alle gelten.[7]

Da, wie bereits ausgeführt, für praktische Fälle weder die Herbrand -Interpretation (zu viele Daten) noch Testfälle (zu wenig Daten) die Bedeutung eines Prolog-Programms festlegen können, sind wir gezwungen, den *restricted Code*[8] der Informatiker zu benutzen und die Bedeutung damit niederzuschreiben. Solche technischen Texte gut zu schreiben, erfordert leider *viel* Arbeit und Erfahrung. Um einen Eindruck zu bekommen, nimmt man sich am besten die Beispiele 10 vor, vielleicht den **select/3**, und versucht, ohne Rückgriff auf den dynamischen Ablauf des Selektierens die statische Wechselbeziehung zwischen den drei Parametern sprachlich zu erfassen. Schon die Formulierung *removing one ... from* ist problematisch, aber wie geht es besser?

9 Die Beziehung zwischen relationaler und operationaler Semantik

Wie läuft nun ein Prolog-Programm, so relational es auch beschrieben sein mag, auf einer *realen Maschine* ab. Um dies zu erklären, wurde die operationale Semantik von Prolog erfunden:

H :- B1, ... bedeutet operational, daß ein Aufruf der Prozedur **H** zu Aufrufen der (Unter-) Prozeduren **Bi** führen.

Eine ganze Reihe von Bestandteilen von Prolog lassen sich am leichtesten am operationalen Semantikmodell erklären:

- *Extra-logische* Prädikate, z.B. die Ein- und Ausgabe mit **read(Term)** und **write(Term)**, Datenbankmodifikationen mit **assert(H,B)** und **retract(H,B)**.

- der *cut* '!' und *negation (by failure)*.

- Die *Arithmetik* mit **Result is Expression**.

- *Meta-logische* Prädikate, mit denen Variablen selbst als Objekte der Sprache gehandhabt werden können, z.B. **var(_)**, der *Meta-call* oder **findall(Struct,Goal,Results)**.

- Prädikate zur *Strukturinspektion* wie **struct(_)** und **atom(_)**. Sie lassen sich zwar auch logisch erklären, der leichteste Zugang erfolgt aber über ihre operationale Semantik.

Die Stärke von Prolog liegt *sicherlich* auf Seiten der *relationalen Semantik*. Konstrukte der operationalen Seite der Sprache sollten spärlich und gut eingekapselt verwendet werden. Das ist nicht einfach, weil wir durch die Verwendung operationaler Bausteine in tieferen Software-Schichten die

---

[7]Es ist hier unerheblich, daß der Prolog-Interpreter ein *Refutation Theorem Prover* ist und obige Klausel in *konjunktiver Normalform* so interpretiert: entweder ist **H** wahr oder eine der **Bi** falsch.

[8]natürliche Sprache mit stark eingeschränktem Wortschatz und stark vereinfachter Grammatik

relationale Interpretation höherer Software-Schichten stören, meist sogar zerstören. Programmiert man dagegen auf der relationalen Seite, so korrespondieren relationale und operationale Semantik sehr gut miteinander und man kann zwischen ihnen, wie es das Verständnis des Algorithmus gerade erfordert, hin- und herwechseln, ohne falsche Annahmen über das Programmverhalten zu machen.

10 Guter und schlechter Stil beim Programmieren mit Prolog

Die nachfolgende Sammlung von Ratschlägen basiert auf eigener Erfahrung und ist dadurch in seinem Anwendungsumfang beschränkt. Die Diskussion mit anderen Prolog-Programmierer(inne)n zeigt allerdings, daß in ihnen etwas vom "Geist"der Sprache eingefangen ist:

- Unterstütze eine *logische (=relationale) Lesweise* der Programme.

- Dokumentiere unbedingt, wenn die *E/A-Symmetrie* der Parameter *gestört* ist.

- Dokumentiere unbedingt, wenn *Parameter* eine *bestimmte Struktur* haben müssen (das ist dann eine informelle Typisierung des Programms).

- Verwende in benannten und unbenannten Alternativen *niemals* ein *otherwise-Konstrukt*. Nur wenn der otherwise-Fall logisch aus dem Fehlschlagen aller vorstehenden Regeln folgte, dürfte ein otherwise verwendet werden. Ein solcher Beweis ist aber selbst in trivialen Fällen schwer zu führen (siehe das **min-Beispiel**).

- Dem Konstrukt **if C then T else E fi** entspricht *nicht* die Regel **(C,!,T ; E)**, sondern *eventuell* die Regel **(C,T ; not C,E)**.

- Verwende **not/1** so *spät* im Regelkörper wie möglich. **not/1** ist genau genommen nur *sauber*, wenn es auf *Ground-instances* angewandt wird.

- Verwende den *Head-match* so häufig wie möglich, auch wenn die Symmetrie von Regeln manchmal leidet.

- Teste Annahmen einer Regel (z.B. **integer(Parameter2)**) explizit ab.

Eine für mich heute noch offene Stilfrage ist die Anordnung der (benannten) Alternativen bei rekursiven Regeln. Als charakteristisches Beispiel mag **select/3** dienen:

- Eine Regel formuliert die Bedingungen für den Rekursionsabbruch.

- Eine Regel formuliert die Bedingungen für die Rekursion.

Die Frage ist: Abbruchregel vor Rekursionsregel oder umgekehrt. Selbst wenn die Anwendungsfälle der beiden Regeln auf Grund des *Head-match* einander ausschließen (z.B. Test auf leere Liste [] und Test auf mindestens ein Element [**X|Xs**]), wird die Anordnung dann bedeutsam, wenn die Regel mit einer *unvollständigen Datenstruktur* aufgerufen wird (z.B. die Liste [**1,2,3|Is**]).

- Schreibt man die *Rekursionsregel* als erste, erzeugt dies bei falscher Verwendung der Regel sofort eine Endlosrekursion und ich weiß, wo der Fehler liegt.

- Schreibt man die *Abbruchregel* als erste, erhält man zwar bisweilen Lösungen, wo die erste Schreibweise versagt, Endlosrekursionen sind aber nur schwer zu erkennen: das Programm generiert dann i.d.R. eine *unendliche* Lösungsmenge, die von späteren Regeln Element für Element als unzulässig zurückgewiesen wird. Dadurch entsteht ein fehlerhaftes *generate-and-test-environment* über viele Regeln hinweg, das schwer zu analysieren ist.

Früher habe ich immer die Abbruchregel als erste Regel geschrieben, mittlerweile bin ich mir aber unsicher. Deshalb folgende Stilempfehlung:

- Verwende Sorgfalt auf die Frage, wie das Programm auf *unvollständige Datenstrukturen* reagiert.

- Dokumentiere, bei welchen *unvollständigen Datenstrukturen* die Regel *nicht terminiert*. Besser noch: prüfe es durch Hilfsregeln ab. Leider ist das bisweilen ineffizient. So ist z.B. die Laufzeit von **finite_list(Xs)** immerhin proportional zur Listenlänge.

11 Die Effizienz logischer Programme

Hat man eine Problemstellung, die sich elegant als eine Welt von Objekten und ihrer Beziehungen darstellen läßt, liegen die besten Voraussetzungen für eine *effiziente Programm-Entwicklung* mit Prolog vor. Ich baue dann oft *Prototypen* (ablauffähige Modelle des Zielsystems),

- entweder, indem ich einen Teil des Systems vollständig realisiere; überprüfe, ob er mit den Vorstellungen des Nutzers übereinstimmt. Dann entwickle ich das System in anderen Teilen fort (Evolution).

- oder, indem ich den funktionellen Kern ohne jede Rücksichtnahme auf eine angenehme Repräsentation und Kommandoschnittstelle entwickle, überprüfe und anschließend den Interaktionsteil betrachte. Der funktionelle Kern enthält dann *keine einzige* E/A-Anweisung (funktions-orientiertes Prototyping).

- oder, indem ich die Repräsentation und Kommandoschnittstelle mit Hilfe von DCG etc. entwerfe ("Potemkinsches Dorf") und den funktionellen Kern als *Stubs* hinzufüge. Je nach Anwendung ist ein *Stub* mal ein interaktives Prädikat, das mir seine Parameter präsentiert und eine Lösung anfordert, oder mal eine Faktensammlung von beispielhaften Berechnungen des funktionellen Kerns (interaktions-orientiertes Prototyping).

Die Programmiergeschwindigkeit mit Prolog ist schon verblüffend. Ehrlicherweise gebe ich aber zu, daß ein Großteil dieser Effizienz *nicht* darin liegt, daß

1. Prolog eine logische Programmiersprache ist und

2. sich alle Probleme in logischen Programmiersprachen hervorragend lösen lassen.

Die Effizienz liegt zur Hälfte darin, daß das Herzstück von Prolog entweder ein interpretierendes System oder ein inkrementeller Compiler ist. Und solche Systeme zeichnen sich i.d.R. durch folgende Eigenschaften aus:

- Eine große Geschwindigkeit der *Edit-* und *Test-Zyklen*.

- Die Möglichkeit des *unparse* oder *decompile*, also das Vorhandensein der Quellanweisungen beim Ablauf.

- *Source-orientierte Debugger.*

- Generische E/A-Anweisungen (**write/1** und **read/1**).

- Äquivalenz von Programm und Daten, damit ein *Meta-call* und ein einfacher Bau von *Analyse-* und *Synthese-Werkzeugen* für die Programm-Entwicklung.

Meist haben wir aber *Ablauf-* und *Speicher-Effizienz* im Auge, wenn wir Effizienz sagen. Ich halte es für töricht, mit Argumenten wie "in 10 Jahren sind unsere Maschinen 100mal so schnell" Ineffizienzen zu *ignorieren*. Denn wir nehmen uns (alle?) gerade die Probleme vor, die mit Hilfe unserer Werkzeuge gerade noch lösbar sind. Somit kompensieren wir steigende Leistungsfähigkeit unserer Hard- und Software durch den Umfang unserer Probleme. Deshalb bleibt das Problem der Effizienz immer aktuell. Konkret gesagt: Wir arbeiten an der Entwicklung der Prolog-Programmierumgebung *ProLab*. Ihre Werkzeuge sind nahezu völlig in Prolog implementiert. Probleme, die dafür gelöst werden müssen, sind z.B. Typ-Checker, Versions- und Konfigurationsverwaltung. Ein Sun-Arbeitsplatzrechner der 100- (besser der 200-) Serie mit 4 MB Hauptspeicher macht meine Arbeit heute streßfrei.

Ich habe gehört, daß in der "alten" Kultur des *Lisp-Programmierens* ein reicher Erfahrungsschatz existiert, die Effizienz von Programmen zu vergleichen. Auf Prolog übertragen, müßte das ungefähr so aussehen:

- Ein Effizienzkriterium ist die Zahl der logischen Inferenzen, die ein Programm für einen typischen Datensatz benötigt. Dieser Wert hängt i.d.R. von den Parametern ab (z.B. der Länge einer Liste, der Zahl der Funktoren und atomaren Elementen in einem *Ground-term*).

- Ein zweites Effizienzkriterium ist der Aufwand bei der *Datenbank-Verwaltung*, die ein Programm erzeugt. So erzeugt ein Programm, das den [|]-Operator (destruktiv) zum Abbau von Listen verwendet, weniger Datenbankaufwand als ein zweites, das den Operator (konstruktiv) zum Aufbau einer Liste verwendet. In Beispiel 11 ist die Unterliste **Xs** in **sublist(Xs,AXBs)** einmal als *Prefix eines Suffix* von **AXBs** definiert, einmal als *Suffix eines Prefix*. Ein Programm erzeugt weniger Datenbankaufwand als das andere, oder erzeugen sie gleich viel?

Auf den ersten und zweiten Blick kann ich den Datenbankaufwand nicht abschätzen. Ich sehe daran, daß meine Prolog-Programmier-Kultur nicht das Niveau der Kultur der Lisp-Programmierer hat. Wenn es mit diesem Niveau überhaupt etwas auf sich hat, dann glaube ich, daß das niedrige Niveau nicht nur für mich, sondern nahezu (?) für die ganze "Prolog-Gemeinde" gilt: wir haben zu wenig Erfahrung. Deshalb scheint mir der Ratschlag

- wähle von zwei *gleich verständlichen* Programmen das *effizientere*

ein ziemlich hohler Ratschlag zu sein.[9)

[9)

Anhang N zeigt zu einem trace-listing, daß je nach Parametern verschiedene member-Implementationen sich verschieden verhalten. Der dadurch erzeugte "Aufwand" läßt sich abschätzen. Insofern hat sich die Situation "gebessert".

```
/* prefix( Prefix, List ) :-                               */
/*    Prefix is a prefix of the list List                 */

prefix( [], Ys ) .
prefix( [X|Xs],[X|Ys] ) :- prefix(Xs,Ys) .

/* suffix( Suffix, List ) :-                               */
/*    Suffix is a suffix of the list List                 */

suffix( Xs, Xs ) .
suffix( Xs,[Y|Ys] ) :- suffix(Xs,Ys) .

/* sublist( SubList, List ) :-                             */
/*    SubList is a sublist of the list List               */
/*    1. version: defined as a prefix of a suffix of List  */

sublist( Xs, AXBs ) :- suffix(XBs,AXBs), prefix(Xs,XBs) .

/* sublist( SubList, List ) :-                             */
/*    SubList is a sublist of the list List               */
/*    2. version: defined as a suffix of a prefix of List  */

sublist( Xs, AXBs ) :- prefix(AXs,AXBs), suffix(Xs,AXs) .
```

Beispiel 11: Datenbankaufwand von sublist

12 Das Abstraktionsniveau von Prolog-Programmen

Prolog ist eine *Very-High-Level-Language*. Daraus zieht mancher den Schluß, daß alles, was in dieser Sprache geschrieben ist, auch ein hohes Abstraktionsniveau hat. Dann sieht eine Software-Entwicklungsmethode vielleicht so aus:

- *Requirements Definition*: Natürliche Sprache (äußerst hohes Niveau, nicht ausführbar).

- *Systems Definition*: Prolog (hohes Niveau, ausführbar).

- *Systems Implementation*: C (effizient).

So etwas halte ich für einen gefährlichen *Trugschluß*. Die VHLL-Eigenschaft von Prolog liegt begründet

- im Datentyp **Term**. Dieser Datentyp gestattet eine einfache Darstellung von Bäumen beliebiger Komplexität, auch wenn sie unvollständig sind, also noch durch Variablen bezeichnete Teilbäume enthalten.

- in der *Unifikation* und im *Backtracking*. Beide sind Abstraktionen von der Ablaufsteuerung herkömmlicher Programmiersprachen.

Damit ist aber noch *nichts* darüber ausgesagt, ob die Darstellung einer *Problemlösung* mit Hilfe dieser Sprache ein hohes Abstraktionsniveau hat oder nicht. Zur Illustration habe ich in Beispiel 12 zwei verschieden abstrakte Implementationen des Prädikats **mod(X,Y,Z)** angegeben:

- Eine nichtrekursive Lösung, die ein generierendes **times-Prädikat** verwendet und der abstrakten mathematischen Definition ähnlich ist: der Existenz-Quantor der mathematischen Definition wird durch **times** konstruktiv implementiert.

- Eine rekursive Lösung, in der die mathematische Definition wesentlich konkreter durch wiederholte Subtraktion implementiert ist.

```
/* mod( +integer X, +integer Y, -integer Z ) :-              */
/*    Z is the remainder of the integer division of X by Y   */
/*    1. version: a nonrecursive solution                    */

mod( X, Y, Z ) :- times(X,_Q,W), plus(W,Z,Y), less(Z,Y)  .

/* mod( +integer X, +integer Y, -integer Z ) :-              */
/*    Z is the remainder of the integer division of X by Y   */
/*    2. version: a recursive solution                       */

mod( X, Y, X ) :- X < Y .
mod( X, Y, Z ) :- plus(X1,Y,X), mod(X1,Y,Z) .
```

Beispiel 12: modulo-Rechnung in Prolog

Dieses Beispiel zeigt dreierlei:

- zwei verschieden hohe Abstraktionen bei der Beschreibung eines Problems.

- eine nichtrekursive Lösung, die abstrakter ist als die rekursive. Das Beispiel zeigt auch, daß *Generate- und test-Zyklen* nicht von sich aus ein "niedriges" Programmierniveau darstellen und, daß nicht jede Problemlösung in Prolog allein deshalb rekursiv sein muß, weil es kein klassisches *Assignment* für Variablen gibt.

- die Verwendung der *Hochsprache* Prolog allein ist kein Grund, auf andere Sprachen *herab zuschauen.*

13 Referenzen

1. W.F. Clocksin and C.S. Mellish, *Programming in Prolog*, Springer-Verlag, Berlin, Heidelberg, NewYork, Tokyo(1984), 2nd ed.

2. L. Sterling and E. Shapiro, *The Art of Prolog*, MIT Press, Cambride, MA(1986).

Effizienz verschiedener Implementationen

Beispiel:
```
member1( X,  [X|_] )  .
member1( X,  [_|Xs] )  :-
     member1( X,  Xs )  .


member2( X,  [_|Xs] )  :-
     member2( X,  Xs )  .
member2( X,  [X|_] )  .
```

```
3.    member1(a,[c,b,a])

0     0 CALL: member1(a,[c,b,a])
0     0 TRY : member1(X,[X|_])
0     0 TRY : member1(X,[_|Xs])
1     1 CALL: member1(a,[b,a])
1     1 TRY : member1(X,[X|_])
1     1 TRY : member1(X,[_|Xs])
2     2 CALL: member1(a,[a])
2     2 TRY : member1(X,[X|_])
2     2 EXIT: member1(a,[a])
1     1 EXIT: member1(a,[b,a])
0     0 EXIT: member1(a,[c,b,a])

4.    member2(a,[c,b,a])

0     0 CALL: member2(a,[c,b,a])
0     0 TRY : member2(X,[_|Xs])
1     1 CALL: member2(a,[b,a])
1     1 TRY : member2(X,[_|Xs])
2     2 CALL: member2(a,[a])
2     2 TRY : member2(X,[_|Xs])
3     3 CALL: member2(a,[])
3     3 TRY : member2(X,[_|Xs])
3     3 TRY : member2(X,[X|_])
3     3 FAIL: member2(a,[])
2     2 REDO: member2(a,[a])
2     2 TRY : member2(X,[X|_])
2     2 EXIT: member2(a,[a])
1     1 EXIT: member2(a,[b,a])
0     0 EXIT: member2(a,[c,b,a])
```



```
1.    member1(a,[a,b,c])

0     0 CALL: member1(a,[a,b,c])
0     0 TRY : member1(X,[X|_])
0     0 EXIT: member1(a,[a,b,c])

2.    member2(a,[a,b,c])

0     0 CALL: member2(a,[a,b,c])
0     0 TRY : member2(X,[_|Xs])
1     1 CALL: member2(a,[b,c])
1     1 TRY : member2(X,[_|Xs])
2     2 CALL: member2(a,[c])
2     2 TRY : member2(X,[_|Xs])
3     3 CALL: member2(a,[])
3     3 TRY : member2(X,[_|Xs])
3     3 TRY : member2(X,[X|_])
3     3 FAIL: member2(a,[])
2     2 REDO: member2(a,[c])
2     2 TRY : member2(X,[X|_])
2     2 FAIL: member2(a,[c])
1     1 REDO: member2(a,[b,c])
1     1 TRY : member2(X,[X|_])
1     1 FAIL: member2(a,[b,c])
0     0 REDO: member2(a,[a,b,c])
0     0 TRY : member2(X,[X|_])
0     0 EXIT: member2(a,[a,b,c])
```

Anhang N

Konstruktion interaktiver Anwendungen in einer Prolog-Programmierumgebung

Reinhard Budde, Karin Kuhlenkamp,
Karl-Heinz Sylla, Heinz Züllighoven
Gesellschaft für Mathematik und Datenverarbeitung
Schloß Birlinghoven
D-5205 St.Augustin 1

Abstract

Prototyping ist eine geeignete Methode zur Konstruktion von Software, wenn Anforderungen anfangs nur unklar formuliert sind. Prototyping kann sich auf die Funktionalität eines DV-Systems oder auf die Präsentation der Ergebnisse gegenüber dem Benutzer beziehen. Prolog ist eine geeignete Sprache zum Bau von Prototypen für den *funktionalen* Teil eines Software-Systems. Beim *interaktiven* Teil eines Software-Systems bietet Prolog jedoch nur geringe Unterstützung. Daher ist es wichtig, beim Bau einer Prolog-Programmierumgebung (PU) Mittel bereitzustellen, um Prototypen für den interaktiven Teil genau so gut bauen zu können wie für den funktionalen Teil.

In diesem Papier stellen wir ein Konzept zum Bau von interaktiven Werkzeugen in Prolog vor. Dabei soll die logische Struktur der funktionalen Teile eines Werkzeugs getrennt werden von der Präsentation auf dem Bildschirm. Unser Konzept basiert auf dem **model-view-controller Paradigma** des Smalltalk-Systems, wobei wir logische Programme als *model* verwenden. Die verwendeten Beispiele stammen aus unserer Prolog-PU und sollen zur Erläuterung der Methode dienen.

1   Einleitung

Wir halten Prolog für eine hervorragende Sprache zur Konstruktion des funktionalen Teils eines Software-Werkzeugs (Prolog kann auch als *ausführbare Spezifikationssprache* bezeichnet werden). Die Verwendung seiteneffektbehafteter E/A-Operationenen in Prolog, die nötig sind, um ein Softwares-System interaktiv zu benutzen, ist dagegen problematisch. Interaktive Schnittstellen sind aber nicht nur Voraussetzung für den Bau von Prolog-Anwendungssoftware, sondern auch für die Benutzung einer Prolog-Programmierumgebung(PU).

In diesem Papier verwenden wir die folgenden Begriffe:

- Das technische Ergebnis eines Software-Projekts nennen wir **Werkzeug**. Wir betrachten dabei nicht den Typ der Umgebung, in die das Werkzeug eingebettet ist. Dies kann eine PU (von Programmierern benutzt) oder eine kommerzielle Umgebung (von Endbenutzern benutzt) sein.

- Ein Werkzeug hat zwei Komponenten: eine *Interaktions-* und eine *Anwendungskomponente*.

- Die Interaktionskomponente ist der Teil des Werkzeugs, der die Benutzereingaben entgegennimmt und die Ergebnisse der Anwendung präsentiert.

- Die Anwendungskomponente ist der Teil des Werkzeugs, der die Funktionalität sowie deren Auswirkungen auf die einbettende Umgebung implementiert.

Aus *software-technischen* Gründen sollen die Komponenten soweit wie möglich getrennt konstruiert werden, d.h. es sollten keine unnötigen Abhängigkeiten zwischen beiden bestehen. Dies erleichtert Designentscheidungen und Änderungen jeder der beiden Komponenten (dies ist eine besonders wichtige Forderung im Zusammenhang mit Prototyping). In der objekt-orientierten Welt von Smalltalk finden wir einen Ansatz Lösung zur Trennung von Anwendung und Benutzungsoberfläche: das **model-view-controller Paradigma**. Dieses Paradigma basiert auf dem Modell der Simulation (*computing as simulation*), das in Prolog nicht einfach realisiert werden kann. Um das **model-view-controller Paradigma** in die Welt von Prolog zu transferieren, müßen wir zuerst das **Paradigma** Kontext von Prolog re-interpretieren. Dazu unterteilen wir zunächst die Anwendungskomponente in Einheiten, die eine einfache logische Interpretation haben. Diese Einheiten, auch *Bausteine* genannt, werden dann in eine interaktive Hülle eingesetzt, die selbst aus einer vorgegebenen Menge von *Interaktionstypen* zusammengesetzt ist. Anwendungskomponenten haben keine eigene E/A, sie zählen nur eine Menge (logischer) Lösungen auf, die dem Benutzer durch die Interaktionstypen präsentiert werden. Alle Interaktionstypen werden unter dem Gesichtspunkt einer einheitlichen und software-ergonomischen Oberfläche konstruiert.

1.1   Vergleichbare Ansätze

Viele vorhandene Prolog-Systeme besitzen eine Verbindung zu einem Fenster-System (vgl. Quintus-Prolog, Mac-Prolog, Micro-Prolog). Einige schließen ein standardisiertes Graphikpaket (z.B. GKS) über auswertbare Prädikate an und bieten so eine Schnittstelle an. Dies ist die Basis, aber noch kein Konzept, um interaktive Werkzeuge für eine PU zu entwickeln. Dieses Konzept soll die getrennte Konstruktion und das Verständnis einer (logischen) Anwendungskomponente und ihrer (benutzer-orientierten) Repräsentation als den Komponenten eines Werkzeugs ermöglichen. Vereinfacht formuliert: Der interaktive Aspekt eines Werkzeugs soll objekt-orientiert modelliert werden und der Anwendungsaspekt soll logisch modelliert werden.

1.2 Überblick über das Papier

Das Papier umfaßt konzeptionelle und technische Überlegungen:

- Im konzeptionellen Teil ist das **model-view-controller Paradigma** und dessen Re-Interpretation im Kontext von Prolog beschrieben.

- Im technischen Teil beschreiben wir die Interaktionstypen, die von den interaktiven Komponenten eines Werkzeugs als Bausteine verwendet werden.

  - Ein Beispiel zeigt die wichtigsten Entscheidungen bei der Implementation von Interaktionstypen, insbesondere wie man eine logische Interpretation von Anwendungskomponenten beibehält.

  - Ein zweites Beispiel zeigt, wie man generische Werkzeuge mit dem **model-view-controller Paradigma** bauen kann. Ein konkretes Werkzeug erhält man durch Instanziierung eines generischen Werkzeugs mit einer Anwendungskomponente.

- Im Anhang skizzieren wir die "bottom-up" Implementation des *Window-Managers*, der eine Voraussetzung unseres Konzeptes ist. Der *Window-Manager* basiert auf dem curses/terminfo-Paket und einer minimalen Schnittstelle zwischen diesem Paket und Prolog. Auf diese Weise erreichen Werkzeuge eine hohe Portabilität innerhalb von UNIX-Systemen.

2 Das Model-View-Controller Paradigma

Die Idee ein Werkzeug in eine Interaktions- und eine Anwendungskomponente zu zerlegen, stammt aus dem **model-view-controller Paradigma** von Smalltak [2,3]. Die Interaktionskomponente eines Werkzeugs ist in drei Teile geteilt: **model**, **view** und **controller** (siehe Abbildung 1):

- Das **model** kontrolliert die Anwendungskomponente eines Werkzeugs. Das **model** kennt den aktuellen Zustand der Interaktion zwischen Benutzer und System, besitzt aber keine Information über Einzelheiten der Darstellung. Entsprechend diesem Zustand werden Operationen der Anwendungskomponente vom **model** gerufen und Ergebnisse zur Darstellung zurückgegeben. Das **model** behandelt also die semantischen Aspekte der Anwendungskomponente. In einigen Fällen ist die Anwendungskomponente klein genug, um ins **model** eingebaut zu werden.

- Ein **view** definiert und kontrolliert ein Fenster mit seinen Teilfenstern. Dadurch wird der Teil des physikalischen Bildschirms behandelt, der für die Informationsdarstellung der Anwendung gebraucht wird. Ein **view** berechnet die Aufteilung eines Fensters in Teilfenster entsprechend der spezifizierten Größe, wodurch Fenstergrößen, Positionierungen und Verhältnisse zwischen Teilfenstern festgelegt werden. So wie ein Fenster in Teilfenster unterteilt ist, so ist ein **view** in verschiedene **subviews** unterteilt, die jeweils Regeln zur Berechnung ihrer Teilfenster enthalten.

- Der **controller** regelt die Interaktion zwischen Benutzer und dem Werkzeug. Er interpretiert die Benutzereingabe über die Tastatur oder Maustasten ebenso wie die Position des Cursor oder des Mauszeigers. Alle Informationen werden entweder in anwendungs- oder ausgabeorientierte Aktionen transformiert, d.h. es wird entweder ein **model** oder ein **view** gerufen (z.B. um ein Element hervorzuheben).

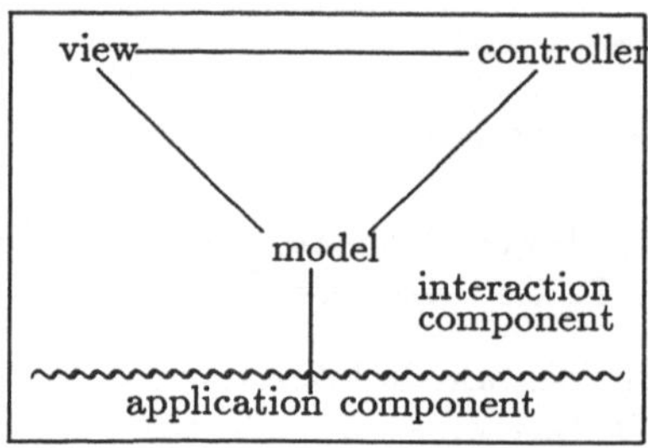

Abbildung 1: Die Komponenten eines **Werkzeugs**

Verschiedene Teile der Interaktionskomponente verbergen verschiedene Entwurfsentscheidungen:

- Der **controller** vereinheitlicht die elementaren Interaktionen zwischen Benutzer und System. Entsprechend verbirgt dieser Teil der Interaktionskomponente die verschiedenen Formen des elementaren Umgangs mit dem System wie Cursor-Bewegungen über die Maus oder durch Cursor-Tasten, Fenster-Selektionen durch ein explizites Kommando (wie **sel** <WindowName>), durch Anklicken mit der Maus oder durch Drücken einer Taste (wie **ESC**) nach Eingabe einer Sequenz von Cursor-Tasten. Durch einen gut entworfenen **controller** kann ein Werkzeug auf einem Arbeitsplatzrechner mit bitmap-Terminal und Maus eleganter bedient werden als mit einem traditionellen alphanumerischen Terminal, trotzdem kann dieses Werkzeug ohne Änderungen der Software von einem alphanumerischen Terminal aus benutzt werden.

- Ein **view** vereinheitlicht das Layout der Daten auf dem Bildschirm. Gewöhnlich benötigt ein Werkzeug mehr als nur eine Fläche zur Datenrepräsentation und der Annahme von Benutzerkommandos. Jedes einzelne **view** muß Mindestanforderungen berücksichtigen, um die zugehörigen Daten darstellen zu können. Die Mindestanforderungen an die gesamte Interaktionskomponente eines Werkzeugs wird dadurch bestimmt, daß alle individuellen Anforderungen der **views** zusammengefaßt werden und ein entsprechendes Fenster der Interaktion zugewiesen wird. Somit sind die **views** für eine optimale Präsentation der Daten, unabhängig von verschiedenen Bildschirmen oder Fenstergrößen, verantwortlich. Dies bedeutet z.B. , das wenn ein Fenster vergrößert wird, nicht jedes Teilfenster in der gleichen Weise vergrößert wird. Nur diejenigen **view**-Flächen werden vergrößert, für die eine Vergrößerung auch sinnvoll ist (z.B. für solche die Source-Code in einer PU zeigen, nicht aber die, die ein 1-aus-n-Auswahlmenü darstellen).

- Das **model** vereinheitlicht die Schnittstelle zur Anwendungskomponente. Entsprechend dem Stand der Interaktion (z.B. ein Element eines 1-aus-n-Auswahlmenüs ist ausgewählt oder ein Mausknopf ist gedrückt) wird die Anwendungskomponente gerufen. Wie (und wie oft) Daten auf dem Bildschirm repräsentiert werden, oder ob Daten verdeckt sind, ist aus der Sicht der Anwendungskomponente weder wichtig noch bekannt.

3 Anwendung des Model-View-Controller Paradigmas auf Prolog Werkzeuge

Das **model-view-controller Paradigma** muß vor dem Hintergrund einer objekt-orientierten Herangehensweise betrachtet werden. Da Prolog auf dem Konzept des logischen Programmierens beruht, scheint eine Übernahme des **model-view-controller Paradigmas** widersprüchlich zu sein. Aber logische und objekt-orientierte Entwurfsprinzipien ergänzen sich eher.

Gewöhnlich besteht ein **model** aus einem Prädikat zur Transformation eines Gedächtnisses, das einen interaktiven Zustand beschreibt, in einen neuen Zustand anhand des Ergebnisses einer Benutzeraktion. Entsprechend muß der Programmierer für jedes neue **Werkzeug** ein neues **model** entwerfen.

```
aModel(Result,MemoryIn,MemoryOut) :-
    ...
    .
```

Ein **view** besteht gewöhnlich aus einer Berechnungsregel für die Fenstergröße. Die **views** sind für die automatische Anpassung eines **Werkzeugs** an verschiedene Fenstergrößen und verschiedene Fenster-Layouts verantwortlich. Sie werden meist aus einem Vorrrat vordefinierter Interaktionstypen genommen. Jeder Interaktionstyp ist durch ein **view** und einen entsprechenden **controller** implementiert.

```
aView(WdwSpecs,WdwSizes) :-
    ...
    .
```

Ein **controller** behandelt die speziellen Interaktionen des Werkzeugs. Wir unterscheiden zwei **controller**-Typen:

- **Interaktion-controller** behandeln einen speziellen Interaktionstyp, z.B. Kontrolle der Textausgabe in einem Fenster oder Verwaltung des Auswahlvorgangs in einem Menü. In Kapitel 5 sind die wichtigsten Interaktionstypen, für die **Interaktion-controller** (und **views**) in unserer PU implementiert wurden, aufgelistet. Ein **controller** interpretiert die Benutzereingaben von der Tastatur oder der Maus ebenso wie Cursor- und Maus-positionen. Die Benutzereingabe wird entweder in Informationen für ein **model** umgesetzt in eine veränderte Darstellung der ausgegebenen Daten.

- **Werkzeug-controller** realisieren den Umgang mit einem Werkzeug, indem sie ein Fenster aufbauen (durch Aufruf der **view**-Komponente), die Interaktionen steuern (durch Aufruf der Interaktionskomponenten) und die Operationen des Werkzeugs aktivieren (durch Aufruf des **models**). Ein **Werkzeug-controller** ist gewöhnlich ein *tail*-rekursives Prädikat und muß für jedes neue **Werkzeug** entworfen werden. Der Name des **Werkzeug-controller** ist nach unserer Konvention gleich dem des **Werkzeugs**.

```
a_Toolcontroller(LastResult,CtrlMemory,ModelMemory) :-
    set_up_wdw(LastResult,CtrlMemory),
        interaction(NewResult,CtrlMemory,NewCtrlMemory),
            a_model(NewResult,ModelMemory,NewModelMemory),
                a_Werkzeugcontroller(NewResult,NewCtrlMemory,NewModelMemory)
```

3.1 Ein Entwurfprinzip für interaktive Werkzeuge

Die Re-Interpretation des **model-view-controller Paradigmas** führt zu einem generellen Prinzip des Werkzeug-Entwurfs:

> Die Anwendungskomponente wird durch die Interaktionskomponente (d.h. das **model**-Prädikat) gerufen (oder gesteuert).
>
> Die Anwendungskomponente ruft niemals ein Interaktionsprädikat.

Unsere Erfahrung mit der Konstruktion interaktiver Werkzeuge zeigt, daß dieses Prinzip zu gut strukturierten Werkzeugen führt. Beim Entwurf der Anwendungskomponente ist es wichtig, daß der Software-Ingenieur sich auf die *semantischen Aspekte* des Werkzeugs konzentrieren kann und alle Betrachtungen über E/A-Seiteneffekte beiseite läßt. Testen und Fehlersuche wird dadurch ebenfalls erleichtert. Wenn man dagegen versucht E/A-Teile in die Anwendung einzubauen gehen diese Vorteile verloren. Dies gilt auch dann, wenn ein E/A-Prädikate als komplexe Operation zur Verfügung steht (z.B. Ruf eines pop-up-Menüs, das eine Auswahl zurückliefert).

Wir halten die folgende Methode zum Bau von Werkzeugen für sinnvoll:

- Zuerst implementiert der Software-Ingenieur einen Prototypen der Anwendungskomponente und fügt einen simplen Interaktions-Prototypen hinzu (möglichst aus einem Vorrat an Mustern (*templates*)). Dann diskutieren Endbenutzer und Software-Ingenieur diesen ersten Anwendungs-Prototyp, um zu einer Grundlage für die Entwicklung weiterer stabilerer Prototypen der Anwendung zu gelangen (die schließlich als "Blau-Pause" für das endgültige System dienen, oder selbst Teil des Zielsystems werden können).

- In einem zweiten Schritt konzentrieren sich der Software-Ingenieur und die Endbenutzer auf die Entwicklung einer passenden Interaktionskomponente (die einfach an die unterschiedlichen Arbeitsstile der verschiedenen Benutzer angepasst werden kann).

4 Interaktionstypen

Es gibt zwei widersprüchliche Ziele bei der Gestaltung software-ergonomischer Interaktionen:

- **Flexibilität** der Interaktion: Werkzeuge werden ein glattes Verhalten nur dann zeigen, wenn der Programmierer genügend Hilfsmittel besitzt, um die Interaktionskomponente den verschiedenen Benutzeranforderungen anzupassen.

- **Standardisierung** der Interaktion: Komplexe Software-Systeme werden nur dann akzeptiert, wenn das Wissen über den Umgang mit einem Werkzeug auf ein anderes Werkzeug übertragen werden kann, d.h. wenn es eine überschaubare Menge von Grundtechniken zur Benutzung verschiedener Werkzeuge gibt.

Als eine Konsequenz sollte ein kleiner Vorrat (etwa 10 bis 20) an vordefinierten Interaktionstypen vorhanden sein. Sie sind so entworfen, daß sie ein kompatibles Verhalten zeigen. Es genügt den entsprechenden Interaktionstyp zu kennen (der je nach Hardware, wie etwa Bitmap, Maus, usw. wechseln kann), um zu verstehen wie irgendein Werkzeug zu benutzen ist. Neue Interaktionstypen sollten mit Blick auf diese Erfordernisse entworfen werden. Interaktionstypen sind die Bausteine der Interaktionskomponenten. Beim Entwurf einer kleinen Anzahl von einfach verständlichen Interaktionstypen glauben wir, einen vernünftigen Kompromiß für die oben dargelegten Entwurfs-Ziele gefunden zu haben.

Jeder Interaktionstyp besteht aus einem

- **view**, das wiederum aus Prädikaten zur Berechnung der Fenstergröße, zur Initialisierung der Fenster und zur Datenausgabe besteht, und eines

- **Interaktion-controller**, der Eingaben des Benutzers akzeptiert und interpretiert.

Die folgenden *Interaktionstypen* sind als Teil unserer PU verfügbar und können von einem Programmierer bei der Implementation eines Werkzeugs benutzt werden:

- **select_1:** Anwendungen werden durch Auswahl von Optionen aus einem festen[1] Menü gesteuert. Genau ein Element des Menüs kann interaktiv selektiert werden. Ein Element kann als vorselektierte Auswahl (default) definiert werden.

- **select_n:** Anwendungen werden durch Auswahl von Optionen aus einem festen Menü gesteuert. Ein oder mehrere Elemente eines Menüs können interaktiv selektiert werden. Hier kann eine Liste von Elementen als Vorauswahl definiert werden.

- **switch:** Anwendungen werden durch einen n-stelligen Schalter gesteuert. Der Schalter kann zwischen seinen möglichen Werten interaktiv hin- und her-geschaltet werden.

- **button:** Anwendungen werden durch einen Knopfdruck gesteuert. Wenn der Knopf gedrückt wird, wird ein entsprechendes Ereignis (Aufruf eines Prädikats oder einer *exception*) generiert.

- **list_scroll:** Anwendungen werden durch eine generierte[2] Liste von Lösungen gesteuert. Die Ausgabe kann vor- und rückwärts geblättert werden, d.h. es kann nach Lösungen gesucht werden. Die an diesen Interaktionstyp übergebenen Auswahl-Elemente werden in einem Ausgabespeicher gehalten.

  Die folgenden Erweiterungen sind verfügbar:

  - Elemente werden nur ausgegeben (ohne Auswahlmöglichkeit).
  - Eine Teilliste der ausgegebenen Liste von Lösungen kann interaktiv ausgewählt werden.
  - Lösungen, die mehrfach vorkommen, werden nur einmal ausgegeben (Duplikate werden bei der Ausgabe unterdrückt).
  - Lösungen werden über mehr als eine Instanziierung des Interaktionstyps angesammelt (um etwa ein Protokoll aufzubauen).
  - Lösungen werden in Form eines Stacks hinzugefügt und gelöscht.

- **fill_in:** Anwendungen werden mit Hilfe von formatierten Eingaben gesteuert. Daten können auf Anforderung in einem Fenster eingegeben und durch einen *cut-and-paste* Editor editiert werden. Die Syntax der Sequenz von Tastenanschlägen wird mit einer *definite-clause-grammar* geprüft, die Eingabe eines gültigen Prefix oder eines Satzes der Grammatik sicherzustellen.

- **acknowledge_or_edit:** Anwendungen werden durch Terme, die während einer Interaktion aufgebaut werden, gesteuert. Ein Prolog-Term kann (vor dem Aufruf der Anwendungskomponente) interaktiv editiert oder bestätigt werden.

Diese Menge von Interaktionen ist ausreichend für einen großen Bereich von Anwendungen in unserer PU. Weitere Interaktionen sind denkbar und werden implementiert, jedoch sind wir der Meinung, daß diese Menge eine geeignete Grundlage für eine Standardizierung der Interaktionen zwischen dem Benutzer und der Anwendung innerhalb einer PU bildet.

---

[1] "fest" bedeutet, daß der Interaktion eine vordefinierte Liste von Auswahl-Elementen übergeben wurde.

[2] "generiert" bedeutet, daß ein Prädikat, dessen Lösungen die Elemente der Auswahl liefert, der Interaktion übergeben wurde.

5 Beispiel: Entwurfsentscheidungen für den Interaktionstyp *list_scroll*

In diesem Beispiel wollen wir die Entwurfsentscheidungen eines Interaktionstyps diskutieren, der für die Repräsentation von Lösungen eines Goals (Generator genannt) benutzt wird.

Zuerst erklären wir, was mit *Generator* gemeint ist: Jedes in Prolog geschriebene Prädikat ist implizit über seine Variablen universell quantifiziert. Die Berechnungs- und Auswahlregel des Prolog-Interpreters führen zur sequentiellen Aufzählung aller Beweise eines Prädikats. Die verschiedenen Instanziierungen der Variablen während der Aufzählung nennen wir die Lösungen des Prädikats. Wir definieren einen Generator als ein Paar *(Term, Goal)*. Im allgemeinen existiert mindestens eine gemeinsame Variable zwischen *Goal* und *Term*, wobei die verschiedenen Lösungen von *Goal* im komlexen Ergebnis-*Term* zusammengesetzt werden können.

Generatoren können wie folgt aussehen:

1. **(Integer,member(Integer,[1,2,3,4,5,6,7,8]))**

   ist ein Generator zur Aufzählung der Zahlen von 1 bis 8.

2. **(NotEqTwo,(member(NotEqTwo,List),NotEqTwo \= 2))**

   ist ein Generator zur Aufzählung aller Elemente von **List**, die ungleich 2 sind.

3. **(X,(clause(a(X,4),Body),Body \= true))**

   ist ein Generator, der den ersten Parameter aller Regeln mit dem Head a(_,4) ausgibt, soweit sie keine Fakten sind.

4. **(Solution,prologInterpreter(Goal,Solution))**

   ist ein Generator zur Aufzählung aller Lösungen eines angegebenen Goals, d.h. die ist die *top-level* Schleife des laufenden Prolog-Systems.

Generatoren wie diese können in einen *list_scroll* Interaktionstyp gesteckt werden. Technisch gesehen wird der Generator, dessen Lösungen präsentiert werden sollen, als Parameter übergeben und als *Meta_Call* ausgeführt.

Der Interaktionstyp bietet dem Benutzer folgende Möglichkeiten:

- Zeige die Lösungen, die in ein Fenster passen, dann, nach Bestätigung durch den Benutzer zeige weitere Lösungen auf der nächsten "Seite"

- Blättere vor- und rückwärts in der Liste der Lösungen

- Suche und Positioniere in der Liste der Lösungen

- Reduziere die präsentierten Lösungen auf diejenigen, die einem vom Benutzer vorgegebenen Muster entsprechen

- Liefere eine Teilliste (für die weitere Bearbeitung)

All diese Möglichkeiten der Interaktion haben keinen Einfluß auf den vom Interaktionstyp "betriebenen" Generator. Ob Lösungen des Generators in einem Fenster präsentiert werden oder ob er nur als Teil einer anderen Anwendungskomponente benutzt wird, wird völlig vom Generator verborgen. Somit erlaubt das **model-view-controller Paradigma** viel mehr Entwurfsentscheidung vor der Anwendungskomponente zu verbergen als es der Gebrauch von komplexen E/A-Prädikaten (wie **popupMenue(...)**) tun würde.

Was aus dieser (technischen) Entscheidung folgt, ist:

> Ein Generator, als Teil einer Anwendungskomponente, wird durch Prädikate des Interaktionstyps *list_scroll* gerufen (oder gesteuert). Ein Generator selbst ruft niemals ein Interaktions-Prädikat.

Da viele Generatoren in einer PU gebraucht werden, stellt der *list_sroll* Interaktionstyp eine einheitliche Form der Darstellung und Handhabung für diese wichtige Klasse von Prolog-Prädikate bereit.

6 Beispiel: Entwurfsentscheidungen für ein generisches Werkzeug

Das vorherige Beispiel betrachtete einen Interaktionstyp. In diesem Kapitel dagegen wollen wir einen *Werkzeuggenerator* betrachten. Viele Lösungen von Programmierproblemen basieren auf folgendem Schema: ein Goal (Anfrage) wird einer Anwendungskomponente übergeben, die ihrerseits (ein oder mehrere) Lösungen generiert. Beispiele sind die Kommandosprache eines Betriebs-Systems, die *top-level*-Schleife eines Prolog-Interpreters, ein Werkzeug zur Evaluierung von Lamda-Ausdrücken oder zur Simulation eines Tachenrechners. Die Semantik einer derartigen Anwendungskomponente kann einfach als eine Relation zwischen dem (Eingabe-) Goal und der (ausgegebenen) Lösung definiert werden. Wir können einen generischen Werkzeuggenerator, der auf dem **model-view-controller Paradigma** beruht, für die ganze Klasse solcher Anwendungskomponenten bereitstellen. Deren Interaktionskomponente enthält

- Editieren der Komponenten eines Goals,

- ein Gedächtnis von Goals und Lösungen,

- das wiederholte Editieren und Ausführen von vorher bereits eingegebenen Goals.

Von einem generischen Werkzeuggenerator

```
genericTool(Goal,Solution,Application)
```

wird ein (konkretes) Werkzeug abgeleitet durch Prädikate, wie

```
prologTool :- genericTool(Goal,Binding,prologInterpreter(Goal,Binding)).
```

Die Interaktionskomponente setzt sich aus vier verschiedenen Interaktionsteilen zusammen (die auf drei verschiedene Interaktionstypen zugreifen):

- **fill_in**: Eingabe oder Editieren eines Goals

- **select_1**: Auswahl eines Werkzeugkommandos (eine Kommandoliste ist in Abbildung 2 abgebildet)

- **list_scroll**: Darstellung des Protokolls der eingegebenen Goals (wobei die Auswahl eines vorherigen Goals möglich ist)

edit	member(X,[1,2,3,4])
re-execute	X = 1
quit	X = 2
append(L,M,N).	X = 3
member(3,[1,2]).	X = 4
member(X,[1,2,3,4]).	no
member(X,[1,2,3,4]).	

Abbildung 2: Window-Layout von **prologTool**

- **list_scroll**: Darstellung der Lösungen (eine Auswahl von Lösungen ist nicht möglich)

Da die Interaktionstypen in unserer PU vordefiniert sind, sind die entsprechenden Interaktions-controller und **views** bereits implementiert. Die Implementation des generischen Werkzeugs **prologTool** findet sich im Anhang. Der **Werkzeug-controller** wählt die Interaktionstypen entsprechend der Eingabe des Benutzers und ruft das **model** mit einem Term, der die ausgewählten Kommandos und Goals beschreibt. Das **model** ruft die Anwendungs-komponente und liefert eine Lösung nach der anderen an den **Werkzeug-controller** zurück. Der **Werkzeug-controller** ist seinerseits verantwortlich für die Darstellung der Lösungen im Protokoll-Fenster. **Model** und **Werkzeug-controller** sind in unserem Beispiel so klein, das sie in einem Prolog-Prädikat integriert werden können, ohne die Verständlichkeit des generischen **Werkzeug-Generators** zu zerstören.

Das Prototyping eines Werkzeuges, das auf einem **goal** → **result** -*model* basiert, ist so reduziert auf die Implementierung einer reinen Funktionalität der Anwendungs-Komponente. Ein interessantes Beispiel für die Mächtigkeit dieser Technik ist das Werkzeug:

```
listing :- genericTool(Head,Head:-Body,clause(Head,Body)).
```

7 Schlußfolgerung

Heute entwickeln sich Prolog-PUs rasch weiter. Neue Werkzeuge werden implementiert und werden häufig verändert. Die einfache Veränderbarkeit und die Verständlichkeit von Werkzeugen sind wesentliche Enwicklungsziele. Eine klare Trennung zwischen der Funktionalität der Werkzeuge und der Repräsentation auf dem Bildschirm ist ein Schlüssel zur Lösung. Unsere Erfahrungen zeigen, daß das **model-view-controller Paradigma** ein mächtiges Konzept zur Entwicklung von interaktiven Werkzeugen in einer logischen Programmiersprache ist, obwohl seine Herkunft aus objekt-orientierten Welt dem zu widersprechen scheint.

Die beschriebenen Interaktionstechniken sind in einer Programmierumgebung für Prolog implementiert (siehe **ProLab**, *A Prolog Programming Environment, User's Manual*). Die PU läuft in einer Unix-Umgebung unter BSD und System V. Wir benutzen ein Standard-Prolog-System [1], dessen elementare E/A-Operationen, wie im Anhang beschrieben, modifiziert wurden. Die PU ist seit Anfang 1986 lauffähig.

7.1 Referenzen

1. W.F. Clocksin und C.S. Mellish, *Programming in Prolog*, Springer-Verlag, Berlin, Heidelberg, New York, Tokyo (1984), 2nd edition.

2. A. Goldberg und D. Robson, Smalltalk-80: *The Language and Its Implementation*, Addison Wesley (1983).

3. A. Goldberg, Smalltalk-80: *The Interactive Programming Environment* , Addison Wesley (1984).

8 Anhang

8.1 Implementation des Model-View-Controller Paradigmas in einer Prolog-PU

Das **model-view-controller Paradigma** basiert auf einem Fenster-System. Um die Portabilität einer Prolog-PU aufrecht zu erhalten, haben wir den Window-Manager durch eine minimale Schnittstelle zu *curses* und dem *terminfo-Paket* implementiert. Beschreibungen und Tutorials finden sich in der Dokumentation des Unix-Systems *(termcap(3), curses(3)* für BSD und *terminfo(3)* für System V).

In diesem Anhang wollen wir die Entwurfsentscheidungen für den Window-Manager vorstellen.

Fenster-Systeme brauchen einen Speicher, um ihren aktuellen Zustand aufzubewahren. Das ist notwendig, um zwischen verschiedenen Fenstern umschalten zu können, wobei der Inhalt jedes Fensters, die Cursor-Position und der Fenstername gespeichert und richtig wiederhergestellt werden müssen, sobald ein Fenster erneut aktiviert wird. Somit zeigt ein Fenster wesentliche Merkmale eines *Objektes.*

Eine Implementierung dieser Merkmale eines Fenster-Systems in Standard Prolog ohne umfangreichen Gebrauch von nicht-logischen Prädikaten, würde zu unnötiger Komplexität und zur Mißachtung des software-technischen Prinzips des *Information Hiding* führen. Um die Verwendung von nicht-logischen Prädikaten möglichst einzugrenzen, haben wir drei Schichten entworfen:

1. die *Hardware*-Schicht,

2. die Schicht der *Basis-Operationen* und

3. die Schicht des *Window*-Managers.

8.1.1 Die Hardware-Schicht

Die Hardware-Schicht ist eine Abstraktion von der Terminal-Hardware. Sie unterstützt Darstellung, Verschiebung und Ausgabe für eine nicht begrenzte Anzahl von rechteckigen Flächen auf dem Bildschirm. Die Unix-Pakete *termcap* und *curses* (oder *terminfo* unter System V) stellen diese Grundfunktion bereit. Wir bezeichnen dieses System im folgenden als *curses.*

8.1.2 Die Basis-Operationen

Die *Basis-Operationen* verbinden Prolog mit der Hardware Schicht. Diese Schicht besteht nur aus der Regel **window,** einem Basis-Prädikat (implementiert in C). Die Kommunikation zwischen Prolog und dem Window-Manager ist "stream"-orientiert. Der erste Parameter von **window** enthält eine Liste von Kommandos, die umgewandelt werden in Namen und Parameter von einem oder mehreren *curses*-Aufrufen. Der zweite Parameter von **window** wird bei erfolgreicher Beendigung mit dem Atom **true** unifiziert; im Falle eines Fehlers mit der noch nicht abgearbeiteten Restliste, die mit dem fehlerhaften Kommando beginnt. Das folgende Prädikat zeigt als Beispiel, wie man ASCII-Zeichen einliest und dann auf dem Bildschirm ausgibt:

```
window([getch,Ascii,putch,Ascii,refresh],Result), ...
```

Das Prädikat initiiert drei Aufrufe von *curses*-Prozeduren: *getch(ascii)*, *putch(ascii)* und *refresh()*.

Diese Schicht der Basis-Operationen dient nur dazu, Parameter zwischen Prolog und der *curses* Basismaschine zu transformieren. Dafür muß der Prolog-Interpreter einige primitive Prädikate zur Verfügung stellen:

- Konvertiere eine Prolog-Zeichenkette in eine C-Zeichenkette und umgekehrt.

- Konvertiere eine Prolog-Zahl in eine C-Zahl und umgekehrt.

- Konstruiere einen Term aus einem Atom als Funktornamen und n (Parameter-) Termen.

- Zerlege einen Term in ein Atom als Funktornamen und n (Parameter-) Termen.

- Unifiziere zwei Terme.

Dieser minimale Umfang der Schicht der Basis-Operationen bietet zwei Verteile:

- Die Schnittstelle zum Prolog-Interpreter ist sehr schmal. Dies erhöht die Portabilität des Window-Managers.

- Testen und Fehlersuche kann fast vollständig innerhalb des Prolog-Teils des Systems vorgenommen werden. Das erhöht erheblich die Entwicklungsproduktivität.

8.1.3 Der Window-Manager

Die *curses*-Aufrufe sind noch sehr elementar. Darum ist oberhalb eine (vollständig in Prolog implementierte) Schicht vorhanden die Fenster-Operationen auf höherem Niveau anbietet, wie man sie von weiterentwickelten Fenster-Systemen her kennt.

Der Window-Manager besteht aus Prolog-Regeln, die folgende Fenster-Operationen implementieren:

- erzeugen,

- löschen,

- verschieben und die Größe verändern,

- auswählen,

- verändern des Inhalts.

8.1.4 Fenster und Teilfenster

Fenster werden mit **w_cr** erzeugt und mit **w_del** gelöscht. Fenster können Rahmen und Beschriftungen haben. Ihre Größe ist nur beschränkt durch die Größe des physikalischen Schirms. Fenster können überlappen. Zu jeder Zeit ist ein Fenster *ausgewählt* und dadurch *aktiviert*. Ein- und Ausgabe beziehen sich auf das aktivierte Fenster.

Teilfenster innerhalb eines Fensters werden durch eine Baumstruktur definiert, deren Knoten die horizontale und vertikale Unterteilung des Fensters beschreiben. Die Blätter dieser Baumstruktur bestehen aus Deklarationen der Interaktionstypen, die sich auf das zugehörige Teilfenster beziehen. Ein Fenster mit den drei Teilfenstern **fileWdw**, **cmdWdw** und **textWdw** kann folgendermaßen definiert werden:

```
w_cr( subwindows(hor( fill_in(fileWdw,'enter FileName',20),
                      select_1(cmdWdw,[consult,reconsult,show],show),
                      base(textWdw, greater_equal(10),greater_equal(10)) ) )
      label(edit) )
```

Im Falle dieses Beispiels werden die genaue Position eines Fensters und seine Größe vom Benutzer interaktiv abgefragt. Die Unterteilung eines Fensters in Teilfenster wird aus der Baumstruktur **subwindows(Tree)** abgeleitet. Alle Knoten von **Tree** sind definiert durch Ausdrücke vom Typ

```
ver( SubTree1, SubTree2, ...)
```
unterteile ein Fenster vertikal

oder

```
hor( SubTree1, SubTree2, ...)
```
unterteile ein Fenster horizontal

SubTree kann entweder ein weiterer Knoten oder ein Blatt sein. Blätter entsprechen Interaktionstypen, z.B.:

```
fillin( WdwName, PromptText )
select_1( WdwName, ListOfItems, PreSelectedItem )
select_n( WdwName, ListOfItems, ListOfPreSelectedItems, CursorItem )
list_scroll( WdwName, LineRequirements, ColRequirements )
switch( WdwName, SwitchName, SwitchValues )
```

Die **view**-Komponente benutzt einen zweistufigen Algorithmus, um die tatsächliche Größe des Fensters zu berechnen:

- Zuerst werden alle Einschränkungen der einzelnen Spezifikationen für Teilfenster von den Blättern her zusammengefaßt. Diese Einschränkungen werden von den **view**-Komponenten eines jeden Interaktionstypen berechnet (so wird z.B. im Fall von *select_1* die Anzahl der Elemente und die Größe des längsten Elements berücksichtigt und dann vom Teilfenster gefordert, daß es mindestens so groß sein muß, um diese Daten aufzunehmen) oder die Größenangaben liegen bereits fest (z.B. im Fall von *base* durch einen Term wie **greater_equal(Count)**, **equal(Count)** oder **dont_care**).

- Dann wird top-down die Konsistenz der Teil-Spezifikationen geprüft, wobei den variablen Deklarationen wie **greater_equal(10)** oder **dont_care** feste Werte zugewiesen werden.

Diese Technik der Größen-Zuweisung eignet sich zur flexiblen Veränderung der Fenstergrößen.

Integrating Model Theoretic and Proof Theoretic Interpretation of Logic Programs

Udo Pletat
IBM Deutschland GmbH
Science and Technology - LILOG
P. O. Box 80 08 80
D-7000 Stuttgart 1
West Germany

Abstract

We present an interpretation algorithm for pure logic programs, in the sense of a many-sorted Horn logic, which combines both model and proof theoretic evaluation of goals. While proof theoretic goal evaluation is the standard deductive mechanism of proving a goal from a set of Horn clauses, the model theoretic aspect goes back to searching a model for a solution of the given goal. Since models of logic programs tend to be infinite and we want to store our models in a relational database, we can consider only finite excerpts of models, called views in our discussion. The idea of the integrated truth checking algorithm is to solve a goal by first consulting the database for a possible solution and to initiate a deduction process in case no such immediate solutions can be found. We prove that this evaluation strategy is correct but - in general - not complete.

1. Introduction

The interpretation of pure logic programs, i. e. sets of Horn clauses, may be supported by giving an interpreter access to a collection of precomputed solutions of goals. This approach is motivated by the idea that tedious deductions of solutions may be avoided if we keep a reservoire of already proven facts, see also [BEKLS 86].

Our discussion deals with the interpretation of pure and many-sorted logic programs. Many-sortedness is studied since it requires only a small step from a one-sorted logic to a many-sorted one. Furthermore, a typed logic programming language imposes a certain discipline on the programmer that prevents him from making errors due to ill-typing. This is of course at the price of a little bit of inflexibility compared to an untyped (or one-sorted) language like PROLOG, see [CM 84].

The interpretation mechanism we propose combines two ways of checking the validity of a query to a logic program

- the standard deductive approach

- by searching within a given model

Since searching within a model seems only sensible if the reservoire of precomputed solutions (i. e. we consider a model of a program as a collection of valid facts) is large enough, it is natural to store these solutions using a database system. This leads to the general idea of supporting the evaluation of logic programs by means of database systems. Since the evaluation of logic programs is based on the so-called Herbrand model (people dealing with many-sortedness usually call it the initial model) for a program, the data base will have to store a part of this standard model for a program.

The basic idea behind our algorithm is that whenever we evaluate a goal $p(t_1, \ldots, t_n)$, the first step is to perform a lookup in the (part of the) model stored in the database and to check whether the relation associated to the predicate p contains a tuple $(u_1, \ldots, u_n)$ such that $p(t_1, \ldots, t_n)$ and $p(u_1, \ldots, u_n)$ match. If this is the case we call the corresponding substitution establishing the match an immediate solution to our goal. If no such immediate solution exists we initiate a deduction process in order to prove the goal. This deduction recursively attempts to prove subgoals of the original again with the help of model lookups.

This concept of integrating a database into the evaluation process for logic programs deviates from various other approaches in different aspects which are discussed below.

- The database as a background store for ground facts

    Several authors ([CGW 86], [JV 84]) discuss the question of how to use a database as an external medium for storing (huge amounts of) ground facts. This approach is based on two basic ideas: (1) the entire rule base of a logic program is the disjoint union of its in-core part and the ground facts stored in the database; (2) there is only a deductive truth checking mechanism and during a proof constant facts will be loaded into the interpreter.
    Thus, only such facts are stored in the database for which we have a deduction consisting of a one-step proof which still has to be

performed by an (PROLOG) interpreter. In contrast to that, we allow
for arbitrary provable literals in the database no matter whether a
fact or a set of rules justifies the presence of that literal in
the database.
Ullman´s   approach   ([Ul   85])   interprets factual   knowledge
immediately as solutions to a goal.

- Evaluation of Horn clauses using database operations

There are several approaches to evaluate queries wrt a set of Horn
clauses by means of database operations. The key ideas of these
approaches are that logical conjunction and disjunction appearing
in logic programs have the database operations of join and union as
their equivalent counterparts.
[Ba 85] and [GKB 86] use this correspondence in order to interpret
Horn clauses as a set of fixpoint equations between terms of
relational algebra. The iterative fixpoint computation discussed
by these authors is one way to finitely approximate the relations
which are assigned to the predicates of a logic program within the
standard Herbrand model. In this approach, queries to a logic
program are evaluated by generating a database query out of the
query to the logic program and to run it against the computed
database relations. This faces the problem that a database can
only store finite approximations of possibly infinite fixpoints
which means that further approximation steps may have to be
performed before being able to deliver an answer to a query.

[Ul 85] discusses an evaluation mechanism for logic programs that
is based on database operations. Given a collection of database
relations representing ground factual knowledge it is advocated
that constructing an And/Or-tree for solving a goal will eventually
reach leaves such that solutions from the database relations can be
obtained. These basic solutions will then be combined to solutions
of the original goal by means of joins, unions and cartesian
product forming. This leads to a bottom up computation of the
solutions to a query. Compared to that approach we are not
restricted to unfold the And/Or-tree down to its leaves in order to
access the database for finding solutions. Instead this may happen
at any level of the tree and thus avoids unnecessary descendings in
the And/Or-tree.

- The relationship between databases and logic

[Re 84] presents a detailed discussion of the correspondance
between databases and logic. He clearly distinguishes two different
views of this relationship. A database can be seen as a model of a
logical theory - which is the model theoretic view - or it can be
considered as a logical theory itself - which is the proof
theoretic point of view. In the end he advocates the proof
theoretic view which leads him to construct a theory from the
tuples in the data base where the tuples in a relation are
considered as ground axioms in literal form. To these basic axioms
of the theory to be constructed a number of further axioms has to
be added which model the so-called Closed World and Closed Domain
and Unique Name Assumptions. The major point about constructing
this theory is that it has the relations of the original database
as its unique model. We have a slightly biased opinion on this
approach. On the one hand the finiteness of a database requires the
proof theoretic approach to impose the assumptions that the world
consists only of what is in the database, which is of course
natural. On the other hand, if what appears as models of this

induced theory is exactly the original theory, the gain we have
from this construction is more of a theoretical interest: to know
the theory describing the data within a database plus the implicit
assumptions about how to work with a database. Then the database
is a model of this theory and query evaluation against a database
means deduction of the query from the induced logical theory.
What is the relationship between Reiter´s work and our idea? Well,
Reiter assumes a database to be given and constructs a theory such
that the database appears as a model for the theory. This means in
the end that he is only interested in theories which allow for
finite models. Such a situation is unrealistic for arbitrary logic
programs which easily tend to require infinite models. Thus we are
somehow enforced to consider a database only as a part of a model
for a logic program and not as the entire model.

On the borderline between logic programming and relational databases
one can observe that approaches for integrating both areas are to a
great extent presented by datbase people rather than by "logic
programmers". This leads to a situation where we know better what
database technology can offer to logic programming than we do know what
logic programming might require as reasonable support from database
technology. Our approach discussed below is that of a logic programmer
(with interests in theoretic aspects of the field) and thus presents
some wishes that database technology should be able to fulfill.

The paper starts with the definition of the syntax of many sorted Horn
logic. Then we stick to model theoretic considerations and discuss the
initial semantics approach to Horn logic. Section 4 introduces the
concept of a view of a logic program´s model. In chapter 5 we present
the integrated truth checking algorithm. The last technical section
demonstrates how to realize the theoretical considerations of model
views using a nonstandrd database system supporting the NF^2 data model.
Finally we draw some conclusions and give some ideas of how the work
described here might be continued.

We assume the reader to be familiar with PROLOG as described in [CM
84]. Moreover basic knowledge on relational databases should also be
available: as a standard oeuvre we recommend [Da 82]. Finally some
interest in theoretical aspects of logic programming might be of help.
Those who don´t have a theoretical background in logic programming are
nevertheless invited to continue reading: the material is almost
selfcontaining and [Ll 84] as well as [GM 86] offer more details.

The author would like to thank Christoph Beierle for his constructive
remarks.

2. The Syntax of Typed Logic Programs

This chapter introduces many-sorted logic programs as Horn clauses
enriched by so-called signatures providing the type information of
operators and predicates occurring in our typed programs. We don´t
consider extralogical features known from PROLOG (see [CM 84]) in our
discussion.
The type concept requires to assign to each operator a string of source
sorts and one target sort; for each predicate we indicate over which
sorts it ranges, and consequently also variables have to be tagged with
a sort. These ideas lead to many-sorted Horn clause logic and are

adopted from algebraic software specification, see for example [ADJ 78] or [EM 85], which have also influenced the language EQLOG presented in [GM 86].

The basic building blocks for logic programs are taken from a reservoire of symbols serving as names for sorts, operators, predicates and variables, respectively.

Definition
Let S be a set of _sorts_.
A family of sets $O = \langle O_{w,s} \rangle_{w \in S^*, s \in S}$ is called an _operator family_. The elements of the sets $O_{w,s}$ are called _operators_.
A family of sets $P = \langle P_w \rangle_{w \in S^*}$ is called a _predicate family_. We call the elements of the sets P_w _predicates_.
A _signature_ is a triple $\Sigma = \langle S, O, P \rangle$ where S is a set of sorts, O is a family of operators wrt S and P is a family of predicates wrt S.

Definition
Given a set of sorts S, a family of _variables_ V wrt S is an S-indexed family of sets $V = \langle V_s \rangle_{s \in S}$.

The construction of terms, literals and clauses below respects the typing of their constituents.

Definition
Let $\Sigma = \langle S, O, P \rangle$ be a signature and V a family of variables wrt S. _Terms_ wrt Σ and V form an S-indexed family $T_\Sigma(V)$ such that

- $v \in T_\Sigma(V)_s$ for $v \in V_s$

- $op(t_1, \ldots, t_n) \in T_\Sigma(V)_s$ for $op \in O_{s_1 \ldots s_n, s}$ where $n \geq 0$ and $t_i \in T_\Sigma(V)_{s_i}$ for $1 \leq i \leq n$

The set of _literals_ $L_\Sigma(V)$ wrt Σ and V contains strings of the form $pr(t_1, \ldots, t_n)$ where

- $pr \in P_{s_1 \ldots s_n}$ for $n \geq 0$

- $t_i \in T_\Sigma(V)_{s_i}$ for $1 \leq i \leq n$

The _clauses_ wrt Σ and V are collected in the set $C_\Sigma(V)$ whose elements are of the form
$$L :- L_1, \ldots, L_n$$
where the L_i and L are literals.
A _query_ has the form
$$:- L$$
where L is a literal. $Q_\Sigma(V)$ denotes the set of queries wrt Σ and V.

Based on these constituents logic programs can now be introduced.

Definition
A _logic program_ is a triple $LP = \langle \Sigma, V, A \rangle$ consisting of a signature $\Sigma = \langle S, O, P \rangle$, a family of variables V wrt S and a set of clauses A wrt Σ and V.

This abstract syntax of logic programs shall be illustrated by means of an example using a concrete but selfevident notation from which the abstract syntactical concepts can easily be recovered. Throughout the paper we will rely on the standard example of concatenating lists by means of a predicate app.

Example

```
program     APPEND
sorts
    elem, elem-list
operators
    a : ---> elem
    b : ---> elem
    c : ---> elem
    [] : ---> elem-list
    [_|_] : elem, elem-list ---> elem-list
predicates
    app : elem-list, elem-list, elem-list
variables
    H : elem
    T, L, R : elem-list
clauses
    app([], L, L).
    app([H|T], L, [H|R]) :- app(T, L, R).
end
```

A query to the above program could be
```
    :- app([a | []], [], L)
```


3. Model Theoretic Semantics of Logic Programs

The model theoretic semantics of logic programs to be developed below
is guided by an algebraic semantics approach, see e. g. [ADJ 78]. As
we are interested in a semantics that serves as the foundation of
implementing logic programs, two requirements should be fulfilled: we
expect the semantics of a program to be uniquely determined, and it
should furthermore serve as the domain in which the computations take
place. Initial term models have become a well-accepted candidate for
such situations, see [GM 86].
The basic idea of this section is thus to generalize the fixpoint
construction of a Herbrand model provided in [AvE 82] to many-sorted
logic programs and to show that this yields the initial model of a
logic program according to the algebraic semantics style.

A model consists of a heterogenous algebra plus a collection of
relations.

Definition
Given a signature $\Sigma = \langle S, O, P \rangle$, a __model__ M is a triple
$M = \langle D, Oass, Pass \rangle$ where

- $D = \langle D_s \rangle_{s \in S}$ is a family of sets, the domains of M

- $Oass = \langle Oass_{v,s} : O_{v,s} \longrightarrow [D^v \longrightarrow D_s] \rangle_{v \in s^*, s \in S}$ is a
  family of functions assigning to each operator op ε $O_{v,s}$ a
  function $op_M : D^v \longrightarrow D_s$.

- $Pass = \langle Pass_v : P_v \longrightarrow \pi(D^v) \rangle_{v \in s^*}$ is a family of functions
  assigning to each predicate pr ε P_v a relation pr_M over D^v.

In the above defniton is introduced π as the powerset forming operator.

The general role of terms is that of being syntactical representatives
of semantical objects; the next step is to define - by means of the
standard mechanism - how terms are evaluated to objects within a model.

Definition

Let Σ = < S, O, P > be a signature, V a family of variables wrt S and
M = < D, Oass, Pass > a Σ-model.
An _environment_ E for V wrt M is a family of functions
   $E = < E_s : V_s ---> D_s >_{s \, \epsilon \, s}$
assigning to each variable $v \; \epsilon \; V_s$ an element in the domain D_s for the
sort s.
Given an environment E the _term evaluation_ $\| \quad \|_E$ induced by E is an
S-indexed family of functions
   $\| \quad \|_E = < \| \quad \|_{E \, s} : T_O(V)_s ---> D_s >_{s \, \epsilon \, s}$
defined by

- $\|v\|_{E \, s} = E_s(v)$ for a variable $v \; \epsilon \; V_s$

- $\|op(t_1, \ldots, t_n)\|_{E \, s} = op_M(\|t_1\|_{E \, s \, 1}, \ldots, \|t_n\|_{E \, s \, n})$ for a compound
  term $op(t_1, \ldots, t_n)$ with $op \; \epsilon \; O_{s \, 1 \, \ldots \, s n, \, s}$ and $t_i \; \epsilon \; T_L(V)_{s \, i}$
  for $1 \leq i \leq n$.

This leads us to the definition of the satisfaction relation $\models$ between
models and literals, clauses and queries, respectively.

Definition

Let LP = < Σ, V, A > be a logic program, M be a Σ-model and E an
environment for V wrt M.
M _satisfies_

- the literal $L = pr(t_1, \ldots, t_n)$ wrt the environment E (written
  $M \models_E L$)
  iff $(\|t_1\|_E, \ldots, \|t_n\|_E) \; \epsilon \; pr_M$

- the clause $C = L :- L_1, \ldots, L_n$ (written $M \models C$)
  iff for any tuple $(a_1, \ldots, a_m) \; \epsilon \; D^{s \, 1 \, \ldots \, s m}$ we have
    $M \models_{\{ v \, i \, -> \, a \, i \, | \, 1 \, \leq \, i \, \leq \, m \}} L_j$ for $1 \leq j \leq n$
    implies
    $M \models_{\{ v \, i \, -> \, a \, i \, | \, 1 \, \leq \, i \, \leq \, m \}} L$
  assuming $v_i \; \epsilon \; V_{s \, i}$ to be the variables occurring in C

- the query $Q = :- L$ (written $M \models Q$)
  iff there is an environment E where $M \models_E L$

M is a _LP-model_ iff $M \models C$ for any $C \; \epsilon \; A$

The notions of model and satisfiability shall now be illustrated on the
basis of our APPEND program.

Example

The model we present interprets the signature of the APPEND program
in the domain of natural numbers and lists over them.
We provide a relaxed description of the functions mapping syntactical
objects into their semantical counter parts; the reader should be
able to turn this into a completely formal definition.

For the sorts we let
    elem   ---> N
    elem-list ---> N*

The operators are interpreted as follows

    a   ---> 0
    b   ---> 0
    c   ---> 7
    [ ]   ---> ε
    [_|_] ---> .

I. e. nullary operators are interpreted as elements of the domain assigned to their target sorts, while operators with a nonempty list of source sorts have functions between the corresponding domains as their semantical counterparts.
In particular this means that [_|_] is interpreted by the function

    · : N , N* ---> N*

defined by

    ·(n, l) = <n> . l

where

    ε.l = l.ε = l

and

    $<k_1 , \ldots, k_n> . <k'_1 , \ldots, k'_m> = <k_1 , \ldots, k_n , k'_1 , \ldots, k'_m>$

assuming ε to denote the empty list of natural numbers and where $<n_1 , \ldots, n_i>$ is the list containing the numbers n_j where $1 \leq j \leq i$ and i > 0.

The predicate app is interpreted by means of the following relation

    { (x, y, z) | x, y, z ε N* }

It can easily be verified that this model satisfies the clauses of the APPEND program.

Considering the above model one recognizes that it is too big, i. e. it contains a certain amount of junk: (1) its carrier for the sort ´elem´ is the set of natural numbers although we have only three constants of sort ´elem´; (2) the relation for ´app´ is the entire cartesian product N* x N* x N*, although the clauses for ´app´ relate only such strings x, y, z ε N* for which we have x.y = z.
Moreover, there is also some confusion since the two different operators "a" and "b" are interpreted identically.

Situations like this will be avoided in the initial models we are interested in.
The definition of initial models is based on the concept of model morphisms as a means to compare models and express a certain structural similarity between them.

Definition
   Let Σ = < S, O, P > be a signature and M = < D, Oass, Pass > as well as M´ = < D´, Oass´, Pass´ > be two Σ-models.
   A family of functions $h = < h_s : D_s ---> D'_s >_{s \epsilon s}$ is a <u>Σ-model morphism</u> iff

   ▪ $h_s (op_M (a_1 , \ldots, a_n)) = op_{M'} \cdot (h_{s1} (a_1), \ldots, h_{sn} (a_n))$

   ▪ $(a_1 , \ldots, a_n) \epsilon pr_M => (h_{s1} (a_1), \ldots, h_{sn} (a_n)) \epsilon pr_{M'} \cdot$

A useful fact about model morphisms is that they propagate the validity of literals and queries from the source model to the target model.

Lemma
   Let < Σ, V, A > be a logic program and h : M ---> M´ a Σ-model morphism between the two Σ-models M and M´.

An evironment E for M induces a new environment h(E) for M´ by
    h(E) : V ---> M´
where
    h(E)(v) := h(E(v))
for any variable v in V.
Then we have

- $h(\| t \|_E) = \| t \|_{h(E)}$ for any term t

- $M \models_E L$ implies $M´ \models_{h(E)} L$ for any literal L

- $M \models Q$ implies $M´ \models Q$ for any query Q.

Definition
   A model I is called _initial_ within a class of models iff there is
   exactly one model morphism from I to any other model in that class.

Thus initial models are structurally similar to any model within the
considered class of models; this property makes them distinguished
objects which deserve particular interest.
It is a well-known fact that initial models are uniquely determined up
to isomorphism, i. e. we have in principal at most one initial model
for each logic program. This property of initial models makes them a
good candidate for a standard semantics for logic programs. Moreover,
initial models do neither contain junk nor confusion. I. e. they are
minimal models which do not identify objects unless their identity is
explicitly stated within the logic program.

The concept of initiality together with the above lemma provides that a
query is satisfied by any model, if and only if it is satisfied by an
initial model. This observation forms the basis for the evaluation of
queries, i. e. the execution of logic programs.

According to general results of [MM 84] we know that Horn clause logic
admits initial models, i. e. for each logic program we can find an
initial model.
Our next step is to construct the initial model for a logic program
extending the least fixpoint construction of a Herbrand model for
one-sorted Horn logic given in [AvE 82] to our many-sorted setting.

Definition
   Let LP = < Σ, V, A > be a logic program and Σ = < S, O, P >.
   A _Σ-Herbrand model_ HBM is a triple HBM = < T_I , Cass, Pass > where

- T_I is the family of constant terms wrt Σ

- $Cass_{s1 \ldots sn, \, s}(op) (t_1, \ldots, t_n) = op(t_1, \ldots, t_n)$

- $Pass_v(pr) \subseteq T_I^v$

   A Σ-Herbrand model HBM is a _LP-Herbrand model_ iff HBM $\models$ A.

In contrast to the standard construction of Herbrand models we don´t
extend the operator family by constants in situations where there are
no constants for a sort. Thus our Herbrand models may have empty
domains for some sorts.
For the following we assume some machinery from the area of partial
orderings, continuous functions and their fixpoints to be familiar to
the reader. If this is not the case we refer him to [Ll 84].

Given a signature Σ and a logic program LP, $\Sigma*$ and LP* denote the class of all Σ-Herbrand models and the class of all LP-Herbrand models, respectively.

Definition and Fact
    Given a logic program LP = < Σ, V, A >, Σ-Herbrand models can be ordered under the following relation $\leq$:
        M $\leq$ M' iff $pr_M \subseteq pr_M$. for any pr ε P_v and w ε S*.
    Then $\leq$ is a partial ordering on Σ-models, $\Sigma*$ is a lattice wrt $\leq$ and LP* is a sublattice of $\Sigma*$.

The construction of the Herbrand-model below requires the concept of substitutions as sort-respecting functions from variables to terms.

Definition
    Let Σ = < S, O, P > be a signature and V as well as V' be families of variables wrt S such that V' is a finite subfamily of V.
    A <u>substitution</u> σ is a family of functions
        σ = < σ_s : V'_s ---> $T_z(V)_s$ >$_{s \varepsilon s}$
    such that v does not occur in $\sigma(v)$.
    In particular, ε denotes the <u>empty substitution</u>.

Given a term or literal TL, TLσ denotes the term or literal, respectively, resulting from the application of σ to TL.

The backbone of the construction of a Herbrand model satisfying the clauses of a theory presentation < Σ, V, A > is the following function on $\Sigma*$.

Definition
    Let LP = < Σ, V, A > be a logic program.
    We define a function
        $TRANS_{LP}$: $\Sigma*$ ---> $\Sigma*$
    by
        $TRANS_{LP}(M)$ = < T_z, Cass, Pass' >
    where
        $(t_1, \ldots, t_m)$ ε $Pass'_w(pr)$
        iff
        we have a clause L :- L_1, $\ldots$, L_n in A and a substitution σ with

■ $L\sigma$ = $pr(t_1, \ldots, t_m)$

■ $(t_{i,1}\sigma, \ldots, t_{i,mi}\sigma)$ ε $Pass_{vi}(pr_i)$
        assuming L_i = $pr_i(t_{i,1}, \ldots, t_{i,mi})$ for $1 \leq i \leq n$

    for any Σ-Herbrand model M = < T_z, Cass, Pass >.

The next two theorems show that the above construction leads to results corresponding to those of [AvE 82].

Theorem
    $TRANS_{LP}$ is continuous for any logic program LP.

Theorem
    For any logic program LP = < Σ, V, A > and Σ-Herbrand model M we have
        M ε LP* iff $TRANS_{LP}(M)$ $\leq$ M.

An immediate consequence of the above two theorems is that for any logic program LP $TRANS_{LP}$ has a least fixpoint and this least fixpoint is a LP-Herbrand model and thus also a LP-model.

Finally we arrive at the desired and expected result about the existence of an initial LP-model.

Theorem
Let LP = < Σ, V, A > be a logic program and LFP_{LP} the least fixpoint of $TRANS_{LP}$.
Then LFP_{LP} is an initial model in LP*.

The above theorem is based on the following

Lemma
Let LP = < Σ, V, A > be a logic program, LFP_{LP} the least fixpoint of $TRANS_{LP}$ and M = < D, Oass, Pass > be any LP-model.
Then we have for any constant literal $pr(t_1, \ldots, t_n)$
  $LFP_{LP} \models_{()} pr(t_1, \ldots, t_n)$
implies
  $M \models_{()} pr(t_1, \ldots, t_n)$.

The initiality of LFP_{LP} allows us to define the semantics of logic programs as

Definition
Given a logic program LP we define its <u>model theoretic semantics</u> to be the initial LP-model LFP_{LP}.

Note that this assigns - up to isomorphism - a unique model to each logic program.

We close this section by sketching the initial model for our example program for appending lists.

Example
Assuming our program APPEND to be given, its initial model I_{APPEND} consists of

- the two domains for the sorts elem and elem-list where among many other elements we have
    - a, b ε $T_{\Sigma, elem}$
    - [], [a|[b|[]]] ε $T_{\Sigma, elem-list}$

- the functions assigned to the operators behave like
    - $a_{I_{APPEND}}$ = a
    - $[]_{I_{APPEND}}$ = []
    - $[\_|\_]_{I_{APPEND}}(a, []) = [a|[]]$

- the relation $app_{I_{APPEND}}$ assigned to the predicate app contains tuples like
    - ([], [], [])
    - ([], [a|[]], [a|[]])
    - ([a|[]], [b|[]], [a|[b|[]]])
    However,
    - ([a|[]], [b|[]], [a|[c|[]]])
    is not an element of $app_{I_{APPEND}}$

For reasons of completeness we invite the reader to identify the unique morphism from I_{APPEND} to our previous model for the APPEND program.
Another idea might be to apply the function $TRANS_{APPEND}$ to the model APPEND, which coincides with the initial term model of APPEND except that all its relations are empty. Compute a model which contains the tuples given above in its relation for the app-predicate.

For proofs of the theorems concerning the construction of the initial
model of a logic program we refer to [PB 87].

4. Views of Models

Based on the model theoretic notions of logic programs introduced above
we are now going to define precisely what we mean by precomputed
solutions to queries. These precomputed solutions are tuples from the
relations belonging to a model for a logic program.

The idea behind such a view is that it represents a finite excerpt of
the collection of relations being part of a model. More precisely a
view of a model is defined as follows.

Definition
Let $LP = \langle \Sigma, V, A \rangle$ be a logic program where $\Sigma = \langle S, O, P \rangle$, and
let $M = \langle D, Dass, Pass \rangle$ be a LP-model.
A <u>view</u> of M is a family of functions
$$VIEW = \langle VIEW_v : P_v \dashrightarrow \pi(D^v) \rangle_{v \, \epsilon \, s*}$$
such that

- $VIEW_v(p) \neq \phi$ for only finitely many $w \, \epsilon \, S*$

- $VIEW_v(p)$ is a finite subset of $Pass_v(p)$

The first condition on views has to be introduced since we did not
restrict ourselves to logic programs having only finite signatures. In
programming situations only finite logic programs appear: thus the
restriction that views may contain only a finte number of nonempty
relations will always be fulfilled.

Thus a view of a model is a finite part of the relations belonging to
the model. We take the slightly abstract point of view and regard views
as relational databases where

- those predicates p for which $VIEW(p) \neq \phi$ holds are the relations of
  that abstract relational database

- the argument sorts of the predicates p form the attributes of the
  relation corresponding to p

- VIEW as a whole forms a state of the database given by the
  collection of its current entries

Since views are introduced as excerpts of arbitrary models of a logic
program LP, a tuple $(a_1, \ldots, a_n) \, \epsilon \, VIEW(p)$ may be junk in both of the
two senses below

- there does not exist a tuple of constant terms
  $(t_1, \ldots, t_n)$
  such that
  $\|t_i\| = a_i$ for $1 \leq i \leq n$,
  i. e. the a_i cannot be denoted by means of constant terms

- there is a tuple of constant terms
    $(t_1, \ldots, t_n)$
  such that
    $(\|t_1\|, \ldots, \|t_n\|) = (a_1, \ldots, a_n)$,
  but the query
    $:- p(t_1, \ldots, t_n)$
  cannot be derived from the axioms of LP.

In both situations we have to accept the fact that our view element cannot be considered as a positively precomputed solution to a goal. As a consequence, we call such elements of views <u>negative solutions</u>. On the other hand, the tuple
   $(a_1, \ldots, a_n)$
is a <u>positive solution</u> within our view, if for each a_i there is a constant term t_i such that
   $\|t_i\| = a_i$
and the query
   $:- p(t_1, \ldots, t_n)$
can be derived from the axioms of LP.

By only looking at the tuples of a view of an arbitrary model we cannot distinguish between tuples representing positive and negative solutions. If such a decision should be possible without any deductions, a corresponding tagging of each tuple in the view would be required.
However, the interpretation of programs takes place within an initial model and initial models are junk-free. This means that for our interpretation purposes the above problem vanishes, since each tuple in a view of an initial model represents a positive solution to some goal. This nice situation is summarized in

Lemma
  Let LP be a logic program and VIEW a view of an initial model I of LP.
  Then we have for each
    $(a_1, \ldots, a_n) \; \varepsilon \; p_I$
  a tuple of constant terms
    $(t_1, \ldots, t_n)$
  such that
    $(\|t_1\|, \ldots, \|t_n\|) = (a_1, \ldots, a_n)$
  and
    $I \models :- p(t_1, \ldots, t_n)$.

The proof relies on the facts that the claim holds trivially for the initial term model of LP and that initial models are isomorphic.

We close this section by providing a view of the initial model of our logic program APPEND.

Example
  As we have only one predicate in this program, we can introduce a view VIEW by the following equation

  VIEW(app) = { ([], [a|[]], [a|[]]),
                ([a|[]], [b|[]], [a|[b|[]]]) }

5. Goal Evaluation with respect to Views of Models

This section is dedicated to the formulation of an interpretation algorithm for many sorted logic programs. Basically, the interpretation follows the standard idea of evaluating PROLOG queries :- L by generating substitutions σ as solutions such that $LFP_{LP} \models_E L\sigma$ holds for the initial model LFP_{LP} of the logic program LP and any environment E mapping the variables of $L\sigma$ to constant terms.
In contrast to the standard algorithm we assume in addition that a view of the initial Herbrand model of LP is given. This view serves as a reservoire of already proven constant queries.

The interpretation algorithm is presented as a functional specification of computing solutions for a query.
For the entire discussion below we assume a logic program
$$LP = < \Sigma, V, A >$$
to be given.

<u>**Definition**</u>
Let $\sigma : V' ---\!\!\gg T_t(V)$ and $\sigma' : V'' ---> T_t(V)$ be two substitutions. Their <u>composition</u> $\sigma \cdot \sigma'$ is the family of functions
$$\sigma \cdot \sigma' = < \sigma \cdot \sigma'_s >_{s \in S}$$
where
$$(\sigma \cdot \sigma')_s = \{ (v, (v\sigma_s)\sigma_s') \mid v \in \text{dom } \sigma \text{ u dom } \sigma' \}$$
For a set of substitutions SUB we define
$$\sigma \cdot SUB = \{ \sigma \cdot \sigma' \mid \sigma' \in SUB \}.$$

For a (Σ, V)-literal L we let vars(L) denote the set of all variables occurring in L.

In the sequel we introduce our functional description of the evaluation of queries in the presence of a view of the Herbrand model of the logic program.
The evaluation mechanism we describe avoids the consideration of backtracking as a means for computing all solutions to a query lazily upon demand. Instead, we focus on computing the entire set of solutions at once.

On the top level we initiate the evaluation of a query by calling the evaluation function for literals.

    Solve : Queries, Clauses*, Views ---> π(Substitutions)

    Solve(:- L, CL, VIEW)
      = Solve'(L, CL, VIEW)

The proof mechanism for literals is the heart of the interpretation algorithm. It is initiated by the function Solve' defined below. If we find precomputed solutions for the literal in the view VIEW, these solutions are delivered as the result of the function Solve'. If no such solutions can be found in the view, we initiate a deduction process for deriving solutions for the literal.

    Solve' : Literals, Clauses*, Views ---> π(Substitutions)

    Solve'(L, CL, VIEW)
      $= \begin{cases} \text{ImmSolve(L, VIEW)} & \text{, if ImmSolve(L, VIEW)} \neq \phi \\ \text{Or(AllRules(L, CL), CL, VIEW)} & \text{, otherwise} \end{cases}$

Accessing the view and constructing immediate solutions is the task of
the function ImmSolve. It tries to match a literal $p(t_1, \ldots, t_n)$ with
the tuples in the relation for p in VIEW and returns all the matching
substitutions as its result.

    ImmSolve : Literals, Views ---> π(Substitutions)

    ImmSolve(p(t_1, ..., t_n), VIEW)
      = { σ : vars(p(t_1, ..., t_n)) ---> T_t | ($t_1\sigma$, ..., $t_n\sigma$) ε VIEW(p) }

This is of course a very abstract view of accessing a database. If a
view shall be stored in an existing database system corresponding
storage structures as well as more concrete access mechanisms have to
be formulated. At the moment we don´t address these technicalities but
we will discuss them in the subsequent section.

After having determined all the clauses whose head matches with a
literal to be proven we continue a proof by evaluating the subgoals set
up by each of these clauses.

    Or : (Goals*)*, Clauses*, Views ---> π(Substitutions)

    Or([], CL, VIEW)
      = ϕ
    Or([GL|GLL], CL, VIEW)
      = And(GL, CL) u Or(GLL, CL)

Given a list of goals we determine the solutions to the goals in the
list from left to right propagating solutions for an already proven
subgoal to its sucessors.

    And : Goals*, Clauses*, Views ---> π(Substitutions)

    And([], CL, VIEW)
      = { ε }
    And([G | GL], CL, VIEW)
      = $\bigcup_{\sigma\ \varepsilon\ \text{Solve}´(G, CL, VIEW)}$ $\sigma \cdot$ And(GLσ, CL, VIEW)

Given a (goal) literal we have to determine all those clauses in a list
of clauses the head of which unifies with the literal. The function
AllRules provides for each of these clauses the body of those clauses
instantiated by the most general unifier.

    AllRules : Literals, Clauses* ---> (Goals*)*

    Allrules(L, [])
      = [ ]
    AllRules(L, [C|CL])
      = [cond(C)σ | AllRules(L, CL)] , if σ = mgu(L, conc(C)) exists
    AllRules(L, [C|CL])
      = AllRules(L, CL) , if mgu(L, conc(C)) doesn´t exist
    where

    ▪   we assume that variables of clauses are consitently renamed such
        that no two clauses have any variables in common

    ▪   mgu (L, L´) denotes the most general unifier of the literals L and L´. The most general unifiers can be computed by the standard Robinson unification algorithm since we consider only syntactically correct, i. e. well-typed, programs and queries.

- for a clause $C = L :- L_1, \ldots, L_n$ $cond(C) = [L_1, \ldots, L_n]$ and $conc(C) = L$

Due to the undecidability of Horn logic it has to be noted that except for the function AllRules all of the functions introduced above are only partially defined. We use the convention that all our functions are strict: i. e. if they are applied to arguments where one of them is undefined the resulting value is undefined as well.

We would like to mention that the algorithm outlined above may degenerate in two directions

- if goals are evaluated with respect to an empty view, we obtain the standard deductive mechanism for checking the validity of a query

- if the view contains the entire relations of the initial model of the logic program, goals will be evaluated by database lookups only.

This functional definition of query evaluation can be considered as the operational semantics of logic programs. It is consistent with the model theoretic semantics in the sense of the following

Theorem
Let $LP = < \Sigma, V, A >$ be a logic program, LFP_{LP} the initial model of LP, and $:- L$ a (Σ, V)-query.
Moreover, let CL be any linearization of the set of clauses A into a list of clauses and VIEW any view of LFP_{LP}.
Then we have
   $Solve(:- L, CL, VIEW) \neq \phi$ implies $LFP_{LP} \models :- L$.

Note that the other direction of the implication in the above theorem doesn't hold. This incompleteness of the interpretation algorithm results from the way we handle solutions retrieved from a view. Due to the finiteness of views it may happen that $ImmSolve(L, VIEW)$ does not provide all (ground) solutions for the literal L as it would be necessary in order to have a complete inference mechanism. This results in a cut-like behaviour when retrieving solutions from a view. Completeness is achieved under the following conditions

- if for each predicate p in the view VIEW wrt which the interpretation takes place VIEW(p) is either the empty set or VIEW(p) covers the entire relation for p in the initial model. In the latter case, however, we will not obtain most general solutions to our queries but the entire solution set in terms of constant solutions

- if we would tag those nodes in the (implicitly constructed) And/Or tree where solutions have been obtained from the view as potential backtrack points. In case a negative answer is delivered to the overall query these backtrack points would have to be revisited and proofs for the respective goals must be initiated.

6. Views as AIM Databases

The interpretation algorithm outlined above does not make any explicit
reference to a database storing a view. So this chapter is dedicated to
demonstrate how views can be stored in an advanced relational database
system supporting the NF^2 data model. One such database system is the
AIM system as described in [Da 86] and [PT 85].

Given a view VIEW of the initial model LFP_{LP} of a logic program
$LP = < \Sigma, V, A >$ where $\Sigma = < S, O, P >$ we now develop an AIM schema for
storing VIEW.
Let $p_1, \ldots, p_m$ be those predicates of P for which $VIEW(p_i) \neq \phi$ holds.
Let each of the p_i's have k_i arguments.

The storage structure and database access functions we are going to
present on the next pages are not claimed to be an optimal solution.
They only show a principal solution to the problem to be tackled.

Our proposal for an AIM database for VIEW is as follows:

For each p_i we have a table

    p_i-Table

Address$_1$	. . .	Address$_{k_i}$

As a subset of the relations for the predicates p_i in the initial model
of LP, $VIEW(p_i)$ contains tuples of terms. The principle of storing
terms is to consider them as trees and to use a pointer mechanism for
representing these trees in the database tables.
The tuples in the p_i-Table consist of addresses of the representations
of these terms stored as trees in the TermTable to be introduced below.
Each address is coded as an integer number and references the tuple in
the TermTable whose Term No. is this number.

We use a general table for storing all the terms occurring in VIEW.
This allows us to employ the principle of structure sharing in order to
arrive at a condensed storage of VIEW's terms.

The TermTable is of the following structure

    TermTable

Term No.	TopSymbol	Subterms

The idea behind the TermTable is that each tuple represents the root node of a term when considering it as a tree. Thus the tuples in the TermTable consist of the key-entry "Term No." for identifying the term. Then we have the "TopSymbol" of the term starting at that tuple and finally there is the list of addresses "Subterms" of the immediate subterms of the root node represented by the tuple. Term No. is an integer number, TopSymbol is a string of characters and Subterms is a list of integers, which have to be interpreted as Term No.s. We illustrate these ideas by means of continuing our APPEND-example.

Example
Considering our standard view VIEW the database tables for storing it would be filled as shown below.

Since we have only one predicate in our example, there is only one predicate-table in the database: that for app.

app-Table

Address$_1$	. . .	Address$_3$
1	4	4
4	5	6

The TermTable for our view VIEW has the following entries:

Term No.	TopSymbol	Subterms
1	[ ]	<>
2	a	<>
3	b	<>
4	[_|_]	<2, 1>
5	[_|_]	<3, 1>
6	[_|_]	<2, 5>

This description of the database relations used for storing a view should be precise enough in order to allow the interested reader to define such tables in full detail using the concrete syntax of the AIM database system as described in [Da 86].

With these (implicitly defined) database schemata at hand we now discuss an access mechanism to the database DB(VIEW) allowing us to compute substitutions σ such that given a goal literal $p(u_1, \ldots, u_n)$ we have the tuple $(u_1\sigma, \ldots, u_n\sigma)$ in VIEW.
In this context we let DB(VIEW) denote the database storing VIEW and we use TABLE(VIEW(p)) for denoting the table corresponding to the relation VIEW(p) for the predicate p.

The functions discussed below may be considered as an "implementation" of the abstractly formulated function ImmSolve from the previous section.

The general strategy for finding a solution for the goal literal
$p(t_1, \ldots, t_n)$ in the view is to retrieve all tuples $(a_1, \ldots, a_n)$
from the table TABLE(VIEW(p)), and to try to unify the term (in the
database) referenced by an address a_i with the corresponding term t_i
appearing in the goal literal.
This leads to the following definiton of ImmSolve

    ImmSolve : Literals, Views ---> π(Substitutions)

    ImmSolve($p(t_1, \ldots, t_n)$), VIEW)
        = $\bigcup$ MatchList($[t_1, \ldots, t_n]$, $[a_1, \ldots, a_n]$)

            $(a_1, \ldots, a_n)$
            __in__ TABLE(VIEW(p))

After this first access to the database we perform the matching between
the terms stemming from the goal and those residing in the database.
So given a term Term occurring in a goal literal we try to unify it
with the term whose root node is stored in the TermTable of the
database at the position Addr. This matching is realized by the
functions Match and Matchlist defined next.

    Match : Terms, Integers ---> π(Substitutions)

    Match(Term, Addr)
         $\Big\{$ {[<Term, GetTerm(Addr)>]}
                            , if Term is a variable
       =
           MatchList($[t_1, \ldots, t_n]$, SubTermAddrs(Addr))
                            , if Term is a compound term of the form
                                $f(t_1, \ldots, t_n)$ and
                                TopSymbol(Addr) = f and
                                NumberOfSubterms(Addr) = n

From the definition above it should be clear that we represent
substitions as lists of pairs consisting of a variable and the term to
be substituted for that variable.

MatchList is the extension of Match to lists of terms and addresses,
respectively, propagating substitutions between terms in the front of
the two argument lists to terms in the rear of the list. This assures
that only substitutions establishing a match between all elements of
the two arguments will be computed.

    MatchList : Terms*, Integers* ---> π(Substitutions)

    MatchList([ ], [ ])
        = ϕ
    MatchList([FirstTerm|RestOfTerms], [FirstAddr|RestOfAddrs])
        = Match(FirstTerm, FirstAddr) u
                    $\bigcup$ MatchList((RestOfTerms)σ,
                                                RestOfAddrs)
            $\sigma \; \varepsilon$ Match(FirstTerm, FirstAddr)

The function GetTerm takes an address of a term in the TermTable as its
argument and reconstructs the term whose root is represented by the
tuple having the address Addr as its Term No..

```
GetTerm : Integers ---> Terms

GetTerm (Addr)
       ⌐TopSym
      ⎧             , if exists t
      ⎪               in     TermTable
   =  ⎨               where t = (Addr, TopSym, [])
      ⎪
      ⎩ MakeTerm(TopSym, GetTermList(SubTerms))
                     , if exists t
                       in     TermTable
                       where t = (Addr, TopSym, SubTerms)
                       and SubTerms ≠ []
```

The function GetTermList is the extension of GetTerm to lists and is
not specified further here since its definition is straightforward.
MakeTerm behaves like the PROLOG operator =.. constructing a term out
of an operator symbol and a list of (argument) terms.

What remains   are the three simple database accessing functions
TopSymbol, SubTermsAddrs and NumberOfSubterms.

```
   TopSymbol : Integers ---> Strings
   TopSymbol(Addr)
      =  {retrieve t.TopSymbol
         from      TermTable
         where     t.Term No. = Addr}

   SubTermAddrs : Integers ---> Integers*
   SubTermAddrs(Addr)
      = {retrieve t.Subterms
         from     TermTable
         where    t.Term No. = Addr}

   NumberOfSubterms : Integers ---> Integers
   NumberOfSubterms(Addr)
      = length(SubTermAddresses(Addr))
```

We invite the reader to play with the functions defined in this section
using our standard view in order to get familiar with the database
access described above.

7.   Conclusions and Prospects

The above discussion presents a logic programmer's view of how a
database system could be used for storing precomputed solutions for
queries to a logic program and thus support the evaluation of logic
programs.
We expect that solutions to queries requiring tedious deductions can
more efficiently be retrieved from a database since this requires only
unification.

Our approach is only developed in theoretical terms and it would be
nice to have it implemented and see how it performs. We are currently
working on a mechanism for storing logic programs within a NF^2 database
system (see [Wa 87]). The techniques developed there should be easily
adoptable for storing views of models. The solution one would obtain

would be that of a meta interpreter for PROLOG since we are not interested in modifying an exisiting interpreter to support our eavluation strategy.

Some questions have remained unaddressed and may thus be subject to future work:

- How to fill a view initially?
  The work of [Ba 85] and [GKB 86] could be a solution to this problem.

- Should a view of a logic program remain constant over the entire life time of the program?
  Not necessarily so: constant facts that have been derived from the program could be added to the view increasing its number of precomputed solutions. (This might be another answer to the first question.)

- Should the views also contain negative solutions to queries?
  Why not! We could extend views in such a way that they contain for each predicate both a subset of its associated relation as well as a subset of the complement of that relation.

8. Bibliography

[ADJ 78]   J. A. Goguen, J. W. Thatcher, E. Wagner
            An Initial Algebra Approach to The Specification, Correctness and Implementation of Abstract Data Types.
            In: Current Trends in Programming Methodology, R. T. Yeh, (ed), Prentice-Hall, 1978.

[AvE 82]   K. R. Apt, M. H. van Emden
            Contributions to The Theory of Logic Programming.
            Journal of the ACM, Volume 29, Number 3, 1982.

[Ba 85]   R. Bayer
            Query Evaluation and Recursion in Deductive Database Systems.
            Technical Report TUM-I8503, Technische Universitaet Muenchen, 1985.

[Bi 82]   W. Bibel
            Automated Theorem Proving.
            Vieweg Verlag, Braunschweig 1982.

[Bo 86]   J. Bocca
            On The Evaluation Strategy of EDUCE.
            Proc. ACM-SIGMOD 86, C. Zaniolo (ed), Washingthon 1986.

[BEKLS 86] S. Bayerl, E. Eder, F. Kurfess, R. Letz, J. Schumann
            An Implementation of a PROLOG-like Theorem Prover Based on The Connection Method.
            Proc. AIMSA 86, North-Holland 1986.

[CGW 86]   S. Ceri, G. Gottlob, G. Wiederhold
             Interfacing Relational Databases and Prolog Efficiently.
             Proc. 1st International Conference on Expert Database
             Systems, L. Kerschberg (ed), Charleston 1986.

[CM 84]   W. F. Clocksin, C. S. Mellish
             Programming in Prolog.
             Springer Verlag, Berlin 1982.

[Da 82]   C. J. Date
             Introduction to Database Systems.
             Addison Wesley Publishing Company, 1982.

[Da 86]   P. Dadam et al.
             A DBMS Prototype to Support Extended NF^2 Relations: An
             Integrated View of Flat Tables and Hierarchies.
             Proc. ACM-SIGMOD 86, C. Zaniolo (ed), Washingthon 1986.

[EM 85]   H. Ehrig, B. Mahr
             Foundations of Algebraic Specification 1.
             Springer Verlag, Berlin 1985.

[vEK 76]   M. H. van Emden, R. A. Kowalski
             The Semantics of Predicate Logic as a Programming Language.
             Journal of the ACM, Volume 23, Number 4, 1976.

[GKB 86]   Guentzer, U. Kiessling, W., R. Bayer
             On the Evaluation of Recursion in (Deductive) Database
             Systems by Efficient Differential Fixpoint Iteration.
             Technical Report TUM-I8603, Technische Universitaet
             Muenchen, 1986.

[GM 86]   J. A. Goguen, J. Meseguer
             EQLOG: Equality, Types and Generic Modules for Logic
             Programming.
             In: Functional and Logic Programming, De Groot and
             Lindstrom (eds), Prentice Hall, 1986.

[JCV 84]   M. Jarke, J. Clifford, Y.Vassiliou
             An Optimizing Prolog Front-End to a Relational Query
             System.
             Proc. ACM-SIGMOD 84, Boston 1984.

[Ll 84]   J. W. Lloyd
             Foundations of Logic Programming.
             Springer Verlag, Berlin 1984.

[MM 84]   B. Mahr, J. A. Makowsky
             Characterizing Specification Languages which Admit Initial
             Semantics.
             Theoretical Computer Science, Volume 31, North-Holland
             1984.

[PB 87]   U. Pletat, C. Beierle
             The Semantics of Asserting and Retracting Clauses to Logic
             Programs.
             LILOG Report No. 7, IBM Deutschland GmbH, Stuttgart 1987.

[PT 85]   P. Pistor, R. Traunmueller
            A Database Language for Sets, Lists, and Tables.
            IBM Heidelberg Scientific Center, Report No. TR 85.10.004,
            Heidelberg 1985.

[Re 84]   R. Reiter
            Towards a Logical Reconstruction of Relational Database
            Theory.
            In: On Conceptual Modelling, M. L. Brodie, J. Myloppoulos
            and J. W. Schmidt (eds), Springer Verlag, New York 1984.

[SS 85]   M. Schmidt-Schauss
            Unification in a Many-sorted Calculus with Declarations.
            Proc. 9th German Workshop on Artificial Intelligence, H.
            Stoyan (ed), Springer Verlag, Berlin 1985.

[SS 86]   H.-J. Schek, M. H. Scholl
            The Relational Model with Relation-Valued Attributes.
            Information Systems, Vol. 11, No. 2, 1986.

[TZ 86]   S. Tsur, C. Zaniolo
            LDL: A Logic-Based Data-Language.
            Proc. 12th VLDB, Y. Kambayashi (ed), Kyoto 1986.

[Ul 85]   J. D. Ullman
            Implementation of Logical Query Languages for Databases.
            In: ACM Transactions on Database Systems, Volume 10, Number
            3, 1985.

[vEB 86]   G. van Emde Boas, P. van Emde Boas.
            Storing and evaluating Horn-clause rules in a relational
            database.
            IBM Journal of Research and Development, Vol. 30, No. 1,
            1986.

[Wa 87]   H. Waechter
            Storage Mechanisms for Connection Graphs in Nonstandard
            Database Systems.
            Pre-Master Thesis, University of Stuttgart, Stuttgart 1987,
            (in german)

[Za 85]   C. Zaniolo
            The Representation and Deductive Retrieval of Complex
            Objects.
            Proc. 11th VLDB, A. Pirotte, Y. Vassiliou (eds), Stockholm
            1985.

MANY-SORTED RESOLUTION

Christoph Walther

Institut für Logik, Komplexität
und Deduktionssysteme
Universität Karlsruhe

CONTENTS

PREFACE

This paper focusses on one of the topics of a course on resolution based theorem proving held on the "5. Frühjahrsschule Künstliche Intelligenz 1987" (KIFS-87). It is concerned with the utilization of the advantages and concepts of many-sorted logic for automated theorem proving. Throughout this paper, familiarity with the basic notions of first-order logic and resolution based theorem proving as presented in the remainder of the course, cf. [Walther 1987 b], or in theorem proving textbooks, as e.g. [Chang and Lee 1973, Loveland 1978], is assumed.

We shall confine our presentation to the practical aspects of many-sorted resolution. The reader, who is interested in the theoretical foundations is referred to [Walther 1987 a], from which the material presented here has been taken.

ABSTRACT

A brief account of the basic ideas and advantages of many-sorted first-order logic is given. Based on this survey, a many-sorted version of a resolution calculus is proposed. The advantages of such a calculus and the problems related to its definition are illustrated with several examples. The practical application of this calculus in automated theorem proving leads to a drastic reduction of the search space and to shorter refutations of smaller sets of shorter clauses. We describe the modifications and algorithms necessary to extend a resolution based system, yielding a many-sorted automated theorem prover. We conclude with a brief survey on related work.

1 MANY-SORTED LOGIC

1.1 INTRODUCTION

A successful method humans use in reasoning is to assume a structured universe of discourse. We assume that the universe is divided into certain subuniverses, instead of having a single one. Certain relations exist between pairs of these subuniverses - they may be disjoint, they may have non-empty intersections or one may be completely contained in another. We also assume that certain objects belong to certain subuniverses and that certain mappings and relations are meaningful only for certain subuniverses.

In geometry, for instance, we may consider a universe of discourse, which is divided into points, lines, angles, triangles, rectangles, polygons etc., where we assume, for instance, that points and angles have no objects in common, or that triangles as well as rectangles are also polygons. Here we may think of specific points p_1, p_2, p_3, or of some specific angles α and β. We may also have a notion of parallelism, which of course is meaningful only for lines, but not for points, angles etc. We may associate an area with each polygon, where we assume that each area is a real number, i.e. another subuniverse, which is disjoint with each of the other ones. Of course, our implicit understanding of areas prevents us from talking of the area of a point or of an angle, and also from assuming that the area of a polygon can be a triangle.

Thinking of a structured universe helps humans to draw logical consequences efficiently. It also helps to avoid wasting our time with meaningless or wrong conclusions. Given, for instance, that the area of each polygon is a positive real number, we implicitly and immediately assume that the same holds true for triangles as well as for rectangles. But we will never conclude that a triangle is parallel to itself (which is meaningless) from the fact the each line is parallel to itself. We also do not assume that the sum of all angles in a polygon is 180° (which is wrong), despite the fact that this holds true for each triangle.

We think of structured universes in almost every branch of mathematics, and therefore it is not a mere accident that almost all mathematical textbooks are written in a language which reflects the specific (sub)universes of discourse, albeit often very implicitly.

This paper is concerned with a mechanization of this aspect of human reasoning. Our starting point is some first-order calculus, which defines how we obtain theorems from given hypotheses by pure syntactic reasoning. This calculus is extended to a many-sorted calculus, i.e. a calculus which allows to make explicit all the implicit assumptions and notions discussed above. The development of a many-sorted (*mehrsortig*) version of some given (sound and complete) first-order one-sorted or unsorted (*einsortig, unsortiert*) calculus is well known in the area of formal logic: the first-order language has to be extended to a many-sorted language, the semantics for this language have to be defined, and the rules of inference have to be modified accordingly. As we shall see, it is possible in this case to shift all the semantic and implicit argumentation to the syntactic and explicit level of formal first-order reasoning.

In this paper we shall discuss the advantages of many-sorted reasoning and then we apply the ideas to the resolution calculus. The many-sorted calculus thus obtained is a generalization of the unsorted system, i.e. our many-sorted resolution calculus is identical to its unsorted counterpart, if the set of sort symbols is a singleton (yielding a one-sorted calculus).

The advantages of such a calculus and the problems related to its definition are illustrated with several examples. The basic ideas of many-sorted resolution based theorem proving are easy to understand and an implementation is obtained without severe difficulties. Certain deductions are decidable by the many-sorted unification procedure. Without sorts, a theorem prover has to search for these deductions instead, giving rise to overhead and deadends.

The practical application of this calculus in automated theorem proving leads to a drastic reduction of the search space and to shorter refutations of smaller sets of shorter clauses. We describe all the modifications necessary to extend a resolution based system, yielding a many-sorted automated theorem prover and it can be seen that the advantages of this approach cause almost no additional costs.

1.2 THE MANY-SORTED LANGUAGE

Our subuniverses of discourse are given names, called sort symbols, where the set of all sort symbols is partially ordered by the subsort order relation, thus expressing the inclusion relations which hold between the subuniverses under consideration. We may use, for instance, angle, triangle, polygon etc. as sort symbols, where we define triangle as a subsort of polygon. A set of sort symbols with the subsort order imposed on it is called a sort hierarchy.

Variable and function symbols (of our given calculus) are associated with a sort symbol, called the rangesort. The sort of a term is determined by the rangesort of its outermost symbol. This is a syntactic formulation of the fact that the (semantic) object represented by a given term is a member of the subuniverse represented by the sort of that term.

We also restrict the domains of function and predicate symbols to terms of certain sorts (one for each argument position), called the domainsorts for the respective argument positions. This syntactic requirement expresses the fact that not each term is meaningful as an argument to each function or predicate symbol. In geometry, for instance, we only want to have terms of sort line as arguments of a predicate parallel and we demand that only terms of sort polygon are used as arguments of the function area. The definitions of the range- and domainsorts for all the variable, function and predicate symbols under consideration are collected in a so-called (many-sorted) signature.

Consequently we demand that only those well-formed formulas of our given calculus are allowed in its many-sorted version, which are well-sorted (*sortenrecht*). In the construction of these well-sorted formulas we define that each variable and each constant is a well-sorted term and we allow for each argument position of a function or predicate symbol only well-sorted terms of the domainsort or of a subsort of this domainsort stipulated for the argument position of the respective function or predicate symbol. Hence, for instance, we can apply the function area to terms of sort polygon but also to terms of sort triangle or rectangle, provided both are subsorts of polygon. But we never use a term of sort angle as an argument of area.

1.3 SEMANTICS OF THE MANY-SORTED LANGUAGE

Having defined the many-sorted language, i.e the set of all well-formed and well-sorted formulas of our many-sorted calculus, we need a notion of truth for these formulas. Of course, the semantic notions have to mirror our assumptions on sorts as subuniverses and the subsort order as inclusion relation.

The necessary extensions of the semantic notions are straightforward: as intended, we demand that the domain of an interpretation is divided into certain subdomains. An interpretation associates each sort symbol with a certain subdomain, such that a subdomain is included in another (in the set-theoretical sense), if the sort symbol designating the included subdomain is a subsort of the sort symbol designating the other one.

Furthermore, an interpretation associates each function symbol with a mapping and each predicate symbol with a relation defined on the subdomains given by the interpretation for the respective domainsort symbols and yielding always an element of the subdomain associated with the rangesort in the case of a function symbol.

Finally, each variable assignment assigns a variable of a certain sort to an element of the subdomain associated with that sort. The remaining semantic notions, e.g. the semantics of the connectives and quantifiers, are the same as in the unsorted case. We let $\models_{\Sigma}\Phi$ denote the validity of a well-sorted formula and use HYP $\models_{\Sigma}\Phi$ to indicate that Φ is semantically implied by the set of hypotheses HYP, whose members are well-sorted formulas.

1.4 MANY-SORTED CALCULI

The inference rules of the many-sorted calculus correspond to the inference rules of the given calculus, but with the restriction that only well-sorted formulas can be deduced by an application of the restricted inference rules. Starting with well-sorted formulas this guarantees that only well-sorted formulas are derived in a deduction of the many-sorted calculus. We let $\vdash_{\Sigma}\Phi$ denote that Φ is a theorem of the many-sorted calculus and we write HYP $\vdash_{\Sigma}\Phi$ to indicate that there is a deduction of Φ from the set of hypotheses HYP in the many-sorted calculus.

Obviously we are only interested in a many-sorted calculus which is sound and complete, i.e. we have to choose our modifications of the given inference rules such that

(1) $\models_\Sigma \Phi$ iff $\vdash_\Sigma \Phi$, for each well-sorted formula Φ,

is guaranteed. Having defined a many-sorted calculus which satisfies (1), we have succeeded in shifting the implicit and semantic notions associated with our thinking of a structured universe of discourse, to a purely syntactic level of formal reasoning.

1.5 EFFICIENCY OF MANY-SORTED REASONING

But what have we gained and what are the advantages of using this new calculus ? The advantages can be seen if we compare the deductive capabilities of both calculi, i.e. if we use the given unsorted calculus instead of its many-sorted version to prove theorems.

To facilitate a comparison between both calculi, we need a means to express the sort of a term in the unsorted calculus: we use sort symbols as unary predicate symbols. Then we can explicitly represent the relations between the function symbols and the sort symbols as well as the subsort order by a set A^Σ of so called sort axioms (*Sortenaxiome*), i.e. a set of first-order (unsorted) formulas. For instance,

$$\forall x \ polygon(x) \Rightarrow real\_number(area(x))$$

is a sort axiom expressing that area maps polygons into real numbers, and

$$\forall x \ triangle(x) \Rightarrow polygon(x)$$

is the sort axiom for our assumption that triangles are polygons.

For a well-sorted formula Φ like, for instance,

$$\forall x{:}line\ \exists y{:}line\ parallel(xy)$$

the relativization $\hat{\Phi}$ (*Sortenbeschränkung, Relativierung*) of Φ is the unsorted version of Φ, as e.g.,

$$\forall x\ line(x) \Rightarrow (\ \exists y\ line(y) \wedge parallel(xy)\ )$$

where sort symbols are used as unary predicate symbols to express the sorts of the variables. Given the notions of sort axioms and relativizations, the relation between a first-order calculus and its many-sorted version can be described by the following diagram:

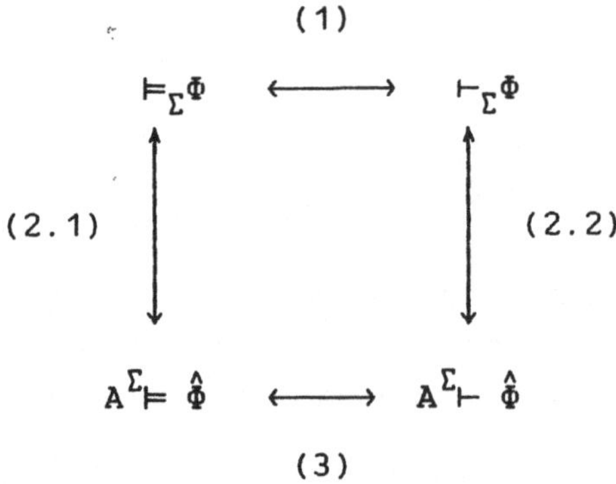

Figure 1.5.1 Unsorted and many-sorted logic

The equivalences (1) and (3) are given by the soundness and completeness of both calculi, where $\models$ and $\vdash$ denote semantic implication and formal deduction in the unsorted calculus. The equivalences (2.1) and (2.2) form the so-called Sort-Theorem. Equivalence (2.1) is the modeltheoretic part and (2.2) is the prooftheoretic part of the Sort-Theorem.

Now we can see what advantages we have in using a many-sorted calculus: the prooftheoretic part (2.2) of the Sort-Theorem shows that a well-sorted formula Φ is a theorem of the many-sorted calculus iff its relativization $\hat{\Phi}$, which is more complex than Φ, can be deduced in the unsorted calculus from the set of sort axioms A^{Σ} as additional hypotheses. Hence we obtain a shorter deduction with smaller formulas from a smaller set of hypotheses, when proving $\vdash_{\Sigma}\Phi$ instead of $A^{\Sigma}\vdash\hat{\Phi}$. The reason is that deductions about sorts, which are performed explicitly in the unsorted calculus (using sort axioms and relativizations), are built into the inference mechanism in a many-sorted calculus.

But we can also see that in an unsorted calculus a lot of useless formulas can be deduced, which do not have a many-sorted counterpart, because these many-sorted formulas would be meaningless or wrong. Given, for instance, the axiom

$$\forall x\text{:line } parallel(xx)$$

and a term α of sort angle, we cannot deduce

$$parallel(\alpha\alpha)$$

in the many-sorted calculus, because this formula is not well-sorted and is therefore meaningless. But in the unsorted calculus we may obtain from the relativization

$$\forall x \; line(x) \Rightarrow parallel(xx)$$

by universal instantiation the formula

$$line(\alpha) \Rightarrow parallel(\alpha\alpha)$$

which is true but useless, since $line(\alpha)$ does not hold.

Also it is impossible to deduce from the given axiom

$$\forall x\text{:triangle } angle\_sum(x) \equiv 180°$$

for any polygon p the well-sorted but wrong formula

$$angle\_sum(p) \equiv 180°$$

whereas in the unsorted calculus we do not have any difficulties inferring the useless truth

$$triangle(p) \Rightarrow angle\_sum(p) \equiv 180°$$

from the relativized axiom

$$\forall x \; triangle(x) \Rightarrow angle\_sum(x) \equiv 180^{\circ}.$$

These observations lead to the conclusion that a many-sorted calculus is a good foundation for automated theorem proving, because it is a syntactical device to draw logical consequences efficiently and to avoid wasting time with the derivation of useless conclusions.

2 THE MANY-SORTED RESOLUTION CALCULUS

2.1 INTRODUCTION

Given a first-order calculus and its many-sorted version, the Sort Theorem tells us that every truth which can be deduced in the many-sorted calculus, can also be deduced in the unsorted system (cf. Figure 1.5.1). But conversely, there are theorems of the unsorted calculus which do not have many-sorted counterparts (cf. Section 1.5). However, this does not entail an incompleteness property of the many-sorted system, because these many-sorted non-theorems are meaningless (regarding the semantics of many-sorted logic). Hence both calculi are equivalent regarding soundness and completeness, and this is the reason why many-sorted logic has received scarce attention in the field of formal logic.

Since logicans use a formal calculus to study the foundations, the nature, and the limitations of formal reasoning, there is a good reason to choose a calculus as simple as possible. Investigations are much simplified if all features which do not represent a fundamental idea (like, for instance, variables and quantifiers constitute the fundamental difference between propositional and first-order logic) are excluded from the formal system.

The situtation changes drastically, however, if we are concerned with automated theorem proving. Here a formal calculus is a device and a practical tool to find and compute proofs and theorems. Now efficiency is a concern (which it is not in formal logic) and therefore the kind of a calculus is of considerable interest, because the performance of a theorem proving system depends directly on the performance of the calculus it implements.

The resolution calculus of Robinson [Robinson 1965] is a first-order calculus which has been proved to be useful and successful in automated theorem proving. The outstanding features of this calculus are its deduction incompleteness and the principle of most generality, which are the reasons for the efficiency of the resolution calculus.

The resolution calculus is deduction incomplete, because not all valid formulas, i.e. valid clauses, can be deduced. As a consequence a theorem prover based on this calculus does not deduce all truths from a set of formulas, which hold independently from this set. This feature counts for efficiency, because it helps to keep the search space small.

But it is also impossible to deduce all (non-valid) formulas from a given set of formulas, which are semantically implied by this set. Again, this feature helps to keep the search space small and therefore helps to obtain an efficient theorem proving system.

However for each non-valid formula Φ, which is semantically implied by a set of formulas, a formula Φ' can be deduced in the resolution calculus, such that Φ' semantically implies Φ. This feature, known as principle of most generality (because Φ' is more general than Φ), entails the refutation completeness of the resolution calculus.

Our intention here is to extend the resolution calculus to a many-sorted calculus such that all the useful features of the given system, viz. soundness, deduction incompleteness, the principle of most generality, and of course the refutation completeness, are maintained.

2.2 MANY-SORTED RESOLVENTS AND FACTORS

Having defined a many-sorted language as in Section 1.2, the definition of a many-sorted clause language is straightforward: a well-sorted atom is a well-sorted atomic formula, a well-sorted literal is a well-sorted atom or its negation and a well-sorted clause is a finite set of well-sorted literals.

The many-sorted versions of the resolution and factorization rule have to be defined such that only well-sorted clauses can be deduced from well-sorted clauses by the many-sorted inference rules. Since the inference rules of the resolution calculus are based on the key concept of unification, we have to focus our attention on the many-sorted version of this notion.

For the many-sorted resolution calculus we demand for all substitutions that (1) variables are only replaced by well-sorted terms and that (2) the sort of a term is always equal to or a subsort of the sort of the variable it replaces. Those substitutions are called well-sorted and it is easily seen that an application of a well-sorted substitution to a well-sorted term (well-sorted literal or well-sorted clause) always yields a well-sorted term (well-sorted literal or well-sorted clause).

Now many-sorted resolution and factorization is defined as in the unsorted case, but with the proviso that only well-sorted clauses and well-sorted most general unifiers are used when resolvents and factors of the many-sorted resolution calculus are computed. Let us illustrate the many-sorted resolution calculus and also its advantages by a simple example (extracted from Schubert's Steamroller problem which is discussed in [Walther 1984]) and consider the following statements:

<u>Example 2.2.1</u>
[i] Birds and snails are animals and [ii] there are some of each of them. [iii] Also there are some plants. [iv] Every animal likes to eat all the animals which do not like to eat all plants. [v] Birds do not like to eat snails. [vi] Therefore there is an animal that likes to eat all plants.

The problem is to show that statement (vi) is true, whenever statements (i)-(v) are assumed to be true. We start with a many-sorted axiomatization of the problem:

Our sort hierarchy consists of sorts B,S,A, and P denoting birds, snails, animals, and plants, respectively. We define B and also S as subsorts of A, thus obtaining an axiomatization of statement (i). We further assume, that there are constants b of sort B, s of sort S and p of sort P and so an axiomatization of statements (ii) and (iii) is also obtained. Although these constants are not used in a proof, we do need them for theoretical reasons. By the presence of these constants, our sorts cannot be 'empty', i.e. the subdomains associated with the sorts by any interpretation cannot be empty, thus guaranteeing the soundness of our derivations (cf. [Walther 1987 a]). Figure 2.2.1 is a diagram of the sort hierarchy under consideration.

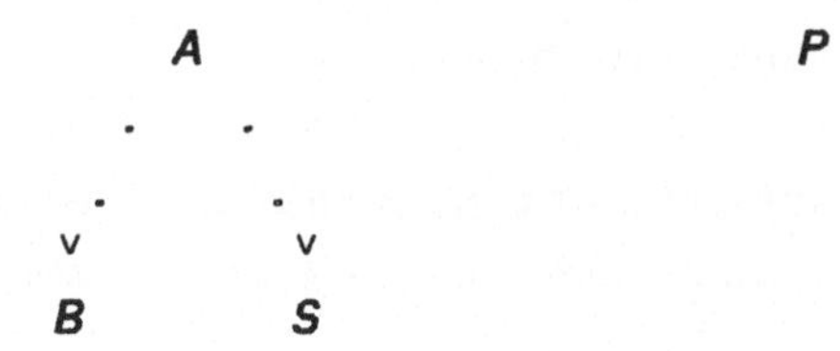

Figure 2.2.1 The sort hierarchy of Example 2.2.1

Using L(xy) as an abbreviation for 'x likes to eat y', the remaining statements are axiomatized by the well-sorted clauses shown in Figure 2.2.2:

(1) $\{L(a_1a_2),L(a_2p_1)\}$ (2) $\{\neg L(b_1s_1)\}$

(3) $\{\neg L(a_3h(a_3))\}$

Figure 2.2.2 A many-sorted axiomatization for Example 2.2.1

Here h is a skolem function with domainsort A and rangesort P (mapping an animal to a plant it refuses to eat), which is necessitated by the existential quantification in the negated conclusion (vi). The subscripted lower case letters, e.g. a_1, a_2, p_1,... are universally quantified variables of the sorts denoted by the corresponding upper case letter, e.g. A,P,... .

We can resolve upon the literals 1(1) and 2(1) in Figure 2.2.2 using the well-sorted most general unifier $\{a_1 \leftarrow b_1, a_2 \leftarrow s_1\}$ (but not $\{b_1 \leftarrow a_1, s_1 \leftarrow a_2\}$, because this most general unifier violates the above condition (2) of well-sortedness). However, there is no such resolvent upon the literals 1(2) and 2(1), since there is no subsort relation between S and P and as a consequence the variables p_1 and s_1 of sort P and S are not unifiable under sorts.

From the well-sorted clause set of Figure 2.2.2, we obtain a solution of the problem by the following many-sorted refutation:

(R1) $\{L(s_1 p_1)\}$; many-sorted resolvent of 1(1) and 2(1)

(R2) $\square$; many-sorted resolvent of R1(1) and 3(1)

Here we use the well-sorted most general unifier $\{a_1 \leftarrow b_1, a_2 \leftarrow s_1\}$ for the computation of R1 and the well-sorted most general unifier $\{a_3 \leftarrow s_1, p_1 \leftarrow h(s_1)\}$ to obtain R2.

Now let us consider an unsorted formulation of the problem: Using the predicates

    B(x) - x is a bird,   S(x) - x is a snail,
    A(x) - x is an animal,   P(x) - x is a plant

as abbreviations, we obtain the set of clauses shown in Figure 2.2.3 as an unsorted clausal axiomatization of the problem.

(1) $\{\neg A(x), \neg A(y), \neg P(z), L(xy), L(yz)\}$ (2) $\{\neg B(x), \neg S(y), \neg L(xy)\}$

(3) $\{\neg A(x), \neg L(xh(x))\}$

(4) $\{\neg B(x), A(x)\}$ (5) $\{\neg S(x), A(x)\}$

(6) $\{B(b)\}$ (7) $\{S(s)\}$

(8) $\{P(p)\}$ (9) $\{\neg A(x), P(h(x))\}$

Figure 2.2.3 An unsorted axiomatization for Example 2.2.1

Here b,s and p are skolem constants necessitated by the existential quantifications in statements (ii) and (iii), and h is the skolem function as in Figure 2.2.2. Clauses (3) and (9) stem from the negation of statement (vi).

If we compare both axiomatizations, the advantages of the many-sorted approach become apparent: we only need 2 resolution steps for a refutation, compared to 7 steps in the unsorted case. Also the search space is reduced very much in the many-sorted case, because we have only 3 clauses with 4 literals, compared to 9 clauses with 19 literals. The reason is that sort information has to be represented explicitly in the unsorted case by sort literals, i.e. literals whose predicate letters are sort symbols. Using sort literals, we replace the given many-sorted clauses by their relativizations and extend the resulting clause set by the clausal representations for the sort axioms to obtain an unsorted clausal representation of the problem.

Note that the clauses (4) and (5) in Figure 2.2.3 are the sort axioms for the subsort order relation, clauses (6), (7) and (8) are the sort axioms stating the sorts of the constants and clause (9) is the sort axiom describing the domain- and the rangesort of the skolem function h. Clauses (1) - (3) in Figure 2.2.3 are the relativizations of the corresponding clauses in Figure 2.2.2, which are obtained by extending a well-sorted clause with all the sort literals of form $\neg Q(x)$, where x is a variable of sort Q in the given well-sorted clause.

The resulting search space is further reduced by the constraints imposed on many-sorted unification. For instance, we can compute the resolvent $R=\{\neg A(x), \neg A(y), \neg P(z), \neg B(y), \neg S(z), L(xy)\}$ upon the literals

1(5) and 2(3) in Figure 2.2.3 giving rise to the computation of several pure clauses: ¬S(z) can only be resolved upon 7(1), yielding the pure clause {¬A(x),¬A(y),¬P(s),¬B(y),L(xy)} (because ¬P(s) cannot be resolved upon). Also ¬P(z) in R can only resolved upon the literals 8(1) and 9(2) yielding the pure literals ¬S(p) and ¬S(h(w)) respectively.

In the many-sorted case these deadends are impossible: the resolution step upon the literals 1(2) and 2(1) in Figure 2.2.2, which corresponds to the computation of R, is blocked, because the variables s_1 and p_1 have no well-sorted unifier.

As a result the size of the initial search space is reduced to 2 many-sorted resolvents and no many-sorted factors, compared to an initial search space of 18 resolvents and 2 factors in the unsorted case. This example reveals the advantages of the many-sorted resolution calculus compared to the unsorted one: we obtain a shorter refutation of shorter clauses from a smaller set of clauses and also a reduction of the search space.

Note also that the Herbrand Universe H for the clause set of Figure 2.2.3 (as well as for the original Steamroller Example) is infinite, because we have {h(b),h(h(b)),h(h(h(b))), ... }⊂H by presence of the function symbol h. But for the many-sorted clause set of Figure 2.2.2 (as well as for the many-sorted version of the Steamroller Example), we obtain a finite Herbrand Universe, viz. H_Σ={b,s,p,h(b),h(s)}, and consequently unsatisfiability (under sorts) is decidable for these examples. The reason is, that in the many-sorted case nested applications of the function symbol h are impossible, because the rangesort P of h neither equals nor is a subsort of the domainsort A of h.

The many-sorted resolution calculus is sound, because only well-sorted most general unifiers are used. But unfortunately this calculus, as defined so far, is (refutation) complete if and only if the sort hierarchy under consideration forms a forest structure, i.e. a collection of trees (like the sort hierarchy in Figure 2.2.1). The reason is, that the Unification Theorem [Robinson 1965] can be generalized to the many-sorted case only with this restriction:

<u>Theorem 2.2.1</u> [Walther 1986]
A sort hierarchy is a forest structure if and only if for each set of well-sorted atoms D: if D has a well-sorted unifier, then D has a well-sorted most general unifier.

Consequently, the many-sorted resolution calculus, as defined so far, is (refutation) incomplete if non-forest structured sort hierarchies are used. We shall illustrate this with another example:

<u>Example 2.2.2</u>
(i) Reptiles and birds are animals, which breathe by lungs and lay eggs. (ii) There are reptiles as well as birds. (iii) Each animal with lungs and wings has feathers. (iv) All animals without wings are poikilothermic, provided they lay eggs. (v) There is an animal which has feathers and lays eggs, or there is a poikilotherm, which breathes by lungs.

We give a many-sorted axiomatization expressing that statement (v) is true, whenever statements (i) - (iv) are assumed to be true: our sort hierarchy consists of sorts R,B,L and E denoting reptiles, birds, animals with lungs and animals which lay eggs, respectively. We define R and B as subsorts of L and also of E, thus obtaining a sortal representation of statement (i). We can do so by presence of statement (ii), which guarantees that neither R nor B are empty sorts (and by the subsort order L and E consequently are also non-empty). Figure 2.2.4 is a diagram of this sort hierarchy, which obviously is not a forest structure.

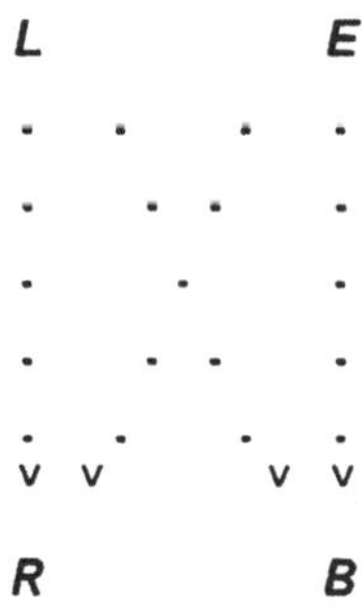

Figure 2.2.4 The sort hierarchy of Example 2.2.2

Using the predicates

> $W(x)$ - animal x has wings, $F(x)$ - animal x has feathers,
> $P(x)$ - animal x is poikilothermic

as abbreviations, we obtain the following many-sorted clausal representation of the problem:

(1) $\{\neg W(l_1), F(l_1)\}$ (2) $\{W(e_1), P(e_1)\}$

(3) $\{\neg F(e_2)\}$ (4) $\{\neg P(l_2)\}$

Figure 2.2.5 A many-sorted axiomatization for Example 2.2.2

Clauses (1) and (2) are the formal representations of statements (iii) and (iv), and clauses (3) and (4) stem from the negation of statement (v). As in the previous example, the subscripted lower case letters l_i and e_i (i=1,2) are universally quantified variables of the sorts denoted by the corresponding upper case letter L and E.

Now, assume that r_1 and b_1 are variables of sort R and B respectively. Then $\{l_1, e_1\}$ has well-sorted unifiers, e.g. $\{l_1 \leftarrow r_1,\ e_1 \leftarrow r_1\}$ and also $\{l_1 \leftarrow b_1, e_1 \leftarrow b_1\}$. But $\{l_1, e_1\}$ has no well-sorted most general unifier, because both of the most general unifiers $\{l_1 \leftarrow e_1\}$ and $\{e_1 \leftarrow l_1\}$ are not well-sorted. As a consequence, the many-sorted resolution calculus - as defined so far - is refutation incomplete, because we cannot compute a many-sorted resolvent from the set of clauses in Figure 2.2.4, although this set is unsatisfiable.

We shall overcome this problem by using complete and minimal sets of well-sorted unifiers instead of most general unifiers, i.e. we use a technique borrowed from unification under equational theories [Plotkin 1972, Fages and Huet 1983, Siekmann 1984]. The existence of these sets is guaranteed by the following theorem:

Theorem 2.2.2 [Walther 1986]
For each set of well-sorted atoms D: if D has a well-sorted unifier, then D has a complete and minimal set of well-sorted unifiers.

In the above example, for instance, $\{\{l_1 \leftarrow r_1, e_1 \leftarrow r_1\}, \{l_1 \leftarrow b_1, e_1 \leftarrow b_1\}\}$ is a minimal and complete set of well-sorted unifiers for $\{l_1, e_1\}$. The minimality of such a set guarantees that the modified many-sorted calculus still satisfies the principle of most generality and the property of completeness entails the refutation completeness of the calculus. Hence we obtain:

Theorem 2.2.3 [Walther 1987 a]
For each set S of well-sorted clauses: S is unsatisfiable under sorts if and only if the empty clause can be derived from S using the inference rules of many-sorted resolution and many-sorted factorization.

With this extension, we obtain the following many-sorted refutation from the clause set in Figure 2.2.5:

(R1) $\{\neg W(r_1)\}$; many-sorted resolvent of 1(2) and 3(1)

(R2) $\{P(r_1)\}$; many-sorted resolvent of 2(1) and R1(1)

(R3)   □   ; many-sorted resolvent of 4(1) and R2(1)

We use the first element of the minimal and complete set of well-sorted unifiers $\{\{l_1 \leftarrow r_1, e_2 \leftarrow r_1\}, \{l_1 \leftarrow b_1, e_2 \leftarrow b_1\}\}$ for the computation of R1, and the sets $\{\{e_1 \leftarrow r_1\}\}$ and $\{\{l_2 \leftarrow r_1\}\}$ for the computation of R2 and R3, respectively.

As indicated, our definitions allow to establish a correspondence between the semantic notions for the resolution calculus and its many-sorted version with the modeltheoretic part of the so-called Sort-Theorem (cf. Figure 1.5.1):

Theorem 2.2.4 [Walther 1987 a]
For each set S of well-sorted clauses: S is unsatisfiable under sorts if and only if the union of the set of sort axioms with the set of relativized clauses of S is unsatisfiable.

Hence with Theorem 2.2.3 the deductive notions of both calculi can be related with the prooftheoretic part of the Sort-Theorem:

<u>Corollary 2.2.5</u>

For each set S of well-sorted clauses: the empty clause can be derived from S in the many-sorted resolution calculus if and only if the empty clause can be derived in the resolution calculus from the union of the set of sort axioms with the set of relativized clauses of S.

2.3 MEET-SEMILATTICES AS SORT HIERARCHIES

However, since a complete and minimal set of unifiers can be arbitrarily large (although always finite, if the set of sort symbols is finite) it is possible to have an arbitrarily large number of many-sorted resolvents (or factors) for a given pair of clauses and literals resolved upon (or a given subset of a clause). Assume, for instance, that sorts s_1 and s_2 have 1,000,000 common but incomparable subsorts and that the variables x and y are of sort s_1 and sort s_2 respectively. Then we find that each complete and minimal set of well-sorted unifiers of {x,y} has 1,000,000 members, and as a consequence a clause like {P(x),P(y)} has 1,000,000 independent many-sorted factors.

If we ignore for the moment that this example is rather artificial, we may consider this effect as a possible disadvantage of the many-sorted resolution calculus , because the search space of an automated theorem prover can be swamped with a huge number of clauses by a single inference step. But if we use the unsorted calculus instead, we have 2,000,000 sort axioms in this example, each of which has to be used to compute the 1,000,000 relativizations of all the many-sorted factors. Hence the size of the search space would be even larger in the resolution calculus.

But there is also a simple technical remedy to this kind of problem: if we embed the given sort hierarchy into a meet-semilattice (i.e. each pair of sort symbols has an infimum) by invention of additional sorts, we find that each complete and minimal set of well-sorted unifiers is always a singleton.

<u>Theorem 2.3.1</u> [Walther 1986]
If a sort-hierarchy is a meet-semilattice and D is a set of well-sorted atoms having a well-sorted unifier, then each complete and minimal set of well-sorted unifiers of D is a singleton.

For the sort hierarchy of Figure 2.2.4, for instance, we obtain the meet-semilattice by invention of a sort X, representing the union of reptiles and birds, and a sort Ø. Figure 2.3.1 is a diagram of the extended sort hierarchy.

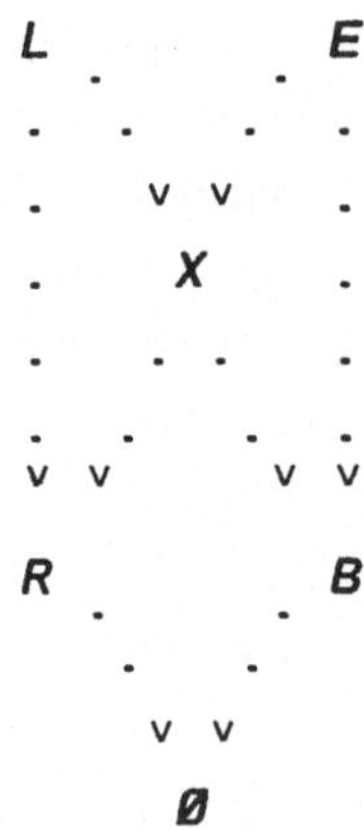

Figure 2.3.1 A meet semi-lattice for the sort hierarchy of
            Example 2.2.2

Now $\{l_1, e_1\}$ has the singleton $\{\{l_1 \leftarrow x_1, e_1 \leftarrow x_1\}\}$ as a complete and minimal set of well-sorted unifiers. The sort Ø is needed here only for formal reasons, i.e. to obtain a meet-semilattice, if there are sorts in the given hierarchy without common subsorts, like R and B. Since we assume that there are no terms of sort Ø, terms without common subsorts never have a well-sorted unifier.

But we prefer partially ordered sets of sort symbols instead of meet-semilattices in our definition of the many-sorted resolution calculus, because many-sorted axiomatizations tend to be unnatural or unintuitive (like the union X of reptiles and birds), if only meet-semilattices can be used to define a sort hierarchy.

2.4 MANY-SORTED AXIOMATIZATIONS

The principal idea of many-sorted logic is to represent certain
truths by defining a sort hierarchy and a signature, instead of having these truths expressed explicitly by first-order formulas. Hence
it is possible to incorporate certain deductions into the inference
machinery of a calculus, instead of performing them explicitly by inference steps. In case of the many-sorted resolution calculus, this
incorporation is realized (mainly) in the modified unification procedure (cf. Section 3.3).

But which kind of truths can be represented by a sort hierarchy and a
signature ? We call statements of naive set theory, which can be defined in terms of the subsort order or of the signature, sortal
statements. Figure 2.4.1 is a collection of sortal statements and
their equivalent representations by the subsort order and the signature.

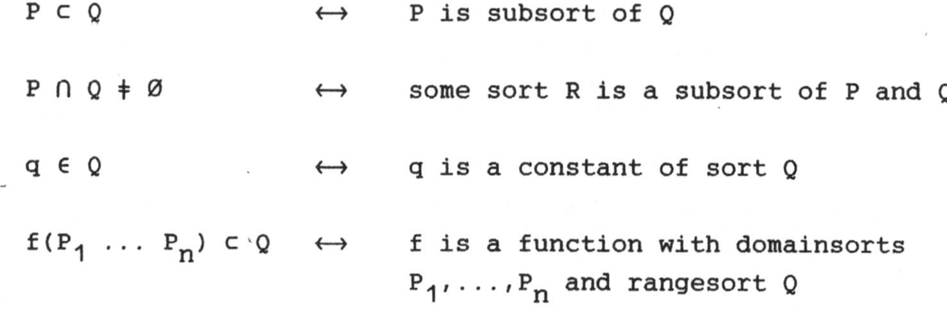

$$P \subset Q \qquad \leftrightarrow \qquad \text{P is subsort of Q}$$

$$P \cap Q \neq \emptyset \qquad \leftrightarrow \qquad \text{some sort R is a subsort of P and Q}$$

$$q \in Q \qquad \leftrightarrow \qquad \text{q is a constant of sort Q}$$

$$f(P_1 \ldots P_n) \subset Q \qquad \leftrightarrow \qquad \text{f is a function with domainsorts } P_1, \ldots, P_n \text{ and rangesort Q}$$

Figure 2.4.1 Sortal statements and their equivalent represen
            tation by the sort hierarchy and the signature

Obviously, the performance of a many-sorted logic increases with an
increasing number of sortal statements in an axiomatization, because
the number of explicit inferences decreases if we do not use sort literals. But unfortunately, we cannot express a negative sortal state-
ment, i.e. the negation of a sortal statement, like $P \not\subset Q$ or $P \cap Q = \emptyset$, as
a sortal statement. Consequently, we cannot represent each unary pre-
dicate symbol in an unsorted clause set by a sort symbol. Let us consider the following example:

<u>Example 2.4.1</u> [Chang and Lee 1973]
*(i) Some patients like all doctors. (ii) No patient likes any quack.
(iii) Therefore, no doctor is a quack.*

We can represent the set of patients by a sort P. But if we represent
the set of doctors and also the set of quacks by sorts, we are unable
to axiomatize the conclusion (iii), because we cannot state that
$D \cap Q = \emptyset$. Hence we have to choose sort D, say, to represent the set of
doctors, and with a predicate $Q(x)$ for "x is a quack" we can symbo-
lize (iii) as $\forall x{:}D\ \neg Q(x)$.

However, there is a simple trick to have both doctors and quacks as
sorts. Since we are interested in resolution based theorem proving,
it suffices to show that the conjunction of statements (i) and (ii)
with the negation of statement (iii) is unsatisfiable. But the negation of (iii), i.e. "there is a doctor who is a quack", can be represented within the sort hierarchy: we let X denote a sort symbol stan-
ding for the intersection of doctors and quacks, i.e. X is a subsort
of D and of Q. By presence of X we have $D \cap Q \neq \emptyset$, i.e. a sortal statement for the negation of statement (iii). Figure 2.4.2 is a diagram
of this sort hierarchy.

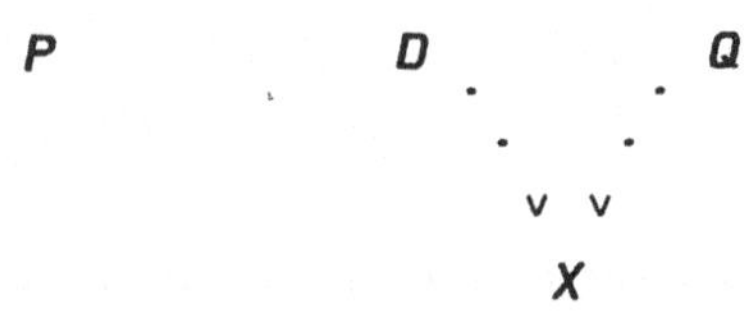

Figure 2.4.2 A sort hierarchy for Example 2.4.1

Using $L(xy)$ for "x likes y", p as a constant of sort P, and d_1, p_1, q_1
and x_1 as variables of sort P,D,Q and X respectively, we obtain the
following many-sorted clausal representation for Example 2.4:

(1) $\{L(p\ d_1)\}$ (2) $\{\neg L(p_1\ q_1)\}$

With the well-sorted unifier from the minimal and complete set
$\{\{p_1 \leftarrow p, d_1 \leftarrow x_1, q_1 \leftarrow x_1\}\}$, we derive the empty clause with a single many-
sorted resolution step. Note that without D and Q having a common

subsort X, the variables d_1 and q_1 would not have a well-sorted unifier. For the corresponding unsorted axiomatization, we obtain the empty clause with 4 resolution steps from a set of 5 clauses with 8 literals [Chang and Lee 1973].

Obviously, we can use this method whenever the theorem to be shown can be represented as a disjunction of negative sortal statements. However it fails if we have a negative sortal statement in the axiomset of a problem. For problems of this kind we use an extension of the many-sorted resolution calculus by a many-sorted version of the paramodulation rule [Wos and Robinson 1973], where we take advantage of the fact that sortal statements can also be expressed by many-sorted first-order equations, cf. [Walther 1987 a].

3 AN AUTOMATED THEOREM PROVER FOR MANY-SORTED RESOLUTION

In this chapter a brief survey is presented of how an automated theorem prover ATP based on the resolution calculus can be modified to obtain an automated theorem prover ATP_Σ for the many-sorted resolution calculus. [Walther 1987 a] contains some experimental results obtained with such a system. The necessary modifications of the ATP concern

- the first-order input language,
- the skolemization routine,
- the unification algorithm, and
- the computation of resolvents and factors.

3.1 THE INPUT LANGUAGE

First of all, we have to define a many-sorted first-order notation L_Σ, which provides language constructs to define the set of sort symbols $\mathcal{S}$, a subsort order relation $<_\mathcal{S} \subseteq \mathcal{S} \times \mathcal{S}$ and some $\mathcal{S}$-sorted signature Σ. Since the many-sorted resolution calculus is a true generalization of its unsorted origin, it is useful to define L_Σ such that L_Σ is a superset of the first-order input language L used for the unsorted ATP, cf. [Walther 1982]. This allows unsorted formulas to be proved with the many-sorted prover ATP_Σ without translating them into an explicit many-sorted notation (where $\mathcal{S}$ is a singleton of course).

The input language compiler of a theorem prover tests whether a given input string satisfies the rules of syntax and those of the static semantics (i.e. that function symbols are used with a proper arity etc.) of a first-order language L with the usual junctors, universal and existential quantifiers. It produces as 'code' a first-order formula in a certain representation which is appropriate for further processing.

The rules of the static semantics have to be extended such that only formulas from the set of all well-sorted first-order formulas $L_\Sigma \supseteq L$ as defined in Section 1.2 will be accepted. This problem is the same as for programming languages with sorts (often called types), e.g. PASCAL or ADA, and hence can be solved using the well known techniques of compiler construction.

In addition the compiler has to perform a 'semantic' test to check whether the relation defined as subsort order on the set of sort symbols is in fact an order relation.

3.2 THE SKOLEMIZATION ROUTINE

On skolemization of a first-order formula (given in a certain format) each occurence of an existentially quantified variable symbol y in an atomar formula is replaced by a skolem-term t, and all existential quantifiers are removed.

The skolem-term t consists of a new function symbol f followed by a (possibly empty) sequence $x_1,\ldots,x_n$ of variable symbols as arguments, where each x_i is a universally quantified variable symbol and the variable symbol y, which was replaced by t, is in the scope of exactly the universal quantifiers for the variable symbols x_i.

For Σ-skolemization, i.e. skolemization under sorts, this process is the same for each formula in L_Σ. Also the signature Σ has to be extended, yielding a signature Σ^* for all the new function symbols introduced by the Σ-skolemizations. We define that the sorts of $x_1,\ldots$ $\ldots,x_n$ are the domainsorts of f and the sort of y is the rangesort of f, where f, x_i and y are defined as above, and it is obvious that Σ-skolemization transforms well-sorted formulas (of L_Σ) into well-sorted formulas (of L_{Σ^*}).

To be correct, we have to show that Σ-skolemization maintains Σ-(un)satisfiability, i.e. (un)satisfiability under sorts: Let L^φ be the extended language of L, where sort symbols are used as unary predicate symbols (cf. Section 1.5). Then by the Sort-Theorem each formula

$\Phi \in L_\Sigma$ is Σ-unsatisfiable iff $(\{\hat{\Phi}\} \cup A^\Sigma) \subset L^\varphi_\Sigma$ is unsatisfiable.

Consider the following diagram:

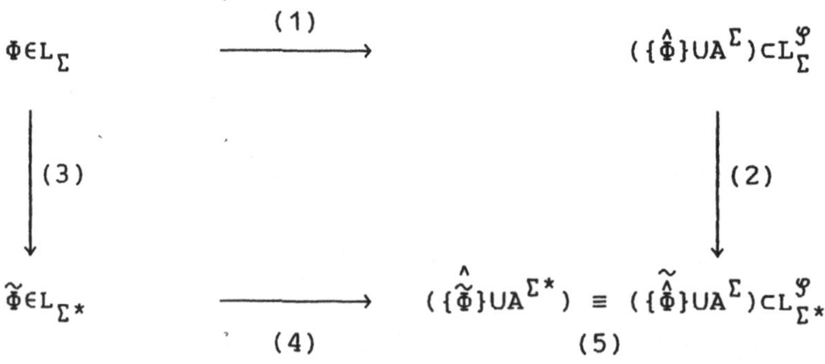

Figure 3.2.1 Skolemization and Σ-Skolemization

Here $\tilde{\Phi}$ and $\tilde{\hat{\Phi}}$ denote the formulas which are obtained from the formula Φ by (Σ-)skolemization on (3) and (2). On (1) and (4) a formula is replaced by its relativization and the set of sort axioms for the given signatures Σ and Σ^* respectively (cf. Section 1.5).

We can prove the equivalence (5) of Figure 3.2.1 under the assumption that equal variables are replaced by equal skolem-terms by the (Σ-)skolemizations of (2) and (3).

Hence we obtain from Figure 3.2.1 that each Σ-skolemized formula $\tilde{\Phi} \in L_{\Sigma^*}$ is Σ^*-unsatisfiable iff $\Phi \in L_\Sigma$ is Σ-unsatisfiable, because (1) and (4) maintain (un)satisfiability by the Sort-Theorem and (2) is the skolemization in the one-sorted language and hence leaves (un)satisfiability unchanged.

3.3 THE MANY-SORTED UNIFICATION ALGORITHM

The unification algorithm (1) decides whether a pair of terms (or atoms) is unifiable and (2) returns a most general unifier for the pair or a failure indication, depending on the result of the former test. To modify a unification algorithm in order to obtain a many-sorted version of it we must

(1) insert additional tests, which check whether the additional constraints for unifiable terms imposed by the subsort order relation are satisfied, and

(2) provide a means to generate auxiliary variables, which are necessary to produce a minimal and complete set of well-sorted unifiers for a pair of unifiable variables, if non-forest structured sort hierarchies are used.

Subsequently we let T_Σ denote the set of well-sorted terms, AT_Σ denote the set of well-sorted atoms, SUB_Σ denote the set of well-sorted substitutions, $\mathcal{V}$ denote the set of variable symbols, $\mathcal{V}(t)$ denote the set of all variable symbols in a term or atom t, $[t]$ denote the sort of a term t, and let $<_\mathcal{S}$ denote the subsort order on the set of sort symbols $\mathcal{S}$. The set of all maximal elements in $S \subseteq \mathcal{S}$ will be denoted $\max_\mathcal{S}(S)$, $lbs_\mathcal{S}(S)$ is the set of all lower bounds of S in $\mathcal{S}$, (i.e. $\max_\mathcal{S}(S)=\{s_o \in S \mid s_o \not<_\mathcal{S} s \ \forall s \in S\}$ and $lbs_\mathcal{S}(S)=\{s_o \in \mathcal{S} \mid s_o \leq_\mathcal{S} s \ \forall s \in S\}$), and $\sqcap S$ stands for the greatest lower bound or infimum of S.

Now let us consider the following algorithm $MCSU_\Sigma$ (abbreviating Minimal and Complete Set of well-sorted Unifiers):

```
function MCSU_Σ(t_1,t_2∈T_Σ∪AT_Σ):2^SUB_Σ =

(1) if t_1=t_2
       then return({Ø}) (* i.e. {ε} *)
    fi


(2) if t_1∈V
        then
    (2.1) if t_1∈V(t_2) (* occur check *)
             then return(Ø) (* occur failure *)
          fi


    (2.2) if [t_2]≤_φ[t_1]
             then return({{t_1←t_2}})
          fi


    (2.3) if t_2∉V or lbs_φ{[t_1],[t_2]}=Ø
             then return(Ø)
          fi

          assume t_2∈V, max_φ(lbs_φ{[t_1],[t_2]})={s_1,...,s_k}, k≥1
    (2.4) if [t_1]<_φ[t_2]
             then return({{t_2←t_1}})
             else for j:=1 (1) k do
                     z_j:=newV_s_j
                  done
    (2.5)          return({{t_1←z_1,t_2←z_1},...,{t_1←z_k,t_2←z_k}}
          fi
    fi


    assume t_1∉V
(3) if t_2∈V
        then
             if t_2∈V(t_1) (* occur check *)
                then return(Ø) (* occur failure *)
             fi
```

```
     (3.1) if [t_1]≤_𝓎[t_2]
              then return({{t_2←t_1}})
              else return(∅)
          fi
     fi


     assume t_1=F(q_1...q_n), t_2=G(r_1...r_m), n≥0, m≥0
(4)  if F≠G (*clash check *)
         then return(∅) (* clash failure *)
     fi


(5)  assume t_1=f(q_1...q_n), t_2=f(r_1...r_n), n>0
     U:={∅} (* i.e. {ε} *)
     i:=0
     repeat
       i:=i+1
       U*:=U
       U:=∅
       for all σ∈U* do
          assume σ={x_1←s_1,...,x_h←s_h} , h≥0
 (5.1)    for all θ∈MCSU_Σ(σq_i,σr_i) do
              U:=U U {θ U {x_1←θs_1,...,x_h←θs_h}} (* σ:=θ∘σ *)
          done
       done
     until i=n or U=∅


     return(U)
 end
```

Figure 3.3.1 An algorithm for many-sorted unification

We assume that the semantics of the statements in the algorithm are
obvious without a precise and formal definition. We only remark, that
the execution of the algorithm is aborted after an execution of a return statement, yielding the argument of this statement as result of
the algorithm.

Given a pair of well-sorted terms or atoms as input, the algorithm
returns a set of well-sorted substitutions. A substitution is represented by a finite set of variable/term pairs, written as x←t, where

the empty set $\emptyset$ represents the empty substitution ε. Hence returning $\emptyset$ for a given input t_1, t_2 means that t_1 and t_2 are not unifiable under sorts (Σ-unifiable for short) while returning $\{\emptyset\}$ means that ε Σ-unifies t_1 and t_2, i.e. $t_1 = t_2$.

Let us consider the statements of the many-sorted unification algorithm in detail:

Statements (1) and (2.1) are the usual test for identity and for "occur"-conflicts respectively. Statement (2.2) tests whether the result $\{t_1 \leftarrow t_2\}$ which would be returned by the unsorted algorithm as a most general unifier is a well-sorted substitution. If so, we do not need auxiliary variables for this case. Statement (2.3) tests whether a well-sorted solution to the given unification problem is possible at all: for "$t_2 \notin V$ or $lbs_{\mathcal{S}}\{[t_1], [t_2]\} = \emptyset$" the unification problem cannot have a well-sorted solution, because there are no common well-sorted instances of t_1 and t_2 in this case.

The then-part of statement (2.4) is symmetric to statement (2.2): again the result returned by the unsorted algorithm as a most general unifier here is also correct for the many-sorted problem. On execution of the else-part, we find that $\{t_1, t_2\} \subset V$ and $\sqcap[\{t_1, t_2\}] \notin [\{t_1, t_2\}]$. Hence we have to compute all auxiliary variables the sort of which corresponds exactly to the maximal elements in the set of all lower bounds of the sorts of the terms to be unified. We need these variables in order to obtain a minimal and complete set of well-sorted unifiers. Note that $newV_s$ generates a fresh variable of sort s, i.e. a variable which was never used before.

Statement (3) is symmetric to statement (2) with t_1 and t_2 interchanged. But since we know here that $t_1 \notin V$, a test similiar to the test in statement (2.3) would always be affirmative. Hence a failure indication is returned unconditionally if the test of statement (3.1) evaluates to false. Statement (4) looks for "clash"-conflicts as in the unsorted case.

The statements following (5) treat the recursion case of the many-sorted unification algorithm in the same way as in the unsorted algorithm: most general solutions of a unification problem are computed by stepwise combination (using functional composition) of most general solutions of subproblems. The invariant of the repeat-loop following (5) is

$$U = mcU_\Sigma(\{q_1, \ldots, q_i, r_1, \ldots, r_i\})$$

where $mcU_\Sigma(D)$ denotes a minimal and complete set of well-sorted unifiers of D. We remark that $\{q_1, \ldots, q_i, r_1, \ldots, r_i\} = \emptyset$ for i=0 and $mcU_\Sigma(\emptyset) = \{\varepsilon\}$, because ε is a most general unifier of $\emptyset$. Each of the most general solutions $\sigma \in mcU_\Sigma(\{q_1, \ldots, q_i, r_1, \ldots, r_i\})$ computed so far (and collected in U) is applied to q_{i+1} and r_{i+1}. A minimal and complete set of well-sorted unifiers is computed for the instantiated terms $\sigma q_{i+1}, \sigma r_{i+1}$ and each of the generated well-sorted unifiers θ is composed with the former solution σ, yielding a new member of $mcU_\Sigma(\{q_1, \ldots, q_{i+1}, r_1, \ldots, r_{i+1}\})$. Note that deadend solutions, i.e. substitutions σ which instantiate q_{i+1} and r_{i+1} such that σq_{i+1} and σr_{i+1} are not Σ-unifiable, are eliminated for further processing (i.e. do not contribute to the final result), because the body of the for-loop (5.1) is not executed in this case. The many-sorted unification algorithm terminates with a failure indication (viz. U=$\emptyset$), if all members σ of U prevent further Σ-unifications.

Statement (2.5) together with the nested loops in the statements following (5) give rise to a combinatorical explosion. Depending on a particular sort hierarchy (and the given unification problem of course) $MCSU_\Sigma$ may compute sets of arbitrarily large (but always finite) cardinality. Hence computing a minimal and complete set of well-sorted unifiers may become very expensive.

However, this can never happen if forest-structured sort hierarchies are used (cf. Theorem 2.2.1). In this case one of the conditions in the statements (2.2), (2.3) and (2.4) is always satisfied, and therefore statement (2.5) never is executed. As a consequence, the set U in the statements following (5) is at most a singleton, and it can easily be seen that $MCSU_\Sigma(t_1, t_2)$ contains exactly one well-sorted most general unifier of t_1 and t_2, provided this pair of terms is Σ-unifiable at all.

A combinatorical explosion in the case of a non-forest sort hierarchy $(\mathcal{S}, <_\mathcal{S})$ is also impossible, if $(\mathcal{S}, <_\mathcal{S})$ is a meet-semilattice, cf. Theorem 2.3.1. Then the parameter k in statement (2.5) is always 1, hence the set U in the statements following (5) (and obviously also $MCSU_\Sigma$)

is at most a singleton. We can take advantage of this result by embedding a sort hierarchy into a meet-semilattice by invention of additional sorts, cf. [Walther 1987 a].

It can be proved that the many-sorted unification algorithm $MCSU_\Sigma$ always terminates and that $MCSU_\Sigma(t_1, t_2)$ represents a complete and minimal set of well-sorted unifiers for all $t_1, t_2 \in T_\Sigma UAT_\Sigma$.

3.4 COMPUTING MANY-SORTED RESOLVENTS AND FACTORS

The generalization of the algorithms which compute resolvents and factors to the many-sorted case is straightforward: Given a pair of clauses C and D and a pair of literals L and K, there is at most one resolvent of C and D upon L and K in the unsorted case (modulo variable renaming). For the many-sorted case, we have to compute an arbitrarily large (but always finite) set of (independent) many-sorted resolvents of C and D upon L and K - one for each member of $MCSU_\Sigma(\{|L|, |K|\})$.


```
function RES_Σ(C∈ℒ_Σ,L∈LIT_Σ,D∈ℒ_Σ,K∈LIT_Σ):2^{ℒ_Σ}=
   R:=∅
   if L∈C and K∈D
     then if L complementary K
             then for all σ∈MCSU_Σ(|L|,|K|) do
                      R:=R U {σ(C-L)Uσ(D-K)}
                   done
          fi
   fi
   return(R)
end
```

Figure 3.4.1 Computation of many-sorted resolvents

Here $ℒ_\Sigma$ denotes the set of all well-sorted clauses, $|L|$ denotes the atom of a literal L and "L complementary K" means that L is an atom and K is a negated atom or vice versa. It is easily verified that each member of $RES_\Sigma(C,L,D,K)$ is a many-sorted resolvent of C and D upon L and K. Obviously, the many-sorted theorem prover ATP_Σ has to compute all these many-sorted resolvents in order to be refutation complete - at least if ATP_Σ is organized as a breadth-first search procedure without strategies or refinements (as, for instance, "set-of-support", "unit-refutation" etc.). Since the cardinality of $RES_\Sigma(C,L,D,K)$ is at most equal to the cardinality of $MCSU_\Sigma(|L|,|K|)$, the costs of computing RES_Σ depend only on the costs of computing $MCSU_\Sigma$. Hence for a sort hierarchy, which is forest-structured or is a meet-semilattice, the computation of RES_Σ is as cheap (or expensive) - in terms of unification - as the computation of a resolvent in the unsorted theorem prover ATP.

The many-sorted factors of a many-sorted clause are computed by the following algorithm:

```
function FAK_Σ(C∈ℒ_Σ):2^ℒ_Σ=
    F:=∅
    D:=C
    for all L∈C do
        D:=D-L
        for all K∈D do
            if not (L complementary K)
                then for all σ∈MCSU_Σ(|L|,|K|) do
                        F:=F U FAK_Σ(σ(C))
                    done
            fi
        done
    done
    return(F U {C})
end
```

Figure 3.4.2 Computation of many-sorted factors

Here the same comment applies as for the computation of many-sorted resolvents: given a pair of clauses C and D such that $D\subset C$, there is at most one factor σC of C upon D (modulo variable renaming) in the unsorted case (where σ is a most general unifier of D). For the many-sorted case there are as many many-sorted factors of C upon D, as there are many-sorted unifiers in $MCSU_\Sigma(D)$. It is easily verified that FAK_Σ computes all many-sorted factors of a given well-sorted clause. In order to be refutation complete, the many-sorted theorem prover ATP_Σ has to compute all these many-sorted factors.

After computation of the many-sorted resolvents and factors, each variable symbol in each of these clauses has to be replaced by a fresh one (of the same sort of course), thus implementing a many-sorted renaming substitution.

4. CONCLUSION

The many-sorted resolution calculus presented here can be extended with a many-sorted version of the paramodulation rule [Wos and Robinson 1973], i.e. an inference rule designed to incorporate equality reasoning into the resolution calculus. In addition to the advantages caused by shifting certain deductions to the many-sorted unification algorithm, many-sorted paramodulation leads to a further restriction of the search space, because certain paramodulation inferences are not allowed in the many-sorted case, cf. [Walther 1987 a].

A further increase of efficiency can be obtained by extending this calculus with polymorphic function symbols. This allows the sort of a term $f(t_1...t_n)$ to vary with the sorts of its arguments $t_1,...,t_n$ and consequently more deductions are shifted to the many-sorted unification algorithm, which otherwise have to be performed explicitely [Schmidt-Schauss 1985 a]. Also efficiency can be increased by combining many-sorted unification with unification under equational theories [Schmidt-Schauss 1986]. To benefit from many-sorted resolution also for problems stated in an unsorted axiomatization, an algorithm has been developed which translates unsorted clause sets into many-sorted   ones, where certain unary predicates from the unsorted formulation   are used as sort symbols in the many-sorted version [Schmidt-Schauss 1985 b].

However, we do not claim that the calculus proposed here is the only approach to utilize many-sorted reasoning for resolution based theorem proving - see, for instance, Cohn's proposal of a many-sorted resolution logic [Cohn 1987]. The advantages of many-sorted reasoning were early recognized within the field of automated theorem proving, e.g. [Hayes 1971, Henschen 1972], and several theorem proving programs have been based on some kind of a many-sorted calculus, e.g. [Weyhrauch 1977, Champeaux 1978]. More recently many-sorted reasoning has also found attention in other fields of automated deduction, as e.g. rewrite systems [Cunningham and Dick 1985, Goguen et al. 1985], parsing with Horn-clause grammars and knowledge retrieval [Frisch 1985 a, Frisch 1985 b] or logic programming [Ait-Kaci and Nasr 1986, Huber and Varsek 1987].

REFERENCES

AIT-KACI, H. and NASR, R. LOGIN: A Logic Programming Language with Built-in Inheritance. J. Logic Programming, vol 3, no 3, 1986

CHAMPEAUX, D. de A Theorem Prover Dating a Semantic Network. Proceedings of the AISB/GI Conference, Hamburg, 1978

CHANG, C.-L. and LEE, R.C.-T. Symbolic Logic and Mechanical Theorem Proving. Academic Press, 1973

COHN, A.G. A More Expressive Formulation of Many-Sorted Logic. J. Automated Reasoning, vol 3, no 2, 1987

CUNNINGHAM, R.J. and DICK, A.J.J. Rewrite systems on a lattice of types. Acta Informatica, vol 22, no 2, 1985

FAGES, F. and HUET, D. Complete Sets of Unifiers and Matchers in Equational Theories. Proceedings of the 8th CAAP, Lecture Notes in Computer Science 159, L'Aquila, 1983

FRISCH, A.M. An Investigation into Inference with Restricted Quantification and a Taxonomic Representation. SIGART Newsletter 91, 1985 (a)

FRISCH, A.M. Parsing with Restricted Quantification. Proceedings of the AISB Conference, 1985 (b)

GOGUEN, J.A., JOUANNAUD, J.-P., and MESEGUER, J. Operational Semantics for Order-Sorted Algebra. Proceedings of the 12th ICALP, Lecture Notes in Computer Science 194, Nafplion, 1985

HAYES, P. A Logic of Actions. Machine Intelligence 6, 1971

HENSCHEN, L.J. N-Sorted Logic for Automatic Theorem Proving in Higher Order Logic. Proceedings of the ACM Conference, Boston, 1972

HUBER, M. and VARSEK, I. Extended Prolog for Order-Sorted Resolution. Proceedings of the 1987 Symposium on Logic Programming, San Francisco, 1987

LOVELAND, D.W. Automated Theorem Proving: A Logical Basis. North-Holland Publishing Company, 1978

PLOTKIN, G. Building-in Equational Theories. Machine Intelligence 7, 1972

ROBINSON, J.A. A Machine-Oriented Logic Based on the Resolution Principle. J. ACM, vol 12, no 1, 1965, also in: Automation of Reasoning - Classical Papers on Computational Logic, vol 1. J. Siekmann and G. Wrightson, Eds., Springer, 1983.

SCHMIDT-SCHAUSS, M. A Many-Sorted Calculus with Polymorphic Functions based on Resolution and Paramodulation. Proceedings of the 9th International Joint Conference on Artificial Intelligence (IJCAI-85), Los Angeles, 1985 (a)

SCHMIDT-SCHAUSS, M. Mechanical Generation of Sorts in Clause Sets. MEMO SEKI-85-VI-KL, Fachbereich Informatik, Universität Kaiserslautern, 1985 (b)

SCHMIDT-SCHAUSS, M. Unification in Many-Sorted Equational Theories. Proceedings of the 8th International Conference on Automated Deduction (CADE-86), Lecture Notes in Computer Science 230, Oxford, 1986

SIEKMANN, J. Universal Unification. Proceedings of the 7th International Conference on Automated Deduction (CADE-84), Lecture Notes in Computer Science 170, Napa, 1984

WALTHER, C. The Markgraf Karl Refutation Procedure: PLL - A First-Order Language for an Automated Theorem Prover. Interner Bericht 35/82, Institut für Informatik I, Universität Karlsruhe, 1982

WALTHER, C. A Mechanical Solution of Schubert's Steamroller by Many-Sorted Resolution. Proceedings of the 4th National Conference on Artificial Intelligence (AAAI-84), Austin, 1984, revised version in: Artificial Intelligence vol 26, no 2, 1985

lER. C. A Classification of Many-Sorted Unification Problems. Proceedings of the 8th International Conference on Automated Deduction (CADE-86), Lecture Notes in Computer Science 230, Oxford, 1986, revised version appeared as Many-Sorted Unification, J. ACM, vol 35, no 1, 1988

WALTHER, C. A Many-Sorted Calculus Based on Resolution and Paramodulation. Research Notes in Artificial Intelligence, Pitman, London, and Morgan Kaufman, Los Altos, 1987 (a)

WALTHER, C. Automatisches Beweisen. In: Künstliche Intelligenz – Theoretische Grundlagen und Anwendungsfelder, Th. Christaller, H.-W. Hein und M.M. Richter (Hrsg.), Frühjahrsschulen Dassel 1985 und 1986, Informatik-Fachberichte 159 (1988), 1987 (b)

WEYHRAUCH, R.W. FOL: A Proof Checker for First-Order Logic. MEMO AIM-235.1, Stanford Artificial Intelligence Laboratory, Stanford University, 1977

WOS, L. and ROBINSON, G. Maximal Models and Refutation Completeness: Semidecision Procedures in Automatic Theorem Proving. In: Word-problems. W.W. Boone, F.B. Cannonito, and R.C. Lyndon, Eds., North-Holland, 1973, also in: Automation of Reasoning -Classical Papers on Computational Logic, vol 2, J. Siekmann and G. Wrightson, Eds., Springer, 1983

W I S S E N S R E P R Ä S E N T A T I O N

Grundkurs

Cosima Schmauch
Softwareberatung
Josephspitalstr.4
8 München 2

Einführung

Wissen ist die Basis für bewußtes menschliches Handeln. Deshalb beschäftigt die Frage,
was Wissen ist und wie man zu gesichertem Wissen kommt, alle Schichten der Menschheit;
es waren aber vor allem die Philosophen, die sich berufen fühlten, dazu Verbindliches
zu sagen. Zu endgültigen Aussagen, was Wissen ist, sind sie aber bis heute nicht gekommen, und am Beispiel des Philosophen Sokrates kann man sich vorstellen, wie kontrovers der Diskurs über dieses Thema verlaufen ist und noch verläuft: dieser wurde nämlich vor zweieinhalb Jahrtausenden vom Delphischen Orakel zum weisesten aller Griechen
erkoren, da er von sich behauptete, er wüßte nur, daß er nichts wisse.

Um die Mitte der fünfziger Jahre gesellten sich die Informatiker zu den Philosophen:
sie glaubten, sie wüßten, was Wissen ist - mehr noch - wie es zu formalisieren ist,
damit ein Computer es verarbeiten kann. So entstand die "Künstliche Intelligenz" als
Teilgebiet der Informatik. Während sich der große Teil der Computerfachleute abmüht,
Buchhaltung, Lagerverwaltung, Steuerung von Maschinen oder Waffensystemen sowie weitere profane Probleme effizient mit dem Computer zu lösen, versuchen die KI'ler dem Computer das Denken, Lernen und Fühlen beizubringen.

Diese hochgesteckten Ziele sind aber bis heute nicht erreicht worden, und es ist frag-
lich, ob sie prinzipiell erreichbar sind (vgl. /Dreyfus 85/, /Winograd 86/, /Seidl 87/
oder /Franck 87/).

Aus Informatik-Sicht sind die Ergebnisse der KI (Techniken und Systeme) jedoch beachtlich, stellen sie doch einen qualitativen Sprung in der Datenverarbeitung dar. So ist zu erwarten, daß diese Techniken immer mehr im traditionellen DV-Bereich eingesetzt werden, und daß durch sie Probleme mit dem Computer gelöst werden können, die bisher aus technischen oder wirtschaftlichen Gründen eine Computer-gestützte Lösung nicht zuließen.

Das Ziel des Artikels ist es, den Teilbereich dieser Techniken, die zur Repräsentation von Wissens dienen, vorzustellen.

1 Was bedeutet Repräsentation von Wissen ?

John Locke (1632 - 1704) schreibt in seinem Essay "Concerning Human Understanding", daß die Aufgabe der Logik darin besteht, "die Natur der Zeichen zu untersuchen, die der Geist verwendet, um sich die Dinge verständlich zu machen oder anderen sein Wissen mitzuteilen." "Diejenigen Zeichen nun, die den Menschen am zweckdienlichsten erschienen ... sind artikulierte Laute." (nach /Walther 79/ S. 22). Die Menschen verwenden also ein Zeichensystem, die Sprache, um Wissen für sich zu repräsentieren und um es austauschen zu können. Charles Sanders Peirce (1839 - 1914) hat diesen Zusammenhang präzisiert; für ihn ist "Repräsentieren" ein dreistelliges Prädikat: ein Zeichenträger repräsentiert Wissen für einen Interpretanden (vgl. /Walther 79/). Nun ist die natürliche Sprache zwar universell in dem Sinn, daß sich alles Denkbare auch in ihr ausdrücken läßt; aber es läßt sich nur - mehr oder weniger - mehrdeutig und vage ausdrükken. Deshalb wurde parallel mit dem Fortschreiten der Wissenschaften der Versuch unternommen, neue Erkenntnisse in einer möglichst unzweideutigen und präzisen (formalen) Sprache festzuhalten. Als erste Höhepunkte dieser Bemühungen können die "Principia Mathematica" (1910-1913) von Russel und Whitehead sowie Wittgensteins "Tractatus logico-philosophicus" (1919) angesehen werden. Im ersten Werk sollte die Mathematik auf die Logik zurückgeführt werden; im zweiten wurde eine Idealsprache ("logische Grammatik") skizziert, in der nur wahren Gedanken isomorphe Sätze ausdrückbar sein sollen. Es zeigte sich aber später, daß selbst die Mathematik nicht vollständig durch eine formale Sprache beschreibbar ist, beziehungsweise, daß jede formale Sprache durch die "ungenaue" natürliche Sprache erklärt werden muß (deshalb hat Wittgenstein in den "Philosophischen Untersuchungen" (1950) seine frühere Position einer radikalen Kritik unterzogen). Die natürliche Sprache kann also nicht durch eine formale Sprache ersetzt werden; wie trotzdem "wissenschaftliches" Sprechen möglich ist, zeigen beispielsweise /Kamlah 73/ und /Lorenz 70/. In /Wuchterl 77/ wird das hier skizzierte ausführlich beschrieben.

Auch für die KI ist die primäre Wissensrepräsentationssprache die natürliche Sprache und deren Interpretand der Mensch. Im folgenden werden wir erläutern, was es bedeutet Wissen, das in natürlicher Sprache repräsentiert ist, in eine formale Sprache umzusetzen. Außerdem gehen wir immer davon aus, daß auch diese formale Sprache von Menschen interpretiert wird, und werden keine Aussagen darüber machen, ob ein Computer, wenn er diese formale Sprache verarbeitet, als Interpretand in dem Sinn verstanden werden kann, wie wenn ein Mensch Interpretand dieser Sprache ist.

2 Klassische Datenverarbeitung versus Wissensverarbeitung

In jedem Programm ist das Wissen des Programmierers in "geronnener" Form enthalten und nur deshalb kann ein anderer dieses Programm auch verstehen (prinzipiell ist jeder künstliche Gegenstand Zeichen für das Wissen seiner Verwendung).

Dieses Wissen um den Problembereich ist allererst in natürlicher Sprache vorhanden. Um eine Problembeschreibung in eine formale Sprache umzusetzen, ist neben dem "Problemwissen" noch "Umsetzungswissen" nötig. Dieses Umsetzungswissen geht jedoch verloren, da es nicht formalisiert ist. Wäre es formalisiert, dann hätte man eine formale Sprache "höherer Ebene", in die man wiederum das Problem umsetzen müßte (Beispiele hierfür sind Programmgeneratoren). Der Aufwand für die Umsetzung der Problembeschreibung von natürlicher Sprache in die formale Sprache entspricht der "semantischen Lücke" zwischen den beiden. Je größer diese semantische Lücke, desto mehr Wissen geht verloren oder ist nur noch implizit im Ergebnis der Umsetzung enthalten.

Die KI-Programmiersprachen erlauben es nun, im Gegensatz zu anderen Programmiersprachen, die semantische Lücke zwischen der Problembeschreibung und der Implementierung der Lösung auf einfache und elegante Weise zu verkleinern. Das wird dadurch ermöglicht, daß es in diesen Sprachen keinen syntaktischen Unterschied zwischen Daten und Programm gibt. Die Elemente dieser Sprachen (Terme in PROLOG, Listen in LISP) werden je nach Situation als Daten oder als Programm interpretiert. Dies liefert die Grundlage für die Metaprogrammierung, in der ein Programm von einem anderen Programm als Datum interpretiert wird. Man kann dadurch zu einer gegebenen Problemstellung eine angemessene Sprache und den dazugehörigen Interpretationsmechanismus definieren, ohne daß die "Welt" der Implementierungssprache verlassen werden muß (siehe Abb. 1).

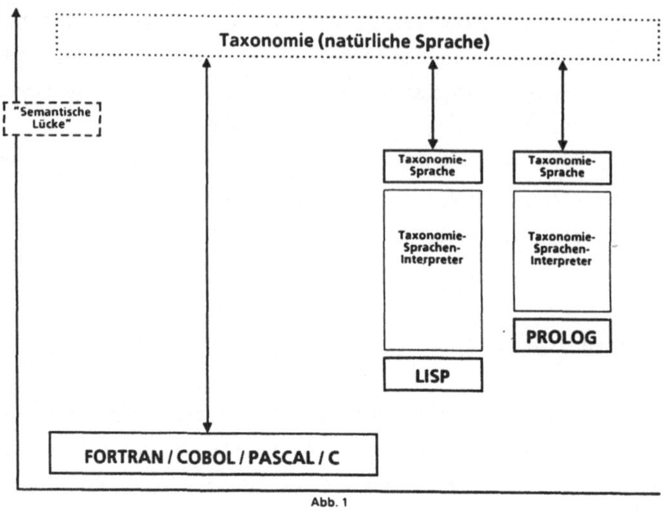

Abb. 1

In der klassischen Datenverarbeitung werden Problemlösungen in Programmiersprachen wie z. B. COBOL, FORTRAN, Pascal oder C beschrieben. Diese Sprachen sind zwar "anwendungsnäher" als Maschinensprache, jedoch ist der ihnen zugrundeliegende Ablaufmechanismus noch sehr einfach. Das ermöglicht es, beliebig komplizierte Algorithmen zu formulieren; in den Programmen vermischen sich aber, praktisch untrennbar, Beschreibung des Problems und Vorgehensweise zur Lösung.

Es gibt keine allgemeinen Kriterien, wann sich eine Sprache zur Repräsentation von Wissen eines Problembereichs eignet; als ein Hauptkriterium kann aber angesehen werden, ob sich das Wissen explizit darstellen läßt; d.h. es ist wenig Wissen zur Abbildung nötig, und die Darstellung des Problems ist nicht vermengt mit Verarbeitungsmechanismen. Ob Wissen explizit repräsentiert ist, können nur Fachkundige des entsprechenden Problembereichs entscheiden - dafür gibt es keine "objektiven" Kriterien. Beispielsweise können nur Fachkundige des Bereichs Chemie entscheiden, ob eine gegebene chemische Formel das Wissen von bestimmten chemischen Zusammenhängen ausdrückt.

LISP und PROLOG sind jedoch nicht per se Sprachen zur Wissensrepräsentation. So ist das Wissen, wie man die Lösungen einer linearen Gleichung berechnet, gut in FORTRAN darstellbar, hingegen läßt sich eine Taxonomie leichter in einer Frame-Sprache beschreiben, und es gibt Problembereiche, die anscheinend nicht formalisierbar sind.

Durch das folgende Beispiel mit einer kommerziellen Problemstellung soll noch einmal der Unterschied zwischen einer Lösung des Problems mit einer Programmiersprache der klassischen Datenverarbeitung und einer der Wissensverarbeitung herausgestellt werden.

Der Problembereich wird beschrieben durch folgende Aussage:

> Das Honorar für meine Arbeit berechnet sich aus geleisteten Stunden multipliziert mit dem vereinbarten Stundensatz; dazu kommt noch die Mehrwertsteuer.

Diese nicht formale und unvollständige Beschreibung muß nun schrittweise in eine präzisere und vollständige Form gebracht werden; das Ergebnis der Umsetzung ist:

> Die Anzahl der Stunden ist gerundet;
> Stundensatz, Mehrwertsteuer, Nettobetrag und Rechnungsbetrag sind gebrochene Zahlen,
> Stundensatz und Mehrwertsteuersatz stehen immer fest:
> Stundensatz = 12.80, Mehrwertsteuersatz = 0.14;
> Die Anzahl der Stunden ist variabel;
> Gefragt ist der Rechnungsbetrag;
> Dieser berechnet sich aus dem Produkt der Stundenzahl, des Stundensatzes und des um eins erhöhten Mehrwertsteuersatzes.

Folgendes Programm berechnet nun den Betrag:

```
float rechnung( Stundenzahl)
int Stundenzahl;
{
    #define MwSt           0.14
    #define Stundensatz  12.80

    float Nettobetrag;
    Nettobetrag = Stundenzahl * Stundensatz;
    return( Nettobetrag * (1 + MwSt));
}
```

Möchte man jedoch die Bestandteile einer Rechnung und deren Zusammenhänge beschreiben, so ist eine deklarative Darstellung besser geeignet:

```
(Rechnung
        (Stundensatz        Wert: 12.80)
        (Stundenzahl        Wert: Frage-nach-Stundenzahl)
        (MwSt               Wert: 0.14)
        (Nettobetrag        Wert: Stundenzahl * Stundensatz)
        (Rechnungsbetrag    Wert: Nettobetrag * (1 + MwSt))
```

Während bei der ersten Lösung der Abarbeitungsmechanismus der Sprache eine feste Reihenfolge der Anweisungen erfordert, berechnet bei der zweiten Lösung der Interpreter dieser Struktur die benötigten Werte dann, wenn sie gebraucht werden. Der (mächtigere) Abarbeitungsmechanismus des Interpreters in der zweiten Lösung erspart es dem Programmierer die Ablauffolge zu spezifizieren.

3. Formalismen der Repräsentation von Wissen

Notwendige Voraussetzung für die Formalisierung von Wissen ist zunächst, daß das Wissens in natürlicher Sprache vorliegt, d.h. sagbar und schriftlich festhaltbar ist. Der nächste Schritt zur Verarbeitung von Wissen besteht dann in der Formalisierung des schon formulierten Wissens. Wie in   1   bemerkt, kann die natürliche Sprache nicht vollständig formalisiert werden - es gibt jedoch Teilbereiche, für die es möglich ist.

In der Informatik kommt es nicht nur darauf an etwas formal beschreiben zu können, der Formalismus muß auch "gut handhabbar" sein und von einem Computer verarbeitet werden können. Nachfolgend wird ein kurzer Überblick über die wichtigsten Formalismen gegeben; in den folgenden Kapiteln werden diese dann ausführlich behandelt.

Der älteste Mechanismus zur Formalisierung von "Denken" ist die aristotelische Logik, die Anfang des Jahrhunderts zur heutigen Prädikatenlogik weiterentwickelt wurde. In ihr können Sätze wie

"Alle Menschen sind sterblich" und
"Sokrates ist ein Mensch"

ausgedrückt und daraus der Schluß

"Sokrates ist sterblich"

gezogen werden.

Die Prädikatenlogik hat jedoch viele Nachteile z.B.:
-    es kann nur ein sehr kleiner Teil der natürlichen Sprache ausgedrückt werden,
-    die Formelmenge ist unstrukturiert,
-    die Beweise sind lang und unübersichtlich,
-    automatische Beweiser sind nicht effizient.

Zur Klassifizierung von "Wissensbruchstücken" (chunks of knowledge) und zur Ein- und Unterordnung von Begriffen sowie zur Definition einfacher Zusammenhänge zwischen diesen sind Semantische Netze und Frame-Sprachen besser geeignet.

"Sokrates ist ein Mensch"

kann durch folgenden Frame ausgedrückt werden:

Frame Sokrates
isa: Mensch,

wobei "Mensch" selbst wieder als Frame definiert ist, z.B. nach obiger Aussage:

Frame Mensch

Eigenschaft: sterblich.

Da Frames auch eine prozedurale Komponente besitzen können, lassen sich mit ihnen auch Algorithmen realisieren. Außerdem können die Problembeschreibung und die Lösungsfindung durch sie gut strukturiert werden. Weiterhin können mit ihnen nicht nur die zu manipulierenden Objekte, sondern auch der Zustand der Manipulation und somit die Zustände der Problemlösung beschrieben werden.

Die Zustandsübergänge werden am besten durch Regeln beschrieben. Diese entsprechen der Vorgehensweise bei der Problemlösung. Ist ein bestimmter Zustand erreicht, was durch Abprüfen von vorgegebenen Bedingungen festgestellt wird, so werden Aktionen ausgelöst, die den Folgezustand beschreiben oder erzeugen. Regeln stellen oft Heuristiken des Problembereichs dar.

Schwierig wird die Beschreibung, wenn unsicheres Wissen ausgedrückt werden soll. Mit der Regel

"Wenn der Motor nicht anspringt,

dann ist mit einer gewissen Wahrscheinlichkeit der Tank leer"

kann nicht mit Bestimmtheit geschlossen werden, daß der Tank leer ist, wenn der Motor nicht anspringt.

Die obige Aussage kann auch folgendermaßen formuliert werden:

"Wenn der Motor nicht anspringt,

dann ist möglicherweise der Tank leer."

In beiden Fällen wird vages Wissen ausgedrückt. Sätze wie der erste können mithilfe von Evidenzfaktoren und Vorschriften zu deren Berechnung einer formalen Interpretation zugänglich gemacht werden. Sätze der zweiten Form können in der Modallogik formuliert werden. Die Modallogik ist eine Erweiterung der Prädikatenlogik um die Operatoren M für möglich und N für notwendig. In ihr ist also auch der Satz

"Es ist nicht notwendig der Fall, daß ein Vogel fliegen kann"

formulierbar.

Dagegen gibt bis jetzt es keinen Formalismus, in dem der Satz

"Bis auf ein paar Ausnahmen können alle Vögel fliegen"

formuliert werden kann. In den sogenannten nichtmonotonen Logiken, in denen nichtmonotones Schließen und die Revision von schon gemachten Schlüssen möglich sind, versucht man jedoch diese Art von Sätzen zu formalisieren. So wird der Satz

"Jeder Vogel kann fliegen"

verstanden als,

"Jeder Vogel kann fliegen,
    solange nicht für ihn das Gegenteil bewiesen ist"
oder
    "Jeder Vogel kann fliegen,
    solange dies mit den übrigen Aussagen konsistent ist".

Zadeh hat mit der Definition der Fuzzy Logik einen Versuch gemacht, vage Ausdrücke wie
    sehr, ziemlich, fast, wenig, usw.
oder kontextabhängige Eigenschaften wie
    groß, klein, weit, nah usw.
zu formalisieren.

Darüberhinaus gibt es viele Beispiele von Sätzen natürlicher Sprache, für die bis heute kein adäquater Formalismus existiert, um den Inhalt des Satzes vollständig auszudrücken.

Beispiele dafür sind:
    "Sie beabsichtigt, ... "
    "Es ist verboten, ... "
    "Es ist erlaubt, ... "
    "Er glaubt, daß ... wahr ist."
    "Sie hofft, daß ... "

Für jeden oben skizzierten Formalismus werden wir in den nächsten Kapiteln eine Begründung für seine Einführung, eine Definition der ihm zugrundeliegenden Sprache und der Funktionen und Methoden zur Manipulation der Strukturen geben. Soweit es möglich ist, beschreiben wir eine Implementierung des jeweiligen Formalismus und geben Beispiele in der Sprache an.

4. Prädikatenlogik

Die klassische Logik oder Prädikatenlogik wurde in den zwanziger Jahren von Frege begründet zum Zweck der Grundlegung der Mathematik durch eine Formalisierung der Arithmetik. Dahinter steckte das Bestreben, eine präzise, exakt definierte Sprache zur Formulierung von Aussagen und Schlußfolgerungen aufzubauen. Dies gibt Anlaß dazu, die Prädikatenlogik als Wissensrepräsentationsformalismus zu verwenden.

In ihr besteht die Möglichkeit, gültige Aussagen (Axiome) und Ableitungsregeln (Inferenzregeln) zu formulieren, um aus den Axiomen mithilfe der Ableitungsregeln die Gültigkeit von Sätzen herzuleiten. Ein Problem wird durch eine Menge von Aussagen beschrieben, die Lösung des Problems kann als gültiger Satz hergeleitet werden, oder wird durch die Herleitung beschrieben. Die Grundlage für diese Vorgehensweise bildet eine feste Menge von logischen Axiomen und Inferenzregeln. Diese beiden Mengen definieren einen logischen Kalkül, den Prädikatenkalkül erster Ordnung. Die Spezifikation eines Problems besteht in der Formulierung von nichtlogischen Axiomen. Dies sind Formeln in der Sprache der Prädikatenlogik, die zusammen mit den logischen Axiomen dadurch zur Lösung des Problems beitragen, daß die Inferenzregeln auf sie angewendet werden.

Die Inferenzregeln erlauben aber nur rein syntaktische Schlüsse und keine inhaltlichen Schlüsse, wie z. B. kausale, temporale oder begriffslogische Schlüsse. Deshalb müssen Aussagen, aus denen solche Schlüsse gezogen werden sollen, zusammen mit den zu schließenden Aussagen als Axiome formuliert werden. Die zu schließenden Aussagen können dann syntaktisch abgeleitet werden, wenn die Aussagen, aus denen sie folgen, gültig sind. Um also aus der Aussage

   "die Sonne scheint"

den Schluß

   "die Erde erwärmt sich"

ziehen zu können, muß das Axiom

  wenn die Sonne scheint, dann erwärmt sich die Erde

formuliert werden.

Mithilfe des Modus ponens als Inferenzregel:

$$\frac{A \qquad A \longrightarrow B}{B}$$

  und dem gültigen Satz:

    die Sonne scheint

- kann dann der Schluß:

    die Erde erwärmt sich

gezogen werden.

Die Problembeschreibung erfolgt also in Form von nichtlogischen Axiomen. Durch diese können Eigenschaften von Objekten beschrieben, sowie Aussagen über Objekte gemacht werden. Aber nicht nur einzelne benannte Objekte können beschrieben werden, sondern ganze Objektmengen. Mithilfe der Existenzquantoren können Aussagen über Objekte gemacht werden, ohne die Objekte zu kennen, die die Aussage wahr machen, oder es kann die Disjunktion zweier Aussagen behauptet werden, ohne zu wissen, welche Aussage der beiden wahr ist.

Kritik an der Eignung der Prädikatenlogik zur Darstellung von Wissen kam auf mit dem Versuch in der Künstlichen Intelligenz, die Prädikatenlogik zur Beschreibung von Allgemeinwissen einzusetzen. Denn dies bedeutet, daß unter anderem alle unter den Begriff des Allgemeinwissens subsumierten, deduktiven Argumentationsweisen auf die Schlußfolgerungsmechanismen der klassischen Logik abgebildet werden müssen. Dies muß auf die

Weise geschehen, daß nichtsyntaktische Schlüsse als nichtlogische Axiome formuliert werden. Zum einen wird die vom Menschen eingeführte Unterscheidung von Argumentationsweisen durch diese Abbildung wieder aufgehoben. Zum anderen werden dadurch nur Wahrheitswerte durchgereicht. Die einfache einheitliche Struktur der Beschreibung macht es auch unmöglich, zwischen Definition eines Objektes und Aussage über ein Objekt zu unterscheiden. Weitere Argumente gegen die klassische Logik zur Darstellung von Wissen basieren auf der Tatsache, daß es nur zwei Wahrheitswerte gibt, und deshalb jeder Aussage einer der beiden zugeordnet werden muß. Und schließlich können z.B. Modalitäten, Absicht oder Glaube nicht ausgedrückt werden.

Da sich in der klassischen Logik alles auf die Anwendung der Inferenzregeln reduziert, liegt ein weiteres Augenmerk auf der Effizienz der automatischen Beweiser.

Diese Kritik hat zum einen dazu geführt, daß man sich mehr mit schon existierenden Nichtstandardlogiken, wie Modallogik, Temporallogik oder Intuitionistischer Logik, beschäftigt oder neue, wie Defaultlogik, nichtmonotone Logik oder Fuzzy Logik, definiert hat (zur Erläuterung siehe Kapitel über Nichtstandardlogiken). Zum anderen wurden effizientere Beweisverfahren konstruiert oder verwendet, wie z.B. die Konnektionsmethode von Bibel oder das Resolutionsprinzip von Robinson /Robinson 65/, auf dem die Programmiersprache PROLOG basiert.

Wie die Prädikatenlogik zur Lösung von Problemen eingesetzt werden kann, wollen wir an der folgenden Aufgabe aus /Wos 85/ zeigen:
1. Es gibt 3 Kisten mit den Beschriftungen "Äpfel", "Orangen" und "Bananen".
2. Die Beschriftung einer jeden Kiste stimmt nicht mit ihrem Inhalt überein.
3. Jede Kiste enthält genau eine Obstsorte der 3 Sorten.
4. Keine zwei Kisten enthalten dieselbe Obstsorte.
5. Die zweite Kiste enthält Äpfel.
Frage: Welche Sorte enthalten die erste und die dritte Kiste?

Zu diesem Zweck geben wir eine aus Platzgründen sehr kompakte Einführung in die Prädikatenlogik.

4.1 Syntax und Semantik der Prädikatenlogik erster Stufe

Die Prädikatenlogik erster Stufe ist eine Kunstsprache, was eine explizite Definition ihrer Syntax und Semantik erfordert. Die Syntax beschreibt die Menge aller wohlgeformten Formeln, die aus einer definierten Menge von Grundsymbolen gebildet werden. Die Semantik beschreibt die Bedeutung dieser Formeln durch eine Interpretations- oder Modelltheorie. Darüberhinaus gibt es für die Prädikatenlogik Beweistheorien, d.h. Möglichkeiten, wahre Sätze syntaktisch abzuleiten, und nur diese.

Die Elemente der Sprache (Formeln) der Prädikatenlogik setzen sich zusammen aus

(1) Klammern,

(2) Variablen-, Konstanten-, Funktions- und Prädikatssymbolen,

(3) den logischen Verknüpfungen ¬ (nicht), & (und), v (oder), --> (Subjunktion), <-->
     (Bijunktion) und (4) den Quantoren ∀ (für alle) und ∃ (es existiert).

Ein Term ist definiert als eine Konstante, eine Variable oder eine Struktur
f(t1, .. ,tn) bestehend aus einem n-stelligen Funktionssymbol f und den Termen
t1, .. ,tn.

Ist P ein n-stelliges Prädikat und sind t1, .. ,tn Terme, so ist P(t1, .. ,tn) eine
atomare Formel.

Negierte und nichtnegierte atomare Formeln werden als Literale bezeichnet.

Eine wohlgeformte Formel ist rekursiv definiert durch:

(1) eine atomare Formel ist wohlgeformt,

(2) sind w, w1 und w2 wohlgeformt, so auch

     ¬ w, w1 & w2, w1 v w2, w1 --> w2, w1 <--> w2, ∀x w, ∃x w.

Die Semantik einer Formel wird nun definiert auf der Grundlage eines sogenannten Indi-
viduenbereichs I, aus dem den Konstanten und Variablen Elemente mithilfe einer Inter-
pretationsfunktion zugewiesen werden. Den n-stelligen Funktionssymbolen werden Funktionen von I^n nach I, und den n-stelligen Prädikatssymbolen n-stellige Relationen über
I zugeordnet.

Die Interpretation einer Formel wird definiert durch die Interpretation der Quantoren,
Junktoren und atomaren Formeln in ihr. Die Quantoren ∀x und ∃x werden interpretiert
als "für alle Elemente" aus bzw. "es existiert ein Element" in dem Individuenbereich
I.

Die Wahrheit einer Formel wird nun formal folgendermaßen definiert:
Eine atomare Formel P(t1, .. ,tn) wird als wahr bezüglich einer Interpretation bezeichnet genau dann, wenn die Anwendung der Interpretation auf t1, .. ,tn ein Tupel
(i1, .. ,in) und von P, eine Relation R liefert, so daß (i1, .. ,in) ein Element aus R
ist. Die Interpretation eines Prädikatsausdrucks liefert also entweder den Wert wahr
oder falsch.
Die Interpretation der Junktoren läßt sich durch die Interpretation der durch sie verbundenen Formeln erklären:

F1	F2	¬ F1	F1 & F2	F1 v F2	F1 --> F2	F1 <--> F2
wahr	wahr	falsch	wahr	wahr	wahr	wahr
wahr	falsch	falsch	falsch	wahr	wahr	falsch
falsch	wahr	wahr	falsch	wahr	falsch	falsch
falsch	falsch	wahr	falsch	falsch	wahr	wahr

Die folgende Formel

 (x1 = a) v ∀x2 (∃x3 (x1 = f(x2,x3)) --> (x1 = x2 v x2 = a))

kann dann mit der Interpretation:

    I = IN , Menge der natürlichen Zahlen,

    a wird 1 zugeordnet,

    f wird die Multiplikation zugeordnet,

   zu der Aussage formuliert werden:

    x1 = 1 oder für alle x2 aus IN gilt:

    existiert ein x3 aus N mit x1 = x2*x3,

    dann gilt: x2 = x1 oder x2 = 1.

Mit anderen Worten: Für jede Belegung von x1 aus IN erhält die Aussage den Wert wahr genau dann, wenn x1 eine Primzahl ist, ansonsten erhält sie den Wert falsch.

Ein Modell einer Menge von wohlgeformten Formeln ist eine Interpretation, in der alle Formeln wahr werden. Nimmt man beispielsweise in der obigen Formel als Interpretation von x1 die Menge der Primzahlen, so erhält man ein Modell der Formel, da nun alle möglichen Aussagen den Wert wahr haben.

Eine Formel heißt gültig, wenn sie ein Modell hat; sie heißt allgemeingültig, wenn jede Interpretation ein Modell ist. Unsere Beispiel-Formel ist gültig aber nicht allgemeingültig, was man bei Belegung von x1 mit den geraden Zahlen sieht.

Jetzt sind wir im Stande, die am Anfang des Kapitels gestellte Aufgabe in prädikatenlogischen Formeln zu formulieren. Dazu führen wir die zweistelligen Prädikate b(Kiste, Obstsorte) und i(Kiste, Obstsorte) für die "Beschriftung einer Kiste" und für den "Inhalt einer Kiste" ein. Die fünf Formeln entsprechen dann den fünf Sätzen:

1. ∃ K1, K2, K3 b(K1, Ä) & b(K2, O) & b(K3, B).

2. ∀ x y (b(x, y) --> ¬ i(x, y))

3. ∀ x (¬ i(x, Ä) & - i(x, B) --> i(x, O))

4. ∀ x1 x2 y (x1=x2 & i(x1, y) --> ¬ i(x2, y))

5. i(K2, Ä)

Frage: i(K1, B) & i(K3, O) ist wahr.

Die Lösung der Aufgabe besteht nun darin, diese Frage auf irgendeine Weise aus den 5 Formeln zu folgern. Dazu brauchen wir eine Definition der logischen Folgerung.

Eine Formel F ist genau dann logische Folgerung einer Menge M von Formeln, wenn jedes Modell von M auch Modell von F ist. D. h. jede Interpretation, die die Formeln in M wahr macht, muß auch F wahr machen. Diese Beziehung zwischen M und F wird mit

$$M \models F$$

ausgedrückt. |= bezeichnet den Folgerungsbegriff in der Modelltheorie der Prädikaten-
logik.

Wollten wir die Definition der logischen Folgerung nun für die Lösung der Obstkisten-
Aufgabe einsetzen, so müßten wir für jedes (!) Modell der fünf Formeln zeigen, daß es
auch Modell der letzten Formel (Frage) ist.

Wir wählen als ein Modell die Interpretation:

$$I_k = \{K1, K2, K3\} \text{ und } I_o = \{Ä, O, B\},$$
$$b \subseteq I_k \times I_o \text{ mit } b = \{(K1, Ä),(K2, O),(K3, B)\} \text{ und}$$
$$i \subseteq I_k \times I_o \text{ mit } i = \{(K1, B),(K2, Ä),(K3, O)\}.$$

(Die Überprüfung, daß diese Interpretation ein Modell für die fünf Formeln ist, und ob
dies auch ein Modell der letzten Formel ist, überlassen wir dem Leser).

Um zu zeigen, daß die Frage eine logische Folgerung aus den Formeln ist, müßte man nun
alle Modelle der Formeln finden und zeigen, daß sie auch Modelle der Frage sind. Diese
Aufgabe ist sehr mühsam und meistens nicht systematisch lösbar. Als Abhilfe dient der
Übergang vom logischen zum syntaktischen Folgern, das wir im nächsten Abschnitt darle-
gen.

4.3 Beweistheorie

Syntaktisches Ableiten einer Formel aus einer Menge von Formeln kann durchgeführt werden, wenn eine Menge von Ableitungsregeln existiert, die auf Formeln anwendbar sind
und wieder Formeln erzeugen. Durch Aneinanderreihen von einzelnen Ableitungsschritten
entsteht ein Beweis. Geht man von einer Menge von allgemeingültigen Formeln, den Axiomen aus, so kann mithilfe der Ableitungsregeln eine Menge von Sätzen abgeleitet werden, die genau dann die Menge aller gültigen Sätze ist, wenn das Ableitungssystem korrekt und vollständig ist. Ein Ableitungssystem heißt korrekt, wenn jede abgeleitete
Formel wahr ist. Es heißt vollständig, wenn es zu jeder wahren Formel eine Ableitung
gibt. Die syntaktische Folgerung wird durch das Zeichen |– ausgedrückt:

$$M \mid- F$$

bedeutet: F ist syntaktisch ableitbar von M.

Sind zu einer Sprache Axiome und Ableitungsregeln gegeben, dann spricht man von einem
Kalkül. So ist beispielsweise in /Turner 84/ ein Kalkül der Prädikatenlogik erster
Ordnung nur mit Modus Ponens und Generalisierung als Ableitungsregeln definiert.

Um nun Folgerungen aus Aussagen über einem bestimmten Gegenstandsbereich ziehen zu
können, muß man einen Teil dieser Aussagen, als nichtlogische Axiome zu einem Kalkül
hinzufügen und erhält so eine Theorie.

Zur Lösung der Beispielaufgabe benutzen wir die fünf Formeln als nichtlogische Axiome. In dieser Theorie kann die Frage als Folgerungsregel folgendermaßen abgeleitet werden. (Es werden nicht alle Zwischenschritte des Beweises angegeben).

Beweis:

   1.   b(K1, Ä),

   2.   <u>b(K1, Ä) --> ¬ i(K1, Ä)</u>

   9.   ¬ i(K1, Ä)

   5.   i(K2, Ä),

   4.   <u>K3≠K2 & (i(K2, Ä) --> ¬ i(K3, Ä))</u>

   6.   ¬ i(K3, Ä)

   1.   b(K3, B),

   2.   <u>b(K3, B) --> ¬ i(K3, B)</u>

   7.   ¬ i(K3, B)

      6., 7.,

   3.   <u>¬ i(K3, Ä) & ¬ i(K3, B) --> i(K3, O)</u>

   8.   i(K3, O)

      i(K3, O),

      <u>K1≠K2 & (i(K3, O) --> ¬ i(K1, O))</u>

 10.   ¬ i(K1, O)

      9., 10.,

   3.   <u>¬ i(K1, Ä) & ¬ i(K1, O) --> i(K1, B)</u>

      i(K1, B).

q.e.d.

Aus der Theorie ist weder erkennbar, welche Axiome und welche Regeln ausgewählt werden sowie in welcher Reihenfolge sie angewendet werden müssen, noch, ob der Beweis überhaupt zu einem Ende kommt.

4.4 Nichtentscheidbarkeit der Prädikatenlogik

Durch die Definition der syntaktischen Ableitung aufbauend auf Axiomen und Ableitungsregeln sieht es so aus, als ob wir der automatischen Herleitung von wahren Formeln näher gekommen wären. Dies sind wir insofern, als durch systematische Anwendung der Ableitungsregeln auf Formeln ausgehend von den Axiomen alle wahren Formeln abgeleitet werden können. Damit ist die Semientscheidbarkeit oder Aufzählbarkeit der Prädikatenlogik erster Stufe ausgedrückt. Dies beinhaltet aber nicht, daß zu einer gegebenen Formel entschieden werden kann, ob sie wahr oder falsch ist. Es bedeutet nur, daß wenn eine Formel wahr ist, dies festgestellt werden kann. Trotzdem gibt es viele Versuche, den Wahrheitswert von Formeln automatisch zu beweisen.

Wir werden im folgenden etwas genauer auf das Resolutionsprinzip von Robinson eingehen, zu dem als Entsprechung in der Modelltheorie die Arbeiten von Herbrand zu sehen sind, und verweisen für ausführlichere Erläuterungen noch einmal auf den Kurs "Automatisches Beweisen" in diesem Band.

4.5 Das Resolutionsprinzip

Hinter dem Resolutionsprinzip verbergen sich zwei Dinge, zum einen eine Beweistechnik, nämlich die Refutation oder Beweis durch Widerspruch, und zum anderen die Einführung einer neuen Ableitungsregel, der Resolution. Diese setzt aber eine bestimmte Gestalt der Formeln voraus, die Klauselform.

4.5.1 Refutation

In der Modelltheorie bedeutet Refutation, nicht die logische Folgerung von F aus M zu betrachten, sondern zu zeigen, daß die Menge M vereinigt mit der Negation von F, M U { $\neg$ F }, nicht erfüllbar ist, d.h. kein Modell besitzt. Beweistheoretisch muß statt M |- F gezeigt werden, daß M und $\neg$ F nicht gleichzeitig erfüllbar sind, d.h. daß M U { $\neg$ F } einen Widerspruch ableitet, also M U { $\neg$ F } |- (A & $\neg$ A).

4.5.2 Resolution

Die Resolution ist eine Ableitungsregel, die auf Klauseln angewendet aus zwei Klauseln eine neue konstruiert. Eine Klausel ist eine (allquantifizierte) Disjunktion von Literalen:

$$\forall x \; \forall y \; (P(x) \; v \; \neg \; Q(y) \; v \; R(x,y))$$

Jede wohlgeformte Formel kann in eine Menge von Klauseln überführt werden. Wir zeigen die Transformation später.

Das Prinzip der Resolution liegt darin, zu einer Klausel K1 (P v Q) mit einem nichtnegierten atomaren Formel P eine Klausel K2 ($\neg$P v R) zu finden, die $\neg$ P, also die Negation von P, enthält. Da die Menge der Klauseln als die Konjunktion dieser betrachtet wird, gilt also K1 & K2 ((P v Q) & (P v R)). Der Wahrheitswert von K1 & K2 ist also unabhängig von P gleich der Konjunktion der Wahrheitswerte der Restklauseln von K1 und K2. Begründung: K1 enthält P und K2 ¬ P. Ist P wahr, so ist ¬ P falsch und der Wahrheitswert hängt nur vom Rest der Klausel in K2 (R) ab. Ist P falsch, so hängt der Wahrheitswert nur vom der Rest der Klausel in K1 (Q) ab.

Gegeben ist eine Menge M von Klauseln und die Klausel F, deren Ableitbarkeit gezeigt werden soll. Ist die Klausel wahr, so kann durch Hinzufügen von ¬ F zu M und Anwenden der Resolution die leere Klausel (A & ¬ A) abgeleitet werden. Wir geben zunächst ein Beispiel aus der Aussagenlogik, da das Anwenden der Resolution bei prädikatenlogischen Formeln außerdem noch die Unifizierung von Klauseln erfordert.

Beispiel (Aussagenlogik):

$$M = \quad (1) \ \neg\, R \ v \ L,$$
$$(2) \ \neg\, D \ v \ \neg L,$$
$$(3) \ D,$$
$$(4) \ I$$

$F = I \ \& \ \neg\, R$, also $F = \neg\, (I \ \& \ \neg R) = \neg\, I \ v \ R$.
Wir fügen

$$(5) \ \neg\, I \ v \ R \quad \text{hinzu.}$$

Aus (4) und (5) kann eine neue Klausel

$$(6) \ R \qquad \text{geschlossen werden,}$$

aus (1) und (6) kann eine neue Klausel

$$(7) \ L \qquad \text{geschlossen werden,}$$

aus (2) und (7) kann eine neue Klausel

$$(8) \ \neg\, D$$

und aus (3) und (8) damit der Widerspruch bzw. die leere Klausel $D \ \& \ \neg\, D$.

Betrachtet man nun prädikatenlogische Klauseln, so müssen zwei Prädikate unifizierbar sein, damit die Resolution angewendet werden kann.

Zwei Prädikate

$$P1(x1, \ .. \ ,xn) \ \text{und} \ P2(y1, \ .. \ ,ym)$$

sind genau dann unifizierbar, wenn die in den Prädikatsausdrücken vorkommenden Variablen so ersetzt werden können, daß die zwei Ausdrücke gleich werden, d.h.

$$P1 = P2, \ n = m, \ x1 \ \text{ist unifizierbar mit y1,}$$

.

.

$$\text{und} \ \ xn \ \text{ist unifizierbar mit yn.}$$

Dazu gilt folgendes:
Eine Variable ist mit einem Term unifizierbar.

Zwei zusammengesetzte Terme sind unter der gleichen Bedingung unifizierbar wie zwei Prädikate.

Beispiele:

a)   P(h(x1,a), g(f(b))) und
     P(x2, g(f(x3))) sind unifizierbar durch die Substitution:
     x2/h(x1,a) und x3/b.

b)   P(x) und Q(x) sind nicht unifizierbar, da P verschieden von Q ist.

c)   P(x) und P(x,y) sind nicht unifizierbar, da P im ersten Ausdruck 1- und im zweiten Ausdruck 2-stellig ist.

d)   Zwei Konstanten sind nicht unifizierbar, also sind auch
     P(h(x1,a), g(f(b))) und
     P(x2, g(f(a))) nicht unifizierbar.

Zurück zu der Aufgabe:
Die Formeln haben folgende Klauselform:

1.   b(K1, Ä)
2.   b(K2, O)
3.   b(K3, B)
4.   ¬ b(x, y) v ¬ i(x, y)
5.   i(x, O) v i(x, Ä) v i(x, B)
6.   x1=x2 v ¬ i(x1, y) v ¬ i(x2, y)
7.   i(K2, Ä)
8.   ¬ i(K1, B) v ¬ i(K3, O)

und der Beweis wird folgendermaßen geführt:

5., 8. - 9.   i(K1, O) v i(K1, Ä) v ¬ i(K3, O)
4., 9. - 10.   i(K1, O) v ¬ b(K1, Ä) v ¬ i(K3, O)
1., 10. - 11.   i(K1, O) v ¬ i(K3, O)
5., 11. - 12.   i(K1, O) v i(K3, Ä) v ¬ i(K3, B)
6., 12. - 13.   i(K1, O) v ¬ i(K2, Ä) v ¬ i(K3, B)
7., 13. - 14.   i(K1, O) v i(K3, B)
4., 14. - 15.   i(K1, O) v ¬ b(K3, B)
3., 15. - 16.   i(K1, O)
6., 16. - 17.   ¬ i(K3, O)

4.5.4 Transformation in Klauseln

Was nützen spezielle Form und Ableitungsverfahren, wenn das Problem durch wohlgeformte
Formeln nicht in Klauselform beschrieben ist? Man kann zeigen, daß jede wohlgeformte
Formel in eine Menge von Klauseln umgewandelt werden kann. Die Transformation kann
durch Anwenden von 6 Schritten in vorgegebener Reihenfolge durchgeführt werden, wobei
diese Schritte hauptsächlich in der Anwendung der Regeln von De Morgan und in der Skolemisierung zur Eliminierung der Existenzquantoren bestehen.
Klauseln haben aber nicht nur Vorteile, wie Einfachheit der Form und des Ableitungs-
verfahrens, es gibt auch Argumente gegen sie. Bei der Transformation entsteht aus einer Formel eine Menge von Klauseln, wodurch sich der Berechnungsaufwand vervielfälti-
gt.

4.6 Unsicheres Wissen

Wissen wird in der Prädikatenlogik in einer Theorie ausgedrückt und kann deshalb auf
folgende Weise charakterisiert werden:
- Die logischen Axiome und Regeln sind fest, denn sie gehören zum Kalkül.
- Die nichtlogischen Axiome sind das repräsentierte Wissen, von dem aus auf neues
  geschlossen werden kann.

Die Axiome sind allgemeingültig, d.h. sie sind wahr in jeder Interpretation.
Unsicheres Wissen ist charakterisiert durch Aussagen, die solange als wahr angenommen
werden, wie nicht bewiesen ist, daß sie nicht wahr sind, bzw. ihr Gegenteil nicht bewiesen ist. D. h. aber, daß es nicht möglich ist, in der Prädikatenlogik erster Stufe
unsicheres Wissen darzustellen, denn Axiome sind wahr, sie können nicht revidiert werden. Es ist auch nicht möglich, unsicheres Wissen abzuleiten, da die Ableitungsregeln
als korrekt bewiesen sind. An abgeleitetem Wissen kann nicht gezweifelt werden.

4.7 Monotonie der Ableitungen

Ableitungen in der Prädikatenlogik sind monoton, d.h. eine Formel, die aus einer Menge
M von Formeln syntaktisch gefolgert werden kann, kann auch von jeder konsistenten
Obermenge von M gefolgert werden. Durch Hinzunahme von Axiomen bleiben abgeleitete
Sätze wahr.

Dies wiederum heißt, daß abgeleitetes Wissen immer gültig bleibt, auch wenn das Wissen (konsistent) erweitert wird. Daß dies nicht immer wünschenswert ist, wird oft an dem Beispiel des Vogels gezeigt, für den abgeleitet wird, daß er fliegen kann, und für den dies nicht mehr abgeleitet werden darf, wenn bekannt wird, daß er einen Flügel gebrochen hat.

Zu einer ausführlicheren Diskussion dieser Probleme kommen wir im Kapitel "Nichtstandard-Logiken".

5. Produktionssysteme oder regelbasierte Systeme

5.1 Einführung

Produktionssysteme sind ursprünglich von Post (1943) eingeführt worden zur Erzeugung (Produktion) von Wörtern aus anderen Wörtern durch Ersetzen von Teilwörtern, wie es in den sogenannten Produktionen (Regeln) vorgeschrieben war. Die Entwicklung dieses Ansatzes führte schließlich über Thue- und Semi-Thue-Systeme zu den Grammatiken, wie man sie heute zur Definition von Sprachen verwendet. Allen gemeinsam ist die Idee, zu einem gegebenen Wort die Produktionen und die Reihenfolge ihrer Anwendung zu finden, durch die das Wort aus einem Anfangswort hergeleitet werden kann. Bei Produktionssystemen, wie sie in der KI verwendet werden, entspricht die Faktenbasis in der Ausgangssituation dem Anfangswort und der Endzustand der Faktenbasis dem hergeleiteten Wort. Wir reden im folgenden von regelbasierten Systemen statt von Produktionssystemen.

Die grundlegende Idee der regelbasierten Systeme ist die Trennung von Daten, Operationen und Kontrolle. Diese Trennung von problemspezifischem Wissen (Daten und Operationen) und problemunabhängigem Wissen (Kontrolle) soll die explizite Darstellung, die Übersichtlichkeit und die einfache Änderbarkeit der Beschreibung unterstützen. Dazu wird die Datenbasis global gehalten, so daß die Kontrollkomponente Zugriff auf alle Daten hat. Die Operationen haben eine einheitliche einfache Struktur in Form von Regeln.

Die Regeln operieren auf der Datenbasis. Jede Regel besteht aus einer Prämisse und einer Aktion. Es gibt viele Arten, Regeln zu notieren, eine davon ist:

if <Prämisse> then <Aktion>

Wir werden später noch andere kennenlernen.

In einer Schleife werden alle Regeln auf ihre Anwendbarkeit überprüft. Die Kontrollkomponente wählt aus den anwendbaren Regeln eine aus. Diese Regel feuert, d.h. ihre Aktion wird ausgeführt, was eine Änderung der Datenbasis bewirken kann. Die Schleife wird solange durchlaufen, bis eine Endebedingung erfüllt ist.

Die Anwendbarkeit einer Regel basiert auf dem Vergleich von Mustern, nämlich zwischen den Fakten der Datenbasis und den Prämissen der Regeln. Diese sind insoweit aufeinander abgestimmt, daß eine Prämisse aus der Verknüpfung von Einheiten besteht, die in ähnlicher Form in der Datenbasis zu finden sind. Enthalten die Einheiten in den Prämissen Variablen, so kann durch Instantierung die Übereinstimmung mit Fakten in der Datenbasis erreicht werden.

Regelbasierte Systeme können sich durch
- die Form der Prämisse,
- zusätzliche Ausdrucksmöglichkeiten wie Konklusion, Anwendungsrichtung (vorwärts bzw. rückwärts) und
- die Kontrollstrategie unterscheiden.

Die Datenbasis ist problemabhängig und wird gewöhnlich dynamisch verändert, sie entspricht jeweils einem bestimmten Zustand der Problemlösung. Durch die Regeln, die bei Anwendung eine Änderung der Daten bewirken, sind die möglichen Zustandsübergänge spezifiziert.

Die Abarbeitung der Regeln geschieht auf folgende Weise:
    (1)   Initialisiere Datenbasis
    (2)   solange Endebedingung nicht erfüllt ist, tue
        (3)   bestimme die Menge R der anwendbaren Regeln
        (4)   wähle eine Regel r aus R aus
        (5)   wende r auf die Datenbasis an
    (6)   fertig

Die Kontrollstrategie besteht genau in der Bestimmung der Regel r in (3) und (4). Dazu muß festgestellt werden, welche Regeln anwendbar sind, d.h. bei welchen Regeln die Prämisse erfüllt ist. Aus diesen wird eine Regel ausgewählt.

Eine allgemeine und problemunabhängige Kontrollstrategie, wie sie in vielen Systemen realisiert ist, hat den Nachteil, daß Probleme oft nicht effizient gelöst werden können. Um ein Problem vollständig lösen zu können, muß die Kontrollkomponente aber systematisch vorgehen. Es ist also entweder zum Zeitpunkt der Wahl der nächsten anzuwendenden Regel soviel Information vorhanden, daß die Regel eindeutig feststeht, oder die Kontrollkomponente muß nach der trial-and-error Methode arbeiten. Letzteres bedeutet, daß sie sich bei jeder Entscheidung merkt, welche Regeln als Alternativen zur Wahl stehen, und bei "Stagnation", wenn weder die Endebedingung erreicht ist, noch eine anwendbare Regel existiert, systematisch auf die letzte Alternative zurücksetzt. Das zuletzt beschriebene Verfahren heißt Backtracking und erfordert eine genaue Definition der Seiteneffekte und wie sie zurückgesetzt werden können.

Entscheidet man sich aus Effizienzgründen gegen diese Methode, so muß entweder die Entscheidung der Kontrollkomponente durch Metaregeln unterstützt werden, oder die Regelauswahl erfolgt nicht systematisch sondern mithilfe einer heuristischen Funktion. In letzterem Fall muß die Forderung nach Vollständigkeit der Problemlösung aufgegeben werden. Best-first-search, hill-climbing und branch-and-bound sind solche Kontrollstrategien.

In manchen Fällen kann es notwendig sein, heuristische Methoden anzuwenden, da systematisches Vorgehen entweder zu exponentieller Laufzeit bzw. zu keiner Lösung führt. Als Beispiel für nicht-akzeptable Laufzeit sei die einfache Implementierung des Problem des Handlungsreisenden genannt, die bei n Städten $O(n!)$ Schritte beträgt. Eine Implementierung des "Nächster-Nachbar"-Algorithmus reduziert die Laufzeit auf $O(n^2)$, liefert aber nicht immer den kürzesten Weg. Das folgende Beispiel soll die Schwierigkeit bei der systematischen Vorgehensweise verdeutlichen:

Problem: Fülle mit einem 7l- und einem 5l-Gefäß 4 Liter Wasser ab.
Regeln:
(1) if "7l-Gefäß ist leer"
    then "fülle das 7l-Gefäß" /* aus Wasserleitung */
(2) if "5l-Gefäß ist leer"
    then "fülle das 5l-Gefäß"
(3) if "7l-Gefäß ist nicht leer"
    then "leere das 7l-Gefäß" /* in den Abfluß */
(4) if "5l-Gefäß ist nicht leer"
    then "leere das 5l-Gefäß"
(5) if "Inhalt von 7l-Gefäß + Inhalt von 5l-Gefäß >= 7"
        und "5l-Gefäß ist nicht leer"
    then "fülle 5l-Gefäß in 7l-Gefäß um" und "5l-Gefäß enthält:
        Inhalt von 5l-G + Inhalt von 7l-G - 7"
(6) if "Inhalt von 7l-Gefäß + Inhalt von 5l-Gefäß >= 5"
        und "7l-Gefäß ist nicht leer"
    then "fülle 7l-Gefäß in 5l-Gefäß um" und "7l-Gefäß enthält:
        Inhalt von 5l-G + Inhalt von 7l-G - 5"
(7) if "Inhalt von 7l-Gefäß + Inhalt von 5l-Gefäß <= 7"
        und "5l-Gefäß ist nicht leer"
    then "7l-Gefäß enthält:
        Inhalt von 5l-G + Inhalt von 7l-G"

(8) if "Inhalt von 7l-Gefäß + Inhalt von 5l-Gefäß <= 5"
        und "7l-Gefäß ist nicht leer"
    then "5l-Gefäß enthält:
            Inhalt von 5l-G + Inhalt von 7l-G"

Der Anfangszustand der Datenbasis:
    "7l-Gefäß ist leer"
    "5l-Gefäß ist leer"

Endebedingung:
    "Inhalt von 7l-Gefäß = 4 Liter" oder
    "Inhalt von 5l-Gefäß = 4 Liter".

Die Regeln sehen vielleicht ein bißchen ungewöhnlich und willkürlich aus, aber es soll
verdeutlicht werden, daß Lösungen von Problemen gesucht werden, die sich nicht algo-
rithmisch beschreiben lassen, sondern als eine Sammlung von unzusammenhängenden Regeln
dastehen. Dabei kann nicht garantiert werden, daß jede Regel zur Lösung beiträgt, daß
deren systematisches Anwenden zur Lösung führt oder daß die beste Lösung enthalten
ist, sondern höchstens daß eine Lösung enthalten ist.

Bei diesen Regeln gerät man mit einem einfachen Regelabarbeitungs-Algorithmus, immer
die erste anwendbare Regel auszuwählen, schnell in eine Endlosschleife:

1. Anwenden von Regel (1): fülle 7l-Gefäß
2. Anwenden von Regel (2): fülle 5l-Gefäß
3. Anwenden von Regel (3): leere 7l-Gefäß
4. Anwenden von Regel (1): fülle 7l-Gefäß
5. Anwenden von Regel (4): leere 5l-Gefäß
usw.
Durch die Regeln (1) bis (4) werden die Gefäße abwechselnd gefüllt und geleert.

Bleibt man bei der Kontrollstrategie, immer die erste anwendbare Regel zu wählen,
stellt sich die Frage:
Kann man die Reihenfolge der Regeln so ändern, daß die oben beschriebene Schleife vermieden wird?

Es ist klar, daß die 4 Liter nur dadurch abgemessen werden können, daß die Gefäße in-
einander umgefüllt werden. Nun muß noch entschieden werden, ob zuerst versucht wird,
das große in das kleine oder das kleine in das große Gefäß zu füllen. Nach einer Heuristik werden die Regeln in der folgenden Reihe notiert:
                (1), (4), (6), (8), (2), (3), (5), (7).
Anwendung der Regeln in der Reihenfolge

$$(1), (6), (4), (6), (1), (6)$$

führt zur Lösung, da nun im 7l-Gefäß 4 Liter enthalten sind.

5.2 Kontrollstrategien

Wir wollen im folgenden näher auf Kontrollstrategien eingehen. Dazu unterscheiden wir zunächst zwei grundsätzliche Vorgehensweisen der Regel-Anwendung:

1. Vorwärtsverkettende Systeme:
    hierbei wird ausgehend von einem Startzustand durch Vorwärts-Regeln ein Zielzustand hergeleitet.

2. Rückwärtsverkettende Systeme:
    hierbei wird ausgehend von einem Zielzustand durch Rückwärts-Regeln ein Startzustand abgeleitet.

Darüberhinaus gibt es Kombinationen dieser beiden Systeme.

5.2.1 Vorwärtsverkettung

OPS5 /Forgy 81/, /Brown 86/ ist das Paradebeispiel für ein vorwärtsverkettendes Regelsystem. Es wurde an der CMU von Forgy, McDermott und anderen - aus OPS, OPS2 und OPS3 - entwickelt und in 3 verschiedenen LISP-Dialekten implementiert. OPS5, inzwischen zu OPS5a und OPS83 weiterentwickelt, ist Bestandteil von KnowledgeCraft einem Expertensystem-Entwicklungswerkzeug.
Als regelbasiertes System besitzt es, wie oben beschrieben,
- eine globale Datenbasis (working memory),
- eine Regelbasis (production memory) und
- zwei Kontrollstrategien.

Die Datenbasis von OPS5:

Die Elemente der Datenbasis sind strukturiert, sie besitzen einen Namen und Eigenschaften, gekennzeichnet durch ^, mit Werten. Auf die Elemente kann man sich in Regeln nicht mit dem Namen, sondern nur mit "Zeigern" beziehen; diese "Zeiger" entsprechen der "Position der Elemente" in der Prämisse der jeweiligen Regel und können deswegen von Regel zu Regel verschieden sein.

Die Gefäße in der Meßaufgabe könnte man in OPS5 folgendermaßen deklarieren:

```
(gefaess                        (gefaess
    ^ groesse 71                    ^ groesse 51
    ^ inhalt 0)                     ^ inhalt 0)
```

Die Manipulation der Elemente geschieht durch Regeln und zwar durch die Aktionen auf der rechten Seite. Elemente können erzeugt, gelöscht und verändert werden. Folgende Aktionen sind dazu definiert:

Erzeugen: make

```
        (make gefaess
            ^ groesse 71
            ^ inhalt 0)
```

Löschen: remove

```
        (remove 1)
```

remove braucht als Argument einen Zeiger auf das Element, das gelöscht werden soll.

Ändern: modify

```
        (modify 1
            ^ inhalt 7)
```

modify braucht einen Zeiger auf das Element und eine Aufzählung der Änderungen.

Alle Elemente der Datenbasis besitzen eine Zeitmarke (time tag), mithilfe der festgestellt werden kann, in welcher Reihenfolge sie erzeugt und verändert wurden. Diese Zeitmarken werden bei der Konfliktauflösung berücksichtigt.

Die Regeln:

Eine Regel wird folgendermaßen notiert:

```
        (p name-der-Regel
            linke-Seite
            -->
            rechte-Seite)
```

Die erste Regel des Meßproblems hat in OPS5 die Gestalt:

```
(p fülle-71-gefaess
      (gefaess
            ^ groesse 71
            ^ inhalt 0)
      -->
      (modify 1                 /* 1 ist die Nummer des Elements */
            ^ inhalt 7))
```

Die Regeln stehen ungeordnet in der Regelbasis, die auch nicht in Regelmengen gegliedert werden kann. Dies hat zur Folge, daß der Regelinterpreter alle Regeln auf Anwendbarkeit überprüfen muß.

Die linke Seite einer Regel ist eine Folge von negierten und nicht-negierten Termen mit mindestens einem nicht-negierten Term. Variablen sind nur in nicht-negierten Termen erlaubt. Der Interpreter sucht in der Datenbasis alle Elemente, die die nichtnegierten Terme erfüllen und überprüft, daß es kein Element gibt, das die negierten Terme erfüllt.

Die Terme bestehen aus Spezifikationen von Attributen und Werten, mit deren Hilfe der Interpreter ein oder mehrere Elemente der Datenbasis bestimmen kann. Diese Spezifikationen können einen Zeiger auf das Attribut enthalten durch:

attribut Wert-Spezifikation oder

zahl Wert-Spezifikation

durch den das Attribut bestimmt wird. Fehlt dieses, so greift der Interpreter auf das erste Attribut eines Elements zu, falls der Spezifikation keine Spezifikation vorangeht. Geht eine Spezifikation voran, die Attribut i betrifft, so untersucht der Interpreter das (i+1)-te Attribut.

(v u w) wird interpretiert

v: Wert des 1. Attributes

u: Wert des 2. Attributes und

w: Wert des 3. Attributes eines Elements.

(v ^i u w ^7 x y) wird interpretiert als

v: Wert des 1. Attributes

u: Wert des Attributes i

w: Wert des Attributes, das im Speicher nach u steht

x: Wert des 7. Attributes

y: Wert des 8. Attributes

Als Wert-Spezifikation sind erlaubt:

- Konstanten
- Variablen, gekennzeichnet durch < und >; z.B.: <x>, <Wert>
  // <x> bezeichnet die Variable x und nicht ihre Bindung
- Prädikate als Präfix-Operatoren:
  =, <>, <=> (Vergleich von Typen: Zahlen oder Atome)
  <, <=, > >= (für Zahlen oder an Zahlen gebundene Variablen)
- Disjunktion:
  << 17 gut nil >>, die Werte 17 oder gut oder nil sind gesucht,
  << <x> <y> >> bezeichnet nicht die Bindung sondern die Variablen
- Konjunktion von Prädikaten, gekennzeichnet durch und

Die linke Seite einer Regel unsres Meßproblems kann in OPS5 folgendermaßen formuliert werden:

```
(p fülle-71-gefäß
        (gefaess ^groesse 71 ^inhalt 0)
        (gesamt ^inhalt <gesamtinhalt>)
```

Regel 5 hat folgende Gestalt:

```
(p fülle-51-in-71-um
        (gesamt ^inhalt {>= 7<gesamtinhalt>})
        (gefaess ^groesse 51 ^inhalt {> 0 <inhalt51>})
        (gefaess ^groesse 71 ^inhalt <inhalt71>)
        -->
        (modify 2 ^inhalt (compute (<inhalt71>+<inhalt51>-7))
        (modify 3 ^inhalt 7))
```

Die rechte Seite einer Regel enthält Aktionen zur Manipulation der Elemente der Datenbasis, Bindung von Variablen, Aufruf von Funktionen, Ein-/Ausgabe, Anhalten und anderem.

OPS5 stellt 12 verschiedene Aktionen zur Verfügung, 3 davon haben wir oben schon genannt. Die restlichen sind:

- halt: veranlaßt den Interpreter anzuhalten, z.B. wenn die Endebedingung erreicht ist.
  Die Beschreibung unseres Meßproblems wird die Regel enthalten:
  ```
  (p ende
        (gefaess ^inhalt 4))
        -->
        (halt))
  ```
- call: zum Aufruf von Funktionen, die der Benutzer selbst definiert hat.
- bind: zur Bindung von Variablen an Werte

- cbind: zur Bindung von Variablen an Elemente der Datenbasis
- build: zur Hinzunahme von Regeln, die zur Laufzeit gebildet werden
- openfile, closefile, default und write: zur Handhabung von Ein- und Ausgabe.

Aus Platzgründen wollen wir hier auf die vollständige Auflistung der Regeln des Meßproblems verzichten.

Die Schleife des Interpreters:

Der Interpreter der Regeln arbeitet vorwärtsverkettend. In OPS5 ist die Reihenfolge
der Schritte des Regelabarbeitungs-Algorithmus gegenüber 2.3.1.5.1 geändert. Die Prozedur lautet:
(1) Initialisiere Datenbasis
(2) solange halt-Aktion ist nicht ausgeführt tue
     (3') wähle eine Regel r aus R,
           (ist R leer, gib dem Benutzer die Kontrolle)
     (4)   wende r an, d.h. führe die Aktionen aus
     (5') bestimme die Menge R der anwendbaren Regeln
(6) fertig

Durch Vertauschung der Schritte (3) und (5) ist nach Ausführung der letzten anwendbaren Regel in OPS5 die Menge der anwendbaren Regeln konsistent zur Datenbasis.

Kontrollstrategie:
Schritt (5) der Prozedur liefert eine Menge von Regelinstanzen, bestehend aus dem Regelnamen und der Menge aller Elemente, die die linke Seite der Regel erfüllen. Der Interpreter bewertet jedes der Paare und bestimmt dadurch die Regel in Schritt (3).

OPS5 bietet zwei Strategien zur Ordnung dieser Paare:
        LEX und
        MEA, die folgendes gemeinsam haben:
- Die im letzten Schleifendurchlauf feuernde Regelinstanz wird aus der Menge der
  anwendbaren Regeln gelöscht. Dies vermindert die Gefahr von Schleifen.
- Es werden die Regeln bevorzugt, deren Elemente zuletzt bearbeitet wurden (dies
  ist durch die Zeitmarke realisiert). Größere Aufgaben können in Teilaufgaben
  zerlegt werden, und es kann dadurch erreicht werden, daß jeweils eine Teilaufga-
  be geschlossen bearbeitet wird.
- Regeln mit spezjellerer linker Seite, d.h. mit größerer Anzahl an Bedingungen,
  werden bevorzugt.

Die LEX-Strategie:

Lex befolgt 4 Regeln:

1. Entferne die Regelinstanz, die gerade gefeuert hat, aus der Menge der anwendbaren Regeln.

2. Seien p_1 und r_1 zwei Regelinstanzen, deren linke Seiten erfüllt sind,

   p_1 habe die Gestalt: $((t_1 e_1) \dots (t_n e_n))$, n > 0 und

   r_1 habe die Gestalt: $((s_1 d_1) \dots (s_m d_m))$, m > 0,

   dabei seien t_i und s_i Zeitmarken und e_j und d_j Elemente der Datenbasis, die in der linken Seite von p bzw. r enthalten sind.

   Die Regel p_1 hat Priorität vor der Regel r_1 g.d.w.

   für alle i, $1 <= i <= \min(n,m)$ gilt $t_i <= s_i$.

3. Existiert keine Regel mit höchster Priorität nach 2., so wähle aus der partiellen Ordnung unter denen mit höchster Priorität die Regel mit der speziellsten linken Seite.

4. Ist immer noch keine Regel eindeutig bestimmt, so wähle aus den in 3. ausgezeichneten eine aus.

Die MEA-Strategie unterscheidet sich von der LEX-Strategie dadurch, daß sie die Regel priorisiert, die in ihrer ersten Bedingung auf das jüngere Element zugreift. Dieser Test wird als erster durchgeführt, liefert er keine eindeutige Regel, so werden die Schritte 2. bis 4. von LEX auf diesen Regeln angewendet.

1. wie Lex.

1a. Vergleiche die Zeitmarken aller Elemente, die die erste Bedingung der anwendbaren Regeln erfüllen. Wird dadurch eine Regel eindeutig bestimmt, so ist dies die auserwählte.

2. wie LEX, aber betrachte nur die in 1a. priorisierten Regeln.

3. wie LEX.

4. wie LEX.

5.2.2 Rückwärtsverkettung

Systeme, die rückwärtsverkettend arbeiten, starten mit dem zu erreichenden Ziel. Die Regeln

$$\text{if } \langle \text{Prämisse} \rangle \text{ then } \langle \text{Aktion} \rangle$$

werden in diesen Systemen als

$$\langle \text{Konklusion} \rangle \text{ if } \langle \text{Prämisse} \rangle$$

interpretiert. Es sei vorausgesetzt, daß die Prämisse eine Konjunktion ist. Disjunktionen können durch Aufspalten in mehrere Regeln aufgelöst werden.

Mit dem Ziel zu starten, heißt dann mit einer Konklusion zu beginnen. Der Regelinterpreter baut während der Abarbeitung der Regeln einen Beweisbaum auf. Dieser erhält das zu erreichende Ziel als Wurzel. Ein Knoten im Baum ist mit Teilzielen markiert, die der Interpreter durch Anwenden von Regeln erzeugt. Diese Teilziele sind durch "und" verknüpft. Der Nachfolger eines Knotens entsteht durch Ersetzen eines Teilziels durch die Prämissen der Regel, in der das Teilziel als Konklusion auftritt. Existieren mehrere Regeln, so besitzt ein Knoten mehrere Nachfolger. Ein Knoten beinhaltet also alle noch offenen Teilziele. Ein Knoten ist ein Blatt, genau dann, wenn alle Teilziele Fakten sind.

Die Vorgehensweise eines rückwärtsverkettenden Regelinterpreters kann als Algorithmus formuliert werden:

(1)   Beginne mit einem Ziel

(2)   solange noch ein Teilziel zu erreichen ist tue

    if   ein Teilziel ist nicht in der Datenbasis enthalten

    then

        (3)   bestimme die Menge der Regeln, deren Konklusion

            mit diesem Teilziel in Übereinstimmung gebracht

            werden kann   (4)   wähle eine Regel aus

        (5)   ersetze dieses Teilziel durch die linke Seite der ausgewählten Regel

    fi

(6)   fertig

Die Programmiersprache PROLOG basiert auf einem solchen rückwärtsverkettend arbeitenden Regelinterpreter. Der Interpreter wählt in (2) das linke Teilziel und in (4) die erste Regel in der Datenbasis aus und setzt, falls die Menge der anwendbaren Regeln in (3) leer ist, bis zum letzten erreichten Ziel zurück, zu dem eine alternative Regel vorhanden ist (Backtracking). Wir wollen nicht näher auf Prolog eingehen, sondern verweisen auf den Kurs in diesem Band.

5.2.3 Vergleich von Vorwärts- und Rückwärtsverketteung

Ob Vorwärts- oder Rückwärtsverkettung die geeignetere Kontrollstrategie ist, hängt zum einen von dem zu lösenden Problem und zum anderen von den Regeln selbst ab.

Betrachtet man die Regeln als Übergänge zwischen den Zuständen des Lösungsraums, so ist dann Vorwärtsverkettung angemessen, wenn es wenig Fakten, d. h. Startzustände gibt und die Anzahl der möglichen Übergänge von einem Zustand in Richtung Endzustände klein ist. Gibt es wenig Ziele und ist die Anzahl der Übergänge in Richtung Startzustände klein, so ist Rückwärtsverkettung vorzuziehen.

Ein anderes Kriterium ist die Flexibilität der Systeme. Rückwärtsverkettende Systeme sind weniger flexibel. Wie wir gesehen haben, müssen die Teilziele eines Ziels in einer bestimmten Reihenfolge vollständig abgearbeitet werden. Dies bringt aber den Vorteil mit, daß ein Teilproblem zusammenhängend bearbeitet wird. Die größere Flexibilität der Vorwärtsverkettung liegt in der zusammenhanglosen Anwendung von Regeln, kann aber für den Benutzer zu undurchsichtigen Sprüngen von Teilproblem zu Teilproblem führen.

Eine Kombination der beiden Vorgehensweisen kann folgendermaßen aussehen:

1. Vorwärtsverkettende Regeln dienen dazu, aus Anfangsdaten eine Hypothese aufzustellen, die mithilfe von rückwärtsverkettenden Regeln bestätigt werden muß.
2. Bestimmte Teilaufgaben sind mit rückwärtsverkettenden Regeln beschrieben, während das Gesamtsystem vorwärtsverkettend arbeitet.
3. Die Lösung des Problems wird durch gleichzeitige Bearbeitung des Lösungsbaums von den Startzuständen zu den Zielzuständen (vorwärtsverkettend) und von den Zielzuständen zu den Startzuständen (rückwärtsverkettend) berechnet. In /Nil80/ sind die dabei auftretenden Probleme des "Zusammenfindens" der Prozesse an gemeinsamen Knoten beschrieben.

6. Semantische Netze

Die Geschichte der semantischen Netze beginnt, wie Brachmann in /Brachmann 79/ ausführlich beschreibt, mit dem Versuch Quillians, ein "semantisches Gedächtnis" durch ein Netz darzustellen. Dazu definiert er in /Quillian 68/ Graphen, deren Knoten Wörter und deren Kanten Verweise zwischen diesen sind, um auf diese Weise Begriffe zu beschreiben, ähnlich wie in einem Wörterbuch, in dem zur Erläuterung eines Begriffs auf andere verwiesen wird. Bemerkenswert ist, daß er nur wenige solcher Verweisarten mit definierter operationeller Semantik, nämlich typ/token, subclass/superclass, modification, disjunctive und conjunctive zuläßt. Die Art einer Kante bestimmt die auszuführenden Operationen beim Durchlaufen eines Netzes und beeinflußt den weiteren Weg.

In vielen sich daran anschließenden Arbeiten wurden als Graph darstellbare Beschreibungen als semantische Netze bezeichnet, obwohl deren Kanten keine klare operationelle Sematik hatten. Vielmehr wurden dort die Kanten oft mit beliebigen Prädikaten markiert, die natürlich für den Netztraversierer keine Bedeutung hatten und diesen auch nicht zu speziellen Operationen veranlassen konnten; vgl. folgendes Beispiel.

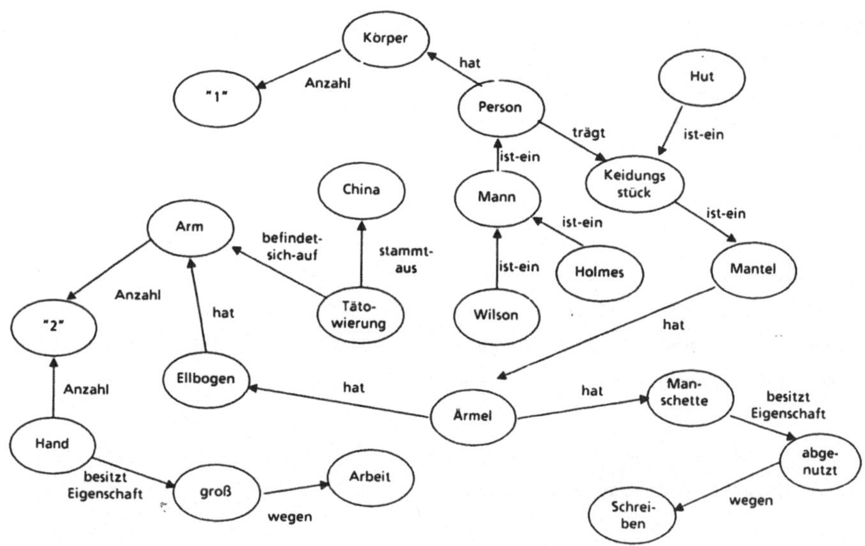

"Die Wissensbasis eines Detektivs" aus /HaK85/

Abb. 2

6.1 Die Semantik von semantischen Netzen

Die Semantik eines semantischen Netzes wird durch einen Interpreter festgelegt. Voraussetzung dafür ist aber das Vorhandensein einiger, wenn möglich weniger Kantenarten oder "Primitive".

Brachman untersucht die Arbeiten auf diesem Gebiet und klassifiziert sie unter dem Gesichtspunkt der Wahl der Primitive nach:
- implementierungsorientiert,
- logisch,
- epistemologisch,
- begrifflich,
- linguistisch

Als implementierungsorientierte Netze werden Datenstrukturen bezeichnet, die durch Zeiger verknüpft sind und die Wissensrepräsentation kaum unterstützen.

Im logischen Ansatz sind logische oder mengentheoretische, also mathematische Operationen als Primitive gewählt. Die Einführung von Netzen dient vor allem zur Strukturierung der logischen Ausdrücke, die normalerweise als unstrukturierte Menge nur schwer zugänglich sind.

Der begriffliche Ansatz wird vor allem von Schank vertreten, der mit der Einführung von einigen Objekt- und Aktionstypen eine Formalisierung von stereotypen Situationen zum Verständnis von Geschichten vorschlägt. Diese Primitive sind sprachunabhängig, drücken aber bestimmte Handlungen aus, wie "etwas bewegen", "übergeben", "greifen" oder "einnehmen". Diese Primitive wurden gewählt, um Zeitungsmeldungen vom Computer verarbeiten und zusammenfassen zu können.

6.1.1 Epistemologische Primitive

Brachman hat die Bezeichnung epistemologisch für seine Arbeiten gewählt, die mit der Definition von strukturierten Vererbungs-Netzwerken (structured inheritance networks) begannen und in KL-One weitergeführt wurden.

In KL-One treten die Wörter, die Begriffe ausdrücken, als Knoten auf. Als Primitive gibt es Rollen und strukturelle Beschreibungen. Rollen sind entweder als Bestandteile eines Objektes oder als funktionale Rolle.

Ein Begriff wird beschrieben durch Rollen und Strukturen, die durch Facetten charakterisiert sind. Als Facetten treten in der obigen Beschreibung
- V/R für Value (Wert) und Restriction (Einschränkung des Werts) und
- Rollenname.
auf. Hier sind noch andere Charakterisierungen wie Anzahl oder Modalität des Wertes denkbar.

Die Familie von Repräsentationsmechanismen, die sich daraus entwickelt hat, wird in dem Kurs "Neuere Wissensrepräsentationsmechanismen" in diesem Band ausführlich behandelt.

6.1.2 Linguistische Primitive

Ergänzend zu Quillian, der die Bedeutung von Wörtern in seinem Netz repräsentieren wollte, verwendet Woods in /Woods 75/ semantische Netze zur Beschreibung der Bedeutung natürlichsprachlicher Sätze. Er versteht diese als "interne" Repräsentation von Aussagen (assertion).

Es stellte sich heraus, daß der Versuch, einfache Sätze (predications), wie:

Hans ist ein Junge.

in ein semantisches Netz zu übersetzen, gelingt:

is-a

Hans ------> Junge,

daß dies aber bei komplizierteren Sätzen nicht mehr zum Erfolg führt. Es muß eine Analyse des Satzes erfolgen, die z. B. den Satz:

Hans schreibt einen Aufsatz.

in die Bestandteile Verb und einige Nominalphrasen zerlegt, denen als Semantik verschiedene Aufgaben (Rollen) abhängig vom Kasus zugewiesen werden (siehe Kasus-Grammatiken von Filmore). Der Satz wird nun durch folgendes Netz dargestellt:

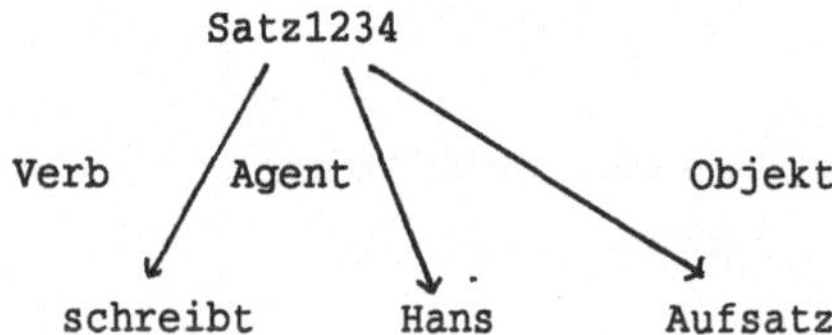

Da dies keine Definition des Begriffs "Satz" ist, muß eine Instanz eingeführt werden. Wir werden im folgenden noch ausführlich erläutern, daß es wichtig und sinnvoll ist, bei der Beschreibung von Objekten - als solche können auch Sätze angesehen werden - zwischen einer allgemeinen Beschreibung der Klasse der Objekte, und denen der Instanzen, also den Objekten selbst zu unterscheiden.

Es zeigt sich ein weiterer Unterschied zwischen den zwei Sätzen. Der erste Satz hat definitorischen Charakter, während der zweite "assertional" ist, d.h. er ist eine Aussage.

Einfache Sätze lassen sich ohne große Mühe in diese Form bringen, wobei es zu einem Satz nicht immer genau ein semantisches Netz geben muß. Relativsätze oder quantifizierte Sätze erfordern mehr Aufwand. Woods schlägt zur Darstellung von Relativsätzen eine Lösung vor, während quantifizierte Sätze nach der bekannten Technik der Umwandlung von beliebigen Formeln in Klauseln in der Prädikatenlogik behandelt werden.

Relativsätze sind Modifikationen eines Objektes des Hauptsatzes, die dann als Charakterisierung des Objektes dienen können, wenn das Objekt als Knoten im semantischen Netz schon existiert. Ist dies nicht der Fall, führt diese Interpretation zu keiner Lösung. Woods schlägt als Lösung die Einführung einer EGO-Kante vor, die ausdrücken soll, daß das darunterhängende Netz sich auf diesen Knoten bezieht. Dies erlaubt es, aus dieser Darstellung die Information über Haupt- und Nebensatz abzulesen. Der Satz:

Hans trifft Maria, die er aus seiner Schulzeit kennt.

wird dargestellt als:

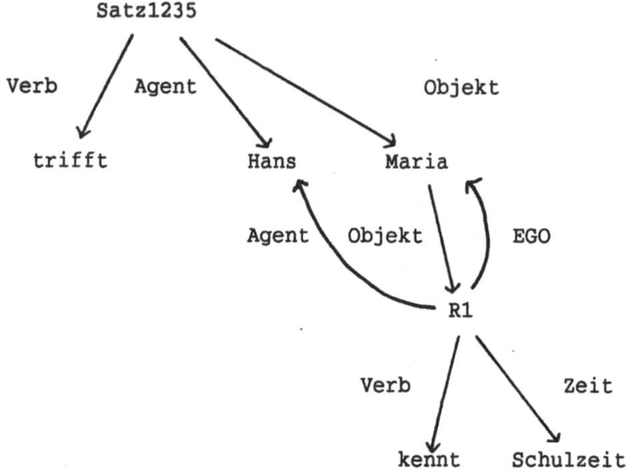

Quantifizierungen können zum einen durch Skolemisierung aufgelöst werden:

> Jeder Mensch besitzt einen Namen.

kann logisch dargestellt werden:

> $\forall x \, \exists y \; (Mensch(x) \; \& \; Name(y) \; \text{-->} \; x \; besitzt \; y)$

Skolemisierung ergibt:

> $Mensch(x) \; \& \; Name(f(x)) \; \text{-->} \; x \; besitzt \; f(x),$

wobei die Formel als allquantifiziert angenommen wird.

Die zweite Technik zur Auflösung der Quantoren ist die Lambda-Abstraktion. Dazu wird in einem Satz ein Objekt durch eine Variable ersetzt und über diese Variable quantifiziert. Aus dem obigen Satz entsteht dann:

> (Für-alle Mensch Lambda(x)
>
> > (Es-existiert Name Lambda(y) (x besitzt y)))

Diesee Auflösung hat den Nachteil, daß der Satze zerteilt und mit "technischen" Details durchsetzt werden muß.

Nilsson führt in /Nilsson 80/ semantische Netze als graphische Repräsentation 2-stelliger Prädikate ein. Damit umgeht er zunächst einmal die Probleme, die Woods beschrieben hat. Er verlagert sie aber nur, denn er muß aus natürlichsprachlichen Sätzen die entsprechenden 2-stelligen Prädikate konstruieren.

So wird aus

> Hans schreibt einen Aufsatz.

zunächst die Formel:

> $(\exists x)(Element(x, \; Schreib\text{-}ereignis)$
>
> > $\& \; Schreiber(x, \; Hans)$
> >
> > $\& \; Objekt(x, \; Aufsatz)).$

Skolemisierung liefert die Klausel:

$$\text{Element}(S1, \text{Schreib-Ereignis})$$
$$\&\ \text{Schreiber}(S1, \text{Hans})$$
$$\&\ \text{Objekt}(S1, \text{Aufsatz}).$$

Wo Woods die Theorie der Kasus-Grammatiken verwendet, um zu zweistelligen Relationen zu gelangen, zaubert Nilsson aus mehrstelligen Prädikaten zweistellige. Nun ist es nicht mehr schwer, dies graphisch darzustellen:

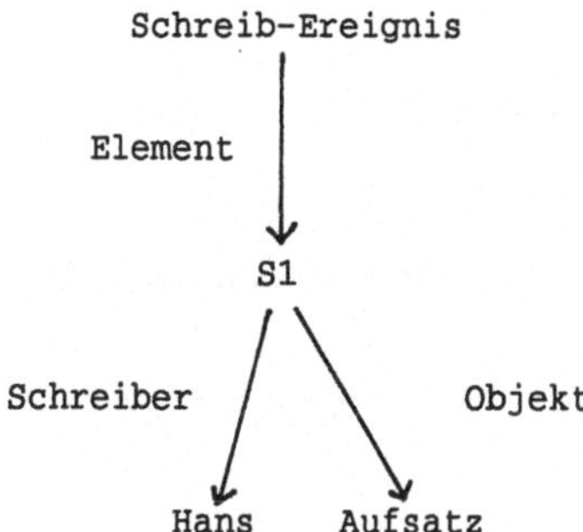

Nilsson beschreibt den Agenten nicht allgemein als solchen, obwohl er dies tun könnte, da er die Information über das Verb im Ereignis-Knoten hält. Damit mißachtet er aber die Forderung von Brachman und Woods nach Festlegung einer Reihe von Primitiven, deren Semantik bekannt und unveränderlich ist.

6.2 Vererbung, Semantik von is-a

Vererbung spielt sowohl bei semantischen Netzen als auch bei den Frames, wie wir später sehen werden, eine große Rolle. Sie dient dazu, eine Ein- und Unterordnung der Begriffe zu erreichen. Mindestens ein Primitv ist also in jedem semantischen Netz zu finden:

is-a.

Dies macht ein "semantisches Netz" zumindest zu einem Hierarchiegraphen. Ein weiterer Grund für die verbreitete Verwendung des Vererbungsmechanismus ist pragmatischer Natur. Die Aussage:

ein Auto ist ein Fahrzeug, das sich von selbst fortbewegt,

erübrigt eine Aufzählung der Eigenschaften von Auto, die mit denen von Fahrzeug übereinstimmen. Wir wollen im folgenden einige Interpretationen von is-a erläutern; sie sind /Brachmann 83/ entnommen.

6.2.1 Klassen und Instanzen

In einem semantischen Netz können zwei Arten von Knoten unterschieden werden:
- Klassen oder generische Knoten
  Sie beinhalten die Beschreibung eines Begriffs, umfassen die Menge aller Objekte, die unter diesen Begriff fallen. Mit Klassen bezeichnete Knoten sind immer innere Knoten.
- Instanzen oder individuelle Knoten
  Sie stellen die Beschreibung der Objekte selbst dar. Sie bilden die äußeren Knoten des Netzes.

6.2.2 Semantik von is-a

Wir betrachten zunächst die is-a-Verbindung zwischen Klassen oder generischen Knoten.

Zwei Klassen, zwischen denen eine is-a-Verbindung besteht, können interpretiert werden als
- Unter/Obermenge
  Beispiel: Menge der Fortbewegungsmittel,
  Menge der Autos,
  Menge der Lastwagen,
  Menge der Boote.

- Spezialisierung/Verallgemeinerung
  Beispiel: Ein Auto ist ein Fahrzeug.
  $$\forall x\ (Auto(x) \longrightarrow Fahrzeug(x))$$
  Diese Interpretation wird auch dazu verwendet, um Klassen als Prototypen zu verstehen, deren Eigenschaften von einer Unterklasse geerbt werden, es sei denn in dieser sind die Werte überschrieben.
  Beispiel: Ein Auto hat normalerweise 4 Räder.

- AKO: a kind of
  Einige Eigenschaften werden übernommen, es können aber auch eigene dazukommen.
  Beispiel: Ein Auto ist eine Art Fahrzeug.

- begriffliches Enthaltensein
  Eine Beschreibung ist in der anderen enthalten.
  Beispiel: Ein Boot ist eine Fahrzeug, das sich nur im Wasser fortbewegen kann.

- Verbindung zwischen Menge von Objekten und Prototyp.

Hier sind auch wieder die verschiedenen Ansätze erkennbar wie mengentheoretisch, logisch und begrifflich, ob Aussagen formuliert oder Begriffe erklärt werden sollen.

Die Verbindung zwischen Klasse und Instanz kann dann entsprechend interpretiert werden, als:
- Element einer Menge
   Beispiel: Mein-Auto ist Element der Menge aller Autos.

- Tatsache
   Beispiel: Mein-Auto ist ein Auto,
            Auto(Mein-Auto).

- Konstruktion eines Individuums
   Beispiel: Mein-Auto hat eine rote Farbe und die Nummer M-XY-4711.
- Abstraktion
   Beispiel: Das Auto ist eine gefährliche Maschine.

Weiterentwicklungen der semantischen Netze werden mit der Einführung der Frames kaum mehr betrieben, will man die Frames nicht als die Weiterentwicklung der semantischen Netze betrachten.

   7. Frames

Frames sind Datenstrukturen zur Darstellung einer Menge von Fakten und Prozeduren, die Objekte jeglicher Art, Situationen und Zustände und deren Manipulation beschreiben. Sie wurden 1975 von Minsky /Minsky 75/ als Alternative zur formalen Logik eingeführt. Er hatte sie definiert als Mittel, um die menschliche Denkweise formalisieren zu können. Wissen soll durch sie strukturiert und in zusammenhängende aber unterscheidbare Einheiten zerlegt werden können. Situationen, von denen er annahm, daß der Mensch sie als "Frames" im Gedächtnis ablegt, sollen durch Eigenschaften, genannt "slots", die mit Standardwerten belegt sind, beschrieben werden.

Winograd /Winograd 75/ sah in dem Formalismus den Mittelweg zwischen den zwei gegensätzlichen Ansätzen der deklarativen und der prozeduralen Beschreibung von Problemen, vertreten durch die formale Logik und die Algorithmentheorie. Er war der erste, der eine Sprache, KRL /Bobrow 77/, auf der Basis der Frames definierte und damit ihre Semantik beschrieb. Inzwischen gibt es eine große Zahl von Implementierungen. Eine der ersten Implementierungen des Formalismus ist FRL /Roberts 77/, die wir im folgenden vorstellen; weitere sind UNITS /Stefik 79/ und KEE /Fikes 85/. Die meisten Systeme zur Entwicklung von Expertensystemen bieten heute neben Regeln auch Frames als Repräsentationsmechanismus an.

Die grundlegende Idee der Frames ist, durch allgemeine Beschreibung eine Menge oder Klasse von Objekten oder Situationen zu charakterisieren, die zur Beschreibung von konkreten Objekten und Situationen herangezogen und durch Anpassung der Eigenschaftswerte zur Übereinstimmung gebracht werden. In der Literatur wird dann auch zwischen generischen und individuellen Frames unterschieden.

Durch Prozeduren kann ausgedrückt werden, daß eine Eigenschaft normal ist oder erwartet wird, daß es sich empfiehlt, dies oder jenes anzunehmen. Entsprechende Reaktionen können ausgelöst werden, wie Erklärungen abgeben, Fragen stellen oder Werte propagieren. Dadurch lassen sich Aktionen oder Ursache und Wirkung beschreiben.

Verwandte Frames können in Frame-Systemen organisiert werden. In ihren Beziehungen zueinander lassen sich Änderungen der Sichtweise durch Situations- oder Zustandsänderungen ausdrücken.

7.1 Konkretisierung des Begriffs Frame

Winograd wird in /Winograd 75/ konkreter in der Beschreibung der Zusammenhänge von Frames. Er bildet Begriffe in eine Hierarchie von Frames ab, die er Verallgemeinerungshierarchie nennt, und die die Vererbung von Eigenschaften realisiert. Die (gerichteten) Kanten in seinem Hierarchiegraph bezeichnet er mit isa (siehe semantische Netze) und versteht den Knoten, zu dem die Kante führt, als Verallgemeinerung des Knotens, von dem die Kante ausgeht. Dieser wiederum wird als Spezialisierung bezeichnet. Er läßt sogar multiple Vererbungskanten zu, die er als die Vereinigung der Eigenschaften interpretiert.

Beispiel:

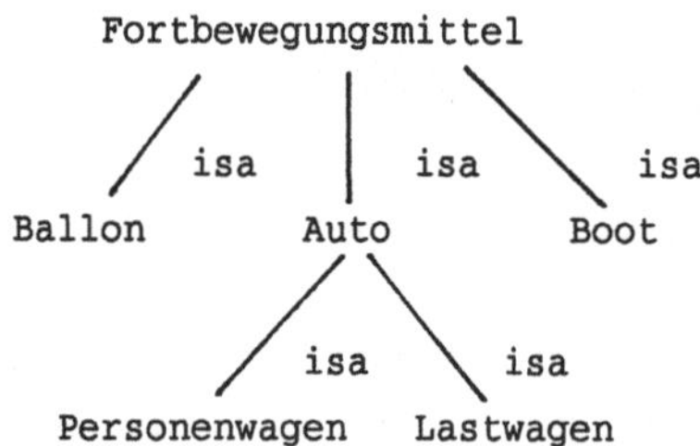

Jeder Frame repräsentiert eine Menge oder Klasse von Objekten, eine allgemeine Beschreibung. Diese wird ausgedrückt durch eine Menge von Prädikaten, die Winograd "wichtige Elemente" (IMP's, important elements) nennt. Diese sind selbst wieder Frames, deren Werte Objekte, Aussagen, Bedingungen oder Funktionen sind, die entsprechend interpretiert werden müssen.

Beispiel:

    Fahrzeug:

    Antrieb:

    Tragendes-Element:

    Zweck: Beförderung

    Ballon:

    isa: Fahrzeug

    Antrieb: Wind

    Tragendes-Element: Luft

    Auto:

    isa: Fahrzeug

    Antrieb: Motor

    Tragendes-Element: Erde

    Boot:

    isa: Fahrzeug

    Antrieb: (Motor Wind)

    Tragendes-Element: Wasser

    Personenwagen:

    isa: Auto

    Zweck: Personenbeförderung

    Lastwagen:

    isa: Auto

    Zweck: Lastenbeförderung

    Personenbeförderung:

    isa: Beförderung

    Art: Personen

Bis jetzt führt dieser Formalismus nicht über eine deklarative Beschreibung von Begriffen und Zusammenhängen hinaus. Informationen sind entweder explizit als Fakten gegeben oder implizit durch die Hierarchie vorhanden. Dieses implizite Wissen kann aber auch explizit durch die Formel:

$$\forall x \; (Auto(x) \; \text{--> } Fahrzeug(x))$$

dargestellt werden. D.h. alles bis hier Dargestellte läßt sich auch in der Prädikatenlogik ausdrücken.

Eine Erweiterung durch Prozeduren, die mit den Slots verbunden sind und die bei bestimmten Manipulationen letzterer, wie z.B. Eintragen oder Abfragen, ausgeführt werden, bringt den prozeduralen Aspekt hinzu. Diese anhängenden Prozeduren (procedural attachment) unterliegen einer strengen Kontrolle, und ihre Definition und Anwendung richtet sich nach der Position des jeweiligen Frames im Hierarchiegraphen. Die Prozeduren sind generisch: werden allgemeine Prozeduren auf Objekte angewendet, dann entstehen spezielle Prozeduren. Der Vererbungsmechanismus ist also von den Objekten auf die Prozeduren ausgeweitet.

Während Minsky einen wichtigen Formalismus zum Erzeugen, Finden und Anpassen beschreibt und als Bestandteil des Frame-Formalismus sieht und fordert, beschreibt Winograd neben "Slots" und Prozeduren als Teile des Mechanismus nur den Vererbungsmechanismus. Finden und Erzeugen sind für ihn einfache formalisierbare Aktionen, wie das Rechnen mit Zahlen. Das gesamte Wissen steckt in den Frames, nicht in ihrer Manipulation.

7.3 FRL

FRL (Frame Representation Language) ist nach KRL (Knowledge Representation Language) die zweite Implementierung des Frame-Formalismus von Minsky. FRL ist in Lisp implementiert; zur Darstellung der Slots eines Frames werden Propertylisten verwendet. Es gibt vordefinierte Facetten wie comment, default und require, denen das System eine bestimmte Semantik unterlegt. Vererbung ist durch den Slot AKO realisiert. Prozeduren können (in Lisp) definiert und an Slots angehängt werden. Zu bestimmten Zeitpunkten oder bei bestimmten Aktionen, wie Zugriff auf, Erweiterung oder Löschen eines Slots werden die Prozeduren ausgeführt. FRL bietet zusätzlich eine Reihe von Funktionen zur Erzeugung, Änderung, Suche und zum Löschen von Frames.

Funktionen in FRL:

Definition eines Frames geschieht durch:

```
(FASSERT FAHRZEUG
      (ZWECK              ($VALUE ('BEFOERDERUNG))))
```

Dadurch wird ein Frame mit Namen Fahrzeug und einem Slot erzeugt. Der Slot hat eine einzige Facette $Value, die ('BEFOERDERUNG) als den Wert des Slots kennzeichnet.

Erweitern eines Frames durch:

```
(FPUT 'FAHRZEUG 'ANTRIEB 'ZUM-BEISPIEL: 'MOTOR)
```

fügt den Slot ANTRIEB zu dem Frame FAHRZEUG hinzu. Zusätzlich zum Wert eines Slots kann Kommentar in der Form

    (KOMMENTAR: 'irgendein-Kommentar)

angegeben werden. KOMMENTAR: ist dabei ein Label und muß mit : enden.

Suche nach Information durch:

    (FGET 'FAHRZEUG 'ZWECK '$VALUE)

    liefert (BEFOERDERUNG) zurück.

Die Suche nach der in FGET gewünschten Information beginnt bei dem angegebenen Frame.
Ist sie da erfolglos, so wird der Eintrag des AKO-Slots zur Suche herangezogen.

FRL erlaubt multiple Vererbung, d.h. der Wert des AKO-Slots kann eine Liste aus mehreren Elementen sein. Die Suche erfolgt nach der Methode breadth-first von links nach
rechts.

Löschen von Information durch:

    (FREMOVE 'FAHRZEUG 'ANTRIEB)

    löscht den Slot ANTRIEB aus dem Frame FAHRZEUG.

    Es wird die Teilstruktur gelöscht, die durch die Angabe in FREMOVE spezifi-

    ziert ist. Je länger die Angabe in FREMOVE, desto kleiner ist diese.

    (FREMOVE 'FAHRZEUG 'ANTRIEB 'ZUM-BEISPIEL: 'MOTOR)

    löscht nur MOTOR.

Vererbung wird durch den AKO-Slot realisiert:

    (FASSERT AUTO

     AKO   ($VALUE (FAHRZEUG))

     ANTRIEB   ($VALUE (MOTOR))

     TRAGENDES-ELEMENT ($VALUE (ERDE)))

    Durch den AKO-Slot vererbt der Frame FAHRZEUG seine Slots an AUTO.

    (FGET 'AUTO 'ZWECK '$VALUE)

    liefert deshalb (BEFOERDERUNG) zurück.

Der Wert eines Slots wird nach der Methode breadth-first von links nach rechts gesucht. FGET liefert den ersten auf diese Weise gefundenen Wert zurück, sucht aber weiter, wenn alle Facetten des Slots als Kommentar (FINHERIT: CONTINUE) enthalten, und
liefert die gefundenen Werte zusätzlich zurück.

Prozeduren an Frames:

Es besteht die Möglichkeit, Funktionen an Frames anzuhängen, die ausgeführt werden,
wenn auf die Daten eines Frames zugegriffen wird oder sie manipuliert werden. Diese
Funktionen sind durch Facetten gekennzeichnet. Die Facette

- $VALUE kennzeichnet den Zugriff auf den Wert eines Slots, ist dieser eine Funk-
  tion, so wird sie bei Zugriff ausgeführt, d.h. bei Ausführung von FGET.

- $IF-ADDED kennzeichnet das Hinzufügen eines Wertes zu einem Slot, eine anhängende
- Prozedur wird bei Ausführung von FPUT aufgerufen. $IF-REMOVED kennzeichnet das
  Löschen einer Teilstruktur eines Frames, eine anhängende Prozedur wird bei Aus-
  führung von FREMOVE aufgerufen.
  Beispiel: (vordefinierter Frame in FRL)

```
(thing
    (AKO       ($if-added ((Add-Instance)))
               ($if-removed ((Remove-Instance)))
    (Instance ($if-added ((Add-AKO)))
               ($if-removed ((Remove-AKO))))
```

- $IF-NEEDED kennzeichnet den Zugriff auf einen Frame oder auf eine Instanz, eine
  anhängende Prozedur wird bei Ausführung von FNEED aufgerufen.
  Beispiel:

```
(Deframe Person
(Name ($if-needed ((Ask-user)))))
```

  Dann wird durch

```
(or (Fget 'Person 'Name)
(Fneed 'Person 'Name))
```

  zuerst auf $Value zugegriffen, und falls das Ergebnis nil ist auf $if-needed und
  der Wert erfragt.

Zwei weitere Facetten stehen zur Verfügung, zum einen um Voreinstellungen von Werten
festzuhalten, und zum anderen um Einschränkungen für Werte zu formulieren:

- $DEFAULT kennzeichnet die Voreinstellung eines Slot-Wertes. FGET liefert den Wert
  unter $DEFAULT eines Slots zurück, wenn weder in diesem Frame noch in allen Fra-
  mes, die durch die AKO-Slots erreicht werden können, der Wert des Slots durch
  $VALUE spezifiziert ist.
- $REQUIRE kennzeichnet Einschränkungen des Slot-Wertes ausgedrückt durch eine Fol-
  ge von LISP-Prädikate. Diese werden mithilfe der Funktion FCHECK überprüft.

Darüberhinaus stellt FRL eine Reihe von Funktionen zur Verfügung:

- Definition eines Frames,
- Erzeugen einer Instanz,
- Abfrage von Frame-Strukturen, Verbindungen zwischen diesen, Informationen zu ein-
  zelnen Frames usw.,
- Manipulation der Datenbasis,
- Sichern der Datenbasis.

7.4 Implementierungen

Heute ist es üblich, in Systemen zur Wissensrepräsentation einen Frame-Mechanismus anzubieten (KEE, ART, KnowledgeCraft). Zusätzlich zu den grundlegenden Mechanismen der Klassenbildung und Vererbung bieten diese Systeme vordefinierte Slots, die den Programmierer bei der Erstellung seines Expertensystems unterstützen. Dies sind vor allem Funktionen zur Verwaltung, Präsentation und Konsistenzerhaltung.

8. Nichtstandardlogiken

Wir haben gesehen, daß die Prädikatenlogik bei der Wissensrepräsentation in der KI eine große Rolle spielt, daß in ihr jedoch unter anderem weder unsicheres Wissen dargestellt noch nicht-monotone Schlüsse gezogen werden können. Deshalb wurde versucht, Logiken aus anderen Bereichen , wie z.B. der Philosophie oder der Sprachtheorie, in der KI einzusetzen; Beispiele sind:

- Modallogik (als intensionales Logiksystem),
- Mehrwertige Logik
- intuitionistische Logik und Temporale Logik.
-

Außerdem wurde versucht für Probleme, die einer Formalisierung noch nicht zugänglich waren, Logiksysteme zu entwickeln:

- Fuzzy Logik und
- nicht-monotone Logik bzw. Defaultlogik

Am Beispiel der Prädikatenlogik haben wir gezeigt, wie ein Logiksystem definiert wird: Zunächst wird festgelegt, wie in der Sprache wohlgeformte Formeln gebildet werden. Anschließend wird die Semantik der Zeichen durch eine Interpretations- oder Modelltheorie definiert, und eine Beweistheorie angegeben. Für diese Theorien müssen Korrektheit und Vollständigkeit gezeigt werden. Es müssen aber nicht beide Theorien definiert werden. So gibt es bei vielen philosophischen Logiksystemen keine Beweistheorie und bei der Modallogik konnte erst lange Zeit nach ihrer Einführung gezeigt werden, daß die Modelltheorie der Prädikatenlogik (Tarski) auf sie übertragen werden kann (Kripke). Wir werden im folgenden einige der oben erwähnten Logiksysteme, soweit sie in der KI eine Rolle spielen, vorstellen. Wir wollen keine Beweise führen, sondern die Motivation für ihre Einführung und ihre Besonderheiten sowie ihre Anwendungsmöglichkeiten herausstellen.

8.1 Mehrwertige Logik

Die klassische Logik ist eine zweiwertige Logik, d.h. es gibt nur die Wahrheitswerte wahr und falsch, und es gilt der Satz vom ausgeschlossenen Dritten. Die Gründe zur Definition mehrwertiger oder zumindest dreiwertiger Logiken liegen
- in der Forderung, unvollständiges Wissen ausdrücken zu können,
- eine Aussage, deren Wahrheitswert sich erst in der Zukunft entscheiden wird, zu bewerten,
- Paradoxien zu verhindern oder
- natürlichsprachlichen Sätzen einen Wahrheitswert zuordnen zu können.

Der erste Grund stammt von dem Mathematiker Kleene und ist mathematischer Natur. Er wollte mit der Einführung eines dritten Wertes nicht-entschiedene mathematische Sätze bewerten. Das von ihm definierte System ist die Grundlage vieler Implementierungen regelbasierter Systeme, die unvollständiges Wissen verarbeiten können. Diese führen einen dritten Wahrheitswert "unbekannt" ein und rechnen mit ihm nach Kleene's Vorschrift, die folgendermaßen lautet:

¬ A			A & B	w	u	f		A v B	w	u	f
w	f		w	w	u	f		w	w	w	w
f	w		u	u	u	f		u	w	u	u
u	u		f	f	f	f		f	w	u	f

Der zweite Vorschlag stammt von dem Logiker Lukasiewicz. Er versuchte Sätze, deren Wahrheitswert sich erst in der Zukunft entscheiden wird, zu bewerten. Dazu führte er den dritten Wahrheitswert "unbestimmt" ein, der für alle zufälligen Zukunftsereignisse anzuwenden ist. Ein Satz wie

> Morgen wird es regnen.

kann laut Lukasiewicz nicht wahr oder falsch sein, da er dann heute schon bestimmt sei. Der Vorwurf, der Lukasievicz gemacht wird, ist, daß er den abstrakten, zeitlosen Wahrheitsbegriffs mit einem epistemischen, zeitlich relativen verquickt. In seinem System ist zum Zeitpunkt t wahr, was zum Zeitpunkt t als wahr gewußt wird.

Im Gegensatz zu Kleene, bei dem u --> u <=> u gilt, definiert Lukasiewicz die Wahrheitswerte für Implikation:

A --> B	w	i	f
w	w	i	f
i	w	w	i
f	w	w	w,

Ein drittes System wurde von Bochvar eingeführt, um Paradoxien, wie die Aussage "diese Aussage ist falsch", die in der klassischen Logik existieren, aufzulösen. Er ordnete diesen Sätzen den Wert "paradox" oder "bedeutungslos" zu. Ein Satz wird paradox oder bedeutungslos, wenn dies für einen Teilsatz gilt.

Der vierte Vorschlag stammt schließlich von dem Sprachtheoretiker Blau, der durch Hinzunahme des Wertes "unbestimmt" die zweiwertige Logik verallgemeinert. Er ordnet einem Satz den Wert unbestimmt zu, wenn das Subjekt im Vagheitsbereich des Prädikats liegt (wie in dem Satz "er hängt an seiner Schallplattensammlung"), oder wenn die Referenzpräsupposition nicht erfüllt ist (wie in "der heutige König von Frankreich" oder "der Erfinder des Perpetuum Mobiles").
Die Wahrheitstafeln lauten:

A & B	t	u	f
w	w	s	f
s	s	s	s
f	f	s	f

A v B	t	u	f
w	w	s	w
s	s	s	s
f	w	s	f

Die Implikation ist wie bei Kleene definiert.

8.2 Fuzzy Logik

Die Fuzzy Logik wurde von Zadeh eingeführt, um die Vagheit natürlichsprachlicher Ausdrücke formal darstellen und bewerten zu können. Fuzzy Logik basiert auf der Theorie der Fuzzy Sets. Dies sind Mengen von Objekten, wobei jedem Objekt der Grad, mit dem es zur Menge gehört, zugeordnet ist. Der Grad der Zugehörigkeit ist eine reelle Zahl zwischen 0 und 1.

Betrachtet man die folgende Aussage:

x Personen haben in Maria's Auto Platz

so hängt es vom Autotyp, dem Umfang der Personen und der Bereitwilligkeit derselben ab, gedrängt zu sitzen, ob für x die Zahl 4, 5 oder 6 eingesetzt werden kann.

Der Wertebereich der charakteristischen Funktion einer fuzzy Menge ist nicht mehr die Menge {0, 1} sondern das Intervall [0, 1].

Zadeh hat für Vereinigung und Durchschnitt der Mengen Vorschläge zur Berechnung des Grads der Zugehörigkeit der Elemente zur resultierenden Menge gemacht:

Vereinigung: Maximum der Grade der Elemente
Durchschnitt: Minimum der Grade der Elemente
Komplement: 1 - Grad-des-Elements.

Diese Festlegungen haben den Vorteil, daß sie noch gültig sind, falls ein Fuzzy Menge
zu einer "normalen" Menge wird.

Die Wahrheitswerte wahr und falsch werden nun durch bestimmte Fuzzy Teilmengen des In-
tervalls von 0 bis 1 ersetzt. Zadeh nennt diese "linguistische Wahrheitswerte". Natürlichsprachliche Ausdrücke müssen dann in einen Hauptausdruck und in eine Verfeinerung
zerlegt werden. Jedem Hauptausdruck wird ein (fuzzy) Wahrheitswert zugeordnet, und der
Wahrheitswert des Gesamtausdrucks berechnet sich durch Anwenden der der Funktion, die
der Verfeinerung zugeordnet ist.

Für einige Verfeinerungen geben wir die von Zadeh vorgeschlagenen Funktionen an
("term" bezeichnet den (fuzzy) Wahrheitswert des Hauptausdrucks):

Konzentration	$\text{Con(term)} = \text{(term)}^2$
Negation	$\text{Neg(term)} = (1-\text{(term)})$
Ausdehnung	$\text{Dil(term)} = \text{(term)}^{1/2}$
Normalisierung	$\text{Norm(term)} = \text{(term)}/\text{Max-der-Zugehörigk.-Grade}$
Intensivierung	$\text{Int(term)} = \begin{cases} 2*\text{Con(term)}, & 0<\text{term}<0.5 \\ 1-(2*(\text{Con(Neg(term))})), & \text{sonst} \end{cases}$

Einigen natürlichsprachlichen Ausdrücken können dann ebenfalls Wahrheitswerte zugeordnet werden:

- sehr	Con(term)
eine Art von	Norm(Int(Dil(term))and(Int(Dil(Neg(term))))))
schön	Norm(Int(term)and(Neg(Int(Con(term))))))
ziemlich	Norm(Int(Con(term))and(Con(Neg(term)))))
vernachlässigbar	Norm(term and nicht Con(term)).

Fuzzy Logik besitzt einige Nachteile, wie
- die Schwierigkeit der Zuordnung des Wahrheitswerts zum Hauptausdruck,
- Definition einer Verfeinerungsfunktion; es gibt nicht zu jeder Verfeinerung eine
  Funktion, außerdem muß die Funktion akzeptabel sein,
- es gibt keine Beweistheorie, d.h. das Beweisverfahren läßt keine Automatisierung
  zu.
und ist aus diesen Gründen sehr umstritten.

8.3 Modallogik

Modallogik ist ein Logiksystem, das unter den Oberbegriff intensionale Logik fällt. Intensionale Logiken sind philosophische Logiksysteme, die die Prädikatenlogik durch Hinzunahme von Operatoren erweitern. So können in der deontischen Logik die Begriffe "Verpflichtung", "Erlaubtsein" und "Verbotensein", in der epistemischen Logik "Glaube" und "Wissen" und in der Modallogik "Notwendigkeit" und "Möglichkeit" auszudrückt werden.

In der Modallogik werden zwei neue Operatoren M und N eingeführt mit folgender Bedeutung:
Sei F eine Formel:
- MF bedeutet: es ist möglich, daß F wahr ist und
- NF bedeutet: es ist notwendig, daß F wahr ist.

Diese Operatoren erlauben es, Aussagen über den Wahrheitsgehalt einer Formel in der Sprache der Formeln selbst zu machen. Der Operator N für Notwendigkeit läßt sich durch M, Möglichkeit, ausdrücken:

NF ist genau dann wahr, wenn ¬M(¬F) wahr ist.

Die Modallogik besitzt eine Semantik, die sich auf mögliche Welten und die Erreichbarkeit der Welten untereinander stützt.

Eine Formel ist in einer Welt genau dann notwendigerweise wahr, wenn sie in jeder von dieser Welt aus erreichbaren Welt wahr ist. Diese Erreichbarkeit wird formal durch eine zweistellige Relation auf der Menge aller möglichen Welten ausgedrückt. Stegmüller verdeutlicht in /Stegmüller 86/ diese Erreichbarkeit am Beispiel der Vorstellungskraft. Eine Welt ist von einer anderen erreichbar, wenn es ein Wesen in der letzteren gibt, welches sich die erste vorstellen kann.

Es gibt drei Hauptsysteme innerhalb der Modallogik, die sich durch die Anforderungen an die Zugänglichkeitsrelation R unterscheiden:

1) T   hier ist gefordert, daß R reflexiv ist, d.h. jede Welt ist von sich aus erreichbar.

2) S4   hier ist zusätzlich gefordert, daß R transitiv ist, d.h. ist eine Welt w2 von einer Welt w1 aus erreichbar, und w3 von w2, so ist die Welt w3 auch von w1 aus erreichbar. Bzgl. der Vorstellungskraft heißt das: gibt es ein Wesen in w1, das sich w2 vorstellen kann, und gibt es ein Wesen in w2, das sich w3 vorstellen kann, so kann sich das Wesen in w1 auch w3 vorstellen.

3) S5   zur Forderung von 2) wird noch die Symmetrie von R verlangt, d.h. ist eine
Welt w2 von einer Welt w1 aus erreichbar, so ist w1 auch von w2 aus erreichbar oder anders ausgedrückt: gibt es in w1 ein Wesen, das sich w2 vorstellen kann, so gibt es in w2 auch ein Wesen, das sich w1 vorstellen kann.

Diese drei Systeme haben ihre beweistheoretischen Entsprechungen:

1)   T kann durch die Hinzunahme folgender Axiome und Regel zu den prädikatenlogischen
Axiomen und Regeln als Kalkül definiert werden:

A1: NA --> A,   wenn A notwendig wahr ist, so ist A wirklich wahr
                                 (Reflexivität),

A2: N(A --> B) --> (NA --> NB)

R: A   wenn A wahr ist, so kann abgeleitet
--------   werden, daß A notwendig wahr ist
    NA

2)   S4 entsteht aus T durch Hinzunahme des Axioms:

A3: NA --> NNA   ist A notwendig wahr, so ist es mit Notwendigkeit
                                 notwendig wahr.

3)   S5 entsteht durch Hinzunahme des Axioms:

A4: MA --> NMA   wenn es möglich ist, daß A wahr ist, so ist es not-
                                 wendig, daß es möglich ist, daß A wahr ist.

8.4 Nichtmonotone Logik / Default-Logik / Zirkumskription

In dem Kapitel über Klassische Logik haben wir gesehen, daß die Ableitungen monoton
sind. Wird die Menge der nichtlogischen Axiome erweitert, dann sind die bisher abge-
leiteten Sätze immer noch gültig; Wissen kann also nur "positiv" zum Vorhandenen hinzugefügt werden. Eine Revision von Wissen ist nur möglich durch Wegnahme "alter" Axiome. In Systemen, in denen man davon ausgeht, daß das vorhandene Wissen zur Problemlösung unvollständig ist, und daß abgeleitete Sätze eventuell revidiert werden müssen,
sind monotone Ableitungsverfahren nicht adäquat.

Es gibt verschiedene Ansätze, die wir im folgenden nur kurz charakterisieren; zur Wei-
terführung verweisen wir auf den Kurs "Nonmonotonic Reasoning" in diesem Band.

Die Konstruktion nicht-monotoner Logiksysteme kann auf zwei verschiedenen Verfahren
basieren. Zum einen kann eine Änderung der Axiomenmenge und zum anderen eine Änderung
des Ableitungsbegriffs die Nichtmonotonie begründen.

McCarthy hat mit der Definition der Zircumskription in /McC80/ den ersten Weg gewählt.
Er fügt ein Axiom zweiter Ordnung hinzu, das für jedes Prädikat genau die Menge aller
Tupel bestimmt, die das Prädikat in den ableitbaren Sätzen erfüllen. Nimmt man nun ein
neues Axiom erster Ordnung hinzu, dann kann das Prädikat eventuell durch zusätzliche
Tupel erfüllt werden, d.h. die Umschreibung (das Axiom zweiter Ordnung) für das Prädi-
kat ist nicht mehr gültig.

McCarthy's Idee basiert auf dem Konzept der minimalen Modelle, das die Tatsache beinhaltet, daß es zu einer Menge von Axiomen ein minimales Modell gibt. McCarthy beschreibt mit der Zirkumskription dieses minimale Modell. Die Programmiersprache PROLOG
basiert auch auf dem Konzept der minimalen Modelle, die in diesem Fall die Herbrand-
Modelle sind. Ein PROLOG-Programm zusammen mit der Anfrage enthält die Menge aller Objekte, die die Anfrage erfüllen können. Der Unterschied zwischen diesen beiden Ansätzen liegt darin, daß McCarthy die Beschreibung der Objekte durch ein Axiom zweiter
Ordnung in seine Axiomenmenge aufnimmt, während in PROLOG die Objekte durch die Klauseln festgelegt sind.

Reiter hat in /Reiter 80/ den zweiten oben beschriebenen Weg eingeschlagen. Er führt
sogenannte Defaultregeln ein, um in Situationen mit unvollständiger Beschreibung
Schlüsse ziehen zu können. Mithilfe der Defaultregeln werden typische Eigenschaften
beschrieben, auf die bei fehlenden Aussagen zurückgegriffen wird.
Die Defaultregel:

$$\frac{\alpha \; : \; M \, \beta}{\gamma}$$

hat folgende Bedeutung:

> "wenn α geglaubt wird, und es konsistent ist, β
> zu glauben, dann glaube γ"

Die Menge der Regeln teilt sich dann in zwei disjunkte Mengen:
1. Die Menge der Formeln und Regeln der Prädikatenlogik und
2. die Menge der Defaultregeln, die Formeln der Prädikatenlogik enthalten.

Die Definition der Ableitbarkeit, also der Menge der ableitbaren oder gültigen Sätze
stützt sich auf den Begriff der Extension E. Diese ist definiert als:
1. Jede Extension enthält die Formeln der Prädikatenlogik
2. E ist abgeschlossen gegenüber monotoner Deduktion, d.h. Anwenden der Regeln der
   Prädikatenlogik auf Formeln in E.
3. Mit der Defaultregel

$$\frac{\alpha \; : \; M \, \beta}{\gamma}$$

gilt: $\alpha \in E$ und $(\neg \beta) \in E$, dann $\gamma \in E$.

Reiter definiert nun Ableitbarkeit als:

γ kann von einer Defaulttheorie abgeleitet werden, wenn δ in einer Extension liegt.

Daß dies nicht die einzig mögliche Definition ist, haben McDermott und Doyle gezeigt. Diese haben in /McDermott 80/ und anschließend in /McDermott 86/ ein nichtmonotones Logiksystem entwickelt, das auf der Modallogik aufbaut. Dazu definieren sie zur Prädikatenlogik erster Stufe einen zusätzlichen Operator M mit der Bedeutung: "Mp: p ist konsistent mit allem Geglaubten".

Im Gegensatz zu Reiter definiert McDermott aber die Menge der ableitbaren Sätze als die Menge der Sätze, die in allen Extensionen enthalten sind.

9 Zusammenfassung

Wir wollen noch einmal zusammenfassend die Vor- und Nachteile der hier vorgestellten Wissensrepräsentationsmechanismen anführen:

Klassische Logik:
Vorteile:
- Es gibt anerkannte, formale Definitionen der Syntax und Semantik. Durch Festle-
- gung des Ableitungsbegriffs ist eine Automatisierung der Ableitung möglich.
- Komplizierte Zusammenhänge lassen sich durch Zerlegung auf einfache Weise dar-
  stellen.
- Die Trennung von Beschreibung und Bearbeitung erhöht die Übersichlichkeit.
- Die Problembeschreibung ist leicht änderbar.
Nachteile:
- Die Kontrolle der Bearbeitung ist nicht beschreibbar.
- Durch die Spezifizierung eines komplexen Problems kann eine große Men-
  ge unstrukturierter Formeln entstehen.
- Nur in Spezialfällen sind Theorembeweiser effizient.

Regelbasierte Systeme:
Vorteile:
- Die Probleme lassen sich durch einfache einheitliche Formeln beschreiben.
- Die Bearbeitung ist steuerbar.
- Die Problembeschreibung ist leicht änderbar.
- Die deklarative Beschreibung des Problems unterstützt Erklärungen.
- Man beschreibt das Problem und nicht den Lösungsweg.

Nachteile:

- Algorithmen können nur schwer spezifiziert werden.
- Die Bearbeitung schwer ist verfolgbar.
- Die Problemlösung ist oft ineffizient.
- Die Regeln sind nicht unabhängig voneinander, im Gegensatz zur klassischen Logik.

Semantische Netze

Vorteil:

- Zusammenhängen können gut veranschaulicht werden.

Nachteil:

- Die graphische Darstellung muß für die rechnergestützte Verarbeitung umgesetzt werden.

Frames:

Vorteil:

- Es kann deklaratives und prozedurales Wissen dargestellt werden.
- Klassifizierungen und Hierarchien können ausgedrückt werden.
- Eine Kontrolle des Ablaufs ist möglich.

Nachteil:

- Es gibt keinen Inferenzmechanismus.

Aus den hier aufgezählten Vor- und Nachteilen ist klar zu ersehen, daß eine Integration mehrerer Mechanismen die beste Methode zur Wissensrepräsentation ist.

Ich möchte Oskar Dressler für die Durchsicht des Artikels und Heinz Seidl für die Unterstützung bei der Ausarbeitung und Formulierung, besonders des ersten Kapitels, danken.

Literatur

/Bergmann 76/   Bergmann G., Noll H. Mathematische Logik mit Informatik-Anwendungen.
                Springer Verlag Berlin Heidelberg New York 1976

/Bobrow 77/   Bobrow D. G., Winograd T. An Overview of KRL, a Knowledge Representa-
                tion Language. Cognitive Science 1:1, pp 3-46

/Brachman 79/   Brachman R.J. On the Epistemological Status of Semantic Networks. In:
                N.V.Findler (Ed.), Associative Networks: Representation and Use of
                Knowledge by Computers, Academic Press, NY, 1979, pp 3-50

/Brachman 83/   Brachman R.J. What Is-A Is and Isn't: An Analysis of Taxonomic Links.
                in Semantic Networks, IEEE Computer, October 1983, pp 30-36

/Bußmann 83/   Bußmann H. Lexikon der Sprachwissenschaft Kröner Verlag Stuttgart
                1983

/Dreyus 85/   Dreyfus H. L. Die Grenzen künstlicher Intelligenz. Was Computer nicht
                können. athenäum, 1985

/Fikes 85/   Fikes R., Kehler T. The Role of Frame-based Representation in Reaso-
                ning. CACM 28:9, 1985, pp 904-920

/Franck 87/   Franck G. Menschlicher Geist und künstliche Intelligenz. In: Merkur,
                Klett-Cotta, Nr. 465, Nov. 1987

/Harmon 85/   Harmon P., King D. Expert Systems. Artificial Intelligence in Busi-
                ness John Wiley Press Book 1985

/Hayes 77/   Hayes P. J. In Defence of Logic. IJCAI 1977, pp 559-565

/Kamlah 73/   Kamlah W., Lorenzen P. Logische Propädeutik. Vorschule des vernünfti-
                gen Redens. BI Hochschultaschenbücher 1973

/Kifs 84/   Künstliche Intelligenz Repräsentation von Wissen und   natürlich-
                sprachliche Systeme. Frühjahrsschule Dassel, März 1984 Springer Ver-
                lag, Informatik Fachberichte

/Lorenz 70/   Lorenz K. Elemente der Sprachkritik. Eine Alternative zum Dogmatismus
                und Skeptizismus in der Analytischen Philosophie. Suhrkamp, 1970

/McCarthy 80/   McCarthy J. Circumscription - A Form of Non-Monotonic Reasoning. Artificial Intelligence 13, 1980

/McDermott 80/ McDermott D., Doyle J. Non-Monotonic Logic I. Artificial Intelligence 13, 1980

/McDermott 86/ McDermott J., Hanks St. Default Reasoning, Nonmonotonic Logics and the Frame Problem. AAAI, 1986, pp 328-333

/Minsky 75/   Minsky M. A Framework for Representing Knowledge. In: P.H.Winston (Ed.), The Psychology of Computer Vision. McGraw Hill, NY, 1975

/Moore 82/   Moore R.C. The Role of Logic in Knowledge Representation and Commonsense Reasoning AAAI, 1982, pp 428-433

/Nilsson 80/   Nilsson N. J. Principles of Artificial Intelligence. Springer Berlin Heidelberg New York 1980

/Forgy 81/   Forgy C. L. OPS5 User's Manual. CMU-CS 81-135, 1981

/Forgy 86/   Brown L., Farrell R., Kant E., Martin N. Programming Expert Systems in OPS5. Addison Wesley, 1986

/Reiter 80/   Reiter R. A Logic for Default Reasoning. Artificial Intelligence 13, 1980

/Robinson 65/   Robinson, J.A. A Machine Oriented Logic Based on the Resolution Principle. JACM 1965, 12, S.23-41

/Roberts 77/   Roberts, R. B., Goldstein, I. P. The FRL Primer. Memo 408, July 1977, MIT-LAB

/Seidl 87/   Seidl, H. Symbolverarbeitung durch den Computer? In: M.Löwe, G.Schmidt, R.Wilhelm (Ed), Umdenken in der Informatik VAS, Eleganten Press, 1987, S.185

/Stefik 79/   Stefik M. An Examination of Frame-structured Representaton System. IJCAI-79, pp 804-852

/Stegmüller86/ Stegmüller W. Hauptströmungen der Gegenwartsphilosophie. Band II Kröner Verlag Stuttgart, 1986

/Turner 84/   Turner, R. Logics for Artificial Intelligence. Ellis Horwood 1984

/Walther 79/   Walther E. Allgemeine Zeichenlehre. Einführung in die Grundlagen der Semiotik. Deutsche Verlags-Anstalt 1979

/Winograd 75/ Winograd T. Frame Representation and the Declarative/Procedural Controversy. In: D. G. Bobrow and A. M. Collins (Ed.), Representation and Understanding: Studies in Cognitive Science. Academic Press, NY 1975, 185-210

/Winograd 86/ Winograd T., Flores F. Understanding Computers and Cognition. A New Foundation for Design. Ablex Publishing Corporation, NJ 1986

/Woods 75/   Woods W. A. What's in a Link: Foundations for Semantic Networks. In: D.G.Bobrow, A.M.Collins (Ed.), Representation and Understanding: Studies in Cognitive Science. Academic Press, NY, 1975, pp 35-82

/Wos 85/   Wos L. Automating Reasoning. How to Use a Computer to Help Solve Problems Requiring Logical Reasoning. Abacus Vol.2 No.3, 1985, S.6-21

/Wuchterl 77/ Wuchterl K. Methoden der Gegenwartsphilosophie. Verlag Paul Haupt Bern und Stuttgart 1977

Neuere KI-Formalismen zur Repräsentation von Wissen
Eine Fallstudie

Kai von Luck
Technische Universität Berlin
Franklinstr. 28/29
1000 Berlin 10

Bernd Owsnicki-Klewe
PHILIPS GmbH Forschungslaboratorium Hamburg
Vogt-Kölln-Str. 30
2000 Hamburg 54

1 Einführung

In diesem Artikel sollen einige Aspekte neuerer Wissensrepräsentationsformalismen der Künstlichen Intelligenz an Hand einer unter dem Namen KL-ONE bekannt gewordenen Formalismenfamilie dargestellt und diskutiert werden.

Zur Einordnung wird dazu die der KI zu Grunde liegende Annahme und die daraus resultierenden Forschungsbereiche kurz referiert [1].

Eine Bestimmung des Forschungsgegenstands der Künstlichen Intelligenz nehmen z.B. E. Charniak und D. McDermott wie folgt vor [Charniak, McDermott 85, 6]:

> *Artificial intelligence is the study of mental faculties through the use of computational models.*

Diese Bestimmung des Forschungsgegenstandes impliziert zumindest die folgende schwache Annahme [Charniak, McDermott 85, 6]:

> *What the brain does may be thought of at some level as a kind of computation.*

Aus dieser Annahme läßt sich die Zulässigkeit der Betrachtung von (wenigstens einigen) relevanten Fähigkeiten von Menschen als Überführung visueller und sprachlicher Eingaben in eine interne Repräsentation ableiten. Auf dieser Repräsentation können interne Prozesse postuliert werden, deren Resultate sich in sprachlichen und nichtsprachlichen Handlungen manifestieren [2].

Für die Künstliche Intelligenz ergeben sich als daraus ableitbare Forschungsschwerpunkte auf der einen Seite Modelle zur Erklärung der Überführungsfunktion sprachlicher und visueller Eingaben in eine interne Repräsentation sowie als Gegenpart Modelle zur Erklärung der Überführungsfunktion von intern repräsentierten Resultaten mentaler Prozesse in sprachliche und nichtsprachliche Handlungen, auf der anderen Seite Modelle für mentale Prozesse wie Schlußfolgern, Planen oder Lernen auf der Basis interner Repräsentationen.

All diese Forschungen basieren auf der Annahme einer internen Repräsentation des den mentalen Prozessen zu Grunde liegendem Wissen, wobei Wissen als eigenständige Kategorie nach Newell (s. [Newell 82]) nicht per se definierbar ist, sondern sich als eine Beschreibungsebene (*'Knowledge Level'*) bei der Erklärung menschlicher Fähigkeiten durch Modelle darstellt.

Aus diesen Gründen war seit Beginn der Forschungen in der KI ein allen Teilgebieten gemeinsamer Forschungsschwerpunkt die Untersuchung von geeigneten Formalismen zur Repräsentation von

---

[1]Für weitergehendere Diskussionen siehe z.B. [Raphael 76], [Winston 77], [Nilsson 80], [Charniak, McDermott 85] oder [Schefe 86a], um nur einige zu nennen.

[2]Eine weitergehende Diskussion dieser Beschreibungsebene findet sich u.a. in [Newell 82].

Wissen. Neben den Arbeiten über formale Logik aus den Gebieten der Philosophie und Mathematik wurden insbesondere aus dem Bereich der kognitiven Psychologie hierbei Modelle des menschlichen Gedächtnisses in einigen Aspekten übernommen und zu operationalisierbaren und damit durch einen Computer verarbeitbaren Formalismen umgeformt.

Unter den aus der Psychologie entwickelten Modellen hatten insbesondere die von M.R. Quillian in [Quillian 68] vorgeschlagenen *Semantischen Netze* großen Einfluß sowohl auf psychologische Forschungen (s.z.B. [Anderson, Bower 73], [Norman, Rumelhart 75]) als auch auf die Forscher innerhalb der Künstlichen Intelligenz. Hierbei sind Semantische Netze vereinfacht beschreibbar als gefärbte, gerichtete Graphen, deren Knoten Entitäten und deren Kanten Beziehungen zwischen diesen Entitäten repräsentieren.

Semantische Netze werden insbesondere zur Repräsentation von Weltwissen benutzt, was eine Sammlung von für die jeweiligen mentalen Prozesse relevanten Wissenseinheiten über den jeweils betrachteten Ausschnitt der Welt, das Weltmodell (engl. domain), darstellt. Ihre große Faszination resultierte primär aus drei Gründen:

- Semantische Netze lassen sich graphisch darstellen und eignen sich daher in dieser Darstellung sehr gut als Kommunikationsmedium innerhalb der Wissenschaftlergruppen.

- Sie entsprechen den intuitiven und durch psychologische Untersuchungen mit einer gewissen Relevanz versehenen Annahmen über die Nähe bzw. den Abstand zwischen Begrifflichkeiten durch verschieden lange Kantenpfade zwischen Knoten.

- Auf der anderen Seite können Semantische Netze relativ einfach durch Abbildung in innerhalb der Informatik bekannte Strukturen wie Records und Pointer in einem Computermodell realisiert werden. So entstanden schon bald nach der Vorstellung von Semantischen Netzen auf diesen Formalismen basierende lauffähige Programme (s.z.B. [Raphael 68], [Simmons 73], [Carbonell, Collins 74] und [Woods et al. 76]).

Seit Mitte der 70er Jahre begann eine intensive Diskussion innerhalb der Künstlichen Intelligenz über die Anforderungen an eine angemessene Repräsentation von Weltwissen für Systeme der Künstlichen Intelligenz. In [Bobrow 75] findet sich eine Zusammenfassung dieser Diskussionen [3].

W.A. Woods konkretisierte die Debatten auf die Frage der *Semantik* in Semantischen Netzen [Woods 75]. Die Kritik an den damaligen Ausprägungen Semantischer Netze war eine mangelnde semantische Fundierung der jeweiligen Vorschläge. Dadurch erscheint eine Einstufung der damaligen Implementationen Semantischer Netze in den Bereich von *Formalismen* kaum nachvollziehbar [4].

So kritisierte z.B. R. Brachman in [Brachman 77, 128]:

> *Each implementation of a semantic net has adapted the basic node-plus-link idea to its own immediate purpose, creating virtually as many stylized 'formalisms' as implementations. Procedures to operate on the structure—which are really what make it meaningful—have generally been idiosyncratic.*

Ein erster Schritt aus diesem Dilemma war die Einführung weniger verschiedener Knoten- und Kantentypen, die als Bausteine für den Aufbau komplexerer Strukturen vorgeschlagen wurden. Diese Bausteine waren orientiert an Grundkonzepten eines Weltausschnitts, aus denen durch geeignete Verbindung alle anderen Konzepte dieses Weltausschnitts repräsentierbar sind.

---

[3]Weitere Erörterungen finden sich z.B. auch in [Hayes 75].

[4]Eine in die gleiche Richtung zielende Polemik von D. McDermott (s. [McDermott 76]) stellt diese Argumentation sehr plastisch dar.

So könnte z.B. LAUFEN definiert werden als eine SCHNELLE BEWEGUNG eines MENSCHEN zu FUSS. In diesem Beispiel wird also LAUFEN durch u.a. BEWEGUNG definiert. Wenn BEWEGUNG einer der Bausteine der Repräsentationssprache ist, wird dieser Baustein auch als *semantisches Primitiv* bezeichnet.

R. Schank trieb diesen Weg weiter, indem er *universelle semantische Primitiva* behauptete. So schrieb er über den von ihm entwickelten Semantischen Netzformalismus CD (für Conceptual Dependency) z.B. in [Schank 75, 269]:

> *We have found that it is possible to build an adequate system (that is, one that functions on a computer for a general class of sentences and that has no obvious deficiencies in hand analysis) using only eleven ACTs.*
>
> *The eleven ACTs that are used are: (...)*
>
> *SPEAK: The actions of producing sounds. Many objects can SPEAK, human ones usually are SPEAKing as an instrument of MTRANSing. The words say, play, music, purr, scream involve SPEAK.*

Durch diese Art der Konstruktion semantischer Netzformalismen wurde hingegen das Problem nicht behoben, sondern nur präzisiert. Es stellt sich nämlich die Frage, was für eine Bedeutung diese Grundbausteine wiederum haben.

P. Hayes kritisierte in [Hayes 77, 559] R. Schank und seine CD-Theorie z.B. so [5]:

> *One of the first tasks which faces a theory of representation is to give some account of what a representation or representation language means. Without such an account, comparisons between representations or languages can only be very superficial. (...) How could one judge whether they really do mean those things? What would count as a specification of their meanings? Several answers can be suggested.*
>
> *The first might be called 'pretend-it's-English'. Here, one takes the primitive symbols to stand for their ordinary English meaning, (...)*

Entgegen dem insbesondere von R. Schank vertretenen Standpunkt, es gäbe eine Menge sprach- und weltausschnittsunabhängiger semantischer Primitiva, setzte sich in der Folge die Einsicht durch, daß eine solche Menge von Primitiven für den allgemeinen Fall nicht angebbar ist. Für die Modellierung eines konkreten Weltausschnitts hingegen ist die Auswahl einer solchen Menge sogar nötig.

Damit ergibt sich die Forderung, daß ein Formalismus, der nicht für eine bestimmte Modellierung eines bestimmten Weltausschnitts konstruiert werden soll, keine semantischen Primitive enthalten darf. Er muß aber die Möglichkeit vorsehen, eine Menge solcher Primitiva für einen bestimmten Einsatz anzugeben.

Diese Unterscheidung in Modellierungsaufgaben wie die Festlegung einer geeigneten Menge semantischer Primitiva und die Aufgabe der Konstruktion eines Repräsentationsformalismus, mit dem eine solche Modellierungsaufgabe bearbeitet werden kann, wurde u.a. von R. Brachman in [Brachman 79, 30–31] gemacht:

> *The formal structure of conceptual units and their interrelationships as conceptual units (independent of any knowledge expressed therein) forms what could be called an epistemology. I shall propose, then, an intermediate level of network primitive that embodies*

---

[5]Weitere Debatten über diesen Punkt sind u.a. nachzulesen in der Diskussion zwischen W. Lehnert und Y. Wilks [Lehnert, Wilks 79] und D. Bobrow und T. Winograd [Bobrow, Winograd 79] an Hand des Vorschlags KRL [Bobrow, Winograd 77].

this formal structuring. This will be called the epistemological level, and it lies between the logical and conceptual levels.

The epistemological level of semantic network permits the formal definition of knowledge-structuring primitives, rather than particular knowledge primitives (as in the Schank networks).

In seinem Vorschlag KL-ONE sind sowohl Konstrukte des Formalismus vorgesehen, die eine Menge semantischer Primitiva anzugeben erlauben als auch Konstrukte, die für alle weiteren zu repräsentierenden Begrifflichkeiten die Angabe von Definitionen unter Benutzung dieser angegebenen semantischen Primitiva ermöglichen.

Das Konstrukt zur Angabe eines semantischen Primitivs ist innerhalb von KL-ONE ein spezieller Knotentyp 'primitive concept'. Die Definition einer Begrifflichkeit kann über einen Knotentyp 'defined concept' angegeben werden, die über einen Satz von Konstruktoren der Sprache mit anderen Begrifflichkeiten in Beziehung gesetzt werden. Hiermit stellt sich Brachman eindeutig in die Tradition Semantischer Netze und FRAMEs, versucht jedoch die Problematik der Auswahl geeigneter semantischer Primitiva zu trennen von den Problemen der Angabe eines semantisch wohlfundierten Repräsentationsformalismus.

Der von R. Brachman in [Brachman 79] gemachte Vorschlag KL-ONE wurde sehr schnell von verschiedenen Gruppen aufgegriffen und auch kontrovers diskutiert [6] als auch bis auf Implementationsebene konkretisiert [7].

Dabei wurden in mehreren Arbeitstreffen die verschiedenen Ausprägungen dieser Konkretisierungsversuche diskutiert (s.a. [Schmolze, Brachman 82]). Eine (vorläufige) erste Festschreibung des Ideenkerns erfolgte hingegen erst in [Brachman, Schmolze 85] [8].

2 Ein Überblick über KL-ONE

Durch KL-ONE werden Repräsentationskonstrukte zur Verfügung gestellt, die es erlauben, die Begrifflichkeiten eines Weltausschnitts in komplexer Weise zu repräsentieren und insbesondere die einzelnen Begriffe zueinander in Beziehung zu setzen. In diesem Abschnitt soll ein kurzer Überblick über die wichtigsten Konstrukte von KL-ONE gegeben werden.

KL-ONE orientiert sich an der Idee der Semantischen Netze. Semantische Netze sind in ihrem Kern als gerichtete und gefärbte Graphen anzusehen, für die in jedem Einzelfall eine Semantik der unterschiedlichen Färbungen der Kanten und Knoten angebbar sein muß[9].

Innerhalb der Arbeiten an Semantischen Netzen existiert ein hoher Konsens über die Notwendigkeit, Begrifflichkeiten zumindest über zwei verschiedene Relationen miteinander in Beziehung zu setzen. Die eine Relation ist als *ISA-Link* bekannt, die andere als *Attribute-Link*.

Mit Hilfe dieser beiden Relationen, im Sprachgebrauch der Semantischen Netze auch Kanten genannt, können nun Begriffe, die als Knoten eines Netzes aufgefaßt werden können, miteinander verknüpft werden. So kann z.B. HAUS zu BAUWERK und DACH dadurch in Beziehung gesetzt werden, daß ein HAUS ein BAUWERK ist (ISA-Link) und als Teil des HAUSES ein DACH existiert (Attribute-Link).

---

[6]Hierbei sind insbesondere die Beiträge von D. Israel in [Israel, Brachman 81] und [Israel 83] zu nennen, aber auch kritische Rezeptionen wie z.B. in [Schefe 86b].

[7]Auf viele dieser Versuche einer Konkretisierung wie in [Bobrow, Webber 80], [Tou et al. 82], [Fikes 82], [Freeman et al. 83], [Patel-Schneider 84] und [Emde, Luck, Schmiedel 84] soll in diesem Rahmen nicht weiter eingegangen werden.

[8]Im folgenden ist, wenn nicht anders angegeben, mit KL-ONE dieser Kern gemeint.

[9]Auf einige Anomalien bei bestimmen Interpretationen von Knotentypen weist u.a. Brachman in [Brachman 85] hin, wo die Interpretation von Knoten als Repräsentationen von prototypischem Wissen über Begrifflichkeiten kritisiert wird.

Die verschiedenen für die Repräsentation dieser Art von Wissen vorgeschlagenen Formalismen benutzen hierbei verschiedene Namen für diese beiden Beziehungen. So sind u.a. *AKO-Link* [Roberts, Goldstein 77], *SELF-Link* [Bobrow, Winograd 77], *IS-Link* [Hewitt et al. 80] oder auch *SC-Link* [Brachman 79] als Namen für den von Quillian in [Quillian 68] eingeführten ISA-Link bekannt geworden. Noch mehr verschiedene Namen existieren für den Attribute-Link wie z.B. *SLOT-Link* bei frame-orientierten oder *ROLE-Link* bei neueren netzorientierten Formalismen.

Ebenso sind die Knoten benannt worden als *FRAMES* [Roberts, Goldstein 77], *UNITS* [Stefik 79], *TEMPLATES* [Sridharan 78], *(generic) CONCEPTS* [Brachman 79] oder *CLASSES* [Levesque, Mylopoulos 79].

Diese unterschiedlichen Bezeichnungen entstanden primär bei dem Versuch, in den jeweiligen Formalismen die zu anderen Vorschlägen unterschiedliche Bedeutung der Knoten- und Kantentypen auch mnemotechnisch deutlich zu machen. Eine Aufstellung allein der unterschiedlich intendierten Bedeutungen des ISA-Links in den jeweiligen Repräsentationsformalismen wird u.a. von Brachman in [Brachman 83] vorgenommen und ist Gegenstand eingehender Diskussionen innerhalb der Künstlichen Intelligenz.

In KL-ONE gibt es drei verschiedene Knotentypen zur Repräsentation generischer Konzepte. Es werden dabei unterschieden *primitive*, *definierte* und *individuelle* Konzepte. Der Unterschied zwischen definierten und primitiven Konzepten ist, bezogen auf eine konkrete Modellierung eines Weltausschnitts, die Vollständigkeit der Angabe ihrer Beziehungen zu anderen beschriebenen Konzepten. Alle Beziehungen, die ein Konzept zu anderen hat, sind notwendige Beziehungen. Aber nur bei definierten Konzepten gibt es keine weiteren Beziehungen als die angegebenen, d.h. der durch ein definiertes Konzept repräsentierte Begriff ist vollständig definiert aus seinen Beziehungen zu den anderen Konzepten.

Durch die Unterscheidung von definierten und primitiven Konzepten ist eine Angabe einer Menge semantischer Primitiva abhängig vom jeweiligen Modell eines Weltausschnitts mit Hilfe der Repräsentation durch primitive Konzepte möglich, während alle anderen Begrifflichkeiten als definierte Konzepte unter Bezugnahme dieser Menge semantischer Primitiva definierbar sind [10].

Die Semantik und auch der Gebrauch von *individuellen* Konzepten von KL-ONE war in den verschiedenen Diskussionen von KL-ONE-orientierten Systemen z.T. sehr unklar und zumindestens unterschiedlich. So wurden sie z.B. auch zur Repräsentation von Assertionen verwendet. Inzwischen ist ein weitgehender Konsens erreicht, daß die individuellen Konzepte zur Repräsentation von Begrifflichkeiten dienen und demnach generische Konzepte mit höchstens einer Extension (Instanz) darstellen (s. 3.2.6).

In KL-ONE kann mit der Rollen-Kante (Role-Link) eine dem Attribute-Link vergleichbare Beziehung zwischen Konzepten hergestellt werden. Sie stellt eine zweistellige Relation zwischen zwei Konzepten her, deren erste Stelle oft auch als Domain und deren zweite Stelle als *Range* bezeichnet wird. Jede Rollen-Kante trägt einen Namen, ist einem Konzept, dem *Domain*, zugeordnet, zeigt auf ein Konzept, den Range, und trägt eine Kardinalitätsangabe (*Number Restriction*). Der Verweis auf den Range wird auch als Wertrestriktion (*Value Restriction*) bezeichet.

Die Kardinalitätsangabe ist ein Feature von KL-ONE, daß es in anderen, vergleichbaren Formalismen nicht gibt. Sie definiert die minimale und maximale Kardinalität der Menge aller Instanzen des jeweiligen Range-Konzeptes, die in dieser Rolle zu einer Instanz des Domain-Konzeptes stehen dürfen.

Eingeschränktere Features dieser Art wurden z.B. von Wallace in [Wallace 85] mit den Markierungen *single-valued/multi-valued* und *closed/open* vorgeschlagen [11], in anderen Vorschlägen wie in KRL sind es Markierungen wie *optional/obligatorisch*. In der in [Brachman et al. 85] vorgestellten

---

[10]Eine formale Semantik u.a. für diese beiden Knotentypen ist weiter unten angegeben (s. 3).

[11]Für Anwendungen im Datenbankbereich hatte P. Chen in seinen Entity Relationship Model in [Chen 76] Kardinalitätsbeschränkungen an Relations vorgeschlagen.

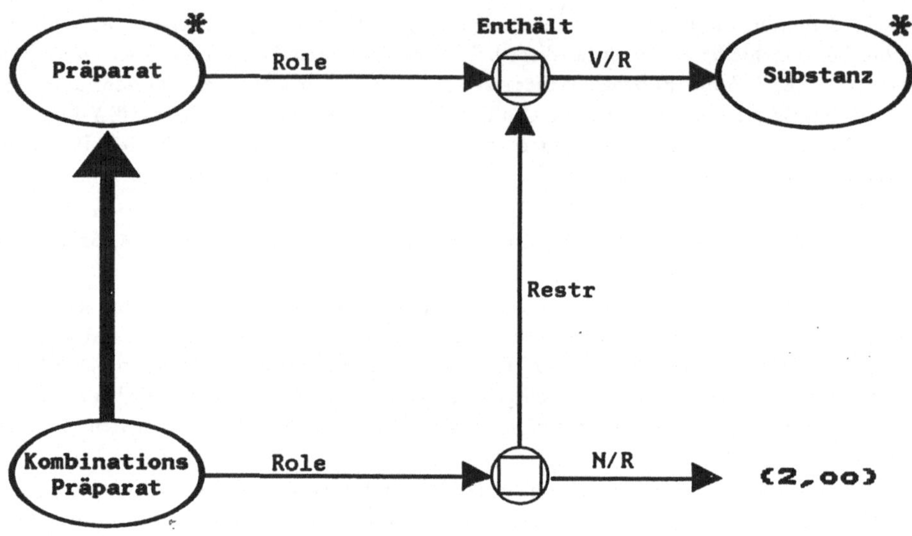

Abbildung 1: KL-ONE Netz zur Beschreibung von Präparaten

Version von KRYPTON sind die Möglichkeiten einer Kardinalitätsangabe gänzlich entfallen, in KL-TWO (s. [Vilain 85]) werden nur die Ausprägungen *required*, *optional*, *prohibited* und *unique* benutzt und z.T. ausgewertet (B. Nebel, persönliche Mitteilung).

Die Mächtigkeit eines Formalismus mit der Möglichkeit einer Kardinalitätsbeschränkung für Rollenbelegungen kann an Hand des folgenden Beispiels erläutert werden:

> Ein KOMBINATIONSPRÄPARAT sei vollständig definiert über die Angabe, daß es ein *Präparat* ist und bzgl. seiner ENTHÄLT-Beziehung zu SUBSTANZ die Kardinalitätsbeschränkung MINDESTENS 2 festgelegt ist.

Eine graphische Darstellung dieser Definition ist in Abb. 1 gegeben. Konzepte können auch über eine *Subsumptionsbeziehung* miteinander in Beziehung gesetzt werden. Hierfür ist der SC-Link (auch *Specializes-Link* genannt) vorgesehen. Hierbei gilt, daß jede Instanz eines Konzeptes auch Instanz aller Oberkonzepte dieses Konzeptes ist. Mit Hilfe der Subsumptionsbeziehungen kann z.B. ein MÄNNLICHER ANGESTELLTER als Konzept definiert werden durch Markierung als Unterkonzept von sowohl ANGESTELLTER als auch MANN.

Jedes Unterkonzept erbt alle Rollen seiner Oberkonzepte. Eine Rolle kann an einem Konzept auch weiter restringiert werden, indem ein Unterintervall der eigentlichen Kardinalitätsangabe definiert wird und/oder ein Unterkonzept des Range-Konzepts als neues Range-Konzept. Ein Konzept, das Unterkonzept von mehreren Konzepten ist, die eine Rolle gemeinsam haben, hat als minimale Rollenrestriktion dieser Rolle das größte gemeinsame Unterkonzept als Range-Konzept und das größte Subintervall aller Kardinalitätsangaben als neue Number Restriction. Hiermit sind Konzepte definierbar wie z.B. VATER ZWEIER KINDER als Unterkonzept von VATER mit einer Einschränkung der Kardinalitätsangabe der Kind-Rolle oder VATER VON TÖCHTERN mit einer Einschränkung der Werte Restriktion der Kind-Rolle von MENSCH auf FRAU. Ein VATER ZWEIER TÖCHTER ist dann ein Konzept, das als Oberkonzept sowohl VATER VON TÖCHTERN als auch VATER ZWEIER KINDER hat. Eine graphische Darstellung dieser Vaterschaftverhältnisse wird in Abb. 2 wiedergegeben. Eine Rolle eines Konzeptes kann weiterhin in Teilrollen differenziert werden. So kann z.B. die Rolle KIND

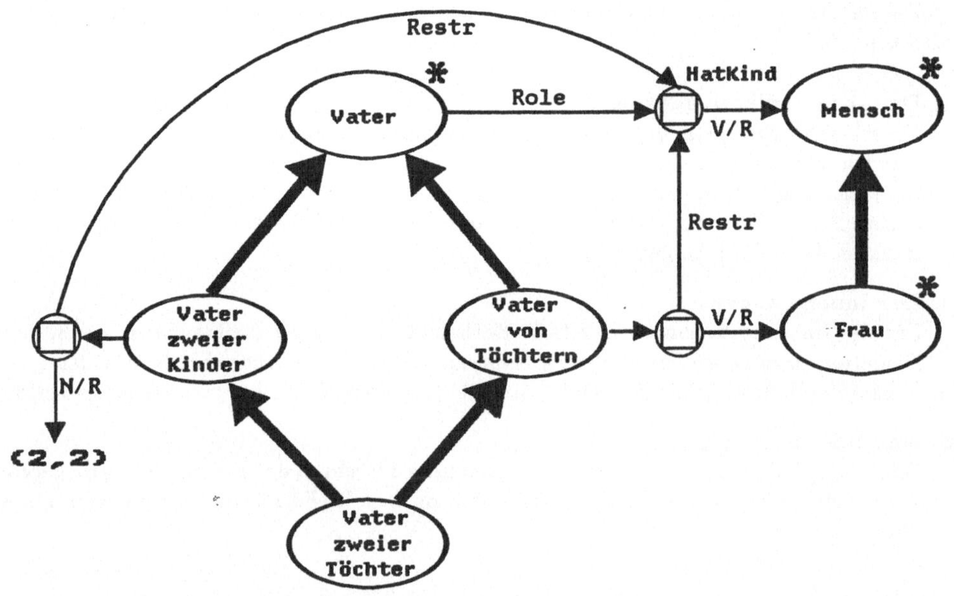

Abbildung 2: KL-ONE Netz über Verwandschaften

des Konzeptes VATER differenziert werden in SOHN und TOCHTER. Diese Differenzierung stellt eine Subsumptionsbeziehung zwischen Rollen dar [12].

Zwei Rollen eines Konzepts können des Weiteren miteinander in Beziehung gesetzt werden über eine Angabe, daß die jeweiligen beiden Belegungen dieser Rollen bei jeder Instanz dieses Konzeptes identisch sein müssen oder eine Belegung die andere subsumiert (s. die Semantik von RoleValue-Maps in 3.2.5).

Zwei Konzepte sind disjunkt per Definition, wenn es auf Grund der notwendigen Bedingungen der jeweiligen Konzepte keine gemeinsame Instanz geben kann, was andersherum die Angabe des Bottom-Elements *NIL* als größtes gemeinsames Unterkonzept darstellt. Dadurch kann z.B. eine Welt modelliert werden, in der es kein Konzept außer *NIL* gibt, das sowohl Mann als auch Frau als Oberkonzept besitzt.

3 Semantik

Bisher wurde die graphische Syntax von KL-ONE durch eine umgangssprachliche Verbalisierung erläutert, d.h. die Bedeutung der entprechenden Konstrukte wurde nur informal dargestellt.

Das Gebiet der formalen Semantik einer solchen Sprache beschäftigt sich nun mit einer Übersetzung ihrer Sprachkonstrukte in ein mathematisches System (dazu zählt auch Logik!), die endgültige Klarheit über die 'Bedeutung' eines sprachlichen Ausdrucks verschaffen soll.

Einer der Gründe dafür, eine formale Semantik für eine Repräsentationssprache anzugeben, liegt natürlich in den prinzipiellen Beden ken gegen Formalismen, die nur im Zusammenhang mit einer umgangssprachlichen Erläuterung verstanden werden können (dies ist verschiedentlich etwa Schanks Conceptual Dependency entgegengehalten worden, vergl. Abschnitt 1).

---

[12]Sie wird u.a. in BACK und KL-TWO über eine eigenständige Rollenhierarchie modelliert.

Bei näherem Hinsehen ergeben sich allerdings noch weitere Aspekte, die als vorteilhaft angesehen werden können:

1. **Der kommunikative Aspekt**
   Ein KL-ONE Netz kann unabhängig von einer konkreten Implementation analysiert und 'verstanden' werden. Dies vereinfacht auch den Austausch von Informationen zwischen einzelnen Implementationen, die sich auf einen gemeinsamen Ausschnitt von KL-ONE stützen. Das einzige Problem besteht dabei in der syntaktischen Transformation zwischen den Sprachkonstrukten der beiden Implementationen.

2. **Der innere Aspekt**
   Für die Implementation eines KL-ONE Dialekts kann vorteilhaft auf eine solche formale Definition zurückgegriffen werden. Aus diesem Grund ist die Auswahl des formalen Systems, in dem die Bedeutung der Sprachkonstrukte dargestellt wird, von praktischer Bedeutung.

3. **Der äußere Aspekt**
   Eine Analyse der Semantik zeigt Möglichkeiten und Grenzen der Modellbildung im gegebenen Formalismus auf. Er erleichtert es, einzuschätzen, was der Formlismus leisten kann und wo er überfordert ist.

Die Abbildung der Konstrukte einer Sprache in ein gegebenes mathematisches Modell wird ab jetzt als *Semantik* dieser Sprache bezeichnet.

Um eine solche Darstellung zu konstruieren, muß aber als erstes eine syntaktische Definition der Objektsprache vorgelegt werden. Zwar ist die graphische Darstellung von KL-ONE Netzen an sich syntaktisch wohldefiniert, im Rahmen einer mathematischen Behandlung wird man allerdings eine lineare Sprachnotation vorziehen. Für uns bedeutet das, daß wir die Konstrukte von KL-ONE in einer linearen Sprache (etwa einer Einbettung in LISP) darstellen müssen.

Von KL-ONE gibt es—wie oben bereits angedeutet—mehrere verschiedene Dialekte mit linearen Sprachen, die sich sowohl im Hinblick auf ihre Syntax als auch auf ihre Mächtigkeit voneinander unterscheiden. Wir wollen im folgenden die Syntax von BACK [Luck et al. 87] als Beispiel für eine lineare Notation von KL-ONE einführen und daran die Semantik dieser Sprache darstellen.

Dazu werden wir die Sprache in Stufen einführen und und für jedes Sprachkonstrukt die Semantik angeben.

3.1 Vorbemerkungen

Für eine formale Definition eines KL-ONE Dialekts stehen im allgemeinen mehrere Systeme zur Verfügung, in denen man seine Semantik erklären kann. Die *Prädikatenlogik erster Ordnung* ist ein Beispiel dafür. Hierbei wird ein Netz in eine Sammlung von Axiomen—in der Form quantifizierter Formeln—übersetzt. Warum diese Semantik für unsere Zwecke allerdings weniger geeignet ist, wird unten erläutert.

Ein anderes Beispiel besteht in der Verwendung eines *denotationalen* Semantik-Modells, das als Modell für Programmiersprachen verwendet wird (s. [Luck et al. 87]).

Die dritte Gruppe von Semantik-Modellen wird durch die *algebraische* bzw. *modell-theoretische* Semantik gebildet.

Im Prinzip sind diese drei Modelle gleich brauchbar, um eine Semantik für eine term-bildende Sprache zu definieren. Dennoch gibt es Kriterien, mit denen man eins der Modelle für seinen Zweck auswählen kann:

1. *Kann eine kompositionale Semantik aufgebaut werden?*
   Hierunter verstehen wir eine Abbildung der Sprachkonstrukte in ein Modell, die sich gemäß der syntaktischen Definition der Sprache zu einer Semantik für zusammengesetzte Konstrukte fortsetzen läßt. Wenn das Modell die Definition einer kompositionale Semantik erlaubt, genügt es, zu jedem elementaren Sprachkonstrukt eine (ebenso elementare) Semantik anzugeben und so die ganze Sprache zu definieren. Die Übersetzung in Ausdrücke der Prädikatenlogik erster Ordnung hat nicht diese Eigenschaft, wohl aber die denotationale Semantik (aus diesem Grund wird sie als generelles Modell für Programmiersprachen verwendet), und auch die modell-theoretische Semantik kann kompositional aufgestellt werden.

2. *Kann das Modell für einfache Beweise gebraucht werden?*
   Die modell-theoretische Semantik erlaubt es, für viele Fragen eine sehr einfache Antwort anzugeben. Man benötigt nur elementare Definitionen und Tatsachen aus der Mengenlehre. Aus diesem Grund wird in diesem Abschnitt fast durchgängig dieses Modell verwendet.

3.2   Die formale Semantik einer term-bildenden Sprache

Wir werden nun die lineare Notation von BACK sowohl syntaktisch (in Form einer BNF), als auch semantisch (im denotationalen und im modell-theoretischen System) vorstellen.

3.2.1   L0: Primitive Konzepte und Rollen

TBoxDefinition	::=	Name = TBoxTerm
TBoxTerm	::=	Concept | Role
Concept	::=	PrimConcept
PrimConcept	::=	$\texttt{rootconcept}_i$ | $\texttt{primconcept}_j$(CSpecList) | Name
CSpecList	::=	CSpec | CSpec,CSpecList
CSpec	::=	$\texttt{specializes}$(Concept)
Role	::=	$\texttt{primrole}_k$(RSpecList) | Name
RSpecList	::=	RSpec | RSpec,RSpecList
RSpec	::=	$\texttt{domain-range}$(Concept,Concept)

Mit dieser Sprache können bereits primitive Konzepte und Rollen definiert werden, die Angabe von definierten Konzepten ist noch nicht möglich. Durch eine TBox Definition wird einem Konzept oder einer Rolle ein Name gegeben, durch den später auf dieses Objekt Bezug genommen werden kann.

Zur Erklärung der denotationalen Semantik von L0 (und auch der noch folgenden Erweiterungen) gehen wir von folgender Situation aus:

D1. Gegeben sei eine Menge $\mathcal{D}$ ('Domain'). Anschaulich soll $\mathcal{D}$ die Menge der in einer TBox angebbaren Ausprägungen der Konzepte darstellen.

D2. Auf $\mathcal{D}$ sind einstellige Prädikate $\mathbf{RP}_i$ ('root predicates') derart definiert, daß $\forall_{i,j,x}^{i \neq j} : \neg[\mathbf{RP}_i(x) \wedge \mathbf{RP}_j(x)]$, d.h. die Wurzel-Prädikate schließen sich gegenseitig aus.

D3. Auf $\mathcal{D}$ sind einstellige Prädikate $\mathbf{PP}_j$ ('primitive predicates') gegeben.

D4. Auf $\mathcal{D}$ sind zweistellige Prädikate $\mathbf{PR}_k$ ('role predicates', die Abkürzung '$\mathbf{PR}$' wird gewählt, um sie von den $\mathbf{RP}_i$ zu unterscheiden) gegeben.

Ein Prädikat wird als Abbildung $\Lambda: \mathcal{D} \cup (\mathcal{D} \times \mathcal{D}) \longmapsto \{wahr, falsch\}$ dargestellt. Eine solche Abbildung kann mit Hilfe eines lambda-abstrahierten Ausdrucks angegeben werden.

Dabei definiert ein lambda-Ausdruck der Form

$$\lambda(x_1, \ldots, x_n).P(x_1, \ldots, x_n)$$

eine n-stellige Abbildung und ein Ausdruck der Form

$$\lambda(x_1, \ldots, x_n).P(x_1, \ldots, x_n)(a_1, \ldots, a_n)$$

die 'Auswertung' dieser Abbildung unter den Bindungen $x_1 \leftarrow a_1, \ldots, x_n \leftarrow a_n$.

Die Abbildung $\mathbf{F}$ ordnet jedem Ausdruck der Sprache ein ein- oder zweistelliges Prädikat zu. Da es sich dabei um einen lambda-Ausdruck handelt, ist es sinnvoll, das Bild unter $\mathbf{F}$ auf ein Argument (oder ein Argumentpaar)
anzuwenden.

Denotationale Semantik von L0:

- $\mathbf{F}[\![\mathbf{rootconcept_i}]\!] = \lambda(x).\mathbf{RP}_i(x)$

- $\mathbf{F}[\![\mathbf{primconcept_j}(\mathrm{CC})]\!] = \lambda(x).\mathbf{PP}_j(x) \wedge \mathbf{F}[\![\mathrm{CC}]\!](x)$

- $\mathbf{F}[\![\mathrm{CC}_1, \ldots, \mathrm{CC}_n]\!] = \lambda(x).\mathbf{F}[\![\mathrm{CC}_1]\!](x) \wedge \ldots \wedge \mathbf{F}[\![\mathrm{CC}_n]\!](x)$

- $\mathbf{F}[\![\mathbf{specializes}(\mathrm{C})]\!] = \lambda(x).\mathbf{F}[\![\mathrm{C}]\!](x)$

- $\mathbf{F}[\![\mathbf{primrole_k}(\mathrm{RC})]\!] = \lambda(x,y).\mathbf{PR}_k(x,y) \wedge \mathbf{F}[\![\mathrm{RC}]\!](x,y)$

- $\mathbf{F}[\![\mathbf{domain-range}(\mathrm{C}_1, \mathrm{C}_2)]\!] = \lambda(x,y).\mathbf{F}[\![\mathrm{C}_1]\!](x) \wedge \mathbf{F}[\![\mathrm{C}_2]\!](y)$

Die grundlegenden Definitionen der KL-ONE Semantik lauten dann:

- Das Konzept A subsumiert das Konzept B, gdw. $\forall x : \mathbf{F}[\![\mathrm{D}]\!](x) \Rightarrow \mathbf{F}[\![\mathrm{C}]\!](x)$.

- Das Konzept C subsumiert das Konzept D *strikt*, gdw.
  $[\forall x : (\mathbf{F}[\![\mathrm{D}]\!](x) \Rightarrow \mathbf{F}[\![\mathrm{C}]\!])(x)] \wedge [\exists x : (\mathbf{F}[\![\mathrm{C}]\!](x) \wedge \neg \mathbf{F}[\![\mathrm{D}]\!](x))]$.

- Das Konzept C ist inkonsistent, gdw. $\neg \exists x : \mathbf{F}[\![\mathrm{C}]\!](x)$

Für die Aufstellung der modell-theoretischen Semantik benötigen wir einige Notationen und Tatsachen aus der elementaren Mengenlehre:

- Gegeben zwei Mengen R und S, dann bezeichnet $R \times S$ (das 'Kreuzprodukt' von R und S) die Menge $\{< r,s >; r \in R \wedge s \in S\}$.

- Eine zweistellige Relation auf einer Menge M ist eine Teilmenge von $M \times M$.

- Gegeben zwei Mengen R und S, dann bezeichnet $R \setminus S$ (die 'Differenz' von R und S) die Menge $\{r \in R; r \notin S\}$.

- Falls $R = \mathcal{D}$, schreiben wir kurz $\overline{S}$ anstatt $R \setminus S$.

- Falls $M \subseteq R \times S$, so bezeichnet $\pi_1(M)$ die Menge $\{r \in R; \exists s \in S :< r,s > \in M\}$. π_1 heißt 'Projektion auf die erste Koordinate'.

Es gilt:

$$A \subseteq B \iff \overline{B} \subseteq \overline{A} \tag{1}$$

$$B \subseteq C \iff A \setminus C \subseteq A \setminus B \tag{2}$$

$$A \cap B = \emptyset \iff A \subseteq \overline{B} \tag{3}$$

$$A \subseteq C, B \subseteq D \iff A \times B \setminus C \times D = \emptyset \tag{4}$$

$$(A \cap B) \setminus C \subseteq B \setminus C \tag{5}$$

$$(A \times B) \setminus (C \times \overline{D}) = (A \times B) \setminus (C \times \overline{B \cap D}) \tag{6}$$

Zur Erklärung einer modell-theoretischen Semantik identifizieren wir ein Prädikat C mit der Menge

$$\mathbf{M}[\![C]\!] \stackrel{\text{def}}{=} \{x \in \mathcal{D}; \mathbf{F}[\![C]\!](x)\}.$$

Da über die Extension der Prädikate $\mathbf{PR}_i$, $\mathbf{PP}_j$ und $\mathbf{RP}_k$ nichts ausgesagt wird, werden entsprechend Teilmengen auf $\mathcal{D}$ bzw. $\mathcal{D} \times \mathcal{D}$ vorgegeben.

M1. Gegeben sei eine Menge $\mathcal{D}$.

M2. Es werden Teilmengen $\mathbf{RS}_i$ ('root sets') von $\mathcal{D}$ definiert, mit der Eigenschaft $\forall_{i,j}^{i \neq j} : \mathbf{RS}_i \cap \mathbf{RS}_j = \emptyset$, d.h. die Wurzelmengen sind disjunkt.

M3. Es werden Teilmengen $\mathbf{PS}_j$ ('primitive sets') von $\mathcal{D}$ definiert.

M4. Es werden Teilmengen $\mathbf{SR}_k$ ('role sets') von $\mathcal{D} \times \mathcal{D}$ definiert.

Anstelle von $\overline{\mathbf{M}[\![C]\!]}$ schreiben wir kurz $\mathbf{M}^-[\![C]\!]$.

Modell-theoretische Semantik von L0:

- $\mathbf{M}[\![\mathtt{rootconcept}_i]\!] = \mathbf{RS}_i$

- $\mathbf{M}[\![\mathtt{primconcept}_j(\mathrm{CC})]\!] = \mathbf{PS}_j \cap \mathbf{M}[\![\mathrm{CC}]\!]$

- $\mathbf{M}[\![\mathrm{CC}_1 \ldots \mathrm{CC}_n]\!] = \mathbf{M}[\![\mathrm{CC}_1]\!] \cap \ldots \cap \mathbf{M}[\![\mathrm{CC}_n]\!]$

- $\mathbf{M}[\![\mathtt{specializes}(\mathrm{C})]\!] = \mathbf{M}[\![\mathrm{C}]\!]$

- $\mathbf{M}[\![\mathtt{primrole}_k(\mathrm{RC})]\!] = \mathbf{SR}_k \cap \mathbf{M}[\![\mathrm{RC}]\!]$

- $\mathbf{M}[\![\mathtt{domain{-}range}(\mathrm{C}_1, \mathrm{C}_2)]\!] = \mathbf{M}[\![\mathrm{C}_1]\!] \times \mathbf{M}[\![\mathrm{C}_2]\!]$

Die entsprechenden Definitionen im algebraischen Modell:

- Das Konzept C subsumiert das Konzept D, gdw. $\mathbf{M}[\![\mathrm{D}]\!] \subseteq \mathbf{M}[\![\mathrm{C}]\!]$.

- Das Konzept C subsumiert das Konzept D *strikt*, gdw. $\mathbf{M}[\![\mathrm{D}]\!] \subset \mathbf{M}[\![\mathrm{C}]\!]$.

- Das Konzept C ist inkonsistent, gdw. $\mathbf{M}[\![\mathrm{C}]\!] = \emptyset$.

Als Beispiel:

$$\begin{aligned}
\text{Lebewesen} &= \texttt{rootconcept}_1 \\
\text{Mensch} &= \texttt{primconcept}_1(\texttt{specializes}(\text{Lebewesen})) \\
\text{Wissenschaftler} &= \texttt{primconcept}_2(\texttt{specializes}(\text{Mensch})) \\
\text{Beruf} &= \texttt{rootconcept}_2 \\
\text{HatBeruf} &= \texttt{primrole}_1(\texttt{domain-range}(\text{Mensch},\text{Beruf}))
\end{aligned}$$

Es kann hier nur gezeigt werden, daß etwa WISSENSCHAFTLER von LEBEWESEN subsumiert wird:

$$\begin{aligned}
\mathbf{M}[\![\text{Wissenschaftler}]\!] &= \mathbf{M}[\![\texttt{primconcept}_2(\texttt{specializes}(\text{Mensch}))]\!] \\
&= \mathbf{PS}_2 \cap \mathbf{M}[\![\texttt{specializes}(\text{Mensch})]\!] \\
&= \mathbf{PS}_2 \cap \mathbf{M}[\![\text{Mensch}]\!] \\
&= \mathbf{PS}_2 \cap \mathbf{M}[\![\texttt{primconcept}_1(\texttt{specializes}(\text{Lebewesen}))]\!] \\
&= \mathbf{PS}_2 \cap \mathbf{PS}_1 \cap \mathbf{M}[\![\texttt{specializes}(\text{Lebewesen})]\!] \\
&= \mathbf{PS}_2 \cap \mathbf{PS}_1 \cap \mathbf{M}[\![\text{Lebewesen}]\!] \\
&= \mathbf{PS}_2 \cap \mathbf{PS}_1 \cap \mathbf{M}[\![\texttt{rootconcept}_1]\!] \\
&= \mathbf{PS}_2 \cap \mathbf{PS}_1 \cap \mathbf{RS}_1 \\
&\subseteq \mathbf{RS}_1 = \mathbf{M}[\![\text{Lebewesen}]\!]
\end{aligned}$$

wie man erwartet hat.

3.2.2 L1: Definierte Konzepte

$$\begin{aligned}
\text{Concept} &::= \text{DefConcept} \mid \text{PrimConcept} \\
\text{DefConcept} &::= \texttt{defconcept}(\text{CSpecList}) \mid \text{Name} \\
\text{CSpec} &::= \texttt{specializes}(\text{Concept}) \mid \\
&\quad\;\; \texttt{value-restriction}(\text{Role},\text{Concept}) \mid \\
&\quad\;\; \texttt{nrmin-restriction}(\text{Role},\text{Number}) \mid \\
&\quad\;\; \texttt{nrmax-restriction}(\text{Role},\text{Number})
\end{aligned}$$

L1 erlaubt es nun, die 'klassischen' KL-ONE Operationen zur Bildung definierter Konzepte zu verwenden. Diese oder eine entsprechende Sprachstufe wird i.w. von allen KL-ONE Implementationen angeboten.

Denotationale Semantik von L1:

- $\mathbf{F}[\![\texttt{defconcept}(\text{CC})]\!] = \lambda(x).\mathbf{F}[\![\text{CC}]\!](x)$

- $\mathbf{F}[\![\texttt{value-restriction}(\text{Role},\text{C})]\!] = \lambda(x).\forall y : (\mathbf{F}[\![\text{Role}]\!](x,y) \Rightarrow \mathbf{F}[\![\text{C}]\!](y))$

- $\mathbf{F}[\![\texttt{nrmin-restriction}(\text{Role},\text{n})]\!] = \lambda(x).\exists_{(n)} y : (\mathbf{F}[\![\text{Role}]\!](x,y))$

- $\mathbf{F}[\![\texttt{nrmax-restriction}(\text{Role},\text{n})]\!] = \lambda(x).\neg\exists_{(n+1)} y : (\mathbf{F}[\![\text{Role}]\!](x,y))$

In der modell-theoretischen Semantik ergibt sich zuerst das Problem, von der Restriktion einer Rolle (also einer Einschränkung auf $\mathcal{D} \times \mathcal{D}$) auf die Menge $\mathcal{D}$ 'zurück' zu kommen. Dazu werden diese Einschränkungen zuerst auf $\mathcal{D} \times \mathcal{D}$ vorgenommen und dann über die Projektion auf die erste Komponente nach $\mathcal{D}$ transportiert.

- $\mathbf{M}[\![\texttt{defconcept}(\text{CC})]\!] = \mathbf{M}[\![\text{CC}]\!]$

- $\mathbf{M}[\![\texttt{value-restriction}(\text{Role},\text{Concept})]\!] = \pi_1(\mathbf{M}[\![\text{Role}]\!] \setminus (\mathcal{D} \times \mathbf{M}^-[\![\text{Concept}]\!]))$

- $\mathbf{M}[\![\texttt{nrmin-restriction}(\mathrm{Role},\mathrm{n})]\!] =$
  $= \{x \in D; |\{y \in D; < x,y >\in \mathbf{M}[\![\mathrm{Role}]\!]\} | \geq n\}$

- $\mathbf{M}[\![\texttt{nrmax-restriction}(\mathrm{Role},\mathrm{n})]\!] =$
  $= \{x \in D; |\{y \in D; < x,y >\in \mathbf{M}[\![\mathrm{Role}]\!]\} | \leq n\}$

Ein seltsames Beispiel:

SeltsamerMensch = $\texttt{defconcept}(\texttt{specializes}(\mathrm{Mensch}),$
$\texttt{value-restriction}(\mathrm{HatBeruf,Wissenschaftler}))$

Es soll $\mathbf{M}[\![\,\mathrm{SeltsamerMensch}\,]\!]$ bestimmt werden:

$\mathbf{M}[\![\,\mathrm{SeltsamerMensch}\,]\!] =$
  $= \mathbf{M}[\![\,\texttt{defconcept}(\texttt{specializes}(\mathrm{Mensch})),$
    $\texttt{value-restriction}(\mathrm{HatBeruf,Wissenschaftler}))\,]\!]$
  $= \mathbf{M}[\![\,\texttt{specializes}(\mathrm{Mensch})\,]\!] \;\cap$
    $\mathbf{M}[\![\,\texttt{value-restriction}(\mathrm{HatBeruf,Wissenschaftler})\,]\!]$
  $= \mathbf{M}[\![\,\mathrm{Mensch}\,]\!] \;\cap\; \pi_1(\mathbf{M}[\![\mathrm{HatBeruf}]\!] \setminus (\mathcal{D} \times \mathbf{M}^-[\![\mathrm{Wissenschaftler}]\!]))$
  $= \mathbf{PS}_1 \cap \mathbf{M}[\![\texttt{specializes}(\mathrm{Lebewesen})]\!] \;\cap$
    $\pi_1(([\mathbf{SR}_1 \cap \mathbf{M}[\![\mathrm{Mensch}]\!]] \times \mathbf{M}[\![\mathrm{Beruf}]\!]) \setminus (\mathcal{D} \times \mathbf{M}^-[\![\mathrm{Lebewesen}]\!]))$
  $\subseteq \mathbf{PS}_1 \cap \mathbf{M}[\![\texttt{specializes}(\mathrm{Lebewesen})]\!] \;\cap$
    $\pi_1((\mathbf{M}[\![\mathrm{Mensch}]\!] \times \mathbf{M}[\![\mathrm{Beruf}]\!]) \setminus (\mathcal{D} \times \mathbf{M}^-[\![\mathrm{Lebewesen}]\!]))$
    Anwendung von Gleichung (5)
  $= \mathbf{PS}_1 \cap \mathbf{RS}_1 \cap \pi_1(\emptyset)$ Gleichungen (3) und (4)
  $= \emptyset$

Ein entsprechender Beweis im lambda-Kalkül dürfte ein wenig komplizierter ausfallen. Mit dieser Semantik kann man auch bestimmen, was bei noch ausgefalleneren Definitionen geschieht:

TechnischerBeruf
  $= \texttt{primconcept}_3(\texttt{specializes}(\mathrm{Beruf}))$

Informatik
  $= \texttt{primconcept}_4(\texttt{specializes}(\mathrm{TechnischerBeruf}))$

Techniker
  $= \texttt{defconcept}(\texttt{specializes}(\mathrm{Mensch}),$
    $\texttt{value-restriction}(\mathrm{HatBeruf,TechnischerBeruf}))$

Informatiker
  $= \texttt{defconcept}(\texttt{specializes}(\mathrm{Mensch}),$
    $\texttt{value-restriction}(\mathrm{HatBeruf,Informatik}))$

TechnischerInformatiker
  $= \texttt{defconcept}(\texttt{specializes}(\mathrm{Informatiker}),$
    $\texttt{value-restriction}(\mathrm{HatBeruf,TechnischerBeruf}))$

Natürlich wird INFORMATIKER von TECHNIKER subsumiert:

$$\mathbf{M}[\![\,\text{Techniker}\,]\!] \; =$$
$$= \mathbf{M}[\![\,\texttt{defconcept(specializes(Mensch)},$$
$$\texttt{value-restriction(HatBeruf,TechnischerBeruf))}\,]\!]$$
$$= \mathbf{M}[\![\,\texttt{specializes(Mensch)}\,]\!] \;\cap$$
$$\mathbf{M}[\![\,\texttt{value-restriction(HatBeruf,TechnischerBeruf)}\,]\!]$$
$$= \mathbf{PS}_1 \cap \mathbf{RS}_1 \;\cap$$
$$\pi_1((\mathbf{SR}_1 \cap \mathbf{M}[\![\text{Mensch}]\!]) \times \mathbf{M}[\![\text{Beruf}]\!] \setminus (\mathcal{D} \times \mathbf{M}^-[\![\text{TechnischerBeruf}]\!]))$$

und genau so

$$\mathbf{M}[\![\,\text{Informatiker}\,]\!] \; =$$
$$= \mathbf{PS}_1 \cap \mathbf{RS}_1 \;\cap$$
$$\pi_1((\mathbf{SR}_1 \cap \mathbf{M}[\![\text{Mensch}]\!] \times \mathbf{M}[\![\text{Beruf}]\!]) \setminus (\mathcal{D} \times \mathbf{M}^-[\![\text{Informatik}]\!]))$$

Offenbar gilt nun

$$\mathbf{M}[\![\text{Informatik}]\!] \subseteq \mathbf{M}[\![\text{TechnischerBeruf}]\!]$$

und somit

$$\mathbf{M}^-[\![\text{TechnischerBeruf}]\!] \subseteq \mathbf{M}^-[\![\text{Informatik}]\!]$$

(wegen (1)), somit

$$(\mathcal{D} \times \mathbf{M}^-[\![\text{TechnischerBeruf}]\!]) \subseteq (\mathcal{D} \times \mathbf{M}^-[\![\text{Informatik}]\!])$$

und damit (wegen (2))

$$\mathbf{M}[\![\text{Informatiker}]\!] \subseteq \mathbf{M}[\![\text{Techniker}]\!].$$

Der TECHNISCHEINFORMATIKER restringiert die HATBERUF Rolle nun aber 'nach oben', was eigentlich eine überflüssige Angabe ist. Was geschieht mit diesem Konzept?

$$\mathbf{M}[\![\,\text{TechnischerInformatiker}\,]\!] \; =$$
$$= \mathbf{M}[\![\,\text{Informatiker}\,]\!] \;\cap$$
$$\pi_1((\mathbf{SR}_1 \cap \mathbf{M}[\![\text{Mensch}]\!]) \times \mathbf{M}[\![\text{Beruf}]\!] \setminus (\mathcal{D} \times \mathbf{M}^-[\![\text{TechnischerBeruf}]\!]))$$
$$= \mathbf{PS}_1 \cap \mathbf{RS}_1 \;\cap$$
$$\pi_1((\mathbf{SR}_1 \cap \mathbf{M}[\![\text{Mensch}]\!]) \times \mathbf{M}[\![\text{Beruf}]\!] \setminus (\mathcal{D} \times \mathbf{M}^-[\![\text{Informatik}]\!])) \;\cap$$
$$\pi_1((\mathbf{SR}_1 \cap \mathbf{M}[\![\text{Mensch}]\!]) \times \mathbf{M}[\![\text{Beruf}]\!] \setminus (\mathcal{D} \times \mathbf{M}^-[\![\text{TechnischerBeruf}]\!]))$$

Die beiden letzten Terme können reduziert werden zu

$$\pi_1((\mathbf{SR}_1 \cap \mathbf{M}[\![\text{Mensch}]\!]) \times \mathbf{M}[\![\text{Beruf}]\!] \setminus (\mathcal{D} \times \mathbf{M}^-[\![\text{Informatik}]\!]))$$

d.h.

$$\mathbf{M}[\![\text{TechnischerInformatiker}]\!] = \mathbf{M}[\![\text{Informatiker}]\!],$$

also sind die Konzepte INFORMATIKER und TECHNISCHERINFORMATIKER extensional gleich!

3.2.3 L2: Primitive Sub-Rollen

$$\text{RSpec} ::= \quad \texttt{differentiates(Role)} \mid \texttt{domain-range(Concept,Concept)}$$

L2 ermöglicht nun die Angabe von Rollenhierarchien, etwa im Sinne von Konzept-Hierarchien mit primitiven Konzepten.

Denotationale Semantik von L2:

- $\mathbf{F}[\![\texttt{differentiates(R)}]\!] = \lambda(x,y).\mathbf{F}[\![R]\!](x,y)$

Modell-theoretische Semantik von L2:

- $\mathbf{M}[\![\texttt{differentiates(R)}]\!] = \mathbf{M}[\![R]\!]$

3.2.4 L3: Attribute

TBoxTerm	::=	ASet | Concept | Name
ASet	::=	**attrset**(AttributeList) | Name
AttributeList	::=	Attribute | Attribute,ASet
Attribute	::=	Atom
ConceptOrAset	::=	Concept | Aset
CSpec	::=	**specializes**(Concept) |
		value-restriction(Role,ConceptOrAset) |
		nrmin-restriction(Role,Number) |
		nrmax-restriction(Role,Number)
RSpec	::=	**differentiates**(Role) |
		domain-range(Concept,ConceptOrAset)

Denotationale Semantik von L3:

- $\mathbf{F}[\![\texttt{attrset}(a_1,\ldots,a_n)]\!] = \lambda(x).\ x = a_1 \vee \ldots \vee x = a_n$

Modell-theoretische Semantik von L3

- $\mathbf{M}[\![\texttt{attrset}(a_1,\ldots,a_n)]\!] = \{a_1,\ldots,a_n\}$

Beispiel:

$\text{Trinkt} = \mathbf{primrole_2}(\textbf{domain-range}(\text{Mensch},$
$\qquad\qquad\qquad\qquad\textbf{attrset}(\text{Bier,Brandy,Whisky,Milch}))$

$\text{MilchDrinker} = \mathbf{defconcept}(\mathbf{specializes}(\text{Mensch}),$
$\qquad\qquad\qquad\qquad\textbf{value-restriction}(\text{Trinkt},\textbf{attrset}(\text{Milch})))$

$\text{WhiskyTrinker} = \mathbf{defconcept}(\mathbf{specializes}(\text{Mensch}),$
$\qquad\qquad\qquad\textbf{value-restriction}(\text{Trinkt},\textbf{attrset}(\text{Whisky})))$

$\text{MalzTrinker} = \mathbf{defconcept}(\mathbf{specializes}(\text{Mensch}),$
$\qquad\qquad\qquad\textbf{value-restriction}(\text{Trinkt},\textbf{attrset}(\text{Whisky,Malzbier})))$

In der Tat ist ein MALZTRINKER nichts anderes als ein WHISKYTRINKER:

$\mathbf{M}[\![\,\text{MalzTrinker}\,]\!] =$
$\qquad = \mathbf{M}[\![\mathbf{specializes}(\text{Mensch})]\!] \cap$
$\qquad\quad \mathbf{M}[\![\textbf{value-restriction}(\text{Trinkt},\textbf{attrset}(\text{Whisky},\text{Malzbier}))]\!]$
$\qquad = \mathbf{M}[\![\mathbf{specializes}(\text{Mensch})]\!] \cap \pi_1(\mathbf{M}[\![\text{Trinkt}]\!] \setminus (\mathcal{D} \times \overline{\{Whisky,Malzbier\}}))$

$$= \mathbf{M}[\![\texttt{specializes}(\text{Mensch})]\!] \cap$$
$$\pi_1((\mathbf{SR}_1 \cap \mathbf{M}[\![\text{Mensch}]\!]) \times \{Bier, Brandy, Whisky, Milch\}$$
$$\setminus (\mathcal{D} \times \overline{\{Whisky, Malzbier\}}))$$
$$= \mathbf{M}[\![\texttt{specializes}(\text{Mensch})]\!] \cap$$
$$\pi_1((\mathbf{SR}_1 \cap \mathbf{M}[\![\text{Mensch}]\!] \times \{Bier, Brandy, Whisky, Milch\})$$
$$\setminus (\mathcal{D} \times \overline{\{Whisky\}})) \qquad \text{durch Anwendung von Gleichung (6)}$$

was beim WHISKYTRINKER natürlich auch herauskommt.

3.2.5 L4: Role Value Maps

```
CSpec  ::= specializes(Concept) |
           value-restriction(Role,ConceptOrAset) |
           nrmin-restriction(Role,Number) |
           nrmax-restriction(Role,Number) |
           rvm(RvmOp,[Role],[Role])
RvmOp ::= = | ⊆
```

Denotationale Semantik von L4:

- $\mathbf{F}[\![\texttt{rvm}(=,[\text{Role}_1],[\text{Role}_2])]\!] = \lambda(x).\forall y : (\mathbf{F}[\![\text{Role}_1]\!](x,y) \iff \mathbf{F}[\![\text{Role}_2]\!](x,y))$

- $\mathbf{F}[\![\texttt{rvm}(\subseteq,[\text{Role}_1],[\text{Role}_2])]\!] = \lambda(x).\forall y : (\mathbf{F}[\![\text{Role}_1]\!](x,y) \implies \mathbf{F}[\![\text{Role}_2]\!](x,y))$

Modell-theoretische Semantik von L4:

- $\mathbf{M}[\![\texttt{rvm}(=,[\text{Role}_1],[\text{Role}_2])]\!] =$
  $= \{x; \forall y : (<x,y> \in \mathbf{M}[\![\text{Role}_1]\!] \iff <x,y> \in \mathbf{M}[\![\text{Role}_2]\!])\}$

- $\mathbf{M}[\![\texttt{rvm}(\subseteq,[\text{Role}_1],[\text{Role}_2])]\!] =$
  $= \{x; \forall y : (<x,y> \in \mathbf{M}[\![\text{Role}_1]\!] \implies <x,y> \in \mathbf{M}[\![\text{Role}_2]\!])\}$

Ein Beispiel:

$$\text{TräumtVon} = \texttt{primrole}_3(\texttt{domain-range}(Mensch, Beruf))$$

$$\text{MenschMitTraumberuf} =$$
$$\texttt{defconcept}(\texttt{specializes}(\text{Mensch}),\texttt{rvm}(=,[\text{HatBeruf}],[\text{TräumtVon}]))$$

3.2.6 L5: TBox-Restriktionen

```
TBoxExpression        ::= TBoxDefinition | TBoxRestriction
TBoxRestriction       ::= DisjointnessRestriction |
                          IndividualRestriction
DisjointnessRestriction ::= disjoint(PrimConceptList)
IndividualRestriction   ::= individual(PrimConcept)
PrimConceptList       ::= PrimConcept | PrimConcept,PrimConceptLis t
```

Diese Erweiterung bezieht sich nun nicht mehr unmittelbar auf die Definition einer Terminologie. Hier geht es darum, weitergehende Aussagen über Terme zu machen, wie etwa, daß zwei Begriffe disjunkt sind, d.h. sie besitzen keine gemeinsame Extension. Insbesondere lassen sich solche Ausrücke nicht in Mengen-Definitionen umsetzen, sie resultieren semantisch vielmehr in Axiomen, die zusätzlich zu den TBox-Definitionen gelten.

Die denotationale Semantik von der Disjunktheits-Restriktion liest sich etwas kompliziert:

$$\mathtt{disjoint}(C_1,\ldots,C_n) \iff \forall x : \neg(\mathbf{F}[\![PC_1]\!](x) \wedge \mathbf{F}[\![PC_2]\!](x)) \wedge$$
$$\ldots$$
$$\forall x : \neg(\mathbf{F}[\![PC_1]\!](x) \wedge \mathbf{F}[\![PC_n]\!](x)) \wedge$$
$$\forall x : \neg(\mathbf{F}[\![PC_2]\!](x) \wedge \mathbf{F}[\![PC_3]\!](x)) \wedge$$
$$\ldots$$
$$\forall x : \neg(\mathbf{F}[\![PC_{n-1}]\!](x) \wedge \mathbf{F}[\![PC_n]\!](x))$$

$$\mathtt{individual}(PC) \iff \forall xy : (\mathbf{F}[\![PC]\!](x) \wedge \mathbf{F}[\![PC]\!](y) \Rightarrow x = y)$$

Die Übersetzung in mengentheoretische Axiome:

$$\mathtt{disjoint}(C_1,\ldots,C_n) \iff \mathbf{M}[\![PC_1]\!] \cap \mathbf{M}[\![PC_2]\!] = \emptyset \wedge$$
$$\ldots$$
$$\mathbf{M}[\![PC_1]\!] \cap \mathbf{M}[\![PC_n]\!] = \emptyset \wedge$$
$$\mathbf{M}[\![PC_2]\!] \cap \mathbf{M}[\![PC_3]\!] = \emptyset \wedge$$
$$\ldots$$
$$\mathbf{M}[\![PC_{n-1}]\!] \cap \mathbf{M}[\![PC_n]\!] = \emptyset$$

$$\mathtt{individual}(PC) \iff |\mathbf{M}[\![PC]\!]| \leq 1$$

4 Klassifikation

Die bisher vorgestellten KL-ONE Konstrukte erlauben es, die in der TBox vorhandenen (impliziten) Subsumptions-Beziehungen explizit anzugeben. Als Beispiel betrachte man Abb. 3. Aus diesem Netz können bereits einige Beziehungen entnommen werden:

1. Nach Definition gilt: $\mathbf{M}[\![Z]\!] \subseteq \mathbf{M}[\![Y]\!] \subseteq \mathbf{M}[\![X]\!]$

2. $\mathbf{M}[\![C2]\!] \subseteq \mathbf{M}[\![C1]\!]$

3. $\mathbf{M}[\![C3]\!] \subseteq \mathbf{M}[\![C1]\!]$

Offensichtlich jedoch besteht noch eine Subsumption in diesem Netz, die nicht explizit angegeben wurde, nämlich die zwischen C2 und C3. Dies ist i.w. das Beispiel mit dem TECHNIKER und dem INFORMATIKER aus dem vorigen Abschnitt. Dort wurde auch gezeigt, daß diese Beziehung leicht aus der modell-theoretischen Semantik abgeleitet werden konnte.

Das Problem, implizite Subsumptions-Beziehungen explizit zu machen, ist zentral in term-bildenden Sprachen wie KL-ONE. Dieses Problem löst ein eigenständiger Prozeß im System, der *Classifier*.

Außerdem kann der Classifier aufdecken, daß zwei Konzept-Definitionen gleich sind (s. WHISKYTRINKER und MALZTRINKER im vorigen Abschnitt), und daß ein Konzept inkonsistent ist, also äquivalent zur leeren Menge (s. SELTSAMER-MENSCH im vorigen Abschnitt).

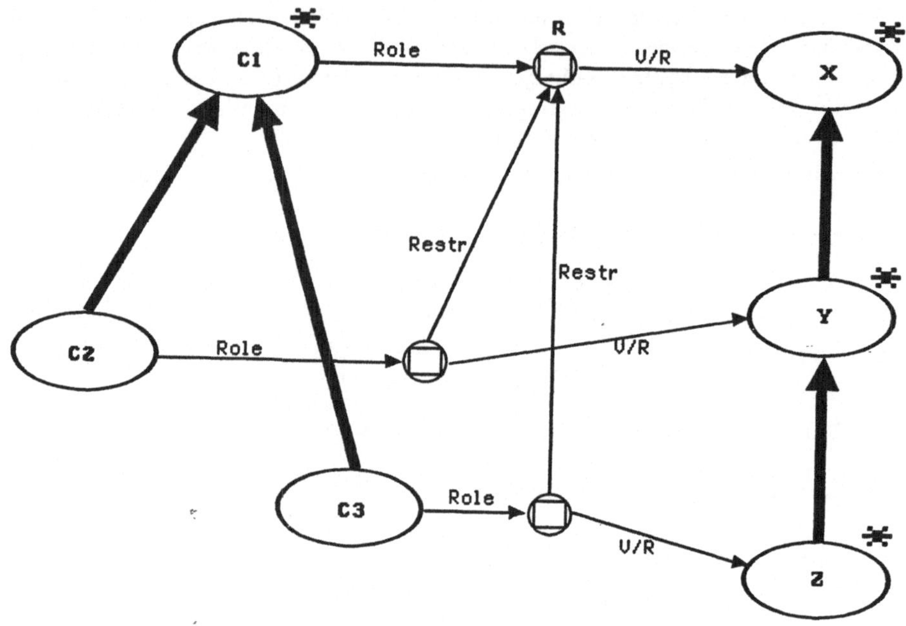

Abbildung 3: Ein elementares Klassifikationsproblem

4.1 Allgemeiner Aufbau eines Klassifikationsalgorithmus

Im wesentlichen besteht ein Classifier aus zwei Komponenten:

1. Ein zweistelliges Prädikat 'subsumes' derart, daß subsumes(C_1, C_2) = wahr [13], gdw.

    a. $\forall x : \mathbf{F}[\![C_2]\!] \Rightarrow \mathbf{F}[\![C_1]\!]$ (denotational)
    b. $\mathbf{M}[\![C_2]\!] \subseteq \mathbf{M}[\![C_1]\!]$ (modell-theoretisch).

2. Ein Netztraversierungs-Algorithmus, der unter Verwendung des 'subsumes' Prädikats die korrekten Beziehungen herstellt.

Die Einzelheiten dieser beiden Funktionen sind zu einem großen Teil von der internen Repräsentation der TBox abhängig. So können Konzepte etwa als Frames dargestellt werden, wie in NIKL [Kaczmarek et al. 86] und MESON [Edelmann,Owsnicki 86]. In diesem Fall geht es darum, die aufwärts gerichteten Vererbungs-Verweise (etwa über den reservierten *specializes* slot) korrekt zu besetzen.

4.1.1 Subsumption

Für eine detaillierte Darstellung eines Algorithmus zur Erkennung von verdeckten Subsumptions-Beziehungen werden wir uns hier an die im vorigen Abschnitt definierte Sprache L1 halten und Erweiterungen für die anderen Sprachen nur kurz skizzieren.

Sprechweise: Eine Rolle R eines Konzepts C_1 subsumiert R am Konzept C_2, wenn

1. die Wert-Restriktion von R an C_1 die Wert-Restriktion von R an C_2 subsumiert, und

---

[13]Man beachte, daß $\forall C : subsumes(C, C)$.

2. die Anzahl-Restriktion von R an C_2 ein Teilinterval der Anzahl-Restriktion von R an C_1 ist.

Kriterium: Wenn das Konzept SUPER das Konzept SUB subsumiert, dann subsumiert jede Rolle des Konzepts SUPER die entsprechende Rolle des Konzepts SUB (nicht unbedingt strikt).

Das ist in der Tat nur ein notwendiges—nicht aber hinreichendes—Kriterium für Subsumption. Die Umkehrung gilt nicht, wie man aus einer Analyse der folgenden Definitionen entnehmen kann:

```
Computer        = rootconcept₁
OperatingSystem = rootconcept₂
HasOs           = primrole₁(domain-range(Computer,OperatingSystem))
DEC             = primconcept₁(specializes(Computer))
IBM             = primconcept₂(specializes(Computer))
SingleUserOs    = primconcept₃(specializes(OperatingSystem))
IBM-PC          = defconcept(specializes(IBM),
                            value-restriction(HasOs,SingleUserOs))
```

Offenbar subsumiert die HASOS Rolle am DEC Konzept die HASOS Rolle am IBM-PC (weil SINGLEUSEROS von OPERATINGSYSTEM subsumiert wird). Dennoch wird das IBM-PC Konzept nicht vom DEC Konzept subsumiert:

$$\mathbf{M}[\![\text{DEC}]\!] \quad = \mathbf{PS_1} \cap \mathbf{RS_1}$$

$$\mathbf{M}[\![\text{IBM}]\!] \quad = \mathbf{PS_2} \cap \mathbf{RS_1}$$

$$\mathbf{M}[\![\text{IBM-PC}]\!] = \mathbf{PS_2} \cap \mathbf{RS_1} \cap$$
$$\pi_1((\mathbf{SR_1} \cap \mathbf{M}[\![\text{Computer}]\!]) \times \mathbf{M}[\![\text{OperatingSystem}]\!] \setminus (\mathcal{D} \times \overline{\mathbf{PS_3} \cap \mathbf{RS_2}}))$$
$$\subseteq \mathbf{M}[\![\text{IBM}]\!]$$

Falls nun etwa

$$\mathbf{PS_1} \cap \mathbf{PS_2} = \emptyset$$

(darüber ist ja nichts ausgesagt), so gilt auch

$$\mathbf{M}[\![\text{IBM−PC}]\!] \cap \mathbf{M}[\![\text{DEC}]\!] = \emptyset,$$

also subsumiert das DEC Konzept das IBM-PC Konzept nur, falls $\mathbf{M}[\![\text{IBM−PC}]\!] = \emptyset$. Das ist aber aus der Definition allein nicht abzuleiten, der Classifier darf also hier keine Subsumptions-Beziehung anlegen.

Offenbar besteht das Problem in der Behandlung von primitiven Konzepten. Dies ist ein Problem, das am besten durch den Suchprozeß gelöst wird, so daß wir an dieser Stelle noch nicht darauf eingehen (s. unten).

Ein weiteres Problem wird durch folgendes Beispiel gegeben (nachempfunden [Lipkis 82]):

```
Organization = rootconcept₁

Human        = rootconcept₂

Leader       = primrole₁(domain−range(Organization, Human))

Scientist    = primconcept₁(specializes(Human))

Woman        = primconcept₂(specializes(Human))

ScientificOrganization
             = defconcept(specializes(Organization),
```

$$\text{value-restriction(Leader,Scientist))}$$

WomansOrganization
$\quad$ = **defconcept**(**specializes**(Organization),
$\qquad\qquad$ **value-restriction**(Leader,Woman))

AthenaCorporation
$\quad$ = **defconcept**(**specializes**(ScientificOrganization),
$\qquad\qquad$ **specializes**(WomansOrganization))

Um nun die eventuell verborgenen Subsumptions-Beziehungen aufzufinden, muß für die LEADER Rolle von ATHENACORPORATION die Wert-Restriktion bestimmt werden. Wir ersparen uns hier die theoretische Bestimmung dieser Angabe, man kann aber erkennen, daß sie sowohl auf SCIENTIST (durch die Tatsache, daß ATHENACORPORATION durch SCIENTIFICORGANIZATION subsumiert wird), als auch auf WOMAN (wegen der WOMANSORGANIZATION) restringiert wird.

Letzlich muß also die Wert-Restriktion durch $\mathbf{M}[\![\text{Scientist}]\!] \cap \mathbf{M}[\![\text{Woman}]\!]$ gebildet werden. Da nun aber festgelegt ist, daß es sich bei der Wert-Restriktion um ein einziges Konzept der TBox handeln muß, muß der Classifier dieses Konzept kreieren, etwa durch

defconcept(**specializes**(Scientist), **specializes**(Woman)).

Hierbei können verschiedene Implementationen an dieser Stelle unterschiedlich vorgehen. So ist etwa in MESON [Edelmann,Owsnicki 86] jedes Konzept mit einem Namen versehen, d.h. der MESON Classifier kann dieses Konzept nur kreieren, wenn er gleichzeitig einen Namen dafür erfinden kann. In Abhängigkeit von einem internen Parameter wird dieser Name vom Benutzer erfragt, wobei das neue Konzept ihm vorher so gut wie möglich beschrieben wird, oder es wird ein neuer Name dadurch erzeugt, daß die Namen der beteiligten Konzepte durch einen Bindestrich verbunden werden, in unserem Beispiel also etwa SCIENTIST-WOMAN. Das hat den Nachteil, daß die entstehenden Namen im Verlauf der Zeit immer länger werden und dann mühsam wieder geändert werden müssen.

Die Bestimmung der Anzahl-Restriktion an einer Rolle stellt sich nun wesentlich einfacher dar. Bei gegebenen Anzahl-Restriktionen (min_1, max_1) und (min_2, max_2), ist die resultierende Restriktion durch das Intervall $(max(min_1, min_2), min(max_1, max_2))$ gegeben, wobei sich u.U. der Fall ergeben kann, daß die untere Grenze größer als die obere ist. In diesem Fall ist das entsprechende Konzept extensional der leeren Menge gleich und muß vom Classifier entsprechend behandelt werden.

Zwei Konzepte C_1 und C_2 sind extensional identisch, gdw.

$$subsumes(C_1, C_2) \quad \text{und} \quad subsumes(C_2, C_1).$$

Bei dieser Definition von 'subsumes' muß beachtet werden, daß sich u.U. Totschleifen im Classifier entstehen können. Sie entstehen durch dessen rekursive Struktur:

$$subsumes(C_1, C_2), \quad \text{wenn für jede Rolle} \quad subsumes(VR_1, VR_2)).$$

4.1.2 Der Suchprozeß

Ausgerüstet mit einer Subsumptions-Funktion kann nun der Classifier die TBox durchsuchen, um für eine ankommende Konzept-Beschreibung den 'richtigen Platz' zu finden. Um diesen Prozeß zu beschreiben, gehen wir von folgenden Annahmen aus:

1. Die momentan existierende TBox ist bereits klassifiziert, d.h. jedes Konzept steht schon am richtigen Platz.

2. Das neue Konzept C ist ein definiertes und kein primitives Konzept.

3. Wegen 2. besteht bereits wenigstens eine korrekte Subsumptions-Beziehung von C zu einem anderen Konzept. Insbesondere ist bekannt, von welchen Primitiven C subsumiert wird.

4. Für jede Rolle von C sind Wert- und Anzahl-Restriktion bekannt und explizit in der TBox vorhanden.

Wenn Bedingung 1. nicht erfüllt ist, muß der Classifier für jedes Konzept in der TBox aktiviert werden. Außerdem ergeben sich noch Komplikationen, die weiter unten dargestellt werden.

Wenn C ein primitives Konzept ist, so ist die Stelle, in die es definiert wurde, bereits richtig.

Die folgende Darstellung des Suchprozesses orientiert sich am Vorgehen des **MESON** Classifiers. Andere Systeme verfolgen u.U. eine andere—aber äquivalente—Strategie.

Schritt 1: Sammeln der 'spezifischsten Überkonzepte' Den Kern des Suchprozesses bildet eine Funktion (etwa MSG für 'most specific generic'), die einen gegebenen Teil der TBox nach einer Menge von Konzepten $\mathcal{L} = \{L_i\}_{(i=1,n)}$ durchsucht, für die gilt:

1. Jedes der L_i subsumiert C.

2. Kein *definiertes* Unterkonzept eines L_i subsumiert C.

Bedingung 2. ist natürlich auch erfüllt, wenn das L_i gar keine definierten Unterkonzepte besitzt.

Ein 'Teil der TBox' wird dabei durch ein primitives Konzept oder ein Wurzelkonzept P^* mit allen seinen Unterkonzepten gegeben.

MSG kann als normales Tiefensuchprogramm ausgelegt werden, in dem, ausgehend vom Startkonzept, alle definierten Unterkonzepte auf die beiden Bedingungen geprüft werden. Eventuell angetroffene primitive Konzepte werden dabei nicht berücksichtigt.

Die Menge der unter diesen Bedingungen theoretisch erreichbaren Konzepte soll als 'Primitiv-Bereich' von P^* bezeichnet werden (die Idee und die Bezeichnung stammen von Chr. Peltason [pers. Komm.]). Innerhalb eines Primitiv-Bereichs kann das oben definierte Subsumptions-Prädikat uneingeschränkt verwendet werden (Abb. 4). Die Funktion MSG ist eingebettet in einen 'bottom-up' Traversierungsalgorithmus, der die Primitv-Bereiche von unten nach oben untersucht.

1. Initialisiere $\mathcal{L}$ auf die leere Menge.

2. Es sei P^* das spezifischste primitive Konzept (oder Wurzelkonzept), das C gemäß dessen Definition subsumiert. Es wird also der kleinste Primitiv-Bereich ausgewählt, in dem C liegen muß.

3. $\mathcal{L} \leftarrow \mathcal{L} \cup MSG(\text{C},P^*)$

4. Falls P ein Wurzelkonzept ist, so ist $\mathcal{L}$ das Ergebnis dieses Schritts.

5. Setze P^* auf das spezifischste primitive Konzept (oder Wurzelkonzept), das P^* *strikt* subsumiert. (Strikt deshalb, damit der Prozeß wirklich nach oben klettert!). Anschaulich bedeutet das, daß auf den kleinsten Primitiv-Bereich umgeschaltet wird, der den aktuellen Bereich umfaßt.

6. Weiter bei 3.

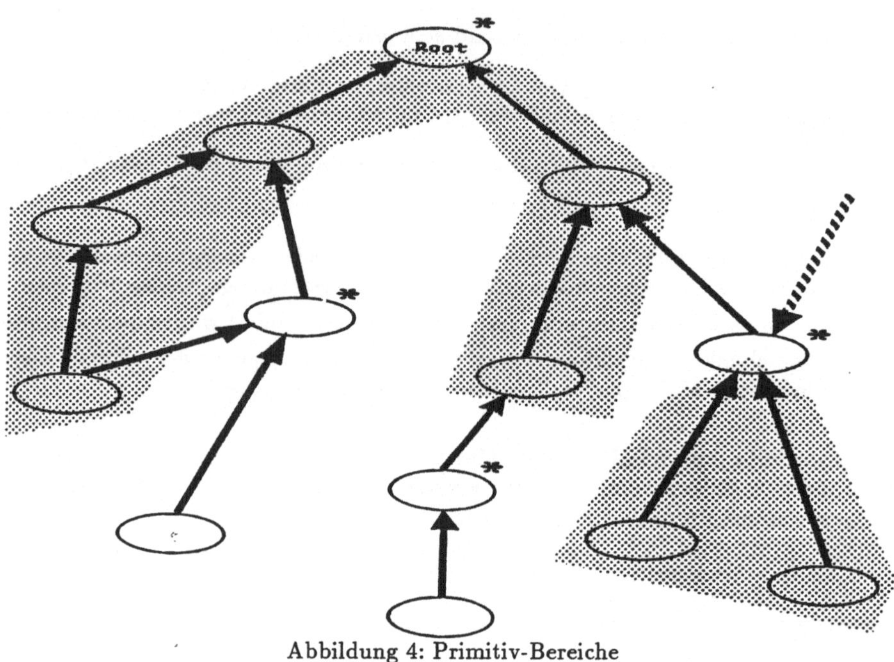

Abbildung 4: Primitiv-Bereiche

Schritt 2: Einbettung von C Der erste Schritt liefert also eine Menge $\mathcal{L}$ von Konzepten, die alle die beiden genannten Bedingungen erfüllen. Insbesondere wird C von allen Konzepten aus $\mathcal{L}$ subsumiert.

Formal geschrieben: $\mathbf{M}[\![C]\!] \subseteq \mathbf{M}[\![L_1]\!] \wedge$

$$\mathbf{M}[\![C]\!] \subseteq \mathbf{M}[\![L_2]\!] \wedge$$

$$\cdots$$

$$\mathbf{M}[\![C]\!] \subseteq \mathbf{M}[\![L_n]\!], \quad \text{bzw.}$$

$$\mathbf{M}[\![C]\!] \subseteq \mathbf{M}[\![L_1]\!] \cap \mathbf{M}[\![L_2]\!] \cap \ldots \cap \mathbf{M}[\![L_n]\!],$$

d.h. C wird von einer gemeinsamen Spezialisierung der L_i subsumiert, u.U. ist es genau diese gemeinsame Spezialisierung. Auf jeden Fall kann der Classifier nun die gewünschten Subsumptions-Beziehungen explizit in die TBox eintragen.

Ein kleines Problem ensteht nur, wenn die TBox (im Gegensatz zur Bedingung 1.) nicht klassifiziert ist. In diesem Fall können noch verdeckte Subsumptions-Beziehungen zwischen den Konzepten in $\mathcal{L}$ existieren. Es ist dann recht schwierig, an dieser Stelle diese Beziehungen nachträglich aufzudecken, da die Information über die zugehörigen Primitiv-Bereiche verlorengegangen ist.

Einfacher werden diese Zusammenhänge in der *MSG*-Funktion aufgelöst, weil dort das normale Subsumptions-Prädikat verwendet werden kann.

4.1.3 Weiterführende Fragen

Dieser Algorithmus stellt einen Anhalt dar, wie ein aktueller Classifier aufgebaut werden kann. Gerade die Details sind allerdings sehr von der internen Repräsentation der Konzepte und Rollen abhängig, so daß wir hier auf eine zu detaillierte Darstellung verzichtet haben.

Die Verwendung weiterführender Sprachkonstrukte (Rollenhierarchien und Role Value Maps) führen natürlich zu Erweiterungen des Klassifikations-Algorithmus, die u.U. recht aufwendig sein können

Außerdem ist nicht in jedem Fall sichergestellt, daß ein solcher Classifier in der Tat alle impliziten Subsumptions-Beziehungen aufdecken kann. In jedem Fall stellt aber das Subsumptions-Prädikat den Teil des Algorithmus dar, dessen Zeitverhalten das des gesamten Classifiers bestimmt.

Aus diesem Grund kommt der Zeit-Komplexität dieses Prädikats eine entscheidende Bedeutung zu.

Als Beispiel betrachten wir die Sprache $L1'$, die aus L1 dadurch hervorgeht, daß die Konstrukte

- `nrmin-restriction` und

- `nrmax-restriction`

ersetzt werden durch 'exists(Role)', also etwas präziser:

CSpec ::= specializes(Concept) |
          value-restriction(Role,Concept) | exists(Role)

Die Semantik(en):

- $\mathbf{F}[\![\texttt{exists}(\text{Role})]\!] = \lambda(x).\exists y : \mathbf{F}[\![\text{Role}]\!](x, y)$

- $\mathbf{M}[\![\texttt{exists}(\text{Role})]\!] = \pi_1(\mathbf{M}[\![\text{Role}]\!])$

Es gilt also exists(Role) gdw. `nrmin-restriction`(Role,1). Subsumption in $L1'$ ist von quadratischer Komplexität [Levesque,Brachman 85]. Wahrscheinlich gilt das sogar für L1 selbst.

Durch Hinzunehmen des Konstrukts 'vrdiff(Role,Concept)' zu $L1'$ entsteht $L1''$:

Role ::= primrole$_k$($RSpecList$) | Name | vrdiff(Role,Concept)

Semantik:

- $\mathbf{F}[\![\texttt{vrdiff}(\text{Role}, \text{Concept})]\!] = \lambda(x, y).\mathbf{F}[\![\text{Role}]\!](x, y) \wedge \mathbf{F}[\![\text{Concept}]\!](y)$

- $\mathbf{M}[\![\texttt{vrdiff}(\text{Role}, \text{Concept})]\!] = \mathbf{M}[\![\text{Role}]\!] \cap (\mathcal{D} \times \mathbf{M}[\![\text{Concept}]\!])$

Dieses Konstrukt definiert eine Rolle ('kein' Konzept!), die aus einer anderen durch Einschränkung des Wertebereichs entsteht. Ein Beispiel wäre etwa eine Rolle HATTOCHTER, die aus einer Rolle HATKIND (mit dem Wertebereich MENSCH) durch Einschränkung auf WEIBLICHERMENSCH hervorgeht. Subsumption in $L1''$ ist (wahrscheinlich) NP-vollständig [Levesque,Brachman 85].

Es zeigt sich, daß bei steigender Ausdruckskraft der Sprache der Aufwand für den Subsumptions-Algorithmus steigt (das hatte man erwartet), schlimmer ist jedoch, daß hier ein 'Komplexitäts-Kliff' vorliegt, das eine bequem berechenbare Funktion mit einem Schlag unhandhabbar werden läßt! Welche praktischen Auswirkungen auf ein laufendes System dieser Umstand hat, ist allerdings damit nicht gesagt. Unter Umständen verhält sich das System in allen praktischen Anwendungen trotzdem noch akzeptabel.

[Patel-Schneider 86] gibt drei Wege an, mit dem Problem fertig zu werden:

1. Man ignoriert es und verläßt sich auf die Bemerkung am Ende des vorigen Absatzes.

2. Man beschränkt die Ausdruckskraft der Sprache soweit, daß die Komplexitätsgrenze nicht überschritten wird. Dies ist etwa in KRYPTON [Brachman et al., 85] und MESON [Edelmann,Owsnicki 86] so.

3. Man verzichtet auf einen vollständigen Subsumptions-Algorithmus, der alle verdeckten Subsumptions-Beziehungen auffindet. Dieser Weg wird in NIKL [Kaczmarek et al. 86] und BACK [Luck et. al. 87] beschritten. Ein weiteres Beispiel findet sich unten in 4.2.

Es folgt eine Aufstellung der Ergebnisse für die Komplexität der Subsumption in verschiedenen Systemen:

KL-ONE, NIKL	mindestens ko-NP-vollständig (d.h. wahrscheinlich NP-vollständig)
KRYPTON	quadratisch
KANDOR	mindestens ko-NP-vollständig
MESON	quadratisch
BACK(L5)	mindestens ko-NP-vollständig

4.2 Ein nicht-klassisches Semantik-Modell

Einer der Auswege aus dem Komplexitätsproblem besteht—wie gesagt—darin, den Subsumptionsbegriff so zu verändern, daß ein entsprechender Algorithmus wieder handhabbar wird. Dies schlägt sich natürlich in der Sprachsemantik nieder.

Patel-Schneider stellt in [Patel-Schneider 86] eine Semantik für eine KL-ONE ähnliche Sprache auf, die sich wesentlich von der bisher dargestellten Auffassung von Konzepten und Rollen unterscheidet. Anstatt ein Konzept auf eine Teilmenge von $\mathcal{D}$ und eine Rolle auf eine Teilmenge von $\mathcal{D} \times \mathcal{D}$ abzubilden, werden in diesem Modell jedem Konzept C zwei Mengen $Mt[\![C]\!]$ und $Mf[\![C]\!]$ zugeordnet.

Anschaulich soll $Mt[\![C]\!]$ dem alten $M[\![C]\!]$ entsprechen, also der Menge von deren Elementen bekannt ist, daß sie zur Extension von C gehören. Zusätzlich werden in $Mf[\![C]\!]$ diejenigen Elemente zusammengefaßt, von denen bekannt ist, daß sie nicht zur Extension von C gehören. Dies muß nicht unbedingt das Komplement von $Mt[\![C]\!]$ sein, der Ansatz modelliert also eine Situation, in der vier Möglichkeiten vorkommen können:

1. Eine Instanz gehört zu $Mt[\![C]\!]$, aber nicht zu $Mf[\![C]\!]$.

2. Eine Instanz gehört zu $Mf[\![C]\!]$, aber nicht zu $Mt[\![C]\!]$.

3. Eine Instanz gehört weder $Mt[\![C]\!]$ noch zu $Mf[\![C]\!]$.

4. Eine Instanz gehört sowohl zu $Mt[\![C]\!]$ als auch zu $Mf[\![C]\!]$.

Prinzipiell ergibt sich damit eine vierwertige Logik, die zur normalen zweiwertigen Logik wird, wenn man annimmt, daß für jedes Konzept C die Mengen $Mt[\![C]\!]$ und $Mf[\![C]\!]$ disjunkt sind und die Menge $\mathcal{D}$ erschöpfen.

Dieser Ansatz modelliert Aspekte des Nicht-Wissens (Fall 3.) und der Inkonsistenz (Fall 4.) und stellt damit eine Semantik für einen nicht-vollkommenen Inferenzmechanismus vor. An dieser Stelle soll nur für ein Beispiel (nämlich einige Konstrukte von L1) diese Semantik aufgeführt werden. Die Erweiterungen der Basis-Definition, nämlich der RS_i und PS_i, auf RSt_i und PSt_i und um ihr negativen Spiegelbild ist wohl offensichtlich:

- $Mt[\![\texttt{rootconcept}_i]\!] = RSt_i$

- $Mf[\![\texttt{rootconcept}_i]\!] = RSf_i$

- $Mt[\![\texttt{primconcept}_j(CC)]\!] = PSt_j \cap Mt[\![CC]\!]$

- $\mathbf{Mf}[\![\texttt{primconcept}_j(\mathrm{CC})]\!] = \mathbf{PSf}_j \cup \mathbf{Mf}[\![\mathrm{CC}]\!]$

- $\mathbf{Mt}[\![\mathrm{CC}_1,\ldots,\mathrm{CC}_n]\!] = \mathbf{Mt}[\![\mathrm{CC}_1]\!] \cap \ldots \cap \mathbf{Mt}[\![\mathrm{CC}_n]\!]$

- $\mathbf{Mf}[\![\mathrm{CC}_1,\ldots,\mathrm{CC}_n]\!] = \mathbf{Mf}[\![\mathrm{CC}_1]\!] \cup \ldots \cup \mathbf{Mt}[\![\mathrm{CC}_n]\!]$

- $\mathbf{Mt}[\![\texttt{value-restriction}(\mathrm{Role},\mathrm{Concept})]\!] = \pi_1(\mathbf{Mt}[\![\mathrm{Role}]\!] \setminus \mathcal{D} \times \mathbf{Mt}^-[\![\mathrm{Concept}]\!])$

- $\mathbf{Mf}[\![\texttt{value-restriction}(\mathrm{Role},\mathrm{Concept})]\!] = \pi_1(\mathbf{Mt}[\![\mathrm{Role}]\!] \setminus \mathcal{D} \times \mathbf{Mf}^-[\![\mathrm{Concept}]\!])$

Ein Konzept C subsumiert ein Konzept D, gdw.

$$\mathbf{Mt}[\![\mathrm{D}]\!] \subseteq \mathbf{Mt}[\![\mathrm{C}]\!] \quad \text{und} \quad \mathbf{Mf}[\![\mathrm{D}]\!] \subseteq \mathbf{Mf}[\![\mathrm{C}]\!].$$

Unter dieser Semantik verhält sich die Sprache ein wenig anders, als man es erwartet. Ein Beispiel:

```
Person       = rootconcept₁
Arzt         = primconcept₁(specializes(Person))
Mann         = primconcept₂(specializes(Person))
Gebiet       = rootconcept₂
Freund       = primrole₁(domain-range(Person,Person))
Spezialgebiet = primrole₂(domain-range(Person,Gebiet))
```

So subsumiert z.B. das Konzept

```
defconcept(specializes(Person),
           value-restriction(vrdiff(Freund,Mann),Arzt))
```

("Eine Person, deren männliche Freunde alle Ärzte sind.")
das Konzept

```
defconcept(specializes(Person),
           value-restriction(Freund,
                             defconcept(specializes(Arzt),
                                        exists(Spezialgebiet))))
```

("Eine Person, deren Freunde Ärzte mit einem Spezialgebiet sind.")
Andererseits subsumiert das Konzept

```
defconcept(specializes(Person),
           value-restriction(Freund,exists(Spezialgebiet)))
```

("Eine Person, deren Freunde alle ein Spezialgebiet haben.")
<u>nicht</u> das Konzept

```
defconcept(specializes(Person),
           value-restriction(Freund,Arzt),
           value-restriction(vrdiff(Freund,Arzt),exists(Spezialgebiet)))
```

("Eine Person, deren Freunde Ärzte sind und von denen jeder Freund, der Arzt ist, ein Spezialgebiet hat.")

Warum das so ist, ist in [Patel-Schneider 86] dargestellt. Dieses Modell erfaßt also nur einen Teil der unter der klassischen zweiwertigen Semantik geltenden Subsumptions-Relationen; ein Algorithmus, der diese (allerdings eben unvollständigen) Beziehungen aufdecken kann, löst d as Problem hingegen in quadratischer Zeit.

5   Hybride Systeme

Als *hybrides System* soll in diesem Zusammenhang ein System verstanden werden, das für verschiedene Arten von Wissen verschiedene Repräsentationsformalismen zur Verfügung stellt. Hierbei ist eine klare Unterscheidung zwischen einem hybriden System und einer losen Sammlung von Interpretatoren verschiedener Formalismen nicht einfach definierbar.

So beschreiben z.B. R. Brachman, V. Pigman und H. Levesque in [Brachman et al. 85, 532] die augenblickliche Situation wie folgt:

> *Many of the today's knowledge representation (KR) systems offer their users a choice of more than one language for expression of domain knowledge. While the idea has been important to the field for many years, 'multiple representations' seems to have recently become a popular catch phrase. Many of the modern expert system development environments wave the polyglot banner, and except perhaps for some stalwart first-order logicians, most everyone would probably agree that one uniform language will not serve all representation needs.*
>
> *It is sometimes difficult to discern the true value of multiple languages; some of the commercial development tools seem simply to appeal to "the more the merrier", without any clear idea of how merrier is better. However, on the research front, there have fortunately been some coherent views expressed on the merits of bringing disparate dialects together. The arguments have mainly to do with the naturalness of expressing certain kinds of facts in certain forms, or with the efficiency of computing some inferences once some datum is massaged into a certain representation form.*

Ordnet man jeweils einem Formalismus genau eine Art von Wissen zu und stellt explizite Verbindungen zwischen Einträgen her, die in verschiedenen Formalismen repräsentiert sind, wird der Nachteil des 'Formalismen-Sammelsurium' erheblich geringer. Entscheidend für hybride Systeme aber bleibt eine gemeinsame semantische Fundierung aller dieser Formalismen, so daß diese explizite Verbindung zwischen den Formalismen auf dieser Semantik basierend angebbar ist.

Die Forschung über hybride Systeme, die als einen Formalismus KL-ONE beinhalten, hat gerade erst begonnen (s.z.B. KRYPTON [Brachman et al. 85], KL-TWO [Vilain 85], MESON [Edelmann, Owsnicki 86], BACK [Luck et al. 87] oder KANDOR [Patel-Schneider 87]). In solchen Systemen werden (zumindest) zwei verschiedene Arten von Wissen unterschieden.

Zum einen wird das terminologische Wissen eines jeweiligen Anwendungsbereichs in KL-ONE, der TBox, repräsentiert. Zum anderen stellt die ABox einen Formalismus zur Repräsentation von assertionalem Wissen zur Verfügung.

Während durch die Repräsentation des terminologischen Wissens festgelegt wird, welche Begrifflichkeiten eines Anwendungsbereiches dem System bekannt gemacht werden, wird durch das assertionale Wissen der 'state of affairs' eines Weltausschnitts aus diesem Anwendungsbereich festgelegt.

Diese Dichotomie zwischen TBox und ABox ähnelt in gewisser Weise der in der Datenbank-Literatur gebräuchlichen Unterscheidung von Datenbank-Schema und Datenbank-Inhalt. In hybriden Systemen hat die TBox für die ABox auch die Funktion der Repräsentation eines Schemas, insofern als durch die Festlegung der für eine Anwendung relevanten Begrifflichkeiten und deren formale Beziehungsverhältnisse die TBox auch als Sammlung von Konsistenzkriterien für die ABox gesehen werden kann.

So kann zum Beispiel ein Versuch der Repräsentation von

Die Alpen fliegen nach New York

zurückgewiesen werden, wenn für den Begriff FLIEGEN als Agens nur flugfähige Objekte zulässig sind, die ALPEN aber als nicht flugfähig klassifiziert wurden (s.a. [Luck et al. 85]).

Die verschiedenen Vorschläge, assertionales Wissen in einem hybriden System im Zusammenhang mit einer KL-ONE TBox zu repräsentieren, gehen von einer (mehr oder minder) eingeschränkten Prädikatenlogik erster Ordnung aus, wobei dann in Verbindung mit der TBox sich eine sortierte Logik (mit Gleichheit) ergibt, in der eine Teilmenge der nicht-logischen Symbole, nämlich die ein- und zweistelligen Prädikatssymbole, in der TBox weiter beschrieben sind. Dadurch werden die in der TBox festlegten Konzeptbeziehungen in einem Beweis hinzuziehbar zusätzlich zu den in der ABox abgespeicherten Sätzen.

Diese Subsumptionsbeziehungen selbst können über spezielle Verfahren ohne den algorithmischen Aufwand eines allgemeineren Beweisers für die Prädikatenlogik zum Informationsgewinn bei Anfragen genutzt werden, was ein nicht zu unterschätzender Vorteil der Aufteilung von terminologischem und assertionalem Wissen in verschiedene Repräsentationsformalismem darstellt. Eine oberhalb der Implementationsebene liegende Adäquatheitsanforderung wird aber nicht unbedingt in dem Sinne erfüllt, daß damit über die (bekannten) Grenzen der Adäquatheit von Prädikatenlogik als Formalismus für die Repräsentation von Wissen hinausgegangen wird (s.a. [Schefe 86b]) [14].

Eine weiterer Vorteil der verschiedenartigen Repräsentation von TBox und ABox liegt in der deutlichen Markierung der Unterschiede dieser Arten von Wissen, die auch als analytisch und synthetisch bezeichnet werden [15].

Eine andere Unterscheidung des Wissens nehmen Brachman, Fikes und Leveques in [Brachman et al. 83, pp. 6–7] an:

> *The separation between the two components arises naturally in the two kinds of expressions used to represent knowledge—(nominal) terms and sentences. The TBox deals with the formal equivalent of noun phrases such as "a person with at least 3 children", and understands that this expression is subsumed by (the formal version of) "a person with at least 1 child", and is disjoint from "a person with at most 1 child". The ABox, on the other hand, operates with the formal equivalent of sentences such as "Every person with at least 3 children owns a car" and understands the implication (in the logical sense) of assertions such as this one.*

Eine solche Unterscheidung scheint in erster Hinsicht einleuchtend und auch bei anderen Vorschlägen wie z.B. Termsortierungsansätzen nachvollziehbar. Einer genaueren Betrachtung hält diese Unterscheidung jedoch nicht stand, da hier von wahrheitswerttragenden Assertionen und nicht wahrheitswerttragenden Termen ausgegangen wird, in der TBox hingegen insbesondere unter Berücksichtigung der Subsumptionsbeziehung ebenfalls wahrheitswerttragende Assertionen angegeben sind wie z.B. daß für alle MENSCHEN gilt, daß sie auch LEBEWESEN sind.

Ein naheliegendes, aber von Brachman et al. wohl nicht intendiertes Mißverständnis ist desweiteren die Unterscheidung in Nominalphrasen und Sätze bzgl. der Zuordnung zur TBox respektive ABox. Eine solche Unterscheidung ist hingegen (bekanntlich) nicht aufrecht zu erhalten, da Sätze wie z.B.

> *Claus parkt ein*

in der natürlichen Sprache auch als (eingebettete) Nominalphrasen ausgedrückt werden können wie in

> *Christine sieht das Einparken von Claus.*

---

[14]Eine Auseinandersetzung mit diesen Vorwürfen, wie sie schon von Hayes in [Hayes 77] und [Hayes 80] erhoben wurden, findet sich bzgl. auf KL-ONE basierenden Vorschlägen u.a. in [Brachman, Schmolze 85].

[15]Für eine Diskussion des tatsächlichen Vorhandenseins von analytischem Wissen s. z.B. [Pulman 83].

Eine direkte formale Äquivalenz zwischen Sätzen und Nominalphrasen der natürlichen Sprache und TBox- bzw. ABox-Einträgen ist also nicht herstellbar.

Die Notwendigkeit der Unterscheidung von TBox- und ABox-Einträgen ist schon in vielen anderen Vorschlägen gemacht worden. So kennt z.B. das natürlichsprachliche Dialogsystem HAM-ANS (s.a. [Hoeppner et al. 83]) begriffliches und referentielles Wissen. Vergleichbares findet sich in KRL [Bobrow, Winograd 77]. Im FLAVOR-Formalismus [Weinreb, Moon 81] wird mit Flavors und Instances dieser Unterscheidung in gewissem Rahmen Rechnung getragen.

Auch aus dem Forschungsbereich Datenbanken wurde an Hand der Vorschläge von Chen [Chen 76] für ein Entity/Relationship-Modell als eine Möglichkeit der expliziten Repräsentation eines Datenbank-Schemas für eine relationale Datenbank weitergehende Vorschläge gemacht (s.z.B. [Wallace 85]), die auf eine Repräsentation von terminologischem Wissen als Schema-Information und assertionalem Wissen in Einträgen einer relationalen Datenbank hinzielen [16].

In dem von Hewitt und seinen Kollegen vorgeschlagenen Formalismus OMEGA (s.z.B. [Hewitt et al. 80], [Barber 82]), der einige Ähnlichkeit mit KL-ONE besitzt, wird der Konstruktor IS_A für eine Instanziierung und IS für eine Subsumierung von Konzeptbeschreibungen angegeben. Eine echte Unterscheidung ist hingegen in einer strikten Form nicht gegeben, da jede Instanziierung wiederum als Konzept einer TBox niedrigerer Ebene mit eigenen Instanziierungen ausgefaßt werden kann, um damit auch Meta-Ebenen modellieren zu können [17].

So ist die TBox der Ort der intensionalen Begriffsrepräsentation, die ABox beinhaltet die Repräsentation der Extensionen [18].

References

[Anderson, Bower 73] J. Anderson, G. Bower: *Human Associative Memory*, Winston 1973

[Barber 82] G.R. Barber: *Office Semantics*, MIT Cambridge (MA), PhD Thesis 1982

[Bobrow 75] D.G. Bobrow: *Dimensions of Representation*, in: Bobrow, Collins (eds.): *Representation and Understanding*, Academic Press 1975, pp. 1–34

[Bobrow, Winograd 77] D.G. Bobrow, T. Winograd: *An Overview of KRL, A Knowledge Representation Language*, Cognitive Science Vol 1 1977, pp. 3–45

[Bobrow, Winograd 79] D.G. Bobrow, T. Winograd: *KRL: Another Perspective*, Cognitive Science Vol 3 1979, pp. 29–42

[Bobrow, Webber 80] R. Bobrow, B.L. Webber: *PSI-KLONE*, Proc. of the 3rd CSCSI SCEIO Conf. 1980, pp. 131–142

[Brachman 77] R.J. Brachman: *What's in a Concept: Structural Foundations for Semantic Networks*, Int. Journal of Man-Machine Studies Vol 9 1977, pp. 127–152

[Brachman 79] R.J. Brachman: *On the Epistemological Status of Semantic Networks*, in: N.V. Findler (ed.): *Associative Networks*, Academic Press 1979, pp. 3–50

[Brachman 83] R.J. Brachman: *What IS-A Is and Isn't*, IEEE-Computer 1983, pp. 30–36

[Brachman et al. 83] R.J. Brachman, R.E. Fikes, H.J. Levesque: *KRYPTON: Integrating Terminology and Assertion*, Proc. of AAAI-83 1983, pp. 31–35

---

[16]Eine eine gute Übersicht auch über diesen Schwerpunkt der Forschung im Bereich der relationalen Datenbanken findet sich z.B. in [Gallaire, Minker, Nicolas 84].

[17]Levesque und Mylopoulos schlagen für ihren in [Levesque, Mylopoulos 79] vorgestellten Formalismus einen vergleichbaren Mechanismus vor.

[18]Eine weitere Diskussion dieser auf Frege zurückgehenden Unterscheidung in Sinn und Bedeutung findet sich z.B. in [Janas, Schwind 79]

[Brachman, Schmolze 85] R.J. Brachman, J.G. Schmolze: *An Overview of the KL-ONE Knowledge Representation System*, Cognitive Science Vol 9 1985

[Brachman et al. 85] R.J. Brachman, V. Pigman Gilbert, H.J. Levesque: *An Essential Hybrid Reasoning System*, Proc. of IJCAI-85 1985, pp. 532–539

[Carbonell, Collins 74] J.R. Carbonell, A.M. Collins: *Natural Semantics in AI*, Proc. IJCAI-74 1974, 344-351

[Charniak, McDermott 85] E. Charniak, D. McDermott: *Introduction to Artificial Intelligence*, Addison-Wesley 1985

[Chen 76] P.P. Chen: *The Entity Relationship Model*, ACM Transactions on Database Systems 1 1976, pp. 9–37

[McDermott 76] D. McDermott: *Artificial Intelligence Meets Natural Stupidity*, SIGART Newsletter No 57 1976, pp. 4–9

[Edelmann, Owsnicki 86] J. Edelmann, B. Owsnicki: *Data Models in Knowledge Representation Systems: A Case Study*, in: C.-R. Rollinger, W. Horn (eds.): *Proc. of GWAI-86*, Springer 1986, pp. 69–74

[Emde, Luck, Schmiedel 84] W. Emde, K. v. Luck, A. Schmiedel: *Eine neue Implementation von SRL*, in: J. Laubsch (ed.): *Proc. of GWAI-84*, Springer 1984, pp. 219–228

[Fikes 82] R. Fikes: *Highlights from KloneTalk*, in: J.G. Schmolze, R.J. Brachman (eds.): *Proceedings of the 1981 KL-ONE Workshop*, BBN-Report No 4842 1982, pp. 90–105

[Freeman et al. 83] M. Freeman, L. Hirschman, D. McKay, M. Palmer: *KNET: A Logic-Based Associative Framework for Expert Systems*, Burroughs Corp. R/D-Div. Technical Report 1983

[Gallaire, Minker, Nicolas 84] H. Gallaire, J. Minker, J.-M. Nicolas: *Logic and Databases*, ACM Comp. Surveys 16 1984, pp. 153–185

[Hayes 75] P.J. Hayes: *Some Problems and Non-Problems in Representation Theory*, Proc. of the AISB Summer Conference 1975

[Hayes 77] P.J. Hayes: *In Defence of Logic*, Proc. IJCAI-77 1977, pp. 559–565

[Hayes 80] P.J. Hayes: *The Logic of Frames*, in: D. Metzing (ed.): *Frame Conceptions and Text Understanding*, deGruyter 1980, pp. 46–61

[Hewitt et al. 80] C. Hewitt, G. Attardi, H. Simi: *Knowledge Embedding in the Description System OMEGA*, Proc. of AAAI-80 1980, pp. 157–164

[Hoeppner et al. 83] W. Hoeppner, T. Christaller, H. Marburger, K. Morik, B. Nebel, M. O'Leary, W. Wahlster: *Beyond Domain-Independence*, Proc. IJCAI-83 1983, pp. 588–594

[Israel, Brachman 81] D.J. Israel, R.J. Brachman: *Distinctions and Confusions: A Catalogue Raisonne*, Proc. of the IJCAI-81 1981, pp. 452–459

[Israel 83] D.J. Israel: *The Role of Logic in Knowledge Representation*, IEEE-Computers Oct. 1983, pp. 37–41

[Janas, Schwind 79] J.M. Janas, C.B. Schwind: *Extensional Semantic Networks: Their Representation, Application, and Generation*, in: N.V. Findler (ed.): *Associative Networks*, Academic Press 1979, pp. 267–302

[Kaczmarek et al. 86] T. Kaczmarek, R. Bates, G. Robins: *Recent Development in NIKL*, AAAI-86 1986, pp. 978–985

[Lehnert, Wilks 79] W. Lehnert, Y. Wilks: *A Critical Perspective on KRL*, Cognitive Science Vol 3 1979, pp. 1–28 ·

[Levesque, Mylopoulos 79] H. Levesque, J. Mylopoulos: *A Procedural Semantics for Semantic Networks*, in: N.V. Findler (ed.): *Associative Networks*, Academic Press 1979, pp. 93–120

[Levesque, Brachman 85] H.J. Levesque, R.J. Brachman: *A Fundamental Tradeoff in Knowledge Representation and Reasoning*, in: R.J. Brachman, H.J. Levesque (eds.): *Readings in Knowledge Representation*, Morgan Kaufmann 1985, pp. 41–70

[Lipkis 82] T. Lipkis: *A KL-ONE Classifier*, in: J.G. Schmolze, R.J. Brachman (eds.): *Proc. of the 1981 KL-ONE Workshop*, BBN-Report No 4842 1982, pp. 128–145

[Luck et al. 85] K. v. Luck, B. Nebel, C. Peltason, A. Schmiedel: *The BACK-System*, TU-Berlin, KIT-Report No 29 1985

[Luck et al. 87] K. v. Luck, B. Nebel, C. Peltason, A. Schmiedel: *The Anatomy of the BACK-System*, TU-Berlin, KIT-Report No 41, Jan. 1987

[Newell 82] A. Newell: *The Knowledge Level*, Artificial Intelligence 18 1982, pp. 87–127

[Nilsson 80] N.J. Nilsson: *Principles of Artificial Intelligence*, Tioga 1980

[Norman, Rumelhart 75] D.A. Norman, D.E. Rumelhart: *Explorations in Cognition*, Freeman 1975

[Patel-Schneider 84] P.F. Patel-Schneider: *Small can be Beautiful in Knowledge Representation*, IEEE Workshop on Principles of Knowledge-Based Systems 1984, pp. 11–19

[Patel-Schneider 86] P.F. Patel-Schneider: *A Four-Valued Semantics for Frame-Based Description Languages*, Proc. AAAI-86 1986, pp. 344–348

[Patel-Schneider 87] P.F. Patel-Schneider: *Decidable First-Order Logic for Knowledge Representation*, Ph.D. Thesis (forthcomming)

[Pulman 83] S.G. Pulman: *Word, Meaning and Belief*, Croom Helm 1983

[Quillian 68] M.R. Quillian: *Semantic Memory*, in: M. Minsky (ed.): *Semantic Information Processing*, MIT-Press 1968, pp. 227–270

[Raphael 68] B. Raphael: *SIR: A Computer Program for Semantic Information Retrieval*, in: M. Minsky (ed.): *Semantic Information Processing*, MIT-Press 1968, pp. 172-225

[Raphael 76] B. Raphael: *The Thinking Computer: Mind Inside Matter*, Freeman 1976

[Roberts, Goldstein 77] R.B. Roberts, I.P. Goldstein: *The FRL Primer*, MIT AI-Lab Memo No 408 1977

[Schank 75] R.C. Schank: *The Structure of Episodes in Memory*, in: D. Bobrow, A.M. Collins (eds.): *Representation and Understanding*, Academic Press 1975, pp. 237–272

[Schefe 86a] P. Schefe: *Künstliche Intelligenz—Überblick und Grundlagen*, BI Wissenschaftsverlag 1986

[Schefe 86b] P. Schefe: *Zur Rekonstruktion von Wissen in neueren Repräsentationssprachen der Künstlichen Intelligenz*, in: H. Stoyan (ed.): *Proc. of GWAI-85*, Springer 1986, pp. 230–244

[Simmons 73] R.F. Simmons: *Semantic Networks: Their Computation and Use for Understanding English Sentences*, in: R. Schank, K.M. Colby (eds.): *Computer Models of Thought and Language*, Freeman 1973, pp. 63–113

[Schmolze, Brachman 82] J.G. Schmolze, R.J. Brachman (eds.):: *Proceedings of the 1981 KL-ONE Workshop*, BBN-Report No 4842 1982

[Sridharan 78] N.S. Sridharan: *AIMDS User Manual - Version 2*, Rutgers Univ. Technical Rep. No CBM-TR-89 1978

[Stefik 79] M. Stefik: *An Explanation of a Frame-structured Representation System*, Proc. IJCAI-79 1979, pp. 845–852

[Tou et al. 82] F. Tou, H.D. Williams, R. Fikes, A. Henderson, T. Malone: *RABBIT: An Inteligent Database Assistant*, Proc. of AAAI-82 1982, pp. 384–318

[Vilain 85] M. Vilain:*The Restricted Language Architecture of a Hybrid Representation System*, Proc. of IJCAI-85 1985, pp. 547–551

[Wallace 85] E.M. Wallace:*Reconciling Flexibility and Efficiency In A Knowledge Base Implementation*, ECRC Internal Report KB-8 1985

[Weinreb, Moon 81] D. Weinreb, D.A. Moon: *Lispmachine Lisp Manual (4th ed)*, Symbolics, Cambridge (MA) 1981

[Winston 77] P.H. Winston: *Artificial Intelligence*, Addison-Wesley 1977

[Woods 75] W.A. Woods: *What's in a Link*, **in:** D. Bobrow, A.M. Collins (eds.): *Representation and Understanding*, Academic Press 1975, pp. 35–82

[Woods et al. 76] W.A. Woods, et al.: *Speech Understanding Systems: Final Report*, BBN Report No 3428 1976

Nichtmonotone Logiken
Ein einführender Überblick

Gerhard Brewka
Gesellschaft für Mathematik und Datenverarbeitung
Postfach 12 40
D 5205 Sankt Augustin

Inhaltsverzeichnis:

Vorwort

Diese Arbeit enthält die Darstellung der wichtigsten nichtmonotonen Logiken. Kenntnisse der klassischen Prädikatenlogik erster Ordnung werden dabei vorausgesetzt. Der Leser wird bemerken, daß dem Untertitel "einführender Überblick" in nicht ganz einheitlicher Weise Rechnung getragen wird. Um den Umfang der Arbeit nicht zu sprengen, ist an einigen Stellen zugunsten der Vollständigkeit des Überblicks etwas vom Charakter einer Einführung abgewichen worden. Ich hoffe, daß es mir gelungen ist, das auf einige nicht so grundlegende Stellen zu beschränken. Ich möchte ausdrücklich darauf hinweisen, daß eine solche Arbeit die Lektüre der Originalarbeiten nicht ersetzen, sondern erleichtern soll.

Ich möchte an dieser Stelle meinen Kollegen Joachim Hertzberg und Tom Gordon für Hinweise und Anregungen zu einer früheren Version dieser Arbeit danken. Weiterhin danke ich allen Teilnehmern des KIFS-Kurses dafür, daß sie nicht nach der Einleitung weggelaufen sind, und natürlich Anni, weil sie während des Kurses allein auf die Kinder aufgepaßt hat.

1. Einführung

Es ist eine der Eigenschaften der klassischen Logik, daß eine Formel, die aus einer Menge von Prämissen Q folgt, auch aus jeder Obermenge von Q folgt. Man nennt diese Eigenschaft auch Monotonie der klassischen Logik. Gerade die Monotonie aber läßt die klassische Logik ungeeignet erscheinen, wenn es darum geht, Schlußweisen des alltäglichen Denkens (commonsense reasoning) zu formalisieren. Diese Schlußweisen sind häufig gerade nicht monoton. Wenn wir wissen, daß Tweety (das wohl mittlerweile bekannteste Tier in KI-Kreisen) ein Vogel ist, dann scheint der Schluß, daß Tweety fliegt, gerechtfertigt. Erhalten wir jedoch die zusätzliche Information, daß er ein Pinguin ist, dann ziehen wir diesen Schluß zurück, aber - und das ist entscheidend - ohne unsere Prämissen aufzugeben. Natürlich glauben wir nach wie vor, daß Tweety ein Vogel ist und Vögel typischerweise fliegen (ich verspreche, von jetzt an weder Tweety zu erwähnen, noch seinen besten Freund, den Elefanten Clyde, dessen Farbe Anlaß zu so vielen Diskussionen gegeben hat. Stattdessen werden wir einen (kleinen) Teil des Problems lösen, wie man eine Party organisieren kann, auf der am Ende kein Bier fehlt).

Es lassen sich einige sehr verschiedene Formen von nichtmonotonem Schließen unterscheiden. Ich möchte hier nur eine Form erwähnen, die sich von dem prototypischen Schließen im Vogelbeispiel deutlich unterscheidet: das autoepistemische Schließen (der Ausdruck stammt von R. Moore). Es folgt dem Muster:

Wenn Aussage x wahr wäre, so wüßte ich das.
Ich weiß nicht, ob x wahr ist.
Also ist x nicht wahr.

Es ist wichtig, daß das zweite Antecedens in diesem Muster keine Prämisse ist, sondern aus dem vorliegenden Wissen abgeleitet werden kann. Wir hätten sonst keine Nichtmonotonie. Betrachten wir ein Beispiel. Nehmen wir an, die Prämissen eines Agenten wären:

1) *Wenn jemand mein älterer Bruder ist, dann weiß ich das.*
2) *Hans ist mein älterer Bruder.*

Der Schluß

3) *Peter ist nicht mein älterer Bruder.*

wäre sicherlich in diesem Fall gerechtfertigt, denn

4) *Ich weiß nicht, daß Peter mein älterer Bruder ist.*

kann aus den Prämissen abgeleitet werden. Die Zusatzinformation

5) *Peter ist mein älterer Bruder.*

macht offensichtlich diese Ableitungen unmöglich. Nichtmonotonie entsteht bei dieser Art von Schlüssen dadurch, daß die Bedeutung von Sätzen, die über das eigene Wissen sprechen, abhängt von eben diesem Wissen (und sich damit bei Wachsen des Wissens ändert). In diesem Beispiel etwa wissen wir im Nachhinein, daß Prämisse 1) falsch war, als sie zur Ableitung von 3) benutzt wurde. 1) kann jedoch beibehalten werden, denn die Prämisse bezieht sich jetzt auf das neue Wissen unseres Agenten. Eine detaillierte Beschreibung dieser Form von Nichtmonotonie findet sich in (Moore 85).

(McCarthy 84) enthält eine Typologie von sieben verschiedenen Arten nichtmonotoner Schlußweisen. Wir werden sie hier nicht im einzelnen diskutieren, sollten aber im Auge behalten, daß eine abschließende Diskussion jeder Formalisierung die Frage behandeln muß, welche der verschiedenen Formen tatsächlich modelliert worden ist. Uns wird es hier im wesentlichen darum gehen, wie Default-Regeln repräsentiert werden können, d.h. Implikationen, deren Konklusionen typischerweise, aber nicht immer gelten (Faustregeln). Die Flugfähigkeit von Vögeln ist ein Beispiel.

Es könnte hier die Frage auftauchen, warum Formalisierungen überhaupt notwendig sind. Und in der Tat hat es ja in der KI immer Programme gegeben, die nichtmonotone Ableitungen realisieren. Das bekannteste Beispiel ist wohl PROLOG. Die Interpretation von $\neg A$ als Nichtableitbarkeit von A (negation as failure) führt dazu, daß ableitbare Formeln bei Erweiterung der Prämissenmenge unableitbar werden können. Ein anderes Beispiel ist PLANNER (Hewitt 72) mit seinem THNOT-Operator. Eine Diskussion einiger solcher Systeme findet sich in (McDermott, Doyle 80).

Natürlich ist Programmieren etwas Feines, aber Verstehen, was die Programme tun, ist noch schöner. Und es stellte sich sehr schnell heraus, daß die Programmierer nicht mehr verstanden, was sie programmiert hatten. Sie riefen also die Logiker um Hilfe (oder kamen die von selbst, ohne gerufen worden zu sein?), die ihrerseits versuchten, nichtmonotones Schließen auf einen präzisen formalen Grund zu stellen, d.h. Logiken zu definieren, die solche Schlußweisen modellieren. Die Ergebnisse ihrer Bemühungen sind in dieser Arbeit dargestellt. Inzwischen ist dieses Gebiet sicher zu einem der zentralen Themen der KI geworden. Man sehe sich nur irgendeine wichtige KI-Konferenz an: die preisgekrönten Papiere stammen aller Voraussicht nach aus eben diesem Gebiet (etwa IJCAI-87, AAAI-86).

Wir werden uns hier auf die Darstellung der drei wichtigsten (einflußreichsten, am meisten zitierten usw.) Ansätze (genauer: Typen von Ansätzen) beschränken. Wir werden beginnen mit Drew McDermott und Jon Doyles Nichtmonotoner Logik 1 (NML1) und ihren Nachfolgern, insbesondere Moores Autoepistemischer Logik. Abschn. 3 wird Raymond Reiters Default Logik gewidmet sein, und dann (Abschn. 4) werden wir uns verschiedenen Formen von Circumscription zuwenden, der von John McCarthy vorgeschlagenen Formalisierung. Abschn. 5 enthält einige neuere Ergebnisse, die die Beziehung der Formalisierungen zueinander betreffen.

2. Modale nichtmonotone Logiken

Den modalen nichtmonotonen Logiken, die in diesem Abschnitt behandelt werden, ist gemeinsam, daß die logische Sprache um einen Modaloperator erweitert wird. Dieser Modaloperator wird benutzt, um darzustellen, daß etwas *konsistent* ist oder *geglaubt* wird.

2.1 Nichtmonotone Logik 1

NML1 (McDermott, Doyle 80) ist eine Logik, in der die Ableitbarkeit von Formeln nicht nur auf der (klassischen) Ableitbarkeit von anderen Formeln beruhen kann, sondern auch auf der Konsistenz von Formeln. Insbesondere werden Defaults wie

Bayern mögen typischerweise Bier.

folgendermaßen interpretiert:

Wenn x ein Bayer ist
und keine Information vorliegt , daß er kein Bier mag,
(d.h. es ist konsistent anzunehmen, daß er Bier mag)
dann mag x Bier.

Ein modaler Operator M mit der intuitiven Bedeutung "ist konsistent" wird in die logische Sprache eingeführt, d.h. die Sprache wird erweitert, so daß Mq eine Formel ist, wenn q eine Formel ist. Die obige Default-Regel wird dann folgendermaßen dargestellt:

1)   BAYER(x) $\wedge$ M MAG-BIER(x) $\supset$ MAG-BIER(x)

(Freie Variablen sollen in dem gesamten Papier als allquantifiziert gelten.) Wir können also jetzt Defaults darstellen, aber das ist natürlich nicht genug, denn das allein erlaubt noch keine nichtmonotonen Schlüsse. Haben wir etwa zusätzlich

2)   BAYER(Peter)

dann erhalten wir nur

3)   M MAG-BIER(Peter) $\supset$ MAG-BIER(Peter)

Wir brauchen also die Möglichkeit, Formeln der Gestalt Mq syntaktisch abzuleiten, und zwar so, daß die intuitive Bedeutung von M erhalten bleibt. Wie läßt sich das erreichen? M soll bedeuten "ist konsistent". q ist konsistent, wenn $\neg$q nicht ableitbar ist. Warum erweitern wir nicht einfach die Logik um eine zusätzliche Ableitungsregel:

Wenn ¬q nicht ableitbar ist, dann leite Mq ab.

Das mag zwar einfach sein, aber natürlich ist es falsch. Der Grund: diese Ableitungsregel ist zirkulär. Sie definiert Ableitbarkeit durch Ableitbarkeit (aber nicht in der Weise von rekursiven Definitionen, die eine Rekursionsbasis haben). Nehmen wir etwa die Prämissenmenge

$$\{Mq \supset \neg q\}$$

Wenn wir die obige Ableitungsregel verwenden, dann erhalten wir: ¬q ist ableitbar gdw. ¬q nicht ableitbar ist.

Wir müssen uns also schon etwas Besseres einfallen lassen. Tatsächlich stellt sich heraus, daß die Definition der Ableitbarkeit in unserer Logik äußerst trickreich ausfallen muß. McDermott und Doyle verwenden zu diesem Zweck eine Fixpunktkonstruktion (als Erinnerung: a ist ein Fixpunkt einer Funktion f gdw. f(a)=a). Sie definieren einen Operator, dessen Fixpunkte zur Definition der ableitbaren Formeln herangezogen werden. Um diesen Ansatz ein wenig mehr zu motivieren, betrachten wir ein weiteres kleines (und sehr bekanntes) Beispiel:

Quäker sind typischerweise Pazifisten.
Republikaner sind typischerweise keine Pazifisten.
Nixon ist Republikaner und Quäker.

Wie steht es um Nixons Pazifismus? Es scheint verschiedene Meinungen (beliefs) zu geben, die von unseren Prämissen auf intuitive (näher zu präzisierende) Weise gestützt werden. McDermott und Doyle definieren nun ihren Fixpunktoperator gerade so, daß jede dieser verschiedenen Meinungen einem Fixpunkt des Operators entspricht. Es folgen die exakten Definitionen:

Seien A, S Mengen von Formeln. Wir definieren die Menge der Annahmen von S bezüglich A als:

$$\text{Ass}_A(S)=\{Mq \,|\, \neg q \notin S\} - Th(A)$$

Th(A) bezeichnet hier die klassischen (monotonen) Theoreme von A. Sie werden hier nur aus terminologischen Gründen nicht in $\text{Ass}_A(S)$ mit aufgenommen. Wir definieren den Fixpunktoperator NM wie folgt:

$$NM_A(S)=Th(A \cup \text{Ass}_A(S))$$

Dieser Operator ist nur aus einem einzigen Grund interessant: weil er interessante Fixpunkte hat. Nehmen wir an, S sei ein solcher Fixpunkt von NM_A:

$$NM_A(S)=S$$

Dann enthält S

1) alle Prämissen aus A,
2) alle monotonen Theoreme von A,
3) soviele Formeln der Form Mq wie konsistent zu S hinzugefügt werden können und
4) alle Theoreme von 1) ... 3).

Die Fixpunkte von NM_A entsprechen damit den verschiedenen Formelmengen, die intuitiv von den Prämissen in A "gerechtfertigt" werden (unter der intendierten Interpretation von M). Das Problem mit den Fixpunkten ist natürlich, daß sie im Allgemeinen schwer zu beschreiben und zu finden sind. Jede auf ihnen aufbauende Definition von Ableitbarkeit ist nicht-konstruktiv. Betrachten wir ein paar sehr einfache Beispiele:

a) A = { }

Es gibt genau einen Fixpunkt. Er enthält alle Tautologien sowie Mq für jede Formel q, die keine Kontradiktion ist.

b) A = {Mp $\supset$ p}

Es gibt genau einen Fixpunkt, der sowohl Mp als auch p enthält.

c) A = {Mp $\supset$ p, ¬p}

Es gibt genau einen Fixpunkt. Er enthält weder Mp noch p.

d) A = {Mp $\supset$ ¬r, Mr $\supset$ ¬p}

Es gibt zwei Fixpunkte, einer enthält Mp und ¬r, aber nicht Mr und ¬p, der andere enthält Mr und ¬p, aber nicht Mp und ¬r.

e) A = {Mp $\supset$ ¬p}

Es gibt keinen Fixpunkt.
Beweis: Sei S eine Menge von Formeln. Dann enthält S entweder ¬p oder nicht. Wenn (1) ¬p enthalten ist, dann enthält $Ass_A(S)$ nicht Mp. Aber dann kann ¬p nicht aus $A \cup Ass_A(S)$ abgeleitet werden. Damit ist S kein Fixpunkt von NM_A. Wenn (2) S dagegen ¬p enthält, dann enthält $Ass_A(S)$ auch Mp, $NM_A(S)$ damit ¬p, und wieder ist S kein Fixpunkt von NM_A.

Wie wir gesehen haben kann es keinen, einen oder mehrere (ja sogar unendlich viele) Fixpunkte von NM für eine Prämissenmenge A geben (wir werden sie von jetzt an einfach Fixpunkte von A nennen). Es stellt sich die Frage, was denn nun die ableitbaren Formeln sein sollen. McDermott und Doyle wählen den Schnitt aller Fixpunkte. Das entspricht der Auffassung, daß bei Vorliegen von widersprüchlicher Default-Information (wie in dem Nixon-Beispiel oben) keine willkürliche Entscheidung getroffen werden soll: es bleibt offen, ob Nixon Pazifist ist oder nicht. Das ist sicher eine plausible Sichtweise, aber nicht die einzig denkbare, wie wir in Abschn. 3 sehen werden. Formal:

Sei A eine Menge von Prämissen, FP(A) die Menge der Fixpunkte von A. Wir definieren TH(A), die Menge der nichtmonotonen Theoreme von A, wie folgt

$$TH(A) = \{p \mid S \in FP(A) \Rightarrow p \in S\}$$

Gibt es keinen Fixpunkt, so liefert diese Definition die Menge aller Formeln; dieser Fall wird also als Inkonsistenz behandelt.

Wir wollen jetzt einige Resultate über NML1 wiedergeben. Die Beweise finden sich in (McDermott, Doyle 80).

a) Wenn A eine Menge klassischer Formeln ist, die M nicht enthalten, dann gibt es genau einen Fixpunkt.

b) A ist monoton inkonsistent gdw. die Menge aller Formeln der einzige Fixpunkt von A ist.

c) Alle Fixpunkte von A sind minimal, d.h. wenn $S1, S2 \in FP(A)$ und S1 ist enthalten in S2, dann gilt S1=S2.

d) Wenn $S1, S2 \in FP(A)$ und $S1 \neq S2$, dann ist $S1 \cup S2$ inkonsistent.

Kehren wir noch einmal zurück zu unserem Beispiel vom Anfang dieses Abschnitts. Wir hatten dort

1)   BAYER(x) $\wedge$ M MAG-BIER(x) $\supset$ MAG-BIER(x)
2)   BAYER(Peter)

Da $\neg$MAG-BIER(Peter) selbst bei Hinzunahme jeder beliebigen Annahme, d.h. Formel der Gestalt Mq, nicht abgeleitet werden kann, ist M MAG-BIER(Peter) im einzigen Fixpunkt enthalten. Deshalb ist auch MAG-BIER(Peter) im Fixpunkt enthalten und also ableitbar. Fügen wir hinzu

3)   KRANK(x) $\supset$ $\neg$MAG-BIER(x)
4)   KRANK(Peter)

so wird $\neg$MAG-BIER(Peter) monoton ableitbar, M MAG-BIER(Peter) und MAG-BIER(Peter) sind deshalb nicht im einzigen Fixpunkt enthalten. Wir sehen hier ein weiteres Beispiel dafür, daß die Logik tatsächlich nichtmonoton ist. Ersetzen wir 3) durch

3')   KRANK(x) $\wedge$ M $\neg$MAG-BIER(x) $\supset$ $\neg$MAG-BIER(x)

so erhalten wir zwei Fixpunkte, der eine enthält MAG-BIER(Peter), der andere $\neg$MAG-BIER(Peter).

Leider stellt sich heraus, daß NML1 eine sehr unschöne Eigenschaft besitzt (eine Eigenschaft, die sie mit der Autoepistemischen und der Default Logik teilt): sie ist nicht semientscheidbar, d.h. es gibt kein Programm, das für eine beliebige Prämissenmenge A und eine beliebige Formel q "ableitbar" ausgibt gdw. q ein NML1-Theorem von A ist. Alle NML1-Beweiser, die wir bauen, werden entweder unvollständig oder unkorrekt sein, oder nur eine Teilmenge von NML1 handhaben können (Brewka 86). Für den aussagenlogischen Fall (NML1 als Erweiterung der Aussagenlogik) exisitiert ein Entscheidungsverfahren (McDermott, Doyle 80).

Bisher ist noch nichts über die Semantik von NML1 gesagt worden. McDermott und Doyle definieren, was sie Semantik nennen, folgendermaßen:

> Sei A eine Menge von Formeln. Ein nichtmonotones Modell von A ist ein Paar (V,S), wobei V ein monotones Modell von S ist und S ein Fixpunkt von A.

Das ist so natürlich nicht sehr hilfreich, denn die Definition verwendet gerade die Fixpunkte, die auch zur Definition der Ableitbarkeit benutzt wurden. Wir erhalten trivialerweise Vollständigkeit und Korrektheit. Aber das erhellt natürlich nicht die Bedeutung unserer Formeln. Wie wir sehen werden, sind für die anderen in dieser Arbeit diskutierten nichtmonotonen Logiken bessere Methoden gefunden worden, eine Semantik zu definieren.

Es gibt ein weiteres Problem mit NML1: diese Logik ist zu schwach. Man kann leicht nachprüfen, daß {Mp, ¬p} in NML1 konsistent ist, {¬Mp} dagegen inkonsistent, es gibt keinen Fixpunkt: ¬p ist, selbst unter Hinzunahme beliebiger Annahmen der Form Mq (außer Mp), nicht ableitbar, Mp müßte also in jedem Fixpunkt enthalten sein; da jedoch auch ¬Mp enthalten sein muß, wird jeder Fixpunkt-Kandidat inkonsistent. Diese unerwünschten Eigenschaften treten auf, weil einfache Ableitungen, die den M-Operator betreffen, nicht vorgenommen werden können. So erwarten wir etwa, daß ¬Mp aus ¬p ableitbar ist. Solche Beziehungen sind gerade in den Modallogiken formalisiert worden, und es liegt nahe, eine nichtmonotone Logik statt auf der klassischen Logik auf einer Modallogik aufzubauen.

2.2 Nichtmonotone Logik 2

Modallogiken - eine exzellente Einführung geben (Hughes, Cresswell 68) - formalisieren die Begriffe "notwendig" und "möglich". Mp steht für "p ist möglich", Lp für "p ist notwendig". Lp kann ausgedrückt werden durch ¬M¬p, man kommt also im Prinzip mit einem Modaloperator aus. *Möglich* und *notwendig* kann man auch, wie es in Abschn. 2.1 getan wurde, als *konsistent* und *beweisbar* interpretieren. Modallogiken entstehen aus der klassischen Logik durch zusätzliche Axiome und Inferenzregeln, etwa:

1) Lp ⊃ p   3) Lp⊃LLp
2) L(p⊃q)⊃(Lp⊃Lq)   4) Mp⊃LMp

R1) Wenn p ableitbar ist, dann auch Lp.

Die wichtigsten Modallogiken heißen T (Axiome 1,2), S4 (Axiome1,2,3) und S5 (Axiome 1,2,4). S5 ist stärker als S4, S4 stärker als T. McDermott (McDermott 82) hat nun nichtmonotone Versionen dieser Logiken definiert. Das geschieht einfach dadurch, daß in der Definition von NM (siehe 2.1) Th durch Th_T, Th_{S4}, Th_{S5}, die Menge der T-, S4-, bzw S5-Theoreme, ersetzt wird.

Der plausibelste Kandidat für eine Formalisierung von Konsistenz scheint S5 zu sein. Überraschenderweise stellt sich jedoch heraus, daß die nichtmonotone Version von S5 äquivalent zum monotonen S5 ist. McDermott schlägt deshalb vor, den zweitbesten Kandidaten, die nichtmonotone Version von S4, zu wählen. Diese Wahl bleibt jedoch unmotiviert, und soviel ich weiß, hat niemand diese Logik tatsächlich jemals verwendet. Vielleicht liegt das auch daran, daß mit der Autoepistemischen Logik eine bessere Alternative verfügbar ist.

2.3 Autoepistemische Logik

Moores (Moore 85) Autoepistemische Logik (AEL) kann als ein weiterer, erfolgreicherer Versuch angesehen werden, die Schwächen von NML1 zu beheben. Moore geht aber von einer ganz anderen Perspektive aus. Anstelle einer Formalisierung des Begriffs Konsistenz geht es ihm um eine Modellierung der Schlüsse eines idealen Agenten, der über sein eigenes Wissen räsonniert. Konsequenterweise erhält auch der Modaloperator eine andere intuitive Bedeutung: der grundlegende Operator L wird interpretiert als "es wird geglaubt, daß", der duale Operator M entsprechend "es wird nicht geglaubt, daß nicht". Defaults werden notiert wie in NML1, aber die Formel

1)   BAYER(x) $\wedge$ M MAG-BIER(x) $\supset$ MAG-BIER(x)

wird gelesen "wenn x ein Bayer ist und nicht geglaubt wird, daß er kein Bier mag, dann mag er Bier".

In Moores Logik übernehmen sogenannte *stabile Expansionen* einer Formelmenge A die Rolle der Fixpunkte in NML1. Sie werden folgendermaßen definiert:

Eine Formelmenge T heißt *stabile autoepistemische Theorie* gdw. die folgenden Eigenschaften gelten:

(1)   Wenn P1,...,Pn $\in$ T und P1,...,Pn |- Q, dann Q $\in$ T (wobei "|-" klassische monotone Ableitbarkeit bezeichnet).

(2)   Wenn P $\in$ T, dann LP $\in$ T.

(3)   Wenn P $\notin$ T, dann $\neg$LP $\in$ T.

Stabilität ist sicherlich eine Eigenschaft, die die Überzeugungen (beliefs) eines idealen rationalen Agenten erfüllen sollten. Wir brauchen aber eine weitere Bedingung. Wir müssen auch festlegen, daß nur diejenigen Formeln zur Menge der Überzeugungen gehören dürfen, die notwendig sind, um ausgehend von einer Menge von Prämissen Stabilität zu erreichen. Wir definieren deshalb:

Eine Formelmenge T ist *gegründet* in einer Menge von Prämissen A gdw. jede Formel aus T enthalten ist in der Menge der (monotonen) Theoreme von

$$A \cup \{LP | P \in T\} \cup \{\neg LP | P \notin T\}$$

Jede Erweiterung von A, die (1) eine stabile autoepistemische Theorie und (2) gegründet in A ist, heißt *stabile Expansion* von A. Um den engen Zusammenhang, aber auch den Unterschied zwischen NML1 und AEL deutlich zu machen, mag eine Charakterisierung der stabilen Expansionen mit einem Fixpunktoperator von Nutzen sein. S ist eine stabile Expansion von A gdw. S ein Fixpunkt des Operators NM' ist, der wie folgt definiert wird:

$$NM'_A(S)=Th(A \cup Ass_A(S) \cup NegAss_A(S))$$

wobei

$$Ass_A(S)=\{Mq | \neg q \notin S\}$$
$$NegAss_A(S)=\{\neg Mq | \neg q \in S\}$$

Moore erläutert die Schwierigkeiten von NML1 folgendermaßen (Moore 85, S.86):

In nonmonotonic logic, {LP | P ∈ T} is missing from the base of the fixed points. This makes it possible for there to be nonmonotonic theories that contain P but not LP. So, under an autoepistemic interpretation of L, McDermott and Doyle's agents are omniscient as to what they do not believe, but they may know nothing as to what they do believe.

Kómmen wir jetzt zu Moores Definition der Semantik von AEL:

Sei T eine Menge von Formeln.

Eine *Interpetation* von T wird definiert wie üblich (in klassischer Logik), Formeln der Form Lp werden dabei behandelt wie aussagenlogische Konstanten.

Eine *autoepistemische Interpretation* von T ist eine Interpretation, in der Lp wahr ist gdw. p in T ist.

Ein *autoepistemisches Modell* von T ist eine autoepistemische Interpretation von T, in der alle Formeln aus T wahr sind.

T ist *korrekt* bezüglich einer Prämissenmenge A gdw. jede autoepistemische Interpretation von T, in der alle Formeln aus A wahr sind, ein autoepistemisches Modell von T ist.

T ist *semantisch vollständig* gdw. T jede Formel enthält, die in jedem autoepistemischen Modell von T gilt.

Moore hat die Vollständigkeit und Korrektheit seiner Logik bezüglich dieser Semantik gezeigt:

Theorem:
Eine Menge von Formeln T ist semantisch vollständig und korrekt bezüglich einer Menge von Prämissen A gdw. T eine stabile Expansion von A ist.

Moores Semantik ist, im Gegensatz zu derjenigen von McDermott und Doyle, unabhängig von der Definition der Ableitbarkeit. Es gibt Wissenschaftler, die sie sogar elegant und natürlich finden (Konolige 87). Es sei dem Leser überlassen, diese Meinung zu teilen oder nicht. Es sollte noch erwähnt werden, daß Moore (Moore 84) eine alternative Semantik definiert hat, und zwar eine Semantik möglicher Welten im Stile von Kripke.

AEL kann sicher als die erfolgreichste nichtmonotone Logik angesehen werden, die auf einer modalen Erweiterung der logischen Sprache beruht. Es ist allerdings zu bemerken, daß Moore seine Logik als eine Formalisierung autoepistemischen Schließens versteht, also der Form, die wir in der Einleitung kurz angesprochen haben, und ausdrücklich nicht als eine Formalisierung von Default-Schlüssen.[1] Ein sehr interessantes neueres Resultat (Konolige 87) hat jedoch gezeigt, daß eine sehr enge Beziehung besteht zwischen AEL und Reiters Default Logik, einer der prominentesten Formalisierungen eben dieses Default-Schließens. In der Tat ist diese Beziehung so eng, wie es nur eben geht: die beiden Logiken sind äquivalent. Dieses Resultat hat sicher nicht nur Robert Moore überrascht. Wir werden darauf in Abschn. 5 zurückkommen, nachdem Default Logik und Circumscription eingeführt worden sind.

3. Default Logic

Reiters Default Logik, DL, (Reiter 80) besitzt viele Ähnlichkeiten mit den Logiken, die wir in Abschn. 2 kennengelernt haben. Insbesondere interpretiert Reiter Defaults in der gleichen Weise wie McDermott und Doyle, also "As sind typischerweise Bs" wird interpretiert wie "wenn x ein A ist, und es konsistent ist, anzunehmen, daß x ein B ist, dann ist x ein B". DL unterscheidet sich jedoch in einem wichtigen Aspekt von den modalen Ansätzen: anstelle einer Erweiterung der logischen Sprache und einer Darstellung von Defaults innerhalb dieser erweiterten Sprache verwendet Reiter die Defaults als nichtmonotone Inferenzregeln. Diese Inferenzregeln legen die Art und Weise fest, wie klassische logische Theorien (erster Ordnung) zu Mengen von Überzeugungen (belief sets) erweitert werden können, die mehr als nur die logisch ableitbaren Formeln enthalten.

Die Defaults selbst werden folgendermaßen notiert:

$$\frac{A(x) : M\ B1(x);\ \ldots\ ;\ M\ Bn(x)}{C(x)}$$

---

[1] Es soll hier nicht unerwähnt bleiben, daß kürzlich (Shoham 87) die Unterscheidung zwischen autoepistemischem und Default-Schließen in Frage gestellt wurde. Shohams Argumente scheinen mir aber nicht überzeugend zu sein.

Hierbei sind A(x), B1(x), ... , Bn(x) und C(x) klassische Formeln, deren freie Variablen in x=x1, ..., xm enthalten sind. Die intendierte Bedeutung dieses Defaults ist: Wenn (für irgendein x) A(x) abgeleitet werden kann und weder ¬B1(x), noch ..., noch ¬Bn(x) ableitbar ist, dann leite C(x) ab. A(x) heißt auch Vorbedingung, C(x) Konsequenz und die Bi(x) Rechtfertigungen des Defaults. Aus Platzgründen verwenden wir manchmal auch die alternative Notation: A(x): M B1(x); ... ; M Bn(x)/C(x).

Eine Default-Theorie ist nun ein Paar (D,W), wobei D eine Menge von Defaults ist und W eine Menge von klassischen Formeln. Für abgeschlossene Default-Theorien, d.h. solche, in denen alle Defaults aus D keine freien Variablen enthalten, wird ein Operator Γ folgendermaßen definiert:

Sei S eine Menge von abgeschlossenen Formeln, (D,W) eine abgeschlossene Default Theorie. Dann ist Γ(S) die kleinste Menge für die gilt:

D1 Γ(S) enthält W

D2 Γ(S) ist abgeschlossen (bzgl. klassischer Ableitbarkeit)

D3 Wenn A:MB1; ... ;MBn/C ∈ D, A∈ Γ(S) und ¬Bi∉ S, dann ist auch C∈ Γ(S)

Reiter nennt die Fixpunkte dieses Operators *Extensionen* [2] von (D,W). Defaults, die freie Variablen enthalten, werden als Schemata interpretiert, die alle Grundinstanzen dieser Defaults repräsentieren. Für die technischen Einzelheiten siehe (Reiter 80, Abschn. 7).

Es gibt viele Übereinstimmungen zwischen NML1 und seinen Nachfolgern einerseits und DL. Viele Resultate, die für NML1 gezeigt werden konnten, gelten für DL entsprechend: Theorien ohne Defaults haben genau eine Extension; wenn W inkonsistent ist, so ist die Menge aller Formeln die einzige Extension; Extensionen sind minimal (bezüglich der Teilmengenrelation). Leider gilt diese Übereinstimmung auch für das Resultat über die Nicht-Semi-Entscheidbarkeit: das Problem, ob eine Formel zu einer Extension einer Default-Theorie gehört, ist nicht semi-entscheidbar.

Es gibt aber auch einen wichtigen Unterschied: McDermott und Doyle definieren ja die Theoreme ihrer Logik als den Schnitt aller Fixpunkte. Reiter dagegen interpretiert jede einzelne Extension als akzeptable Menge von Überzeugungen. Dieses "mutige" Verhalten eines Systems, das auf DL beruht, hat Vor- und Nachteile: einerseits erhält man natürlich mehr Ableitungen, und wenn in einer solchen Menge von Überzeugungen für ein Default die Vorbedingungen enthalten sind, nicht aber die Negation irgendeiner Rechtfertigung, dann ist auch die Konsequenz enthalten. Andererseits hängen natürlich die Ergebnisse, die man erhält, von der Wahl der Extension ab, und für zwei unterschiedliche Extensionen einer Theorie gibt es üblicherweise Formeln, die in der einen negiert, in der anderen nicht negiert vorkommen[3] (nach dem Motto: sag mir, was du beweisen willst, und ich sage dir, welche Extension du nehmen mußt). Welche dieser unterschiedlichen Sichtweisen

---

[2] Reiter hat in seinem Originalpapier eine zweite, äquivalente Charakterisierung der Extensionen angegeben. Für die Einzelheiten siehe (Reiter 80, S. 89).
[3] Das ist tatsächlich immer der Fall in normalen Default-Theorien, die wir im nächsten Absatz kennenlernen werden.

geeigneter ist, hängt natürlich von der Art der Schlüsse ab, die formalisiert werden sollen, und von der Anwendung, für die man die Logik benutzt.

Reiter war ursprünglich (Reiter 80) überzeugt, daß die einzig interessanten Defaults solche der Form

$$\frac{A(x):\ M\ B(x)}{B(x)}$$

seien, in denen die einzige Rechtfertigung identisch mit der Konsequenz ist. Reiter nennt sie *normale* Defaults. Theorien, die nur solche Defaults besitzen, heißen *normale Default-Theorien.*

Normale Default-Theorien haben einige schöne Eigenschaften. So existieren immer Extensionen, und wenn eine solche Theorie eine Extension E besitzt, dann kann sie nicht durch weitere Defaults "zerstört" werden: werden beliebige normale Defaults hinzugefügt, dann gibt es immer eine Extension E' der neuen Theorie, so daß E in E' enthalten ist (Semi-Monotonie).

Leider treten in normalen Default-Theorien häufig Extensionen auf, die unerwünscht sind. Nehmen wir folgendes Beispiel (Reiter, Criscuolo 81):

1)   *Studenten sind typischerweise erwachsen.*
2)   *Erwachsene sind typischerweise verheiratet.*
3)   *Studenten sind typischerweise unverheiratet.*
4)   *Peter ist Student.*

In diesem Beispiel erhalten wir zwei Extensionen, eine enthält "Peter ist verheiratet", die andere "Peter ist unverheiratet". Wir wollen natürlich hier das letztere Resultat ableiten, denn die Information 3) ist "besser" als die allgemeinere Information über Erwachsene, zu denen Peter als Student ja nur per Default 2) gehört. Reiter und Criscuolo schlagen vor, sogenannte semi-normale Defaults zu verwenden. Sie haben die Form

$$\frac{A(x):\ M\ B(x)\ \wedge\ C(x)}{C(x)}$$

Dadurch lassen sich unerwünschte Extensionen vermeiden. In unserem Beispiel könnte etwa 2) so repräsentiert werden:

$$\frac{\text{ERWACHSEN}(x):\ M\ \neg\text{STUDENT}(x)\ \wedge\ \text{VERHEIRATET}(x)}{\text{VERHEIRATET}(x)}$$

Jetzt können wir nur dann ableiten, daß ein Erwachsener verheiratet ist, wenn wir nicht ableiten können, daß er Student ist. Das löst zwar unser Problem, aber leider wirkt diese Darstellung der Defaults doch ein wenig unnatürlich, vor allem wenn viele solche Ausnahmebedingungen vorliegen, die die Default-Regel unanwendbar machen. Außerdem müssen Defaults modifiziert werden, wenn das Wissen anwächst und ähnliche Fälle auftreten wie in unserem Beispiel. Eine etwas elegantere Lösung wäre es, logische Konstanten als Namen für Defaults einzuführen und explizite Aussagen über ihre Anwendbarkeit zu machen. Das kann man etwa durch die Verwendung eines Standardprädikates, nennen wir es ANW ("anwendbar"), erreichen. Wenn wir etwa die Konstante R1 als Namen unserer Default-Regel einführen, dann können wir sie so repräsentieren:

$$\frac{\text{ERWACHSEN}(x) : M\ \text{ANW}(R1,x) \wedge \text{VERHEIRATET}(x)}{\text{VERHEIRATET}(x)}$$

Das erlaubt es, einfache logische Implikationen zu verwenden, um die Anwendbarkeit der Default-Regel in bestimmten Fällen zu blockieren. In unserem Fall:

$$\text{STUDENT}(x) \supset \neg\text{ANW}(R1,x)$$

Die Idee, Defaults zu benennen und explizite Aussagen über ihre Anwendbarkeit zu ermöglichen, wurde - meines Wissens erstmals - in (Brewka, Wittur 84) und (Brewka 86) vorgeschlagen.

Reiter hat selbst keine Semantik für DL definiert. Von der Publikation von Reiters Arbeit im Artificial Intelligence Journal an hat es sieben Jahre gedauert, bis Etherington (Etherington 87a) (Etherington 87b) die fehlende Semantik nachgeliefert hat[4] . Seine grundlegende Idee war es, die Defaults zur Definition einer Präferenzrelation zwischen Mengen von Modellen erster Ordnung zu verwenden. Diese Präferenzrelation wird dazu verwendet, um Modellmengen auszusondern, die nicht durch die Defaults "sanktioniert" werden. Formal:

Definition: Sei $\delta=\alpha:M\beta 1; \dots ;M\beta n/\omega$ ein Default, $\Gamma 1$ und $\Gamma 2$ Mengen von Modellen. δ *bevorzugt* $\Gamma 1$ gegenüber $\Gamma 2$ ($\Gamma 1 \geq_\delta \Gamma 2$) gdw.

1) $\forall \gamma \in \Gamma 2.\ \gamma \models \alpha,$
2) $\exists \gamma 1,\dots,\gamma n \in \Gamma 2.\ \gamma i \models \beta i$ und
3) $\Gamma 1 = \Gamma 2 - \{\gamma \mid \gamma \models \neg\omega\}$

Für Mengen von Defaults D wird die Präferenzrelation $\geq_D$ so definiert, daß $\Gamma 1 \geq_D \Gamma 2$ gdw. $\exists \delta \in D.\Gamma 1 \geq_\delta \Gamma 2$.

Man kann nun zeigen, daß für eine normale Default-Theorie (D,W) jede $\geq_D$-maximale Menge von Modellen, die gegenüber MOD(W) bevorzugt wird, genau die Menge aller Modelle einer Extension ist und umgekehrt. MOD(W) ist hier die Menge aller Modelle von W. Ein Beispiel: nehmen wir an, unsere Sprache besteht aus zwei aussagenlogischen Konstanten a und b, und unsere Default-Theorie hat die Form

$$(\{:Mb/b, :Ma/a\}, \{\neg a \vee \neg b\})$$

Die Menge der Modelle von W ist:

---

4 Seine Arbeit beruht aber auf Lukaszewiczs Definition einer Semantik für normale Default-Theorien (Lukaszewicz 84).

$$\{(a,\neg b),\ (\neg a,\ b),\ (\neg a,\neg b)\}$$

(hier repräsentiert (x,y) das Modell, in dem x und y wahr sind.) Unser erstes Default liefert uns

$$\{(\neg a,b)\}\ \geq_D \{(a,\neg b),\ (\neg a,\ b),\ (\neg a,\neg b)\}$$

Die Modellmenge $\{(\neg a,b)\}$ ist maximal und entspricht einer Extension. Von dem zweiten Default erhalten wir

$$\{(a,\neg b)\}\ \geq_D \{(a,\neg b),\ (\neg a,\ b),\ (\neg a,\neg b)\}$$

was wiederum der zweiten Extension entspricht.

Für nicht-normale Default-Theorien ist die Situation etwas komplizierter. Betrachten wir die Theorie

$$(\{:M\neg b/\neg b,\ :Mb/a\},\ \{\ \})$$

Da W leer ist, gehen wir aus von der Menge aller Modelle

$$\{(a,b),\ (a,\neg b),\ (\neg a,\ b),\ (\neg a,\neg b)\}$$

Benutzen wir das Default :Mb/a, so erhalten wir

$$\{(a,b),\ (a,\neg b)\}\ \geq_D \{(a,b),\ (a,\neg b),\ (\neg a,\ b),\ (\neg a,\neg b)\}$$

Die andere Default-Regel liefert

$$\{(a,\neg b)\}\ \geq_D \{(a,b),\ (a,\neg b)\}$$

Diese einelementige Modellmenge kann nicht weiter reduziert werden, ist also maximal. Es gibt allerdings keine Extension der Default-Theorie, die a enthält. Der Grund für diese Schwierigkeit liegt darin, daß die Rechtfertigung eines Defaults, das notwendig ist, um die Maximalität der Modellmenge zu bestimmen, (hier :Mb/a) durch ein anderes, dafür ebenso notwendiges Default (hier :M¬b/¬b) widerlegt werden kann. Wir benötigen deshalb die folgende zusätzliche Bedingung:

Definition: Stabilität

Sei $\Delta=(D,W)$ eine Default-Theorie, Γ eine $\geq_D$-maximale Menge von Modellen, so daß Γ $\geq_D$ MOD(W). Γ heißt *stabil* für Δ gdw. es eine Teilmenge D' von D gibt mit folgenden Eigenschaften:

1) $\Gamma\ \geq_{D'}$ MOD(W) und

2)   für jedes $\alpha:M\beta 1;\ ...;M\beta n/\omega \in D'$ gibt es $\gamma 1,\ ...,\ \gamma n \in \Gamma$, so daß $\gamma i \models \beta i$.

Etherington hat die Korrektheit und Vollständigkeit von DL bezüglich dieser Semantik gezeigt, d.h. es gilt folgendes Theorem:

Γ ist die Menge aller Modelle einer Extension einer Default Theorie Δ gdw. Γ für Δ stabil ist.

Kommen wir nach so vielen formalen Definitionen noch einmal zurück zu unserem Party-Beispiel. Wenn D={BAYER(x): M MAG-BIER(x)/MAG-BIER(x)} und W={BAYER(Peter)}, dann erhalten wir genau eine Extension, die MAG-BIER(Peter) enthält. Erweitern wir W um die Formeln KRANK(x)⊃¬MAG-BIER(x) und KRANK(Peter), dann enthält die einzige Extension ¬MAG-BIER(Peter). Ersetzen wir KRANK(x)⊃¬MAG-BIER(x) durch das Default KRANK(x): M¬MAG-BIER(x)/¬MAG-BIER(x), so entstehen zwei Extensionen, eine enthält ¬MAG-BIER(Peter), die andere MAG-BIER(Peter).

4. Circumscription

4.1 Einführung

Circumscription, eine Formalisierung nichtmonotoner Schlußweisen, die von John McCarthy entwickelt wurde, unterscheidet sich doch erheblich von den Logiken, die bisher beschrieben wurden. Anstelle einer Erweiterung der logischen Sprache und Definition einer neuen Ableitbarkeitsrelation definiert McCarthy die Formeln, die nichtmonoton aus einer Prämissenmenge ableitbar sind, als die Formeln, die monoton aus einer bestimmten Obermenge der Prämissen abgeleitet werden können. Nichtmonotonie entsteht dadurch, daß die (Menge von) Formel(n), die zu den Prämissen hinzugefügt werden, von eben diesen Prämissen abhängt.

Circumscription erlaubt, die Menge der Objekte, für die ein Prädikat (oder eine Formel) gilt, auf bestimmte Weise zu minimieren. Mittlerweile existieren verschiedene Arten von Circumscription:

    Prädikaten-Circumscription (McCarthy 80)
    Bereichs-Circumscription (McCarthy 80)
    Variablen-Circumscription (McCarthy 84)
    Formel-Circumscription (McCarthy 84)
    Prioritäten-Circumscription (McCarthy 84)
    Geschützte Circumscription (Minker, Perlis 84)
    Punktweise Circumscription (Lifschitz 86)
    Mengen-Circumscription (Perlis 87)

und es sieht fast so aus, als würde jede größere KI-Konferenz eine weitere Version hervorbringen. Darüberhinaus sind die verschiedenen Versionen entweder durch ein Schema erster Ordnung - etwa (McCarthy 80) - oder mithilfe einer Formel zweiter Ordnung definiert worden - siehe (McCarthy 84). Wir können hier nur die beiden grundlegenden

Formen von Circumscription behandeln, d.h. Prädikaten- und Variablen-Circumscription. Außerdem werden wir uns in diesem einführenden Papier auf die Versionen erster Ordnung beschränken, denn es ist noch ungeklärt, ob die Formulierungen der Circumscription in Logik zweiter Ordnung überhaupt von Vorteil sind. Perlis und Minker etwa (Perlis, Minker 86) bezweifeln jeden Vorteil. Vielleicht wundert sich mancher Leser darüber, daß wir nicht auf Formel-Circumscription eingehen. Aber McCarthy hat selbst darauf hingewiesen (McCarthy 84), daß die Möglichkeit, beliebige Prädikatsausdrücke zu minimieren, unwesentlich ist. Wir können nämlich immer Prädikate definieren, die zu diesen Ausdrücken äquivalent sind, und diese stattdessen minimieren.

4.2 Prädikaten-Circumscription

Die erste Version von Circumscription, die wir hier diskutieren wollen, erlaubt es, abzuleiten, daß die Objekte, von denen man zeigen kann, daß sie ein bestimmtes Prädikat erfüllen, die einzigen sind, die es erfüllen.

Sei A eine Formel erster Ordnung (die Konjunktion der Prämissen einer Theorie erster Ordnung), die ein n-stelliges Prädikatensymbol P enthält. $A(\phi)$ sei das Resultat der Ersetzung aller Vorkommen von P in A durch den Prädikatparameter ϕ. Die Prädikaten-Circumscription von P in A ist das Schema

$$A(\phi) \wedge (\forall x.\phi(x) \supset P(x)) \supset (\forall x.P(x) \supset \phi(x))$$

Alle Instanzen diese Schemas zusammen mit A werden nun für Ableitungen verwendet. Für den Prädikatparameter in dem Schema können beliebige Prädikatsausdrücke mit der Stelligkeit von P substituiert werden. Die Prädikatsausdrücke werden üblicherweise in Lambda-Notation dargestellt:

$$\lambda x1, ..., xn.F$$

wobei F eine beliebige Formel sein kann. $\lambda x1, ..., xn.F(arg1, ..., argn)$ repräsentiert dann den Ausdruck, den man erhält, wenn alle Vorkommen der xi in F durch argi ersetzt werden.

Interessant wird es, wenn eine Instanz des obigen Schemas gefunden wird, in der die Vorbedingungen der Implikation wahr sind. Dann garantiert nämlich die erste Vorbedingung, daß alles, was in A über P ausgesagt wird, auch für den substituierten Ausdruck gilt. Die zweite Vorbedingung garantiert, daß alle Objekte, die den substituierten Ausdruck erfüllen, nachweislich auch P erfüllen. In diesem Fall erlaubt uns die Instanz des Schemas abzuleiten, daß P äquivalent zu dem substituierten Ausdruck ist.

Folgendes Beispiel stammt aus (McCarthy 80) (wir werden zu unserem Party-Beispiel zurückkommen, sobald wir McCarthys Darstellung der Defaults eingeführt haben):

$$T = block(A) \wedge block(B) \wedge block(C)$$

Prädikaten-Circumscription von **block** in T ergibt das Schema

$$\phi(A) \land \phi(B) \land \phi(C) \land (\forall x.\phi(x) \supset block(x)) \supset (\forall x.block(x) \supset \phi(x))$$

Substituieren wir für ϕ den Ausdruck $\lambda x.(x{=}A \lor x{=}B \lor x{=}C)$, so erhalten wir:

$$(A{=}A \lor A{=}B \lor A{=}C) \land$$
$$(B{=}A \lor B{=}B \lor B{=}C) \land$$
$$(C{=}A \lor C{=}B \lor C{=}C) \land$$
$$(\forall x.(x{=}A \lor x{=}B \lor x{=}C) \supset block(x))$$
$$\supset$$
$$(\forall x.block(x) \supset (x{=}A \lor x{=}B \lor x{=}C))$$

Es folgt aus T, daß die Vorbedingungen der Implikation wahr sind, und wir erhalten:

$$(\forall x.block(x) \supset (x{=}A \lor x{=}B \lor x{=}C))$$

Wir haben damit abgeleitet, daß A, B und C die einzigen Blöcke sind. Fügen wir die Prämisse hinzu, daß auch D ein Block ist, dann bekommen wir:

$$T'{=}block(A) \land block(B) \land block(C) \land block(D)$$

Unser Schema sieht jetzt so aus:

$$\phi(A) \land \phi(B) \land \phi(C) \land \phi(D) \land (\forall x.\phi(x) \supset block(x))$$
$$\supset$$
$$(\forall x.block(x) \supset \phi(x))$$

Unsere vorige Substitution macht die Vorbedingungen der Implikation jetzt nicht mehr wahr. Wir müssen substituieren:

$$\lambda x.(x{=}A \lor x{=}B \lor x{=}C \lor x{=}D)$$

Damit können wir ableiten:

$$(\forall x.block(x) \supset (x{=}A \lor x{=}B \lor x{=}C \lor x{=}D))$$

Unser vorheriger Schluß, daß A, B und C die einzigen Blöcke sind, ist nicht mehr möglich, d.h. Circumscription ist tatsächlich nichtmonoton.

Auch die gemeinsame (parallele) Circumscription verschiedener Prädikate ist möglich. In diesem Fall brauchen wir einen eigenen Prädikatparameter für jedes dieser Prädikate. Außerdem muß die zweite Vorbedingung und die Konklusion des Schemas für jedes der Prädikate wiederholt werden. Wir werden ein Beispiel für parallele Variablen-Circumscription in Abschn. 4.3 sehen.

Es ist hier zu erwähnen, daß die Definition des Circumscriptions-Schemas voraussetzt, daß die logischen Theorien (die Prämissenmengen) endlich sind. Diese Einschränkung gilt nicht für die anderen Logiken, die in dieser Arbeit beschrieben worden sind.

Die Semantik der Prädikaten-Circumscription spiegelt direkt die Intuition wieder, daß die Extension eines Prädikates minimiert werden soll. Die Idee ist, nicht zu fragen, ob eine Formel in allen Modellen gültig ist, sondern ob sie gültig ist in einer Teilmenge der Modelle, nämlich den bezüglich einer bestimmten partiellen Ordnung minimalen Modellen. Die Ordnung selbst hängt von dem zu minimierenden Prädikat P ab und wird wie folgt definiert:

Seien M und N Modelle einer Formel A. M $\leq$P N gdw.

1)   M und N haben denselben Individuenbereich,
2)   alle Prädikatensymbole von A außer P haben dieselben Extensionen, und
3)   die Extension von P in M ist enthalten in seiner Extension in N.

M ist $\leq$P-*minimal* gdw. für alle M ': M' $\leq$P M => M' = M.

q *folgert bezüglich* P *minimal* aus A gdw. q wahr ist in allen $\leq$P-minimalen Modellen von A.

Man kann nun zeigen, daß Prädikaten-Circumscription bezüglich minimaler Folgerung korrekt ist (McCarthy 80); wir haben im allgemeinen Fall jedoch keine Vollständigkeit, d.h. es gibt Fälle, in denen eine Formel, die in allen minimalen Modellen gilt, nicht durch Prädikaten-Circumscription abgeleitet werden kann. Für große Klassen von Theorien liegen inzwischen allerdings Vollständigkeitsresultate vor (Perlis, Minker 86).

Es ist recht aufschlußreich, diese Semantik mit derjenigen zu vergleichen, die Etherington für DL definiert hat (siehe Abschn. 3). Etherington hat die wichtigsten Unterschiede zwischen seinem Ansatz und minimaler Folgerung knapp so beschrieben (Etherington 87a, p. 497f):

> First, rather than an ordering on individual models, an ordering is imposed on sets of models (in Etheringtons Ansatz, G.B.). Second, the ordering is defined in terms of accessibility via a default, rather than strictly in terms of general criteria and intrinsic features of the models themselves. Finally, each extension is determined by a single extremum of the ordering, rather than by the set of all extrema.

Nachdem wir Prädikaten-Circumscription und ihre Semantik eingeführt haben, taucht die Frage auf, wie diese Technik verwendet werden kann, um Default-Schließen zu modellieren. McCarthys Idee ist es (McCarthy 84) ein Prädikat AB ("abnormal") zu diesem Zweck einzuführen und Defaults folgendermaßen darzustellen:

1) $\forall$x.BAYER(x) $\land$ $\neg$AB(x) $\supset$ MAG-BIER(x)

Intuitiv: Bayern, die nicht unnormal sind, mögen Bier. AB wird dann minimiert, denn natürlich sollen so wenig Objekte (und erst recht Bayern) unnormal sein wie möglich. Natürlich kann jemand unnormal sein bezüglich Biertrinkens, aber normal in irgendeinem anderen Aspekt. Deshalb brauchen wir verschiedene Prädikate AB_i für verschiedene Aspekte, üblicherweise eins für jedes Default.

Es stellt sich jedoch heraus, daß Prädikaten-Circumscription zu schwach ist, um die gewünschten Ergebnisse zu liefern. Wenn wir außer dem Default 1) oben noch die Prämisse haben

2)   BAYER(Peter)

dann ergibt die Prädikaten-Circumscription von AB:

$$(\forall x.BAYER(x) \wedge \neg\phi(x) \supset MAG\text{-}BIER(x)) \wedge$$
$$BAYER(Peter) \wedge$$
$$(\forall x.\phi(x) \supset AB(x))$$
$$\supset$$
$$(\forall x.AB(x) \supset \phi(x))$$

Die linke Seite diese Schemas wird wahr, wenn wir substituieren:

$$\lambda x.(BAYER(x) \wedge \neg MAG\text{-}BIER(x))$$

Wir erhalten $(\forall x.AB(x) \equiv BAYER(x) \wedge \neg MAG\text{-}BIER(x))$, aber das erlaubt nicht die Ableitung der gewünschten Konklusion MAG-BIER(Peter).

Das ist kein Zufall. Tatsächlich konnten Etherington, Mercer und Reiter (Etherington et al. 84) folgendes nachweisen: Prädikaten-Circumscription ergibt

* keine neuen positiven oder negativen Grundinstanzen von Prädikaten, die nicht minimiert wurden (wie MAG-BIER in obigem Beispiel),

* nur neue negative Grundinstanzen von Prädikaten, die minimiert wurden (AB in unserem Beispiel).

Das ist natürlich viel weniger, als wir von einer Formalisierung des Default-Schließens erwarten. Wir brauchen eine stärkere Version von Circumscription, die mehr Ableitungen zuläßt. Und natürlich hat McCarthy eine solche Version entwickelt.

4.3 Variablen-Circumscription

Die Idee von Variablen-Circumscription (Circumscription von jetzt an) ist es, zu erlauben, daß bestimmte Prädikate bei der Minimierung variieren, d.h. ihre Extension verändern dürfen. Das wird durch folgende Definition erreicht:

Sei A eine Formel (d.h. die Konjunktion der Prämissen einer Theorie), die das n-stellige Prädikatensymbol P enthält (x=x1,...,xn), sowie die Prädikatensymbole Q1,...,Qm. Sei

A($\phi,\theta1,...,\theta m$) das Resultat der Ersetzung aller Vorkommen von P, Q1,...,Qm durch die Parameter ϕ, $\theta1,...,\theta m$ mit derselben Stelligkeit wie die ersetzten Symbole. Dann ist die Circumscription von P in A mit variierenden Prädikaten Q1,...,Qm das Schema:

$$A(\phi,\theta1,...,\theta m) \wedge (\forall x.\phi(x) \supset P(x)) \supset (\forall x.P(x) \supset \phi(x))$$

Prädikaten-Circumscription ist ein Spezialfall von Variablen-Circumscription mit m=0.

Die Semantik der Variablen-Circumscription ergibt sich durch eine leichte Modifikation der Semantik der Prädikaten-Circumscription. Bedingung 2) in der Definition von $\leq$P (siehe Abschn. 4.2) wird ersetzt durch:

2')   alle Prädikatensymbole von A außer P, Q1, ..., Qm haben dieselben Extensionen.

Betrachten wir jetzt unser Beispiel aus Abschn. 4.2:

1) $\forall x.BAYER(x) \wedge \neg AB1(x) \supset MAG\text{-}BIER(x)$
2) $BAYER(Peter)$

Wenn wir nun AB1 minimieren und dabei MAG-BIER variieren lassen, so erhalten wir das Schema:

$$(\forall x.BAYER(x) \wedge \neg\phi(x) \supset \theta(x)) \wedge$$
$$BAYER(Peter) \wedge$$
$$(\forall x.\phi(x) \supset AB1(x))$$
$$\supset$$
$$(\forall x.AB1(x) \supset \phi(x))$$

Substitution von $\lambda x.false$ für ϕ und $\lambda x.BAYER(x)$ für θ erlaubt die Ableitung von $(\forall x.AB1(x) \supset false)$, d.h. niemand ist AB1, und wir leiten ab MAG-BIER(Peter).

Addition der Prämissen:

3) $(\forall x.KRANK(x) \supset \neg MAG\text{-}BIER(x))$
4) $KRANK(Peter)$

ergibt:

$$(\forall x.BAYER(x) \wedge \neg\phi(x) \supset \theta(x)) \wedge$$
$$BAYER(Peter) \wedge$$
$$(\forall x.KRANK(x) \supset \neg\theta(x)) \wedge$$
$$KRANK(Peter) \wedge$$
$$(\forall x.\phi(x) \supset AB1(x))$$
$$\supset$$
$$(\forall x.AB1(x) \supset \phi(x))$$

In diesem Fall erlaubt uns die Substitution von $\lambda x.(BAYER(x) \wedge KRANK(x))$ für ϕ und $\lambda x.\neg KRANK(x)$ für θ abzuleiten, daß genau die kranken Bayern AB1 sind. Der arme Peter ist einer von ihnen und mag kein Bier.

Ersetzen wir 3) durch das Default

3') $(\forall x.KRANK(x) \wedge \neg AB2(x) \supset \neg MAG\text{-}BIER(x))$

dann ergibt parallele Circumscription von AB1 und AB2 mit MAG-BIER als Variable das Schema:

$$(\forall x.BAYER(x) \wedge \neg\phi 1(x) \supset \theta(x)) \wedge BAYER(Peter) \wedge$$
$$(\forall x.KRANK(x) \wedge \neg\phi 2(x) \supset \neg\theta(x)) \wedge KRANK(Peter) \wedge$$
$$(\forall x.\phi 1(x) \supset AB1(x)) \wedge (\forall x.\phi 2(x) \supset AB2(x))$$
$$\supset$$
$$(\forall x.AB1(x) \supset \phi 1(x)) \wedge (\forall x.AB2(x) \supset \phi 2(x))$$

Mit den Substitutionen:

$$\lambda x.(BAYER(x) \wedge (\neg KRANK(x) \vee AB2(x))) \text{ für } \theta,$$
$$\lambda x.(BAYER(x) \wedge KRANK(x) \wedge \neg AB2(x)) \text{ für } \phi 1,$$
$$\lambda x.(BAYER(x) \wedge KRANK(x) \wedge AB2(x)) \text{ für } \phi 2$$

können wir ableiten

$$(\forall x.AB1(x) \equiv BAYER(x) \wedge KRANK(x) \wedge \neg AB2(x))$$

und

$$(\forall x.AB2(x) \supset (BAYER(x) \wedge KRANK(x))$$

d.h. es liegt die Situation vor, daß die kranken Bayern genau die unnormalen Objekte sind, und jeder von ihnen ist in genau einem von zwei verschiedenen Aspekten unnormal. Es kann jedoch nicht gezeigt werden, in welcher Hinsicht der kranke Bayer Peter unnormal ist. Folgendes Bild mag die Situation verdeutlichen:

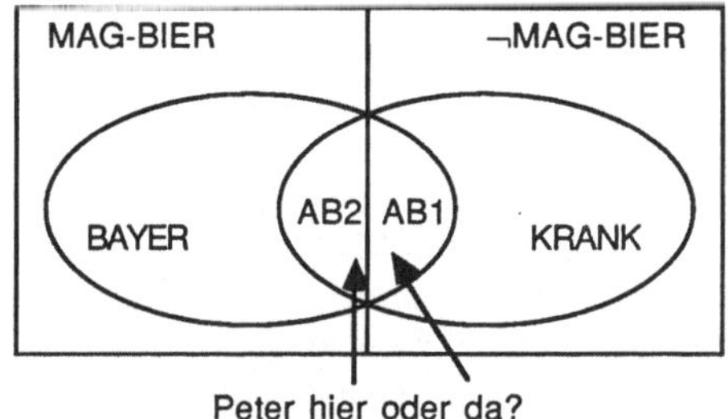

Die Diskussion des letzten Beispiels hat gezeigt, daß Circumscription widersprüchliche Defaults eher im Sinne des Ansatzes von McDermott und Doyle (Schnitt der Fixpunkte) behandelt als im Sinne des "mutigen" Ansatzes von Reiter, der ja jede Extension als akzeptable Menge von Überzeugungen betrachtet.

Es muß noch erwähnt werden, daß Circumscription häufig die gewünschten Ergebnisse nur unter einer zusätzlichen Annahme liefert, der *Annahme einziger Namen* (unique names assumption). Sie besagt, daß verschiedene Konstanten auch verschiedene Objekte bezeichnen, also ungleich sind. Wenn wir etwa wissen, daß Bayern gewöhnlich gerne Bier trinken, Peter ein Bayer ist, aber ein gewisser Hans kein Bier trinkt, dann müssen wir zeigen, daß Peter ungleich Hans ist. Nur wenn uns das gelingt, erlaubt Circumscription, abzuleiten, daß Peter gerne Bier trinkt. Circumscription läßt sich nicht verwenden, um Gleichheit zu minimieren (Etherington et al. 84). Deshalb ist diese zusätzliche Annahme erforderlich.

Natürlich geben die diskutierten Beispiele Anlaß zu einigen wichtigen Fragen. Die erste lautet: woher wissen wir, welche Prädikate wir variieren lassen müssen? Hier geben die Resultate (Etherington et al. 84), die am Schluß von Abschn. 4.2 vorgestellt wurden, wenigstens einen Hinweis: wenn wir wollen, daß die Circumscription neue Grundinstanzen eines Prädikates liefert, dann muß dieses Prädikat variieren. Die zweite, ernstere Frage lautet: wie finden wir die richtigen Substitutionen für das Circumscriptions-Schema, die uns erlauben, etwas Sinnvolles abzuleiten? Selbst für so kleine Beispiele, wie unsere es waren, ist das keine leichte Übung (man versuche es mal!), ganz zu schweigen von großen Wissensbasen mit Hunderten oder Tausenden von Formeln.

Diese Probleme haben McDermott dazu veranlaßt, Circumscription äußerst scharf zu kritisieren (McDermott 86) (McDermott 87). Nach seiner Auffassung macht es das notwendige "Raten" der richtigen Substitutionen erforderlich, schon vorher zu wissen, was abgeleitet werden kann. Erst dieses Wissen macht es (praktisch gesehen) möglich, die Ableitungen im Nachhinein mit Circumscription zu rechtfertigen.

Zum Glück ist die Situation nicht immer so schlecht. Lifschitz (Lifschitz 84) hat gezeigt, daß für breite Klassen von Theorien die Circumscription äquivalent ist zu einer Formel erster Ordnung (und nicht einem Schema). Für solche Theorien können natürlich die üblichen prädikatenlogischen Beweisverfahren verwendet werden. Wer sich für Aspekte der Implementation von Circumscription interessiert, sei auf (Lifschitz 87) verwiesen.

Bevor wir uns einem Vergleich der in dieser Arbeit vorgestellten Logiken zuwenden, seien noch kurz einige wichtige Ergebnisse bezüglich Circumscription erwähnt, die in den vergangenen Jahren gezeigt worden sind.

Circumscription ist nicht konsistenzerhaltend (Etherington et al. 84), d.h. eine Theorie, die Modelle besitzt, hat möglicherweise keine minimalen Modelle. Lifschitz (Lifschitz 86) hat gezeigt, daß Prädikaten-Circumscription für eine sehr breite Klasse von Theorien, die er *fast universelle* (almost universal) Theorien nennt, die Konsistenz erhält. Das gleiche gilt im Falle von Variablen-Circumscription für universelle Theorien, also solche, deren Prenex-Normalform keine Existenzquantoren enthält. Das letzte dieser beiden Resultate wurde unabhängig auch in (Etherington 86) gezeigt. Mott (Mott 87) hat eine Modifikation der Circumscription vorgeschlagen, die Konsistenzerhaltung garantiert.

Lifschitz konnte nachweisen (Lifschitz 85), daß unter der *Annahme eines abgeschlossenen Bereichs* (domain closure assumption, für jedes Objekt gibt es eine Konstante) und unter der *Annahme einziger Namen* (verschiedene Konstanten bezeichnen verschiedene Objekte) die *Annahme einer abgeschlossenen Welt* (closed world assumption, CWA) äquivalent ist zur Prädikaten-Circumscription aller Prädikate, falls die CWA nicht zu Inkonsistenz führt.

5. Ein Vergleich der Formalisierungen

Wir haben verschiedene Ansätze zur Formalisierung nichtmonotoner Schlußweisen kennengelernt. Es tauchen jetzt natürlich die Fragen auf: Welcher Ansatz ist besser für welchen Zweck? Wie ausdrucksstark sind die Formalisierungen? Ist eine von ihnen allgemeiner als die anderen? Oder können wir sie als verschiedene Spezialisierungen eines allgemeineren Ansatzes auffassen? Einige erste Ergebnisse sind in diesem Abschnitt enthalten.

5.1 Autoepistemische Logik und Default Logik

Auf den ersten Blick scheint es, als wäre DL sehr viel weniger ausdrucksstark als AEL, denn es gibt keine Möglichkeit, Defaults in DL zu verschachteln: wir können etwa keine Defaults schreiben, deren Konklusionen selbst wieder Defaults sind, oder Defaults aus anderen Formeln ableiten, denn sie sind ja in DL nicht Teil der Sprache. In seinem preisgekrönten IJCAI-87-Papier (Konolige 87) konnte Kurt Konolige jedoch überraschenderweise zeigen, daß DL und AEL äquivalent sind, und zwar in dem Sinne, daß die Extensionen einer Default-Theorie genau die modaloperatoren-freie Untermenge von minimalen stabilen Expansionen sind. Minimalität bezieht sich hier auf die Teilmengenrelation eingeschränkt auf Formeln ohne Modaloperatoren.

Theorem (Konolige):

Für jede Menge A von abgeschlossenen Formeln aus AEL gibt es eine effektiv konstruierbare Default-Theorie (D,W), so daß E eine Extension von (D,W) ist gdw. E die modaloperatoren-freie Untermenge einer minimalen stabilen Expansion von A ist.

In seinem Beweis zeigt Konolige, daß jede AEL-Theorie in eine Normalform überführt werden kann. Darin haben alle Sätze die Form:

$$\neg L\alpha \vee L\beta 1 \vee \ldots \vee L\beta n \vee \omega$$

wobei α, $\beta 1$, ..., βn, ω keinen Modaloperator enthalten ($\neg L\alpha$ oder/und $L\beta i$ dürfen auch fehlen). Eine solche Formel kann dargestellt werden durch das Default

$$\frac{\alpha : M\neg\beta 1; \ldots; M\neg\beta n}{\omega}$$

und umgekehrt. AEL-Formeln, die L nicht enthalten, werden Elemente von W in der Default-Theorie. Interessanterweise wird die in den modalen Ansätzen übliche Repräsentation von Defaults

$$BAYER(Peter) \land \neg L \neg MAG\text{-}BIER(Peter) \supset MAG\text{-}BIER(Peter)$$

in der Übersetzung zu:

$$\frac{:M \; MAG\text{-}BIER(Peter)}{BAYER(Peter) \supset MAG\text{-}BIER(Peter)}$$

5.2 Circumscription und Default Logik

Es wurde bereits in Abschn. 4.3 erwähnt, daß Circumscription nicht das Minimieren der Gleichheitsrelation ermöglicht. In dieser Hinsicht ist Circumscription schwächer als DL, denn wir können natürlich in DL Defaults benutzen, um Aussagen über Ungleichheit abzuleiten. Imielinski (Imielinski 85) hat gezeigt, daß selbst normale DL-Defaults nicht so durch Circumscription modelliert werden können, daß die Übersetzung der Defaults unabhängig von der der Fakten aus W erfolgt.

Auf der anderen Seite entspricht nichts in DL der Möglichkeit von Circumscription, bei der Minimierung bestimmte Prädikate variieren zu lassen. Etherington (Etherington 87b) hat gezeigt, daß in einem sehr eingeschränkten Fall DL - in gewisser Weise - äquivalent zu Circumscription ist:

Theorem (Etherington):

Angenommen es gibt eine Menge von Grundtermen g1, ..., gn, so daß

1) T |- ∀x. x=g1 v ... v x=gn, und
2) für alle i, j entweder T |- gi=gj oder T |- gi≠gj,

dann sind die Formeln, die in jeder Extension der Default-Theorie ({:M¬Px/¬Px}, T) enthalten sind, genau die Theoreme, die man durch Circumscription von P in T erhält, wenn alle Prädikate variieren.

5.3 Ein Rahmen zur Definition nichtmonotoner Logiken

Yoav Shoham (Shoham 86) (Shoham 87) hat das Konzept der minimalen Folgerung verallgemeinert und einen allgemeinen Rahmen zur Definition nichtmonotoner Logiken vorgeschlagen. Er geht aus von einer beliebigen Standardlogik mit einer üblichen modell-theoretischen Semantik, d.h. er läßt neben der klassischen Logik auch etwa Modallogiken als Ausgangspunkt zu. Eine Präferenzlogik erhält man, indem man zu der Logik eine beliebige strikte partielle Präferenzordnung über Interpretationen hinzufügt. B *folgert* dann *mit Präferenz* aus A (A *preferentially entails* B) gdw. die Modelle von B eine Obermenge der präferierten Modelle von A sind.

Shoham erhebt nun den Anspruch, daß alle bekannten nichtmonotonen Logiken als Spezialfälle dieses einfachen Rahmens angesehen werden können. Für Circumscription ist das tatsächlich leicht zu sehen, denn die Semantik der minimalen Folgerung definiert ja gerade eine spezielle Präferenzrelation. In (Shoham 86) ist auch beschrieben, wie eine Variante von AEL, die von Halpern und Moses stammt (Halpern, Moses 84), als Präferenzlogik aufgefaßt werden kann. DL macht aber mehr Schwierigkeiten. Shoham übersetzt zunächst Default-Theorien in Modallogik, und zwar auf eine ähnliche (aber nicht identische) Weise wie Konolige. Er definiert dann verschiedene, immer kompliziertere Präferenzrelationen, die allerdings alle DL nicht exakt treffen. Shoham dazu (Shoham 86, S. 108):

> It is possible to modify the preference criterion further to adhere to Reiter's definition, but I will not do so. ... In fact, this model-theoretic analysis raises the question whether Reiter's particular definition, which is most ingenious technically, is well-motivated.

Aber natürlich rechtfertigt die Tatsache, daß DL nicht leicht als Präferenzlogik darzustellen ist, nicht den Schluß, daß DL schlecht motiviert ist. Etheringtons Definition der Semantik von DL hat gezeigt, daß es sehr wohl möglich ist, DL auf elegante und einfache Weise modell-theoretisch zu charakterisieren. Diese Charakterisierung liegt allerdings außerhalb des Rahmens, den Shoham vorschlägt.

6. Was ist erreicht?

Wie wir gesehen haben, sind inzwischen eine ganze Reihe von Formalisierungen nichtmonotonen Schließens vorgeschlagen worden. Unser Verständnis dieser Schlußweisen und der mit ihnen verknüpften Probleme ist heute sehr viel größer als - sagen wir - vor zehn Jahren, und wir beginnen das Verhältnis der Formalisierungen zueinander besser zu verstehen.

Natürlich wäre es keine gute Idee, ein KI-System direkt auf der Basis einer solchen Logik aufzubauen, d.h. als allgemeines nichtmonotones Beweissystem. Im Falle der modalen Ansätze und von DL wissen wir, daß das sogar theoretisch unmöglich ist. Für Circumscription ist es praktisch unmöglich, denn das Suchen der geeigneten Substitutionen würde jedes Programm unerträglich langsam machen. Wir müssen nach interessanten Spezialfällen suchen, für die effiziente Beweistechniken existieren.

Das kann zum einen durch eine Analyse der Logiken geschehen: das ist genau, was Lifschitz für Circumscription getan hat (Lifschitz 87). Aber wir können auch von existierenden effizienten nichtmonotonen KI-Systemen ausgehen und versuchen, sie im Lichte der nichtmonotonen Logiken zu verstehen[5], d.h. ihnen eine (nichtmonoton) logische Semantik zu geben. Beispiele sind Etheringtons Behandlung von is-a-Hierarchien (Etherington 87c) oder die Definition einer Semantik für Frame-Systeme in (Brewka 87).

Ein alternativer Ansatz ist auf dem Gebiet der nichtmonotonen Systeme zur Verwaltung von Abhängigkeiten (truth/reason maintenance systems) verfolgt worden (Doyle 79) (Goodwin 87). Hier wird das von der Logik geforderte Verhalten dadurch approximiert (und die Effizienz erheblich gesteigert), daß man annimmt, eine Formel sei konsistent, solange ihre Negation im jeweiligen Problemlösungszustandand nicht bewiesen ist (currently unproven versus unprovable). Einen ausgezeichneten Überblick gibt (Reinfrank 87).

In statischen Bereichen haben sich die Logiken als sehr nützlich erwiesen, wenn es etwa darum geht, typische Eigenschaften von Klassen von Objekten zu beschreiben. Wenn jedoch Veränderungen in dynamischen Welten repräsentiert werden sollen, dann sieht die Sache etwas anders aus. In solchen Fällen verwendet man die nichtmonotonen Logiken üblicherweise, um auszudrücken, daß sich Ereignisse nur dann auf Objekte und ihre Eigenschaften auswirken, wenn das explizit abgeleitet werden kann. Hanks und McDermott (Hanks, McDermott 86) zeigen anhand eines kleinen Beispiels - es ist inzwischen als *Yale shooting problem* bekannt -, daß die Konklusionen, die wir erhalten, wenn wir die nichtmonotonen Logiken zur Formalisierung zeitlicher Schlüsse verwenden, viel zu schwach sind. Das ist um so unerfreulicher, als das Frame-Problem, also das Problem zu spezifizieren, was sich bei Eintritt eines Ereignisses nicht ändert, mit die Hauptmotivation für die Entwicklung dieser Logiken war. Die Diskussion ist noch nicht abgeschlossen, die Antworten auf dieses Problem reichen von "es gibt kein Problem" bis hin zu trickreichen Modifikationen der Logiken oder neuen Repräsentationen des Beispiels. Einen Überblick enthält (Hanks, McDermott 87).

Es ist während der letzten Jahre viel getan worden im Bereich des nichtmonotonen Schließens. Aber eines sollte in diesem letzten Abschnitt klar geworden sein: Wissenschaftler, die in dem Gebiet tätig sind, brauchen sich sicher in naher Zukunft keine Sorgen darüber machen, daß ihnen die Probleme ausgehen könnten.

Literaturverzeichnis

(Brewka 86) Brewka, Gerhard: Tweety - Still Flying: Some Remarks on Abnormal Birds, Applicable Rules and a Default Prover, Proc. AAAI-86, 1986

(Brewka 86) Brewka, Gerhard: The Logic of Inheritance in Frame Systems, Proc. IJCAI 87, 1987

(Brewka, Wittur 84) Brewka, Gerhard, Wittur, Karl: Nichtmonotone Logiken, Universität Bonn, Informatik Berichte 40, 1984

(Doyle 79) Doyle, Jon: A Truth Maintenance System, Artificial Intelligence 12, 1979

---

[5] oder aufzuzeigen, wie man sie verändern müßte, um logische Adäquatheit zu erreichen.

(Etherington 86) Etherington, David W.: Reasoning With Incomplete Information, University of British Columbia, Vancouver, Dep. of Computer Science, Technical Report 86-14, 1986

(Etherington 87a) Etherington, David W.: A Semantics for Default Logic, Proc. IJCAI 87, 1987

(Etherington 87b) Etherington, David W.: Relating Default Logic and Circumscription, Proc. IJCAI 87, 1987

(Etherington 87c) Etherington, David W.: Formalizing Nonmonotonic Reasoning Systems, Artificial Intelligence 31, 1987

(Etherington et al. 84) Etherington, David W., Mercer, Robert, Reiter, Raymond: On the Adequacy of Predicate Circumscription for Closed-World-Reasoning, Proc. AAAI-Workshop Non-Monotonic Reasoning, 1984

(Goodwin 87) Goodwin, James W.: A Theory and System for Non-Monotonic Reasoning, Linköping University, Computer and Information Science Dep., Dissertation No. 165, 1987

(Halpern, Moses 84) Halpern, J., Moses, Y.: Towards a Theory of Knowledge and Ignorance: Preliminary Report, IBM Research Laboratory, San Jose, 1984

(Hanks, McDermott 86) Hanks, Steven, McDermott, Drew: Default Reasoning and Temporal Logics, Proc. AAAI 86, 1986

(Hanks, McDermott 87) Hanks, Steven, McDermott, Drew: Nonmonotonic Logic and Temporal Projection, Artificial Intelligence 33, 1987

(Hewitt 72) Hewitt, C.E.: Description and Theoretical Analysis (Using Schemata) of PLANNER: a Language for Proving Theorems and Manipulating Models in a Robot, MIT AI Lab., TR-258, 1972

(Hughes, Cresswell 68) Hughes, G.E., Cresswell, M.J.: An Introduction to Modal Logic, Methuen, London, 1968

(Imielinski 85) Imielinski, T.: Results on Translating Defaults to Circumscription, Proc. IJCAI 85, 1985

(Konolige 87) Konolige, Kurt: On the Relation Between Default Theories and Autoepistemic Logic, Proc. IJCAI 87, 1987

(Lifschitz 84) Lifschitz, Vladimir: Some Results on Circumscription, Proc. AAAI-Workshop Non-Monotonic Reasoning, 1984

(Lifschitz 85) Lifschitz, Vladimir: Closed-World Databases and Circumscription, Artificial Intelligence 27, 1985

(Lifschitz 86) Lifschitz, Vladimir: On the Satisfiability of Circumscription, Artificial Intelligence 28, 1986

(Lifschitz 87) Lifschitz, Vladimir: Rules for Computing Circumscription, in preparation

(Lukaszewicz 85) Lukaszewicz, W.: Two Results on Default Logic, Proc IJCAI 1985, 1985.

(McCarthy 80) McCarthy, John: Circumscription - A Form of Nonmonotonic Reasoning, Artificial Intelligence 13, 1980

(McCarthy 84) McCarthy, John: Applications of Circumscription to Formalizing Common Sense Knowledge, Proc. AAAI-Workshop Non-Monotonic Reasoning, 1984 (also in Artificial Intelligence 28, 1986)

(McDermott 82) McDermott, Drew: Nonmonotonic Logic II: Nonmonotonic Modal Theories, JACM 29(1), 1982

(McDermott 86) McDermott, Drew: A Critique of Pure Reason, Yale University, Computer Science Dep., Research Report 480, 1986

(McDermott 87) McDermott, Drew: AI, Logic and the Frame Problem, Proc. AAAI-Workshop The Frame Problem in Artificial Intelligence, 1987

(McDermott, Doyle 80) McDermott, Drew; Doyle, Jon: Nonmonotonic Logic I, Artificial Intelligence 13, 1980

(Moore 85) Moore, Robert C.: Semantical Considerations on Nonmonotonic Logic, Artificial Intelligence 25, 1985 (short Version in Proc. IJCAI 83)

(Moore 84) Moore, Robert C.: Possible-World Semantics for Autoepistemic Logic, Proc. AAAI-Workshop Non-Monotonic Reasoning, 1984

(Mott 87) Mott, Peter L.: A Theorem on the Consistency of Circumscription, Artificial Intelligence 31, 1987

(Minker, Perlis 84) Minker, Jack; Perlis, Donald: Protected Circumscription, Proc. AAAI-Workshop Non-Monotonic Reasoning, 1984

(Perlis 87) Perlis, Donald: Circumscribing with Sets, Artificial Intelligence 31, 1987

(Perlis, Minker 86) Perlis, Donald; Minker, Jack: Completeness Results for Circumscription, Artificial Intelligence 28, 1986

(Reinfrank 87) Reinfrank, Michael: Reason Maintenance Systems, erscheint in: H. Stoyan (Hrsg.): Proc. Workshop on Truth Maintenance Systems, Berlin 86, Springer, 1987

(Reiter 80) Reiter, Raymond: A Logic for Default Reasoning, Artificial Intelligence 13, 1980

(Reiter, Criscuolo 81) Reiter, Raymond; Criscuolo G.: On Interacting Defaults, Proc. IJCAI 1981

(Shoham 86) Shoham, Yoav: Reasoning About Change: Time and Causation from the Standpoint of Artificial Intelligence, Ph.D. Thesis, Yale University, 1986

(Shoham 87) Shoham, Yoav: Nonmonotonic Logics: Meaning and Utility, Proc. IJCAI 87, 1987

Formalizing Local Constraint Propagation Methods

Angelika Voß

Hans Voß

Forschungsgruppe Expertensysteme
Institut für angewandte Informationstechnik
GMD Schloß Birlinghoven
Postfach 1240
D-5205 St. Augustin 1

Contents

1. Introduction

Constraints express restrictions on the values of variables in a system. Constraint propagation subsumes all techniques that, given initial values for some variables, draw inferences about the values of all variables by repeatedly propagating restrictions imposed by one constraint to connected constraints. Solving a constraint problem means to find an assignment of values for the variables that satisfy all constraints and is compatible with the initialization. A more general problem is constraint satisfaction where constraints may be withdrawn in order to find a solution for the remaining constraints.

This paper only deals with solving constraint problems in a static network of variables and constraints that does not change during solution.

Another aspect not treated in this paper is the creation of networks by instantiating constraint (schemes) from a library. For our investigation it does not matter how the network is obtained. Therefore we do not distinguish between constraint schemes and instances.

The contributions of Angi Voß were partially supported by the Deutsche Forschungsgemeinschaft DFG as part of the research project SFB 314 "Künstliche Intelligenz und Wissensbasierte Systeme". The contributions of Hans Voß were partially supported by the Bundesminister für Forschung und Technologie under contract ITW 85030.

Constraint propagation algorithms that try to solve a constraint problem in a static network may be characterized as global or local. Global algorithms (c.f. [Mackworth/Freuder 85]) may inspect several constraints at a time while local ones may inspect only one. In this paper we concentrate on local methods. They have been developed in two major areas: scene analysis and electric circuit analysis. An algorithm for scene analysis, which has become known as Waltz filtering [Waltz 75], operates on constraints defined by tables of admissible value combinations and propagates sets of values. Algorithms for electric circuit analysis [Stallman/Sussman 77] typically propagate individual values and operate on constraints defined by (in)equations. A third method used by Allen for temporal analysis [Allen 83, 84] propagates sets of values but operates on constraints defined by functions.

These methods exhibit not only considerable differences, but are also expressed in different terminologies. Therefore, in order to describe, analyse, and compare these techniques, a sufficiently general formal framework is wanted. To supply such a framework is the purpose of this paper.

By now some attempts to formal definitions dealing with parts of the story have been made (e.g. [Mackworth 77], [Montanari 82], [Freuder 78], [Gaschnig 79], [Nudel 83], [Reinfrank 85]) and particularly the latter has motivated our proposal of a uniform framework covering several of these parts.

Starting with the definition of constraints, constraint networks and problems, we define their solutions and satisfiability. We introduce assignments that associate sets of values to the variables, and global and local consistency as their properties. We show that local propagation methods principally are not powerful enough to compute the complete solution but only the maximal locally consistent assignment.

After these theoretical investigations we refine the definition of local consistency to arrive at an abstract local propagation algorithm that operates on arbitrary networks and propagates sets of values. It is rendered more concrete by distinguishing three types of constraints, extensional, predicative, and constructive constraints that differ in the definition of their constraint relation. Each type suggests a particular method to recompute the variable assignment in our abstract algorithm. Combining these methods we obtain a type specific local propagation algorithm that is functionally equivalent to the abstract one but much more concrete. In contrast to all constraint propagation algorithms we know, the type specific algorithm operates on networks containing all three constraint types together.

Then we concentrate on a specially simple type of constructive constraints, to which our algorithm can be adapted so that it propagates only individual values. This algorithm is more efficient, but may terminate prematurely. We sketch how this sad affair can be improved by incorporating backtracking and symbolic propagation techniques. But, using symbolic propagation we leave the domain of strictly local propagation techniques. Finally, we address some further generalizations of the third algorithm.

In order to demonstrate that our formalization satisfies our purposes we analyse prominent representatives of different local constraint propagation techniques in our framework:

- Waltz'filtering as propagating sets of values in networks of extensional constraints [Waltz 75]

- constraint propagation in EL as propagating individual values in networks of simple and predicative constraints [Stallman/Sussman 77]

- Allen's time interval analysis as propagating sets of values in networks of constructive constraints [Allen 83, 84].

We conclude with a summary and an outlook on how to continue this work.

2. Problem specification by constraint networks

A constraint network consists of a set of variables and a set of constraints between certain variables. Each variable ranges over a set of values, its domain, and each constraint defines a relation between the values of its variables.

Figure 2.1 shows a constraint network called INEQ for the (in)equations
$$U = 1$$
$$U + W <= V$$
$$X = V + W$$

between integer variables U, V, W, X, Y,
where no constraints are imposed on Y.

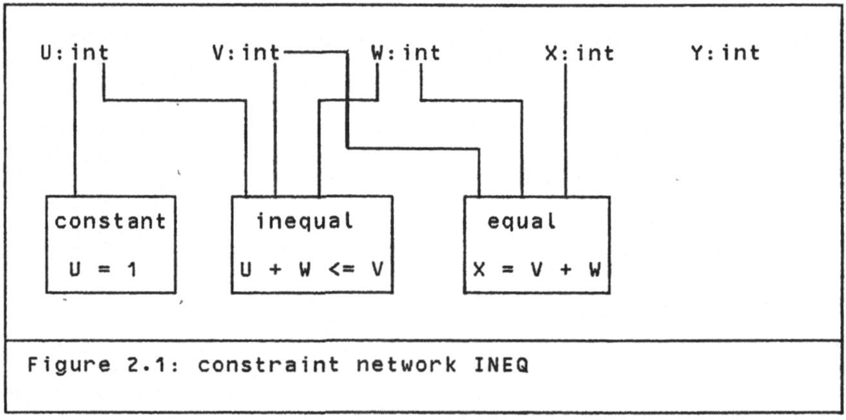

Figure 2.1: constraint network INEQ

In the following we assume as fixed, but arbitrarily chosen:

- an implicitly ordered, finite, nonempty set of variables Var = {V-1, ..., V-k}.
  Assuming an infinite set poses no principal problems, but would increase technical overhead and is practically irrelevant.

- a basic set Dom of values, which may be inhomogenous like {1, 2, ..., blue, red, ..., on, off}

- a map dom: Var → P(Dom) assigning to each variable a nonempty, possibly infinite subset of Dom as its domain.

Now we can define a <u>constraint</u> (c-name,c-vars,c-def) to consist of a name c-name, a tuple c-vars = (V1...Vj) ∈ Var+ (the set of all Var-tuples) of mutually distinct variables, and a definition c-def of a re-lation

$$c\text{-rel} \subseteq \text{dom}(V1) \times \ldots \times \text{dom}(Vj)$$

over the domains of its variables.

The distinction between the definition c-def and the relation c-rel denoted by c-def becomes important only when we start to develop type specific constraint propagation algorithms.

A <u>constraint network</u> is a set C of constraints.

> For example, the formal definition of the network in figure
> 2.1 is
>
> INEQ :=   { (constant, (U), U = 1),
>   (inequal, (U,V,W), U + W <= V),
>   (equal, (X,V,W), X = V + W)}
>
> where
>
> equation U = 1 defines the relation {u | u = 1},
> inequation U + W <= V defines the relation
>   {(u,v,w)| u+w <= v},
> equation X = V + W defines the relation
>   {(x,v,w)| x = v+w}.
>
> Here, like in most of the following examples, we use the
> upper case letters U, V, W, X, Y, Z in this ordering for
> variables, and we use the lower case letters u, v, w, x, y, z
> for defining their values.

Often, the domains of the variables are further restricted right from the beginning. Therefore, we define a <u>constraint problem</u> CP = (C,init) to consist of a constraint network C and an initial assignment init: Var → P(Dom) restricting the domain of each variable V to a nonempty set init(V) ⊆ dom(V).

> In our example, where all variables have the integers as
> domain, we may restrict some of the variables to natural num-
> bers
>   init-nat(U) := init-nat(V) := nat,
> yielding the constraint problem (INEQ,init-nat).

A single solution of a constraint problem CP assigns to each variable V a value in dom(V) that is also in init(V), such that all constraints are satisfied. The set of all single solutions is called the solution of CP.

3. Notation and terminology

To get concise formal definitions we need some notation, which we illustrate using the network INEQ with init-nat.

A (set-valued) <u>assignment</u> is a map ass: Var $\to$ $\mathcal{P}$(Dom) assigning to each
variable V in Var a subset of its domain. Examples are all initial
assignments and dom itself.

We extend assignments to tuples of variables (V1 ... Vj) $\in$ Var+ by
defining

$$ass((V1...Vj)) := (ass(V1))...ass(Vj)).$$

Example: init-nat((Y U)) = ((int nat))

To simplify technical matters we do not explicitly distinguish between
a tuple of sets like (ass(V1)...ass(Vj)) and the crossproduct of these
sets ass(V1) $\times$ ...$\times$ ass(Vj).

Example: ((int nat)) $\equiv$ int $\times$ nat

For distinct variables V1, ..., Vn, a subset of variables {V1', ...,
Vm'} $\subseteq$ {V1, ..., Vn}, a tuple (d1...dn) $\in$ dom((V1...Vn)) so that di $\in$
dom(Vi), and a subset of tuples D $\subseteq$ dom((V1...Vn)) we define the <u>pro-
jections</u>

$$(d1...dn)/(V1'...Vm') := (d1'...dm')$$
$$\text{with } di' = dj \Leftrightarrow Vi' = Vj$$
and
$$D/(V1'...Vm') := \{(d/(V1'...Vm')) \mid d \in D \}.$$

Example: For (3 8 -3) and (2 4 6) $\in$ dom((V Y W)) we have
            (3 8 -3)/(W Y) = (-3 8)
                  and
            {(3 8 -3), (2 4 6)}/(W Y) = {(-3 8), (6 4)}

Thus we may check whether a complete tuple d $\in$ dom((V-1...V-k)) is a
single solution by projecting it to the variables c-vars of each
constraint and then look if it lies in the relation

$$d/c\text{-vars} \in c\text{-rel}.$$

Example: (1 10 8 18 5)/(U V W) = (1 10 8) satisfies 1+8 <= 10

To eliminate a single component from a tuple we write (V1...Vn)/-Vi to
denote the tuple (V1...Vi-1,Vi+1...Vn) with Vi being removed.

Example: (V Y W) /-Y = (V W)

and abbreviate

$$(d1...dn)/-Vi := (d1...dn)/((V1...Vn)/-Vi)$$
and
$$D/-Vi := D/((V1...Vn)/-Vi).$$

Example: (3 8 -3)/-Y = (3 -3)
                and
            {(3 8 -3), (2 4 6)}/-Y = {(3 -3), (2 6)}

We define D((V1'...Vm')) := (D/V1'... D/Vm'), which we again do not explicitly distinguish from D/V1' X ... X D/Vm', in order to convert a set of tuples like D/(V1'...Vm') to a tuple of sets. This conversion implies a loss of information since it is not reversible.

Example: {(3 8 -3), (2 4 6)}(V Y) = ({3,2} {-3,6})
           ≡ {3,2} X {-3,6}

Since Var is implicitly ordered, we may uniquely identify this set with the tuple (V-1...V-k) and abbreviate

          ass(Var) := ass((V-1...V-k))
and
          D(Var) := D((V-1...V-k))

Example: init-nat({U,V,W,X,Y}) = init-nat((U V W X Y))

Using this notation we can define the partial ordering of assignments

     ass1 refines ass2
          :⇔ ass1(Var) ⊆ ass2(Var)

Example: ass refines init-nat
           ⇔ ass((U V W X Y)) ⊆ nat X nat X int X int X int

With this formalism at hand we can now formally define a <u>single solu-</u>
<u>tion</u> of a constraint problem CP = (C,init) to be a tuple d ∈ dom(Var) with

          d ∈ init(Var) and
          ∀ constraints (c-name,c-vars,c-def) ∈ C.
                                        d/c-vars ∈ c-rel.

And the (complete) solution of CP is

          sol(CP) := {d | d is single solution of CP}.

If sol(CP) = ∅, CP is called <u>unsatisfiable</u> since it has no single solution.

Example: The solution of (INEQ,init-nat) is

          {(1, 1+v'+w, w, 1+v'+2w, y) | v', w ∈ nat, y ∈ int }

4. Assignments instead of solutions

Since   determining   sol(CP)   is   NP-complete   in   general
[Mackworth/Freuder 85], there is probably no polynomial algorithm to compute sol(CP). Therefore, so-called local propagation methods have been proposed. They are faster, but less precise, as we will elaborate subsequently.

The basic idea of local constraint propagation methods is to consider each constraint individually and to propagate its conclusions on the values of its variables to the other constraints for these variables until a stable state is reached. The result is a set of (remaining) values val(V) for each variable V. Thus, val is an assignment or tuple of sets, and we cannot directly compare it to the solution sol(CP), which is a set of tuples. So the best result a local propagation method could achieve at all would be the conversion of sol(CP) to a tuple of sets, which is sol(CP)(Var) in our notation.

For future reference, we define sol-val(CP) := sol(CP)(Var) and call it the <u>solution assignment</u> of CP.

As already mentioned, the conversion from sol(CP) to sol-val(CP) in general means a loss of information.

> In our example problem (INEQ,init-nat), the solution assign-
> ment is
>
> $$\begin{aligned}
> \text{sol-val}((\text{INEQ},\text{init-nat})) = \\
> U &\mapsto \{1\} \\
> V &\mapsto \{v \mid v{>}{=}1\} \\
> W &\mapsto \{w \mid w{>}{=}1\} \\
> X &\mapsto \{x \mid x{>}{=}2\} \\
> Y &\mapsto \text{int}
> \end{aligned}$$
>
> Compared to the exact solution sol(CP), all dependencies between different variables are lost.

Still worse, we will see that in general even the solution assignment sol-val(CP) cannot be computed by local propagation methods. However, we will also see that local propagation methods do not eliminate any correct single solution, thus yielding an assignment that can be re-fined to get the solution assignment. Therefore, local propagation methods help to prune the search space and in general must be supplemented by further methods that compute the solution in the reduced space.

In order to characterize the assignments obtained by local propagation we proceed to define global and local consistency as properties of assignments and show that global consistency implies local consistency but not vice versa. In section 5 we then derive from the definition of locally consistent assignment an abstract local constraint propagation algorithm. We conclude that this algorithm produces locally consistent, but in general not globally consistent assignments and therefore in general not the solution assignment. The same holds for all algorithms that are more concrete refinements of the abstract one.

4.1 Globally consistent assignments

In order to determine the consistency of an assignment val from a global viewpoint, we may consider complete Var-tuples d ∈ val(Var) and test them against all constraints: val should assign a value dv to a variable V if and only if dv occurs in such a tuple d ∈ val(Var) that satisfies all constraints.

In our formal descriptions, we use the following mnemonics for values:

        d   denotes a complete tuple
        dc   denotes a constraint specific c-vars - tuple
        dc/-v   denotes a c-vars - tuple without the V-component
        dv   denotes the value of variable V
                (in contrast to our examples, where we use v)

We decompose the formal definition of global consistency into different levels:

An assignment val is <u>globally consistent for a constraint network C</u>

      :⇔ ∀ variables V ∈ Var.
             val is globally consistent for C at V

val is <u>globally consistent for C at V</u>

      :⇔ ∀ dv ∈ val(V).
             val is globally consistent for C at V in dv
    and val(V) ≠ φ

val is <u>globally consistent for C at V in dv</u>

      :⇔ ∃ d ∈ val(Var). d/V = dv and
          ∀ constraints (c-name,c-vars,c-def) ∈ C.
                     d/c-vars ∈ c-rel

Put together, val is globally consistent for C if it assigns to all variables V only such values dv that can be composed with other values assigned by val to a complete Var-tuple d whose projections satisfy all constraints.

Given a constraint problem CP = (C,init), we apply the definition of global consistency to the solution assignment sol-val(CP):

- If CP is unsatisfiable, sol(CP) = φ and hence sol-val(CP)(V) = φ for all variables V. Therefore sol-val(CP) is not globally consistent since it is not globally consistent at any variable.

- If CP is satisfiable, sol(CP) ≠ φ and hence sol-val(CP)(V) ≠ φ for all variables V. Comparing the definition of global consistency at a variable in a particular value to the definitions of sol(CP) and sol-val(CP), the solution assignment is obviously globally consistent.

Vice versa, let us consider a globally consistent assignment val and compare it to the solution assignment:

- If CP is unsatisfiable, such an assignment cannot exist since it cannot be globally consistent at any variable.

- If CP is satisfiable and val is globally consistent for C, let us additionally assume that val refines init: val(V) ⊆ init(V) for all variables V. This addition is necessary because global consistency is independent from initial assignments. Now we may infer from the definition of global consistency at a variable in a value and the definition of sol-val(CP) that val refines the solution assignment: val(V) ⊆ sol-val(CP)(V) for each variable V.

Summarizing we observe:

- If CP is unsatisfiable, there is no globally consistent assignment for C.

- If CP is satisfiable, the solution assignment is the maximal globally consistent assignment for C refining init. It is maximal because it is refined by each globally consistent assignment refining init.

We already have an example of a satisfiable constraint problem, namely (INEQ,init-nat). The solution assignment sol-val((INEQ, init-nat)) described at the beginning of this section is the maximal, globally consistent assignment for INEQ that refines init-nat.

An example for an unsatisfiable constraint problem follows in section 4.2.

4.2 Locally consistent assignments

In contrast to the global view, local views are constraint-specific: we may only consider individual constraints c = (c-name,c-vars,c-def) and partial tuples dc ∈ val(c-vars) of values for their variables. In order to be locally consistent val should assign a value dv to a variable V if and only if we can find for each constraint c for variable V such a tuple dc ∈ val(c-vars) that satisfies the constraint c and contains dv. Of course, in order to contain dv, c must be a constraint for V.

Again we decompose the formal definition into several levels of local consistency:

An assignment val is <u>locally consistent for a constraint network C</u>

$$:\Leftrightarrow \forall \text{ variables } V \in Var. \text{ val is locally consistent}$$
$$\text{for C at V}$$

val is <u>locally consistent for C at V</u>

$$:\Leftrightarrow \forall \text{ constraints } c = (c\text{-name},c\text{-vars},c\text{-def}) \in C.$$
$$V \in c\text{-vars} \Rightarrow$$
$$\text{val is locally consistent for c at V}$$

val is <u>locally consistent for c at V</u>

$$:\Leftrightarrow \forall \text{ dv} \in val(V).$$
$$\text{val is locally consistent for c at V in dv}$$
$$\text{and val}(V) \neq \phi$$

val is <u>locally consistent for c at V in dv</u>

$$:\Leftrightarrow \exists \text{ dc} \in val(c\text{-vars}). \text{ dc}/V = dv \text{ and dc} \in c\text{-rel}$$

Put together, val is locally consistent for C if it assigns to all variables V only such values dv that - for each constraint involving V - can be composed with other values assigned by val to a tuple dc satisfying the constraint.

As compared to the definition of globally consistent assignments the universal quantification "∀ constraints c" has moved outside the existential quantification "∃ d ∈ val(Var)", which therefore changes to "∃ dc ∈ val(c-vars)". Thus the definition of globally consistent assignments is stronger, meaning that every globally consistent assignment is also locally consistent. The reverse direction does not hold. Moreover, as we show in the next example, there are constraint networks having a locally consistent assignment but no globally consistent one. That means, there may be locally consistent assignments refining the initial assignment for constraint problems that are actually unsatisfiable.

Example: a scene labelling problem from [Reinfrank 85]

Figure 4.1 shows a triangle (in order to avoid drawing by hand triangles are rather angular) whose edges may be labelled by + or - such that the constraints at the junctions are satisfied. This problem is specified as a constraint problem (TRIANGLE,dom) with

     variables: U-V, U-W, W-V

     domains: dom(U-V) = dom(U-W) = dom(W-V)
               = {+,-}

     constraints of TRIANGLE:
               (U, (U-W,U-V), {(+,+), (-,-)})
               (W, (U-W,W-V), {(+,+), (-,-)})
               (V, (U-V,W-V), {(+,-), (-,+)})

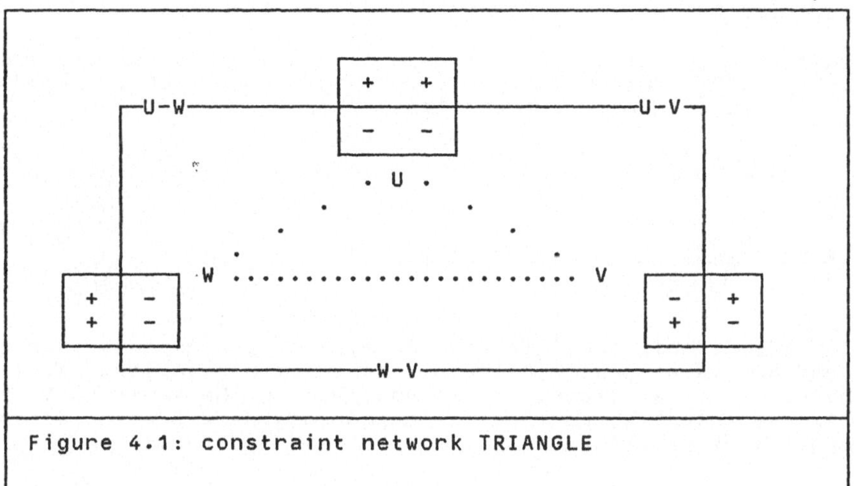

Figure 4.1: constraint network TRIANGLE

By testing all value combinations one can verify that
(TRIANGLE,dom) is inconsistent and that TRIANGLE has no
globally consistent assignment. A locally consistent assignment for TRIANGLE, which trivially refines the initialization
dom, is dom itself.

Another example is the coloring of a complete graph with three nodes as
explained in [Freuder 78].

Let us summarize our observations about globally and locally consistent
assignments for a constraint problem CP = (C,init):

- If there is no locally consistent assignment for C (refining init)
  then there is no globally consistent assignment for C (refining
  init) and CP is unsatisfiable.

- If there is a locally consistent assignment for C refining init CP
  may still be unsatisfiable. In any case, there is a maximal
  locally consistent assignment refining init, henceforth denoted by
  maxloc-val(CP), as was shown in [Rosenfeld/Hummel/Zucker 76] and
  [Reinfrank 85].

- If CP is unsatisfiable, sol-val(CP)(V) = ϕ for each variable V.
  Hence sol-val(CP) trivially refines maxloc-val(CP).

- If CP is satisfiable, sol-val(CP) is the largest globally consistent assignment for C refining init. Being globally consistent, sol-val(CP) is also locally consistent, and since sol-val(CP) refines init, it also refines maxloc-val(CP).

Hence computing maxloc-val(CP) reduces the search space for the solution of CP without loosing any single solution.

More precisely:

If sol(CP) is too costly to compute and maxloc-val(CP) is not too expensive to compute and maxloc-val(CP) is a sufficiently large restriction of the search space init(V) then we may first compute maxloc-val(CP) and take it as search space to compute sol(CP) by conventional exhaustive methods.

<u>Local constraint propagation methods</u> may now be characterized as sufficiently efficient methods to compute maxloc-val(CP), maybe for a restricted class of constraint problems.

5. An abstract local propagation algorithm

We develop the definition of locally consistent assignments into an invariant and derive a local constraint propagation algorithm satisfying this invariant. The algorithm is abstract in the sense that it does neither impose a special control regime nor assume a special definition of the constraint relations.

Given a constraint network C, an assignment val, and a variable V we expand the definition that

$$\text{val is locally consistent for C at V}$$

yielding the equivalent statement

(1) $\forall$ constraints (c-name,c-vars,c-def) $\in$ C.
           $V \in$ c-vars $\Rightarrow$
               $\forall$ dv $\in$ val(V).
                   $\exists$ dc $\in$ val(c-vars).
                       dc/V = dv and dc $\in$ c-rel

and

(2) val(V) $\neq$ Φ

For a constraint problem CP = (C,init) formula (1) suggests a successive computation of the maximal locally consistent assignment val:

Starting with the initialization val(V) := init(V) for all variables V we repeatedly choose a variable V and a constraint for V and eliminate from val(V) all values dv with
       $\neg$ $\exists$ dc $\in$ val(c-vars) $\cap$ c-rel. dc/V = dv
until no more changes are possible.

Since val = init initially and since val only decreases afterwards, val refines init during the whole process. Moreover, initially the solution assignment refines val and keeps on doing that because we eliminate only values that do not contribute to the solution.

These observations lead to the following invariant for local propagation:

Let $V \in Var$ be a variable and c = (c-name,c-vars,c-def) $\in$ C a constraint with $V \in$ c-vars.

(LCP-INV)   sol-val(CP) refines val-old refines init
            and
        val-new(V) = val-old(V)
                    $\cap$ {dv | $\exists$ dc $\in$ val-old(c-vars) $\cap$ c-rel.
                                                dc/V = dv}

As soon as val-new = val-old for all choices of variables V and constraints c we infer for val := val-new:

- sol-val(CP) refines val refines init

- val is locally consistent for C

- val is the maximal assignment with these properties.

Hence val coincides with maxloc-val(CP) as defined in the previous section. In particular, we may infer that CP is unsatisfiable if val(V) = Φ for some variable V.

After these preparations it is easy to design an algorithm with (LCP-INV) as invariant. Like the algorithms in [Reinfrank 85] and [Kornfeld 81], our version is object-oriented with constraints as objects that can be activated.

```
algorithm:  local constraint propagation (LCP)

input:      a constraint problem CP = ((C,init))

output:     the maximal locally consistent assignment
            for C refining init
            or the message "CP is unsatisfiable"

method:

    1)    For each variable V ∈ Var set val(V) := init(V)

    2)    Activate all constraints for all their variables
```

```
    3)    loop:

          Until no more constraints are activated for any
          variables:

    3.1) selection:

          Choose a constraint c = (c-name,c-vars,c-def)
          activated for a variable V and deactivate it.

    3.2) recomputation:

          val(V) := val(V)
                      ∩ {dv | ∃ dc ∈ val(c-vars) ∩ c-rel.
                                              dc/V = dv}

    3.3) propagation:

          If val(V) = Φ stop: "CP is unsatisfiable".
          Otherwise if val(V) has decreased,
          activate constraint c for all other variables
          V' ∈ c-vars and
          activate all other constraints c' with V ∈ c-vars
```

Termination of algorithm LCP is guaranteed if init(V) is finite for all
variables V. In some applications, val(V) is initially infinite but is
reduced to a finite set if it is reduced at all. In case val(V) remains
infinite in spite of reductions, special criteria for termination must
be elaborated.

Algorithm LCP is abstract in several respects. It can be rendered more
concrete by

  - imposing special strategies for the selection in 3.1). For
    example, the variable for which a constraint is activated can be
    dropped if the loop is always executed in sequence for all variab-
    les v ∈ c-vars. Then in step 3.3) all other constraints must be
    activated that are connected to a variable whose value has
    decreased. We will not discuss this issue in more detail, but re-
    fer to e.g. [Stallman/Sussman 77] (see also section 8.2).

- supplying more concrete formulas or algorithms for the recomputation in 3.2). This is the topic of section 6 where we distinguish different types of constraints depending on their definition of the constraint relation.

- imposing restrictions on the activation of constraints in 3.3). In section 7 we will consider special types of constraints for which algorithm LCP can be specialized to propagate only individual values instead of value sets - provided we impose such restrictions in step 3.3). However, these restrictions can be so severe that the algorithm may terminate before it has arrived at the maximal locally consistent assignment, simply because the necessary constraints cannot be activated due to the restrictions.

6. Type specific propagation of constraints

The definition c-def of the constraint relation c-rel determines how and when to use a constraint (c-name,c-vars,c-def) in a more elaborated version of algorithm LCP. We distinguish extensional, predicative, and recomputation method in step 3.2) of algorithm LCP. Integrating all three methods in this algorithm we obtain a more concrete, type-specific algorithm that still computes the maximal locally consistent assignment refining the initialization.

6.1 Types of constraints

The definition c-def of a constraint may be extensional, enumerating all tuples in c-rel, or it may be intensional, supplying a characteristic predicate for c-rel or functions to compute the values of a variable from the values of the other variables. Even redundant definitions for example by a characteristic predicate and some functions may be useful. In section 7 we will further distinguish whether the functions are single valued or single valued in most cases.

We call a constraint _extensional_ if it has an extensional definition

$$c\text{-def} := \{dc \mid dc \in c\text{-rel}\}$$

that enumerates all tuples dc in c-rel.

For example all constraints of network TRIANGLE in figure 4.1 are extensional.

Since all tuples of c-rel must be stored, infinite relations cannot be defined extensionally and the larger the relation the more space will be occupied for c-def.

Intensional constraints are predicative constraints or constructive constraints, to be defined at once.

We call a constraint _predicative_ if its definition c-def consists of a characteristic predicate c-def := c-pred so that

$$c\text{-pred: dom}(c\text{-vars}) \rightarrow \{true, false\}$$

$$c\text{-pred}(dc) = true \Leftrightarrow dc \in c\text{-rel}$$

For example, all constraints of network INEQ in figure 2.1 are predicative.

values of V depending on the other variables' values:

$$c\text{-def} := (c\text{-fun-V1}, \ldots, c\text{-fun-Vj}) \text{ if } c\text{-vars} = (V1 \ldots Vj)$$

and for every $V \in c\text{-vars}$,

$$c\text{-fun-V: dom}(c\text{-vars}/\text{-V}) \rightarrow \mathcal{P}(dom(V))$$

$$dc/\text{-v} \mapsto \{dv \mid \exists\ dc' \in c\text{-rel}.$$
$$dc'/\text{-V} = dc/\text{-v} \text{ and } dc'/V = dv\}$$

have been misleading since the functions c-fun-V return sets of values and not single values as the name "functional" might suggest.

For example, for real variables U, V, W we can constructively define a multiplication constraint

$$(mult, (U,V,W), (factor1,factor2,product))$$

with

factor1:	$(v,w) \mapsto$	$\{w/v\}$	if $v \neq 0$
		real	if $v = 0$
factor2:	$(u,w) \mapsto$	$\{w/u\}$	if $u \neq 0$
		real	if $u = 0$
product:	$(u,v) \mapsto$	$\{u*v\}$	

and an addition constraint

$$(add, (U,V,W), (addend1,addend2,sum))$$

with

addend1:	$(v,w) \mapsto$	$\{w-v\}$
addend2:	$(u,w) \mapsto$	$\{w-u\}$
sum:	$(u,v) \mapsto$	$\{u+v\}$

Constructive definitions pose problems when some argument tuples are mapped to infinite sets. In the multiplication constraint above we have used the name "real" as representing all real numbers. This, however, requires symbolic propagation facilities for the propagation. This problem is continued in section 7.3.

In practice, constructive definitions can often generated from user-supplied characteristic predicates.

For example, the constructive definition of a multiplication constraint may have been generated from the characterstic predicate U*V = W, and the constructive definition of the addition constraint from U+V = W.

As another example, the characteristic predicate
            U < W and V+4 = W
allows to generate a function with singleton values only for
V and W, but not for U.

Motivated by such examples, we may also allow <u>redundant constraints</u> .
They contain redundant definitions like the predicative constraints
above, which also have functions for (some of) their variables.

6.2 Propagation of extensional constraints

The recomputation of

        val(V) := val(V)
                  ∩ {dv | ∃ dc ∈ val(c-vars) ∩ c-rel. dc/V = dv}

in step 3.2) can be realized for an extensional constraint by
inspecting all tuples enumerated in its definition c-def in order to
check whether they belong to val(c-vars) and, in case, collect their
projection to variable V:

    3.2) recomputation:

        val(V) := {dc ∈ c-def| dc ∈ val(c-vars)} / V

We already mentioned that only relatively small constraint relations
should be defined extensionally due to space considerations. For sets
of such size the above recomputation method should be fast enough.

6.3 Propagation of predicative constraints

A predicative constraint contains a characteristic predicate c-pred
that can be applied to individual c-vars - tuples in order to determine
whether they belong to c-rel. For the recomputation step we need to
consider only tuples in val(c-vars), and if they are accepted by
c-pred, take their projection to variable V:

    3.2) recomputation:

         val(V) := {dc ∈ val(c-vars) | c-pred(dc) = true} / V

Here we have to generate all tuples dc in val(c-vars). The more there
are, the more expensive is the recomputation. Therefore, predicative
constraints should be selected in step 3.1) when only a few values are
assigned to their variables.

Of course, this recomputation method is inapplicable if val(c-vars) is
infinite.

6.4 Propagation of constructive constraints

A constructive constraint contains for each of its variables V a function c-fun-V computing the values of V from the values of the other variables. Therefore, we have to apply the function to all tuples in val(c-vars/-V) and intersect the result with the old values of V:

    3.2) recomputation:

$$val(V) := val(V) \cap \bigcup_{dc/-v \in val(c\text{-}vars/-V)} c\text{-}fun\text{-}V(dc/-v)$$

Here we have to generate all tuples in val(c-vars/-V) and, as before, the more there are the more expensive is the recomputation. Therefore, constructive constraints should also be selected only when their variables are assigned a few values.

Again, the above technique is inapplicable if val(c-vars/-V) is infinite. In this case, however, we could escape to a <u>symbolic propagation</u> technique:

Assuming that c-fun-V is extended to sets of tuples

$$c\text{-}fun\text{-}V(val(c\text{-}vars/-V)) := \bigcup_{dc/-v \in val(c\text{-}vars/-V)} c\text{-}fun\text{-}V(dc/-v)$$

we could propagate the term "c-fun-V(val(c-vars/-V))". To process such terms we then need symbolic algebra manipulation routines, which in general are an expensive tool. This topic comes up again in sections 7.2 and 7.3.

6.5 A type specific local propagation algorithm

The recomputation methods for our three types of constraints can be combined into a case analysis of the constraint selected in step 3.1). Replacing it for step 3.2) in algorithm LCP we obtain a type specific algorithm that still computes the maximal locally consistent assignment refining the initialization, but, in contrast to many local propagation methods we know, operates on networks that may contain all three types of constraints together.

```
algorithm: type specific constraint propagation (TSCP)

input:      a constraint problem CP = ((C,init))

output:     the maximal locally consistent assignment
            for C refining init
            or the message "CP is unsatisfiable"

method:

   1)    For each variable V ∈ Var set val(V) := init(V)

   2)    Activate all constraints for all their variables


   3)    loop:

         Until no more constraints are activated for any
         variables:

   3.1) selection:

         Choose a constraint c = (c-name,c-vars,c-def)
         activated for a variable V and deactivate it.

    3.2) recomputation:

         val(V) :=

             ┌─  {dc ∈ c-def | dc ∈ val(c-vars) } / V
             │                            if c is extensional
             │
             │   {dc ∈ val(c-vars) | c-pred(dc) = true} / V
             │                            if c is predicative
             │
             │   val(V) ∩   U c-fun-V(dc/-v)
             │           dc/-v ∈ val(c-vars/-V)
             └─                            if c is constructive

   3.3) propagation:

         If val(V) = φ stop: "CP is unsatisfiable".
         Otherwise if val(V) has decreased,
         activate constraint c for all other variables
         V' ∈ c-vars and
         activate all other constraints c' with V ∈ c-vars
```

There is no special case for redundant constraints. If c is a predicative constraint that is constructive in variable V either of the two
latter cases may be chosen.

Algorithm TSCP is concrete wrt. the definition of constraints, but it
is still abstract wrt. the selection strategy. Without further
elaborating a strategy we recall that predicative and constructive
constraints should be selected only when their variables are assigned

not too many values.

An example shall demonstrate algorithm TSCP in operation:

The constraint problem (LOGIC,init) is depicted in figure 6.1. It consists of

```
variables: U, V, W with domain {true,false}
           X, Y, Z with domain {0, ...,9}

initialization init: U      ↦ {true}
                     V,W    ↦ {true,false}
                     X      ↦ {4,5,6}
                     Y      ↦ {3,4,5}
                     Z      ↦ {8,9}
```

and of three constraints expressing the formulas:

$$(\wedge) \qquad U \Leftrightarrow V \wedge W$$
$$(+) \qquad V \Leftrightarrow X + Y = Z$$
$$(<) \qquad W \Leftrightarrow X < Y$$

```
                          ∧

  U: {true}      W: {true,false}      V: {true,false}

                                        +

              <

  X: {4,5,6}        Y: {3,4,5}        Z: {8,9}
```

Figure 6.1:, constraint problem (LOGIC,init)

Formula $(\wedge)$ is best defined by an extensional constraint since the domains are small and since we cannot directly define V and W functionally.

$$(\wedge, (U,V,W), \wedge\text{-set})$$

$\wedge$-set:=	U	V	W
	true	true	true
	false	true	false
	false	false	true
	false	false	false

Extensional constraints for propositional formulas are also

used in [McAllester 80].

Formula (+) should not be defined extensionally since the relation is quite large - think of all the cases where V is
false. It is better defined by a constructive constraint
using logical, set theoretical, and arithmetic functions.

        (+, (V,X,Y,Z), (+logic, +addend, +addend, +sum))

            +logic(x,y,z):=   x+y = z

            +addend(true,x,z):=   z-x
            +addend(false,x,z):=   {0,...,9| - {z-x}

            +sum(true,x,y):=   x+y
            +sum(false,x,y):=   {0, ...,9} - {x+y}

Formula (<) is best defined by a predicative constraint using
logical and arithmetic predicates, since the relation is large and the functional dependencies between the variables are
poor.

        (<, (W,X,Y), <-pred)

            <-pred:=   W ⇔ X < Y

Executing algorithm TSCP we select the activated constraints
with their variables in step 3.1) so as to come to a quick
solution.

1)   initialize val := init

2)   activate constraints
        ∧ for V and W, + for V, Y and Z, and < for W
        and Y

3)   loop

3.1)   select ∧ with V

3.2)   recompute
        val(V) := {dc ∈ ∧-set| dc/U = true} / V
              = {true}

3.3)   activate ∧ for U

3.1)   select ∧ with W

3.2)   recompute
        val(W) := {dc ∈ ∧-set| dc/U = dc/V = true} / W
              = {true}

3.3)   activate ∧ for V

3.1)   select < with Y

3.2)   recompute
        val(Y) := {dc| true ⇒ X < Y and
                    X ∈ {4,5,6} and Y ∈ {3,4,5}} / Y
              = {5}

3.3)   activate < for X and Y

3.1)   select + with Z

3.2)   recompute
       val(Z) := {8,9} ∩ {x+5 | x ∈ {4,5,6}}
                = {9}

3.3)   activate + for X

3.1)   select + with X

3.2)   recompute
       val(X) := {4,5,6} ∩ {9-5}
                = {4}

3.3)   activate + with Z

Now we still have activated constraints ∧ for U and V, + for
V, Y, and Z, and < for V, W and X, but all remaining
recomputations will not change the last assignment. Hence

$$\begin{array}{rcl}
\text{val:} & U & \mapsto \{true\} \\
& V & \mapsto \{true\} \\
& W & \mapsto \{true\} \\
& X & \mapsto \{4\} \\
& Y & \mapsto \{5\} \\
& Z & \mapsto \{9\}
\end{array}$$

is the result of TSCP. Since all variables are assigned a
singleton, val even coincides with the only single solution
of our problem:

    (∧)   true ⇔ true ∧ true
    (+)   true ⇔ 4 + 5 = 9
    (<)   true ⇔ 4 < 5

7. Simpler constructive constraints

Most local constraint propagation algorithms propagate not sets of
values   but   single   values   e.g.   [Sussman/Steele 80],
[Stallman/Sussman 77], [Davis 84],   or [deKleer/Brown 84]. These algorithms operate on networks with a special type of constructive
constraints. Their functions c-fun-V are simpler than usually because
they return a singleton for each argument tuple. We call constructive
constraints with such simple functions for all variables *simple
constraints*.

We show how to specialize algorithm TSCP to an algorithm called SCP for
simple constraints that propagates only individual values. Beside
restricting the type of constraints we have to restrict the class of
initialization assignments and we have to impose preconditions on the
activation of constraints in step 3.3). These preconditions are so severe that the algorithm may terminate prematurely. We discuss some
techniques to improve this situation. These techniques in turn suggest
how to extend SCP to slightly more general constraints. We call them
almost simple constraints because they are constructive constraints
with simple functions for all but a few argument tuples where the functions have a small finite set of possible values. Finally, we discuss

how to combine the propagation of (almost) simple constraints with other types of constraints.

We already got to know a simple constraint: the addition constraint from section 6.1. The multiplication constraint from section 6.1 is not even almost simple, because in case that one factor and the product are 0, the second factor may assume any real number.

The last example may be turned into an example of an almost simple constraint if we restrict the real numbers to a small set. For example, following the abstraction method of many qualitative reasoning systems c.f. [de Kleeer/Brown 84] or [Williams 84]. we can abstract the integers to their signs

$$SIGN := \{+,-,0\}$$

and define multiplication *s on SIGN to satisfy

$$sign(u) \ *s \ sign(v) = sign(u*v)$$

*s	+	-	0
+	+	-	0
-	-	+	0
0	0	0	0

Now for SIGN variables U, V, W, and suitably defined functions s-factor1, s-factor-2, and s-product,

    (s-mult, (U,V,W), (s-factor1,s-factor2,s-product))

is an almost simple constraint since V may only assume three values if both u = 0 and w = 0.

7.1 A local propagation algorithm for simple constraints

Restricting the class of networks to contain only simple constraints we also have to restrict the initialization to be a all-or-one assignment . Such an assignment val maps every variable either to its complete domain or to a singleton. Hence we can represent val by a function

    uni-val: Var → Dom ∪ {no-info}

            V ↦ dv   if val(V) = {dv}
            V ↦ no-info   if val(V) = dom(V)

We assume uni-val(V) = dv if dom(V) = {dv} is a singleton.

In order to understand the interaction of a simple constraint

    (c-name,c-vars,
            (c-fun-V: dom(c-vars/-V) → ℙ(dom(V)) | V ∈ c-vars))

and a all-or-one assignment val assume

            val assigns dom(V) to V and
            a singleton to all other variables in c-vars.

Then

        uni-val(V) = no-info and
        uni-val(V') ∈ dom(V') for all other variables in c-vars.

In step 3.2) we can simplify

    val(V) := val(V) ∩   ∪ c-fun-V(dc/-v)
                       dc/-v ∈ val(c-vars/-V)

         = dom(V) ∩ c-fun-V(dc/-v)
                   where dc/-v is the unique element in
                                                val(c-vars/V)

         = dom(V) ∩ c-fun-V(uni-val(c-vars/-V))

         = {dv}   if c-fun-V(uni-val(c-vars/-V)) = {dv}

         = c-fun-V(uni-val(c-vars/-V))

We see that the updated assignment val is again all-or-one and we may
completely eliminate val from step 3.2):

    uni-val(V) := c-fun-V(uni-val(c-vars/-V))

Thus we can simplify algorithm TSCP considerably if we restrict it to
constraint problems CP = (C,init) where C contains only simple
constraints and init is all-or-one, provided we only activate the
constraints in step 3.3) if at most one of their variables is assigned
no-info.

The case that a constraint is to be activated for a variable V that already has a unique value is handled as a check for consistency. We
simply look whether

            uni-val(V) = c-fun-V(uni-val(c-vars/-V))
holds.

Imposing the preconditions on the activation in step 3.3) rises the
question already asked at the end of section 5: are they so severe that
the algorithm may terminate prematurely?

Unfortunately, they are, as the next example will demonstrate. Hence we
have to modify the output specification of algorithm TSCP when we
specialize it to simple constraints and all-or-one initializations:

    algorithm: simple constraint propagation (SCP)

    input: a constraint problem CP = (C,init)   with an
               all-or-one initialization init and
               a set C of simple constraints

    output: an all-or-one assignment val,
               represented as uni-val, with:

               sol-val(CP) refines val refines init and
               ∀ constraints (c-name,c-vars,c-def) ∈ C.
                 |{V ∈ c-vars | uni-val(V) = no-info}| ≠ 1

               if this set is empty for all constraints in C,
               val is the solution assignment sol-val(CP)

```
                or the message: "CP is unsatisfiable"

method:

    1)    For each variable V ∈ Var
          set uni-val(V) := uni-init(V).

    2)    Activate all constraints (c-name,c-vars,c-def) ∈ C
          for some  variable V ∈ c-vars with:
          either uni-val(V') ≠ no-info for all variables
                 V' ∈ c-vars
          or V is the only variable in c-vars with
                 uni-val(V) = no-info
```

```
    3)   loop:

         Until there are no more constraints activated
         for any variables:

    3.1) selection:

         Choose a constraint
         c = (c-name,c-vars,(c-fun-V | V ∈ c-vars))
         activated for some variable V
         and deactivate it.

    3.2) recomputation:

         If uni-val(V) ≠ no-info
            then if c-fun-V(uni-val(c-vars/-V)) ≠ uni-val(V)
                 then stop: "CP is unsatisfiable"
            else uni-val(V) := c-fun-V(uni-val(c-vars/-V))

    3.3) propagation:

         Activate all other constraints
         (c-name',c-vars',c-def') with V ∈ c-vars'
         that have at most one variable V' ∈ c-vars'
         with uni-val(V') = no-info for V'.
```

If SCP terminates without the message "CP is unsatisfiable" two cases
may be distinguished:

(a) No variable is assigned no-info: In this case all constraints
     that should have been activated in terms of algorithm TSCP were
     actually activated, so that the output of SCP satisfies the
     output description of TSCP. In particular, since sol-val(CP) re-
     fines val and val is all-or-one, the tuple uni-val(Var) descri-
     bes the unique single solution of CP:

              uni-val(Var) = the unique element in sol(CP)

(b) Otherwise, the assignment val returned by SCP need not be the
     maximal locally consistent assignment refining init, and it need
     not even be locally consistent at all. This observation applies
     to cases where CP is inconsistent (b1), CP has a unique single
     solution (b2), or CP has different single solutions (b3).

As an example of case (b3) consider the network ADD with the
single constraint

        (add, (U,V,W), (addend1,addend2,sum))

initialized by

        init(U) = {3}, init(V) = init(W) = nat.

This constraint problem has {(3,v,3+v) | v ∈ nat} as solu-
tion, while SCP returns init, because no triple with e.g. w=1
satisfies the constraint.

Figure 7.1 shows an example from [Steele 80]. The net ADD2
has two adder constraints:

        (add1, (U,V,W), (addend1,addend2,sum))
        (add2, (W,V,X), (addend1,addend2,sum))

ADD2 represents the equation W - U = X - V meaning that W has
the same distance to U as to X.

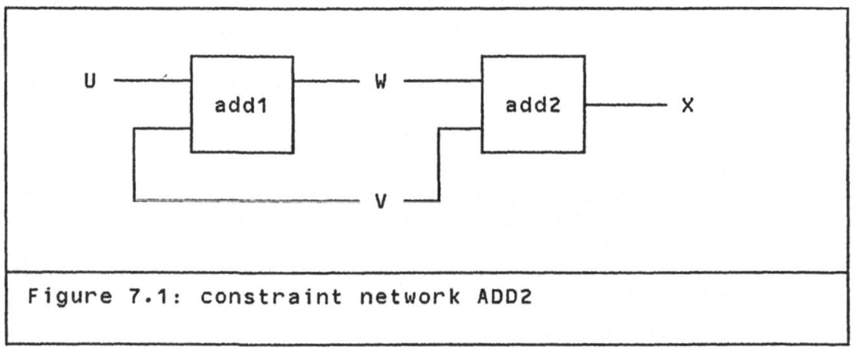

Figure 7.1: constraint network ADD2

If we initialize U and W by unique values u and w, SCP produces the unique single solution (u, w-u, w, 2*w-u) for
variables U, V, W, and X in this ordering (case a).
But if we initialize U and X by unique values u and x, no
constraint can be activated in SCP although there is a unique
single solution (u, (x-u)/2, (u+x)/2, x) in terms of the given values for U and X (case b3).

The last case shows that SCP may leave us with the entire set of
possible tuples specified by the initial assignment, although there is
a unique solution that can be achieved by elementary equation solving
techniques. This situation partially motivates the improvements suggested in the next section.

7.2 Improvements

There are three techniques that can be integrated into algorithm SCP in order to prevent it from terminating too early:

(1)   trial and error

(2)   symbolic propagation

(3)   extensions of the network

Assume SCP terminates although there are constraints (c-name,c-vars,c-def) with (at least) two undetermined variables V and V'.

(1) Trial and error:

We can tentatively assume a value for V' and continue SCP by computing a value for V. If this choice leads to an inconsistent situation we must backtrack and try another value for V. Backtracking may become inefficient if the set init(V) of values to try is large or if we encounter several points of choice. Here, dependency directed backtracking as used in [Stallman/Sussman 77] may help for a while.

(2) Symbolic propagation:

Alternatively, we may generate an unknown ?V' for V', express V in terms of ?V' and resume SCP by propagating these symbolic expressions. This approach requires additional tools for handling symbolic expressions, which must be interpreted, transformed, simplified, or solved for a particular unknown to be substituted in another symbolic expression.

We demonstrate this approach for our last example with network ADD2 and initialization

$$init(U) = \{2\}$$
$$init(V) = nat$$
$$init(W) = nat$$
$$init(X) = \{6\}$$

As mentioned, neither add1 nor add2 can be activated. We extend SCP so that in such situations an unknown is generated for a suitable variable. In our example, we generate ?V as value of V. Now add2 can be activated yielding 6 - ?V as value of W. This activates add1 which produces (6 - ?V) - 2 as another value of V. Such situations are called coincidences since consistency requires that both values coincide:

$$?V = (6 - ?V) - 2$$

Solving for ?V yields

$$?V = 2$$

as non-symbolic value of ?V.
Substituting in the expression for W yields:

$$W = 6 - ?V = 4$$

Now SCP can terminate with all variables being assigned a

non-symbolic value.

Introduction of symbolic values and expressions leaves the domain of strictly local constraint propagation. An expression like

$$val(W) = 6 - ?V$$

determines the value of W in dependence of the value of V. That means, we cannot consider any longer an assignment as mapping variables to sets of values

$$val(V) \subseteq dom(V)$$

rather we should consider it as mapping variables to functions that yield such a set for each tuple of values assumed by the other variables:

$$val(V): dom(c\text{-}vars/\text{-}V) \rightarrow \mathcal{P}(dom(V))$$

$$val(V)(dc/\text{-}v) \subseteq dom(V)$$
$$\text{for each } dc/\text{-}V \in dom(c\text{-}vars/\text{-}V).$$

(3) Extending the network:

As a third alternative, proposed in [Sussman/Steele 80], it may be possible to extend the network by further constraints that are semantically redundant but allow the propagation algorithm to proceed. In the example of network ADD2 symbolic algebra routines could detect that

$$X = (U + V) + V = U + (2 * V).$$

This information could be added in form of two new constraints add3 and double with obvious meaning. In the resulting network ADD2-REDUNDANT, which is shown in figure 7.2, the loop containing W is bypassed allowing the propagation algorithm CFCP to find a deterministic solution assignment.

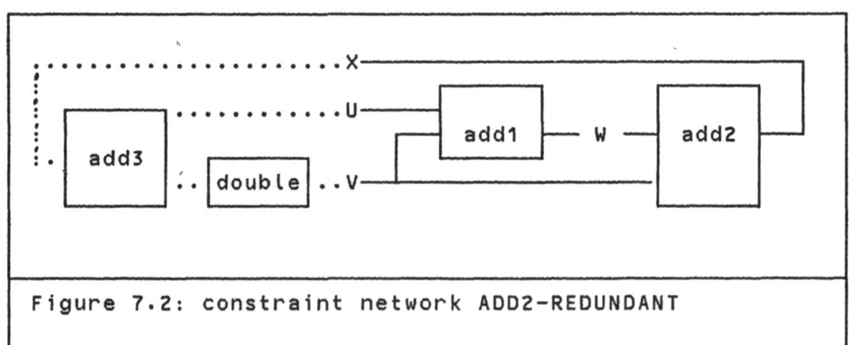

Figure 7.2: constraint network ADD2-REDUNDANT

[Freuder 78] proposes to interleave local propagation steps with the addition of new constraints, which correspond to the concatenation of already existing constraints and are therefore redundant. Adding these constraints allows Freuder to compute not only locally consistent assignments, but the complete solution. Maybe his idea could also be used to improve algorithm SCP.

7.3 Adaptation to almost simple constraints

Integrating trial and error or symbolic propagation techniques into algorithm SCP may also be used to generalize it to almost simple constrainst instead of simple ones. Similarly, the initialization need not be all-or-one, but may be <u>almost all-or-one</u> and assign to some variables small sets of values instead of singletons.

Applying SCP to constraint problems CP = (C,init) where C is a set of almost simple constraints and init is an almost all-or-one assignment, we will encounter cases where a variable V is assigned a small set of values instead of a unique value. Initially, this may happen either because init(V) or c-fun-V(dc/-v) were not singletons but small sets. In both cases we may proceed by (1) trial and error or (2) symbolic propagation.

(1) Trial and error:

We may choose a value for V if SCP cannot proceed otherwise. As in (1) of section 7.2 this may lead to inefficient backtracking if V may assume many values or if we come upon several such choice points.

(2) Symbolic propagation:

Instead of trying all possible values, we may propagate the entire set of possible values either extensionally or intensionally, via a symbolic expression. In contrast to (2) in section 7.2, we now have to introduce symbolic values not for single concrete values but for sets of them. This more general type of symbolic propagation could be described by the same extensions of our formal framework as mentioned in section 7.2.

7.4 Combination with other constraint types

(Almost) simple constraints can be combined with other types of constraints in two ways

   (1) in value propagating algorithms like SCP and its descendants

   (2) in value set propagating algorithms like TSCP.

(1) Combination in SCP-like algorithms:

We can extend these algorithms to other constraints provided the variables will not be assigned many values. To keep the assignments small we can impose preconditions on the activation of the other types of constraints.

   A good example are predicative constraints. They can be integrated in SCP via a case analysis in step 3.2) and by activating them in step 3.3) under the restriction that none of their variables is assigned no-info. This guarantees that the recomputation of predicative constraints does not increase the current assignment val.

(2) Combination in TSCP-like algorithms:

As constructive constraints, (almost) simple constraints are already integrated in algorithm TSCP. In a network with many of these constraints it would be a good strategy to activate or select (almost) simple constraints only when their variables are assigned (almost) unique values, and otherwise to prefer the other types of constraints.

8. Examples

In order to show that the framework developed so far allows a uniform view on different approaches to local constraint propagation, we apply our terminology to:

- Waltz' filtering as representative of an extensional constraint propagation

- EL as representative of simple and predicative constraints propagation

- Allen's time interval analysis as representative of constructive constraint propagation.

8.1 Waltz filtering

In 1975 Waltz published the first influential local constraint propagation method [Waltz 75]. Our description is extracted from [Reinfrank 85], where the problem, the algorithm, and its properties are studied in detail.

Waltz' algorithm was to understand line drawings of trihedral scenes in three dimensional space. Such a line drawing consists of <u>junctions</u> that are connected by <u>line segments</u> . An interpretation assigns <u>labels</u> like convex, or concave to the line segments.

Under certain restrictions with respect to the viewpoint and the placement of objects in the real scene, only two or three line segments can meet at any one junction in the picture of the scene. In addition, the possible labels of the line segments are subject to many restrictions. This means that certain combinations of line labels cannot occur in any picture of a real scene.

There are two ways to translate this problem into our terminology:

- We may consider the line segments as variables and associate constraints with the junctions, or

- we may consider the junctions as variables, whose values are triples of line labels, and associate to each line segment the constraint that the triples of its junctions agree in the label of this line.

To translate this problem into our terminology we choose the second alternative, which is closer to the description in [Reinfrank 85]:

Variables:

- for junctions

Domains:

- Pairs or triples of labels for the two or three line segments meeting at one junction.

For example, taking + for convex, - for concave, < and > for delimiting line segments, we get

$$\mathrm{dom}(V) = \{+, -, <, >\}^n, \text{ with } n \in \{2,3\}$$

for each variable V.

We use tup/V-W to denote the projection of tupel tup in dom(V) to the line segment between junctions V and W.

Initialization:

- init(V) = set of all physically possible combinations of line segment labels

Constraints:

- For each line segment V-W between junctions V and W, a constraint
  (V-W, (V,W), V-W-def) where V-W-def enumerates the relation

$$\{(tupv,tupw) \mid tupv \in \mathrm{dom}(V), tupw \in \mathrm{dom}(W),$$
$$tupv/V\text{-}W \equiv tupw/W\text{-}V \}$$

  expressing that the tuples assigned to V and W agree in their projection to line V-W. Agreement is defined by an equivalence relation $\equiv$ on the set of labels.

Waltz' algorithm is a local constraint propagation method that differs
from algorithm TSCP in two respects:

- it deals only with extensional constraints

- it imposes a special control strategy on the constraints c and
  variables V selected in step 3.1)

- it deals with partially defined assignments interleaving steps 1)
  and 2) with step 3) and activating only constraints with defined
  values.

In more detail, Waltz' algorithm works as follows:

1) for all variables V, val(V) is undefined.

2) for all variables V:

   2.1) set val(V) := init(V)

   2.2) and for all constraints (V-W, (V,W), V-W-def) or
        (W-V, (W,V),W-V-def) where val(V) and val(W) is defined
        compute val(V) as in SCP,
        and put the same constraint for variable W on the
        activation queue.

   2.3) As long as the activation queue is not empty,
        remove the next constraint X-Y with variable Y (or X)

```
        from the queue,
        recompute val(Y) as in TSCP,
        and put all constraints Y-Z for Z on the activation
        queue, where val(Z) is defined.
```

8.2 The EL system

EL is a system for electronic circuit analysis [Stallman/Sussman 77].

A circuit consists of <u>nodes</u> and of <u>devices</u> like transistors or diodes. Devices may be elementary or composed. They may have <u>device parameters</u> like the resistance of a resistor, and they have terminals. To build a circuit, <u>device types</u> defined in a library are instantiated and their terminals are linked via nodes. <u>Voltage</u> may lie at and <u>current</u> may flow through the nodes respectively through the connected terminals.

The behavior of a <u>composite device</u> is defined by a circuit. Thus it decomposes eventually into nodes and elementary devices. Therefore we need to consider only the latter.

An <u>elementary device</u> may assume different exclusive <u>states</u>. Its behavior in each state is described by one or more <u>linear equations</u> involving the device's parameters, and current through or voltage at its terminals. The states are distinguished usually by <u>inequations</u> over the same set of variables.

Given concrete values for some device parameters, states, voltages, or currents, the EL system <u>analyses the circuit</u> in order to determine concrete values for the remaining, undetermined device parameters, states, voltages, or currents.

Translated into our terminology we have:

Variables:

- node variables for voltage at and current through each node (resp. the connected terminals)

- device parameters

- state variables for each device (with several states)

Domains:

- for voltage, current, and device variables: real

- for state variables: finite, discrete domains like {on, off}.

Constraints:

- Linear equations and inequations for individual devices voltage and current of its terminals.

Inequations are predicative constraints. Equations implicitly define constructive constraints. Since the equations may contain multiplications and divisions, the constraints are almost simple, and simple only when the exceptional cases with regard to O are excluded from consideration. Indeed, EL-equations are treated like purely simple constraints without mentioning the exceptional cases.

Initialization:

- all-or-one assignment

As an example, figure 8.1 shows a circuit consisting of two devices, a resistor with resistance R and a voltage source with voltage differential VS, which are connected via nodes X and Y.

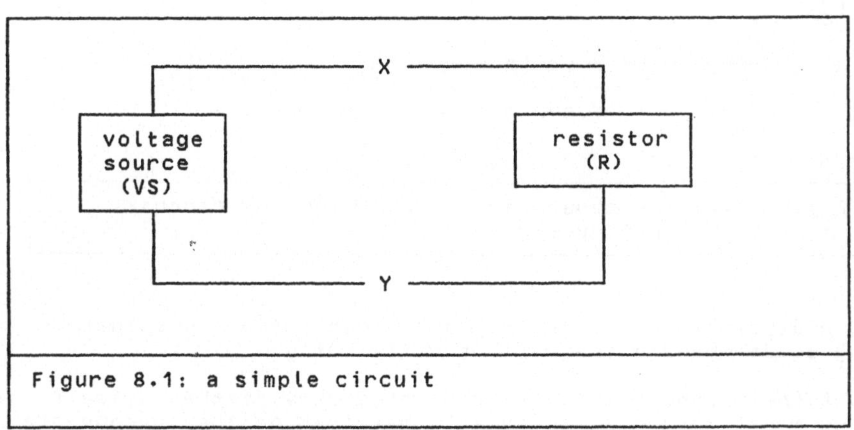

Figure 8.1: a simple circuit

This circuit corresponds to the constraint network in figure 8.2, which has

node variables: X.current and X.voltage
                       Y.current and Y.voltage

device parameters: R and VS

equational constraints:

 - for the voltage source:
        (voltage-potential, (VS,X.voltage,Y.voltage),
                        VS = X.voltage - Y.voltage)

 - for the resistor:
        (current-preservation, (X.current,Y.current),
                        X.current = Y.current)

        (Ohm's-law,(X.voltage,Y.voltage,X.current,R),
                X.voltage - Y.voltage = X.current * R)

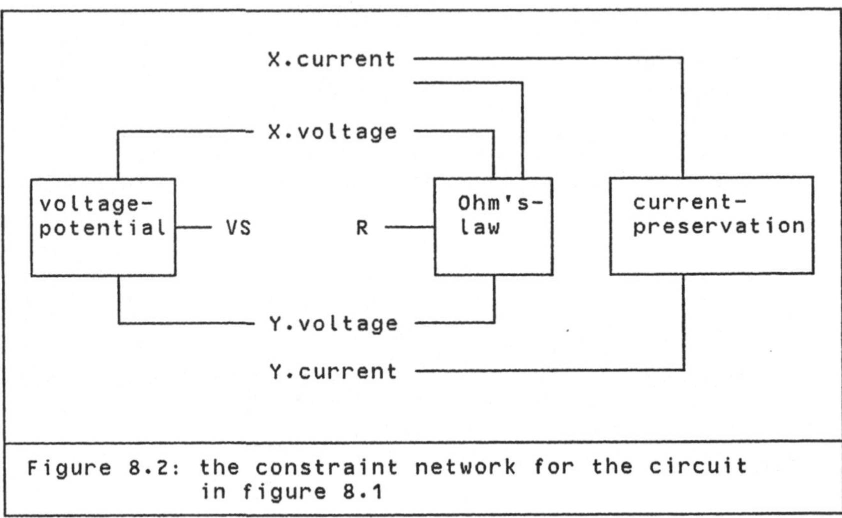

Figure 8.2: the constraint network for the circuit
in figure 8.1

Circuit analysis is done by a local constraint propagation method
treating equations and inequations differently.

An equational constraint is activated only if the device's state is
known and if at most one variable is assigned neither a concrete nor a
symbolic expression. Inserting the variables' values in the equation
may yield

- a tautology

- a contradiction meaning an inconsistency to be removed by the
  backtracking routine

- a concrete or symbolic value for the undetermined variable, which
  causes the activation of other constraints for this variable.

Symbolic values are introduced for non-state variables if there is no
progress otherwise. The strategy for node variables is to choose nodes
with minimum unknown neighbour nodes.

An inequational constraint is activated only if all its variables are
assigned a concrete value, since an inequation does not help to compute
unknown values. Therefore, inserting the values may only produce a
tautology or a contradiction, which is handled as before.

If no progress can be achieved even by introducing symbolic values for
non-state variables, concrete values are chosen for state variables.
The authors call this the <u>method of assumed states</u> . Hence, detecting a
contradiction does not immediately mean an inconsistent problem, but an
inconsistent choice to be solved by the backtracking routine. In EL
they use dependency directed backtracking, which requires to keep and
maintain dependency records describing the reasons of variable
assignments and choices.

In our terminology, constraint propagation in EL is performed by an extension of algorithm SCP by

- inequations as predicative constraints as described in section
  7.4,

- symbolic propagation for non-state variables and

- trial and error (or the method of assumed states) for state
  variables as described in section 7.2.

There are three queues controlling the choice of activated constraints
in step 3) of the algorithm:

- Inequations go to the top priority queue since they may detect
  contradictions upon which the current path of investigations
  should be quickly abandoned.

- Equations go to the middle priority queue. They are processed when
  the top priority queue is empty: If the algorithm cannot proceed
  because no more equations can be activated due to missing variable
  values, symbolic values are introduced for non-state variables.

- The lowest priority queue contains alternative choices for
  backtracking. Choices of concrete state values are made whenever
  there is no more progress. By putting these choices on the lowest
  priority queue, the behavior in a particular state is elaborated
  before a new state is investigated.

8.3 Allens time interval analysis

Allen developed a representation of temporal knowledge by time intervals [Allen 83, 84] that can be characterized as follows:

- Intervals are non-trivial: they do not collide to a single point.

- Between any two intervals exactly one out of 13 basic types of relations can hold. This set, which we call RELTYPES, consists of 7
  primitive relation types and their inversions as shown in figure
  8.3. We obtain 13 relation types because equality is reflexive.

  We write I1$-r\rightarrow$I2 if interval I1 is related via relation type r to
  interval I2. This situation can be equivalently expressed by
  I2$-r\blacksquare\rightarrow$I1 for the inverse $r\blacksquare$ of r.

relation type	symbol	inverse	graphics
X before Y	<	>	xxx yyy
X equal Y	=	=	xxx yyy
X meets Y	m	mi	xxxyyy
X overlaps Y	o	oi	xxx yyy
X during Y	d	di	xxx yyyyy
X starts Y	s	si	xxx yyyyy
X finishes Y	f	fi	xxx yyyyy

Figure 8.3: Allen's temporal relation types
(taken from [Allen 83])

- Uncertainty or missing knowledge about the concrete relation
  between two intervals is expressed by supplying all possible types
  of relations between the two intervals.

> Thus, for a subset R $\subseteq$ RELTYPES,
> I1-R→I2 means:
> if I1-r→I2 holds then r $\in$ R.

Considering the intervals as nodes we obtain a strongly connected graph
G where each pair of different intervals I1 and I2 is connected by a
directed arc I1-R→I2 labelled by a set R $\subseteq$ RELTYPES. The inverse arc
from I2 to I1 is redundant since it must be labelled by the inverse set
of relations R■ := {r■ | r $\in$ R}

> I2-R■→I1.

An arc labelled with the entire set RELTYPES means "no information",
and an arc labelled with the empty set indicates an inconsistency.

Allen assumes that knowledge about temporal relations comes in piecewi-
se, in form of a new arc label at a time. Since the new label conveys
more (precise) information, it is intersected with the old label yielding a new arc (say)

> I1-R2→I2.

Allen's algorithm [Allen 83] propagates this modification through the
entire graph G so that G always describes the information entered from
outside together with all its consequences.

A basic operation in Allen's algorithm is the computation of the relation product - or in Allen's terminology the transitive closure - of
two basic relation types on two successive arcs:

$$I1-r2{\to}I2-r3{\to}I3$$
$$\lfloor\_T(r2,r3)\_\rfloor$$

$T(r2,r3)$ is defined in a table and yields the set of all possible relation types between I1 and I3 that can be inferred from relations r2 and r3.

Since arcs may be labeled by sets of relation types, T is extended to an operation on the powerset of RELTYPES:

$$T:\ \mathcal{P}(RELTYPES)^2 \to \mathcal{P}(RELTYPES)$$
$$T(R1,R2)\ :=\ U\quad T(r1,r2)$$
$$r1\ \in\ R1$$
$$r2\ \in\ R2$$

We already got to know another operation on the powerset, namely inversion:

$$\blacksquare:\ \mathcal{P}(RELTYPES)\ \to\ \mathcal{P}(RELTYPES)$$

Both operations obey the following laws:

(1) $\quad R\blacksquare\blacksquare = R$ $\quad\quad\quad\quad\quad\quad\quad\quad$ $\blacksquare$ is an involution

(2) $\quad T(T(R1,R2),R3) = T(R1,T(R2,R3))$ $\quad$ T is associative

(3) $\quad T(R1,R2)\blacksquare = T(R2\blacksquare,R1\blacksquare)$

The last law relates inversion with the transitive closure operation as illustrated in figure 8.4:

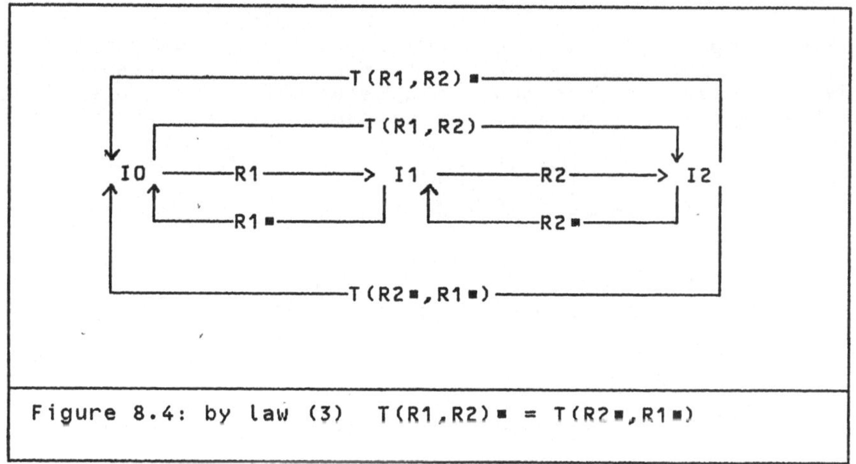

Figure 8.4: by law (3) $T(R1,R2)\blacksquare = T(R2\blacksquare,R1\blacksquare)$

Beside these algebraic laws, there is a fourth property

(4) $\quad R3 = T(R1,R2) \Leftrightarrow R2 = T(R1\blacksquare,R3) \Leftrightarrow R1 = T(R3,R2\blacksquare)$

which is illustrated in figure 8.5:

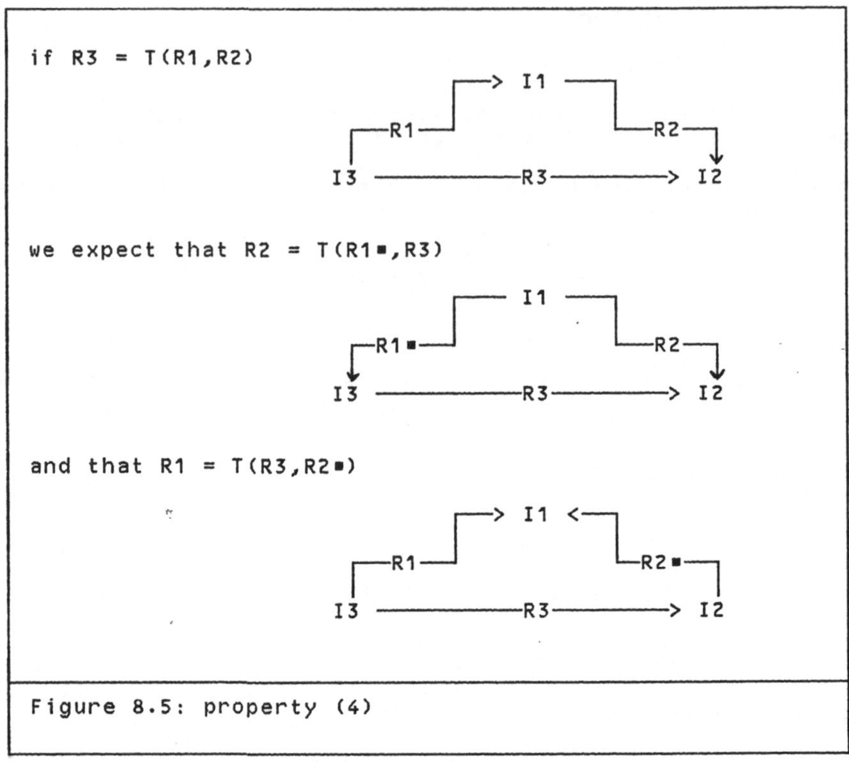

Figure 8.5: property (4)

It is interesting to note that property (4) invariantly holds when we rotate the triangle or invert all its arcs simultaneously. All remaining triangles, which cannot be generated by rotation or inversion from the triangle in figure 8.5, can be generated from the triangle:

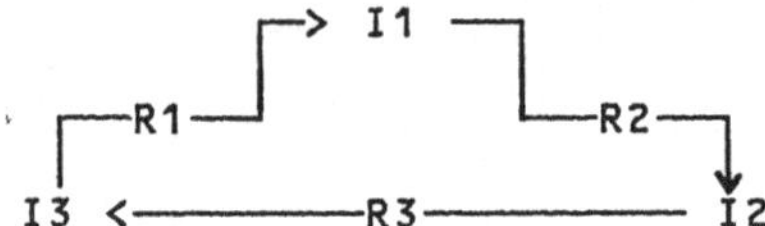

For this second class of triangles we can infer from properties (4) and (3):

$$(5) \qquad \begin{aligned} & R3 = T(R1,R2)■ = T(R2■,R1■) \\ \Leftrightarrow\ & R2 = T(R3,R1)■ = T(R1■,R3■) \\ \Leftrightarrow\ & R1 = T(R2,R3)■ = T(R3■,R2■) \end{aligned}$$

Back to Allen's algorithm:

As soon as an arc has been changed to

$$I1-R2 \rightarrow I2$$

he considers all other intervals I3. Since the graph G is complete, the three intervals constitute a triangle

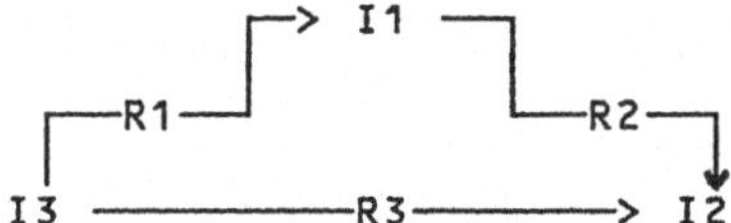

for which R1 and R3 have to be recomputed, which is done according to
(4). If the arcs labelled R1 and R3 go opposite, they are first inverted and the result is inverted again.
Changes of arc labels R1 and R3 are propagated as described for R2.
(Flow of control is governed by a queue of arcs to be recomputed.)

We can translate Allen's time interval analysis into a constraint problem by viewing the arcs I1→I2 as variables with $\mathcal{P}$(RELTYPES) as
domains. Every set of three intervals {I1, I2, I3} constitutes a
triangle in Allen's graph and belongs to either of the classes
characterized by properties (4) and (5).

Triangles in the class characterized by (4) are constrained by

     (I3I1I2,(I3→I1, I1→I2, I3→I2),T-rel)

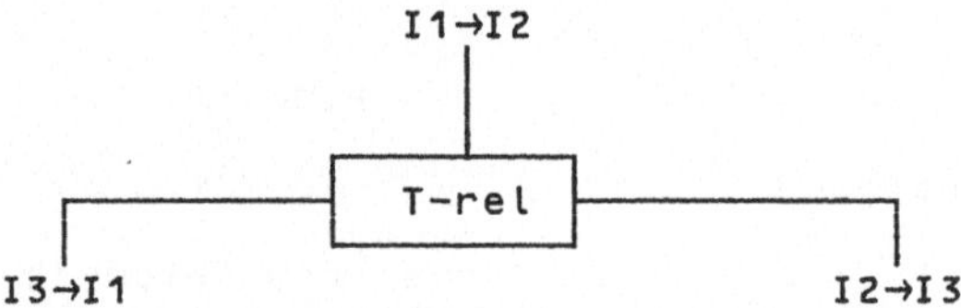

where T-rel is just a triple notation of table T

     T-rel := {(r1,r2,r3)| r3 ∈ T(r1,r2)}.

For triangles characterized by property (5) we have to invert label r3
yielding a constraint

     (I3I1I2■, (I3→I1, I1→I2, I2→I3), T-rel■)

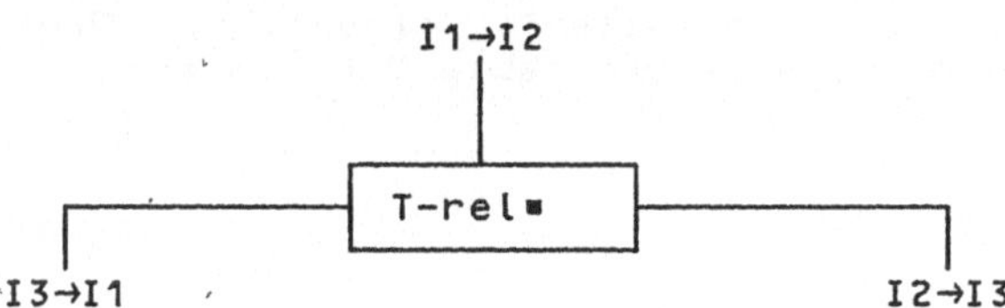

with T-rel■ := {(r1,r2,r3■)| r3 ∈ T(r1,r2)}.

Thus we can convert Allen's graph G to a constraint network, which is
initialized by the labels in G:

Variables:
     arcs I1→I2 in G

Domains:
     $\mathcal{P}$(RELTYPES)

Initialization:
     init(I1→I2) := label of arc I1→I2 in G

Constraints:

$$(I3I1I2, \quad (I3{\to}I1, \quad I1{\to}I2, \quad I3{\to}I2), \quad T\text{-rel})$$
$$\text{resp.}$$
$$(I3I1I2\blacksquare, \quad (I3{\to}I1, \quad I1{\to}I2, \quad I2{\to}I3), \quad T\text{-rel}\blacksquare)$$

for all three-elementary sets of intervals
{I1,I2,I3}

Since the domains are small (of size 13), we could extensionally define the relations T-rel and T-rel■. Allen however uses the table T as definition of the function T. This suggests a constructive definition of the two constraint relations. For that purpose, we have to specify functions for each component of the two relations. The functions are defined by the corresponding projections:

$$\text{T-rel1, T-rel2, T-rel3: RELTYPES}^2 \to P(\text{RELTYPES})$$

$$\text{T-rel1}(r2,r3) := \{r1 \mid (r1,r2,r3) \in \text{T-rel}\}$$

$$\text{T-rel2}(r1,r3) := \{r2 \mid (r1,r2,r3) \in \text{T-rel}\}$$

$$\text{T-rel3}(r1,r2) := \{r3 \mid (r1,r2,r3) \in \text{T-rel}\}$$

$$\text{T-rel}\blacksquare1, \text{ T-rel}\blacksquare2, \text{ T-rel}\blacksquare3: \text{RELTYPES}^2 \to P(\text{RELTYPES})$$

are defined analogously.

Due to properties (1) – (4) of T we can express the functions equivalently by expressions over the operations T and ■:

$$\text{T-rel1}(r2,r3) = T(r3,r2\blacksquare)$$
$$\text{T-rel2}(r1,r3) = T(r1\blacksquare,r3)$$
$$\text{T-rel3}(r1,r2) = T(r1,r3)$$

$$\text{T-rel}\blacksquare1(r2,r3) = T(r2,r3)\blacksquare$$
$$\text{T-rel}\blacksquare2(r1,r3) = T(r3,r1)\blacksquare$$
$$\text{T-rel}\blacksquare3(r1,r2) = T(r1,r2)\blacksquare$$

Operations T and ■ also occur in Allen's algorithm. They are quite cheap to compute and require only the table T to be stored.

Using the expressions above we can apply algorithm TSCP to our constraint problem by changing step 3.2) as follows:

$$\text{val}(I3{\to}I1) := \text{val}(I3{\to}I1) \cap$$
$$T(\text{val}(I3{\to}I2),\text{val}(I1{\to}I2)\blacksquare)$$

to compute the label of I3→I1 in a triangle constrained by T-rel
or

$$\text{val}(I1{\to}I2) := \text{val}(I1{\to}I2) \cap$$
$$T(\text{val}(I3{\to}I2)\blacksquare,\text{val}(I3{\to}I2))$$

to compute the label of I1→I2 in a triangle constrained by T-rel
etc.

Note that val(Ix→Iy) = R if Ix-R→Iy.

With these specializations our algorithm TSCP practically coincides with Allen's algorithm. Thus – to our own surprise – Allen's algorithm turns out to be a local constraint propagation algorithm that propagates sets of values and operates on constructive constraints, not on extensional ones.

Following Allen's presentation we arrived at two sorts of constraints. Instead, we could have solved his problem with only one sort of constraint, but also with six ones. The difference lies in the number of implicite inversions required to match the triangles described by the constraints. In Allen's solution the explicitely changed arrow I3→I1 resp. I3→I1 need not be inverted, but the other two arrows might have to be.

9. Conclusion

In the theoretical part of this paper we defined the notions of constraints, constraint networks and problems, their solution and satisfiablility. We introduced assignments of sets of values to the variables as representing the local knowledge of local constraint propagation techniques. In general, assignments cannot adequately describe the complete solution of a constraint problem. Globally consistent assignments, which may inspect all constraints at a time, are better than locally consistent ones, which may inspect only one constraint at a time. Local constraint propagation methods were characterized as returning (at best) the maximal locally consistent assignment in the boundaries of the initialization.

In the second part of the paper we developed three local constraint propagation algorithms. By refining the notion of locally consistent assignment we obtained a first, still very abstract algorithm that propagates sets of values and computes the maximal locally consistent assignment for arbitrary constraint problems. By distinguishing three types of constraints - extensional, predicative, and constructive constraints -, which differ in how their constraint relation is defined, we obtained a more concrete type specific propagation algorithm. It still propagates sets of values and returns the maximal locally consistent assignment in networks containing all three constraint types together. Our third algorithm operates on networks with simple constructive constraints only and with an all-or-one assignment. Propagating only individual values it is more efficient, but it may terminate before it has found the maximal locally consistent assignment. We discussed how this algorithm could be improved and slightly generalized by backtracking and symbolic propagation techniques. Besides, simple constraints can be combined with other types of constraints both in the second and in the third algorithm.

We developed the formal concepts and the algorithms as a framework in which to describe,analyse, and compare different approaches to local constraint propagation in static networks. In order to see whether we had achieved this goal we investigated three prominent local constraint propagation techniques: Waltz filtering turned out as a restriction of our second algorithm to networks with extensional constraints only. Constraint propagation in EL extends our third algorithm for simple constraints to predicative constraints and employs backtracking and symbolic propagation methods. Allen's temporal analysis again restricts our second algorithm, but now to constructive constraints.

Encouraged by these results we would like to investigate further local propagation techniques in our framework, in particular Freuder's method to assume a local view but construct higher and higher level

constraints so that a globally consistent assignment comes out at the
end [Freuder 78].

Many ideas in this paper are motivated by [Reinfrank 85], for example,
the notions of global and local consistency, or of simple and almost
simple constraints. A more elaborate comparison with [Reinfrank 85] and
other approaches to formalization like Freuder's node -, arc -, and
path consistency is wanted.

Next we would like to develop better termination criteria and extend
our formalism to dynamic problems as treated in [Fox et al 83]. Due to
changes of the modeled world, initializations and constraints should be
allowed to change, and constraints should be retractable or prioritized
as e.g. in [Descotte/Latombe 85] in order to find a solution for the
remaining ones.

Finally, we would like to realize our constraint propagation algorithms
in a practical system. Here we get inspirations from Steel's
"constraints as consultants" [Steels 82] where, however, only constructive types of constraints are considered.

Acknowledgements

In the first version of this paper we distinguished constructive and
destructive propagation algorithms. Michael Reinfrank pointed out that
these algorithms were not different at all. Thanks to his critics we
did some more brainwork and introduced different types of constraints
instead.
We thank Ulrich Junker and Gerhard Tobermann for reading later drafts
very critically. We also appreciate some useful comments by Peter
Kursawe and Walter Hower.

Literature

[AI-Journal 84]
        Artificial Intelligence (1984), Vol.24, Numbers 1-3,
        Special Volume on Qualitiative Reasoning about Physical Sy-
        stems.

[Allen 83] Allen, J. F. : Maintaining Knowledge about Temporal Inter-
        vals. CACM, Vol.26, No.11, pp. 832-843.

[Allen 84] Allen, J. F. : Towards a General Theory of Action and Time.
        Artificial Intelligence, Vol.23, pp. 123-154.

[Davis 84] Davis, R. : Diagnostic Reasoning Based on Structure and Be-
        havior. in [AI-Journal 84], pp. 347-410.

[deKleer/Brown 84]
        deKleer, J., Brown, J. S. : A Qualitative Physics Based on
        Confluences. in [AI-Journal 84], pp. 7-83.

[Descotte/Latombe 85]
        Descotte, Y., Latombe, J. C. : Making Compromises among
        Antagonist Constraints in a Planner. Artificial In-
        telligence, Vol.27, No.2, pp. 183-217.

[Fox et al 83]
        Fox, M. S., Allen, B. P., Smith, S. F., Strohm, G. A. :
        ISIS - A Constraint Directed Reasoning Approach to Job Shop
        Scheduling. CMU-RI-83-3, The Robotics Institute, Carnegie-
        Mellon University, Pittsburgh, 1983.

[Freuder 78]
        Freuder, E. C. : Synthesizing Constraint Expressions. Com-
        munications of the ACM, Vol.21, No.11, pp.958-966.

[Gaschnig 79]
        Gaschnig, J. G. : Performance Measurement and Analysis of
        Certain Search Algorithms. PhD Thesis, Carnegie-Mellon Uni-
        versity, Pittsburgh, 1979.

[Gosling 83]
        Gosling, J. : Algebraic Constraints. CMU-CS-83-132, Dep. of
        Computer Science, Carnegie-Mellon University, May 1983.

[Kornfeld 81]
        Kornfeld, W. A. : The Use of Parallelism to Implement a
        Heuristic Search. Proc. 7th IJCAI, 1981.

[Mackworth 77]
        Mackworth, A. K. : Consistency in Networks of Relations.
        Artificial Intelligence 8, pp. 99-118, 1977.

[Mackworth/Freuder 85]
        Mackworth, A. K., Freuder, E. : The Complexity of Some
        Polynomial Network Consistency Algorithms for Constraint
        Satisfaction Problems. Artificial intelligence 25, p. 65,
        1985.

[McAllester 80]
        McAllester, D. A. : An Outlook on Truth Maintenance. AI-Lab
        Memo 551, AI-Lab, Massachusets Institute of Technology,
        Cambridge, 1980.

[Montanari 82]
Montanari, U. : Networks of Constraints: Formal Properties and Applications to Picture Processing. Information Sciences 7, pp. 95-132, 1974.

[Nudel 83] Nudel, B. : Consistent Labelling Problems and their Algorithms: Expected Complexities and Theory-Based Heuristics. Artificial Intelligence 21, 1983.

[Reinfrank 85]
Reinfrank, M. T. : SCENELAB, Scene Labelling by a Society of Agents. A Distributed Constraint Propagation System., Memo SEKI-85-06, Fachbereich Informatik, Universität Kaiserslautern.

[Rosenfeld/Hummel/Zucker 76]
Rosenfeld, A., Hummel, R. A., Zucker, S. : Scene Labelling by Relaxation Operations. IEEE Transactions on SMC 6(6), 1976.

[Stallman/Sussman 77]
Stallman, R. M.; Sussman, G. J.: Forward Reasoning and Dependency-Directed Backtracking in a System for Computer-Aided Circuit Analysis, Artificial Intelligence Vol.9, pp.135-196.

[Steele 80] Steele, G. L. Jr.: The Definition and Implementation of a Computer Programming Language Based on Constraints, MIT AI-Lab., AI-TR-595.

[Steels 82] Steels, L. : Constraints as Consultants. ECAI 1984, pp. 75-78.

[Stoyan 85] Stoyan, Herbert : Rechnen mit Relationen, Universität Erlangen, Manuskript.

[Sussman/Steele 80]
Sussman, G., Steele, G. L. Jr. : CONSTRAINTS - a Language for Expressing Almost-Hierarchical Descriptions. Artificial Intelligence 14, pp. 1-40.

[Waltz 75] Waltz, D. : Understanding Line Drawings of Scenes with Shadows. in 'The Psychology of Computer Vision', P. H. Winston (ed.), McGraw-Hill Book Company 1975, pp. 19-91.

[Williams 84]
Williams, B. C. : Qualitative Analysis of MOS Circuits. in [AI-Journal 84], pp. 281-346.

Knowledge Engineering mit einer Expertensystem-Shell

Frank H. Schmitt
Entwicklung Künstliche Intelligenz und Expertensysteme
Nixdorf Computer AG
Pontanusstr. 55 - 4790 Paderborn

Zusammenfassung: Knowledge Engineering ist eine sehr komplexe Aufgabe, bei der es darum geht, das Wissen eines Experten oder anderer Wissensquellen in die Wissensbank eines Expertensystems abzubilden. Dieser Artikel charakterisiert die Aufgaben des Knowledge Engineers und beschreibt die Phasen, die ein Expertsystem bei seiner Entwicklung bis hin zum praktischen Einsatz durchläuft. Dabei wird herausgearbeitet, welche spezifischen Anforderungen eine jeweilige Entwicklungsphase an ein Werkzeug zur Entwicklung von Expertensystemen stellt. Abschließend wird die Funktionalität eines kommerziell verfügbaren Expertensystemwerkzeugs am Beispiel von TWAICE Rel. 3.0 beschrieben.

1. Einleitung

Expertensysteme unterscheiden sich in Implementation, Verhalten und Möglichkeiten ganz entscheidend von herkömmlichen Programmen. Zudem ist die Entwicklung eines derartigen Systems mit einer hohen Erwartungshaltung verbunden. So erwartet der Auftraggeber eine Kostensenkung oder die Verbesserung einer Dienstleistung durch die Lösung von Problemen, bei denen herkömmliche Methoden bislang versagt haben. Der Entwickler erwartet eine schnellere Systementwicklung und einfachere Wartung und der Endbenutzer ein flexibleres und intelligenteres Systemverhalten.

Um ein Expertensystemprojekt erfolgreich durchzuführen, ist eine große Menge organisatorischer und domänspezifischer Probleme bei der Wissensakquisition zu bewältigen und ein erheblicher Einsatz von programmiertechnischem Wissen bezüglich der Wissensrepräsentation notwendig. Dieser Artikel gibt einen Überblick über diese wichtigen Aspekte bei der Expertensystementwicklung.

Dazu werden folgende zentrale Fragestellungen untersucht:

1. Was ist die **Knowledge Engineering Aufgabe?**

2. Was sind die typischen Phasen **des Knowledge Engineering Entwicklungszyklus?**

3. Welche **Anforderungen** werden **an Expertensystemwerkzeuge** gestellt?

4. Was sind die **Eigenschaften der Expertensystem-Shell TWAICE Rel. 3.0?**

2. Die Knowledge Engineering Aufgabe

Ziel des Knowledge Engineering ist die Entwicklung von Expertensystemen.   Experten-
systeme sind computerunterstützte Systeme, die das Wissen von Experten in expliziter
Form enthalten und die Funktionalität menschlicher Experten simulieren.   Ausführ-
liche   Informationen   über   Expertensysteme   geben: ALTY/COOMBS 1984,
BUCHANAN/SHORTLIFFE 1984,   HAYES-ROTH/WATERMAN/LENAT 1983,   JACKSON 1986   und
PUPPE 1986.

Die Aufgabe des Knowledge Engineering besteht in der Modellierung von Expertenwissen, d. h. in der Herausarbeitung und Aufarbeitung des Wissens eines Anwendungsgebietes und der Übertragung in geeignete Wissensrepräsentationsformalismen, die von
entsprechenden Ableitungsmechanismen verarbeitet werden können (vgl. Abb. 1).

Zum Knowledge Engineering gehören zwei zentrale voneinander abhängige Teilaufgaben:

- Wissensakquisition und

- Wissensrepräsentation.

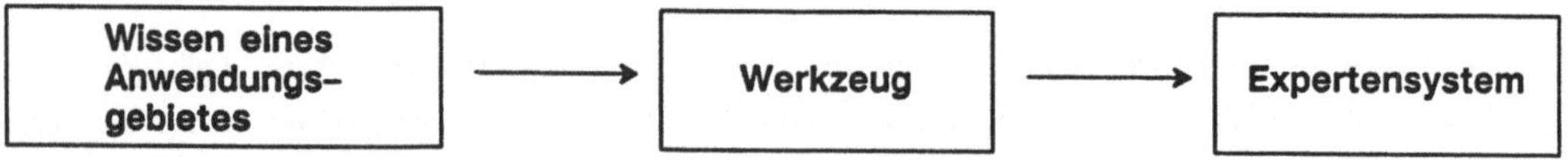

Abb. 1: Aufgabe des Knowledge Engineering

Die **Wissensakquisition** deckt den gesamten von der Domäne bestimmten Bereich der
Extraktion (Herausarbeitung) und Formalisierung (Aufarbeitung und Strukturierung)
des Wissens ab. **Wissensrepräsentation** ist dagegen mehr der programmiertechnische
Teil, der sich mit der Entwicklung (Design und Realisierung) geeigneter

Wissensrepräsentationsformalismen und entsprechender Ableitungs- und Kontrollmechanismen beschäftigt, in die das aufgearbeitete Wissen übertragen werden kann. Die Berührungspunkte und Wechselwirkungen zwischen Wissensakquisition und -repräsentation ergeben sich aus den Anforderungen, das Domänwissen in einer möglichst natürlichen Form darzustellen und den technischen Möglichkeiten, die auf der Werkzeugseite vorhanden sind (vgl. Abb. 2).

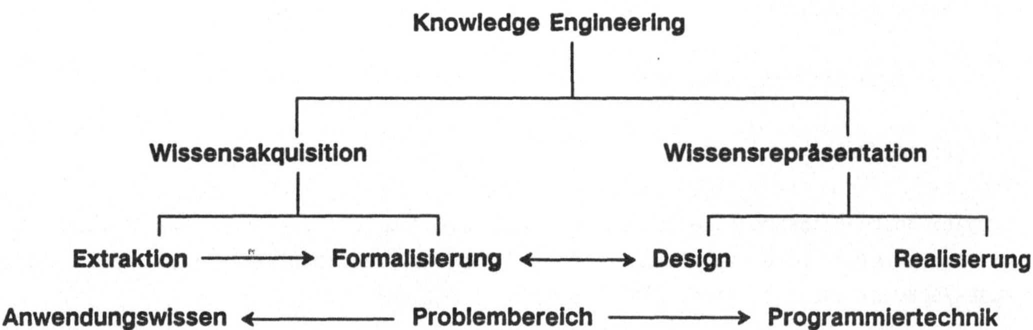

Abb. 2: Teilaufgaben des Knowledge Engineering

Zur Erleichterung der Knowledge Engineering Aufgabe gibt es Werkzeuge, die Wissensrepräsentationsformalismen anbieten und wichtige Komponenten eines Expertensystems (Inferenzkomponente, Erklärungskomponente, Dialogkomponente) bereits enthalten. Bei der Verwendung eines derartigen Werkzeugs entfällt somit der Schritt, die typischen Expertensystemkomponenten, geeignete Wissensrepräsentationsformalismen und Ableitungsmechanismen zu konzipieren und zu realisieren. Das Knowledge Engineering konzentriert sich damit auf die Wissensakquisition, die Auswahl eines geeigneten Werkzeugs und die Übertragung des herausgearbeiteten Wissens in die von dem Werkzeug unterstützten Wissensrepräsentationsformen.

3. Der Knowledge Engineering Entwicklungszyklus

Die typische Vorgehensweise bei der Entwicklung von Expertensystemen ist das Incremental oder Rapid Prototyping, eine aus der KI stammende Art der Systementwicklung. Das Ziel dieser Vorgehensweise ist es, möglichst schnell zu einer praktikablen und einfach erweiterbaren Lösung zu kommen. Im Gegensatz zur herkömmlichen Software-Entwicklungsmethode (Spezifikation, Entwurf, Programmierung, Test) wird beim Incremental Prototyping versucht, aus einer zunächst groben Spezifikation einen lauffähigen Prototypen zu bauen, der dann mit der Verfeinerung der Spezifikation Schritt für Schritt erweitert und getestet wird.

Der Knowledge Engineering Entwicklungszyklus besteht typischerweise aus den fünf zum Teil iterativ zu durchlaufenden Phasen:

- Durchführbarkeitsstudie/Domänerkundung,

- Prototypentwicklung,

- Systemerstellung,

- Inbetriebnahme/Abnahme und

- Pflege/Weiterentwicklung.

Vergleichbare Phasenmodelle und weitere Informationen zum Knowledge Engineering Entwicklungszyklus sind zu finden in: HAYES-ROTH/WATERMAN/LENAT 1983, S. 127ff, KREBS/SCHMITT 1985, S. 51ff, NÖLKE 1985, S. 112ff und RUCKERT 1987.

3.1 Durchführbarkeitsstudie/Domänerkundung

Vor dem Beginn eines Expertensystemprojektes muß, wie bei jedem anderen DV-Projekt auch, eine Durchführbarkeitsstudie erstellt werden. Mit der Durchführbarkeitsstudie soll festgestellt werden, ob der Einsatz wissensbasierter Methoden für ein bestimmtes Anwendungsgebiet überhaupt in Betracht kommt und welches Werkzeug für die Erstellung des Expertensystems am besten geeignet ist. Obwohl es kein Werkzeug gibt, das den KE in dieser Phase unterstützt, so sind doch in der Literatur mehr oder weniger brauchbare Kriterien zur Entscheidungsunterstützung zu finden (s. LEBSANFT/GILL 1987; SAVORY 1987, S. 24-26; WATERMAN 1986, S. 127-134).

In der Durchführbarkeitsstudie müssen u. a. die den folgenden Punkten zugeordneten Fragestellungen geklärt werden:

- **Zielgruppe**
  Wer ist der Endbenutzer des Expertensystems? Welche Kenntnisse und Fähigkeiten können beim Endbenutzer vorausgesetzt werden und welche nicht?

- **Zielfunktionalität**
  Was soll das System leisten? Welche Informationen werden vom Endbenutzer verlangt, welche Information soll das System bieten? In welcher Form sollen die Endbenutzerinformationen eingegeben und die Systemergebnisse präsentiert werden? Was soll das System nicht leisten (z. B.: Eingrenzung der

Aufgabenstellung)? In welcher Form soll die Systemleistung erbracht werden
(z. B.: interaktive Konsultation, Batchlauf, Monitoring)? Wer löst die Aufgabe
heute und wie macht er das? Welches Wissen wird bei der Aufgabenlösung benutzt
(z. B.: Manuals, technische Dokumente, Gesetzestexte)?

- **Einsatzbedingungen**

Wo soll die Expertensystemleistung erbracht werden (z. B.: lokal an einem zentralen Host, per DFÜ an einem zentralen Host, dezentral an einer Workstation
oder einem PC mit Zugriffsmöglichkeit an einen Host, stand-alone ohne Hostver-
bindung)? Auf welche Informationsquellen und Leistungen außerhalb des Expertensystems soll zugegriffen werden (z. B.: Datenbanken, Dienstleistungspro-
gramme)?

- **Leistungsvoraussetzungen**

In welchem zeitlichen Rahmen soll die Expertensystemleistung erbracht werden?
Welche Antwortzeiten sind erwünscht, welche zumutbar?

Insbesondere zur Klärung der Zielfunktionalität muß eine Domänerkundung vorgenommen
werden. Aufgabe der Domänerkundung ist die Problemidentifikation, das heißt die
Problemananlyse, die Analyse der verfügbaren Wissensquellen (insbesondere der Exper-
tenbefragung), die Auswahl geeigneter Werkzeuge und Wissensrepräsentationsformalismen sowie die Organisation und Trennung der Wissensarten (Domänwissen, Konsultati-
onswissen und strategisches Wissen). Auch hierzu gibt es bislang keine Werkzeuge,
die diese Phase effizient unterstützen. Der Knowledge Engineer muß sich mit der
Begriffswelt des Fachgebiets vertraut machen und auf Kenntnisse in der Interview-
technik zurückgreifen.

Inwieweit wissensbasierte Methoden einsetzbar sind, hängt im wesentlichen von der
Zielfunktionalität ab. In WATERMAN 1986, S. 127-134 werden einige Bedingungen für
den Ensatz wissensbasierter Methoden genannt. Diese Kriterien werden im folgenden
in einer vorformalisierten Form wiedergegeben, da das hier formalisierte Wissen zum
Problemfeld "Einsatz wissensbasierter Methoden" später benutzt wird, um die Übersetzung von Anwendungswissen in die Wissensrepräsentationssprache einer Shell exempla-
risch zu demonstrieren. Die Kriterien von WATERMAN 1986 wurden ausgewählt, weil das
Wissen dort bereits in einer sehr gut vorstrukturierten Form (entscheidungsbaumar-
tige Diagramme) vorliegt, die leicht in eine Regeldarstellung übertragen werden
kann.

Aus der **umgangssprachlichen Beschreibung:**

Wissensbasierte Methoden kommen zur Problemlösung nur in Betracht, wenn die Entwicklung eines wissensbasierten Systems prinzipiell möglich ist, wirtschaftlich

gerechtfertigt erscheint und dem Problem angemessen ist.

wird eine **abstrakte Regel** formalisiert:

WENN   die Entwicklung eines wissensbasierten Systems prinzipiell möglich ist
  UND die Entwicklung eines wissensbasierten Systems wirtschaftlich gerecht-
      fertigt erscheint
  UND die Entwicklung eines wissensbasierten Systems dem Problem angemessen ist,

DANN   kommen wissensbasierte Methoden zur Problemlösung in Betracht.

Das weitere Wissen zu diesem Thema, das die erste Regel weiter konkretisiert, wird bereits in formalisierter Form vorgestellt.

WENN   zur Lösung der Aufgabe kein Allgemeinwissen benötigt wird
  UND die Aufgabe nur kognitive Fertigkeiten erfordert
  UND wirkliche Experten vorhanden sind
  UND die Experten in ihrem Lösungsverhalten übereinstimmen
  UND die Lösung der Aufgabe nicht zu komplex ist
  UND die Lösung der Aufgabe weitgehend verständlich ist

DANN   ist die Entwicklung eines wissensbasierten Systems prinzipiell möglich.

WENN   die Lösung der Aufgabe einen grossen Nutzen bringt
  ODER die Gefahr besteht, menschliches Expertenwissen zu verlieren
  ODER menschliches Expertenwissen rar ist
  ODER Expertenwissen an verschiedenen Stellen benötigt wird
  ODER Expertenwissen in einer unattraktiven Umgebung benötigt wird

DANN   erscheint die Entwicklung eines wissensbasierten Systems
       wirtschaftlich gerechtfertigt.

WENN   die Aufgabe überwiegend aus Symbolverarbeitung besteht
  UND die Lösung der Aufgabe eher den Einsatz heuristischer Methoden verlangt
  UND die Lösung der Aufgabe nicht zu einfach ist
  UND die Lösung der Aufgabe von praktischem Interesse ist
  UND der Umfang der Aufgabe handhabbar ist,

DANN   ist die Entwicklung eines wissensbasierten Systems dem Problem angemessen.

Die Übertragung des Wissens eines Anwendungsgebietes in eine Wissensbank wird durch den Einsatz eines geeigneten Werkzeugs entscheidend erleichtert. Welches Werkzeug benutzt werden soll hängt nicht nur von der Zielfunktionalität sondern auch von den anderen Faktoren stark ab. Eine Vernachlässigung dieser Faktoren bei der Werkzeugauswahl kann dazu führen, daß das erstellte Expertensystem den Prototyp-Status nie verläßt. Ein Knowledge Engineer sollte daher verschiedene Werkzeugtypen und Wissensrepräsentationsformen kennen. Es wird deshalb ein Überblick über die verschiedenen in Frage kommenden Werkzeugarten gegeben und ihre Vor- und Nachteile beschrieben. Da die Werkzeugauswahl neben der Funktionalität des Werkzeugs auch von verschiedenen individuellen Randbedinungen (Hardwarerestriktionen, Softwarekompatibilität, vorhandenes KI-Know how, finanzielle Möglichkeiten, zeitliche Beschränkungen) abhängen, kann allerdings keine Bewertung der Werkzeuge erfolgen oder eine Empfehlung gegeben werden, welches Werkzeug für welches Problem am geeignetsten ist.

Bei der systematischen Gegenüberstellung von Werkzeugen zum Bau von Expertensystemen lassen sich prinzipiell drei **Werkzeugarten** unterscheiden (vgl. Abb. 3):

- Programmiersprachen,

- Werkzeugkästen und

- Shells.

Konventionelle **Programmiersprachen** stellen hier die unterste Werkzeugebene dar. Numerikorientierte Sprachen bieten zwar maximale Flexibilität bezüglich der Darstellungsmöglichkeit von Abläufen und der Ausnutzung von Systemeigenschaften, aber keinerlei Unterstützung zur Wissensverarbeitung. Es ist deshalb ein großer Aufwand (Systemprogrammierung, Verarbeitung von Daten), sehr viel Programmiermethodik und entsprechendes KI-Know how notwendig, um mit einer derartigen Sprache ein wissensbasiertes System, bzw. zunächst ein wissensbasiertes Werkzeug, zu entwickeln. Der Hauptvorteil dieser Sprachen besteht in ihrer weiten Verbreitung in der kommerziellen DV und ihrer Verfügbarkeit auf Standard-Hardware.

Mehr Komfort bieten **symbolorientierte KI-Sprachen**. Sie machen keinen Unterschied zwischen Daten und Programmcode und unterstützen umfangreiche Stringverarbeitungsfunktionen, dynamische und rekursive Datenstrukturen (Listen, Bäume) sowie eine komfortable dynamische Speicherorganisation (Garbage collection). Sie eignen sich sehr gut zur Entwicklung wissensbasierter Werkzeuge und zum Rapid Prototyping (s. RUCKERT/MELLIS 1987). Explizite Wissensrepräsentationsformen und Inferenzmechanismen müssen aber noch selbst programmiert werden. Diese Sprachen sind mittlerweile auch auf einer Vielzahl von Maschinen verfügbar, gelten aber außerhalb der KI-Welt noch als Exoten.

Werkzeugkästen sind KI-Programmiersprachen oder KI-Programmierumgebungen (meist

Lisp-basiert), mit speziellen Erweiterungen (Wissensrepräsentationsformalismen und Kontrollmechanismen) zur Wissensverarbeitung. Sie sind sehr flexibel und leistungsfähig, aber nicht ganz einfach zu handhaben, denn sie erfordern einen großen Einarbeitungsaufwand und gute Programmierkenntnisse in der Basissprache. Diese Systeme verfügen meist über eine ansprechende und komfortable Grafikoberfläche, weshalb sie allerdings auch auf eine spezielle Hardware (Lisp-Maschine, Workstation) angewiesen sind.

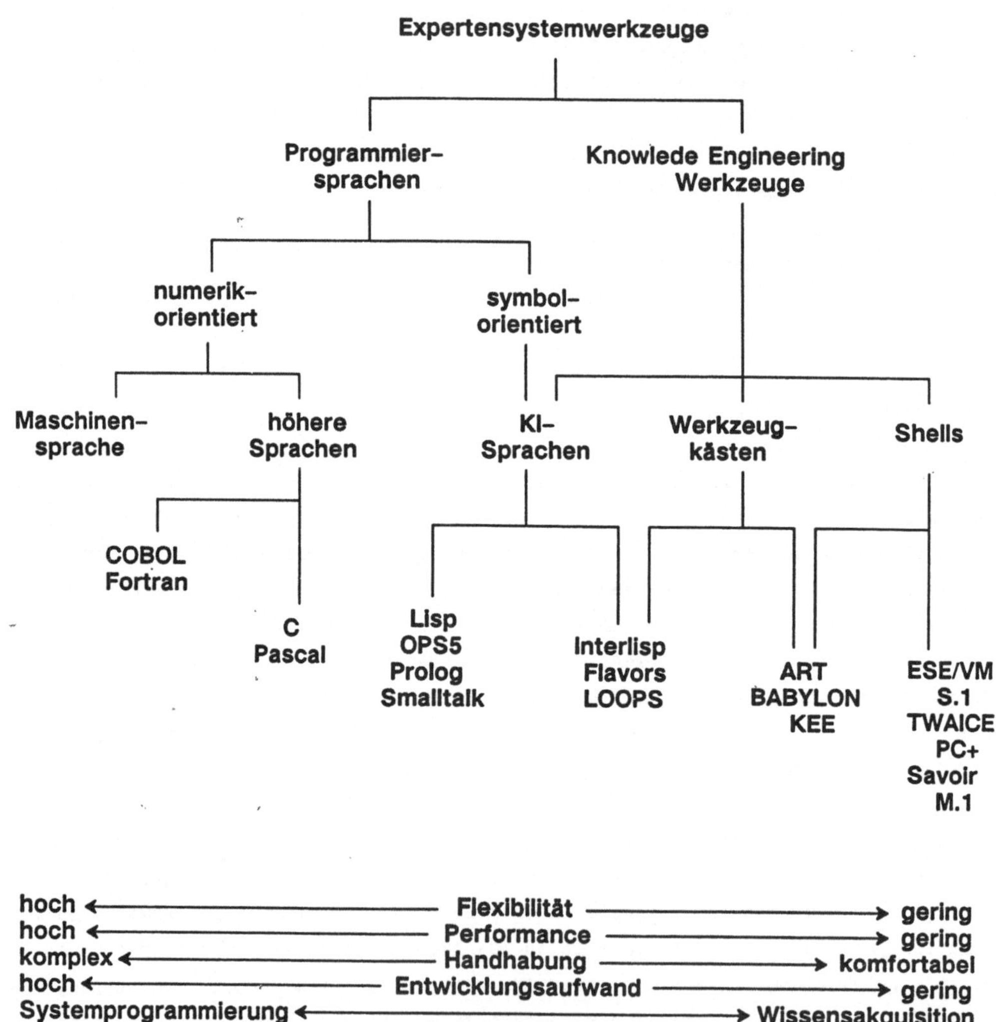

Abb. 3: Klassifizierung von Expertensystemwerkzeugen
Quelle: nach Harmon/King 1985, S. 97

Shells sind komplette Rahmensysteme für Expertensysteme. Sie unterstützen den Bau von Expertensystemen durch das Vorhandensein entsprechender Komponenten und Wissensrepräsentationsformen (vgl. Abb. 4). Ein Expertensystem besteht nach dem Shellkonzept aus der Shell (domänunabhängige Komponenten), der Wissensbank (domänabhängige Teile) und der dynamischen Faktenbasis (konsultationsabhängiges Wissen). Mit einer Shell erwirbt man einen leeren Rahmen, der dann durch das Wissen des Anwendungsgebietes gefüllt wird (Wissensbank). Es gibt mittlerweile sehr viele verschiedene Shells für Personal Computer, Workstations, Superminis und Mainframes.

Das Shellkonzept bietet mehrere Vorteile: Einfache Handhabung durch eine komfortable Dialogkomponente, einfache Erlernbarkeit, da keine speziellen Programmierkenntnisse notwendig sind und geringer Entwicklungsaufwand, da alle domänunabhängigen Komponenten und die Wissensrepräsentation bereits vorgegeben sind. Damit ist eine Konzentration auf die eigentliche Aufgabe, die Wissensakquisition möglich.

Der Nachteil von Shells besteht im allgemeinen in ihrer geringen Performance und ihrer geringen Flexibilität. Die meist interpretative Abarbeitung des umfangreichen Shellcodes führt zwangsläufig zu einem langsamen Systemverhalten. Geringe Flexibilität bedeutet, daß oft nur bestimmte und nicht beeinflußbare Wissensrepräsentationsformen und Kontrollmechanismen in einer Shell zur Verfügung stehen.

Wie in den nächsten Kapiteln gezeigt wird, verschieben sich die Anforderungen an ein Werkzeug in den verschiedenen Phasen. Bei der Auswahl eines Werkzeugs ist deshalb darauf zu achten, daß es phasenübergreifend eingesetzt werden kann.

3.2 Prototypentwicklung

In der Prototypphase wird ein kleiner, aber repräsentativer Ausschnitt des geplanten Gesamtsystems mit Hilfe eines in der vorigen Phase ausgewählten Expertensystemwerkzeugs aufgebaut. Dazu wird ein Teil des Wissens in eine Wissensbank übertragen und die Dialogschnittstelle für den Anwender und den Experten entworfen.

Knowledge Engineer und Fachgebietsexperte sollten in dieser Phase sehr eng zusammenarbeiten. Der Knowledge Engineer muß ständig überprüfen, ob das Expertenwissen adäquat dargestellt ist, und der Experte muß lernen, sein Wissen in der Wissenbank wiederzuerkennen. Frühzeitige Prototypdemonstrationen vor den Endbenutzern sollen die Akzeptanz des Systems gewährleisten. In dieser Phase erweist sich das Vorhandensein der typischen Expertensystemkomponenten und einer natürlichen Wissensrepräsentation als vorteilhaft.

Das Vorhandensein wichtiger Systemkomponenten befreit den Knowledge Engineer von großen Implementierungsaufwänden im Vorfeld und ermöglicht ihm, sich beim

Prototyping auf das Domänwissen zu konzentrieren. In der Inferenzkomponente ist bereits eine einfache Standard-Kontrollstrategie enthalten, die meist zur Abbildung des konsultativen und strategischen Wissens in dieser Phase ausreicht. Die Erklärungskomponente mit wie-, warum- und warum nicht-Erklärungen sowie weitere Debuggingtools für Regressionstests und Sensitivitätsanalysen (Falldatenverwaltung) helfen bei der Verfolgung fehlerhafter oder unerwarteter Inferenzabläufe. Die statische Analyse der Wissensbank kann durch Cross-Reference-Anzeigen über die Wissensbank und einen Konsistenzprüfer wirkungsvoll unterstützt werden.

Eine natürliche Wissensrepräsentation ist beim Prototyping aus zwei Gründen von Bedeutung:

1. Sie ermöglicht eine einfache Darstellung des Domänwissens.

2. Sie bildet eine Kommunikationsbasis zwischen Knowledge Engineer und Experte, da sie für beide verständlich ist.

Wichtig ist auch die Unterstützung einer inkrementellen Vorgehensweise. Dies wird beispielsweise durch eine Trennung von Wissen (Regeln, Frames, Prozeduren) und Oberflächengestaltung (Text und Grafik) erleichtert. In dieser Phase ist es auch vorteilhaft, wenn beispielsweise ein Datenbankaufruf im Prototyp zunächst durch einen einfachen, internen Tabellenaufruf simuliert werden kann.

3.3 Systemerstellung

In dieser Phase geht es darum, den Prototypen zu einem vollständigen System auszubauen. Während in der Prototypphase die komfortable Handhabung des Werkzeugs von besonderem Interesse ist, gewinnt nun die Flexibilität mehr und mehr an Bedeutung.

In dieser Phase müssen z. B. Integrationsprobleme (Anschluß von Datenbanken oder spezieller Serviceprogramme) gelöst werden. Es ist auch möglich, daß die im Werkzeug eingebaute Problemlösungsstrategie nicht voll befriedigt, weil sie die Vorgehensweise des Experten nicht exakt nachbildet und deshalb zu einem unnatürlichen Konsultationsverlauf führt. In solchen Fällen muß das Werkzeug an die speziellen Anforderungen des Wissensgebietes angepaßt werden können.

Mit zunehmender Komplexität der Wissensbank werden Test- und Debuggingwerkzeuge immer wichtiger. Besonders Werkzeuge, die jederzeit die Rekonstruktion des Systemverhaltens ermöglichen, leisten gute Dienste. Wissen kann fehlerhaft oder unvollständig sein. Nach eigenen Erfahrungen kommt es dabei seltener vor, daß ein fehlerhaftes Ergebnis abgeleitet wird, als daß erwartete Ergebnisse ausbleiben. Ursache hierfür sind oft fehlende oder zu einschränkende und deswegen irrtümlich versagende Regeln. Diese Unvollständigkeiten werden durch ein Werkzeug wie eine "Warum nicht"-Erklärung sehr gut analysierbar.

Aber auch die Erleichterung des Wissenserwerbs durch entsprechende Editoren in der Wissenserwerbskomponente und die Unterstützung des automatischen Lernens durch Induktionswerkzeuge sind hier von Bedeutung. Je besser die Werkzeuge zum Wissenserwerb sind, ums schneller kann das Domänwissen in die Wissenbank übertragen werden. Wenn ein Großteil des Wissens in Form von Fallbeispielen vorliegt, kann ein Induktionswerkzeug aus diesen Beispielen konsistente Regeln erzeugen.

Eine weitere zentrale Aufgabe ist die Ausgestaltung der Benutzeroberfläche. Sie muß robust und einfach zu bedienen sein. Grafiken sind oft vielsagender und ansprechender als Texte. Eine Strukturierung der Eingabedaten durch Formulare macht den Konsultationsablauf für den Benutzer übersichtlicher und nachvollziehbarer. Da wichtige Informationen in den Formularen während des gesamten Dialogs auf dem Bildschirm erhalten bleiben, behält der Benutzer einen besseren Überblick über die aktuelle Konsultationssituation und deren Vorgeschichte. Erklärungen müssen für den Endbenutzer verständlich, d. h. natürlichsprachlich, sein.

3.4 Inbetriebnahme/Abnahme

Nach der Systemerstellung und den Abschlußtests muß die Portierung auf die Zielhardware vorgenommen und das System in die Organisationsstruktur eingebunden werden. Hier stehen Portabilitäts- und Performanceaspekte im Vordergrund des Interesses.

Da meist nicht im voraus festgelegt werden kann, auf welcher Zielhardware das System laufen soll, ist weitgehende Hardwareunabhängigkeit und Remotefähigkeit (insbesondere für Grafik) gefordert. Bei unbefriedigendem Antwortverhalten vor Ort müssen geeignete Optimierungsmaßnahmen, z. B. Kompilierung oder Erzeugung eines Laufzeitsystems, möglich sein. Hier ist ein Werkzeug mit entsprechendem Tuningpotential vorteilhaft.

3.5 Pflege/Weiterentwicklung

Da Wissen meist lückenhaft und inkonsistent ist und schnell veraltet, müssen Expertensysteme, mehr als konventionelle Programme, ständig gepflegt und weiterentwickelt werden. Die Beschäftigung eines Knowledge Engineers während der letzten und längsten Phase im Lebenszyklus des Systems wäre zu teuer. Die Wissenserwerbskomponente eines Expertensystems muß daher so einfach zu bedienen und das Wissen so verständlich dargestellt sein, daß ein Fachgebietsexperte die Pflege des Systems übernehmen kann.

Ein interessanter Aspekt ist auch die Unterstützung von Wissensbank-Updates, die bespielsweise durch eine Vernetzung schnell und kostengünstig durchgeführt werden kann. Dazu wird eine Wissensbank auf einem Host zentral gehalten und bei einer Aktualisierung eine komplette komprimierte Kopie der Wissensbank an die angeschlossenen Stationen versandt. Dort wird dann mit Hilfe des Expertensystemwerkzeugs und der aktualisierten Wissensbank ein neues Benutzersystem erstellt. Um weitere Zeit und Kosten zu Sparen sowie die Handhabung zu erleichtern, entsteht die Forderung nach einem automatischen Delta-Updating. D. h. es werden nur noch die geänderten Wissensbankteile von der Zentrale versandt, und die Systeme an den angeschlossenen Stationen bringen mit Hilfe dieser Teile ihre Wissensbank automatisch auf den aktuellen Stand.

4. Anforderungen an Expertensystemwerkzeuge

Die bereits oben aufgezeigten Anforderungen werden im folgenden zu vier zentralen Forderungen an Expertensystemwerkzeuge zusammengefaßt:

- **Vereinfachung der Knowledge Engineering Aufgabe**
  Ein Expertensystemwerkzeug soll die Knowledge Engineering Aufgabe durch die Verfügbarkeit einer verständlichen und leicht handhabbaren Wissensrepräsentation und einer Inferenzkomponente mit integrierter Problemlösungsstrategie vereinfachen. Die Wissensrepräsentation soll durch die Verfügbarkeit verschiedener Sprachmittel die Abbildung des Fachwissens erleichtern ("hybride Wissensrepräsentation"). Die integrierte Problemlösungsstrategie muß beeinflußbar sein, um das Vorgehen des Experten bei der Problemlösung möglichst exakt nachbilden oder in späteren Stadien der Entwicklung ändern zu können.

- **Unterstützung des Knowledge Engineering Entwicklungszyklus**
  Der Knowledge Engineering Entwicklungszyklus, d. h. die Wissensakquisition, soll durch eine Dialogkomponente mit komfortabler Benutzeroberfläche, einer Wissenserwerbskomponente zum inkrementellen Wissensbankaufbau und zur Erweiterung (Rapid Prototyping), sowie durch Werkzeuge zum Test von Wissensbanken und zur Fehlersuche wirkungsvoll unterstützt werden.

- **Flexible Einsetzbarkeit**
  Dazu gehört, daß die in einem Werkzeug vorhandenen Mechanismen und Komponenten fachgebietsunabhängig einsetzbar, d. h. wiederverwendbar sind (Kostensenkung, geringer Einarbeitungsaufwand). Weiterhin wird Unabhängigkeit von spezieller

Hardware und Integrierbarkeit in bestehende Software-Umgebung gefordert.

- **Einfache Handhabung**
  Ein Werkzeug sollte so einfach zu bedienen sein, daß der Aufbau, und auf jeden
  Fall die Weiterentwicklung und Pflege, durch Fachgebietsexperten erfolgen kann,
  d. h. daß der Fachgebietsexperte zum Knowledge Engineer wird. Es muß auch
  gewährleistet sein, daß die erstellten Expertensysteme durch Computerlaien
  benutzt werden können.

Aus dieser Anforderungsbeschreibung ergeben sich acht Funktionen, an denen Expertensystemwerkzeuge aus Knowledge Engineering-Sicht bewertet werden können:

- Wissensrepräsentation,

- Ableitungs- und Kontrollmechanismen,

- Erklärungskomponente,

- Testwerkzeuge,

- Wissenserwerbskomponente,

- Dialogkomponente,

- Systemschnittstellen und

- Hardwareanforderungen und Portabilität.

5. Eigenschaften der Expertensystem-Shell TWAICE 3.0

TWAICE Rel. 3.0 ist eine von der Nixdorf Computer AG entwickelte Expertensystem-
Shell mit hybrider Wissensrepräsentation und integriertem aber modifizierbarem Kontrollmechanismus. TWAICE unterstützt die typische Expertensystemarchitektur. Die
Shell enthält bereits alle wichtigen Komponenten eines Expertensystems zur Erleichterung der Knowledge Engineering Aufgabe (vgl. Abb. 4). Dabei erlaubt die System-
schnittstelle, in Verbindung mit Prozeduren, den Zugriff auf externe Wissensquellen,
wie z. B. Datenbanken.

Die Wissensbank ist durch den Knowledge Engineer mit dem entsprechenden Wissen des
Anwendungsgebietes zu füllen (vgl. Abb. 4). Dazu stehen verschiedene Repräsentationsmechanismen zur Darstellung des Domänwissens in Form von Frames in der Taxonomie,

von Regeln in der Regelbank, von tabellarischem Wissen im Tabellenmodul und von prozeduralem Wissen (Prolog und externe Programme) in Prozedurmodulen zur Verfügung. Kontrollwissen, d. h. Wissen über Auswahl, Anwendbarkeit und Anwendungsreihenfolge von Wissensquellen, kann in Form von Methoden ebenfalls in einem Prozedurmodul angegeben werden. Zur Gestaltung der Benutzeroberfläche gibt es mehrere Textmodule, ein Grafikmodul und ein Lexikon.

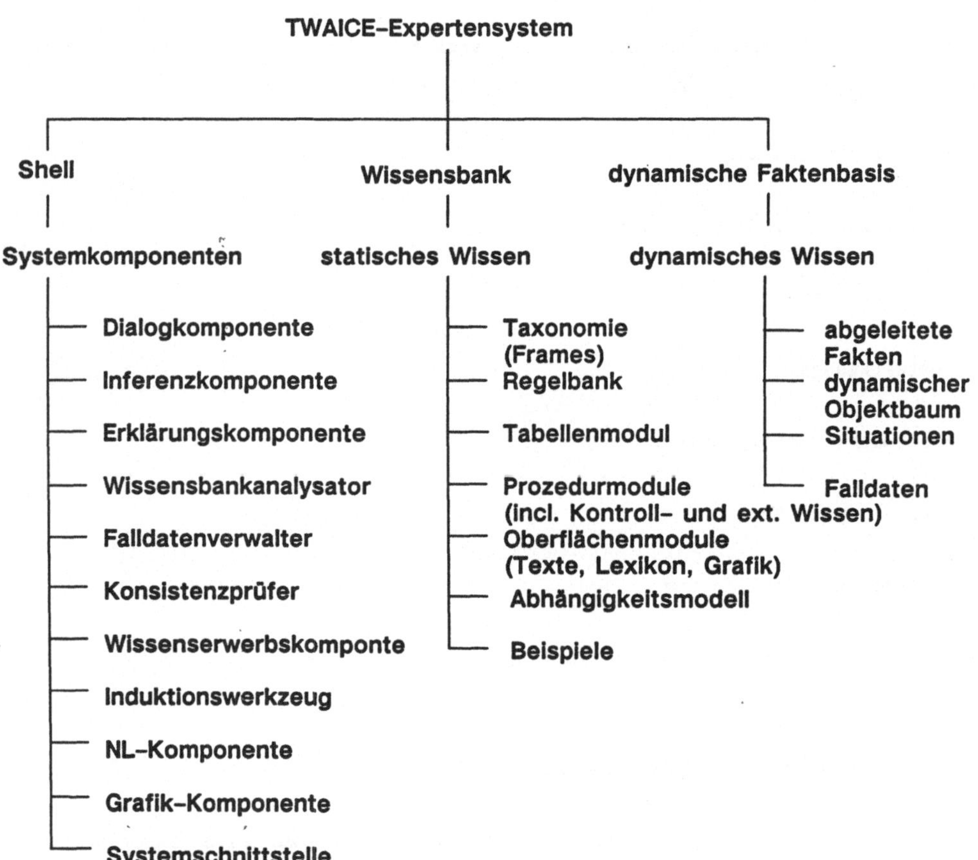

Abb. 4: Bestandteile eines mit TWAICE erstellten Expertensystems

Die dynamische Faktenbasis wird von der Inferenzkomponente auf der Basis des in der Wissenbank enthaltenen Wissens und der aktuellen Benutzereingaben erzeugt (vgl. Abb. 4).

Zu TWAICE gibt es eine umfangreiche Dokumentation (s. BARTHOLOME 1986; MESCHEDER 1985; Die neununddreißig Stufen 1987; TWAICE Bedienerhandbuch 1986; TWAICE

Referenzhandbuch 1987; TWAICE The Expert System Shell 1987; 20 Fragen zu TWAICE 1986). In den folgenden Kapiteln werden die Eigenschaften von TWAICE Rel. 3.0 anhand des zuvor herausgearbeiteten Eigenschaftskatalogs kurz beschrieben und mit Beispielen verdeutlicht, die sich auf den Problemkreis "Eignung wissensbasierter Methoden" beziehen.

5.1 Wissensrepräsentation

Taxonomie

TWAICE benutzt das Framekonzept zur Darstellung des Taxonomiewissens und zur Steuerung der Inferenzstrategie. Zu den einzelnen Wissenselementen Domäne, Objekt und Attribut gibt es jeweils Frames mit verschiedenen Slots. Die Slots sind Einträge in den Frames , die die Eigenschaften der Taxonomie-Elemente und ihr Verhalten während der Konsultation beschreiben. Zu den Eigenschaften eines Attributs zählt beispielsweise sein Wertebereich (VALUES-Slot). Das Verhalten eines Attributes kann durch die Angabe von Methoden beschrieben werden, die festlegen, was zur Herleitung oder nach der Bestimmung eines Attributs zu tun ist (vgl. Kap. 5.2, Beeinflussung des Kontrollmechanismus). Fakten und Defaults sind ebenfalls durch Einträge in entsprechenden Taxonomie-Slots darstellbar.

Beispiel:

```
OBJECT            wissensbasierte Methoden
FATHER            root
NUMBER            >= 0
NUMBER_FACT       1
INSTANTIATION     trace_NUMBER
GOALS             Einsatz
END


ATTRIBUTE         wissensbasierte Methoden . Einsatz
MULTIVALUED       no
VALUES LIST       sinnvoll; nicht sinnvoll
VALUES_DEFAULT    nicht sinnvoll
ANSWER            no_ask; no_unk; cf
END
```

Statischer Objektbaum

Die Objekte werden in TWAICE in einer Baumstruktur angeordnet. Dies ermöglicht eine übersichtliche Darstellung hierarchischer Zusammenhänge. Strukturelle Eigenschaften eines Wissensgebietes können einfach abgebildet werden. Der statische Objektbaum

wird während des Inferenzprozesses durch Instanziierung zu einem dynamischem Objektbaum expandiert (vgl. Kap. 5.2, Instanziierungskonzept).

Beispiel:

Der statische Objektbaum sieht wie folgt aus:

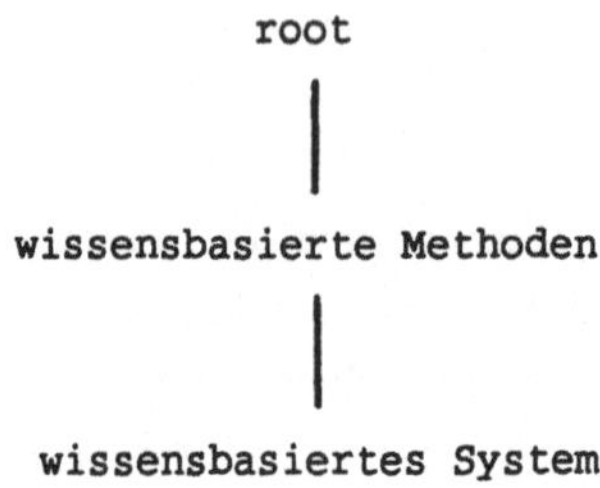

Objektinstanz-Attribut-Wert-Tripel

Die Ergebnisse, die die Inferenzkomponente herleitet, werden Fakten genannt. Fakten
werden in TWAICE als Objektinstanz-Attribut-Wert-Tripel abgebildet. Bei dieser Darstellungsform handelt es sich um eine pragmatische und komfortable Wissensrepräsentation. Sie entspricht Frames und semantischen Netzen (s. HARMON/KING 1985,
S. 41ff). Die Objektinstanz-Attribut-Wert-Darstellung bietet sehr gute Strukturie-
rungsmöglichkeiten (vgl. Kap. 5.1, Statischer Objektbaum): Ein Wissensgebiet
(Domäne) wird in einzelne Einheiten (Objekte) unterteilt. Den Objekten werden
Eigenschaften (Attribute) zugeordnet. Die Attribute können dann verschiedene Werte
mit Konfidenzfaktoren annehmen. Zulässige Werte können sein: Strings, Integers und
Reals. Die zulässigen Werte können durch Angabe von Aufzählungen (Listen) oder
Bereichen definiert werden.

Beispiel:

(FAKT 11) wissensbasierte Methoden-1 . Einsatz = sinnvoll cf 400

Regeln

Die Zusammenhänge zwischen den Fakten werden in TWAICE durch Formulierung einfacher
Regeln der Form

IF Prämisse THEN Konklusion

realisiert.

Diese Regeln sind problemnah und fast natürlichsprachlich. Sie werden als natürliche Darstellungsform für Abhängigkeiten, Heuristiken und Schlußfolgerungen in einem Fachgebiet empfunden. Sie sind leicht verständlich für Knowledge Engineer und Experte und auch isoliert betrachtet sinnvoll. Aufgrund ihrer Modularität sind Regeln einfach änder- und erweiterbar.

In den Prämissen von Regeln können je nach Attributtyp verschiedene Vergleiche (=, <>, <, <=, >, >=) durchgeführt und konsultative Bedingungen (KNOWN, EVALKNOWN, UNANSWERED) überprüft werden. Prämissen können durch logische Operatoren (AND, OR) verknüpft, negiert oder durch Quantoren (ALL, EXIST) quantifiziert werden.

Konklusionen können Attributen Werte mit Konfidenzen zuweisen oder Aktionen (Ergebnisausgaben) durchführen. Es sind einfache Wertzuweisungen und Wertzuweisungen durch Tabellenaufruf, Zählfunktion, Wertetransfer, Prozeduraufruf (Prolog, C) und Termauswertung (Arithmetik) möglich. Mit dem AND-Operator können mehrere Konklusionen verknüpft werden.

Beispiel:

```
RULE    30
IF      Aufgabe . Loesung <> Allgemeinwissen erforderlich
AND     Aufgabe . Fertigkeiten = nur kognitive
AND     Experten . Wissen = vorhanden
AND     Experten . Wissen = uebereinstimmendes Loesungsverhalten
AND     NOT Aufgabe . Loesung = zu komplex
AND     Aufgabe . Loesung = weitgehend verstaendlich
THEN    wissensbasiertes System . Entwicklung = prinzipiell moeglich
END
```

Konfidenzfaktoren

Unsicheres und vages Wissen wird in TWAICE mit Konfidenzfaktoren dargestellt. Sie sind ein praktikables und nachvollziehbares Mittel, um Unsicherheiten anwendungsunabhängig abzubilden. Der Wertebereich der Konfidenzen geht von 0 (völlig unsicher) bis 1000 (absolut sicher). Die Berechnung der Konfidenzen erfolgt innerhalb von Regeln durch Propagierung:

$$cf(propagiert) = \frac{cf(Prämisse) \ast cf(Konklusion)}{1000}$$

und regelübergreifend durch Kumulierung:

$$cf(kumuliert) = cf(Regel\_n) + \frac{(1000 - cf(Regel\_n)) * cf(Regel\_n+1)}{1000}$$

Benutzertexte

In TWAICE wird zwischen taxonomischem Wissen (Objekte, Attribute und Werte) und Oberflächentexten (Fragetexte, Ankündigungstexte, Ergebnisausgabeformate, Rattexte und Lexikon zur Erzeugung natürlichsprachlicher Ausgaben) getrennt. Damit wird die Gestaltung einer benutzerfreundlichen Oberfläche unterstützt und eine vom Wissensbankaufbau unabhängige Gestaltung der Oberfläche möglich. Der KE kann zunächst einen Prototypen bauen, der nur das Problemlösungswissen enthält. TWAICE liefert dann eine Standardoberfläche für den Benutzer. Später kann der KE durch den Aufbau der Benutzertexte die Benutzeroberfläche verbessern. Die Vervollständigung des Lexikons macht dann natürlichsprachliche Ausgaben möglich (vgl. Kap. 5.6, Natürlichsprachliche Ausgabe).

5.2 Ableitungs- und Kontrollmechanismen

Rückwärtsverkettung

Die Ablaufsteuerung von TWAICE erfolgt primär rückwärtsverkettend. Ausgehend von einem Ziel werden Regeln gesucht, die in der Konklusion etwas über dieses Ziel herleiten. Die Prämissen dieser Regeln werden dann als neue Ziele vermerkt und wiederum rückwärtsverkettend hergeleitet.

Diese zielgerichtete Problemlösungsstrategie ist Experten und Benutzern vertraut. Sie unterstützt außerdem eine fokussierte Dialogführung mit dem Benutzer und ermöglicht den Aufbau von Argumentationsketten für Erklärungen.

Beispiel:

Die Regel

```
RULE 10
IF   wissensbasiertes System . Entwicklung = prinzipiell moeglich
AND  wissensbasiertes System . Entwicklung = wirtschaftlich gerechtfertigt
AND  wissensbasiertes System . Entwicklung = problemangemessen
THEN wissensbasierte Methoden . Einsatz = sinnvoll (1000)
END
```

führt ohne weitere Regeln und Fakten bei einer Konsultation zu folgender Frage:

(1) Welchen Wert hat das Attribut "Entwicklung" von "wissensbasiertes System-1"?

Vorwärtsverkettung
TWAICE bietet auch die Möglichkeit, Regeln vorwärtsverkettend auszuführen. Damit können Schlußfolgerungen und Aktionen (z. B.: Wertausgaben in PRINT- Konklusionen) datengetrieben ausgeführt werden.

Beispiel:

```
RULE  20  FORWARD
TRIGGER wissensbasierte Methoden . Einsatz
IF   wissensbasierte Methoden . Einsatz  KNOWN
THEN PRINT ( wissensbasierte Methoden . Einsatz )
END
```

Modus Ponens
TWAICE benutzt zur Herleitung neuen Wissens das logische Schlußprinzip "Modus Ponens". Das heißt, wenn ein Fakt X gilt und es eine Regel gibt, die besagt: "Wenn X gilt, dann gilt Y", dann kann daraus abgeleitet werden, daß Y auch gilt. Oder anders ausgedrückt: Nur aus etwas Gültigem kann wieder etwas Gültiges abgeleitet werden. Dies ist eine offensichtliche und meist implizit benutzte Schlußweise. Experten und Benutzer sind deshalb bestens mit ihr vertraut.

Monotone Logik
Schließen mit monotoner Logik bedeutet, daß das während der Ableitung gewonnene Wissen nur zu- und nicht abnehmen kann. Ein einmal von TWAICE hergeleiteter Fakt bleibt bei Verwendung der Standard-Inferenzstrategie und ohne Eingriff des KE auf den Kontrollmechanismus deshalb während einer Konsultation immer gültig (vgl. Kap. 5.2, Nicht-monotone Logik). Diese Vorgehensweise ist leicht nachvollziehbar und kontrollierbar.

Instanziierungskonzept
Bei der Herleitung von Attributwerten werden die zugehörigen Objekte instanziiert, d. h. es wird eine konkrete Ausprägung dieses Objekts (Objektinstanz) erzeugt. Dies ermöglicht die mehrfache Anwendbarkeit von Regeln in unterschiedlichen Kontexten. Die Instanziierungsmöglichkeiten werden beschränkt durch den dynamischen Objektbaum. Der dynamische Objektbaum ist eine homomorphe Erweiterung des statischen Objektbaumes.

Beispiel:

Der dynamische Objektbaum sieht wie folgt aus:

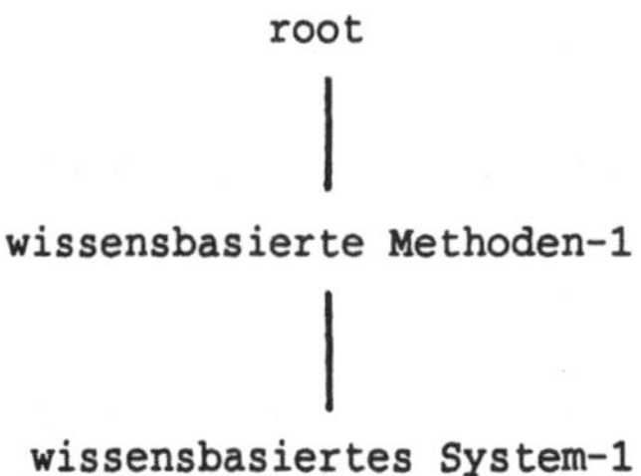

Vollständige Evidenzsammlung

TWAICE wendet normalerweise zur Ableitung eines Attributwertes alle relevanten Regeln an und kumuliert die Konfidenzen oder ermittelt mehrere sinnvolle Lösungen.

Beeinflussung des Kontrollmechanismus

In manchen Fällen reichen die bisher beschriebenen Inferenzmechanismen nicht aus, um ein bestimmtes Konsultationsverhalten nachzubilden. TWAICE unterstützt deshalb die Trennung von Kontrollwissen (Know how) und Sachwissen (Know what) durch eine Meta-Level-Architektur (vgl. Abb. 5).

Das Kontrollwissen wird dabei in Form von Methoden dargestellt. Ihr Aufruf erfolgt ereignisgesteuert über die verschiedenen Event-Slots in den Taxonomie-Frames. Events sind bestimmte Situationen, die während einer Sitzung (Start, Ende oder Abbruch der Sitzung) und während einer Konsultation (Erzeugen oder Abschliessen einer Objektinstanz und das Benötigen oder Eintragen eines Attributwertes) durch die Inferenzkomponente ausgelöst werden. Sind in den Event-Slots keine Eintragungen vorhanden oder versagt eine Methode, wendet TWAICE automatisch die Default-Methode wie oben beschrieben an.

Methoden werden in Prolog-Syntax formuliert. Die Schnittstelle zu den elementaren TWAICE-Operationen (Kontroll- und Informationsoperationen) bilden sogenannte Methodenprimitive. Die Bereitstellung dieser Prolog-Prädikate in einer TWAICE-Toolbox gestattet den einfachen Aufbau komplexer Methoden. Dadurch ergibt sich die Möglichkeit die Standard-Problemlösungsstrategie von TWAICE so zu beeinflussen, daß ein bestimmtes Konsultationsverhalten, wie z. B. eine Hypothesize-and-Test-Strategie, erreicht werden kann. Außerdem erhöht sich dadurch die Integrationsfähigkeit mit anderen Programmen. Prozedurales Wissen (Prolog-Prozeduren und externe Prozeduren) kann damit leicht in den Inferenzablauf einfließen.

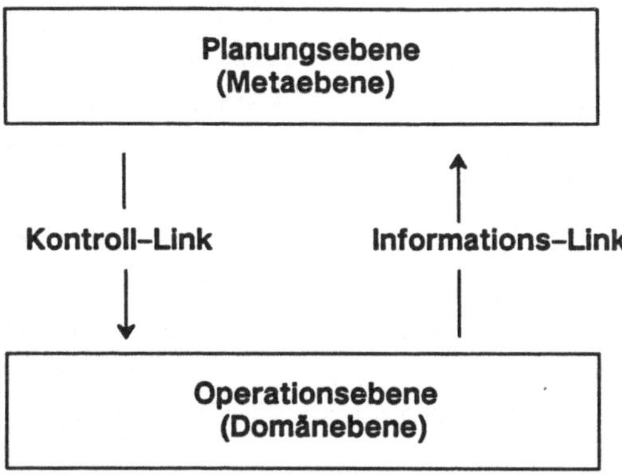

**Abb. 5:   Schema einer Meta-Level-Architektur
Quelle: aus Westerhoff 1987, S. 5**

Die hier beschriebenen Eigenschaften bieten Entwicklern mit guten Prolog- und TWAICE-Kenntnissen vielfältige Möglichkeiten. Weniger geübte Knowledge Engineers und Fachgebietsexperten können sich zunächt mit dem einfachen Default-Inferenzmechanismus vertraut machen und sich auf die Darstellung des Sachwissens konzentrieren. TWAICE bietet damit das Konzept eines durch eine Shell abgesicherten Werkzeugkastens.

Hypothetisches Schließen und Planung

Es gibt Problemfelder, bei denen die Lösungsstrategie darin besteht, Annahmen zu treffen, und deren Auswirkungen bis zu einem gewissen Punkt zu verfolgen, um sie dann zu vergleichen und zu bewerten. Eine ähnliche Problemstellung ergibt sich beim Treffen von Entscheidungen unter Berücksichtigung von Parametern, deren Werte nur geschätzt werden können (hypothetisches Schließen).

Dagegen ist bei anderen Problemen eine Ausgangssituation, eine Endsituation und eine Menge von Grundoperationen gegeben, die es erlauben, von einem Zustand in einen anderen zu gelangen. Die Aufgabe besteht nun darin, eine Sequenz von Grundoperationen zu finden, die vom Ausgangszustand zur Zielsituation führt (Planung).

TWAICE unterstützt die Modellierung solcher Problemfelder durch ein Situationskonzept. Es bietet die Möglichkeit, die dynamische Wissensbasis zu partitionieren (Situationen) um damit Alternativzustände - wie beim hypothetischen Schließen - und Zwischenzustände - wie bei Planungsproblemen - darzustellen. Zur Manipulation (erzeugen, wechseln und löschen) von Situationen gibt es entsprechende Methodenprimitive. Alle Ableitungen und Tests innerhalb einer bestimmten Situation erfolgen auf der Operationsebene durch die bereits bekannten Wissensquellen, insbesondere durch Regeln.

Nicht-monotone Logik

Bei der Beeinflussung des Kontrollmechanismus durch Methoden (vgl. Kap. 5.2, Beeinflussung des Kontrollmechanismus) ist es auch möglich, die Werte bereits hergeleiteter Attribute zu löschen oder zu ändern, d. h. mit nicht-monotoner Logik zu arbeiten. Dabei taucht das Problem auf, daß eventuell auf Basis der zu löschenden Werte bereits andere Fakten abgeleitet wurden, die aufgrund ihrer Abhängigkeit dann ebenfalls gelöscht werden müssen (Truth Maintenance). Dies wird durch entsprechende Methodenprimitive unterstützt.

5.3 Erklärungskomponente

Die integrierte Erklärungskomponente von TWAICE bietet mehrere verschiedene Erklärungsmöglichkeiten:

Warum-Erklärung

Mit der "Warum"-Erklärung wird ein Ausschnitt aus der Argumentationskette des Systems erklärt. Sie erläutert, weshalb an dieser Stelle nach dem Wert eines Attributes gefragt wird. Dazu werden das aktuelle Ziel, die aktuell angewandte Regel und die bereits hergeleiteten relevanten Fakten angegeben.

Beispiel:

(1) Wie wuerden Sie die Entwicklungsmoeglichkeiten fuer das wissensbasierte
    System beurteilen? (Mehrere Angaben moeglich!)

        1: problemangemessen
        2: wirtschaftlich gerechtfertigt
        3: prinzipiell moeglich
>warum
d.h. warum interessieren wir uns fuer das Attribut "Entwicklung" von
"wissensbasiertes System-1"?

Die Bestimmung des Attributs "Entwicklung" von "wissensbasiertes System-1"
ermoeglicht die Bestimmung des Attributs "Einsatz" von "wissensbasierte
Methoden-1".

```
IF   wissensbasiertes System-1 . Entwicklung = prinzipiell moeglich
AND  wissensbasiertes System-1 . Entwicklung = wirtschaftlich gerechtfertigt
AND  wissensbasiertes System-1 . Entwicklung = problemangemessen
THEN wissensbasierte Methoden-1 . Einsatz = sinnvoll (1000)
( RULE 10 )
```

Wie-Erklärung

Die "Wie"-Erklärung gibt an, mit welchen Wissensquellen und in welchem Kontext ein
Fakt hergeleitet wurde.

Beispiel:


```
> wie fakt 11
d.h. wie wurde der folgende Fakt hergeleitet?
(FAKT 11)  wissensbasierte Methoden-1 . Einsatz = sinnvoll cf 400
```

wissensbasierte Methoden-1 . Einsatz = sinnoll cf 400 wurde hergeleitet
mittels Wertzuweisung durch Regel 10.


```
Regel 10 benutzte folgende Praemissen:
(9)   wissensbasiertes System-1 . Entwicklung = prinzipiell moeglich
(9)   wissensbasiertes System-1 . Entwicklung = wirtschaftlich gerechtfertigt
(9)   wissensbasiertes System-1 . Entwicklung = problemangemessen
```

Warum nicht-Erklärung

Die Aufgabe der "Warum nicht"-Erklärung besteht darin, Gründe für das Versagen von
Regeln und anderen Wissensquellen anzugeben. Wurde für ein Attribut kein Wert oder
ein unerwarteter Wert hergeleitet, bietet die Wie-Erklärung keine befriedigende
Unterstützung. In diesen Fällen ist es interessanter zu erfahren, warum ein
bestimmtes oder erwartetes Ergebnis nicht zustandekam (s. LADWIG/MELLIS 1987).

Die Warum nicht-Frage erklärt, warum für ein Attribut nicht ein bestimmter Wert hergeleitet wurde, warum für ein Attribut überhaupt kein Wert hergeleitet wurde, warum
gerade dieser und nicht ein anderer Wert hergeleitet wurde und warum zur Herleitung
des Attributwertes nicht eine bestimmte Regel angewandt wurde. Als Grund für die
Ablehnung oder Nichtanwendung von Regeln werden unerfüllte Prämissen, nicht instan-
ziierte Objekte, ungeeignete Tabellen-, Term- oder Prozedurparameter, abgeschlosse-
ner Trace, zu niedrige Konfidenzen und nicht eingetretene Vorwärtstrigger angezeigt.

Beispiel:

(1) Wie wuerden Sie die Entwicklungsmoeglichkeiten fuer das wissensbasierte
    System beurteilen? (Mehrere Angaben moeglich!)

        1: problemangemessen
        2: wirtschaftlich gerechtfertigt
        3: prinzipiell moeglich
>3
(FAKT 10) wissensbasierte Methoden-1 . Einsatz = nicht sinnvoll cf 1000

>warum nicht wissensbasierte Methoden-1.Einsatz = sinnvoll
d.h. warum wurde fuer "wissensbasierte Methoden-1" . "Einsatz" nicht der Wert "sinnvoll" hergeleitet?

Der im Fakt eingetragene Wert ist ein Defaultwert. Es existieren Regeln, die "wissensbasierte Methoden-1" . "Einsatz" = "sinnvoll" herleiten koennen. Fuer sie liegen
die nachfolgenden Nichtanwendungs-Gruende vor.

UNERFUELLTE PRAEMISSEN: 10

RULE 10
IF   wissensbasiertes System . Entwicklung = prinzipiell moeglich
AND   wissensbasiertes System . Entwicklung = wirtschaftlich gerechtfertigt
AND   wissensbasiertes System . Entwicklung = problemangemessen
THEN wissensbasierte Methoden . Einsatz = sinnvoll (1000)
END

Bei der Auswertung der Regelpraemisse von Regel 10 waren die folgenden Elementar-
praemissen unerfuellt:

wissensbasiertes System-1 . Entwicklung = wirtschaftlich gerechtfertigt

Rat-Funktion
Zu jeder Benutzerfrage können ratgebende Texte zur Erleichterung der Antwort formu-
liert werden. Durch die Eingabe des Kommandos "rat" auf eine Frage erhält der
Benutzer dann einen Hilfetext angezeigt. Andernfalls erscheint ein Default-Rattext.

Beispiel:

(1) Welchen Wert hat das Attribut "Fertigkeiten" von "Aufgabe-1"?
>rat

Bei den Fertigkeiten, die zur Lösung einer Aufgabe benötigt werden unterscheidet man
prinzipiell zwischen kognitiven (Abwägen, Schlußfolgern, Entscheiden, ...) und manu-
ellen (Geschick, Gefühl, Kraft, Ausdauer, ...) Fertigkeiten.

5.4 Testwerkzeuge

Trace
Durch Einschalten des Trace kann die Vorgehensweise der Inferenzkomponente nachvollzogen werden.

Wissensbankanalysator
Der Wissensbankanalysator realisiert statische Retrieval-Funktionen über der Wissensbank nach inhaltlichen Selektionskriterien mit unterschiedlichen Detaillierungs-
graden. Dazu gehört das Auffinden und Anzeigen von Regeln sowie das Anzeigen asso-
ziierter Taxonomie-Elemente.

Beispiel:

> xreference wissensbasiertes System

Folgende Regeln benutzen in der Praemisse das Objekt "wissensbasiertes System":
     BACKWARD: 10
     SELFREF : --
     FORWARD : --

Folgende Regeln leiten etwas ab ueber das Objekt "wissensbasiertes System":
     BACKWARD: 30 40 50
     SELFREF : --
     FORWARD : --

Konsistenzprüfer
Der Konsistenzprüfer ist ein Werkzeug zur Explizierung der Vorgehensweise der Inferenzkomponente. Enthalten die Regeln Inkonsistenzen, so bereitet dies der Inferenzkomponente keine Schwierigkeiten. Sie löst die Inkonsistenzen durch Einhaltung der
Regelreihenfolge dynamisch auf. Da Inkonsistenzen jedoch meist Fehler im Regelwerk
darstellen, bietet der Konsistenzprüfer hier die Möglichkeit, diese Fehler statisch

zu erkennen (s. MELLIS 1987).

Eine TWAICE-Wissensbank ist konsistent, wenn sich widersprechende Regeln nicht gleichzeitig erfüllbar sind. Folgende Inkonsistenzen werden erkannt: Regelkonflikt (Mehrere Regeln sind im gleichen Kontext anwendbar, leiten aber widersprüchliche Ergebnisse ab), Regelredundanz (Mehrere Regeln haben äquivalente Prämissen und leiten dasselbe Ergebnis ab) und Regelsubsumption (Von zwei Regeln, die dasselbe Ergebnis ableiten, ist die eine allgemeiner als die andere).

Falldatenverwaltung
Mit der Falldatenverwaltung bietet TWAICE dem KE Unterstützung bei der Erstellung und Überprüfung von Wissensbanken (Regressionstest und Sensitivitätsanalyse). Dem Endbenutzer gestattet sie, Ergebnisse einer aktuellen Konsultation mit den Daten früherer Sitzungen zu vergleichen. Falldaten beschreiben eine bestimmte Problemstellung, die in einer zurückliegenden Konsultation bearbeitet und gelöst wurde. Es gibt Systemfunktionen zum Aufbau von Falldatenbibliotheken, zur wiederholten und inkrementellen Konsultationsführung, zum Editieren von Falldaten und zum Vergleich von Benutzerantworten und Ergebnissen. Da die Falldateien in einer formatierten und leicht lesbaren Form vorliegen, können sie auch als Informationspuffer zu anderen Programmen benutzt werden.

5.5 Wissenserwerbskomponente

Regel- und Taxonomieeditor
Der Regel- und Taxonomieeditor ermöglicht das interaktive Bearbeiten (Anzeigen, Einfügen, Ändern, Löschen, Laden und Sichern) von Wissensquellen (Regeln und Taxonomie) in TWAICE. Er überprüft beispielsweise nach dem Ändern oder Einfügen von Regeln neben der syntaktischen Korrektheit auch, ob die angegebenen Objekte, Attribute und Werte mit den in der Taxonomie vorhandenen Eintragungen übereinstimmen. Bei eventuellen Abweichungen wird in einen Klärungsdialog verzweigt. Damit wird die taxonomische Konsistenz gewährleistet, bzw. die Erzeugung der Taxonomie erleichtert.

Beispiel:

Regeln werden aus der Datei "demo.wrk" geladen...
    Regel: 40

```
RULE 40
IF   Aufgabe . Loesung = grosser Nutzen
OR   Xperten . Wissen = Verlustgefahr; rar; an verschiedenen Stellen benoetigt;
                        in einer unattraktiven Umgebung benoetigt
THEN wissensbasiertes System . Entwicklung = wirtschaftlich gerechtfertigt
END
```

Der Wert "grosser Nutzen" ist fuer "Aufgabe" . "Loesung" nicht zulaessig.
Soll er in die Taxonomie aufgenommen werden? (ja)
>
Das Objekt "Xperten" gibt es nicht in der Taxonomie. Soll es aufgenommen
werden? (ja)
>nein
Welches Objekt meinen Sie? Auswahl anhand der Nummer oder Abbruch.
    1: Aufgabe   2: Experten
    3: root   4: wissensbasierte Methoden
    5: wissensbasiertes System
>2

Der Wert "Verlustgefahr" ist fuer "Experten" . "Wissen" nicht zulaessig.
Soll er in die Taxonomie aufgenommen werden? (ja)
>
Der Wert "rar" ist fuer "Experten" . "Wissen" nicht zulaessig. Soll er in
die Taxonomie aufgenommen werden? (ja)
>
Der Wert "an verschiedenen Stellen benoetigt" ist fuer "Experten" .
"Wissen" nicht zulaessig. Soll er in die Taxonomie aufgenommen werden? (ja)
>
Der Wert "in einer unattraktiven Umgebung benoetigt" ist fuer "Experten" .
"Wissen" nicht zulaessig. Soll er in die Taxonomie aufgenommen werden? (ja)
>

Benutzertexteditor
Analog dem Regel- und Taxonomieeditor gibt es Funktionen für das interaktive Bearbeiten von Oberflächentexten

Lernen durch Induktion
Die Wissenserwerbskomponente von TWAICE verfügt über Werkzeuge zur Induktion von
Regeln aus Beispielen.   Mit einem Abhängigkeitsmodell, das Informationen der Art
"Attribut A hängt von Attribut B_1 bis B_n ab" enthält und einer Menge von Beispie-
len, wobei jedes Beispiel eine Instanz einer oder mehrerer Abhängigkeiten ist, kön-
nen TWAICE-Regeln mit Attribut-Wert-Vergleich   und   Attribut-Attribut-Vergleich

erzeugt werden. Die Bearbeitung von Abhängigkeiten, Beispielen und induzierten Regeln wird durch entsprechende Werkzeuge (IKEE - Integrated Knowledge Engineering Environment) von TWAICE unterstützt (s. LUDWIG/MELLIS/THOMAS 1987).

5.6 Dialogkomponente

Knowledge Engineer und Benutzer kommunizieren mit TWAICE über eine integrierte komfortable und robuste Dialogkomponente. Die Dialogschnittstelle ermöglicht den Zugriff auf die TWAICE-Funktionen und formuliert die Fragen der Systemkomponenten an den Anwender. Sie bietet Hilfeinformationen mit abgestuftem kontextbezogenem Informationsumfang, generiert Fragen, prüft die syntaktische Zulässigkeit von Antworten und ihre taxonomische Konsistenz, korrigiert Tippfehler und protokolliert auf Anforderung den Dialog mit dem Anwender. Zugriffsberechtigungen und Anwenderebenen (Knowledge Engineer, Endbenutzer) werden über Passworte überwacht. Die Dialogkomponente von TWAICE ist ein eigenes Modul, dessen Texte leicht in andere Sprachen übersetzt werden können. Zur Zeit gibt es eine deutsch- und eine englischsprachige Oberfläche.

Menüsystem

Der Zugriff auf die Systemfunktionen erfolgt in TWAICE in erster Linie über ein hierarchisch angeordnetes Menüsystem. Dies verhilft vor allem dem ungeübten KE oder Benutzer zu einem sicheren Umgang mit dem System. Der Menübaum kann jederzeit mit dem Kommando "zeige twaice" angezeigt werden. Die Menüs enthalten alle relevanten Informationen zu der aktuell bearbeiteten Funktion. Weitere Hinweise zu möglichen Eingaben können an jeder Stelle durch die Kommandos "hilfe" und "?" erhalten werden.

Beispiel:

```
TWAICE 3.0          T W A I C E  -  E X P E R T E N S Y S T E M          demo


              1: stop        TWAICE
              2: bearbeite Konsultation
              3:             Wissensbank
              4:             Optionen
              5:             Systemumgebung
              6: sichere     KE-System
              7:             Benutzersystem
              8: zeige       TWAICE-Wissensquellen
              9: prolog      aufrufen
```

Kommandosprache

Alle Menüpunkte sowie einige weitere Funktionen sind mittels einer einfachen aber wirkungsvollen Kommandosprache ausführbar. Der erfahrene Anwender, dem das Navigieren durch den Menübaum zu umständlich ist, schaltet die Menüs einfach ab und benutzt die leicht zu erlernende und verständliche Kommandosprache von TWAICE. Es ist auch möglich, vom KE definierte Funktionen in die Kommandosprache zu integrieren.

Beispiel:

> kommandos

Zulässiges Kommandoformat: <Aktion> <Qualifikator> <Kontext> <Argument>

   mit <Aktion>:

?	abbruch	aendere	analysiere
bearbeite	betriebssystem	editor	einfuegen
generiere	hilfe	kommandos	lade
loesche	neuwarum	nl_interface	prolog
pruefe	rat	sichere	stop
trace	vergleiche	warum	weiter
wie	xreference	zeige	

   (Weitere Informationen mit "Kommandos <Aktion>")

Grafikmöglichkeiten

In Verbindung mit einem einfachen PC präsentiert sich TWAICE mit einer ansprechenden Grafikoberfläche. Dabei kommuniziert die auf dem Host laufende TWAICE-Anwendung mit der grafischen Oberflächensoftware auf dem PC über eine spezielle DFÜ-fähige PC-Host-Schnittstelle (GIST - Graphical Interface for Serial Transmission). Die so realisierte Grafikoberfläche auf dem PC bietet Pop-up-Menüs, Pointing-Device (Mausunterstützung), Window-Management, Icons und Formularbearbeitung.

Natürlichsprachliche Ausgabe

Nach dem Erfassen von lexikalischem Wissen zu den TWAICE-Wissensquellen (Objekte, Attribute und Werte) und dem Einschalten der Option "natürlichsprachliche Ausgabe" werden die Erklärungstexte der Wie- und Warum-Frage in natürlicher Sprache generiert. Für die Erfassung des lexikalischen Wissens ist ein komfortabler Lexikonerfasser (ALEXIS) in TWAICE integriert.

Beispiel:

(1) Wie wuerden Sie die Entwicklungsmoeglichkeiten fuer das wissensbasierte
    System beurteilen? (Mehrere Angaben moeglich!)

        1: problemangemessen
        2: wirtschaftlich gerechtfertigt
        3: prinzipiell moeglich
>warum

Ich frage Sie nach der Entwicklung des wissensbasierten Systems, weil ich gerade den
Einsatz der wissensbasierten Methoden ermittle.

Wenn die Entwicklung des wissensbasierten Systems prinzipiell moeglich waere und
wenn sie darueberhiñaus wirtschaftlich gerechtfertigt waere und wenn sie darueberhi-
naus problemangemessen waere, dann waere der Einsatz der wissensbasierten Methoden
mit absoluter Sicherheit sinnvoll.

Beispiel:

> wie fakt 11

Der Einsatz der wissensbasierten Methoden ist gegebenenfalls sinnvoll (Resultat 11),
weil die Entwicklung des wissensbasierten Systems prinzipiell moeglich ist (Resultat
9), weil sie wirtschaftlich gerechtfertigt ist (Resultat 9) und weil sie problemangemessen ist (Resultat 9).

5.7 Systemschnittstellen

Schnittstelle zur Basissprache (Prolog)
TWAICE bietet verschiedene Schnittstellen zur Basissprache Prolog. Der Prolog-
Interpreter kann direkt über einen Menüpunkt oder das Kommando "prolog" aufgerufen
werden. Weiterhin ist es möglich, selbst geschriebene Prolog-Prozeduren in einem
eigenen Wissensbankteil regelgesteuert (Prozeduraufruf mittels PROC-Konklusionen)
und ereignisgesteuert (Methodenaufruf über Event-Slots: IF_NEEDED, IF_TRACED, ...)
auszuführen. Auf Prologebene können dann alle Möglichkeiten ausgenutzt werden, die
die Sprache bietet. Die Einflußnahme auf TWAICE-Funktionen (Kontrollmechanismen)
geschieht durch den Aufruf von Kontrollprimitiven, das Lesen von Wissensbankeinträ-
gen und Konsultationsergebnissen durch Informationsprimitive.

Externe Prozedurschnittstelle (C)

TWAICE verfügt über eine einfache, einheitliche und komfortable Schnittstelle zu der Programmiersprache C. Es stehen verschiedene Werkzeuge zur Verfügung, die den Entwicklungszyklus externer Prozeduren (eigener Wissensbankteil) unterstützen. Die externe Prozedurschnittstelle kann sowohl direkt von Regeln, als auch von Prolog-Prozeduren (auch Methoden) angesprochen werden. Damit ist es möglich, TWAICE mit anderen Softwaresystemen zu koppeln. Diese Schnittstelle hat sich bereits bei der Kopplung von TWAICE mit REFLEX, dem relationalen Datenbanksystem von Nixdorf mit der Datenbanksprache SQL bewährt (vgl. Abb. 6). Das externe Prozedurmodul besteht dabei zum überwiegenden Teil aus SQL-Anweisungen für die Datenbank.

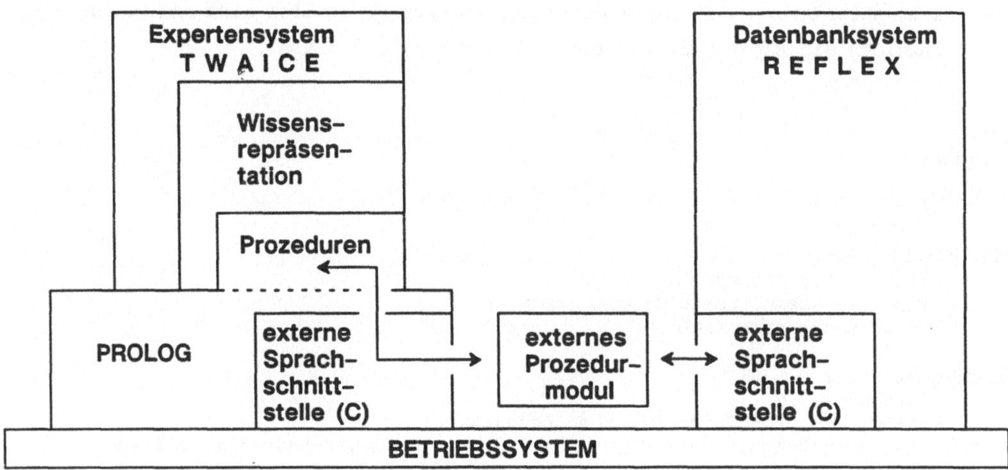

Abb. 6: Feste Kopplung zwischen TWAICE und REFLEX über eine universelle Schnittstelle und die beteiligten Komponenten

5.8 Hardwareanforderungen und Portabilität

TWAICE läuft unter den beiden Prolog-Systemen IF/Prolog und MProlog. Damit kann TWAICE prinzipiell auf alle (pagingfähigen) Betriebssysteme, auf denen einer dieser beiden Prolog-Dialekte zur Verfügung steht, portiert werden. Die minimalen Hardwarevoraussetzungen sind 4 MB Hauptspeicher.

6. Abschließende Bemerkungen

Mit diesen Ausführungen sollte gezeigt werden:

- was die wesentlichen Aufgaben des Knowledge Engineering sind und aus welchen Phasen die Entwicklung eines Expertensystems besteht,

- daß es zwecks Konzentration auf die Wissensakquisition sinnvoll ist, ein entsprechend komfortables und mächtiges Werkzeug zu benutzen, also mindestens eine KI-Sprache, besser noch ein Knowledge Engineering Werkzeug (Werkzeugkasten, Shell),

- welche Anforderungen an Expertensystemwerkzeuge zu stellen sind und welche Möglichkeiten die Expertensystem-Shell TWAICE Rel. 3.0 bietet.

Literatur

[ALTY/COOMBS 1984]
Alty, J.L.; Coombs, M.J.
Expert Systems, Concepts and Examples
1984, Manchester, NCC

[BARTHOLOME 1986]
Bartholome, G.
TWAICE Rel. 2.5 Quick-Referenz Deutsch
Anwenderbeschreibung-Bedienungsanleitung, Dokument-Nr.: 3-33-6-2-484
1986, Nixdorf Dokumentation Entwicklung

[BUCHANAN/SHORTLIFFE 1984]
Buchanan, B.G.; Shortliffe, E.H.
Rule-Based Expert Systems
1984, Reading Massachusetts, Addison-Wesley

[Die neununddreißig Stufen 1987]
Die neununddreissig Stufen
Tutorial, Bestell-Nr.: 10289.00.6.93
1987, Nixdorf Dokumentation ZSI

[HARMON/KING 1986]
Harmon, P.; King, D.
Expertensysteme in der Praxis, Perspektiven Werkzeuge Erfahrungen
1986, München, Oldenbourg

[HAYES-ROTH/WATERMAN/LENAT 1983]
Hayes-Roth, F.; Waterman, D.A.; Lenat, D.B.
Building Expert Systems
1983, Reading Massachusetts, Addison-Wesley

[JACKSON 1986]
Jackson, P.
Introduction to Expert Systems
1986, Wokingham England, Addison-Wesley

[KREBS/SCHMITT 1985]
     Krebs, J; Schmitt, F.H.
     Entwurf und Implementierung eines Expertensystems
     am Beispiel des Reizens beim Skatspiel
     1985, TH Darmstadt, Diplomarbeit

[LADWIG/MELLIS 1987]
     Ladwig, B.; Mellis, W.
     Negative Erklärungen in einem EMYCIN-artigen Expertensystem-Shell
     in: Balzert, H.; Heyer, G.; Lutze, R. (Hrsg.)
         Berichte des German Chapter of the ACM 28
         Expertensysteme '87 Konzepte und Werkzeuge
         1987, Stuttgart, Teubner, S. 150-168

[LEBSANFT/GILL 1987]
     Lebsanft, E.W.; Gill, U.
     Expertensysteme in der Praxis - Kriterien für die Verwendung von
     Expertensystemen zur Problemlösung
     in: Savory, S. (Hrsg.)
         Expertensysteme: Nutzen für Ihr Unternehmen
         1987, München, Oldenbourg, S. 135-149

[LUDWIG/MELLIS/THOMAS 1987]
     Ludwig, A.; Mellis, W.; Thomas, L.
     IKEE - An Integrated Knowledge Engineering Environment
     in: Proceedinges of the seventh International Conference on
         Expert Systems and their Applications Avignon
         1987, Avignon, S. 99-118

[MELLIS 1987]
     Mellis, W.
     Supporting Knowledge Representation by Checking Consistency
     in: Balzert, H.; Heyer, G.; Lutze, R. (Hrsg.)
         Berichte des German Chapter of the ACM 28
         Expertensysteme '87 Konzepte und Werkzeuge
         1987, Stuttgart, Teubner, S. 302-314

[MESCHEDER 1985]
     Mescheder, B.
     Funktionen und Arbeitsweise der Expertensystem-Shell TWAICE
     in: Savory, S. (Hrsg.)
         Künstliche Intelligenz und Expertensysteme
         Ein Forschungsbericht der NCAG
         1985, München, Oldenbourg, S. 57-90

[NÖLKE 1985]
     Nölke, U.
     Das Wesen des Knowledge Engineering
     in: Savory, S. (Hrsg.)
         Künstliche Intelligenz und Expertensysteme
         Ein Forschungsbericht der NCAG
         1985, München, Oldenbourg, S. 109-123

[PUPPE 1986]
     Puppe, F.
     Expertensysteme
     in: Informatik Spektrum, Februar, Band 9, Heft 1
         1986, Berlin, Springer, S. 1-13

[RUCKERT 1987]
>   Ruckert, M.
>   Berufsbild: Knowledge Engineer
>   in: Computer Magazin 10/87
>   1987, Stuttgart, S. 33-36

[RUCKERT/MELLIS 1987]
>   Ruckert, M.; Mellis, W.
>   Erfahrungen und Bewertungen beim Einsatz von Prolog
>   als KI-Entwicklungssprache
>   in: Zweites Symposium Wissensbasierte Systeme
>   Ostbayerisches Technologie Transfer-Institut Regensburg
>   1987, Regensburg

[SAVORY 1987]
>   Savory, S.
>   Expertensystem: Welchen Nutzen bringen sie für Ihr Unternehmen?
>   in: Savory, S. (Hrsg.)
>   Expertensysteme: Nutzen für Ihr Unternehmen
>   1987, München, Oldenbourg, S. 17-38

[TWAICE Bedienerhandbuch 1986]
>   TWAICE Bedienerhandbuch
>   Bedienungsanleitung, Bestell-Nr.: 10257.00.3.93
>   1986, Nixdorf Dokumentation ZSI

[TWAICE Referenzhandbuch 1987]
>   TWAICE Referenzhandbuch
>   Bedienungsanleitung, Bestell-Nr.: 10290.00.6.93
>   1987, Nixdorf Dokumentation ZSI

[TWAICE The Expert System Shell 1987]
>   TWAICE The Expert System Shell
>   Documentation, Order no.: 10302.00.2.93
>   1987, Nixdorf Dokumentation ZSI

[WATERMAN 1986]
>   Waterman, D.A.
>   A Guide to Expert Systems
>   1986, Reading Massachusetts, Addison-Wesley

[WESTERHOFF 1987]
>   Westerhoff, T.
>   TWAICE Prolog-Prädikate zur Definition von Methoden: Methodenprimitive
>   Pflichtenheft (Eigenschaften), Dokument-Nr.: 3-91-14-1-104
>   1987, Nixdorf Dokumentation Entwicklung

[20 Fragen zu TWAICE 1986]
>   20 Fragen zu TWAICE
>   Tutorial, Bestell-Nr.: 10288.00.9.93
>   1986, Nixdorf Dokumentation ZSI

Techniken des Wissenserwerbs

Joachim Diederich

International Computer Science Institute
UC Berkeley, Berkeley, CA 94720

und

Gesellschaft für Mathematik und Datenverarbeitung mbH
Schloß Birlinghoven
Postfach 1240
D-5205 Sankt Augustin 1

1. Einleitung

Die vorliegende Arbeit gibt eine Einführung in verschiedene Verfahren des automatischen und halbautomatischen Wissenserwerbs, die für die Entwicklung und den Aufbau wissensbasierter Systeme relevant sein können. Sie möchte als Leserkreis Studenten ansprechen, die die Grundzüge kognitionswissenschaftlicher Wissenserwerbsmethoden kennenlernen wollen. Dem Praktiker wird aber auch eine Zusammenfassung der zur Zeit in der Diskussion befindlichen Methoden geboten. Dabei werden auch die potentiellen Einsatzmöglichkeiten der Verfahren erörtert.

Die Methoden, die hier vorgestellt werden, stammen aus dem Gebiet der Kognitionswissenschaft und dienen dem Zweck, die dynamische menschliche Problemlösungsfähigkeit zumindest approximativ zu erfassen. Die meisten Methoden sind sehr alt (<u>Protokollanalyse</u> etwa 100 Jahre, <u>Konstruktgitter-Verfahren</u> etwa 30 Jahre) und wurden zu dem Zweck entwickelt, **menschliches Wissen möglichst unbeeinflußt von Befragungs- und Beobachtungsmethoden zu erfassen.** Diese Methoden erleben jetzt in veränderter und automatisierter Form eine Wiederbelebung in dem sich entwickelnden Feld der Wissensakquisition für wissensbasierte Systeme. Sie bieten den Vorteil, die bedingungslose Objektivierbarkeit und Operationalisierung von Wissen nicht vorauszusetzen, sondern das, was an menschlicher Problemlösungsfähigkeit beobachtbar und erfaßbar ist, zu strukturieren und zu analysieren.

Der Leser wird eine ausführliche Darstellung des Themenbereichs "Maschinelles Lernen" vermissen. Lernsysteme gehören zu den klassischen Teilgebieten der Künstlichen Intelligenz. Es existiert eine Vielfalt verschiedener Ansätze, die von verschiedenen Autoren in zwei Subklassen unterteilt werden (z.B. Kodratoff 1986): die Systeme, die Ähnlichkeitsbeziehungen zwischen Fakten analysieren und Regeln aufgrund festgestellter Regularitäten bilden (similarity based learning, SBL) und Systeme, die die Tätigkeit des Benutzers beobachten und <u>Abweichungen gegenüber einer existierenden Wissensbasis untersuchen</u>, um verwertbare Information zu gewinnen und in die Wissensbasis zu übernehmen (explanation based learning, EBL).

Der hohe Stellenwert der Lernverfahren innerhalb des Bereichs der Wissensakquisition macht allerdings eine Auseinandersetzung mit diesem Thema wünschenswert. Der Leser sei auf den Beitrag von Habel & Rollinger im Tagungsband der KIFS´84 verwiesen sowie auf andere zusammenfassende Darstellungen, die im Literaturteil zu finden sind.

Die vorliegende Arbeit hat zwei Teile: Im ersten Teil wird die Theorie verschiedener Wissenserwerbstechniken aufgearbeitet. Zu Anfang jedes Abschnitts wird auf die automatischen Wissensakquisitionssysteme hingewiesen, in denen das entsprechende Verfahren automatisiert ist. Der Darstellung der eigentlichen Theorie folgt eine Beschreibung der Anwendung des Verfahrens und der damit verbundenen Probleme.

Im zweiten Teil werden Wissensakquisitionsysteme entlang einer Klassifikation in Lernsysteme, graphische Systeme, kognitionswissenschaftliche Systeme und hybride Wissensakquisitions-werkzeuge vorgestellt. Der Schwerpunkt liegt dabei auf der Architektur dieser Systeme und ihrer Anwendungsmöglichkeiten, wobei insbesondere die Klasse der hybriden Systeme, die mehrere Wissenserwerbsmethoden zur Verfügung stellen, untersucht wird.

Teil I: Grundlagen, Methoden und Probleme der Wissensakquisition

2. Grundlegende Aspekte der Wissensverarbeitung

Um die Bedeutung und die Notwendigkeit der Wissensakquisition hervorzuheben wird zumeist die "Flaschenhals"-Metapher (ursprünglich von Edward Feigenbaum) bemüht: Wissen kann in automatischen Inferenzsystemen zur Problemlösung eingesetzt werden und die wesentliche Aufgabe besteht darin, die menschliche Expertise oder das in textueller, eventuell auch graphischer Form vorliegende Wissen zu strukturieren und in eine Wissensbasis zu überführen. Die "Flaschenhals"-Metapher ist in diesem Zusammenhang natürlich mehr als irreführend. Individuelles Wissen ist sicherlich keine objektiv messbare Quantität die überführt und manipuliert werden kann, ohne daß sie sich wesentlich verändert. Mehr noch, es ist ein zentrales Anliegen dieser Arbeit, Wissen als die Fähigkeit zu begreifen, sich aktiv mit Situationen auseinanderzusetzten. Menschliche Experten entfalten ihre Problemlösungsfähigkeit erst, wenn in einem bestimmten situativen Kontext bestimmte Anforderungsbedingungen gegeben sind. So ist es natürlich für einen KFZ-Mechaniker ein Unterschied, ob er aktiv einen Wagen untersuchen kann, um sich ein Urteil zu bilden, oder ob er in einem abstrakten Dialog sein Wissen einer Maschine mitteilen soll.

Der letztgenannte Aspekt wird auch von Autoren betont, die das Paradigma der Wissensverarbeitung in der Kognitionswissenschaft und der Künstlichen Intelligenz (KI) selbst hinterfragen. Winograd & Flores (1986) betonen, Wissen sei immer auch Interpretation, und diese Interpretation ist geleitet von existentiellen Erfahrungen, die nur menschliche Handelnde machen können und die einer Maschine nicht mitteilbar sind. Diese Kritik ist insofern berechtigt, als die dem Paradigma der Symbolverarbeitung verpflichtete Künstliche Intelligenz Wissen zu leicht als operationale Entität begreift, die beliebig gespeichert und abrufbar gemacht werden kann und sich im Kern dadurch nicht verändert. Wissen wird also "verdinglicht", losgelöst von der Phase des Erwerbs und der möglichen Anwendung.

An zentraler Stelle der Kritik steht also der Repräsentationsbegriff. Nach herrschender Meinung in der Künstlichen Intelligenz kann intelligentes Verhalten durch die Manipulation symbolischer Repräsentationen erzeugt und modelliert werden. Der menschliche kognitive Apparat wird genauso wie die künstliche intelligente Maschine als symbolverarbeitendes System verstanden. Die "physical symbol system"- Hypothese von Newell & Simon kann wohl als das grundlegendste Paradigma der KI angesehen werden.

Der besondere Vorteil dieser Repräsentationen liegt darin, daß die Ambiguität natürlicher Sprachen reduziert wurde und die Semantik der verwendeten Audrücke im Prinzip angegeben werden kann. Eine modelltheoretische Semantik wird jedoch nicht immer und nicht für jedes KI-System vorgelegt.

Nach Winograd & Flores (1986) agieren Menschen nicht auf der Grundlage von Repräsentationen, wenn sie sich intelligent verhalten. Menschen interagieren vielmehr in einem sehr komplexen Geflecht sozialer Beziehungen, die vermittels Sprache unterhalten werden. Menschliches Verhalten ist im wesentlichen bestimmt durch die subjektive Interpretation der sozial vermittelten Realität. Dabei werden subjektive Erfahrungen wirksam, die die Historie der betreffenden Person ausmachen. In diesem Lichte gesehen ist die Unterscheidung zwischen Repräsentation und interpretierendem Inferenzprozeß in der fehlerhaften Differenzierung zwischen "Denken" und "Reflektieren auf das Denken" begründet (Lischka 1987, persönliche Kommunikation). Erst wenn auf "das Denken" reflektiert wird, erscheint es so, "als ob" es eine Unterscheidung zwischen Inhalt (der Repräsentation, dem Gedächtnis) und der verarbeitenden Komponente, dem Interpreter, gebe.

Gerade die kommerzialisierte Expertensystemtechnologie hat dazu beigetragen, Wissen völlig unabhängig von Kontext, Relevanz und Hintergrund zu sehen (Winograd & Flores 1986, S. 131). So suggeriert zum Beispiel der Begriff der "Wissensbank" die uneingeschränkte Operationalisierbarkeit des verdinglichten Wissens. Damit es überhaupt zu Anwendungen kommen kann, muß das Feld der Wisensverarbeitung notwendigerweise eingegrenzt werden. Wissen wird damit oft auf die einfache Klassifikation von Objekten und ihren Eigenschaften reduziert, mit denen Mengen von Regeln assoziiert sind. Buchanan (zitiert nach Winograd & Flores 1986, S. 131) beschreibt die von der Expertensystemtechnologie bearbeiteten Problemfelder so: Enger Bereich der Expertise, eine eingeschränkte Sprache, um Fakten und Relationen auszudrücken, eingeschränkte Annahmen über Probleme und Problemlösungsmethoden, wenig Wissen über den Bereich der Anwendbarkeit und möglicher Begrenzungen (eigene Übersetzung). Winograd & Flores (1986, S. 132) heben dementsprechend hervor, bereits der Begriff "Expertensystem" sei irreführend, da er die Assoziation mit dem menschlichen Handelnden unzutreffend herstellt. Dieses ist insofern problematisch, da die wenigsten Expertensysteme Auskunft über die Grenzen ihrer Anwendbarkeit geben können. Und dieser Bereich der Anwendbarkeit ist immer begrenzt.

3. Wissensakquisition und Knowledge Engineering

3.1 Begriffsklärung

Wissensakquisition wird als ein Teilbereich des Knowledge Engineerings aufgefaßt. Im allgemeinen werden insbesondere die ersten Phasen des Knowledge Engineerings, von der Strukturierung der Daten bis hin zur ersten Implementation als Wissensakquisition bezeichnet. Der Sprachgebrauch ist aber durchaus heterogen, in der englischsprachigen Literatur werden weitestgehend folgende Konventionen eingehalten:

Im amerikanischem Sprachraum wird der Begriff "Knowledge Acquisition" insbesondere für die Bearbeitung, Spezialisierung und Verbesserung einer <u>bestehenden Wissensbasis</u> verwendet. Das System TERESIAS (Davis 1976) ist der Prototyp eines solchen Wissensakquisitionssystems, da hier durch einen Dialog mit dem Benutzer eine bestehende

MYCIN-Wissensbasis weiter bearbeitet wird. Für den Erwerb des Wissens menschlicher Experten, zumal in den ersten Phasen, wird im amerikanischen Sprachgebrauch häufig der Begriff "Knowledge Elicitation" benutzt, seltener ist von "Knowledge Capturing" die Rede. In jedem Fall aber werden Teilbereiche des Knowledge Engineerings benannt. Knowledge Engineering umfaßt weiterhin die Programmierung des endgültigen, ablauffähigen Systems, einschließlich der notwendigen Evaluation von Prototypen in den verschiedenen Stadien.

Es ist bisher noch nicht gelungen, eine funktional vollständige Definition des Aufgabenbereiches eines Knowledge Engineers zu liefern. Tatsächlich wird dem Knowledge Engineer die Wahrnehmung einer Vielzahl äußerst heterogener Funktionen aufgebürdet. Dazu gehören Aufgaben, die traditionell von der Systemanalyse bewältigt werden, aber auch die Datensammlung und -interpretation in den verschiedensten Bereichen. Das Spektrum reicht weiterhin von der psychologischen Einflußnahme auf den Experten bis zur fortgeschrittenen KI-Programmierung. Dieses erfordert von der entsprechenden Person ein großes Hintergrundwissen, nicht nur was Techniken der KI angeht, sondern auch hinsichtlich der Motivierung derjenigen Personen, deren Mitarbeit unverzichtbarer Bestandteil des Knowledge Engineerings ist.

Gerade weil der Begriff "Knowledge Engineering" nur unzureichend definiert ist, unterliegt er einem steten Bedeutungswandel. In jüngster Zeit wird von einigen Autoren die Nähe des Knowledge Engineerings zur Systemanalyse herausgestellt (Hayward 1987, Clancey 1986). Clancey (1986) behauptet, Gegenstand von Expertensystemen sei die Modellierung auf der Grundlage qualitativer Modelle über einem bestimmten Bereich. In diesem Sinne würde niemals "Expertenwissen" in ein wissensbasiertes System eingehen, sondern allgemeines Bereichswissen, wie es Gegenstand jeder ingenieurswissenschaftlichen Bemühung ist.

Hayward (1987) betont ebenfalls den Modellierungscharakter wissensbasierter Systeme. Im Gegensatz zu Clancey unterscheidet Hayward aber zwischen der Funktionalität des fertigen Expertensystems und dem vorausgehenden Produktionsprozeß. In diesem Herstellungsprozeß kann menschliches Expertenwissen durchaus relevant werden, wie in Kapitel 3 an einem Beispiel ausgeführt wird.

Sofern dieses menschliche Wissen im Prozeß des Knowledge Engineerings Bedeutung hat, ist es eine der wichtigsten und schwierigsten Aufgaben des Knowledge Engineers, die Äußerungen und das Verhalten von Bereichsexperten zu interpretieren. Ein Prozeß, der sich bisher jeder Automatisierung entzieht. Gleichzeitig ist diese notwendige, subjektive Interpretation durch den Knowledge Engineer auch eine ständige Fehlerquelle, die kaum kontrolliert werden kann. Beurteilungsfehler des Knowledge Engineers gehen zu leicht in die Wissensbasis ein, werden dort konserviert, ohne daß es bisher eine Methodik zur Elimination solcher Fehler gäbe. Die Funktion des Knowledge Engineers sei im folgenden etwas genauer beleuchtet.

3.2 Aufgaben des Knowledge Engineers

Der Knowledge Engineer ist Vermittler zwischen Experten und Computer. Er hat dabei eine Vielzahl von Aufgaben parallel oder in rasch alternierender Folge zu bewältigen.

Daher kann es zu Interferenzen bei der Bewältigung der verschiedenen Aufgaben kommen. Diese Interferenzen können aufgabenirrelevant sein, oder die Wahl ineffizienter Arbeitsstrategien zur Folge haben.

Ein Beispiel: Während der Arbeit an einer Wissensbasis muß der Knowledge Engineer unter vielen anderen diese Aufgaben gleichzeitig ausführen:

1. Strukturierung der vorliegenden Informationen
2. Bewertung der vorliegenden Informationen
3. Klassifikationsaufgaben
4. Formulierung von Fragen an den Benutzer zur Steuerung des
Konsultationsprozesses.

Bei der Formulierung von Regeln werden beim Knowledge Engineer Überlegungen zur Konsistenz der Wissensbasis eine Rolle spielen sowie deren mögliche Abarbeitung (z.B. Vorwärts- und Rückwärtsverkettung von Regeln). Ein spontaner Wechsel in den Zielvorgaben kann zu einem Bruch in den verfolgten Strategien führen und somit zur unsystematischen Entwicklung von Regeln und Benutzerfragen. Bei einem erneuten Wechsel werden diese Regeln dann eventuell wieder rückgängig gemacht oder bleiben eine Zeitlang als "Ballast" erhalten.

Die oben genannten Teilbereiche machen bereits deutlich, daß die Arbeit des Knowledge Engineers durchaus problembeladen ist und viele dieser Probleme durch eine mangelnde Definition der Funktionen des Knowledge Engineers entstehen. Die Aufgabe von automatischen Wissensakquisitionssystemen liegt auch darin, in Bereichen, die sich zur Automatisierung eignen, die Arbeit des Knowledge Engineers zu ergänzen und eventuelle Beurteilungsfehler auszuschließen. Insgesamt muß es das Anliegen der wissenschaftlichen Untersuchung des Knowledge Engineerings sein, Schritte in Richtung einer standardisierten Methodik zu unternehmen.

4. Thesen und Gegenthesen zum Thema "Wissensakquisition für wissensbasierte Systeme"

These 1:
Zur optimalen Wissensakquisition benötigt man ein möglichst elaboriertes natürlich-sprachliches System. Der Experte teilt dem KI-System dann natürlich-sprachlich sein Wissen mit und das System ist in der Lage, dieses gegebenenfalls anzuwenden.

Gegendarstellung:
Psychologisch gesehen ist jede menschlich Fähigkeit das Ergebnis der "Interaktion von Person und Situation", also eines ganz bestimmten Wissens und einer ganz besonderen Anforderungssituation. Diese Situation ist für die erfolgreiche Problemlösung entscheidend.

Menschen sind nun aber keine einfachen "information retrieval" Systeme und können in aller Regel ihr Wissen nicht beliebig abrufen (siehe dazu auch das Kapitel über Protokollanalyse). Bestimmte Fähigkeiten werden oft erst durch bestimmte

Anforderungen aktiviert. Diese Anforderungs- oder "Stimulussituation" fehlt aber, wenn der Experte direkt mit einem Computer interagiert. Daher reicht es nicht aus, den Experten von der Last der Formalisierung seines Wissens zu entbinden, man muß ihn oft in seiner vertrauten und angestammten Situation agieren lassen und das notwendige Wissen durch (strukturierte) Beobachtung gewinnen.

These 2:
Der Erwerb menschlichen Expertenwissens ist sinnlos. Expertensysteme enthalten qualitative Modelle über ein bestimmtes Anwendungsgebiet und nicht menschliches Wissen.

Gegendarstellung:
Diese These wird in jüngerer Zeit in abgeschwächter Form von Bill Clancey vertreten (Vortrag auf dem AAAI-Workshop "Knowledge Acquisition for Knowledge-Based Systems"). Die These enthält als richtigen Kern, daß jedes Expertensystem Aussagen über Objekte und deren Zusammenhänge in einer bestimmten Domäne enthält. Dieses Wissen muß nicht notwendigerweise von einem Experten stammen; in vielen Fällen kann man es Lehrbüchern, Handanweisungen, technischen Beschreibungen und auch Graphiken entnehmen. Dennoch ist der menschlich Experte und seine Kooperation in vielen Fällen unverzichtbar. Dazu ein kurzes Beispiel.

In der Forschungsgruppe Expertensysteme der GMD ist eine ganz bestimmte Wissensbasis (Fehlerdiagnose in Kraftfahrzeugen) immer wieder reimplementiert worden, nachdem bereits ein ablauffähiges Expertensystem verfügbar war, um verschiedene Darstellungsformen dieses Wissens zu testen. So existiert eine reine Regelbasis, ein strukturiertes semantisches Netz und eine Darstellung im Formalismus von Breuker & Wielinga (1985). Alle diese verschiedenen Darstellungsformen sind im wesentlichen qualitative Modelle über den zu bearbeitenden Problembereich, die für verschiedene Kontrollstrategien (in diesem Fall: Diagnoseverfahren) genutzt werden können.

Diese Wissensbasen tangieren aber allenfalls einen zentralen Sachverhalt, der für den Erfolg des betreffenden Expertensystems entscheidend ist. Die häufigste Ursache für eine Störung in dem Kraftfahrzeugteil ist nämlich die Änderung eines ganz bestimmten Winkels zwischen zwei Teilkomponenten, so daß Fehlfunktionen auftreten können. Diese Erkenntnis stand am Ende eines relativ aufwendigen Knowledge Engineering Prozesses und läßt sich problemlos in einer einzigen Regel fassen. Dieses regelhafte Wissen stammte aber von einem menschlichen Experten, der darin mehr oder weniger erfolgreich seine jahrelange Praxis zusammenfasste. Ohne die Mitarbeit des Experten wäre diese wichtige Heuristik eventuell unberücksichtigt geblieben.

These 3:
Der Einsatz optimaler maschineller Lernmethoden beseitigt das Wissensakquisitionsproblem.

Gegendarstellung:
Im Bereich des maschinellen Lernens ist zwar signifikanter Fortschritt zu erwarten, der das Wissensakquisitionsproblem grundlegend verändern wird. Dennoch wird das Ergebnis nicht mit dem menschlichen Wissenserwerb korrespondieren: Menschen eignen sich ihr Wissen durch aktive Auseinandersetzung mit der Welt an, das heißt durch Handeln in Situationen. Die Eigenschaften von Objekten etwa werden durch deren Manipulation und

Veränderung gelernt. Von dieser Qualität des Lernens durch Erfahrung sind KI-Systeme nach wie vor weit entfernt.

These 4:
<u>Das Wissensakquisitionsproblem kann durch die Realisierung adäquater Wissensrepräsentations-sprachen gelöst werden.</u>

Gegendarstellung:
Die Geschichte der KI ist die Geschichte von KI-Programmiersprachen. Die Künstliche Intelligenz bietet genauso wie die Informatik durch das Bereitstellen von adäquaten Sprachen Unterstützung bei der Bewältigung von Problemen.

Wissensakquisitionssysteme versuchen daher oft durch das Design von Beschreibungssprachen Hilfe bei der "natürlichen" Dastellung von Wissen zu geben. Ein sehr gutes Beispiel ist der Ansatz von Breuker & Wielinga (1985), auf den unten noch weiter eingegangen wird. In diesem Modell wird versucht, die Expertise auf vier verschiedenen Ebenen zu beschreiben, für die Sprachen oder Sprachkonstrukte bereitgestellt werden.

Da dem Experten, der zur Mitarbeit bereit ist, nicht das Erlernen verschiedener Programmiersprachen zugemutet werden kann, bedeutet dieses nicht den Verzicht auf Verfahren des automatischen Wissenserwerbs. Das Ergebnis des Wissenserwerb kann aber durch diese Hilfsmittel unter Umständen sehr gut erfaßt werden, so daß nachträgliche Evaluationen und Modifikationen erleichtert werden. Für den unmittelbaren Kontakt mit den Experten reicht die Realisierung von Programmiersprachen aber sicherlich nicht aus.

These 5:
<u>Eine einzige, mächtige Wissensakquisitionsmethode kann den Wissenserwerb bewältigen.</u>

Gegendarstellung:
Aus pragmatischen Gründen oder aufgrund einer gegebenen Zielsetzung kann es sinnvoll sein, sich für die Nutzung einer einzigen Wissensquelle zu entscheiden (z.B. ausschließlich durch die Interaktion mit einem menschlichen Experten das nötige Wisen zu erwerben). In aller Regel werden aber mehrere Wissenserwerbsmethoden eingesetzt, um ein zufriedenstellendes Ergebnis zu erreichen. Und auch dann ist noch mit Programmieraufwand zu rechnen, um das Ziel eines ablauffähigen, wissensbasierten Systems zu erreichen.

Die gegenwärtigen verfügbaren Erwerbsmethoden arbeiten auch bei korrekter Anwendung in vielen Fällen fehlerhaft. Das gilt insbesondere für "falsch positive" Ergebnisse. Wenn bei Einsatz eines maschinellen Lernsystems die Datenbasis ständig erweitert wird, können Regularitäten festgestellt werden, die in sich inkonsistent sind und zur Lösung des Problems nicht beitragen. Gleiches gilt für die Anwendung probabilistischer Methoden, wie im Kapitel über Konstruktgitter-Techniken noch weiter ausgeführt wird. Das Ergebnis muß in vielen Fällen durch den Knowledge Engineer oder den Experten einer Beurteilung unterzogen werden, um zu verläßlichen Ergebnissen zu kommen.

Darüberhinaus existieren kaum Verfahren, um Kontrollwissen zu akquirieren. Die Definition von Regelmengen oder einer modifizierten Vererbung, um bestimmte

Problemlösungsstrategien zu realisieren, bleibt dem Wissensingenieur in seiner Funktion als KI-Programmierer überlassen. Solange Wissenserwerbsmethoden nur unzureichend zur Akquisition von Kontrollwissen beitragen, können sie nur begrenzt Unterstützung im Knowledge Engineering Prozeß gewähren.

These 6:
<u>Wissensakquisition ist Systemanalyse.</u>

Gegendarstellung:
Wissensakquisition ist auch Systemanalyse, wie im Kapitel über das Knowledge Engineering angesprochen wurde. Die Wissensakquisition ist darüberhinaus aber mit dem Problem konfrontiert, menschliches Wissen zu untersuchen, und beschäftigt sich damit mit einem Untersuchungsfeld, das nicht direkt beobachtet, sondern nur erschlossen werden kann.

Weiterhin ist es m.E. die besondere Aufgabe der Wissensakquisition, den Bereich des Knowledge Engineerings einer standardisierten Methodik zu erschließen. Diese Methodik muß den Besonderheiten des Gegenstandsgebietes gerecht werden. Die Analyse einer Organisation und der Kommunikationskanäle in einer Organisation ist etwas anderes, als die Beeinflussung eines Menschen, um dessen subjektive Wissensstrukturen zu untersuchen.

5. Wissenserwerbsmethoden

5.1 Konstruktgitter-Verfahren

5.1.1 Theoretische Grundlagen der Konstruktgitter-Verfahren

Konstruktgitter-Verfahren werden in den Systemen AQUINAS, ETS und KRITON eingesetzt.

Konstruktgitter-Techniken sind ursprünglich psychologische Verfahren. Ihre Anwendung geht auf die "Theorie der personalen Konstrukte" zurück, die der amerikanische Psychologe George Kelly in den fünfziger Jahren vorstellte. Die entsprechende psychologische Untersuchungstechnik ist der "repertory grid Test" (Konstruktgitter-Verfahren), eine Methode, die in modifizierter Form seit nunmehr dreißig Jahren Anwendung findet und nunmehr auch in Wissensakquisitionssystemen integriert wird.

Kelly´s Grundanliegen ist die Erfassung von Einstellungen und Beurteilungen von Personen über die Welt. Dabei soll es unbedingt vermieden werden, durch den Einsatz einer bestimmten Analysemethode eben diese Einstellungen und Beurteilungen zu verändern, und so Artefakte aufgrund der Anwendung eines bestimmten Beobachtungsverfahrens zu vermeiden. Der Ansatz Kelly´s besteht also darin "... daß ... die Konstrukte, Dimensionen, Kategorien und Hypothesen nicht ... vorgegeben, sondern von den zu untersuchenden Individuen erfragt werden" (Sader 1980, S.122). Es handelt sich somit um eine phänomenologische Theorie, da der Ausgangspunkt Wahrnehmungen und Annahmen von Personen über die Welt sind.

Genau dieser Aspekt macht die Konstruktgitter-Verfahren für die Wissensakquisition interessant. Nimmt man den Anspruch der Expertensystem-Technologie ernst, kognitive Fähigkeiten menschlicher Experten zumindest approximativ zu modellieren, so ist eine neutrale Erwerbsmethode von größter Bedeutung.

Nach Kelly gehen Menschen in ihrer Bewertung von Ereignissen der realen Welt wie Wissenschaftler vor ("man as scientist" Hypothese). Sie stellen Hypothesen auf und versuchen diese zu verifizieren. Im Erfolgsfall werden Annahmen beibehalten, anderfalls werden neue Hypothesen generiert und zu überprüfen versucht.

Das Aufstellen von Hypothesen geschieht vermittelt durch "Konstrukte", die als vorsprachliche Entitäten begriffen werden, und die im wesentlichen die Erfahrungen einer Person organisieren. Nach Kelly sind Konstrukte Möglichkeiten, die Welt zu strukturieren. Sie gestatten es dem Menschen, Verhaltenskonsequenzen zu finden und gegebenenfalls in Handlungen umzusetzten. In die Sprache der Künstlichen Intelligenz übersetzt könnte man Konstrukte approximativ als "Objekte" oder auch "generische Konzepte" bezeichnen.

Menschen unterscheiden sich nicht hinsichtlich der Art des Konstruktsystems, das ihre Erfahrungen organisiert (nach der eigentlichen Theorie Kellys), wohl aber hinsichtlich konkreter Ausprägungen. Unterschiede zwischen Laien und Experten manifestieren sich nach dieser Theorie also in unterschiedlichen Ausprägungen der Konstruktsysteme. Will man die Fähigkeiten eines menschlichen Experten modellieren, so gilt es, sein Konstruktsystem zu erfassen.

Um einen etwas besseren Eindruck zu vermitteln, was Kelly unter Konstrukten versteht, sei auf die ursprüngliche Theorie noch einmal kurz zurückgegangen. Kelly stellte 1955 seinen Ansatz in der Form eines Grundpostulats und 12 sogenannter Folgesätze vor. Einige dieser Thesen seien hier unkommentiert vorgestellt. Die Darstellung orientiert sich an Sader (1980 S.128ff), der eine umfassendere Einführung bietet.

<u>Grundpostulat:</u>
Die psychischen Prozesse eines Menschen werden durch die Art und Weise, in der er Ereignisse antizipiert, psychologisch vermittelt und geprägt.

<u>Konstruktions-Folgesatz:</u>
Eine Person antizipiert Ereignisse, indem sie ihre Replikationen konstruiert.

<u>Individualitäts-Folgesatz:</u>
Personen unterscheiden sich voneinander in ihrer Konstruktion von Ereignissen.

<u>Organisations-Folgesatz:</u>
Alle Menschen entwickeln je für sich, um überhaupt antizipieren zu können, ein charakteristisches Konstruktsystem einschließlich geordneter Zusammenhänge zwischen den Konstrukten.

<u>Bereichs-Folgesatz:</u>
Ein Konstrukt ist immer nur für die Vorhersage eines bestimmten Bereichs von Ereignissen brauchbar.

<u>Erfahrungs-Folgesatz:</u>
Das Konstruktsystem eines Menschen verändert sich durch seine Benutzung.

<u>Bruchstücke-Folgesatz:</u>
Ein Mensch kann nacheinander eine Vielzahl von Subsystemen im Bereich seiner Konstruktbildung benutzen, welche nach logischen Gesichtspunkten untereinander unvereinbar sind.

5.1.2 Technik der Konstruktgitter-Verfahren

Konstruktgitter-Verfahren haben das Ziel, Konstrukte und Konstrukt-Dimensionen von menschlichen Experten zu erfragen und dem wissensbasierten System einzugeben. Mögliche Ziele sind also Art und Umfang der Konstrukte, die eine bestimmte Expertise ausmachen, Art und Granularität von Konstrukt-Dimensionen sowie Konstrukte hinsichtlich derer sich Individuen (etwa Laien und Experten) unterscheiden.

Das Verfahren an sich ist einfach. Der menschliche Experte wird aufgefordert, Konzepte aus einem bestimmten Wissensbereich zu benennen. Diese Konzepte sollten semantisch ähnlich, oder unter einer bestimmten Klasse subsumierbar sein (z.B. relationale Datenbanken, Beispiele für diagnostische Expertensysteme etc.). Aus dieser Menge von Konzepten werden Tripel gebildet, die dem Experten dargeboten werden. Der Experte hat nunmehr ein <u>Attribut oder eine Eigenschaft zu benennen, die zwei Elemente dieser Tripel teilen, die das dritte Element aber nicht besitzt.</u> Dieses Verfahren wird mit weiteren Kombinationen dieser Tripel wiederholt. Auf diese Art und Weise werden also Konstrukt-Dimensionen erfragt, nicht aber vorgegeben. Der Experte kann unbeeinflußt die Konzepte und Relationen benennen, die er für wichtig hält, ohne daß dies vom Wissensingenieur in irgendeiner Art und Weise vorgegeben wird. Das Verfahren kann überprüft und ergänzt werden, indem der Experte am Schluß aufgefordert wird, seine ursprünglichen Konzepte hinsichtlich der genannten Konstrukte einzuordnen.

Dazu ein Beispiel. Zwei typische Fragen aus dem Konstruktgitter-Verfahren von ETS (nach Boose 1985, S. 500):

<u>Think of an important attribute that two of TELL-A-GRAPH, BIGS, and DISSPLA share, but that the other one does not. What is that attribute ?</u>

Eine analoge Frage aus KRITON lautet:

<u>Gibt es eine Eigenschaft die Leitrad und Pumpenrad gemeinsam haben, die aber kein Merkmal von Turbinenrad ist ?</u>

Es gibt verschiedene Arten der Auswertung des so gewonnenen Konstrukt-Gitters. Die Auswertung kann qualitativ sein, wenn nur von Interesse ist, welche Konstrukte ein Experte wählt. Gleichzeitig besteht die Möglichkeit, die genannten Konzept-Attribut Relationen direkt in eine Wissensbasis zu übertragen (etwa in Form eines semantischen Netzes). Eine solche Vorgehensweise wurde in KRITON gewählt.

Daneben gibt es eine Reihe quantitativer Verfahren. Kelly selbst hat eine Faktorenanalyse entworfen, um Faktoren direkt aus der Datenmatrix eruieren zu können. In ETS und AQUINAS werden faktorenanalytische Methoden eingestzt, um einen Implikationsgraphen zu erzeugen, der direkt der Regelgenerierung dient. Es werden somit eine große Anzahl sehr einfacher Regeln erzeugt (siehe die Beschreibung von AQUINAS weiter unten).

5.1.3 Probleme in der Anwendung von Konstruktgitter-Verfahren

Folgende Probleme sind in der Anwendung der Kelly-Methode aufgetreten:

1. Das Verfahren wird für den menschlichen Experten leicht monoton. Wenn immer nur nach den Eigenschaften zweier Objekte gefragt wird, die sie von einem Dritten unterscheiden, so sind nach einer gewissen Zeit auch bei gutwilligen Experten Ermüdungserscheinungen unvermeidbar. Das Verfahren sollte also mit anderen kombiniert werden.

2. In ETS zum Beispiel wird auch nach einer Einschätzung des Zusammenhangs zwischen Konzepten und Eigenschaften anhand einer fünfstufigen Skala erfragt. Eben dieses Maß wird zur Erzeugung des Implikationsgraphen (dem Ergebnis der Faktorenanalyse, einem inferenzstatistischen Verfahren) genutzt.

Eine solche Vorgehensweise widerspricht der Natur der menschlichen Expertise. Experten können seitenlange Erklärungen über mögliche Zusammenhänge und Unterschiede angeben, zeigen in der Regel aber Widerstände, wenn sie zur Klärung des Zusammenhangs mit einer einzigen Zahl antworten sollen. Das Gleiche gilt für die Anwendung der Mehrdimensionalen Skalierung (siehe weiter unten). Skalierungsmethoden sollten mit Vorsicht verwandt werden, insbesondere wenn die semantische Struktur des entsprechenden Bereichs unklar ist. Nichterkannte taxonomische Relationen interferieren mit den Einschätzungen, so daß Artefakte erzeugt werden.

3. Wird eine Faktorenanalyse eingesetzt, so müssen die gewonnenen Faktoren interpretiert werden. Somit können Beurteilungsfehler auftreten, die ja ursprünglich gerade ausgeschlossen werden sollten.

4. Es wird eine Menge Ausschuß produziert. Nicht alle eruierten Zusammenhänge sind für die Problemlösung wirklich relevant. Es bedarf also am Schluß eines selektiven Prozesses, unter Einbezug des Experten, um die wichtige Information zu lokalisieren.

5. Bei Wiederholung des Verfahrens mit nicht disjunkten Mengen an Konzepten sind Inkonsistenzen möglich. Es empfieht sich, mögliche Widersprüche in frühen Phasen der Anwendung aufzuspüren und zu klären.

6. Es werden nur flache Relationen zwischen Elementen erfaßt, keine taxonomische Relationen (s.a. Boose & Bradshaw 1986).

7. Bei komplexen Problemen wird das Konstruktgitter sehr groß. Dies kann die Übersichtlichkeit für den Experten reduzieren (s.a. Boose & Bradshaw 1986).

8. Einschätzungen mehrerer Experten können nicht in einem Konstruktgitter repräsentiert werden (s.a. Boose & Bradshaw 1986).

9. Es ist in manchen Fällen unnatürlich, bipolare Kategorien vorzugeben oder zu konstruieren, wie z.B. "Getriebe - Nicht-Getriebe" (s.a. Boose & Bradshaw 1986).

Trotz dieser Probleme haben sich die Konstruktgitter-Verfahren als außerordentlich nützlich erwiesen. Mit ETS wurden angeblich im Zeitraum von 1983 bis 1986 bis zu 500 Expertensysteme erzeugt. Diese Angabe muß allerdings hinterfragt werden, da hier offenbar auch spielerische Anwendungen voreilig das Ettiket "Expertensystem" bekommen haben.

5.2 Protokollanalyse

Protokollanalytische Verfahren finden Anwendung in KADS und KRITON.

5.2.1 Psychologische Grundannahmen der Protokollanalyse

Die Grundlagen der Analyse verbalen Materials als Indikator für mentale Prozesse wurden in den letzten Jahren von Ericsson & Simon (1984) zusammengefaßt und erneut zur Diskussion gestellt. Den breitesten Raum ihrer Abhandlungen nimmt die Darstellung des der Protokollanalyse zugrundeliegenden Verarbeitungsmodells ein, das in der Psychologie eine nunmehr dreißigjährige Geschichte aufweist und inzwischen zum Standardmodell gereift ist: das Mehr-Speicher System.

Dieses Modell geht davon aus, daß der kognitive Apparat des Menschen sich aus verschiedenen Speichern (oder Gedächtniseinheiten) zusammensetzt, die sich hinsichtlich ihrer Funktionen und Eigenschaften stark unterscheiden, insbesondere was ihre räumliche und zeitliche Kapazität sowie die Verfügbarkeit der gespeicherten Informationen anbelangt.

Obwohl sehr viel differenziertere Ansätze existieren, sei im folgenden von einem Drei-Komponenten System ausgegangen: das Ultra-Kurzzeitgedächtnis (oder auch iconic memory), das Kurzzeitgedächtnis (short term memory, STM) und das Langzeitgedächtnis (long term memory, LTM).

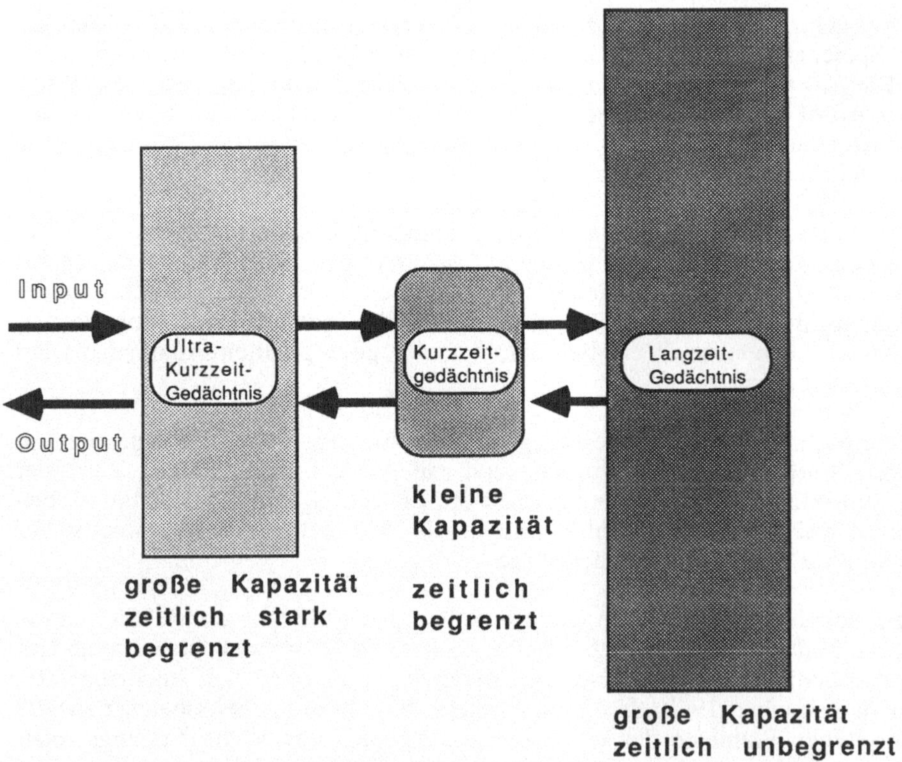

Abbildung 1: Das Mehr-Speicher Modell

Im Ultra-Kurzzeitgedächtnis werden Wahrnehmungsinhalte für einen Zeitraum im msec. Bereich festgehalten, um eine perzeptuelle Analyse sehr flüchtiger Objekte im Wahrnehmungsfeld zu erlauben. Da sich die Umgebung des Individuums in einem teilweise sehr schnellen Wandel befindet, und es durch die Eigenbewegungen des Organismus zu einer weiteren Verschiebung und Wechsel von Objekten im Wahrnehmungsfeld kommt, werden Abbilder der Realität für einen sehr kurzen Moment festgehalten, um dem Wahrnehmungssystem die Möglichkeit für eine Analyse zu geben. Die räumliche Kapazität des Ultra-Kurzzeitgedächtnisses ist sehr groß, die Zeitdauer bis zum Informationsverlust sehr kurz und es existiert keine Möglichkeit der bewußten Einflußnahme auf Inhalte dieses Speichers.

Das Kurzzeitgedächtnis umfasst maximal 7-10 Einheiten, die für einen Zeitraum von 10-30 sec. aufgenommen werden können. Das Kurzzeitgedächtnis ist der einzige Speicher, auf dessen Inhalte bewußt zugegriffen werden kann. Es gibt verschieden Modelle, die Aussagen über die Substitution von Elementen des STM machen.

Wichtig sind jedoch zwei Eigenschaften des STM: a) Durch Wiederholung (rehearsal) können Elemente im STM verbleiben, ohne ausgetauscht oder deplaziert zu werden, und b) Elemente können durch automatische, bewußtseinsunabhängige Prozesse hinsichtlich gewisser Kriterien zu clustern (chunks) zusammengefasst werden, die ihrerseits nicht mehr räumliche Kapazität als ein einzelnes item im STM erfordern.

Das Langzeitgedächtnis (LTM) nimmt nahezu unbegrenzt Information auf, wobei der Zeitraum der Speicherung nur durch den Lebenszeitraum des Individuums begrenzt zu sein braucht. Die Aufnahme von items in das LTM vollzieht sich nur langsam (10 - 18 sec. pro item). Der Abruf von Informationen erfordert Such- und Inferenzprozesse, die den Inhalt der Information verändern können, das heißt aktuelle Gedanken und Wahrnehmungen können mit den Gedächtnisinhalten interferieren.

Das Mehr-Speicher System ist immer wieder vehement kritisiert worden. Craik & Lockhart (1972) gingen vor allem die Annahme der physikalischen Realität des Mehr-Speicher Systems an, und formulierten als Alternative ihre Theorie der Ebenen der Tiefenverarbeitung. In diesem Modell korrespondieren die einzelnen Gedächtnisspeicher mit verschiedenen Ebenen der Verarbeitung, von der perzeptuellen Analyse bis zur semantischen Interpretation.

Die unterschiedlichen Gedächtnisleistungen, die für die einzelnen Speicher in experimentellen Studien gefunden wurden, sind mit der unterschiedlichen Tiefe der Verarbeitung zu erklären: Sprachliche Information, die lediglich bis zur syntaktischen Ebene analysiert würde, wird schlechter erinnert als Information, deren semantischer Gehalt in die Struktur des LTM integriert wurde.

Im Verlauf der siebziger Jahre wurden elaborierte kognitive Modelle entwickelt, die die unterschiedlichen Teilbereiche des kognitiven Geschehens zu integrieren versuchen und im wesentlichen Ein-Speicher Systeme sind (vgl. Anderson & Bower 1973, Anderson 1976, 1983, Norman & Rumelhart 1978). In diesen Ansätzen besteht der Arbeitsspeicher aus der Teilmenge derjenigen Elemente des LTM, die als Ergebnis von Wahrnehmungs- oder Inferenzprozessen ein hohes Aktivationsniveau erhalten haben und somit im Fokus der Aufmerksamkeit sind.

Mit dieser kurzen Zusammenfassung des Mehr-Speicher Modells und der Kritik daran ist die Thematik allenfalls tangiert worden. Für die automatische Protokollanalyse ist z.B. die Frage nach der physikalischen Realität eines Speichers nur sekundär. Wichtig ist allein die Frage, welche Information in welchem Speicher dem Individuum verfügbar ist, und dieses ist lediglich die Information im Kurzzeit-Gedächtnis. Weitere Konsequenzen aus diesem Modell für die praktische Anwendung der Protokollanalyse werden im folgenden behandelt.

5.2.2 Relevanz des Mehr-Speicher Modells für die Protokollanalyse

Es hat sich gezeigt, daß Experten nur in ungenügendem Maße über metakognitives Wissen, bezüglich der für Expertensysteme relevanten Anteile des von ihnen eingesetzten -zumeist komplexen- Problemlösewissens, verfügen. Unter Meta-Kognitionen verstehen wir Wissen über die von ihnen eingesetzten kognitiven Strategien bzw. Wissen über die kognitiven Anforderungen der von ihnen behandelten Aufgaben (Flavell & Wellman 1977). Hieraus folgt, daß Experten nur schwerlich Auskunft über Vorgehen und die von ihnen eingesetzen Strategien geben können, ohne daß aufgabenfremde Einstellungen und subjektive Annahmen in das verbale Material eingehen.

In diesem Zusammenhang besonders gefürchtet ist das "Theoretisieren" von Experten über eigene Problemlösungsstrategien. In diesem Fall beeinflussen subjektive, naive Annahmen

über kognitive Prozesse, die dem Experten nicht unmittelbar zugänglich sind, sein Antwortverhalten. Durch direkte Befragung werden dann diese Laientheorien eruiert, nicht aber das
tatsächliche Problemlösungsverhalten. Das so gewonnene Material hat - in Abhängigkeit vom jeweiligen Verwendungszweck - mehr oder weniger eingeschränkten Wert (siehe auch Nisbett & Wilson 1977).

Sofern nicht das Thema sowie Art und Umfang der Befragung, insbesondere aber die Auswertung des Interviews unter methodischen Gesichtpunkten geplant und durchgeführt werden, ist das direkte Mitteilen des Problemlösevorgehens, also die unmittelbare Befragung, als problematisch anzusehen.

Ein Experte ist jedoch in der Lage, in einer konkreten Situation sein Wissen anzuwenden, d.h. dieses Wissens für Problemlösungsprozesse einzusetzen. Sofern diese Prozesse während der Durchführung von außen nicht beeinträchtigt werden und eine gleichmäßige Auslastung des zeitlich und kapazitativ begrenzten Arbeitsgedächtnisses garantiert ist, können die für die Problemlösung wichtigen Wissenselemente (Konzepte innerhalb des aktuellen Problembereichs) geäußert werden (lautes Denken, vgl. dazu Ericsson & Simon 1980, 1984). Auf diese Weise werden nur die Elemente geäußert, die sich zu einem bestimmten Zeitpunkt des Problemlösungsprozesses im Arbeitsgedächtnis befinden und somit im Zentrum der Aufmerksamkeit stehen (heeded information nach Ericsson & Simon 1980, 1984).

Eine Analyse dieser verbalisierten Wissenselemente darf sich darauf stützen, daß keine problem-irrelevanten Äußerungen, also beispielsweise die Ergebnisse von nicht unmittelbar aufgabenbezogenen Inferenzprozessen oder aufgabenirrelevante, situationsabhängige Bewertungen in das Sprachmaterial eingeflossen sind.

5.2.3 Technik der Protokollanalyse

Es gibt verschiedene Techniken der Protokollanalyse, insbesondere der Protokollaufnahme. Unter bestimmten Bedingungen ist das tatsächliche Aufsuchen der Situation in der der Experte gewöhnlich die Problemlösung vollzieht (in der Regel sein Arbeitplatz also) nicht nötig. Eventuell kann diese Situation in einer Art Rollenspiel simuliert werden oder es können Bedingungen hergestellt werden, die für den Experten realistisch sind. Unter solchen Randbedingungen kann dann die Prozedur des "lauten Denkens" durchgeführt werden.

Die Mächtigkeit einer Protokollanalyse wird ganz entscheidend von der Qualität der Protokoll-Aufnahme abhängen. Nur, wenn es sich tatsächlich um ein Protokoll "lauten Denkens" während einer Problemlösung handelt und nur, wenn dieses Protokoll fehlerfrei transkribiert wurde, kann die automatische Analyse erfolgreich sein. Die mögliche automatisierte Auswertung von Protokollen an sich ist einfach und stützt sich im wesentlichen auf das sequentielle Auftreten von Wissenselementen im Protokoll.

Einer detaillierten Instruktion für die Protokoll-Aufnahme kommt größte Bedeutung zu. Sie erfordert in jedem Falle mit der Methode des lauten Denkens wohlvertrautes Personal, um eine gleichmäßige kognitive Auslastung des Experten zu erzielen. Der Experte sollte daher so wenig wie möglich unterbrochen werden und es muß in jedem Fall gewährleistet sein, daß der Experte über die Wissenserwerbsmethode und ihre Anwendung aufgeklärt ist. Die mit der Methode lauten Denkens ins Visier genommene Problemlöse-Episode sollte nur wenige Minuten in Anspruch nehmen, so daß ein einzelnes Protokoll im Mittel nicht mehr als eine halbe DIN A4 Seite einnimmt. Das bedeutet, daß pro Protokollanalyse jeweils immer nur eine konkrete Fragestellung oder Teilfragestellung behandelt wird.

Es ist unmittelbar einsichtig, wie sensibel für störende Einflüsse diese Methode ist. Das Einverständnis des Experten und das Sicherstellen seiner Kooperationsbereitschaft sollten selbstverständlich sein und zu Anfang jeder Sitzung erneut geklärt werden.

Neben der hier vorgestellten on-line Protokollaufnahme gibt es noch andere Techniken, darunter die retrospektive Protokollaufnahme. Die tatsächliche Situation der Problemlösung wird hierbei nicht aufgesucht sondern dem Experten lediglich in Erinnerung gerufen. Der Experte gibt dann seine Vorgehensweise aus der Erinnerung wieder.

Die Zuverlässigkeit dieses Verfahrens wird in Ericsson & Simon (1984) diskutiert. Mitunter werden auch Verfahren als Protokollanalyse bezeichnet, die eine unmittelbare Interaktion zwischen Wissensingenieur und Experten mit einschließen. Da der Wissensingenieur hierbei unmittelbar Einfluß auf die Äußerungen des Experten nimmt, ist eine solche Vorgehensweise mit der oben dargestellten Theorie nicht vereinbar.
Dennoch wird diese Vorgehensweise wiederholt empfohlen (Grover 1983, Bieker 1986) und von interessanten Erfolgen berichtet.

Der Leser wird in Ericsson & Simon (1984) eine umfassendere Einführung in die Technik der Protokollanalyse finden, die insbesondere die Zuverlässigkeit der einzelnen Verfahren untersucht.

5.2.4 Automatische Protokollanalyse

Die automatische Protokollanalyse als Verfahren zur Wissensakquisition für wissensbasierte Systeme wird seit einiger Zeit als adäquate Methode propagiert (Bainbridge 1979, Laske 1985, Waterman & Newell 1971).

Eine in sich konsistente Vorgehensweise wird von Kuipers & Kassirer (1983, 1984) beschrieben. Ziel ihrer Protokollanalyse ist sowohl eine strukturale Beschreibung des Problembereiches, als eine qualitative Simulation der Übergänge zwischen Wissenszuständen während des Problemlösungsprozesses. Dabei verwenden sie eine Constraint-Sprache, um unvollständige Protokollsegmente mit erschlossener Information zu ergänzen.

Eine semi-automatische Protokollanalyse wird von Konst et al. (1983) vorgestellt. Die Autoren versuchen, Problemlösungsprozesse aus dem Bereich der Physik auf Experten- und Laienebene zu modellieren. Dabei werden natürlich-sprachliche Protokolleingaben mit einer internen Repräsentation (KL-ONE, Interlisp-D) verglichen und etwaige Abweichungen einem menschlichen Kodierer angezeigt. Ein praktischer Bezug zum Einsatz des Systems in Expertensystemen existiert allerdings nicht.

Eine automatisierte Protokollanalyse existiert weiterhin in KRITON. Das Ergebnis der Protokollanalyse ist eine Regelbasis, die im letzten Verarbeitungsschritt allerdings interaktiv erzeugt werden muß. Die Analyse des transkribierten Protokolls vollzieht sich in folgenden Phasen; Beipiele zu den Phasen der Protokollanalyse finden sich in Kapitel 7.1:

1. Segmentierung des Protokolls

Das Protokoll wird in einzelne durchnummerierte Segmente unterteilt, wobei die Sprechpausen die Länge der Segmente determinieren. Segmente werden intern als Listen dargestellt.

2. Semantische Analyse des segmentierten Protokolls

Alle Wörter der in Punkt 1 gefundenen Segmente werden durch Lexikonabgleich und über Lemmatisierung auf ihre Wortart hin überprüft. Inhaltswörter werden zum weiteren Gegenstand der semantischen Analyse. So sind z.B. Nomen eventuell relevante Konzepte und können in den zu erzeugenen Operator-Argument-Strukturen Argumentpositionen besetzten.

3. Vervollständigung der Operator-Argument-Strukturen

Es wird im weiteren nach Wissenselementen gesucht, die die oben gebildeten Operator-Argument-Strukturen vervollständigen. Dieses geschieht zunächst innerhalb desselben Segments, anschließend in den benachbarten Segmenten.

4. Vervollständigung durch Inferenz (knowledge base matching)

Durch das unter Punkt 3 beschriebene Verfahren werden Referenzen, zumal wenn sie sich über längere Distanzen erstrecken, nicht erkannt und aufgelöst. Bei sorgfältiger Durchführung der Protokollaufnahme sind komplexe syntaktische Konstruktionen allerdings nicht zu erwarten. Die Vervollständigung geschieht versuchsweise durch die Suche nach kompletten Operator-Argument-Strukturen, in denen die bereits extrahierten Komponenten vorkommen. Die fehlenden Argumente werden dann von diesen Operator-Argument-Strukturen übernommen (dieses Verfahren wurde bereits von Waterman & Newell (1971, pp. 302-303) in ihrem PAS-I System eingesetzt).

5. Regel-Generierung

Die Regelgenerierung stellt einen interaktiven Prozeß dar, bei dem Operator-Argument-Strukturen, die in der Regeln eingesetzt werden können, auszuwählen sind.

5.2.5 Probleme in der Anwendung der Protokollanalyse

1. Die Protokollaufnahme ist aufwendig, genauso die Transkription. Für die Protokollaufnahme wird weiterhin geschultes Personal benötigt. Der Aufwand wird sich vor allem dann lohnen, wenn ein umfangreiches Problemgebiet bearbeitet werden muß und als Wissensquellen hauptsächlich menschliche Experten in Frage kommen.

2. Die Granularität des Expertenwissens:

a) Wenn während der Lernphase des Experten eine umfangreiche "Wissenskompilierung" stattgefunden hat, wird der Experte im günstigsten Fall prägnante Zusammenhänge äußern, die Erklärbarkeit des resultierenden Expertensystems wird aber leiden.

b) Wenn der Experten aufgrund seiner reichen konzeptuellen Struktur in hohem Maße Detailwissen äußert, so gewinnt man Material das im Prinzip zwar richtig und wertvoll ist, zur unmittelbaren Problemlösung aber nichts oder nur wenig beisteuert.

3. In der Phase des interaktiven Aufbaus der Wissensbasis muß sehr stark selektiv vorgegangen und Material ausgesondert werden.

4. Die linguistische Unzulänglichkeit des Verfahrens macht sich bemerkbar, wenn in hohem Maße propositionale Referenzen, Anaphora und Ellipsen im Text enthalten sind.

5.3 Inkrementelle Textanalyse

Textanalytische Verfahren werden u.a. in KRITON und KNACK (Klinker et al. 1986) eingesetzt.

Phasenmodelle des Knowledge Engineering legen es dem Wissensingenieur nahe, seine Arbeit mit der Lektüre bzw. dem Studium der Handbücher und der einschlägigen Literatur des infragestehenden Problemgebietes zu beginnen. Dies kann sehr zeitintensiv sein, insbesondere wenn der Wissensingenieur selber erst zum Bereichsexperten werden soll, bevor er mit seiner eigentlichen Arbeit beginnt. Eine Unterstützung des Wissensingenieurs bei der Auswertung natürlich-sprachlicher Texte durch das Wissensakquisitions-System kann daher hilfreich sein.

Eine solche Form der Textverarbeitung läßt sich am besten als Analyse verbaler Daten klassifizieren. Das Ziel ist es, interessante Textfragmente zu lokalisieren, eine linguistische "Vorverarbeitung" durchzuführen (z.B. eine Lemmatisierung, die morphologische Analyse von Wörtern) um dem Benutzer ein Angebot für die weitere Verwertung dieser Information zu machen.

KRITON z.B. unterstützt den Wissensingenieur bei der inkrementellen Textanalyse. Die Verarbeitung der natürlich-sprachlichen Dokumente vollzieht sich dabei in zwei Phasen: 1) Eine automatische, linguistische Analyse des Textes um relevante Textausschnitte und wichtige Konzepte des in Arbeit befindlichen Wissensbereichs zu finden (Keyword-Suche und morphologische Analyse), und 2) ein Menu- und Fenster-System, das die gefundenen Keywords und Phrasen dem Benutzer zur weiteren interaktiven Bearbeiung zur Verfügung stellt.

In der ersten Phase stellt KRITON statistische Informationen über die Vorkommenshäufigkeit bestimmter Stichwörter im Text bereit. Erscheint die Analyse eines Textes für die Wissensakquisition lohnenswert, kann der Benutzer einen bestimmten, die Stichwörter umgebenden Bereich definieren, der als Grundlage für die Generierung von Operator-Argument-Strukturen dient.

Die Textanalyse macht Gebrauch von mehreren Lexika, darunter einem Funktionswörter-Lexikon. In diesem Lexikon sind Funktionswörter der deutschen Sprache enthalten, so z.B.

Artikel, Präpositionen, Adverbien und Konjunktionen. Diese Wortarten können also durch einen Lexikonabgleich erkannt werden.

Sowohl Text-, als auch Protokollanalyse beinhalten weiterhin eine Lemmatisierungskomponente, deren Kernstück eine Flexionsanalyse ist. Die Lemmatisierung ist teils regel-, teils lexikonbasiert (die Vorgehensweise ist an Bergmann (1982) orientiert). Die Zuverlässigkeit des Verfahrens liegt bei 90% und ist somit vergleichbar zu anderen Ansätzen.

Die so gewonnene Information über die lexikalische Kategorie von Wörtern und deren potentielle Funktion (Verben haben etwa die Funktion von Prädikaten) dient der Generierung von Operator-Argument-Strukturen. Diese können jedoch noch fehlerbehaftet sein, so daß sie sich nicht unmittelbar als Basis für Inferenzprozesse eignen (aus diesem Grund wird an dieser Stelle der Ausdruck "Proposition" vermieden). Die Wissensbasis wird daher erst in einem interaktiven Prozeß aufgebaut, in welchem dem Benutzer potentielle Objekte und Relationen in einem Menü- und Fenster-System offeriert werden. Durch Auswahl der entsprechenden Items via Maus-Operationen kann die Wissensbasis sukzessive aufgebaut werden. Es können so strukturierte Objekte generiert werden, Relationen zwischen diesen Objekten eingetragen sowie Kommentare eingefügt werden. Zu jedem Zeitpunkt gibt das System Aufschluß über die möglichen Objekte, die bereits existierenden Einträge in der Wissensbasis, sowie mögliche und notwendige Relationen zwischen Objekten.

Der Benutzer baut somit in der zweiten Phase der inkrementellen Textanalyse eine semantisches Netz aus strukturierten Objekten sowie ihren Relationen auf, das deklarativ den relevanten Wissensbereich definiert.

5.4 Skalierung

Skalierungstechniken sind für die Wissensakquisition insbesondere von Schvanefeldt, Cooke & McDonald von der New Mexico State University eingesetzt worden. Eines ihrer implementierten Systeme ist PATHFINDER. Die folgende Darstellung orientiert sich in weiten Teilen an Cooke & McDonald (1986).

Skalierungstechniken haben eine Tradition in der kognitiven Psychologie und wurden u.a. zur Untersuchung der Organisation von Konzepten im menschlichen Gedächtnis eingesetzt. Das Ziel der Anwendung der Skalierungstechniken in der Wissensakquisition ist ebenfalls die Analyse der konzeptuellen Struktur eines Problembereichs. Skalierungstechniken eignen sich insbesondere für die Wissensakquisition mit mehreren Experten. Diese Vorgehensweise bietet den Vorteil, eventuelle mehrere Problemlösungsmöglichkeiten zu finden, hat aber den Nachteil, möglicherweise mit Idiosynkrasien (Eigenarten, die nur auf eine Person zurückzuführen sind) umgehen zu müssen. Skalierungstechniken bieten Unterstützung im Aufbau einer prototypischen Repräsentation und der Kombination von Wissen mehrerer menschlicher Experten.

Cooke & McDonald (1986) empfehlen den Einsatz von Skalierungstechniken in der Kombination mit anderen kognitionswissenschaftlichen Verfahren, wie z.B. Interview und Protokollanalyse. Sie sind gegebenenfalls auch geignet, das Ergebnis dieser beiden Methoden zu reevaluieren. Für den Einsatz der Skalierungstechniken spricht weiterhin ihre leichte Verfügbarkeit. Als rein numerisches Verfahren mit weiter Verbreitung in den

Sozialwissenschaften sind sie bereits in statistischen Softwarepaketen enthalten und somit in der Regel leicht verfügbar.

Der Begriff "Skalierungstechnik" umreißt eine Klasse von Verfahren. Darunter fallen sowohl Methoden der "Mehrdimensionalen Skalierung" (MDS) als auch der "Cluster Analyse". Der Statistiker wird vielleicht bei der Nennung dieser Subsumptionsrelation stutzen. Die Cluster Analyse dient eher einer qualitativer Klassifikation von Begriffen, Konzepten oder irgendwelcher Paraphrasen; eine MDS ermittelt qualitativ und quantitativ Dimensionen und die Lage von Objekten (ebenfalls Begriffe, Konzepte oder Paraphrasen) auf diesen Dimensionen.

Dementsprechend werden unterschiedliche Repräsentationen erzeugt. Das System PATHFINDER soll Netzwerkrepräsentationen erzeugen können, die nicht auf streng hierarchische Relationen begrenzt sind. Die Hierachische Cluster Analyse (HCA) bildet taxonomische Repräsentationen und ist auch auf streng hierarchische Wissensfelder begrenzt. Die Mehrdimensionale Skalierung erzeugt die Darstellung von Konzepten in einem abstrakten, mehrdimensionalen Raum, wobei jede Dimension ein bestimmtes Attribut repräsentiert.

Alle Skalierungstechniken erfordern als Eingabe eine Matrix von Distanzschätzungen zwischen allen relevanten generischen Konzepten eines Problembereichs. Zu diesem Zweck werden alle möglichen Kombinationen von Konzept-Paaren gebildet und der Experte aufgefordert, die semantische Distanz der Elemente eines Paares anhand einer mehrstufigen Skala einzuschätzen. Mit diesen Distanzschätzungen wird je nach Skalierungsmethode unterschiedlich verfahren. In der HCA werden jeweils zwei "semantisch ähnliche" Konzepte zu einem Cluster zusammen gefaßt und die Distanz der anderen Konzepte zu diesem Cluster berechnet. In den meisten Fällen wird jeweils die maximale, minimale und durchschnittliche Distanz berechnet. Die HCA erzeugt eine Baumstruktur, die die Relationen innerhalb eines Clusters sowie zwischen den Clustern abbildet.

5.4.2 Probleme bei der Anwendung der Skalierung

1. Datenerhebung ist monoton. Von dem Experten werden wiederholt numerische Einschätzungen verlangt, weitere Erklärungen werden nicht berücksichtigt.

2. Einfache Distanzmessungen entsprechen nicht der Natur der Expertise. Menschen geben lieber Erklärungen, als daß sie einfache Zahlen für die semantische Distanz zwischen Objekten (zudem sehr abstrakt) angeben.

3. Der Output der Skalierungstechniken muß noch interpretiert werden und in eine Wissensbasis überführt werden. Das Ergebnis kann nicht direkt als Grundlage für Inferenzprozesse dienen.

5.5 Strukturlege-Techniken

Mit Strukturlege-Techniken wird zur Zeit (März 1987) in KRITON experimentiert.

Strukturlege-Techniken bezeichnen wiederum eine Klasse von Verfahren. Der besondere

Vorteil dieser Techniken liegt in der Übersichtlichkeit, die sie während der Anwendung bieten, da hier graphische Strukturen manipuliert werden. Die folgende Darstellung orientiert sich an Bonato (1987).

Strukturlege-Techniken stammen aus dem Bereich der Psychologie und werden dort zur Untersuchung "subjektiver Theorien" eingesetzt. Die Technik, die im folgenden etwas genauer beschrieben werden soll, das <u>Networking</u>, wurde zur graphischen Repräsentation des Inhalts von Texten angewandt. Die Methode sollte die Behaltensleistung beim Textlernen verbessern.

Beim Networking wird die zu untersuchende Person aufgefordert, ein Diagramm zu zeichnen oder mithilfe von kleinen Kärtchen zu legen. Dieses Diagramm ist ein Netzwerk, das aus Knoten und Kanten besteht. Die Knoten stehen für bestimmte Inhalte (Paraphrasen bestimmter Ideen), die Kanten stehen für bestimmte Relationen zwischen diesen Inhalten. Die Kanten sind klassifiziert. Der Experte legt oder zeichnet also eine semantische Struktur, wobei er auf der das Reservoir der klassifizierten Kanten zugreifen kann. Er kann z.B. einen Knoten installieren, indem er ein Kärtchen mit einem von ihm gewählten Namen versieht, und er kann diesen Knoten mit anderen verknüpfen, indem er eine Relation auswählt und diese zwischen das neue Kärtchen und die existierende Struktur legt.

Dazu ein Beispiel: Ein Experte möchte ausdrücken, daß "Auto" und "Automobil" per Definition identische Konzepte sind. Er wählt zwei leere Kärtchen und schreibt die Namen "Auto" und "Automobil" darauf. Diese Kärtchen legt er auf eine Unterlage, dazwischen ein Kärtchen mit einem "=" (für "identisch"), das die verbindende Kante repräsentiert. Möchte der Experte Subkategorien von "Auto" einführen, so kann er das ebenfalls über ein Kärtchen mit dem Aufdruck "II" darstellen.
Die Klassifikation der Kanten orientierte sich bisher an den semantischen Netzwerkformalismen in der Künstlichen Intelligenz und der Psychologie. Daneben gibt es Klassifikationen, die insbesondere für die Technik entworfen wurden (s.a. Bonato 1987).

5.5.1 Technik der Strukturlege-Methode

Der aufmerksame Leser wird schon aufgrund des oben angeführten kleinen Beispiels die Möglichkeiten für eine Automatisierung erfaßt haben. Ein Networking, das im wesentlichen aus dem Aufbau von visualisierbaren Diagrammen besteht, sollte sich durch dem Einsatz graphisch-interaktiver Programmiermethoden realisieren lassen.

In KRITON haben wir angefangen, das GRAPHER "Lispuser-Package" in Interlisp-D für die Realisierung einer Strukturlege-Technik einzusetzen. Der Benutzer wird einfach aufgefordert, eine Menge von Begriffen einzugeben. Die Begriffe erscheinden dann in einem separaten Fenster als Teile (Knoten) eines Graphen. Der Benutzer kann nunmehr mithilfe der Maus neue Kanten in diesem Graphen eintragen, alte Kanten löschen, ebenso alte Begriffe entfernen und dafür neue einführen. Weiterhin wird der Benutzer aufgefordert, Begriffe, die ihm sehr ähnlich erscheinen, durch kurze Kanten zu verbinden, und analog dazu, unähnlich Begriffe durch lange Kanten oder gar nicht zu verknüpfen. Möchte der Benutzer Kantennamen einführen, so muß er dafür Namen benennen und diese in der Nähe der Kante plazieren.

Ein solches Verfahren ist als singuläre Akquisitionsmethode zu schwach, eignet sich aber sehr gut, das Ergebnis anderer Erwerbsmethoden zu überprüfen und eine Visualisierung von Ergebnissen herbeizuführen.

5.5.2 Probleme bei der Anwendung der Strukturlege-Techniken

Strukturlege-Techniken liefern kein automatisch interpretierbares Ergebnis. Sie können aber den Wisseningenieur in seiner Tätigkeit unterstützen, da er die Netzwerke zuhilfe nehmen kann, um den Experten zu interpretieren.

Teil II: Wissensakquisitions-Werkzeuge

6. Eine Klassifikation von Wissensakquisitions-Werkzeugen

6.1 Bereichsspezifische vs. globale Wissensakquisitionssysteme

Es existieren bereichsspezifische Wissenserwerbs-Werkzeuge, die nur auf einen bestimmten Anwendungsbereich ausgerichtet sind, und globale Systeme, die für sich in Anspruch nehmen, in jedem Wissensbereich in angemessener Weise Wissen akquirieren zu können. Beispiele für bereichsspezifische Wissenserwerbs-Werkzeuge sind OPAL (Musen et al. 1986) und STUDENT (Gale 1986). Globale Systeme sind u.a. KADS (Hayward et al. 1986, 1987), KRITON (Diederich et al. 1986, 1987a,b), ROGET (Bennet 1985) u.v.a.m.

Im Prinzip sind bereichsspezifische Wissenserwerbs-Werkzeuge den globalen Systeme überlegen. OPAL zum Beispiel ist ein Wissensakquisitionssystem für ein ganz bestimmtes Expertensystem und ist für dieses System vollständig. Der Wissensbereich OPALs ist Krebs-Diagnose und Therapie. Die Hauptakquisitionstechnik ist das "form-filling": Der Experte bekommt auf dem Bildschirm ein elektronisches Formular angeboten, in dem er Laborwerte, Beurteilungen und Kommentare einfügen kann. Die elektronischen Formulare sind den Konventionen im medizinischen Schriftverkehr gemäß aufgebaut. Für jeden Diagnose- und Therapieschritt kann der Experte eine neues Formular anfordern, um sein Wissen zu formulieren. In diesem Sinne ist das System vollständig. OPAL bringt diese Formulare dann in die für die automatische Verarbeitung notwendige Sequenz und übersetzt das Wissen über das Stadium einer Zwischenrepräsentation in das Format des endgültigen Wissensrepräsentationsformalismus.

Der besondere Vorteil des Systems liegt also in der Vollständigkeit. In jeder Phase findet der menschliche Experte eine adäquate Form, sein Wissen darzustellen. Da dieses in einer uniformen Art und Weise geschieht, kann in Prinzip auch die Konsistenz des erworbenen Wissens überprüft werden.

STUDENT (Gale 1986) ist in diesem Sinne ebenfalls vollständig. Der Wissensbereich von STUDENT ist die Anwendung statistischer Software-Pakete.

Globale Wissensakquisitionssysteme versuchen dieses Defizit (mangelnde Vollständigkeit in bezug auf einen spezifischen Wissensbereich) in unterschiedlicher Art und Weise zu kompensieren. KADS (Hayward et al. 1986) betont den Aspekt der Modellierung eines Wissensbereichs und stellt Sprachkonstrukte zur Verfügung, um je nach Anwendung eine

Programmierung auf einer angemessenen Beschreibungsebene zu ermöglichen. KRITON (Diederich et al. 1986, 1987a,b) versucht das bereits im System befindliche Wissen für die weitere Wissensakqusition zu nutzen und dieses Wissen durch domainspezifische (vordefinierte) "Akqusitionswissensbasen" zu ergänzen, um das gesamte System auf einen bestimmten Anwendungsbereich auszurichten. Inwieweit diese Bemühungen fruchtbar und effektiv sind, wird nur der Praxistest unter kontrollierten Bedingungen erweisen können.

6.2 Problemlösungsspezifische vs. globale Systeme

Gruber et al. (1986) diskutieren die Ausrichtung von Wissensakqusitions-Werkzeugen auf eine ganz bestimmte Problemlösungsstrategie, wie z.B. heuristische oder hierarchische Klassifikation. Die Architektur dieser Art von Wissensakqusitionssystemen wäre durch ein Drei-Schichten-Modell gekennzeichnet: Auf der untersten Ebene (der Implementationsebene) werden Wissensrepräsentationsformalismen und Inferenzmethoden bereitgestellt. Diese Ebene wird durch die gängigen Expertsystem-Shells erfaßt. Auf der zweiten Ebene, hier die Ebene der "virtuellen Maschine" genannt, werden aufgaben-spezifische Konstrukte definiert. So werden etwa Regelmengen definiert, die die Ausführungen einer bestimmten Klasse von Inferenzen ermöglichen sollen. Auf der obersten Ebene, dem Wissensakqusitions-Interface, sind nur noch aufgaben-spezifische Konstrukte vorhanden, über die der Knowledge Engineer mit dem Experten kommunizieren kann. Implementationsdetails, wie etwa die Darstellung von Wissen in Regeln oder Frames, bleiben völlig verborgen. In einem medizinischen System wäre auf der Oberfläche nur noch von Diagnosen, Therapievorschlägen und Labortests die Rede. Die eigentlichen Wissensakquisitionsmethoden (wie etwa "form filling interfaces") haben nur noch die Aufgabe, die bereichsabhängigen Sprachkonstrukte und -primitive in übersichtlicher Form zur Verfügung zu stellen.

Ein problemlösungsspezifisches Werkzeug ist etwa MOLE (Eshelman et al. 1986). MOLE erzeugt heuristische Problemlöser. Durch die wiederholte Anwendung von Interviewverfahren wird versucht, die Evidenz bestimmter Hypothesen zu verändern. Das Verfahren arbeitet in folgenden Schritten (aus Eshelman et al. 1986):

1. Ask what symptoms need to be explained.
2. Determine what hypotheses will explain or cover these symptoms (COVERING-KNOWLEDGE).
3. Determine what information will differentiate among the hypothesis covering any symptom (DIFFERENTIATING-KNOWLEDGE).
4. Ask for that information.
5. If any differentiating knowledge needs to be explained, go to 2.
6. Pick the best combination of viable hypothcsis that will cxplain all of the symptoms (COMBINING-KNOWLEDGE).
7. If there is information that will affect the viability of some combinations of hypotheses, ask for that information, and go to 2.
8. Display the results.

Es ist sinnvoll, globale Wissensakquisitionssysteme auch auf eine bestimmte Klasse von Problemlösungsfeldern auszurichten. Wie dieses geschehen soll ist noch weitgehend offen. Eine Möglichkeit sind hybride Wissensakquisitionssysteme, die nicht nur verschiedene Wissenserwerbsmethoden beinhalten, sondern diese auch für den Wissenserwerb für bestimmte Diagnose- und Planungsaufgaben einsetzen.

5.3 Eine inhaltliche Klassifikation von Wissensakquisitionssystemen.

Wissenserwerbs-Werkzeuge lassen sich inhaltlich in mehrere Klassen einteilen: Lernsysteme, kognitionswissenschaftliche Ansätze und Aquisitionssysteme, die auf den Einsatz graphisch-interaktiver Methoden beruhen. Diese Kategorien sind nicht disjunkt. Als vierte Klasse ließen sich die hybriden Wissensakquisitions-Werkzeuge nennen, die verschiedene Wissenserwerbsmethoden integrieren. Ein solcher Ansatz ist plausibel, da nicht jede Wissenserwerbsmethode für jede Wissensform und jeden Anwendungsbereich angemessen ist.

6.3.1 Maschinelle Lernsysteme

Lernsysteme sind nicht Inhalt dieser Arbeit, werden an dieser Stelle aufgrund ihrer Bedeutung angeführt. Der Leser sei auf den umfassenden Literaturteil verwiesen.

6.3.2 Kognitionswissenschaftliche Verfahren

Die Analyse der Fähigkeiten von Personen und ihres Wissens gehört zu den traditionellen Aufgaben der Psychologie. Es existiert eine Vielfalt von Methoden, deren Adäquatheit für eine Automatisierung aber oft noch untersucht werden muß. In Wissensakquisitions-Systemen übernommen wurden Interview- und Fragebogentechniken, die mit dem Ziel entwickelt wurden, den Befragten möglichst unbeeinflußt von suggestiven Einflüssen, wie zum Beispiel ganz bestimmter Fragestrategien, zu lassen (siehe insbesondere auch das Kapitel über Konstruktgitter-Techniken).

Automatisiert wurde unter anderem die Analyse von Protokollen "lauten Denkens", wie in Teil I beschrieben. Das Ziel ist es, über den Weg der Untersuchung der Äußerungen von Experten während der Arbeit, deren Wissen über den Ablauf von Vorgängen zu erfassen.

6.3.3 Graphische Systeme

Mit der weiten Verbreitung von Bitmap-Terminals und der leichten Programmierbarkeit von Fenster-und Menusystemen werden graphische Methoden für die Wissensakquisition interessant. Sie dienen der Erfassung von Wissens mittels "elektronischer Formulare" und der strukturierten Darstellung des vorhandenen Wissens. Graphische Systeme sind besonders leistungsfähig in eng umrissenen Anwendungsbereichen. Das notwendige Wissen kann dann vollständig über die Selektion von Menu-Items und den Eintrag in Formulare erfaßt werden.

Von den zur Zeit im Einsatz befindlichen Wissensakquisitions-Werkzeugen verzichtet kaum ein System auf die Verwendung graphischer Methoden, so zur Darstellung von Wissensinhalten (über entsprechende Browser) und der Erleichterung der Interaktion zwischen Wissensakquisitionssystem und Benutzer.

6.3.4 Hybride Wissensakquisitionssysteme

Hybride Wissensakquisitionssysteme zeichnen sich durch den Einsatz mehrerer Wissenserwerbsmethoden aus. In einem Fall, KRITON, kann man von hybrider

Wissensakquisition im doppelten Sinn sprechen, da mehrerere Wissensrepräsentationsformalismen unterstützt werden. Damit folgt man der von John McDermott (1986) propagierten Forschungsstrategie, Wissenserwerbsmethoden für ganz bestimmte Anwendungsfelder zu entwerfen und zu einer eineindeutigen Zuordnung zwischen Wissensakquisitionsmethode und Anwendungsfeld zu kommen.

Es wurde brereits herausgestellt, daß keine der derzeit verfügbaren Wissenserwerbsmethoden mächtig genug ist, um für jedes mögliche Anwendungsgebiet in angemessener Weise Wissen zu akquirieren. Der Einsatz mehrerer Erwerbsmethoden in einem System ist also nur konsequent, wenn es um das Design domainunabhängiger Akquisitionssysteme geht. Von den nun folgenden Wissensakquisitionssystemen, die jeweils in einer Kurzbeschreibung vorgestellt werden sollen, sind AQUINAS und KRITON hybride Systeme.

7. Werkzeuge für die automatische Wissensakquisition

7.1 KRITON

Es gehört zu den zentralen Grundannahmen KRITONs, die Wissensakquisition als einen iterativen Prozeß der Formalisierung aufzufassen. Das für ein Expertensystem relevante "Wissen" liegt in aller Regel bereits in strukturierter Form vor, sei es in der Form von Abbildungen, Flußdiagrammen oder Graphiken, wie dies im technischen Bereich häufig der Fall ist ("die Sprache des Ingenieurs ist die Zeichnung"), oder in der Form natürlich-sprachlicher Texte, Dokumente, Handbücher, Reference Manuals und ähnliches mehr. Das hier vorzufindende Wissen ist, obwohl strukturiert, nicht automatisch interpretierbar. Die Aufgabe eines Wissensakquisitions-Werkzeugs ist es daher, dieses Wissen aufzufinden, zu analysieren und schrittweise in eine Form zu überführen, in der die inhärente Ambiguität so weit reduziert ist, daß eine automatische Interpretation stattfinden kann. Da in diesem gesamten Prozeß der Ambiguitätsreduktion immer auch Bereichs- und Weltwissen erforderlich ist, bleibt eine vollständig automatische Wissensakquisition auf unabsehbare Zeit unerreichbar. Daher muß das vom Wissensakquisitionssystem analysierte Wissen immer wieder dem Benutzer, sei es Wissensingenieur oder Experte, dargeboten werden, um von ihm notwendige Interpretationsleistungen anzufordern.

Diese Grundannahme der schrittweisen Formalisierung von Wissen ist in der Architektur des Systems konsequenterweise wiederzufinden. KRITON benutzt eine Zwischenrepräsentationsprache, um unzureichend formalisiertes Wissen abzubilden und zu speichern, und es für den weiteren Erwerbsprozeß zur Verfügung zu halten. Diese Zwischenrepräsentationssprache ist keine Programmiersprache im herkömmlichen Sinne. Der Benutzer bekommt keinerlei Unterstützung, um in dieser Sprache irgendwelche Zusammenhänge darzustellen oder Entitäten zu definieren. Die Zwischenrepräsentationssprache ist ausschließlich die Zielsprache der Wissenserwerbsmethoden, und jede Veränderung vollzieht sich nicht manuell sondern mittels der Teilkomponenten des Wissensakquisitionssystems. KRITON ist in diesem Sinne keine Programmiersprache, sondern eine Tool, das eine eigene Sprache zur Verwaltung des akquirierten Wissens benutzt.

Die Zwischenrepräsentationssprache ist darüberhinaus nur bedingt ablauffähig. Um den Prototyp eines wissensbasierten Systems auszutesten muß auf Wissensrepräsentationsformalismen des Zielsystems zurückgegriffen werden. Dies bietet den Vorteil, daß dem Benutzer des Systems in jeder Phase seiner Tätigkeit bewußt ist, auf der Ebene der Zwischenrepräsentationssprache unvollständiges und eventuell auch inkonsistentes Wissen gespeichert zu haben, das unbedingt im weiteren Akquisitionsprozeß noch bearbeitet werden muß.

Der Prozeß der schrittweisen Formalisierung ist jedoch keine Einbahnstraße. Um die Vorteile bereichs- und problemlösungsspezifischer Syteme zumindest annähernd auszugleichen, muß das auf der Zwischenrepräsentationsebene verfügbare Wissen für die Wissensakquisition nutzbar gemacht werden können. Dieses geschieht über Methoden der datengetriebenen Programmierung, wie weiter unten noch ausführlich dargestellt wird.

Wie im ersten Teil dieser Arbeit dargelegt wurde, sind die verfügbaren Akqusitionsmethoden in ihrer Anwendbarkeit stark begrenzt. Um dennoch ein Wissensakquisitionssystem bereitszustellen, dessen Funktionalität auch die realistische Anwendung erlaubt, werden in KRITON mehrere Wissenserwerbsmethoden angeboten. Diese Wissensakquisitionsmethoden sind nicht beliebig einsetzbar. Jeder Methode ist ein ganz bestimmter Anwendungsbereich zugeordnet und jede Akquisitionsmethode erzeugt Strukturen in einer ganz spezifischen Wissensrepräsentationssprache.

Die Organisation der Zwischenrepräsentation.

Diese Repräsentationsprache ist selbst hybrid, sie besteht aus zwei Teilen: einer Beschreibungssprache für funktionale und physikalische Objekte, in welcher die generischen Konzepte definiert werden, und einem propositionalen Kalkül, das der Repräsentation prozeduralen Wissens vorbehalten ist.

Der deklarative Teil der Zwischenrepräsentation besteht aus strukturierten Objekten, deren Attribute und Relationen ein semantisches Netz bilden. Dieses semantische Netz ist Zielsprache für die Methoden Interview und Textanalyse und dient als Basis für den Frame-Generierungsprozeß. Die Relationen im semantischen Netz sind klassifiziert, wobei sich die Typologie der Kanten an Brachman (1983) orientiert, der Benutzer aber zusätzlich die Möglichkeit hat, neue Relationen zu definieren.

Brachman (1983) unterscheidet zwischen verschiedenen Arten taxonomischer Relationen. So klassifiziert er die taxonomischen Relationen generischer Konzepte und die Relationen zwischen Individuen und ihren Klassen. Für ein Wissensakquisitionssystem ist das Erkennen der letztgenannten Relationen außerordentlich schwierig. Das automatische Analyseverfahren ist kaum in der Lage festzustellen, ob bei Nennung des Wortes "Mercedes" die Klasse aller Wagen gemeint ist, die die Bezeichnung "Mercedes" tragen (in diesem Fall müßte ein generisches Objekt erzeugt werden), oder ob Mercedes als konkrete Merkmalsausprägung der Klasse "Auto" erwähnt wird (in diesem Fall wäre es sinnvoll eine Instanz von Auto zu erzeugen). Eine Entscheidung über diesen Sachverhalt setzt Interpretationen voraus, die nur unter Einbezug semantischen und pragmatischen Wissens möglich sind, und dementsprechend mit den derzeit verfügbaren Methoden kaum automatisierbar sind. KRITON erzeugt bei der automatischen Wissensakquisition in einem solchen Fall nur generische Konzepte. Die Entscheidung, ob hier eine Instanz eines Konzepts vorliegt, wird dem Benutzer überlassen.

In Anlehnung an Brachman (1983) existieren im deklarativen Teil der

Zwischenrepräsentation folgende zweistellige Relationen, die Beziehungen zwischen Konzepten beschreiben:

Taxonomische Relationen:

Teil-von, Physikalisch-Teil-von, Teilmenge-von, Instanz-von, Generalisierbar-durch

Objekt-Attribut Relationen

Eigenschaft, Keine-Eigenschaft, Funktion, Keine-Funktion

Daneben existiert die Möglichkeit, freien Text zu einem Objekt einzugeben. Wird der betreffende Teil der Zwischenrepräsentation in den endgültigen Wissensrepräsentationsformalismus überführt, so muß dieser freie Text entweder weiter analysiert werden, um die entsprechenden (natürlich-sprachlich formulierten) Relationen zu enkodieren, oder der entsprechende Eintrag wird als Datentyp "Freier Text" behandelt und so übernommen.

Der zweite Teil der zwischengeschalteten Repräsentationssprache ist propositional. Semantische Primitiva werden benutzt, um die in der Protokollanalyse aufgedeckten Beziehungen zwischen den Konzepten zu beschreiben. Da in diesem Teil Handlungswissen dargestellt werden soll, also dynamisches Wissen, das approximativ den gewählten Problemlösungsweg beschreibt, werden andere Primitiva benutzt als im deklarativen Teil. Die zur Verfügung stehende Menge an semantischen Primitiva ist dabei unvollständig und wird für die jeweilig speziellen Anwendungsbereiche (z.B. technische Anwendungen) zu vervollständigen sein. Derzeitig wird die Klassifikation von Kuipers & Kassirer (1983) benutzt.

Dem propositionalen Teil der Zwischenrepräsentation fällt die Aufgabe zu, das vorher durch Interview oder Textanalyse erworbene Wissen <u>erneut als Repräsentation eines menschlichen Problemlösungsprozesses zu erfassen.</u> Es soll sich dabei um "Wissen in Aktion" handeln, d.h. Konzepte und deren Relationen, die schon innerhalb des semantischen Netzes definiert sind, werden nunmehr als Bestandteil prozeduralen Wissens neu eruiert.

Zum einen erlaubt die zwischengeschaltete Repräsentationsebene die Integration von Wissen aus verschiedenen Quellen und verleiht dem Werkzeug damit Offenheit in Bezug auf zukünftig zu entwickelnde Erwerbsmethoden. Zum anderen kann sie dazu dienen, Wissensbasen für verschiedene Expertensystem-Shells bzw. Wissensrepräsentationssysteme zu generieren.

Eine außerordentlich wichtige Funktion der Zwischenrepräsentationsebene ist die Speicherung von Referenzen. Zur Bewertung eines Ergebnisses des Wissensakquisitionssystems muß sehr oft auf die ursprünglichen Expertenäußerungen und Texte zurückgegriffen werden. In KRITON sind die Referenzen auf diese "Ursprünge" immer vorhanden: Im propositionalen Teil der Zwischenrepräsentation ist die erste Argumentposition immer dem sogenannten "Segmentmarker" vorbehalten. Durch diesen Index kann ständig auf das entsprechende Segment im Protokoll lauten Denkens zurückgegriffen, und für den weiteren Akquisitionsprozeß herangezogen werden.

Wann welche der Wissenserwerbsmethoden eingesetzt werden, hängt nicht nur vom Knowledge Engineer ab, sondern auch davon, welchen Bedarf an weiter zu explorierenden Begriffen KRITON auf der Basis des bereits gewonnenen Wissens diagnostiziert.

Dieser Bedarf wird durch den **knowledge base watcher** (im weiteren "Watcher") festgestellt. Der Watcher kontrolliert die zwischengeschaltete Wissensrepräsentation auf fehlende Elemente hin. Wenn beispielsweise der Benutzer (Experte oder Knowledge Engineer) während der inkrementellen Textanalyse verschiedene neue Objekte erzeugt hat, ohne daß diese in einer Beziehung zur taxonomischen Organisation der definierten Objekte des Inhaltsbereichs stehen (mit anderen Worten: es liegen keine Informationen über Vererbungsrelationen, Teil-von-Beziehungen oder Instanz-Beziehungen vor, die oben genannten, klassifizierten Relationen sind nicht genutzt worden), dann überprüft der Watcher alle Objekte auf der Zwischenrepräsentationsebene nach fehlenden, möglichen oder notwendigen Relationen (jedes Objekt muß in einer taxonomischen Struktur verankert sein), benachrichtigt den Benutzer hierüber und ruft bestimmte Akquisitionsmethoden auf, um die Wissensbasis zu komplettieren.

Hierzu ein Beispiel: Im Zuge der Wissensakquisition wurde eruiert, das "Motor" eine Teil von "Auto" ist. Der Watcher würde diese Information nutzen und eine Interview triggern. Innerhalb des Interviews würde nur die Laddering-Komponente zur Exploration taxonomischer Relationen genutzt. Im Laddering werden taxonomische Relationen zwischen generischen Konzepten eines Problemfeldes eruiert. Dazu gehören Teil-von Beziehungen, Generalisierungsrelationen und Instanzbeziehungen. Der Watcher würde innerhalb des Laddering an der Stelle einsteigen, an der untersucht wird, von welcher Art die Teil-von Beziehung "Motor-Auto" ist. Durch Befragung ist nunmehr leicht festzustellen, daß "Motor" im physikalischem Sinn eine Teil von "Auto" ist.

Zu Beginn des Einsatzes einer Erwerbsmethode informiert der Watcher den Benutzer über Lücken in der Wissensbasis. Außerdem kann der Benutzer die Auswahl der in einem Interview zu erforschenden Konzepte an den Watcher delegieren. In diesem Falle sucht das Programm nach semantisch verwandten, aber unvollständigen Objekten und steigt z.B. an der entsprechenden Stelle in ein Interview ein, um das Gebiet weiter zu explorieren. Ein Objekt ist dann unvollständig, wenn keine der oben genannten taxonomischen Relationen zur Definition des Objekts genutzt wurde.

KRITON ist ein interaktives System, das die Benutzung sowohl durch einen Wissensingenieur, als auch durch einen Bereichsexperten vorsieht. Die Wissenserwerbsverfahren Interview und inkrementelle Textanalyse erlauben die direkte Interaktion des Experten mit dem Wissensakquisitionssystem. Die Benutzung der weiteres Teile des Systems, insbesondere die semi-automatische Generierung der endgültigen Wissensbasis, sollte durch einen Wissensingenieur mit KI-Kenntnissen geschehen. Die adäquate Anwendung der Protokollanalyse (insbesondere der Protokollaufnahme) erfordert zudem psychologische Kompetenz.

Abbildung 2 zeigt die grundlegende Architektur des KRITON-Systems. Gezeigt sind die drei (semi-)automatisierten Wissensakquisitionsmethoden Textanalyse, Protokollanalyse, Interview und ein maschinelles Lernverfahren.

Auf der anderen Seite unterstützt das bereits akquirierte Wissen den Wissenserwerbsprozess, indem es den Einsatz der Erwerbsmethoden direkt steuert, um unvollständiges Wissen zu ergänzen. In diesem Sinne kann von einer inkrementellen Vervollständigung der Wissensbasis gesprochen werden.

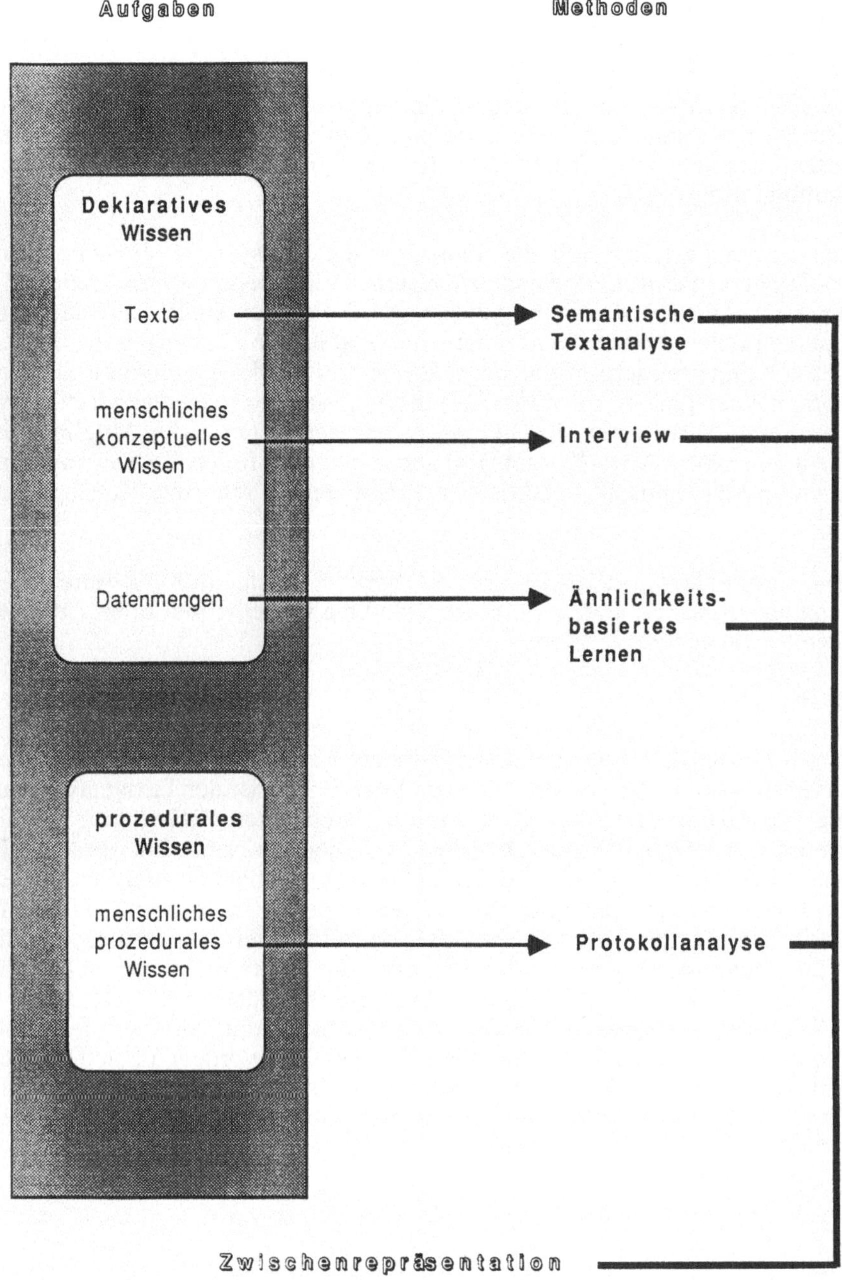

Abbildung 2: Erwerbsmethoden in KRITON

Methoden der Wissensakquisition in KRITON

Auf der ersten Verarbeitungsebene setzt das System drei verschiedene Wissenserwerbsmethoden ein, auf die im folgenden näher eingegangen wird.

Interview

In KRITON sind die Interviewtechniken vollständig automatisiert, das heißt der Experte interagiert mit dem System direkt. Um die bedeutsamen Konzepte eines Problemgebiets zu explorieren, werden Konstruktgitter-Techniken (repertory grid; Kelly 1955) mit solchen des Laddering kombiniert.

Auf der obersten Ebene gestaltet sich das Interview als Konstruktgitteransatz: dem Experten werden Tripel semantisch verwandter Konzepte, eingebettet in einen natürlich-sprachlichen Satz, vorgegeben, und er wird gebeten, Attribute (Konstrukte) zu benennen, in denen sich je zwei der Konzepte gleichen, sich aber gleichzeitig vom dritten unterscheiden. Ist der Experte nicht in der Lage, diskriminierende Attribute zu nennen, schaltet das System in einen Laddering-Modus, um taxonomische Relationen zwischen den betreffenden Konzepten abzufragen. Im Interview hat der Experte die Möglichkeit, entweder mit einem einzelnen Wort (Konzept) zu antworten oder freien Text einzugeben, welcher mithilfe von morphologisch-syntaktischen Techniken auf relevante Konzepte hin untersucht wird.

Das Interview generiert strukturierte Objekte auf der Ebene der Zwischenrepräsentationssprache. In diesen Objekten sind die vorher explorierten Attribute und taxonomischen Relationen festgehalten.

Protokollanalyse

Protokollanalyse wird in KRITON ausschließlich benutzt, um prozedurales menschliches Wissen zu akquirieren. Wissen, das vorher Teil eines Interviews oder der Textanalyse war, wird während der Protokollaufzeichnung "in Aktion" beobachtet. Zielstruktur für die Protokollanalyse ist der propositionale Teil der Zwischenrepräsentationssprache. In KRITON lassen sich bei der Protokollanalyse fünf Schritte unterscheiden: zunächst werden die Protokolle nach Einschätzung der Sprechpausen des Experten in Segmente aufgeteilt. Der zweite Schritt ist die semantische Analyse der einzelnen Segmente, d.h die Generierung von Operator-Argument-Strukturen. Im dritten Schritt wird die Angemessenheit der ausgewählten Operatoren und Argumente überprüft. Als nächstes wird eine Vervollständigung (knowledge base match) versucht, um Variablen innerhalb der Operator-Argument-Strukturen zu beseitigen (Variablen werden an den Stellen eingefügt, wo Referenzen nicht aufgelöst werden können). Im fünften und letzten Schritt werden die Operator-Argument-Strukturen entsprechend ihrem chronologischen Auftreten im natürlich-sprachlichen Text geordnet.

Textanalyse

KRITON unterstützt den Wissensingenieur bei der inkrementellen Textanalyse. Es stellt statistische Informationen über die Vorkommenshäufigkeit bestimmter Stichwörter im Text bereit. Erscheint die Analyse eines Textes für die Wissensakquisition lohnenswert, kann der Benutzer einen bestimmten, die Stichwörter umgebenden Bereich definieren, welcher, ähnlich wie bei der Protokollanalyse, als Grundlage für die Generierung von Operator-Argument-Strukturen dient.

Die resultierenden propositionalen Strukturen sind oft fehlerbehaftet, so daß sie sich nicht unmittelbar als Basis für Inferenzprozesse eignen. Die Zwischenrepräsentation wird in einem interaktiven Prozeß aufgebaut, in welchem dem Benutzer potentielle Objekte und Relationen in einem Menü- und Fenster-System offeriert werden. Durch Auswahl der entsprechenden Items via Maus-Operationen kann die Wissensbasis sukzessive aufgebaut werden.

Generierung der Wissensbasis

Wie oben bereits erwähnt, dient die Zwischenrepräsentationssprache als "blackboard" für die Regel- und Framegenerierung.

Aufgabe des Frame-Generators ist es, die in den strukturierten Objekten und deren Relationen untereinander abgelegten Informationen in eine Frame-Sprache zu übersetzen. Im Prinzip handelt es sich hierbei um einen einfachen syntaktischen Transformationsprozeß. Nach der Frame-Generierung hat der Benutzer die Möglichkeit, das Ergebnis der Übersetzung mit einem Struktureditor interaktiv zu korrigieren.

Der Output der Protokollanalyse ist der Input für den Regelgenerator. Eine Gruppe von propositionalen Klauseln, die aus aufeinanderfolgenden Segmenten des Protokolls "lauten Denkens" extrahiert wurden, wird dem Benutzer zur Regel-Generierung angeboten. Der Benutzer kann die vorgeschlagenen Operator-Argument-Strukturen entweder zurückweisen oder zur Regelgenerierung heranziehen. Die gesamte Interaktion der Regelgenerierung vollzieht sich über maus-sensitive pop-up-Menus. Durch einen Regeleditor können eventuelle Fehler der Protokollanalyse verbessert werden.

Phasen des Wissenserwerbs in KRITON

Im folgenden sind die einzelnen Phasen der Wissensakquisition in KRITON dargestellt, wobei die einzelnen Schritte nicht streng chronologisch durchlaufen werden müssen. Insbesondere durch den Einfluß des wissensgesteuerten Akquisitionsprozesses sind Schleifen, d.h. wiederholter Einsatz von verschiedenen KRITON-Submethoden, wahrscheinlich und bei größeren Anwendungen sicherlich auch notwendig. Auf der anderen Seite wird in bestimmten Fällen auch der exklusive Gebrauch einer einzelnen Submethode erfolgreich sein.

Insgesamt lassen sich drei Ebenen des Wissensakquisitionsprozesses unterscheiden: die **Phase der Wissensextraktion**, die **Ebene der Zwischenrepräsentation** und die **Generierung der Wissensbasis**.

Die Phasen III bis XI, die im folgenden beschrieben werden, thematisieren im wesentlichen die Anwendung der Protokollanalyse. Zur näheren Erläuterung wird eine sehr kurzes Beispiel für ein natürlich-sprachliches Protokoll (lediglich eine Expertenäußerung) angegeben und der automatische Analyseprozeß anhand dieses Beispiels nachvollzogen. Das zu analysierende Protokoll kann natürlich beliebig lang sein.

Die Phasen I (Definition des Problembereichs), III (Protokollaufnahme) und IV (Transkription) können nicht automatisiert werden. Alle anderen Phasen sind vollautomatisiert, lediglich die Regel-Generierung vollzieht sich in einem interaktiven Prozeß.

I. Definition des Problemraums

Das aktuelle Wissensgebiet, definiert durch die Situation, in der der menschliche Problemlösungsprozeß stattfindet, wird zu Anfang mithilfe von Interviewtechniken eruiert. Die Definition des Wissensgebiets und die Aufsplittung der umfangreichen Expertise in Teilgebiete stellt eine wichtige Vorbedingung für das Gelingen der automatischen und halbautomatischen Akquisitionsmethoden dar.

II. Erwerb von deklarativem Wissen mittels automatischer Interviewtechniken und inkrementeller Textanalyse

Wichtige Begriffe und Konzepte eines konkreten Wissensgebiets, welche später mithilfe der Protokollanalyse oder anderer Methoden für prozedurales Wissen untersucht werden sollen, werden zunächst erfragt und in das computergestützte Analysesystem eingegeben. Interview und Textanalyse werden solange iterativ eingesetzt, bis das Netz der strukturierten Objekte eine angemessene Größe erreicht hat.

III. Protokollaufnahme unter Anleitung

Ein Protokoll lauten Denkens wird mithilfe eines Tonbandgeräts aufgezeichnet. Dieses erfordert eine sorgfältige Anleitung, um ständige Verbalisierung des Experten während seiner Arbeit (dem Problemlösungsprozeß) zu gewährleisten. Mehrere Protokolle sind notwendig, soll der Problemraum nicht auf einen einzelnen Problemlösungspfad beschränkt bleiben.

IV. Abschrift

Das Protokoll wird schriftlich fixiert. Sprechpausen während der Protokollaufnahme werden während der Abschrift markiert.

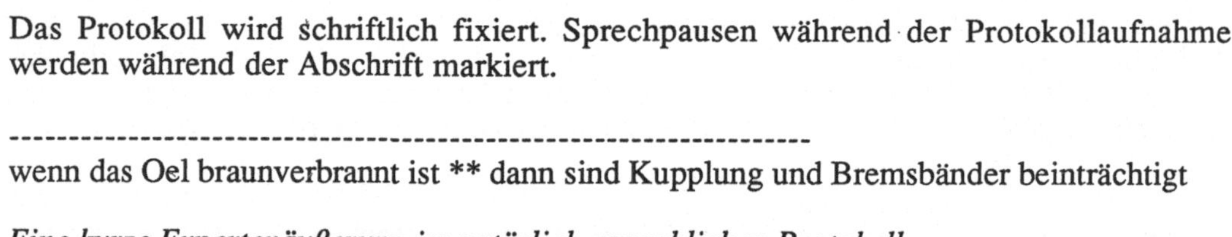

----

wenn das Oel braunverbrannt ist ** dann sind Kupplung und Bremsbänder beinträchtigt

Eine kurze Expertenäußerung im natürlich-sprachlichen Protokoll

----

V. Gliederung des Protokolls in Segmente

Das Protokoll wird in einzelne durchnummerierte Segmente unterteilt, wobei die Sprechpausen die Länge der Segmente determinieren.

(D1 wenn das Oel braunverbrannt ist
(D2 dann sind Kupplung und Bremsbänder beinträchtigt)

Das segmentierte Protokoll

VI. Bildung von Operator-Argument-Strukturen

Alle Konzepte der in V. gefundenen Segmente werden durch Lexikonabgleich und über Lemmatisierung auf ihre Wortart hin überprüft. Inhaltswörter werden zum weiteren Gegenstand der semantischen Analyse. So sind z.B. Nomen eventuell relevante Konzepte und können in den zu erzeugenden Operator-Argument-Strukturen Argumentpositionen besetzen. Gleichzeitig wird getestet, ob diese potentiellen Konzepte schon durch das semantische Netzwerk definiert sind. Wenn nicht, so werden entsprechende Objekte erzeugt und diese als "leer" markiert.

(braunverbrannt D1 Oel)
(beeinträchtigt D2 Kupplung Bremsbänder)

Ein mögliches Ergebnis dieser Phase: die erste Argumentposition ist für die Segment-Marker reserviert

----

VII. Vervollständigung

Es wird im weiteren nach Wissenselementen gesucht, die die oben gebildeten Operator-Argument-Strukturen vervollständigen. Dieses geschieht zunächst innerhalb desselben Segments, anschließend in den benachbarten Segmenten.

VIII. Vervollständigung durch "knowledge base matching"

Durch das unter VII. beschriebene Verfahren werden Referenzen, zumal wenn sie sich über längere Distanzen erstrecken, nicht erkannt und aufgelöst. Bei sorgfältiger Durchführung der Protokollaufnahme sind komplexe syntaktische Konstruktionen allerdings nicht zu erwarten. Die Vervollständigung der Operator-Argument-Strukturen geschieht versuchsweise durch die Suche nach kompletten Propositionen, in denen die bereits extrahierten Komponenten vorkommen. Die fehlenden Argumente werden dann von diesen Operator-Argument-Strukturen übernommen.

IX. Zwischengeschaltete Wissensrepräsentation

Der gesamte Output der Protokollanalyse wird in das zwischengeschaltete Repräsentationssystem integriert. Diese Repräsentationssprache stellt ein propositionales Kalkül als Zielsprache für die Protokollanalyse und Textanalyse zur Verfügung. Deklaratives Wissen wird in einem semantischen Netz bestehend aus strukturierten Objekten gespeichert.

X. Frame-Generierung

Strukturierte Objekte im semantischen Netz der Zwischenrepräsentationssprache können in ein Frame-Format übersetzt werden. Grundsätzlich ist es kein Problem, Frame-Generatoren zu schreiben, wobei die Zwischenrepräsentation die Funktion eines "blackboards" übernimmt.

XI. Regel-Generierung

Die Regelgenerierung stellt einen interaktiven Prozeß dar, bei dem Operator-Argument-Strukturen, die in den rechten und linken Teil der Regeln eingesetzt werden können, auszuwählen sind. Korrekturen können mithilfe eines Struktureditors vorgenommen werden. Die Definition von Regelmengen, sowie die Festlegung von Kontrollstrategien bleibt, bisher zumindest, dem Wissensingenieur überlassen.

In unserem Beispiel würden also (braunverbrannt Oel) und (beeintrachtigt Bremsbänder Kupplung) zur Regelgenerierung angeboten. Die Entscheidung, was Prämisse und was Aktion ist, obliegt dem Benutzer.

7.2 KADS

KADS (Knowledge Acquisition and Documentation System) ist Gegenstand eines ESPRIT Projekts, das eine "Methodologie für die Entwicklung wissensbasierter Systeme" zum Gegenstand hat. Das Projekt umfaßt in sowohl die Erforschung strukturierter Methoden für den Wissenserwerb als auch die Implementation eines integrierten Systems.

In frühen Veröffentlichungen der Gruppe wurde der Bereich der automatischen Wissensakquisition betont. In neuerer Zeit wird jedoch herausgestellt, KADS sei im wesentlichen eine Sprache, die auf verschiedenen Ebenen die adäquate Kodierung von Expertenwissen erlaube. Der Schwerpunkt wird damit auf den Aspekt der Modellierung eines Wissensbereichs gelegt. Der Ursprung ist Brachmans (1979) Unterscheidung der Repräsentationsebenen.

Brachman (1979) unterscheidet fünf Ebenen, die nicht deutlich voneinander abgrenzbar sind, dennoch aber für jede Wissensbasis relevant sind, in der Weltwissen enkodiert ist:

die Implementierung,
die formal-logische Adäquatheit,
die epistemologische Ebene,
die konzeptuelle Ebene,
die linguistische Ebene.

Für diese Ebenen (mit Ausnahme der Implementation) formulierte Brachman (1979) drei Kriterien: Neutralität, Adäquatheit und Semantik.

Eine Repräsentationsebene sollte (in Brachmans Einteilung) neutral gegenüber den übergeordneten Ebenen sein. Ein logisches Netzwerk sollte neutral gegenüber der epistemologischen Ebene sein, damit die Verwendung formal-logischer Operatoren nicht die Einführung bestimmter epistemologischer Primitiva erzwingt. Auf konzeptueller Ebene muß ein Netzwerk geeignet sein, unabhängig von einer bestimmten natürlichen Sprache linguistische Systeme zu unterstützen. Der epistemologische Formalismus sollte weiterhin die Verwendung von Kasus-Relationen ermöglichen, deren Anwendung im konkreten Fall jedoch nicht beeinflussen.

Jede Repräsentationsebene sollte weiterhin auf ihre Mächtigkeit zur Unterstützung der übergeordneten Ebenen überprüft werden. Sollte eine Repräsentation tatsächlich allen natürlichen Sprachen zugrunde gelegt werden können, so hat es konzeptuelle Adäquatheit erreicht. Als größtes Problem bezeichnet Brachman (1979) die Beurteilung der epistemologischen Adäquatheit, da die entsprechenden Elemente in den bisherigen Netzwerkformalismen mit anderen Ebenen vermengt sind.

Schließlich muß die Semantik jeder Ebene definiert sein, also die Bedeutung jedes Elements sowie die Klassifikation der Operationen, die darüber erlaubt sind. Logische Netzwerke sind hier im Vorteil, da ihre formale Semantik klar ist.

KADS verfügt ebenfalls über eine Klassifikation von Repräsentationsebenen. Diese sollen genutzt werden, um "Aspekte der realen Welt zu modellieren oder synthetisiertes angestrebtes Verhalten in einer künstlichen Welt zu reproduzieren" (Hayward 1987). Es handelt sich hierbei um genau die Argumentation, die von Winograd & Flores (1986) zu Recht angegangen wird (siehe das Kapitel über "Wissensverarbeitung").

Soviel zum theoretischen Unterbau KADSs. Das System soll eine Vielzahl an Funktionen umfassen, wie z.B. Assistenz bei Planungsaufgaben, Dateninterpretation und Konsistenzüberprüfung.

Folgende Repräsentationsebenen werden unterschieden:

a) der **Domain Level**: die relevanten Konzepte eines Problembereichs und ihre Relationen werden definiert. Dazu gehört auch der Aufbau domainspezifischer Lexika.

b) der **Inference Level**: hier wird festgelegt, welche Schlußfolgerungen auf der Grundlage des Wissens des Domain Levels möglich sind.

c) der **Task Level**: Möglichkeiten zum Erreichen bestimmter Ziele werden auf dieser Ebene beschrieben.

d) der **Strategic Level**: hier werden Pläne repräsentiert, und Wissen dargestellt, das zum Ausführen bestimmter "Tasks" verwandt werden kann.

Kernstück des Systems sind Aufbau und Verwendung von Interpretationsmodellen, die den Wissensakquisitionsprozess für ein bestimmtes Anwendungsfeld leiten und kontrollieren. Im Gegensatz zu KRITON ist KADS jedoch kein integriertes System, sondern hat eher den Charakter einer Programmbibliothek.

7.3 AQUINAS

AQUINAS (Boose & Bradshaw 1986) ist ein hybrides Akquisitionssystem der Boeing Computer Comp. als Nachfolger von ETS. Das Expertise Transfer System (Boose 1985) ist ein interaktives System für den Aufbau regelbasierter Systeme. Das System besteht im wesentlichen aus einer on-line Realisierung des Konstruktgitter-Verfahrens von Kelly (1955). Für die Regelgenerierung wird zunächst mithilfe faktorenanalytischer Methoden ein Implikationsgraph aufgebaut, der die Grundlage für die Bildung einfacher Regeln darstellt. In AQUINAS ist das Experteninterview um weitere Verfahren bereichert worden, u.a. durch laddering-Techniken (die Exploration taxonomischer Relationen).

Weiterhin werden in AQUINAS Skalierungstechniken eingesetzt, nämlich eine hierarchische Clusteranalyse um überhaupt taxonomische Relationen etablieren zu können. Das Ergebnis sind Gruppierungen von Attributen die als Cluster interpretiert werden und vom Experten erst noch benannt werden müssen, d.h. der Experte muß das Ergebnis der Clusteranalyse interpretieren. Gleiches gilt für Relationen zwischen den Clustern.

Daneben existiert eine elaborierte Benutzerschnittstelle (der Dialog Manager). Dieser Dialog Manager ist selber regelbasiert und soll eine Art intelligentes Betriebssystem darstellen. So kann AQUINAS Benutzerprofile erkennen und die Erklärbarkeit des Systems dementsprechend justieren. Wird z.B. nach einigen Sitzungen festgestellt, daß ein Benutzer nunmehr im Umgang mit dem System routiniert ist, so wird ihm vorgeschlagen, auf eine alternative Benutzerschnittstelle umzusteigen, die eine schnellere Interaktion erlaubt.

Die Integration induktiver Lerntechniken in AQUINAS wird angestrebt.

7.4 ROGET

ROGET (Bennett 1985) ist ebenfalls ein System, das eine direkte Interaktion des menschlichen Experten mit der Wissensakquisitionskomponente erlaubt. ROGET generiert eine Regelbasis, die als Repräsentation der konzeptuellen Struktur eines Problembereiches verstanden wird. Eine ROGET-Konsultation wird zur Bewältigung folgender Aufgaben durchgeführt:

* Definition der Art der Problemlösung
* Akquisition der konzeptuellen Struktur eines Problembereiches
* Analyse der konzeptuellen Struktur
* Operationalisierung der konzeptuellen Struktur für verschiedene knowledge engineering Aufgaben.

ROGET ist sehr stark an der MYCIN-Tradition orientiert. ROGET beinhaltet Wissensbasen über konzeptuelle Stukturen in existierenden Expertensystemen. Der Benutzer kann solche Strukturen auswählen, edieren und letztlich das Ergebnis in das Format eines Expertensystems "kompilieren". In der Auswahl der konzeptuellen Strukturen wird der Benutzer in einem Dialog von ROGET beraten. Nach Hayward (1987) ist hierin der größte Vorteil ROGETs zu sehen: Es existieren abstrakte Beschreibungen über bereits realisierte Expertensysteme in ROGET, und dieses Wissen kann genutzt werden, um neue Expertensysteme zu erzeugen. Aus dem Blickwinkel der automatischen Wissensakquisition ist dieses jedoch ein reiner "copy + edit" Ansatz, denn neue Strukturen können nicht automatisch erzeugt werden.

7.5 MOLE

MOLE von Eshelman et al. (1986) wurde weiter oben schon vorgestellt. Deshalb hier noch einige Stichworte:

* Expertensystem-Shell für heuristische Klassifikation und Wissensakquisition.

* Benutzt Interview, um fehlendes Wissen zu ergänzen.

* Disambiguierung eines unterspezifizierten semantischen Netzwerkes.

* Kombination und Differenzierung von Wissen aufgrund von Evidenzannahmen.

* Vorgehensweise bei der Akquisition: Der Experte gibt MOLE einen Testfall und die richtige Diagnose ein. MOLE hat dies zu integrieren und die richtigen Konsequenzen daraus zu ziehen. Wenn das nicht gelingt, muß der Experte korrigieren.

 * Allgemeine Strategie: Wenn MOLE als XPS-Shell fehlerhaft arbeitet, wird MOLE als Akquisitionskomponente benutzt, um zu korrigieren und zu ergänzen.

8. Schlußbemerkung

Die vorliegende Darstellung der Methoden des Wissenserwerbs ist notwendigerweise unvollständig und subjektiv. Es war das zentrale Anliegen, Verfahren aus dem Bereich der Kognitionswissenschaft, die zur Zeit in bezug auf ihre Eignung für die Wissensakquisition diskutiert werden, vorzustellen.

Danksagung

Meinen Kollegen Marcellus Bonato, Gerd Brewka, Thomas Christaller, Alexander Linden und Ingo Ruhmann sei für ihre Kritik an früheren Versionen dieser Arbeit gedankt. Ulrich Willenbrock hat wertvolle Hilfe in der Endphase der Arbeit geleistet.

9. Literatur

Anderson, J.R. & Bower, G.
Human associative memory.
Winston-Wiley, Washington, D.C., 1973

Anderson, J.R.
Language, memory and thought.
LEA, Hillsdale, N.J., 1976

Anderson, J.R.
The Architecture of Cognition.
Harvard University Press. Cognitive Science Series 5, Cambridge Mass.,
1983

Bainbridge, L.
Verbal reports as evidence of the process operator's knowledge.
International Journal of Man-Machine Studies, 11, 411-436, 1979

Bergmann, H.
Lemmatisierung in HAM-ANS
Universität Hamburg, Forschungsstelle für Informations-
wissenschaft und Künstliche Intelligenz, Memo ANS-10, 1982

Bennett, J.S.
ROGET: A Knowledge-Based System for Acquiring the Conceptual Structure of a
Diagnostic Expert system.
Journal of Automated Reasoning, 1, 49-74, 1985

Bieker, B.
Experten-Regelungen.
Automatisierungstechnische Praxis atp, 28. Jg. Heft 8/86

Bieker, B.
Wissenserwerb fuer eine einfache Experten-Regelung
Automatisierungstechnische Praxis atp, 28. Jg. Heft 9/86

Bieker, B. & Schmidt, G.
Eine einfache Expertenregelung: Wissenserwerb, Implementierung und
Anwendungserfahrungen
In: Thoma, M. & Schmidt, G. (Hg.) Fortschritte in der Mess- und
Automatisierungstechnik durch Informationstechnik. INTERKAMA-Kongress 1986,
Springer-Verlag Berlin, 493-502, 1986

Bonato, M.
Knowledge elicitation with structure formation techniques.
Paper presented on the "Knowledge Acquisition for Expert Systems" Workshop. GMD,
21.01.1987

Boose, J.
A knowledge acquisition program for expert systems based on personel construct
psychology.
International Journal of Man-Machine Studies, 23, 495-525, 1985

Boose, J.H. & Bradshaw, J.M.
Expertise Transfer and Complex Problems using AQUINAS as a Knowledge Aquisition
Workbench for Expert Systems
 in: Boose, J.H. & Gaines, B. (Eds.): AAAI-Workshop: "Knowledge Acquisition for
Knowledge Based Systems". Banff, Kanada ,1986

Brachman, R.J.
On the Epistemiological Status of Semantic Networks.
In: Findler, N.V. (Ed.): Associative Networks. Academic Press, N.Y. 1979

Brachman, R.J.
What IS-A is and isn't: an analysis of taxonomic links in semantic networks.
IEEE Computer, 16 (Sonderheft: Knowledge Representation), 1983

Breuker, J. & Wielinga, B.
KADS: Structured Knowledge Acquisition for Expert Systems.
Proc. Expert Systems and their Applications,
Vol. 2, 887-900, 1985

Breuker, J. & Wielinga, B.
Use of Models in the Interpretation Verbal Data.
In: Kidd, A. (Eds.): Knowledge Elicitation for
Building Expert Systems. Plenum Press, 1985

Clancey, W.
Vortrag am 3.11.1986
AAAI-Workshop: "Knowledge Acquisition for Knowledge Based Systems". Banff,
Kanada, 1986

Cooke, N.M. & McDonald, J.E.
The Application of Psychological Scaling Techniques to Knowledge Elicitation for
Knowledge-Based Systems.
In: Boose, J.H. & Gaines, B. (Eds.): AAAI-Workshop: "Knowledge Acquisition for
Knowledge Based Systems". Banff, Kanada ,1986

Craik, F.I.M. & Lockart, R.S.
Levels of processing: a framework for memory research.
Journal of Verbal Learning and Verbal Behavior, 11, 671-684, 1972

Davis, R.
Interactive Transfer of Expertise:
Acquisition of New Inference Rules.
Artificial Intelligence, 12, 121-157, 1979

Diederich, J.; Rumann, I. & May, M.
KRITON: A Knowledge Acquisition Tool for Expert Systems.
In: Boose, J.H. & Gaines, B. (Eds.): AAAI-Workshop: "Knowledge Acquisition for
Knowledge Based Systems". Banff, Kanada ,1986

Diederich, J., May, M. & Ruhmann, I,
KRITON: Wissensakquisition für Expertensysteme.
Fachtagung "Expertensysteme '87", German Chapter of the ACM,Tagungsband, Teubner
Verlag 1987

Diederich, J.
Knowledge-Based Knowledge Elicitation.
IJCAI-87, Milano, Morgan Kaufmann Publ. 1987

Ericsson, K.A. & Simon, H.A.
Protocol Analysis.
Verbal Reports as Data.
The MIT Press, Cambridge, Mass. 1984

Ericsson, K.A. & Simon, H.A.
Verbal Reports as Data.
Psychological Review, 87, 3, 1980

Eshelman, L.; Ehret, D. McDermott, J. & Ming Tan
MOLE: A Tenacious Acquisition Tool.
In: In: Boose, J.H. & Gaines, B. (Eds.): AAAI-Workshop: "Knowledge Acquisition for Knowledge Based Systems". Banff, Kanada ,1986

Flavell, J.H. & Wellman, H.M.
Metamemory.
In: R. Kail & J.W. Hagen (Eds.), Perspectives on the development of memory and cognition. Hillsdale: Erlbaum, 1977.

Gale, W.A.
Knowledge Based Knowledge Acquisition for a Statistical Consulting System.
In: Boose, J.H. & Gaines, B. (Eds.): AAAI-Workshop: "Knowledge Acquisition for Knowledge Based Systems". Banff, Kanada ,1986

Grover, M.D.
A pragmatic knowledge acquisition methodology.
IJCAI 83, 436-438, Karlsruhe 1983

Gruber, T. & Cohen, P.
Design for Acquisition: Principles of Knowledge System Design to Facilitate Knowledge Acquisition.
In: Boose, J.H. & Gaines, B. (Eds.): AAAI-Workshop: "Knowledge Acquisition for Knowledge Based Systems". Banff, Kanada ,1986

Hayward, S.
Models for Knowledge Acquisition.
Paper presented on the "Knowledge Acquisition for Expert Systems" Workshop. GMD, 21.01.1987

Hayward, S.
Structured Analysis of Knowledge
In: Boose, J.H. & Gaines, B. (Eds.): AAAI-Workshop: "Knowledge Acquisition for Knowledge Based Systems". Banff, Kanada ,1986

Kelly, G.
The psychology of personal constructs.
New York: Norton, 1955

Klinker, G.; Bentolila, L.; Genetet, S.; Grimes, M.; & McDermott, J.
KNACK - Report Driven Knowledge Acquisition
In: Boose, J.H. & Gaines, B. (Eds.): AAAI-Workshop "Knowledge Acquisition for Knowledge Based Systems". Banff, Kanada ,1986

Kodratoff, Y.
Learning Expert Knowledge By Improving the Explanations Provided by the System.

Proceedings of the International Meeting on Advances in Learning (IMAL), Les Arc, 1986

Konst, L., Wielinga, B.J., Elshout, J.J. & Jansweier, W.N.H.
Semi-automated analysis of protocols from novices and experts solving physics problems.
IJCAI 83, 97-99, Karlsruhe 1983

Kuipers, B. & Kassirer, B.
Causal Reasoning in Medicine: Analysis of a Protocol.
Cognitive Science, 8, 363-385, 1984

Kuipers, B. & Kassirer, B.
How to discover a knowledge representation for causal reasoning by studying an expert physician.
IJCAI 83, 49-56, Karlsruhe 1983

Laske, O. E.
A Cognitive Science View of Capturing Knowledge Using Verbal Reports.
Unpublished Paper, GMD 1985

McDermott, J.
Working Group: Interactive Interview Techniques.
AAAI-Workshop: "Knowledge Acquisition for Knowledge Based Systems". Banff, Kanada, 1986

Musen, M.A., Fagan, L.M., Combs, D.M. & Shortliffe, E.H.
Using a Domain Model to Drive An Interactive Knowledge Editing Tool.
In: Boose, J.H. & Gaines, B. (Eds.): AAAI-Workshop: "Knowledge Acquisition for Knowledge Based Systems". Banff, Kanada ,1986

Nisbett, R.E. & Wilson, T.D.
Telling more than we can know: verbal reports on mental processes.
Psychological Review, 84, 231-259, 1977

Norman, D.A. & Rumelhart, D.E.
Strukturen des Wissens.
Wege der Kognitionsforschung.
Klett-Cotta, 1978

Sader, M.
Psychologie der Persönlichkcit.
Juventa Verlag, München 1980

Waterman, D.A. & Newell, A.
Protocol Analysis as a Task for Artificial Intelligence.
ArtificialIntelligence,2, 285-318, 1971

Winograd, T. & Flores, F.
Understanding Computers and Cognition: A New Foundation for Design.
Ablex Publishing Corporation, Norwood, N.J. 1986

Tutors, Instructions and Helps

Claus Möbus & Heinz-J.Thole

Project **ABSYNT**

University of Oldenburg

FB 10, Informatik

Unit on Tutoring and Learning Systems

D-2900 Oldenburg

W-Germany

Abstract

The goals of this paper are threefold. First we want to present a review of the literature on computer assisted instruction, second we want to discuss the quality of instructions in some texts and human-computer dialogs concerning computer programming. Third we want to demonstrate the cognitive-science-based development of our programming environment ABSYNT. This includes the construction of iconic instructions and helps which promise to be superior to verbal instructions and helps when properly designed.

This paper consists of three parts. In the first part (**1.-3.**) we give a short introduction to computer aided instruction (CAI), intelligent computer aided instruction (ICAI) and a special variant, namely intelligent tutoring systems (ITS).

One of the most underestimated problems in the development of an ITS is the proper design of instruction. We prefer to discuss this problem not on an abstract but on a rather concrete level. So the second part (**4.**) documents two examples of instructions and helps typically given in textbooks and intelligent tutoring systems concerning computer science education. These examples show that at present the construction of instructions is more art than science. They are an uncontrolled source for errors and misconceptions of the students. This causes severe problems in CAI and ICAI, especially for the design of help components.

This research was sponsored by the Deutsche Forschungsgesellschaft (DFG) in the SPP Psychology of Knowledge under Contract No.MO 293/3-2

In the third part (**5.**) we want to demonstrate how to derive instructions and helps for a problem solving monitor (PSM) presently under construction. This approach rests on production based learning theory (ANDERSON, 1983, 1987a; ANDERSON, GREENO, KLINE & NEVES, 1981; ANDERSON, KLINE & BEASLEY, 1980; EGAN & GREENO, 1974; SIMON & LEA, 1974; VanLEHN, 1987a,b). We used rule sets to formalize the knowledge about the operational semantics of a graphical virtual machine, which is driven by graphical programs in the ABSYNT language (ABstract SYNtax Trees). Abstract facts and rule sets, which can be conceived as a runnable specification of the virtual machine, are related to concrete counterparts: icons and iconic rules. Thus diagrammatic information forms the core of our instructional and help system.

1.   Introduction

ICAI has two predecessors: machine based teaching and CAI. Machine based teaching was a direct consequence of principles developed under the influence of SKINNER's theory of operant conditioning. According to this behavioristic learning theory an operant is a unit of behavior which is conditioned by reinforcement. This reinforcement was not given by human teachers but by teaching machines. Instructional programs were at first implemented on nonelectronic equipment. But since the early 1960s (with the rise of electronic computers) the notion of CAI emerged. Many systems were developed in the hope of constructing tutors who could support human teachers or relieve them from routine work. But the development of this field showed some parallelism to machine translation and natural language processing. Excessively high expectations were nourished by researchers (e.g. KLING, 1979; TAUBER, 1980) but research showed only slow progress due to deficiencies of instructional theories and shortcomings in computational media and programming techniques. The disappointment of the nonscientific community led to a cut in funding. For instance, in the midseventies nearly all third party sponsored projects in Germany were cancelled.

Today the international and national scene has changed somehow, which is partly attributable to new developments in computer science (KAWAI, MIZOGUCHI, KAKUSHO & TOYODA, 1987) and partly to progress in cognitive science and cognitive psychology (SLEEMAN & BROWN 1982; MANDL & FISCHER, 1985; KEARSLEY, 1987; WENGER, 1987). Progress in the design of hardware (workstations with bitmapped high resolution displays) and software (object- and rulebased programming languages) made it seem possible to meet the challenge of designing intelligent tutor systems realizable. The performance of these systems should equal that of a human tutor (ANDERSON, 1987). Admittedly, progress is still not rapid and there are nearly no commercial systems available, which would justify the predicate "intelligent". KEARSLEY pointed out clearly that:

"ICAI is an emerging field that is ill-defined at present. The distinction between intelligent CAI systems and computer-based instruction programs cannot be sharply drawn. ICAI programs use AI programming techniques and are implemented in languages as LISP and PROLOG. Developers of ICAI systems focus on problems of knowledge representation, student misconceptions, and inferencing. By and large, they have ignored instructional theory and past research findings in computer-based instruction."

Another obstacle to fast progress in this field is due to the fact that a successful design, development and evaluation of an ICAI-System or ITS has to be a joint effort of researchers from cognitive psychology, cognitive, educational and computer science. Different backgrounds and goal structures can stimulate scientific discussions (BODEN, 1981; SCHEERER, in press), but usually do not provide a fertile environment for the development of software under time and budget constraints.

2. Early Teaching Machines, Computer Aided Instruction (CAI) and Intelligent Computer Aided Instruction (ICAI)

2.1 Behaviorism and Teaching Machines

Manually operated drill or teaching machines (PRESSEY, 1926, 1927; SKINNER, 1958) were the forerunners of today's CAI and ITS systems. They presented the instructional material as a linear sequence of frames (frames meaning pages here, not the MINSKYan knowledge structure (MINSKY, 1975)). Each frame required a response from the student. Even after an incorrect response the student had to move to the next problem. The theoretical position of this kind of teaching style was based on a theory of instruction which descended from operant learning theory (GALANTER, 1959; HOLLAND, 1960, 1964; SKINNER, 1954, 1958, 1968). From the introduction of programmed instruction researchers expected more optimal planning, scheduling and individualization of the learning process with immediate feedback of success or failure, and a more economical expenditure of teaching resources (WEINERT, 1967).   These early efforts culminated in the book "Analysis of Behavior" (HOLLAND & SKINNER, 1961), which is an attempt to teach the underlying behavioristic learning theory with "linear programs". The instructions and a short excerpt of the program are included in **appendix A**. It is interesting to see that still today some computer scientists with a strong inclination to artificial intelligence are following the behavioristic tradition when teaching the state-of-art symbolic computer language SCHEME (FRIEDMAN & FELLEISEN, 1987). We included the pages 3 and 4 of their textbook in **appendix B**.

It was the pioneer PRESSEY (1963), who anticipated the failure of programmed instruction due to the atomization of knowledge structures and due to the lack of a supportive and friendly environment for selfpaced and autonomous explorative learning.

Today we know that because of its inherent inability to provide individualization and rich feedback programmed instruction could fulfill teaching purposes only when students were highly motivated. It is thus not useful for large scale applications with heterogenous student populations, but only for short-time "crash-courses".

2.2 Computer Based Instruction (CAI)

Soon it was realized that to provide the necessary individualization and feedback linear programs had to be abandoned in favor of branching programs which could provide remedial loops in case of student errors or jumps in case of student competence. These control structures could not be managed efficiently by mechanic devices. So researchers who had access to computer resources wrote branching programs in a computer language. This meant that to provide branches for individualized instruction the implementer and the courseware author had to anticipate every response or misconception of the student (ATKINSON & WILSON, 1969; BARR & ATKINSON, 1977). This is nearly impossible to achieve and led to the demand of ICAI, which should relieve courseware authors from the burden of explosive branching. Today we recognize a three phase sequence in the history of CAI.

2.2.1 Basic Research and Prototypes

The first phase was characterized by basic research for laboratory prototypes (SUPPES, JERMAN & BRIAN, 1968; SUPPES & MORNINGSTAR, 1972). Researchers had become more modest than SKINNER and his group, who could not imagine any complexity barriers for programmed instruction. To facilitate the development of learning aids and feedback helps, domains of teaching were confined to basic skills in mathematics, reading and computer programming (BARR & ATKINSON, 1977).

Branching programs were written in conventional imperative programming style with nested IF-statements or conditional jumps. So rather sophisticated decision structures evolved (ATKINSON, 1972; SMALLWOOD, 1962, 1970). But to achieve a high response-sensivity to idiosyncratic patterns of student behavior, courseware authors had to face the well known problem of combinatorial explosion of alternative paths in the discrimination tree of system responses to student inputs.

In the same period fell some early developments concerning detailed behavioral assessment to model the learner and learning processes (BARR & ATKINSON, 1977; FLETCHER, 1975; SMITH & BLAINE, 1976; SMITH, GRAVES, BLAINE & MARINOV, 1975; SUPPES, 1981; SUPPES, FLETCHER & ZANOTTI, 1975, 1976;) and the use of personal(-ized) computers (DYWER, 1974).

2.2.2 Large Scale Applications and Commercial Systems

The second phase showed larger systems with author languages and selfguided primitive problem and item generators (UTTAL, ROGERS, HIERONYMOUS & PASICH, 1969; WEXLER, 1970; KOFFMAN & BLOUNT, 1975) to develop cost-effective teaching environments. Some of these systems (LEKAN, 1971) became familiar outside academic institutions. Two of them are even known today. These are PLATO (with author language TUTOR) and TICCIT (with language APT).

PLATO (Programmed Logic for Automatic Teaching Operation) was developed by CDC (Control Data Corporation) and the author language TUTOR by researchers at CERL (Computer-based Education Research Laboratory). Similar to TICCIT (Time-shared Interactive Computer Controlled Information Television) terminals with graphic capabilities were served by a mainframe computer. PLATO was used for lessons in genetics, elementary mathematics and game playing (DAVIS, DUGDALE, KIBBEY & WEAVER, 1977). The educational game WEST (RESNICK, 1975) for example, which became a famous paradigma in ICAI (BURTON & BROWN, 1979) was taught in PLATO lessons, too. Even experiments in the microworld style with direct manipulation of the user-interface could be conducted (SHNEIDERMAN, 1983, 1987). Contrary to PLATO TICCIT claimed to have an instructional design framework which led to some evaluation studies (BUNDERSON, 1974; ALDERMAN, 1977; MERRILL, SCHNEIDER & FLETCHER, 1980; BORK, 1981, 1986).

At the present moment we see a revival of author languages under the name of "stackware". This revival was started by bundling the personal computer MACINTOSH with the new object-orientated HYPERCARD database system from ATKINSON (GOODMAN, 1987; WILLIAMS, 1987).

2.2.3 The Demand for AI in CAI

In the third phase of CAI the shortcomings of the CAI systems became more and more apparent. On the one side software engineering techniques (requirement analysis, specifications, evaluations etc.) came into use to remedy design flaws. On the other hand, it was realized that tutoring devices which should show a similar competence as human tutors needed a stronger theoretical, methodological and empirical basis (CARBONELL, 1970; BROWN, 1977; FORD, 1986, 1987; SPADA & OPWIS, 1985). This requires to improve cognitive science theories on knowledge acquisition, retrieval and deduction and to implement separable knowledge components in the computer tutors to overcome "theoretical frontiers in building a machine tutor" (WOOLF, 1987). These frontiers are due to the complexity of the domain of discourse, to specific unexpected events in the tutoring situation and to idiosyncrasies of the student concerning his learning history, his knowledge state, his problem solutions, his failures and misconceptions. These insights led to the world-wide demand of "intelligent" computer aided instruction (ICAI) (TCHOGOVADZE, 1985; YAZDANI, 1986, 1987).

2.2.4 Summary

CAI systems are characterized by the goal of teaching a large body of knowledge. Their theoretical basis rests on classical psychological learning and instructional theory. Lessons are structured into sequences of frames. The system responses are largely prespecified. Instructional methodology ranges from direct instruction to discovery or exploratory learning. Domain knowledge is not explicitly represented in the system. Instead of that the design phase of the system is sometimes started with a careful task-analysis thus delivering a hierarchical organisation of subtasks and learning prerequisites (BLOOM, 1962, 1972; GAGNE, 1974). There is only rudimentary student modelling. Quantitative measures of student behavior such as test scores and solution times are used as a description of the learner personality. This is in accordance with psychological test theory (FRICKE, 1972; FISCHER, 1974; SPADA, 1976). Instructional formats show broad variation: "slide shows", drill & practice lessons with multiple choice answer capabilities, games and simulations of microworlds (FEURZEIG, 1987; LAWLER, 1984, 1987; PAPERT, 1987). The subject matters and discourse themes are not constrained to formalized knowledge domains. It is even tried to teach such difficult and fuzzy-structured domains as natural languages (LAWLER & LAWLER, 1987). Some computer based curricula were empirically evaluated according to well established statistical methods developed in educational psychology (GAGE, 1967; KLAUSMEIER, 1971; STRITTMATTER, 1973; FRICKE, 1974; ANDERSON, BALL, MURPHY & Associates, 1976; CRONBACH & SNOW, 1977; KRAUSE & SEEL, 1979). The systems were implemented mostly on general purpose hardware in general purpose or special author languages.

2.3 ICAI: Reactive Environments, Problem-solving Monitors and Intelligent Tutoring Systems

ICAI comes in various styles and forms. The main categories of ICAI systems are (1) reactive environments (BROWN, 1977) or reactive microworlds, (2) problem-solving monitors (SLEEMAN, 1975) and (3) intelligent tutoring and learning systems (CARBONELL, 1970). They differ with respect to goals, theoretical bases, instructional processes and principles, methods of knowledge representation, student modelling, subject matter area, evaluation designs and last not least hard/software requirements. However, they have a common denominator, which is their ability to represent knowledge of various sources.

The most important thing for an ICAI system is to show adaptability with respect to idiosyncrasies of the learner and to his competence level. This is a function of metaknowledge concerning declarative, diagnostic and procedural knowledge. This means that the ICAI system knows what, whom, and how to teach (SELF, 1974; DEDE, 1986). There is a vast body of literature on how to implement this kind of metaknowledge. The most clear-cut structure is threefold: an expert, a teacher and a student module. The expert module represents and delivers the domain knowledge. The teacher module diagnoses errors, assesses knowledge states of the student, makes inferences concerning the plans of the problem solver, explains errors, gives helps and proposes new tasks. The student module represents the actual knowledge state and his misconceptions. The modules can be elaborated, so that they are models of experts, teachers and students, respectively. It is hoped that such models show a greater ability to explain their operations than simple modules do.

Their identification in current systems is difficult or even impossible to obtain because their knowledge bases are often not as clearly separated as theory postulates.

Intelligent tutoring systems will only become popular if they outperform old and well established educational technology. Their performance must not be inferior to books or classroom instruction and should equal that of individual lessons given by a human tutor. Both criteria require powerful workstations with bitmapped high resolution graphic displays (SMITH, IRBY, KIMBALL, VERPLANK & HARSLEM, 1982; WILLIAMS, G., 1983; WILLIAMS, G., 1984), direct manipulation facilities (HUTCHINS, HOLLAN & NORMAN, 1986; SHNEIDERMAN, 1983), sophisticated software tools and elaborated psychological guidelines (ANDERSON, BOYLE, FARRELL & REISER, 1987) concerning the optimization of the knowledge acquisition process. The software tools have to support object orientated programming for the development of courseware and rule-based programming for error diagnosis, student modelling and helps (KAWAI, MIZOGUCHI, KAKUSHO & TOYODA, 1987).

Reactive environments and problem monitoring systems (PSMs) do not instruct explicitly. They deliver a friendly and supporting problem solving environment (e.g. a structure editor), so that the working memory load of the problem solver is kept at a minimum and certain classes of errors (e.g. syntactic errors in writing computer programs) cannot occur. Instructions appear only in the form of helps after diagnosis of an error. If the diagnosis is based on plan diagnosis we will talk of a PSM. PROUST (JOHNSON, 1986; JOHNSON & SOLOWAY, 1985, 1987) and ABSYNT which is presently under construction (COLONIUS, FRANK, JANKE, KOHNERT, MÖBUS, SCHRÖDER, THOLE, 1987; JANKE & KOHNERT, 1988; KOHNERT & JANKE, 1988; MÖBUS, 1985, 1987) belong to this group of ICAI environments.

2.3.1 Some Classic ICAI Systems

There is a core of laboratory systems which are regarded as classics by various authors (BARR & FEIGENBAUM, 1982; PARK, PEREZ & SEIDEL, 1987; SHAPIRO, 1987; SLEEMAN & BROWN, 1982; WENGER, 1987; YAZDANI, 1986):

(1) the Problem Solving Monitor ACE (= Analyzer of Complex Explanations). The system accepts interpretations of nuclear magnetic resonance spectra. But more important is that it analyzes the explanations and justifications of students in natural language dialogs (SLEEMAN, 1975; SLEEMAN & HENDLEY, 1982). SLEEMAN & HENDLEY argue that this "teaching back" is because of the greater involvement on behalf of the student educationally much more valuable than simple "learning".

(2) the BASIC Instructional Program BIP (BARR, BEARD & ATKINSON, 1975, 1976), which used as a very early system the structuring of the curriculum in an information network (CIN) according to required skills and tasks. It was one of the first systems which used the notion of a student model, which consisted of a set of scores representing the mastery of a skill.

(3) the diagnostic modelling scheme BUGGY for the diagnosis and analysis of errors ("bugs") in the field of place-value subtraction (BROWN & BURTON, 1978; BURTON, 1982). The system was based on a skill-subskill lattice, which was derived from empirical error statistics. It showed that a careful analysis could demonstrate the nonrandomness of many errors which would otherwise have been regarded as random errors. It was even possible to use the occurence of errors to derive the knowledge structure of the task domain, which was formalized as a skill lattice.

(4) the medical diagnosis tutor GUIDON (CLANCEY, 1982, 1983, 1987) which used knowledge of the expert systems MYCIN, EMYCIN and NEOMYCIN as a databasis (CLANCEY, 1986a). The goal was to develop and improve diagnostic skills of medical students in the domain of bacterial infections. The development of the tutor showed the inadequacy of the compiled knowledge of MYCIN for teaching purposes and the need for restructuring and decompiling the knowledge basis when it should be used for instructional purposes.

(5) the tutor INTEGRATE for symbolic integration (KIMBALL, 1982). The tutor communicated judgmental knowledge about to choose an approach or a heuristic for a given integration problem. Expert and student models are represented by probability matrices, which describe the preference of solution approaches (columns) in problem solving states (rows). So the matrices contain compiled knowledge in a very condensed form. Example problems are chosen in such a way that the discrepancies between expert and student model are minimized. The tutor is able to learn from the student, if the student's solution is superior to its own proposal. Student and expert models are changed by updating the entries of the underlying probability matrices according to bayesian methodology. Thus the tutor is able to improve its competence.

(6) the MACSYMA Advisor (GENESERETH, 1982) is conceptualized as an intelligent help system for MACSYMA users. MACSYMA is a large package for symbolic mathematics developed at MIT. Because users had some difficulties with MACSYMA's cryptic messages and syntax a friendly help system seemed to be a good idea. In reality the Advisor remained an experimental system. Nevertheless some interesting concepts were introduced which are still relevant.

So a plan generator MUSER, that should mimic the problem solving behavior of a MACSYMA user was constructed. Plan recognition was treated as the inverse of plan generation. It was treated as a parsing problem. Student's actions constitute the terminal vocabulary and the planning methods the rewrite rules of the planning grammar. The plan recognition procedure of the Advisor is working in a hybrid top-down, bottom-up methodology: from overt actions corresponding goals are inferred and from goals subgoal expectations are computed. The search space is controlled by propagation of dataflow and expectation constraints.

(7) the first artificial intelligence based tutor SCHOLAR. It was designed by CARBONELL (1970) to mark explicitly a change in paradigm from frame-based CAI to a knowledge-based ICAI approach. The teaching domain was chosen to be rather simple: South American geography. The new methodological concepts were a) a mixed-initiative instructional dialog on the basis of a case grammar, b) the representation of domain knowledge by the semantic network formalism, c) an agenda of conversational topics to allow the switching of the focus of the dialog and d) default inference strategies to cope with incomplete knowledge on the tutor and the learner side.

(8) the reactive learning environment SOPHIE (Sophisticated Instructional Environment) was dedicated to electronics trouble-shooting. The development period ranged from 1973 to 1979. Three systems were conceptualized and partly implemented: SOPHIE-I (BROWN & BURTON, 1975), SOPHIE-II (BROWN & BURTON, 1986) and SOPHIE-III (BROWN, BURTON & de KLEER, 1982).

The main goal was to provide a reactive learning environment which could in the course of the project be extended to an expert system useful for online repairs. But this was an unrealistic goal as the results of the project clearly showed. Both the pragmatic need for greater computing resources and the theoretical necessity of representing the qualitative and not only the quantitative reasoning processes of the students forced BROWN, BURTON and de KLEER to change their research priorities and SOPHIE to a premature stop.

SOPHIE-I consisted of an automatic laboratory instructor and a simulated laboratory workbench. This made it possible to run experiments to understand the workings of the faulted circuit. The student was to find the fault by taking measurements. A simple coach, which was made of procedural specialists, criticized the trouble-shooting behavior of the student. It checked the redundancy of the proposed measurements of the circuit, the optimality and consistency of the students' hypotheses. The coach even answered questions and hypothetical questions and worked out all hypotheses compatible with the set of measurements performed so far. To provide an easy interaction mode with SOPHIE a natural language interface based on a semantic grammar (BURTON & BROWN, 1979) was implemented as an ATN.

SOPHIE-II is an attempt to improve the poor explanation capabilities of SOPHIE-I. So a trouble-shooting expert implemented as an annotated and parameterized decision tree and a referee module were added. The expert demonstrated diagnostic strategies given a fault proposed by the student. Expert reasoning was done in a qualitative mode, which could be better explained and verbalized thus giving causally meaningful information. The students' personal experimentations alternate with observations of expert behavior. In case of uncertain knowledge they consult the referee which runs the simulated laboratory of SOPHIE-I. Trouble-shooting was later wrapped into a gaming environment to stimulate the verbalization of thought processes.

SOPHIE-III should combine the support for student initiatives and the powerful inference strategy from SOPHIE-I with the quality of the explanation capability from SOPHIE-II . So the inference machine was redesigned according to empirical observations of the cognitive strategies used by experts and students. The architecture consisted of three major expert modules: the electronic expert, the trouble-shooter and the coach, which was only rudimentarily implemented. The electronic expert utilized general electronic knowledge and some circuit-specific knowledge. Information flows upwards through the layers: 1) propagation of constraints (of the form: IF A = x, THEN B = y) to reason upon the quantitative measurements and the circuit topology. These inferences are modified into qualitative assertions which are 2) used by a production system drawing inferences about the module behavior. This is 3) further analyzed on the background of circuit-specific knowledge. The trouble-shooting expert works on top of this three-layered system. It proposes new measurements according to the deductions of the electronics expert.

(9) the Structured Planning and Debugging Environment (SPADE) for elementary LOGO programming (MILLER, 1979, 1982). The system rests on the assumption that the problem solving process is describable as a hierarchically organized decision process (MILLER & GOLDSTEIN, 1976; 1977a,b). Only the leafs of this tree consist of the application of manifest observable problem solving operators. So the development of computer programs is to a great deal a planning and decision problem which could in principle be described by a planning grammar. Only in the end it is a coding problem. An intelligent help system should thus give support for choosing optimal planning steps.

SPADE-0 was constructed as a "limited didactic" system which wasused as an explorative testbed for this grammatical approach. It's purpose could best be described as a plan-oriented programming editor. The editor is driven by a context-free problem solving grammar whose nonterminals stand for goals or planning decisions and whose terminal vocabulary consists of LOGO code. The program is developed in a liberal top-down mixed-initiative dialog: proposals of the system are discussed with the student, who has the freedom to defer decisions and to move freely between the nodes of the tree in the problem solving grammar.

(10) the tutor WHY (STEVENS & COLLINS, 1977, 1980 ; STEVENS, COLLINS & GOLDIN, 1979, 1982) which tried to help the student develop a causal model of a complex physical process: meteorological conditions for rainfall. The student should be enabled to answer questions, give explanations and make predictions. The knowledge domain of weather conditions was chosen to study a) tutorial dialogs between human teachers and students, b) to classify, explain and correct typical misconceptions (e.g. bugs concerning facts, relationships and rules: overgeneralization, overdifferentiation etc.) about the physical processes, c) to look for a control regime that is scheduling tutorial dialogs with the aim of achieving a socratic interaction style. This style is characterized by a mixed-initiative interaction stimulating on the learner side the autonomous development of hypotheses, the discovery of contradictions and the drawing of inferences by issueing from the tutor side successive questions, counterexamples, generalizations and specializations. To support the goal of controlling a socratic dialog the authors collected a large set of heuristics (COLLINS, WARNOCK, AIELLO & MILLER, 1975; COLLINS, 1976, 1985; COLLINS & STEVENS, 1982; 1983).

2.3.2 Actual Problems in ICAI: Student Models, Plan Diagnostics and Cognitive Design Principles

2.3.2.1 Student Modelling and Plan Recognition

As was mentioned earlier, the "intelligence" of an ICAI system depends on the metaknowledge what, whom, how to teach. There is general agreement among researchers and practicians (CLANCEY, 1986b) that to this end we need information about the knowledge state of the student and his/her intentions. Thus, student modelling and plan recognition become important research goals.

Unfortunately the notion student model is used with three different meanings: as a model of the

(1) ideal student. This is a normative concept prescribing the knowledge to be acquired up to a specified time point. Deviations from this ideal path can be measured and remedial actions are to be derived. This approach called "model tracing" is chosen by ANDERSON (1987).

(2) typical student. The student is conceptualized as a collection of facts, rules, malfacts and malrules. The latter are sometimes called "bugs". This kind of modelling was mainly explored in the domain of simple arithmetic (BROWN & BURTON, 1978; BUNDY, 1983; BURTON, 1982; YOUNG & O'SHEA, 1981) algebraic skills (SLEEMAN, 1982, 1983, 1984, 1985; SLEEMAN & SMITH, 1981) and mathematical games (GOLDSTEIN, 1980, 1982) with probabilistic inferences.

The domains had to be simple because the collection of bug catalogues was a time-consuming enterprise as was shown by BROWN & BURTON (1978) and BURTON (1982). So student-modelling was confined to domains where procedural skills but not problem solving abilities were responsible for success.

(3) the concrete student. The idea behind this model is that student modelling should be done with the help of inductive learning processes concerning rules and concepts. There is a vast body of published research on this topic from the view of experimental psychology (BOURNE, 1966, 1974; BOURNE, EKSTRAND & DOMINOWSKI, 1971; EGAN & GREENO, 1974; GOEDE & KLIX, 1972; HAYGOOD & BOURNE, 1965; HUNT, MARTINE & STONE, 1966; MEDIN & SMITH, 1984; MEDIN, WATTENMAKER & MICHALSKI, 1987; SIMON & LEA, 1974). The same is true for mathematical systems theory (UNGER & WYSOTZKI, 1981) and artificial intelligence. Here research goes under the heading of inductive

machine learning (DIETTERICH, LONDON, CLARKSON, DROMEY, 1982; BUNDY, SILVER & PLUMMER, 1985; MICHALSKI, 1987; vanLEHN & BALL, 1987; CARBONELL & LANGLEY, 1987).

The application of basic results of research on human and machine learning to student modelling has just begun. So there are only a few papers on the inductive construction of learner models (GILMORE & SELF, 1988; KAWAI, MIZOGUCHI, KAKUSHO & TOYODA, 1987; SELF, 1986). Results based on implementations of learning algorithms have been reported by KAWAI et al. (1987), LANGLEY, OHLSSON & SAGE (1984) and SLEEMAN (1986).

Work on computational models of plan recognition started to be widely known with the article of SCHMIDT, SRIDHARAN & GOODSON (1978). In contrast to classical work on student modelling, the research on plan recognition was focused on problem solving. Here, we are assuming complex goal hierarchies. These could be used explicitly as a help guiding the problem solving process (MILLER, 1982; MILLER & GOLDSTEIN, 1976, 1977a,b). These authors showed that plan recognition and problem solving could be described by using the framework of parsing. The problem solving grammars for planning purposes is used in a generative way. The student is offered a goal tree. In dialogical situations the student chooses solution paths. Thus the parsing process is inverted to generate proposals and provide guidance in the problem solving process.

Plan recognition as a variation of parsing has a rather short tradition. Though in linguistics it is a standard approach to describe and explain verbal and written behavior by rule-based grammars, early attempts to extend the grammatical approach to nonverbal behavior and problem-solving (POHL, 1973; SKVORETZ, 1984; SKVORETZ & FARARO, 1980) are less known. Nevertheless various studies describing human-computer interaction by taskgrammars have become rather popular in recent years (REISNER, 1981, 1984; HOPPE, TAUBER & ZIEGLER, 1986; GREEN, SCHIELE & PAYNE, 1985; HOPPE, 1987a, b; PAYNE & GREEN, 1986). Similar ideas were applied to problem solving domains (DESMARAIS, LAROCHELLE & GIROUX, 1987; GILMORE & GREEN, 1987; JOHNSON, 1986; JOHNSON & SOLOWAY, 1984; ROSS & LEWIS, 1987).

At the present moment there are only a few attempts to integrate student modelling into plan recognition, though the benefits of an integrative approach are obvious (LLOYD, 1986). It supports the development of adaptive context-sensitive helps and the resolution of ambiguities during the diagnostic process. This includes for example the ability to explain an error by one of several alternative goal-action sequences. The selection of one path should be based on the diagnostic information gathered so far in the student model.

2.3.2.2 Cognitive Design Principles

Up to now we presented some design considerations mainly from an artificial intelligence point of view. This has to be completed by arguments from cognitive science or cognitive psychology. Because there is no single theory about human information processing we restrict ourselves to computational cognitive theories. The most general of them is ANDERSON's ACT* - theory (ANDERSON, 1983).

On the basis of the ACT* (Adaptive Control of Thought) - theory ANDERSON, BOYLE, FARRELL & REISER (1987) propose eight design principles which are relevant for the construction of intelligent tutoring systems. Some of them have a rather solid empirical basis.

The underlying ACT*-theory (ANDERSON, 1983) can be subsumed under a few main principles:

1) Human cognition can be hypothesized to work as pattern-action sequences which can be modelled on a symbolic description level by goal-triggered rules (production systems).

2) The productions operate on the content of a working memory with limited capacity.

3) Procedural learning takes place as production strengthening and knowledge compilation (NEVES & ANDERSON, 1981; ANDERSON, 1986).

The later process can be subdivided into proceduralization and composition. Proceduralization is some kind of instantiation of parameters in production-rules thus producing specialized rules. Composition involves the building of macro-operators out of a number of successful single operators.

The derived principles are:

1.Represent the Student as a Production Set

Some arguments in favor of production systems are: 1) The ideal and the current student should be modelled by process models, so that at each instance in time the deviation from the desired state is measurable. 2) Each production is a package of knowledge that can be communicated easily. 3) Student misconceptions and bugs can be organized as production rules which are perturbation of correct rules.

2.Communicate the Goal Structure Underlying the Problem- Solving

According to ACT* and other cognitive theories successful problem-solving behavior is organized as AND/OR trees of goals and subgoals. ANDERSON stresses the observation that traditional textbooks do not provide sufficient information about the goal structure and the search processes necessary to solve the problem.

3. Provide Instruction in the Problem-Solving Context

ACT* hypothesizes that production compilation only takes place during problem solving. They cannot be learned in the abstract. Thus, instructions are more effective for the learning process, when the student is forming the productions. A similar line of argumentation was put forward by vanLEHN (1987). Instructions and helps are most effective, when they are provided at the time of impasse in the problem solving process. Another reason for the importance of the context is the human storage mechanism of packing and retrieving information in episodes (TULVING, 1983).

4.Promote an Abstract Understanding of the Problem-Solving Knowledge

The general finding is that students encode concrete knowledge far more easily than abstract knowledge. But in the case of generality the productions should be parameterized to have abstract principles at hand.

5.Minimize Working Memory Load

Working memory errors degrade the speed of learning and restrict the amount of learning. To a high percentage errors of novices can be explained as working memory errors.

6.Provide Immediate Feedback on Errors

This design principle is in accordance to classical learning theory (BILODEAU, 1969; SKINNER, 1958) and repair theory (BROWN & Van LEHN, 1980; Van LEHN, 1983a,b, 1987). According to repair theory an impasse occurs, when the problem-solving skills fail to propel the solution. If the application of general weak domain independent heuristics (repairs) also fails, the student needs help and feedback.

7. Adjust the Grain Size of Instruction with Learning

The productions in the student model should define the grain size of the instructions. Because of the compilation process, this grain size is changing permanently. This argument is also supported by a different production based learning theory which is based on the chunking concept (NEWELL & ROSENBLOOM, 1981; LAIRD, ROSENBLOOM & NEWELL, 1986).

8. Facilitate Successive Approximations to the Target Skill

As nobody gets an expert by solving one problem of the task domain a careful sequence of training lessons has to be designed, so that the production set can be compiled, augmented and tuned in a smooth way. The construction of a production-based training sequence was demonstrated by vanLEHN (1987a).

2.3.3 Summary

There is general agreement that it is metaknowledge that makes an tutor "intelligent". This metaknowledge schedules what, whom, how to teach. To include this knowledge we need expert and teacher knowledge and knowledge about the mental state of the student. The diagnosis of the student has been done through modelling procedural skills and goal hierarchies. Though the construction of a tutor has some engineering phases, design decisions have to be restricted by cognitive principles which have a rather strong empirical evidence. So the development of an ICAI system has to be the result of an interdisciplinary approach.

3. ICAI in the Domain of Computer Programming

In recent years many new ICAI systems appeared on the scene. The relevant american literature is compiled in KEARSLEY (1987), LAWLER & YAZDANI (1987) and WENGER (1987). European authors describe their work in MANDL & FISCHER (1985) and SELF (1988).

In the following we will focus our attention on the domain of computer programming which is a well established research area in ICAI. We only discuss systems which have a strong relevance for our own project ABSYNT.

3.1 Problem Solving Monitor: From PHENARETTE to The PROgram Understander for Students (PROUST)

We will now review some work which runs under the title of help systems or problem solving monitors. The aim of these systems is to give more specific, detailed and "intelligent" feedback on programmer's errors than an ordinary compiler or interpreter could do (BACKHOUSE, 1979, Ch.5,6; EFE, 1987).

One of these systems is WERTZ' PHENARETTE (WERTZ, 1982, 1985, 1987) which has become quite wellknown though it was originally implemented in France. The program debugs LISP code with the help of syntax and semantic "specialists", which are represented by heuristic rules. Though these heuristics contain general programming knowledge, no attempt is made to include knowledge about the problems or the intentions of the programmer. This is the reason why WERTZ (1982) calls PHENARETTE a stereotyped debugging aid which could in principle be a backend of every LISP interpreter or compiler. Thus depth of understanding programs was sacrificed in favor of general applicability of the system.

The next step in the direction of deeper understanding of programs was made by the development of PROUST (JOHNSON, 1986; JOHNSON & SOLOWAY, 1985, 1987). It was designed to help novice programmers find and understand bugs in PASCAL programs, which are usually written in an imperative style. PROUST does not teach directly, but gives feedback, so that students are encouraged to formulate ideas, see relationships, draw conclusions and discover their own misconceptions. This is in complete agreement with ANDERSON's design principles 3 and 6. In contrast to PHENARETTE PROUST finds only nonsyntactic bugs. These semantic bugs are partly due to working memory errors and partly due to planning errors. It determines how the bug could be corrected and even suggests why the bug arose in the program and the problem context. To cope with various types of errors PROUST contains three knowledge bases: a description of the problem and its requirements, general programming knowledge (programming schemes or stereotyped plans) and situation-specific intentions of the programmer (goals). PROUST parses the syntactically correct blueprints of the student and generates from the requirement (goal) structure of the problem description a proposal for a plan structure which can be transformed to PASCAL code. The predicted code is matched against the actual code which was originated by the student. Discrepancies are explained with bug rules. Natural language explanations and recommendations are put forward after the diagnosis phase.

In contrast to PHENARETTE PROUST puts great emphasis on plans and intentions of the programmer. The diagnosis of both latent constructs seems to be very sophisticated because the authors report high error recovery rates on nonselected PASCAL programs. But because both systems are not teaching explicitly they are not very much concerned with teaching sequences and the building of knowledge structures. So they are lacking individualized explanations for errors, which can only be derived from the learning history of the person and their formalization in a background student model. Such a model could collect (like a special short term memory) data and hypotheses about the students previous problem solving episodes (WEBER, WALOSZEK & WENDER, 1988).

3.2 An ITS System: ANDERSON's LISP Tutor

The development of PHENARETTE and PROUST has shown how much work has to be conducted in developing a high quality debugging environment. This is absolutely indispensable for an ITS teaching a complete non-toy programming language. So only a few groups are known for taking such an endeavor.

In Germany there is only one ITS for a complete programming language (LISP) in progress (WALOSZEK, WEBER & WENDER, 1986; KÖHNE & WEBER, 1987; WEBER, WALOSZEK & WENDER, 1988; WALOSZEK, WEBER & WENDER, in press). In the United Kingdom the favourite language is PROLOG (ROSS, 1987; RAJAN, 1987).

Quite wellknown and even obtainable as a commercial system (BOYLE, 1986) is ANDERSON's LISP tutor (ANDERSON, 1987; ANDERSON, BOYLE, FARRELL & REISER, 1987; ANDERSON & REISER, 1985; ANDERSON & SKWARECKI, 1986). The tutor teaches a full semester course in LISP and is field tested at the Carnegie-Mellon University since 1984. Its theoretical foundations were ANDERSON's cognitive theory ACT* (ANDERSON, 1983a; ANDERSON, BOYLE, FARRELL & REISER, 1987) and several empirical psychological studies of LISP programming (ANDERSON, 1983b; ANDERSON, FARRELL & SAUERS, 1982, 1984). Though there exists much published work describing the tutor, the construction of the system is not as transparent as the design of PROUST. Therefore we do not want to reconstruct the architecture of the tutor. Instead of that we will analyze the flow of dialog communicating knowledge between the tutor and the user in chapter 4. We think that this is more important from a cognitive science perspective than the analysis of the software layers.

The tutor teaches 18 lessons ranging from 'Basic LISP Functions' (lesson 1) over 'Integer Based Recursion' (lesson 7) to 'Advanced Topic: Implementing Production Systems' (lesson 18). Concerning instructions ANDERSON (1985, p.164) writes:

"Each topic involves a small instructional booklet and many problems practicing the skills taught in that lesson. Our goal in designing these booklets was to keep the written instruction to a minimum. There is considerable evidence that written technical instruction is most effective when it is brief."

This instructional material which is used to build up the knowledge structure has been published in modified form as a textbook (ANDERSON, CORBETT & REISER, 1986).

4. Examples For Instructions and Helps in Teaching Programming

We agree with FORD (1987) and PEACHEY & McCALLA (1986) that the emphasis of ICAI research on student models has impeded the research on other more tractable goals. Our first goals should be concerned with making teaching strategies and tactics less ad hoc. According to FORD teaching strategies involve decisions which have to be made at each cycle of the student-computer interaction. Each decision determines the next communication and learning steps. The decisions have to be derived by educational "philosophies" like discovery learning or learning by instruction. Even student modelling (CLANCEY, 1987) should not be seen independent of the strategies of teaching which should be seen as a concept with a higher priority.

In ANDERSON's LISP tutor there seems to be nothing that could be called a model of the learning history of the individual student though ANDERSON et al. use the terms "current student", "ideal student" and "model tracing" (ANDERSON, BOYLE, FARRELL & REISER, 1987). The last concept subsumes the four features of his tutoring methodology (ANDERSON, 1987, p. 443):

1. The tutor constantly monitors the student's problem solving and provides direction whenever the student wanders off path.

2. The tutor tries to provide help with both the overt parts of the problem solution and the planning. However, to address the planning, a mechanism had to be introduced in the interface (in this case menus) to allow the student to communicate the steps of planning.

3. The interface tries to eliminate aspects like syntax checking, which are irrelevant to the problem-solving skill being tutored.

4. The interface is highly reactive in that it does make some response to every symbol the student enters.

This strategy is accomplished by a 1000 production rules. 40% of these rules model correct generation of LISP code (the expert model) and 60% model various bugs, which were collected by empirical observation of student errors. The first rough copy of a student's program is parsed by the production rule system. A tutorial rule is associated with each buggy or correct production. If it seems that the student has hypothetically "used" a production, the appropriate tutorial rule can be triggered. Also, if a student shows an impasse, the system can automatically determine the next step and an appropriate tutorial rule.

ANDERSON described some tutorial implications which resulted from his research. The more important ones for our work are the advices (ANDERSON, 1987, p. 454):

"In addition to basing instruction on a production-system analysis and emphasing communication of goal structures, there are a number of other general recommendations to make about the design of instructional activities. It makes sense to provide the instruction in the context where it should be used to maximize the probability that the student will retrieve and try to use the knowledge. Also, it makes sense to provide that knowledge in a form that can be most easily used by weak methods. For instance, we try to fashion our instruction to take the form of rules for means-ends solutions or of examples for use by analogy."

We will now look at the realization of these statements. We quote an original dialog with the tutor. This dialog is published identically type-setted in three independent articles (ANDERSON & REISER, 1985; ANDERSON & SKWARECKI, 1986; ANDERSON, 1987) so that the possibility of misprints is ruled out.

4.1   A Dialog with ANDERSON's LISP Tutor

The dialog represents (**appendix C**), as ANDERSON points out, the linearized teletype version of the original dialog. The original dialog takes place on a screen split into three dialog windows, which are reserved for instructions, code of the student and plan dialogs. The output of the tutor is given in normal type while the student's input is printed in bold characters.

Before the first line appears some interaction has already taken place. The dialog starts with an instruction, how the factorial is to be computed. We want to criticize two things. First, all parentheses are left out so that the definition is wrong (!), and second, the instruction gives a definition which makes the student induce an iterative solution.

After the student read the instruction "Define the function fact ....". he typed into the machine " (**defun** ". The tutor responded with the template "(defun <name> <parameters> <body>)". Then the student filled the <name> slot with "**fact**" and the parameters slot with "**(n)**" and started to fill in the <body> slot with "**(cond ((equal)**". At this moment a new template is offered to the student. The rest of the template "<action>) <recursivecase>)" can be seen in episode 1. The student has forgotten to provide arguments for **equal**. At that moment the buggy production

> "IF   the goal is to test if a value is equal to zero
>
> THEN   use the function EQUAL and set as subgoals to code the value and zero"

matches with its right side the student's code (ANDERSON & SKWARECKI, 1986, p.845). The tutor issues the natural language comment "I assume that .... writing a predicate." which is attached to the buggy production. There is a production whose left side matches the same goals the buggy production matches, but which could generate correct code (ANDERSON, 1987, p.445):

> "IF   the goal is to test if *arg1* is zero
>
> THEN   use the LISP function ZEROP, and set a subgoal to code *arg1*."

We think that the student had the correct but somewhat inefficient idea to use the function **equal**. The explanation why **zerop** is the better choice is not sufficient.

In line episode 3 the tutor enters a planning dialog with the student. The tutor offers a menu with two distractors that are answer categories which are not to be considered correct. The student chose the third category which is correct (!) according to the instruction given before line 1. But the tutor squeezes the student to program a recursive solution. So a subdialog with some concrete examples is entered. What we see here is a mixture of notations. The column headings of the EXAMPLES are written in the mathematical notation fact(n), but the table entries are function calls in LISP ! The same notational confusion can be seen in the definition of the factorial function. The language SCHEME shows how to avoid this kind of terminological mix up.

Later on in the "IF YOU WANT TO:" menu the tutor does not use the operator "minus" in phrases like "n minus 1" as he did before but introduces the predicate "less". The student is for instance offered option 2 "Multiply n by fact of one less than n". We know from the psychology of memory that if the concept LESS is primed, then similar concepts are activated. But, if the student would later use the LISP function LESS he would get an error message. The same is true when he uses the LISP function MINUS, which is used for multiplication with -1.

We do not want to pursue the dialog any further because it has become obvious that the information the tutor gives may be confusing to a novice. It shows that the instructional component of the tutor is suboptimal and does not show compatibility with ANDERSON's own eight cognitive design principles.

4.2 The Description of an Abstract Machine: the "Calculation Sheet" Machine

In this section we will present other pieces of instructional texts, whose purpose is to explain the operational semantics of an abstract machine. This machine is used in a modified form in our ABSYNT (ABstract Syntax Trees) project (COLONIUS, FRANK, JANKE, KOHNERT, MÖBUS, SCHRÖDER, THOLE, 1987). The notion "abstract syntax" is used to define the program structure relevant for translation, interpretation and transformation (AHO; SETHI & ULLMAN, 1986; DOSCH, 1984, p.154; PAGAN, 1981). Our goal is to implement the problem solving monitor ABSYNT as a functional visual programming language. In the rest of the paper we want to show how to use informal texts (BAUER & GOOS, 1982[3], p. 110 - 116; BERGHAMMER, DOSCH & OBERMEIER, 1985, p.55; DOSCH, 1984, p.163f;) and diagrams (SCHMITT-WOHLFARTH, 1978; BAUER & GOOS, 1982, ch. 2) to develop visual instructions and a graphical help system. This will be used in our problem solving monitor according to ANDERSON's cognitive design principles and in agreement with BROWN & vanLEHN's repair theory when impasses in the problem solving behavior of the learner occur.

This means that we formalize the operational semantics of the machine as a set of production rules which are represented visually as iconic rules. We will show that the specification process of the iconic rules should be guided by principles derived from cognitive psychology and cognitive science.

There is a rather long tradition in using artificial or abstract machines and diagrams for the demonstration of logical and computational processes (GARDNER, 1982[2]). The idea to write the result of computations onto sheets of paper which show a spatial arrangement in form of trees was introduced in school books by SCHMITT-WOHLFARTH (1978). The idea of using trees for computations is ubiquitous in computer science (ABELSON, SUSSMAN & SUSSMAN, 1985; BAUER & WÖSSNER, 1981; 1984; KANTOROVIC, 1957; LUTZE, 1987) and even rather well known in psychology (EGAN & GREENO, 1974; PAVEL, MARCOVICI, SHERMAN & FALMAGNE, 1983). The abstract syntax of purely applicative expressions can graphically be represented by KANTOROVIC trees (DOSCH, 1984, p.160).

Our purely functional tree-like programming language is a toy language compared to SCHEME or PASCAL. In spite of this the language is powerful through its facilities which allow abstraction and chunking of thought processes (GREEN, 1980, 1983; GREEN & PAYNE, 1984). The reason for the preference of a "small" language is motivated by the intention to use the programming environment ABSYNT as a testbed for research in planning diagnostics, help messages, student modelling and learning research.

An English description of the "calculation sheet" machine appeared in DOSCH (1984, p.163f):

"The course of computation is - up to the freedom in the evaluation - fixed by the calculation sheet associated with an expression. If in expressions additionally calls of (recursive) routines occur, this computational model can be extended to the **calculation sheet machine.**

For every routine there is a supply of calculation sheets for the expression forming its body. Assuming a call-by-value semantics for routines, upon a call the argument values are entered into a new sheet. Every such form is called an incarnation of the routine. In general, of course, the next (recursive) routine call occurs before the calculation on the present sheet is finished; this leads to the notion of pending operations. When the computation terminates on a sheet, the result value is transferred back to the previous sheet, that is, to the dynamic predecessor. There pending operations are evaluated, and so on. In the sequential conditional, after calculating the condition the not chosen branch is truncated. Note that this leads to the termination of recursive routines."

The German description of the machine and various diagrams from the university level computer science textbook (BAUER & GOOS, 1982[3]) are included in **appendix D.**

Empirical studies (COLONIUS, FRANK, JANKE, KOHNERT, MÖBUS, SCHRÖDER & THOLE, 1987; SCHRÖDER, FRANK & COLONIUS, 1987) have shown that these informations have to be modified a great deal, if computer novices are to gain sufficient knowledge about the behavior of the machine so that they are able to predict it. It has to be assured that prediction errors are not attributable to misinterpretations of the instructional material.

5. The Design of our Reactive Graphical Programming Environment ABSYNT

5.1 Psychological Arguments in Favor of a Functional Visual Programming Language

The main research goal of ABSYNT is the construction of a problem solving monitor (PSM). Some PSM-relevant research has been reported about solving problems in simple arithmetic tasks (ATTISHA, 1984; ATTISHA & YAZDANI, 1983; BROWN & BURTON, 1978; BUNDY, 1983; BURTON, 1982; VanLEHN & BROWN, 1980; YOUNG & O'SHEA, 1981), in quadratic equations (O'SHEA, 1979, 1982), in simple algebra problems (SLEEMAN, 1982, 1983, 1984, 1985, 1986), in geometry (ANDERSON, 1983c; ANDERSON, BOYLE, FARRELL & REISER, 1987; ANDERSON, GREENO, KLINE & NEVES, 1981) and in computer programming (ANDERSON, 1983b, 1987; ANDERSON, FARRELL & SAUERS, 1982, 1984; ANDERSON & REISER, 1985; ANDERSON & SKWARECKI, 1986; JOHNSON, 1986; JOHNSON & SOLOWAY, 1985, 1987; SOLOWAY, 1986; WERTZ, 1982, 1985, 1987).

We chose the domain of computer programming because problem solving is the main activity of each programmer. Furthermore, errors can be diagnosed easily. We had to make some more design decisions. Because the PSM should mainly supervise the planning processes of the programmer, we decided to use a simple programming language, the syntax and semantics of which can be learned in a few hours. We decided to take a purely functional language. From the view of cognitive science functional languages have some beneficial characteristics. So less working memory load on the side of the programmer is obtainable by their properties, referential transparency and modularity (ABELSON, SUSSMAN & SUSSMAN, 1985; GHEZZI & JAZAYERI, 1987[2]; HENDERSON, 1980, 1986). Furthermore, there is some evidence that there is a strong correspondency between programmer's goals and use of functions (PENNINGTON, 1987; SOLOWAY,

1986; JOHNSON & SOLOWAY, 1985, 1987). So we avoid the difficult problem of interleaving plans in the code which show up in imperative programming languages because it makes the diagnosis of programmer's plans rather difficult (SOLOWAY, 1986). If we take for granted that a goal can be represented by a function, we can gain a great flexibility in the PSM concerning the programming style of the student. We can offer him facilities to program in a bottom-up, top-down or middle-out style. The strategy of building up a goal hierarchy can correspond to the development of the functional program.

There are some similar psychological reasons for the use of a visual programming language, too. There is some evidence that less working memory load is obtainable through the use of diagrams if they support encoding of information or if they can be used as an external memory (FITTER & GREEN, 1981; GREEN, SIME & FITTER, 1981; PAYNE, SIME & GREEN, 1984; LARKIN & SIMON, 1987). Especially if we demand the total visibility of control and data flow the diagrams can serve as external memories.

The diagrammatic structuring of information should also reduce the amount of verbal information which is known to produce a higher cognitive processing load than "good" diagrams (LARKIN & SIMON, 1987). "Good" diagrams produce automatic control of attention with the help of location objects. These are in our case object icons, which are made of two sorts: straight connection lines and convex objects. Iconic objects of these types are known to control perceptual grouping and simultaneous visual information processing (POMERANZ, 1985; CHASE, 1986).

5.2 Computer Science Based Design Guidelines for Visual Languages

Work on the design of visual languages has just started twenty years ago (e.g. LAKIN, 1980), but some results have been obtained which are not controversial among scientists. Visual programming languages can be described by a profile in a three-dimensional system according to 1) visual extent, 2) scope and 3) language level (SHU, 1986). A language has a high visual extent if graphics are not mere illustrations but play a central role in programming. They must be "executable graphics" (LAKIN, 1986). The scope of a language is a measure of the generality of their applicability. The language level gives a hint how abstract and hardware independent the constructs of the language are.

The design of a visual language has to be based on the concept of generalized icons (CHANG, 1987), which are dual representations of abstract and visual parts. The type of generalized icons can be divided into object icons and process icons. Object icons define the representation of static language constructs, whereas process icons specify the representation of dataflow and controlflow. We want to quote CHANG (1987, p.9f) on this subject:

An **iconic system** is a structured set of related icons. A complex icon can be composed from other icons in the iconic system, and therefore express a more complex visual concept. An **iconic sentence** ... is a spatial arrangement of icons from an iconic system. A **visual language** is a set of visual sentences constructed with given syntax and semantics. **Syntactic analysis of visual language** (spatial parsing) is the analysis of the spatial arrangement of icons (i.e. visual sentences) to determine the underlying syntactic structure. Finally, **semantic analysis of visual language** (spatial interpretation) is the interpretation of a visual sentence to determine its underlying meaning.

From the view point of system implementation, to design an iconic system and a visual language, two major software tools are required: a) an iconic editor to edit a generalized icon; and b) an icon interpreter to perform syntactic analysis and semantic analysis of the visual system."

Similar ideas stem from GLINERT & GONCZAROWSKI (1987) and GLINERT, GONCZAROWSKI & SMITH (1987). CHANG (1986) proposed a specification cycle in the language design (Figure 1). We used this cycle for our design.

The abstract parts of the language were specified in PROLOG according to some ideas of (PEREIRA, 1986) as a runnable specification (DAVIS, 1982). The corresponding visual parts were specified obeying results of our own empirical research or generalizing findings and standards from cognitive psychology and cognitive science.

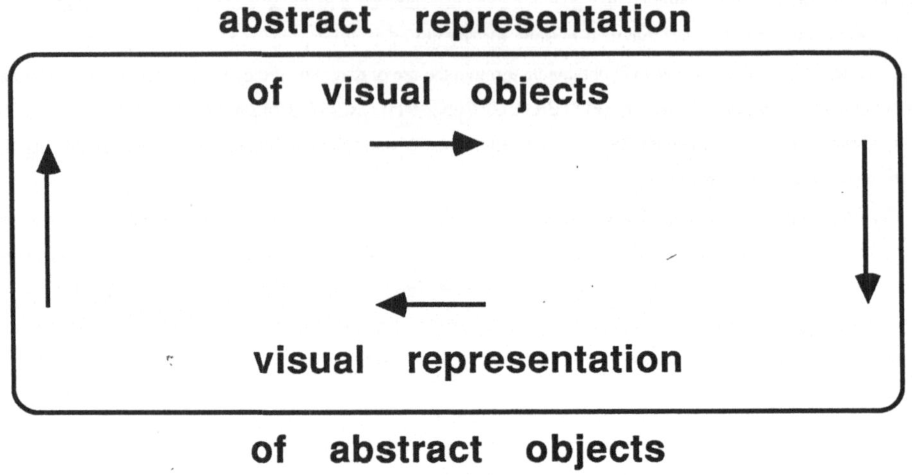

Figure 1: The Specification Cycle of a Visual Language (CHANG, 1986)

The complete programming environment is implemented in INTERLISP and the object-orientated language LOOPS (JANKE & KOHNERT, 1988; KOHNERT & JAHNKE, 1988) to have a system with direct manipulation capabilities which is an absolutely necessary prerequisite for our system (FÄHNRICH & ZIEGLER, 1985a,b; HUTCHINS, HOLLAN & NORMAN, 1986; SHNEIDERMAN, 1983, 1987). Following SHU's dimensional analysis, ABSYNT is a language with high visual extent, low scope and medium level.

5.3 Cognitive Science and Psychology Based Guidelines for the Design of Graphical Objects and Diagrams

Though through decades research in psychology, physiology and computer science has been devoted to human, animal and machine perception, results which could guide decisions in building tutorial applications have remained on a rather informal level of "gestalt laws" or phenomenological principles (BERTIN, 1981, 1983; CAMPBELL & ROSS, 1987; CLEVELAND, 1985; FITTER & GREEN, 1979; LUTZE, 1987; TUFTE, 1980; WOOD & WOOD, 1987).

In our work we relied on empirical studies partly done by others (e.g. WEBER & KOSSLYN, 1986) and partly conducted by ourselves. The former gave us hints concerning the synchronisation of the properties of graphics and the mental imagery system. The latter dealt with the memory representation of the tree programs (SCHRÖDER, COLONIUS & FRANK, 1987) and errors which resulted from misinterpretations of the syntax and the semantics of the original language as appeared in BAUER & GOOS (1982). The last version of the language which is used for ABSYNT was strongly influenced by an empirical study of POMERANTZ (1985) and a theoretically orientated article by LARKIN & SIMON (1987). POMERANTZ made some careful studies about selective and divided attention information processing. One consequence for our design was that time-indexed information had to be spatial indexed by locations, too. Information with the same time index should have the same spatial index. This means that this information should appear in the same location.In our design a location is identical with a visual object. These insights were supported by the formal analysis of LARKIN & SIMON (1987). They showed under what circumstances a diagrammatic representation of information consumes less computational resources as an informational equivalent sentential representation.

5.4 The Iterative Specification Cycle for the Derivation of Iconic Objects and Iconic Rules Concerning the Operational Semantics of ABSYNT

Though our main research goals lie in the exploration and debugging of planning processes we have to deal with the computational knowledge of the programmer, too. It is our opinion that a user of our language should have sufficient knowledge about the interpreter so that he/she is able to predict the set of the successor states from knowledge of the current state. To get and maintain this expertise we have to implement an instructional component and a help system. The specification of the operational knowledge was made in an iterative specification cycle (MÖBUS, 1987a,b,c) (Figure 2).

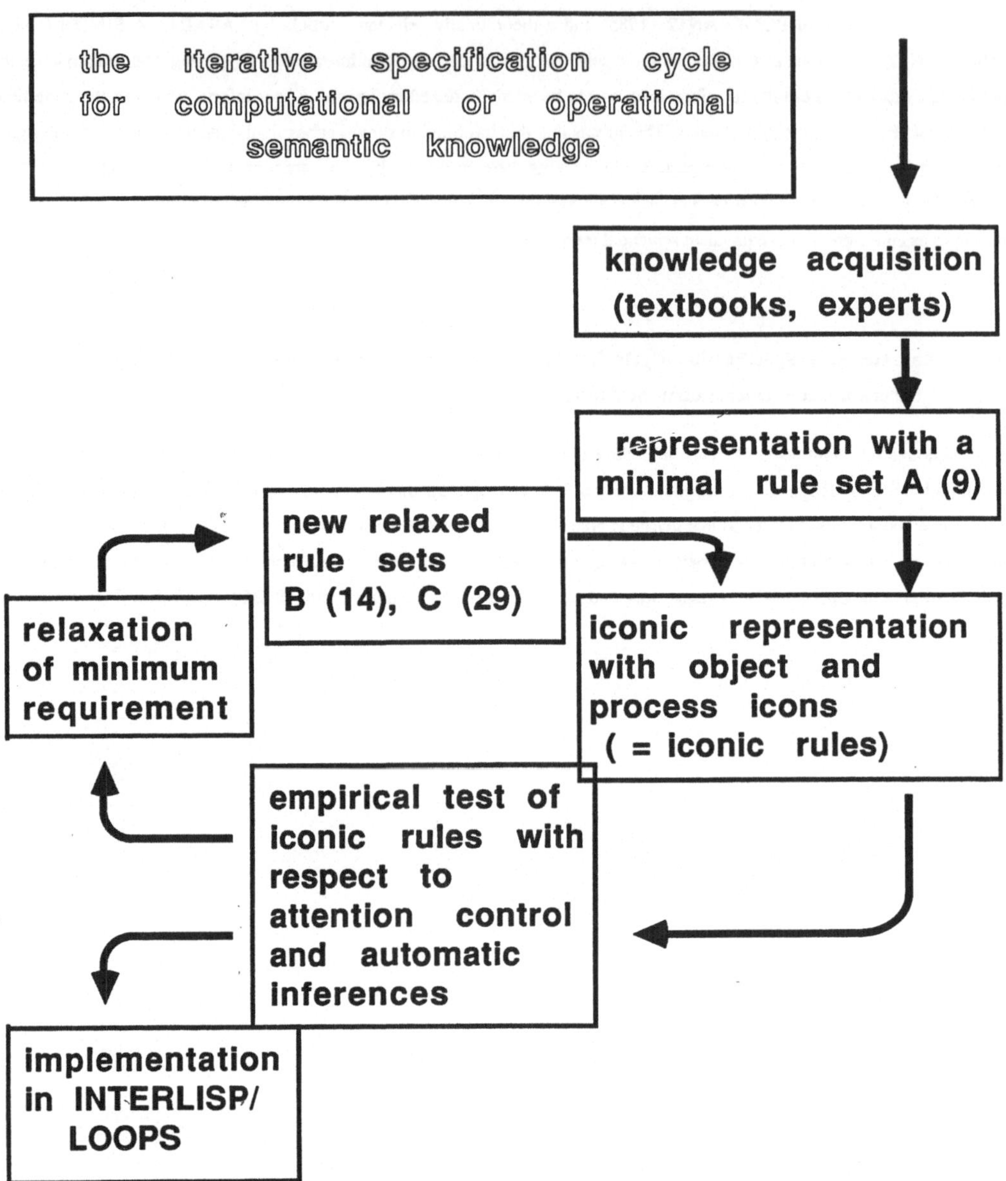

Figure 2: The Iterative Specification Cycle for Computational or Operational Semantic Knowledge

The first step consisted of the knowledge acquisition phase. The next step led to a ruleset A of 9 main Horn clauses (plus some operator-specific rules). The set contained the minimal abstract knowledge about the interpretation of ABSYNT programs. The abstract structure of a program was formalized by a set of PROLOG facts similar to an approach of GENESERETH & NILSSON (1987, ch. 2.5).

Then we tried an iconic representation of the facts and Horn clauses. Soon we realized that a visual representation according to the recommendations of LARKIN & SIMON (1987) was only possible, if we "enriched" the iconic structure. This means that we had to add iconic elements which were not present in the abstract structure. This lead to an iconic structure which remained unchanged and was used as the interface of the programming environment (FIGURE 3).

Problems occured if we wanted to keep the number of iconic objects fixed during a computation of a recursive program. The postulate of total visibility led to a visual trace with an information overload (FIGURE 6). Time indexed information was not location indexed. So selective attention according to POMERANTZ (1985) was not possible: computional errors were inevitable.

This forced us to relax our requirement to use only a minimal number of object icons. We came up with a relaxed rule set B with 14 main rules (plus operator-specific rules).

The behavior of these rules lead to a new visual trace. Time indexed information was now location indexed so that undesired perceptual grouping could not occur. But computational goals and intermediate results were kept visible only as long as the were absolutely necessary for the ongoing computation.

Empirical considerations showed that the programmer had to reconstruct former computations mentally, because their result disappeared from the screen. So we had to relax the minimum assumption a second time and introduce even more visual redundancy. This was e.g. in accordance with the third principle of FITTER & GREEN (1979).

But there were some other reasons which influenced the decision to modify the ruleset a third time. First, rules were still recursive. This leads in computations to pending rules. The derivation of instructions from recursive rules forces a higher working memory load because of the mental maintanance of a goal stack with return points. Second, if we had derived iconic rules from the abstract rule set B we would have gotten two disjunctive rules. But there is a fair amount of experimental evidence that for humans conjunctive rules are easier to process than disjunctive rules (BOURNE, 1974; HAYGOOD & BOURNE, 1965; MEDIN, WATTENMAKER & MICHALSKI, 1987). So we decided to avoid disjunctive iconic rules.

A third ruleset C was developed with 29 (plus operator specific) rules. Now there was even more redundant iconic information on the screen. This computational behavior was "frozen" in our INTERLIPS/LOOPS implementation.

5.5 The Programming Environment of ABSYNT

The programming environment (KOHNERT & JANKE, 1988) as the result of our specification cycle is shown in figure 3. The screen is split into several regions. On the right and below we have a menu bar for nodes. A typical node is divided into three stripes: an input stripe (top), a name stripe (middle) and an output stripe (bottom). These nodes can be made to constants or variables (with black input stripe) or arelanguage supplied primitive operators or user defined functions.

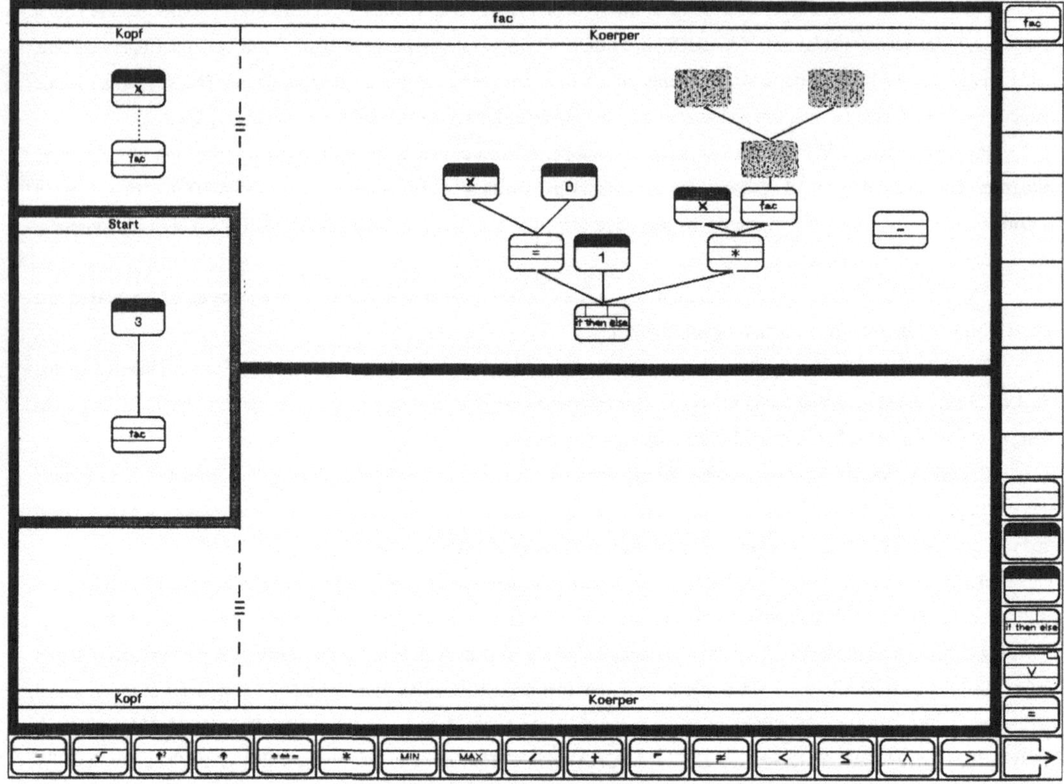

Figure 3: The programming Environment of ABSYNT

The programmer sees in the upper half of the screen the main worksheet and in the lower half another one. Each worksheet is called frame. The restriction on two visible worksheets led to corresponding psychologically motivated restrictions in the computational freedom of the interpreter (5.7.2). The frame is split into a left part: "head" (in german: "Kopf") and into a right part "body" (in german: "Körper"). The head contains the local environment with parameter-value bindings and the function name. The body contains the body of the function.

Programming is done by making up trees from nodes and links. The programmer enters the menu bar with the mouse, chooses one node and drags the node to the desired position in the frame. Beneath the frame is a covered grid which orders the arrangements of the nodes so that everything looks tidy. Connections between the nodes are drawn with the mouse. The connection lines are the "pipelines" for the control and data flow. If a node is missed the programmer is reminded with a phantom node that there is something missing. The editor warns with flashes if unsyntactic programs are going to be constructed: crossing of connections, hiding of nodes etc. The function name is entered by the programmer with the help of pop-up-menus in the root node of the head and the parameters in the leaves of the head.

If the function is syntactically correct, the name of the function appears in the frame title and in one of the nodes in the menu bar so that it can be used as a higher operator. When a problem has to be solved a computation has to be initialised by the call of a function. This call is programmed into the "Start"-Tree. Initial numbers are entered by pop-up-menus in constant nodes in the start tree. This tree has a frame without a name, so that the iconic bars are consistent.

5.6   The integration of rules in the architecture of an PSM or ITS

A very crucial point concerning the "intelligence" of an PSM lies in the quality of the design for the feedback system. In literature two approaches have been proposed. One proposal is the explicit "debugging" approach (BURTON, 1982; VanLEHN, 1981): tracing an error with the help of a diagnostic procedure and an extensive bug collection back to underlying malrules or misconceptions. The other idea rests solely on the specified expert knowledge and a model of human learning (EGAN & GREENO, 1974; SIMON & LEA, 1974; ANDERSON, 1983; VanLEHN, 1987a,b). According to these rule-based theories of human skill acquisition a learner has to be aware of at least two types of information: the current goal within the problem and the conditions under which rules apply. McKENDREE (1987) could show in three experiments, that "goal" information is even more important than "condition" information in promoting learning of skill. This type of feedback design is more simple to implement than the "debugging" strategy. But there are still no experimental comparisons between the two methods.

Either way, we have to specify goals and rules an expert would use when predicting the computational behavior of the ABSYNT interpreter. So in the last part of our paper we show how we try to achieve the design of iconic rules and visual helps.

When should the tutor administer feedback? Our tutorial strategy is guided by "repair theory" (BROWN & VanLEHN, 1980) and follows the "minimalist design philosophy" (CARROLL, 1984a,b).

This means, that if the learner is given less (less to read, less overhead, less to get tangled in), the learner will achieve more. Explorative learning should be supported as long as there is preknowledge on the learner side. Only if an error occurs feedback becomes necessary and information should be given for error recovery.

According to repair theory an impasse occurs, when the student notices that his solution path shows no progress or is blocked. In that situation the person tries to make local patches in his problem solving strategy with general weak heuristics to "repair" the problem situation. In our tutorial strategy we plan to give feedback and helps only, when this repair leads to a second error.

5.7   The Genealogy of Rule Sets Concerning the Operational Semantics of ABSYNT

5.7.1 The First Rule Set A: a Minimal Interpreter in PROLOG for ABSYNT Programs

The specification cycle (Figure 2) led to the first ruleset A. The program is described abstractly by a set of nodes and a set of connections which are represented by PROLOG facts. The nodes possess the attributes frame-name, tree-type, instance-number, name and value. These attributes determine the location, the within structure and the value of the node.

The connections possess the attributes frame, tree, out-instance, in-instance and input-number. They link the outputfield of a node with the inputfield of another node.

Semantic knowledge is moulded into two types of rules. One consists only of one "input" rule and the other of several "output" rules. The "input" rule (Figure 4) contains the knowledge about the migration of computation goals and data between the nodes. The "output" rules contain the knowledge about computations within one node. Because the nodes have different meanings, we need different "output" rules. There is one for each primitive operator, one for the parameters in the tree "head", one for constant nodes, one for parameter nodes in the tree "body", one for the root in the tree "head" and one for the computation of higher (self defined) operators. In the last rule parameters are bound in a parallel fashion to their arguments (call by value) and the new leaves of the tree "head" are put onto the stack. Furthermore we have rules which contain the knowledge to generate roots and leafs or to check nodes with respect to their root or leaf status.

```
input(frame(Frame),tree(Tree),instance(Instance),inputno(Inputno),value(Value))
:-        connection(frame(Frame),tree(Tree),out_inst(Out_inst),in_inst(Instance),in_inst_no(Inputno)),
          output(frame(Frame),tree(Tree),instance(Out_inst),name(Name),value(Value)).


/*    IF       there is the goal to compute the value of the input with number Inputno in node Instance in the
               tree Tree in the frame Frame,
      THEN     there is a subgoal to look for a connection, which leads to this input from a yet unknown node
               Out-inst,which is the source of this connection
      AND      there is another subgoal to compute the value of the node Out-Inst
               (this value is then the value of the goal in the IF part of this rule).              */
```

FIGURE 4: The Abstract Input Rule

As a further example we include the "output"-rule for a higher operator (FIGURE 5). This rule describes the call-by-value mechanism.

```
output(frame(Frame),tree(Tree),instance(Instance),name(Name),value(Value))
:-      node_name(frame(Frame),tree(Tree),instance(Instance),name(Name)),
        findall(Argument,input(frame(Frame),tree(Tree),instance(Instance),
                inputno(Inputno),value(Argument)),List_of_arguments),
        set_of(Parameter,(leaf(frame(Name),tree(head),instance(Inst_leaf)),
                node_name(frame(Name),tree(head),instance(Inst_leaf),name(Parameter))),
                List_of_parameters),
        forall(parm_arg_pair(Parm,Arg,List_of_parameters,List_of_arguments),
                (node_name(frame(Name),tree(head),instance(Inst_parm),name(Parm)),
                asserta(node(frame(Name),tree(head),instance(Inst_parm),name(Parm),value(Arg))))),
        root(frame(Name),tree(head),instance(Inst_root_head)), ! ,
        output(frame(Name),tree(head),instance(Inst_root_head),name(Name),value(Value)),
        forall(parm_arg_pair(Parm,Arg,List_of_parameters,List_of_arguments),
                (node_name(frame(Name),tree(head),instance(Inst_parm),name(Parm)),
                retract(node(frame(Name),tree(head),instance(Inst_parm),name(Parm),value(Arg))))),!.


/*      IF      there is the goal to compute the output value of a higher operator node,
        THEN    the following subgoals have to be solved:
                - determine the node name
                - compute all input values of the node
                - determine all parameters of the frame whose name is identical to the node name
                - put the parameter-argument bindings into the new local environment
                - find the head root of the frame
                - compute the output value of the head root
                        (this value is then the value of the goal in the IF part of this rule)
                - destroy the local environment               */
```

FIGURE 5: The Abstract Output Rule for a Higher Operator

As we wrote in **5.4** it is not possible to make a visual represention of facts and rules from set A. We "enriched" the iconic   structure by adding some iconic elements. FIGURE 6 demonstrates how the computation of the well-known factorial would look like, if we keep the number of object icons to a minimum: there is onely one frame for recursive computations and intermediate results and computation goals (represented by "?") disappear when no longer needed for the computation.

We see that value and goal stacks are collapsed into the various fields of a node. For the application of an operator we have to select all numbers with the same time index. POMERANTZ (1985) showed that this kind of selective attention is extremely difficult and not trainable. If the function gets more complicated like a tree recursive function, a diagrammatic information of this kind would be completely misleading.

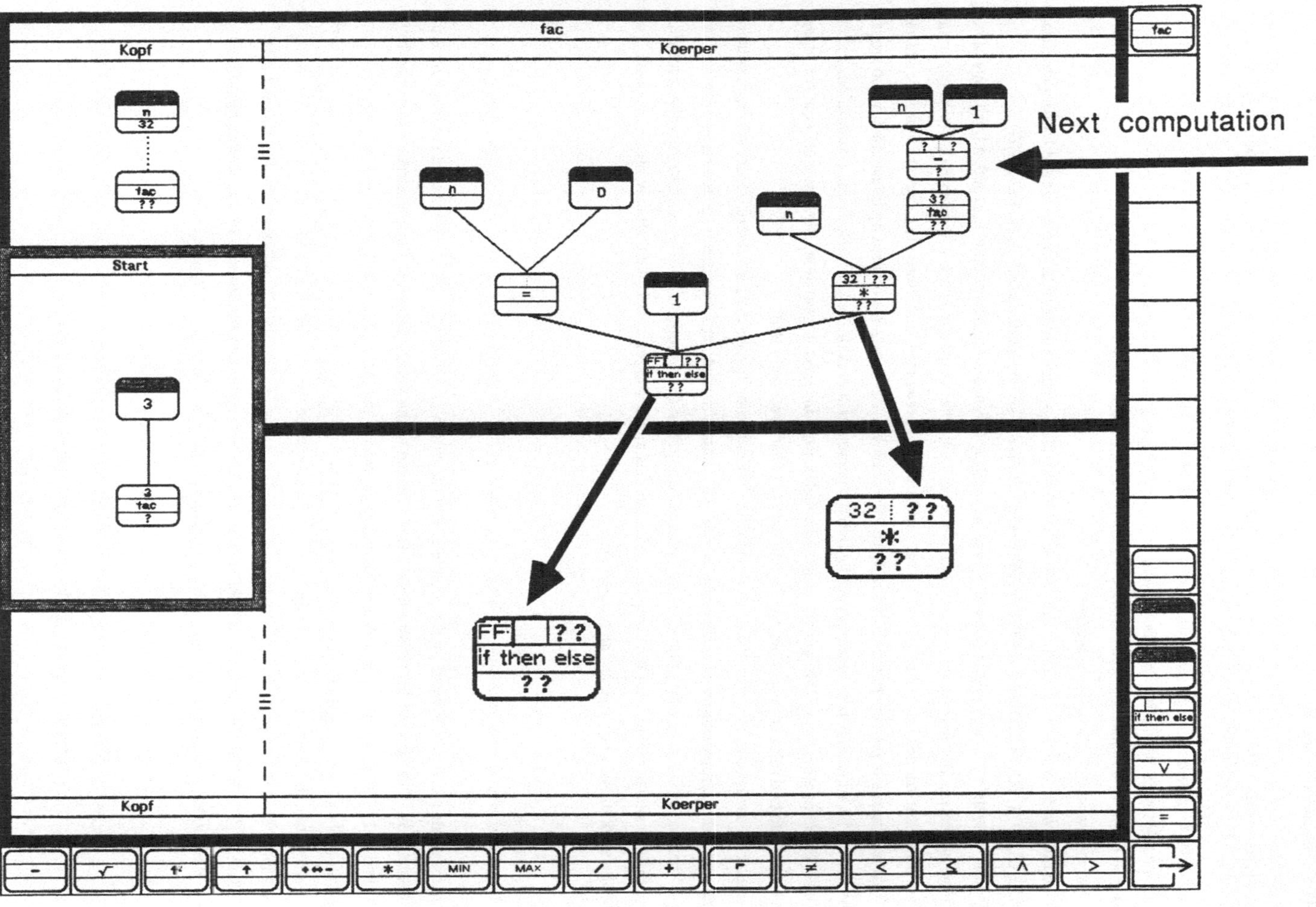

FIGURE 6: Trace within a Hypothetical Environment According to Rule Set A

5.7.2 The second rule set B

We had to modify rule set A because of the following reasons, which result from constraints in the human information processor:

    1) any undesired perceptual grouping of information in operator nodes ,

    2) iconic rules with disjunctive conditions , and

    3) visual hiding of dynamic successor frames already put on the linear stack

This required various modifications of the abstract rules.

Iconic rules with disjunctive conditions require selective attention, which causes matching errors and longer processing time (BOURNE, 1974; HAYGOOD & BOURNE, 1965; MEDIN, WATTENMAKER & MICHALSKI, 1987).

Also the "output" rule for a higher operator had to be modified. When a higher operator is called, a fresh copy of the original frame is created. Because we wanted to avoid a only partly visible "spaghetti"-stack in the sense that from one frame several new successor frames could be opened by calling "higher" operators, we allowed only one call per frame at the moment. This results in a depth first search in the call tree. The copies of the frames are ordered by frame number and are put on a frame stack. The arguments are copied in parallel into the parameter leaves of the head. Nodes and connections get the new attribute frame number, too. This allows to location-index time-indexed information. The "output" rule for higher operators is split into two rules corresponding to the call location (start tree, body tree).

Because we used recursive rules, the control and data flow occured through the parameters. An iconic representation would   require that intermediate results should be visible only when they belong to a pending operation. So intermediate results "die" before the corresponding frame "dies". This is not optimal from a cognitive science point of view, because a programmer who wants to recapitulate the computation history has to reconstruct mentally the already obtained results. This leads to higher working memory load for the programmer.

5.7.3 The third set C: objects and rules

The third rule set was motivated by the postulate, that the extent of the intermediate result should not end before the life of a frame ends. This seemed to require only a few changes to the visual interface. But the abstract rules had to be rewritten completely. There is no "input" rule any longer. We have 18 "output" rules instead which all lost their parameters. Like production rules they manipulate the nodes directly via the databasis. Computation goals ("?") and input and output values are written into the nodes. For this purpose a new attribute input-stripe is added to the node description.

We have included examples for abstract parts of object icons in FIGURE 7 and examples for abstract rules in FIGUREs 8 and 9. The PROLOG facts in FIGURE 7 describe two nodes and two connections in the incomplete program of FIGURE 3. Both nodes are in the root position of the head and the body of the program, respectively.


```
node(frame_name(fac),frame_no(0),tree_type(head),instance_no(2),
        input-stripe([empty]),name_stripe(fac),output_stripe(empty)).
node(frame_name(fac), frame_no(0), tree_type(body), instance_no(11),
        input-stripe([empty,empty,empty]),name-stripe(if), output-stripe(empty)).
```

FIGURE 7: An example for Abstract Nodes and Connections

connection(frame_name(fac),frame_no(0), tree_type(head), out_instance_no(1),

in_instance_no(2), input_no(1)).

connection(frame_name(fac),frame_no(0), tree_type(body),out_instance(10),

in_instance_no(11),input_no(3)).

FIGURE 7: An example for Abstract Nodes and Connections

output :-

node(frame_name(Frame_name),frame_no(Frame_no),tree_type(Tree_type),

instance_no(Instance_no),input_stripe(Input_stripe),name_stripe(Name_stripe),

output_stripe(Output_stripe)),

higher_operator(name(Name_stripe)),Tree_type = start,

not(inverted_name_stripe(frame_name(Frame_name),frame_no(Frame_no),

tree_type(Tree_type),instance_no(Any_instance_no))),

Output_stripe = ? ,forall(on(Element,Input_stripe),value(Element)),

copy_frame_on_top(frame_name(Name_stripe),top_frame_no(Top_frame_no)),

assert(inverted_name_stripe(frame_name(Frame_name),frame_no(Frame_no),

tree_type(Tree_type),instance_no(Instance_no))),

root(frame_name(Name_stripe),frame_no(Top_frame_no),tree_type(head),

instance_no(Instance_no_root_head)),

modify(frame_name(Name_stripe),frame_no(Top_frame_no),tree_type(head),

instance_no(Instance_no_root_head),input_stripe(Input_stripe)),

bind_parameter_of_top_frame(input_stripe(Input_stripe)),

modify(frame_name(Name_stripe),frame_no(Top_frame_no),tree_type(head),

instance_no(Instance_no_root_head),output_stripe(?)),

output.

/*   IF   there is a node which has the following features:

(1) The node name is a higher operator.

(2) The node is located in the start tree.

(3) The name stripe of the node is the only inverted one in the tree which contains the node

(4) The output_stripe of the node contains a "?".

(5) The input_stripe of the node contains all input values.

THEN create the frame with the operators name and place it on top of the frame stack.

Invert the name stripe of the node.

Determine it's head root, transfer the input_stripe of the node to the head root .

Bind the parameters and put a "?" into the output_stripe.of the head root.*/

FIGURE 8: Abstract Rule 8 (First part of Call-by-Value, call in start tree)

```
output :-
            node(frame_name(Frame_name),frame_no(Frame_no),tree_type(Tree_type),
                  instance_no(Instance_no),input_stripe(Input_stripe),name_stripe(Name_stripe),
                  output_stripe(Output_stripe)),
            higher_operator(name(Name_stripe)),Tree_type = start,
            inverted_name_stripe(frame_name(Frame_name),frame_no(Frame_no),tree_type(Tree_type),
            instance_no(Instance_no)),
            Output_stripe = ? ,forall(on(Element,Input_stripe),value(Element)),
            value_of_upper_visible_frame(Output_stripe_root_head),not_exist_lower_visible_frame,
            modify(frame(Frame_name),frame_no(Frame_no),tree_type(Tree_type),
                  instance_no(Instance_no),output_stripe(Output_stripe_root_head)),
            delete_frame_from_top,
            retract(inverted_name_stripe(frame_name(Frame_name),frame_no(Frame_no),
                  tree_type(Tree_type),instance_no(Instance_no))),
      output.
```

```
/*    IF       there is a node which has the following features:
               (1) The node name is a higher operator.
               (2) The node is located in the start tree.
               (3) The name stripe of the node is inverted.
               (4) The output_stripe of the node contains a "?".
               (5) The input_stripe of the node contains all input values.
               and the head root of the upper visible frame contains a value and there is no other
               visible frame
      THEN     transfer this value into the output_stripe of the node.
               Delete the upper visible frame.Turn the invertation of the name stripe of the node back.    */
```

FIGURE 9: Abstract rule 9 (Second part of Call-by-Value, call in start tree)

5.8   Iconic Rules for the Instructional Component and a Help System

On the basis of rule set B and C we developed iconic rules to describe the operational behavior of the interpreter. Because of space restrictions we can only show the rules from set C (FIGUREs 10, 11), which are representation of the production-like PROLOG rules of FIGUREs 8 and 9. At the present moment these rules are not implemented in an instructional or help component. But they are used successfully in experiments where novices are requested to predict the computation steps of the interpreter. Each rule consists of a description of the triggering situation and a description of the situation after the rules has been applied. We tried to make the rules self-explanatory as much as possible. So we need only a short introduction to explain the syntax of the iconic rules.

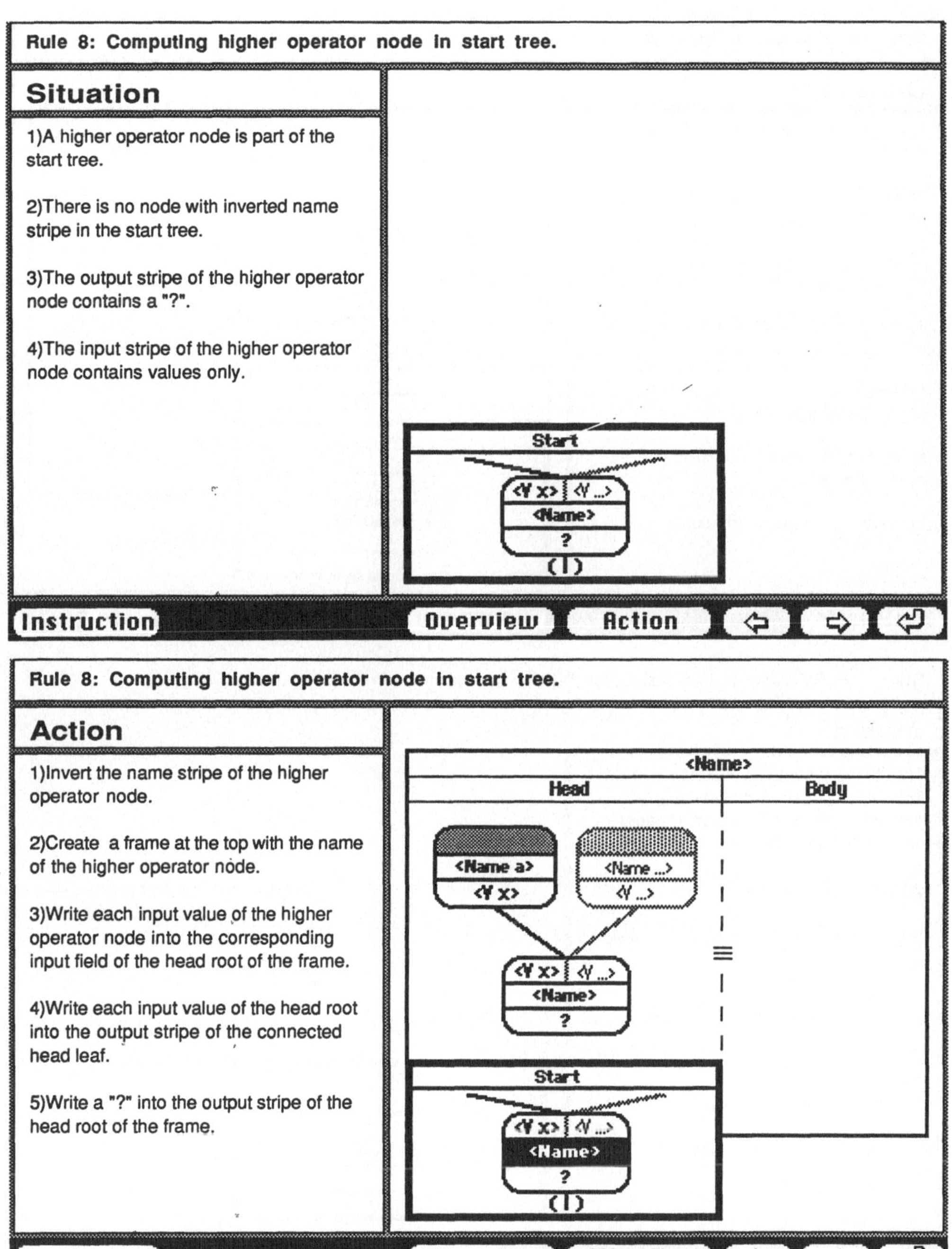

FIGURE 10: Iconic Rule on the Basis of Abstract Rule 8 in FIGURE 8

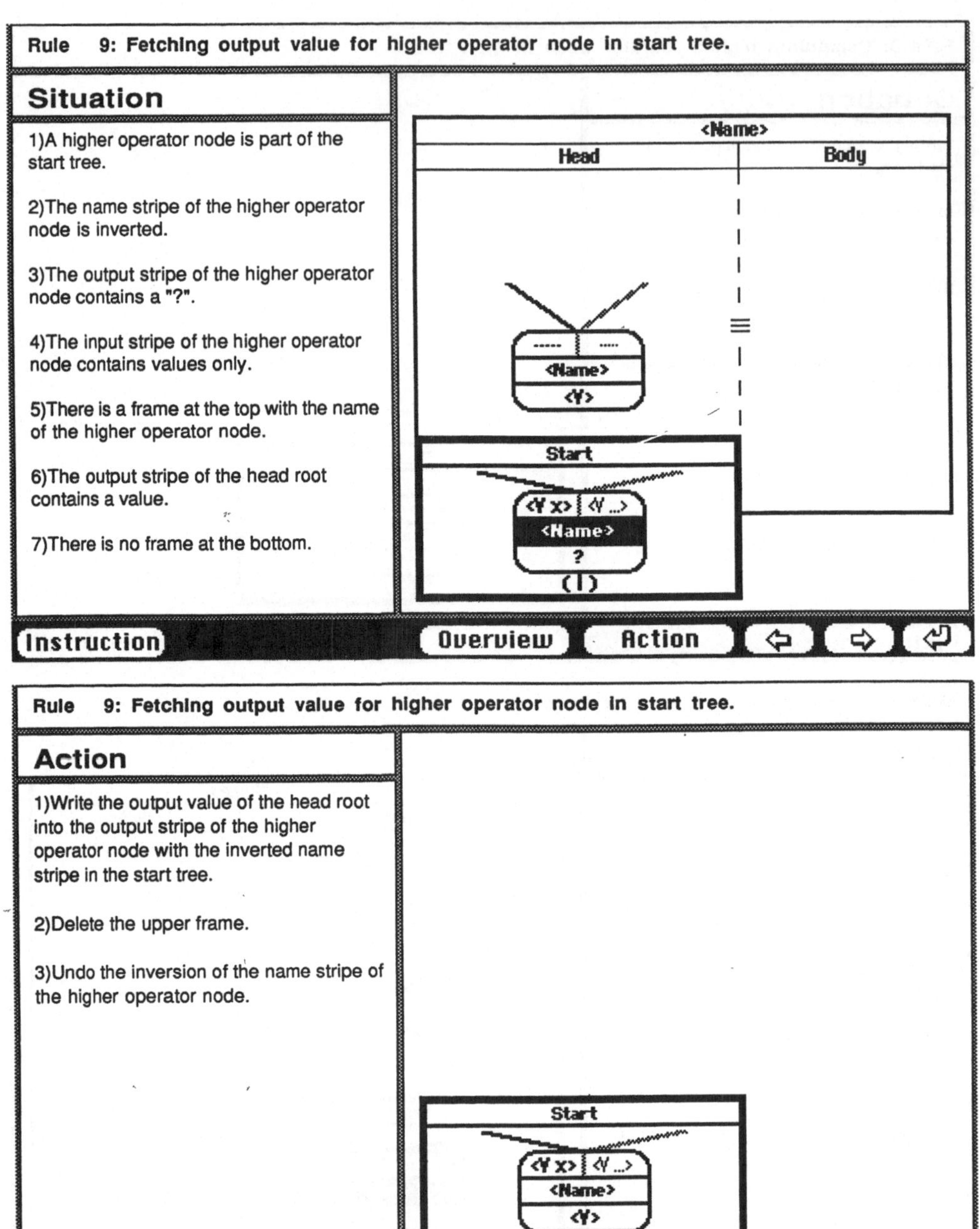

FIGURE 11: Iconic Rule on the Basis of Abstract Rule 9 in FIGURE 9

We found that the sentential information is used only in situations when an impasse in the computational process occurs. Novices were able to predict the interpreter in less than five hours learning time.

The next step is to implement the rules for instructional purposes so that the interpreter becomes selfexplaining. This situation can arise when the student is uncertain about the calculation process of the machine.

6. Summary

We reviewed the literature on CAI and ICAI systems and discussed some design principles from a cognitive science view. We discussed student models and plan recognition as important research goals but also stressed the importance of a rather neglected topic: design of the "student input". We need very careful and knowledge-crafted instructions, interfaces and helps so that our plan diagnosis and student modelling components get the opportunity to work satisfactorily. As an example we introduced iconic rules which transmit information in a diagrammatic form. Only if no phase of the design process is omitted we will achieve true "intelligent" CAI.

7. References

ABELSON, H., SUSSMAN, G.J. & SUSSMAN, J., Structure and Interpretation of Computer Programs, Cambridge, Massachusetts: MIT Press, 1985

AHO, A.V., SETHI, R. & ULLMAN, J.D., Compilers: Principles, Techniques & Tools, Reading, Massachusetts: Addison-Wesley Publ. Co., 1986

ALDERMAN, D.L., Evaluation of the TICCIT Computer-assisted instructional system in the community college, SIGCUE Bulletin, 1979, 13, 5-17

ANDERSON, J.R., The Architecture of Cognition, Cambridge, Mass.: Harvard University Press, 1983a

ANDERSON, J.R., Learning to Program, Proceedings of the Eighth International Joint Conference on Artificial Intelligence, Los Altos, California: Morgan Kaufman, 1983b

ANDERSON, J.R., Acquisition of Proof Skills in Geometry, in: R.S. MICHALSKI, J.G.CARBONELL, T.M.MITCHELL (eds), Machine Learning: An Artificial Intelligence Approach, Plao Alto: Tioga Publ. Co., 1983c, 191 - 219

ANDERSON, J.R., Knowledge Compilation: The General Learning Mechanism, in: R.S. MICHALSKI, J.G. CARBONELL, T.M. MITCHELL (eds), Machine Learning: An Artificial Intelligence Approach, Vol. II, Los Altos, California: Morgan Kaufman Publ., 1986, 289 - 310

ANDERSON, J.R., Production Systems, Learning, and Tutoring, in: D.KLAHR, P.LANGLEY & R.NECHES (eds), Production System Models of Learning and Development, Cambridge, Mass.: MIT Press, 1987, 437-458

ANDERSON, S.B., BALL, S., MURPHY, R.T. & Associates, Encyclopedia of Educational Evaluation, San Francisco: Jossey-Bass Publ., 1976

ANDERSON, J.R., BOYLE, C.F., FARRELL, R. & REISER, B.J., Cognitive Principles in the Design of Computer Tutors, in: P.MORRIS (ed), Modelling Cognition, Chichester, Sussex: J.Wiley, 1987, 93-133

ANDERSON, J.R., CORBETT, A.T. & REISER, B.J., Essential LISP, Reading, Mass.: Addison-Wesley Publ.Co., 1986

ANDERSON, J.R., FARRELL, R. & SAUERS, R., Learning to Plan in LISP, Technical Report ONR-82-2, Department of Psychology, Carnegie-Mellon University, Pittsburgh, PA , 1982

ANDERSON, J.R., FARRELL, R. & SAUERS, R., Learning to Program in LISP, Cognitive Science, 1984, 8, 87-129

ANDERSON, J.R., GREENO, J.G., KLINE, P.J. & NEVES, D.M., Acquisition of Problem-Solving Skill, in: J.R.ANDERSON (ed), Cognitive Skills and their Acquisition, Hillsdale, New Jersey: Erlbaum Ass., 1981, 191-230

ANDERSON, J.R., KLINE, P.J. & BEASLEY, C.M., Complex Learning Processes, in: R.E.SNOW, P.A.FEDERICO & W.E. MONTAGUE (eds), Aptitude, Learning and Instruction: Cognitive Process Analyses of Learning and Problem Solving, Hillsdale, New Jersey: Erlbaum Associates, 1980, 199-235

ANDERSON, J.R. & REISER, B.J., The LISP Tutor, BYTE, 1985, 4, 159-175

ANDERSON, J.R. & SKWARECKI, E., The Automated Tutoring of Introductory Computer Programming, Communications of the ACM, 1986, 29(9), 842-849

ATKINSON, R.C., Ingredients for a Theory of Instruction, American Psychologist, 1972, 27, 921-931

ATKINSON, R.C. & WILSON, H.A. (eds), Computer-assisted Instruction, New York: Academic Press, 1969

ATTISHA, M., Non-borrow Subtraction Algorithm, Working Paper W-119, Computer Science Dept., University of Exeter, 1984

ATTISHA, M. & YAZDANI, M., An Expert System for Diagnosing Children's Multiplication Errors, Research Report R-117, Computer Science Dept., University of Exeter, 1983

BACKHOUSE, R.C., Syntax of Programming Languages, Englewood Cliffs, New Jersey: Prentice Hall, 1979

BARR, A.. & ATKINSON, R.C., Adaptive Instructional Strategies, in: H. SPADA & W.F.KEMPF (eds), Structural Models of Thinking and Learning, 83 - 112, Bern: Hans Huber Publ., 1977

BARR, A., BEARD, M. & ATKINSON, R.C., A Rationale and Description of a CAI Program to Teach the BASIC Programming Language, Instructional Science, 1975, 4, 1-31

BARR, A., BEARD, M. & ATKINSON, R.C., The Computer as a Tutorial Laboratory: The Stanford BIP Project, International Journal of Man-Machine Studies, 1976, 8, 567-596

BARR, A. & FEIGENBAUM, E.A. (eds), The Handbook of Artificial Intelligence, Vol. II, Los Altos, Calif.: W.Kauffmann, Inc., 1982

BAUER, F.L. & GOOS, G., Informatik, Bd. I, Berlin: Springer Verlag, 1982; Bd. II, Berlin: Springer Verlag, 1984

BAUER, F.L. & WÖSSNER, H., Algorithmische Sprache und Programmentwicklung, Berlin: Springer Verlag, 1981

BAUER, F.L. & WÖSSNER, H., Algorithmic Language and Program Development, Berlin: Springer Publ., 1984

BERGHAMMER, R., DOSCH, W. & OBERMEIER, R., CIP-LS: Pascal Variante (Übersicht über Sprache, Übersetzer und Formularmaschine), München: Institut für Informatik der TU München, Dezember 1985

BERTIN, J., Graphics and Graphics Information Processing, Berlin:Walter de Gruyter, 1981

BERTIN, J., The Semiology of Graphics, Madison, Wisconsin: The University of Wisconsin Press, 1983

BLOOM, B.S., Taxonomie von Lernzielen im kognitiven Bereich, Weinheim: Beltz, 1972

BODEN, M., Minds and Mechanism: Philosophical Psychology and Computational Models, Brighton, Sussex: The Harvester Press, 1981

BORK, A., Learning with Computers, Bedford, Massachusetts: Digital Press, 1981

BORK, A., Learning with Personal Computers, New York: Harper & Row, 1986

BOURNE, L.E., Human Conceptual Behavior, Boston: Allyn & Bacon, 1966

BOURNE, L.E., An Inference Model of Conceptual Rule Learning, in: R. SOLSO (ed), Theories in Cognitive Psychology, Washington, DC.: LAWRENCE ERLBAUM, 1974, 231 - 256

BOURNE, L.E., EKSTRAND, B.R. & DOMINOWSKI, R.L., The Psychology of Thinking, Englewood Cliffs, N.J.: Prentice Hall, 1971

BOYLE, C.F.,1986, Advanced Computer Tutoring, Inc., 701 Amberson Avenue, Pittsburgh, PA 15232, USA

BROWN, J.S., Uses of Artificial Intelligence and Advanced Computer Technology in Education, in: R.J. SEIDEL & M. RUBIN (eds), Computers and Communications: Implications for Education, New York: Academic Press, 1977, 253-270

BROWN, J.S. & BURTON, R.R., Multiple Representation of Knowledge for Tutorial Reasoning, in D. BOBROW & A. COLLINS (eds), Represenation and Understanding: Studies in Cognitive Science, New York: Academic Press, 1975

BROWN, J.S. & BURTON, R.R., Diagnostic Models for Procedural Bugs in Basic Mathematical Skills, Cognitive Science, 1978, 2, 155-192

BROWN, J.S. & BURTON, R.R., Reactive Learning Environments for Teaching Environments for Teaching Electronic Troubleshooting, in W.B. ROUSE (ed), Advances in Man-Machine Systems Research, Greenwich, Connecticut: JAI Press, 1986

BROWN, J.S., BURTON, R.R. & BELL, A.G., SOPHIE: A Step Towards a Reactive Learning Environment, International Journal of Man Machine Studies, 1975, 7, 675-696

BROWN, J.S., BURTON, R.R. & de KLEER, J., Pedagogical, Natural Language and Knowledge Engineering Techniques in SOPHIE I, II and III, in: D.SLEEMAN & J.S.BROWN (eds), Intelligent Tutoring Systems, New York: Academic Press, 1982

BROWN, J.S. & Van LEHN, K., Repair Theory: A Generative Theory of Bugs in Procedural Skills, Cognitive Science, 1980, 4, 379 - 426

BUNDERSON, C.V., The Design and Production of Learner-controlled Courseware for the TICCIT System, International Journal of Man Machine Studies, 1974, 6, 479-491

BUNDY, A., Computer Modelling of Mathematical Reasoning, New York: Academic Press, 1983

BUNDY, A., SILVER, B. & PLUMMER, D., An Analytical Comparison of Some Rule Learning Programs, Artificial Intelligence, 1985, 27, 137 - 181

BURTON, R.R., Diagnosing Bugs in a Simple Procedural Skill, in: D.SLEEMAN & J.S.BROWN (eds), Intelligent Tutoring Systems, New York: Academic Press, 1982, 157-183

BURTON, R.R. & BROWN, J.S., A Tutoring and Student Modelling Paradigm for Gaming Environments, SIGCSE Bulletin, 1976, 8, 236-246

BURTON, R.R. & BROWN, J.S., Toward a Natural Language Capability for Computer-assisted Instruction, in: H. O'NEIL (ed), Procedures for Instructional Systems Development, New York: Academic Press, 1979a

BURTON, R.R. & BROWN, J.S., An Investigation of Computer Coaching for Informal Learning Activities, International Journal of Man-Machine Studies, 1979b, 11, 5-24

CAMPBELL, J.A. & ROSS, S.P., Issues in Computer-assisted Interpretation of Graphs and Quantitative Information, in: G.SALVENDY (ed), Cognitive Engineering in the Design of Human-Computer Interaction and Expert Systems, Amsterdam: Elsevier Science Publ., 1987, 473-480

CARBONELL, J.R., AI in CAI: An Artificial Intelligence Approach to Computer-assisted Instruction, IEEE Transactions on Man-Machine Systems, 1970, 11, 190-202

CARBONELL, J. & LANGLEY, P., Machine Learning, in: St.C. SHAPIRO (ed), Encyclopedia of Artificial Intelligence, Vol.1, 464 - 488, 1987

CARROLL, J.M., Minimalist Design for Active Users, in: B.SHACKLE (ed), Interact '84, First IFIP Conference on Human-Computer Interaction, Amsterdam: Elsevier/North-Holland, 1984a

CARROLL, J.M., Minimalist Training, Datamation, 1984b, 125 - 136

CAWSEY, A., Bugs in Decimal Addition: Model, Applications and Explanations, Artificial Intelligence and Simulation of Behavior Quarterly, 1986, 59, 12-13

CHANG, S.K., Visual Languages: A Tutorial and Survey, in: P. GORNY & M.J. TAUBER (eds), Visualization in Programming, Lecture Notes in Computer Science, Nr. 282, Berlin: Springer, 1987, 1-23

CHASE, W. G., Visual Information Processing, in: K.R. BOFF, L. KAUFMAN & J.P. THOMAS (eds), Handbook of Perception and Human Performance, Vol. II, Cognitive Processes and Performance, New York: Wiley, 1986, 28-1 - 28-71

CLANCEY, W.J., Dialogue Management for Rule-Based Tutorials, IJCAI, 1979, 6, 155-161

CLANCEY, W.J., Methodology for Building an Intelligent Tutoring System, in: W.KINTSCH, J.R. MILLER & P.G. POLSON (eds), Methods and Tactics in Cognitive Science, Hillsdale, N.J.: Lawrence Erlbaum Ass., 1984

CLANCEY, W.J., Tutoring Rules for Guiding a Case Method Dialogue, in: D.SLEEMAN & J.S.BROWN (eds), Intelligent Tutoring Systems, New York: Academic Press, 1982, 201-225

CLANCEY, W.J., GUIDON, Journal of Computer-based Instruction, 10, 8-14, 1983

CLANCEY, W.J., From GUIDON to NEOMYCIN and HERACLES in Twenty Short Lessons: ORN Final Report, 1979 - 1985, AI Magazine, 1986a, 7(3), 40 - 60 & 187

CLANCEY, W.J., Qualitative Student Models, in: J.F.TRAUB (ed), Annual Review of Computer Science, 1986b, 1, 381-450

CLANCEY, W.J., Knowledge-based Tutoring: The GUIDON Program, Cambridge, Mass.: 1987

CLEVELAND, W.S., The Elements of Graphing Data, Belmont, California: Wadsworth, 1985

COLLINS, A., Processes in Acquiring Knowledge, in: R.C.ANDERSON, R.J.SPIRO & W. MONTAGUE (eds), Schooling and the Acquisition of Knowledge, Hillsdale, N.J.: Lawrence Erlbaum Press, 1976

COLLINS, A., Teaching Reasoning Skills, in: S.F. CHIPMAN, J.W. SEGAL & R. GLASER (eds), Thinking and Learning Skills: Research and Open Questions, Hillsdale, N.J.: Lawrence Erlbaum Ass., 1985

COLLINS, A. & STEVENS, A.L., Goals and Strategies for Inquiry Teachers, in: R. GLASER (ed), Advances in Instructional Psychology, II, Hillsdale, N.J.: Lawrence Erlbaum Ass., 1982

COLLINS, A. & STEVENS, A.L., A Cognitive Theory of Interactive Teaching, in: C.M. REIGELUTH (ed), Instructional Design Theories and Models: An Overview, Hillsdale, N.J.: Lawrence Erlbaum Ass., 1983

COLLINS, A., WARNOCK, E.H., AIELLO, N. & MILLER, M.L., Reasoning from Incomplete Knowledge, in: BOBROW, D.G. & COLLINS, A. (eds), Representation and Understanding, New York: Academic Press, 1975

COLONIUS, H., FRANK, K.D., JANKE, G., KOHNERT, K., MÖBUS, C., SCHRÖDER, O. & THOLE, H.J., Entwicklung einer Wissensdiagnostik- und Fehlererklärungskomponente beim Erwerb von Programmierwissen für ABSYNT, paper presented on the workshop "Intelligente Lernsysteme", Tübingen, DIFF, 1987

COLONIUS, H., FRANK, K.D., JANKE, G., KOHNERT, K., MÖBUS, C., SCHRÖDER, O. & THOLE, H.J., Syntaktische und semantische Fehler in funktionalen graphischen Programmen, ABSYNT-Report 2/87, Projekt ABSYNT, FB 10, Arbeitsgruppe Lehr-Lernsysteme, Universität Oldenburg, 1987

DAVIS, R.E., Runnable Specification as a Design Tool, in: K.L. CLARK & S.A. TÄRNLUND (eds), Logic Programming, New York: Academic Press, 1982, 141 - 149

DAVIS, R.B., DUGDALE, S., KIBBEY, D. & WEAVER, Ch., Representing Knowledge about Mathematics for Computer-Aided Teaching, Part II - The Diversity of Roles that a Computer Can Play in Assisting Learning, in: E.W.ELCOCK & D.MICHIE (eds), Machine Intelligence 8, Chichester, Sussex: Ellis Horwood Ltd, 1977, 387-421

DEDE, C., A Review and Synthesis of Recent Research in Intelligent Computer-assisted Instruction, International Journal of Man-Machine Studies, 1986, 24, 329-353

DESMARAIS, M.C., LAROCHELLE, S. & GIROUX, L., The Diagnosis of User Strategies, in: H.J. BULLINGER & B. SHACKEL (eds), INTERACT '87, Amsterdam: Elsevier Science Publ., 1987, 185 - 189

DIETTERICH, T.G., LONDON, B., CLARKSON, K., DROMEY, G., Learning and Inductive Inference, in: P.R. COHEN & E.A. FEIGENBAUM (eds), The Handbook of Artificial Intelligence, Vol.3, 323 - 511, London: Pitman Books Ltd., 1982

DOSCH, W., New Prospects of Teaching Programming Languages, in: F.B.LOVIS & E.D.TAGG (eds), Informatics Education for all Students at University Level, IFIP, Amsterdam: Elsevier Science Publishers, 1984, 153 -169

DUGDALE, S. & KIBBEY, D., Elementary Mathematics with PLATO, Urbana, Illinois: Computer-based Education Laboratory (op.cit.in: O'SHEA, 1982)

DYWER, T.A., Heuristic Strategies for Using Computers to Enrich Education, International Journal of Man-Machine Studies, 1974, 6, 137-154

EFE, K., A Proposed Solution to the Problem of Levels in Error-message Generation, Communications of the ACM, 1987, 30(11), 948 - 955

EGAN, D.E. & GREENO, J.G., Theory of Rule Induction: Knowledge Acquired in Concept Learning, Serial Pattern Learning, and Problem Solving, in: L.W.GREGG (ed), Knowledge and Cognition, Potomac, Maryland: L.Erlbaum Ass.Publ., 1974, 43-103

FÄHNRICH, K.P. & ZIEGLER, J., Workstation Using Direct Manipulation as Interaction Mode, in: Proceedings of INTERACT '84, Vol.II, 1985a, 203 - 208   (in german: Direkte Manipulation als Interaktionsform an Arbeitsplatzrechnern, in: H.J. BULLINGER (Hrsgb), Software-Ergonomie '85 -Mensch-Computer- Interaktion, Stuttgart: Teubner, 1985, 75 - 85

FEURZEIG, W., Algebra Slaves and Agents in a LOGO-based Mathematics Curriculum, in: R.W. LAWLER & M. YAZDANI (eds), Artificial Intelligence and Education: Learning Environments and Tutoring Systems, 27 - 54, Norwood, N.J.: Ablex Publ. Co., 1987

FISCHER, G., Einführung in die Theorie psychologischer Tests, Bern: Hans Huber, 1974

FITTER, M. & GREEN, T.R.G., When Do Diagrams Make Good Computer Languages?, International Journal of Man-Machine Studies, 1979, 11, 235-261 and in: M.J. COOMBS & J.L. ALTY (eds), Computing Skills and the User Interface, New York: Academic Press, 1981, 253 - 287

FLETCHER, J.D., Modeling the Learner in Computer-assisted Instruction, Journal of Computer-based Instruction, 1975,1,118-126

FORD, L., Intelligent Computer Aided Instruction, Research Report, R.121, Computer Science Dept., University of Exeter, 1986

FORD, L., Teaching Strategies and Tactics in Intelligent Computer Aided Instruction, Artificial Intelligence Review, 1987, 1, 201-215

FRICKE, R., Über Meßmodelle in der Schulleistungsdiagnostik, Düsseldorf: Pädagogischer Verlag Schwann, 1972

FRICKE, R., Kriteriumsorientierte Leistungsmessung, Stuttgart: W.Kohlhammer, 1974

FRIEDMAN, D.P. & FELLEISEN, M., The Little LISPer, Cambridge, Massachussetts: MIT Press, 1987

GAGE, N.L.(ed), Handbook of Research on Teaching, Chicago: Rand McNally & Co, 1967[5]

GAGNE, R.M., The Acquisition of Knowledge, Psychological Review, 1962, 69, 355-365 (german translation in: M.HOFER & F.E.WEINERT (eds), Pädagogische Psychologie, Bd.2, Lernen und Instruktion, 1973, 106-123

GAGNE, R.M., Task Analysis - Its Relation to Content Analysis, Educational Psychology, 1974, 11, 11-18

GALANTER, E.H. (ed.), Automatic Teaching: the State of Art, N.Y.: Wiley, 1959

GENESERETH, M.R., The Role of Plans in Intelligent Teaching Systems, in: D.SLEEMAN & J.S.BROWN (eds), Intelligent Tutoring Systems, New York: Academic Press, 1982, 137 - 155

GENESERETH, M.R. & NILSSON, N.J., Logical Foundations of Artificial Intelligence, Los Altos, California: Morgan Kaufman Publ., 1987

GHEZZI, C. & JAZAYERI, M., Programming Language Concepts 2/E, New York: Wiley, 1987

GILMORE, D.J. & GREEN, T.R.G., Are "programming plans" psychological real - outside PASCAL?, in: H.J. BULLINGER & B. SHACKEL (eds), INTERACT '87, Amsterdam: Elsevier Science Publ., 1987, 497 - 503

GILMORE, D. & SELF, J.A., The Application of Machine Learning to Intelligent Tutoring Systems, in: J.A.SELF (ed), Intelligent Computer-Aided Instruction, London: Chapman & Hall (in press)

GLINERT, E.P. & GONCZAROWSKI, J., A (Formal) Model for (Iconic) Programming Environments, in H.J. BULLINGER & B. SHACKEL (eds), Human - Computer Interaction - INTERACT '87, Amsterdam: Elsevier Science Publ., 1987, 283 - 290

GLINERT, E.P. & GONCZAROWSKI, J. & SMITH, C.D., An Integrated Approach to Solving Visual Programming's Problems, in: G. SALVENDY (ed), Cognitive Engineering in the Design of Human - Computer Interaction and Expert Systems, Amsterdam: Elsevier Science Publ., 1987, 341 - 348

GOEDE, K. & KLIX, F., Lernabhängige Strategien der Merkmalsgewinnung und der Klassenbildung beim Menschen, in: F.KLIX, W.KRAUSE & H.SYDOW (Hrsgb), Kybernetik-Forschung, H.1, Zeichenerkennungs- und Klassifikationsprozesse bei biologischen und technischen Systemen, VEB Deutscher Verlag der Wissenschaften, Berlin 1972

GOLDSTEIN, I.P., The Genetic Epistemology of Rule Systems, International Journal of Man-Machine Studies, 1979, 11, 51-77

GOLDSTEIN, I.P., Developing a Computational Representation for Problem-Solving Skills, in: D.T.TUMA & F.REIF (eds), Problem Solving and Education: Issues in Teaching and Research, Hillsdale, N.J.: Erlbaum Ass. Publ., 1980, 53-79

GOLDSTEIN, I.P., The Genetic Graph: A Representation for the Evolution of Procedural Knowledge, in: D.SLEEMAN & J.S.BROWN (eds), Intelligent Tutoring Systems, New York: Academic Press, 1982

GOODMAN, D., The Complete HyperCard Handbook, Toronto: Bantam Books, 1987

GREEN, T.R.G., Programming as a Cognitive Activity, in: H.T. SMITH & T.R.G. GREEN (eds), Human Interaction with Computers, New York: Academic Press, 1980, 271 - 319

GREEN, T.R.G., Learning Big and Little Programming Languages, in: A.C. WILKINSON (ed), Classroom Computers and Cognitive Science, New York: Academic Press, 1983, 71 - 93

GREEN, T.R.G. & PAYNE, S.J., Organization and Learnability in Computer Languages, International Journal of Man-Machine Studies, 1984, 21, 7 - 18

GREEN, T.R.G., SCHIELE, F. & PAYNE, S.J., Formalizable Models of User Knowledge in Human Computer Interaction, 1985, to appear in: GREEN, HOC, MURRAY & VEER (eds), Theory and Outcomes in Human Computer Interaction, London: Academic Press (in press)

GREEN, T.R.G., SIME, M.E. & FITTER, M.J., The Art of Notation, in: M.J. COOMBS & J.L. ALTY (eds), Computing Skills and the User Interface, New York: Academic Press, 1981, 221 - 251

HAYGOOD, R.C. & BOURNE, L.E., Attribute- and Rule-learning Aspects of Conceptual Behaviour, Psychological Review, 1965, 72, 175 - 195

HENDERSON, P., Functional Programming: Application and Implementation, Englewood Cliffs, N.J.: Prentice Hall, 1980

HENDERSON, P., Functional Programming, Formal Specification and Rapid Prototyping, IEEE Transactions on Software Engineering SE-12 2, 1986, 241 - 250

HOLLAN, J.D., HUTCHINS, E.L. & WEITERMAN, L.M., STEAMER: An Interactive, Inspectable, Simulation-based Training System, in: G.KEARSLEY (ed), Artificial Intelligence and Instruction: Applications and Methods, Reading, Masss.: Addison-Wesley, 1987, 113-134

HOLLAND, J.G., Teaching Machines: an Application of Principles from the Laboratory, Journal of Experimental Analysis of Behavior, 1960, 3, 275 - 286 (german translation in: W.CORRELL(ed), Programmiertes Lernen und Lehrmaschinen, Braunschweig, 1965)

HOLLAND, J.G., Response Contingencies in Teaching Machine Programs, Journal of Programmed Instruction, 1964, 3, 1-8

HOLLAND, J.G. & SKINNER, B.F, The Analysis of Behavior, New York:McGraw Hill, 1961 (german translation: Analyse des Verhaltens,München: Urban & Schwarzenberg, 1974)

HOPPE, H.U., A Grammar-based Approach to Unifying Task-oriented and System-oriented Interface Descriptions, in: D. ACKERMAN & M.TAUBER (eds), Mental Models and Computer Interaction, Amsterdam: North-Holland (in press)

HOPPE, H.U., Task-oriented Parsing - A Diagnostic Method to be Used by Adaptive Systems, working paper, GMD, 1987

HOPPE, H.U., TAUBER, M. & ZIEGLER, J.E., A Survey of Models and Formal Description Methods in HCI with Example Applications, ESPRIT Project 385, HUFIT Report B.3.2.a, Fraunhofer Institute (FHG-IAO), 1986

HUNT, E.B., MARTIN, J. & STONE, P.J., Experiments in Induction, New York: Academic Press, 1966

HUTCHINS, E.L., HOLLAN, J.D. & NORMAN, D.A., Direct Manipulation Interfaces, in: D.A.NORMAN & S.W.DRAPER (eds), User Centered System Design - New Perspectives on Human Computer Interaction, Hillsdale, N.J.: Lawrence Erlbaum Ass., 1986, 87-124

JANKE, G. & KOHNERT, K., Interface Design of a Visual Programming Language: Evaluating Runnable Specifications According to Psychological Criteria, paper to be presented at MACINTER, 1988, Berlin/GDR

JOHNSON, W.L., Intention-Based Diagnosis of Novice Programming Errors, Los Altos, California: Morgan Kaufman Publ., 1986

JOHNSON, W.L. & SOLOWAY, E., Intention-based Diagnosis of Programming Errors, Proceedings of the AAAI-84, 1984, 162 -168

JOHNSON, W.L. & SOLOWAY, E., PROUST: An Automatic Debugger for Pascal Programs, BYTE, 1985, April, 179-190 and in: G.P.KEARSLEY (ed), Artificial Intelligence & Instruction, Reading, Mass.: Addison Wesley Publ.Co., 1987, 49-67

KAHNEY, H., The Behaviour of Novice and Expert Problem Solvers, Artificial Intelligence and Simulation of Behaviour Quarterly, 1983, No.48, 20 - 24

KANTOROVIC, L.V., Ob odnoi matematischeskoi cimbolike, udobnoi pri prowedenii witschiclenii na maschinach (On a Mathematical Symbolism Convenient for Performing Machine Calculations), Doklady Akademii Nauk CCCP, 1957, 113, 738 -741

KASS, R., The Role of User Modelling in Intelligent Tutoring Systems, Department of Computer and Information Science, School of Engineering and Applied Science, Philadelphia, PA., LINC LAB 41, MS-CIS-86-58, 1987

KAWAI, K., MIZOGUCHI, R., KAKUSHO, O. & TOYODA, J., A Framework for ICAI Systems Based on Inductive Inference and Logic Programming, New Generation Computing, 1987, 5, 115 - 129

KEARSLEY, G.P. (ed), Artificial Intelligence & Instruction, Reading, Mass.: Addison-Wesley, 1987

KIMBALL, R., A Self Improving Tutor for Symbolic Integration, in: D.SLEEMAN & J.S.BROWN (eds), Intelligent Tutoring Systems, New York: Academic Press, 1982

KLAUSMEIER, H.J., Learning and Human Abilities, New York: Harper & Row, 1971

KLING, U., Kognitive Aspekte bei Mensch/Maschine-Interaktionsformen im Bereich des Lernens und Problemlösens, in: H.UECKERT & D.RHENIUS (eds), Komplexe menschliche Informationsverarbeitung, Bern: Hans Huber, 1979

KÖHNE, A. & WEBER, G., STRUEDI: A Lisp-Structure Editor for Novice Programmers, in: H.J.BULLINGER & B.SHACKEL (eds), Elsevier Science Publ., 1987, 125-129

KOFFMAN, E.B. & BLOUNT, S.E., Artificial Intelligence and Automatic Programming in CAI, Artificial Intelligence, 1975, 6, 215-234

KOHNERT, K. & JANKE, G., The Object-oriented Implementation of the ABSYNT Environments, ABSYNT-Report 4/88, FB 10 Informatik, Arbeitsgruppe Lehr-Lernsysteme, University of Oldenburg

KRAUSE, M.U. & SEEL, B.R. (eds), Lernerfolgsmessung: Beiträge zur computerunterstützten Auswertung von Lernerfolgsdaten, München: Oldenbourg Verlag, 1979

LAIRD, J.E., ROSENBLOOM, P.S. & NEWELL, A., Chunking in SOAR: The Anatomy of a General Learning Mechanism, Machine Learning, 1986, 1, 11 - 46

LAKIN, F.H., Computing with Text-Graphic Forms, in: J. ALLEN (ed), Records of the LISP Conference, 1980, 100 - 105

LAKIN, F.H., Spatial Parsing for Visual Languages, in: S. CHANG, T. ICHIKAWA & P.A. LIGOMENIDES (eds), Visual Languages, New York: Plenum Press, 1986

LANGLEY, P., OHLSSON, S. & SAGE, St., A Machine Learning Approach to Student Modelling, Pittsburgh, PA.: Carnegie-Mellon University, The Robotics Institute, Tech.Rep., CMU-RI-TR-84-7, 1984

LARKIN, J.H. & SIMON, H.A., Why a Diagram is (Sometimes) Worth Ten Thousand Words, Cognitive Science, 1987, 11, 65 - 99

LAWLER, R.W., Designing Computer-based Microworlds, in: M. YAZDANI (ed), New Horizons in Educational Computing, Chichester, England: Ellis Horwood, Ltd., New York: John Wiley, 1984

LAWLER, R.W., Learning Environments: Now, Then, and Someday, in: R.W. LAWLER & M. YAZDANI (eds), Artficial Intelligence and Education, Norwood, N.J.: Ablex Publ. Co., 1987

LAWLER, R.W. & LAWLER, G.P., Computer Microworlds and Reading: An Analysis for their Systematic Application, in: R.W. LAWLER & M. YAZDANI (eds), Artificial Intelligence and Education, Norwood, N.J.: Ablex Publ. Co., 1987, 95 - 115

LAWLER, R.W. & M. YAZDANI (eds), Artificial Intelligence and Education: Learning Environments and Tutoring Systems, Norwood, N.J.: Ablex Publ. Co., 1987

LEKAN, H.A., Index to Computer-assisted Instruction, New York: Harcourt Brace, 1971

LEVESQUE, H.J., Knowledge Representation and Reasoning, Annual Review of Computer Science, 1986, 1, 255-287

LLOYD, C.J., Integrating Plan Recognition and User Modelling, Centre for Research on Computers and Learning, Department of Computing, The University of Lancaster, 1986

LUTZE, R., The Gestalt Analysis of Programs, in: P. GORNY & M.J. TAUBER (eds), Visualization in Programming, 5th Interdisciplinary Workshop in Informatics and Psychology, Schärding, Austria, May 1986, Berlin: Springer-Verlag, 1987, 24 - 36

MANDL, H. & FISCHER, P.M. (eds), Lernen im Dialog mit dem Computer, München: Urban & Schwarzenberg Publ., 1985

MATZ, M., Towards a Process Model for High School Algebra Errors, in D. SLEEMAN & J.S. BROWN (eds), Intelligent Tutoring Systems, New York: Academic Press, 1982, 25 - 50

McKENDREE, Jean, Feedback Content During Complex Skill Acquisition, 181-188, in: G.SALVENDY, S.L.SAUTER & J.J.HURRELL (eds), Social, Ergonomic and Stress Aspects of Work with Computers, Amsterdam: Elsevier Science Publ., 1987

MEDIN, D.L. & SMITH, E.E., Concepts and Concept Formation, Annual Review of Psychology, 1984, 35, 113 - 138

MEDIN, D.L., WATTENMAKER, W.D. & MICHALSKI, R.S., Constraints and Preferences in Inductive Learning: An Experimental Study of Human and Machine Performance, Cognitive Science, 1987, 11, 299 - 339

MERRILL, M.D., SCHNEIDER, E.W. & FLETCHER, K.A., TICCIT, EnglewoodCliffs,N.J.: Educational Technology,1980

MICHALSKI, R.S., Learning Strategies and Automated Knowledge Acquisition: An Overview, in: L.BOLC (ed), Computational Models of Learning, Springer: Berlin, 1987, 1 - 19

MILLER, M.L., A Structural Planning and Debugging Environment for Elementary Programming, International Journal of Man Machine Studies, 1979, 11, 79 - 95 and in: D.SLEEMAN & J.S. BROWN (eds), Intelligent Tutoring Systems, New York: Academic Press, 1982, 119 - 135

MILLER, M.L. & GOLDSTEIN, I.P., SPADE: A Grammar Based Editor for Planning and Debugging Programs, AI Memo 386, Artificial Intelligence Laboratory, Massachusetts Institute of Technology, Dec. 1976

MILLER, M.L. & GOLDSTEIN, I.P., Problem Solving Grammars as Formal Tools for Intelligent CAI, Proceedings of the ACM Conference, 1977a, 220 - 226

MILLER, M.L. & GOLDSTEIN, I.P., Structured Planning and Debugging, Proceedings of the 5th International Joint Conference on Artificial Intelligence (IJCAI), 1977b, 773 - 779

MINSKY, M., A Framework for Representing Knowledge, in: P.WINSTON (ed), The Psychology of Computer Vision, New York: McGrawHill, 1975, 211-277

MITRE Corporation, An Overview of the TICCIT Program, McLean, Virginia: MITRE Corporation, 1974 (op.cit.in: O'SHEA, 1982)

MÖBUS, C., Die Entwicklung zum Programmierexperten durch das Problemlösen mit Automaten, in: H.MANDL & P.M.FISCHER (eds), Lernen im Dialog mit dem Computer, München: Urban & Schwarzenberg Publ., 1985, 140-154

MÖBUS, C., Knowledge Specification and Instructions for a Visual Computer Language, paper presented on the "Workshop on Knowledge Representation and Information Processing", Institute of Cybernetics and Information Processes, Academy of Sciences, Berlin/GDR, 24.-28. June, 1987a

MÖBUS, C., Logic Programs as a Specification and Description Tool in Designing an Intelligent Tutoring System,in: Abridged Proceedings of the HCI International Conference on Human-Computer Interaction, Honolulu, Hawaii 1987b, p.119f

MÖBUS, C., Specifications of Instructions and Helps for an ICAI-System in the Field of Graphical Programming, paper presented at the First European Seminar on Intelligent Tutoring Systems, Commission of the European Communities, Rottenburg, 25.-31. October, 1987c

NEVES, D.M. & ANDERSON, J.R., Knowledge Compilation: Mechanisms for the Automatization of Cognitive Skills, in: J.R. ANDERSON (ed), Cognitive Skills and their Acquisition, Hillsdale, N.J.: Lawrence Erlbaum Ass., 1981, 57 - 84

NEWELL, A. & ROSENBLOOM, P.S., Mechanisms of Skill Acquisition and the Law of Practice, in J.R. ANDERSON (ed), Cognitive Skills and their Acquisition, Hillsdale, N.J.: Lawrence Erlbaum, 1981

O'SHEA, T., Self Improving Teaching Systems, Basel: Birkhäuser Verlag, 1979

O'SHEA, T., A Self-improving Quadratic Tutor, International Journal of Man-Machine Studies, 1979a, 11, 97-124 and in: D.SLEEMAN & J.S.BROWN (eds), Intelligent Tutoring Systems, New York: Academic Press, 1982, 309 - 336

O'SHEA, T., Intelligent Systems in Education, in: D.MICHIE (ed), Introductory Readings in Expert Systems, New York: Gordon & Breach Science Publ., 19##, 147-176

PAGAN, F.G., Formal Specification of Programming Languages: A Panoramic Primer, Englewood Cliffs: Prentice Hall, 1981

PAPERT, S., Microworlds: Transforming Education, in: R.W. LAWLER & M. YAZDANI (eds), Artificial Intelligence and Education, Norwood, N.J.: Ablex Publ. Co., 1987, 79 - 94

PARK, O.C., PEREZ, R.S. & SEIDEL, R.J., Intelligent CAI: Old Wine in New Bottles or a New Vintage? in: G.P. KEARSLEY (eds), Artificial Intelligence & Instruction, Reading, Mass.: Addison-Wesley, 1987, 11-45

PAVEL, M., MARCOVICI, S., SHERMAN, A. & FALMAGNE, J.C., ARIS: A Computer-assisted Instruction System, Behaviour Research Methods and Instrumentation, 1983, 15, 138-141

PAYNE, S.J. & GREEN, T.R.G., Task-action Grammars: A Model of the Mental Representation of Task Languages, Human Computer Interaction, 1986, 2, 93 - 133

PAYNE, S.J., SIME, M.E. & GREEN, T.R.G., Perceptual Structure Cueing in a Simple Command Language, International Journal of Man-Machine Studies, 1984, 21, 19 - 29

PEACHEY, D.R. & McCALLA, G.I., Using Planning Techniques in Intelligent Tutoring Systems, International Journal of Man-Machine Studies, 1986, 24, 77-98

PENNINGTON, N., Stimulus Structures and Mental Representations in Expert Comprehension of Computer Programs, Cognitive Psychology, 1987, 19, 295 - 341

PEREIRA, F.C.N., Can Drawing Be Liberated from the von NEUMANN Style?, in: M.V. CANEGHEM & D.H.D. WARREN (eds), Logic Programming and its Applications, Norwood, N.J.: Ablex Publ., 1986, 175 - 187

POHL, I., Syntactic Models of Cognitive Behavior, in: A. ELITHORN & D. JONES (ed), Artificial and Human Thinking, Amsterdam: Elsevier Scientific Publ. Co., 1973, 34 - 44

POMERANTZ, J.R., Perceptual Organization in Information Processing, in: A.M. AITKENHEAD & J.M. SLACK (eds), Issues in Cognitive Modelling, Hillsdale, N.J.: LAWRENCE ERLBAUM Ass., 1985, 127 - 158

PRESSEY, S.L., A Simple Apparatus Which Gives Tests and Scores and Teaches, School and Society, 1926, 23 (german translation in: W.CORRELL (ed.), Programmiertes Lernen und Lehrmaschinen, Braunschweig, 1965)
PRESSEY, S.L., A Machine for Automatic Teaching of Drill Material, School and Society, 1927, 25, 1-14 (german translation in:W.CORRELL (ed), Programmiertes Lernen und Lehrmaschinen, Braunschweig, 1965)
PRESSEY, S.L., Teaching Machine (and Learning Theory) Crisis, Journal of Applied Psychology, 1963, 47, 1-6 (german translation in: F.WEINERT (ed), Pädagogische Psychologie, Köln: Kiepenheuer & Witsch, 1961)
RAJAN, T., APT: A Principled Design of an Animated View of Program Execution for Novice Programmers, in: H.J. BULLINGER & B. SHACKEL (eds), Human - Computer Interaction - INTERACT '87, Amsterdam: Elsevier Science Publishers, 1987, 291 - 296
RESNICK, C.A., Computational Models of Learners forComputer- assisted Learning, Doctorial Dissertation, University of Illinois, Urbana-Champaign, Illinois, 1975
REISNER, P., Formal Grammar as a Tool for Analyzing Ease of Use: Some Fundamental Concepts, in: J.C. THOMAS & M.L. SCHNEIDER (eds), Human Factors in Computer Systems, Norwood, N.J.: Ablex Publ. Co.,1984
REISNER, P., Formal Grammar and Human Factors Design of Interactive Graphics System, IEEE Transactions on Software Engineering, Vol. SE-7,No.2, 229 - 240, 1981
ROSS, P., Some Thoughts on the Design of an Intelligent Teaching System for PROLOG, Artificial Intelligence and Simulation of Behavior Quarterly, 1987, No. 62, 6 - 10
ROSS, P. & LEWIS, J., Plan Recognition and Chart Parsing, Department of Artificial Intelligence, University of Edinburgh, DAI- Research Paper, No. 309, 1987
SCHEERER, E., Notes Toward a History of Cognitive Science, International Social Science Journal, in press
SCHMIDT, C.F., SRIDHARAN, N.S. & GOODSON, J.L., The Plan Recognition Problem: An Intersection of Psychology and Artificial Intelligence, Artificial Intelligence, 1978, 11, 45-83
SCHMITT, H. & WOHLFARTH, P., Mathematikbuch 5N., München: Bayerischer Schulbuchverlag, 1978
SCHRÖDER, O., FRANK, K.D. & COLONIUS, H., Gedächtnisrepräsentation funktionaler, graphischer Programme, ABSYNT-Report 1/87, Projekt ABSYNT, FB 10, Arbeitsgruppe Lehr-Lernsysteme, Universität Oldenburg, 1987
SELF, J.A., Student Models in Computer-aided Instruction, International Journal of Man-Machine Studies, 1974, 6, 261-276
SELF, J.A., The Application of Machine Learning to Student Modelling, Instructional Science, 1986, 14, 327 - 338
SELF, J.A., Artificial Intelligence and Human Learning: Intelligent Computer-aided Instruction, London: Chapman & Hall, 1988
SHAPIRO, St.C. (ed), Encyclopedia of Artificial Intelligence, New York: John Wiley, 1987
SHNEIDERMAN, B., Direct Manipulation: A Step Beyond Programming Languages, IEEE Computer, 1983, 16(8),57 - 69
SHEIDERMAN, B., Designing the User Interface: Strategies for Effective Human-Computer Interaction, Reading, Mass.: Addison-Wesley, 1987
SHU, N.C., Visual Programming Languages: A Perspective and a Dimensional Analysis, in: S. CHANG, T. ICHIKAWA & P.A. LIGOMENIDES (eds), Visual Languages, New York: Plenum Press, 1986, 11 - 34
SIMON, H.A. & LEA, G., Problem Solving and Rule Induction: A UnifiedView, in: L.W.GREGG (ed), Knowledge and Cognition, Potomac, Maryland: L.Erlbaum Ass.Publ., 1974, 105-127
SKINNER, B.F., The Science of Learning and the Art of Teaching, Harvard Educational Review, 1954, 24, 86-97 (german translation in: F.WEINERT (ed), Pädagogische Psychologie, 247-258, Köln: Kiepenheuer & Witsch, 1967
SKINNER, B.F., Teaching Machines, Science, 1958, 128, 969-977 (german translation in: W.CORRELL (ed), Programmiertes Lernen und Lehrmaschinen, Braunschweig, 1965)
SKINNER, B.F., The Technology of Teaching, N.Y.: Appleton Century Crofts, 1968
SKVORETZ, J., Languages and Grammars of Action and Interaction: Some Further Results, Behavioral Science, 1984, 29, 81-97
SKVORETZ, J. & FARARO, Th.J., Languages and Grammars of Action and Interaction: A Contribution to the Formal Theory of Action, Behavioral Science, 1980, 25, 9 - 22
SLEEMAN, D.H., A Problem Solving Monitor for a Deductive Reasoning Task, International Journal of Man-Machine Studies, 1975, 7, 183-211
SLEEMAN, D.H., Assessing Aspects of Competence in Basic Algebra, in: D.SLEEMAN & J.S. BROWN (eds), Intelligent Tutoring Systems, New York: Academic Press, 1982
SLEEMAN, D.H., Inferring Student Models for Intelligent Computer-aided Instruction, in: R.S. MICHALSKI, J.G.CARBONELL, T.M. MITCHELL (eds), Machine Learning: An Artificial Intelligence Approach, Plao Alto: Tioga Publ.Co., 1983, 483-510
SLEEMAN, D.H., An Attempt to Understand Student's Understanding of Basic Algebra, Cognitive Science, 1984, 8, 387-412
SLEEMAN, D.H., Basic Algebra Revisited: A Study with 14-year-olds, International Journal of
Man-Machine-Studies, 1985, 22, 127-149
SLEEMAN, D.H., Inferring (Mal)rules from Pupil's Protocols, in: L.STEELS & J.A. CAMPBELL (eds), Progress in Artificial Intelligence, Chichester, Sussex: Ellis Horwood Ltd, 1986
SLEEMAN, D.H. & BROWN, J.S. (eds), Intelligent Tutoring Systems, New York: Academic Press, 1982
SLEEMAN, D. & HENDLEY, R.J., ACE: A System which Analyses Complex Explanations, in: D. SLEEMAN & J.S. BROWN (eds), Intelligent Tutoring Systems, New York: Academic Press, 1982, 99 - 118
SLEEMAN, D.H. & SMITH, M.J., Modelling Pupil's Problem Solving, Artificial Intelligence, 1981, 16, 171 - 187
SMALLWOOD, R.D., A Decision Structure for Teaching Machines, Cambridge, Massachusetts: MIT Press, 1962
SMALLWOOD, R.D., Optimal Policy Regions for Computer-directed Teaching Systems, in: W.H.HOLTZMAN (ed), Computer-assisted Instruction, Testing and Guidance, New York: Harper & Row, 1970
SMITH, D.C., IRBY, C., KIMBALL, R., VERPLANK, B., & HARSLEM, B., Designing the STAR User Interface, BYTE, 1982, 7(4), 242-282

SMITH, R.L. & BLAINE, L.H., A Generalized System for University Mathematics Instruction, SIGCUE Bulletin, 1976, 1, 280-288

SMITH, R.L., GRAVES, W.H., BLAINE, L.H. & MARINOV, V.G., Computer-assisted Axiomatic Mathematics: Informal Rigor, in: O.LACARME & R.LEWIS (eds), Computers in Education, IFIPS (Pt.2), Amsterdam: North-Holland, 1975, 803-809

SOLOWAY, E., Learning to Program = Learning to Construct Mechanisms and Explorations, Communications of the ACM, 1986, 29(9), 850-858

SOLOWAY, E., I Can't Tell What in the Code Implements What in the Specs, in: G.SALVENDY (ed), Cognitive Engineering in the Design of Human-Computer Interaction and Expert Systems, Amsterdam: Elsevier Science Publ., 1987, 317-328

SPADA, H. Modelle des Denkens und Lernens: Ihre Theorie, empirische Untersuchung und Anwendung in der Unterrichtsforschung, Bern: Hans Huber, 1976

SPADA, H. & OPWIS, K., Intelligente tutorielle Systeme aus psychologischer Sicht, in: H.MANDL & P.M.FISCHER (eds), Lernen im Dialog mit dem Computer, München: Urban & Schwarzenberg, 1985, 13 - 23

STEVENS, A.L. & COLLINS, A., The Goal Structure of a Socratic Tutor, Proceedings of the ACM Conference, Seattle, Washington, New York: Association for Computing Machinery, 1977, 256 - 263

STEVENS, A.L. & COLLINS, A., Multiple Conceptual Models of a Complex System, in: R.E. SNOW, P.A. FEDERICO & W.E. MONTAGUE (eds), Aptitude, Learning and Instruction, Vol. 2: Cognitive Process Analyses of Learning and Problem Solving, Hillsdale, N.J.: 1980, 177 - 197

STEVENS, A.L., COLLINS, A. & GOLDIN, S.E., Misconceptions in Students' Understanding, International Journal of Man-Machine Studies, 1979, 11, 145 - 156 and in: D. SLEEMAN & J.S. BROWN (eds), Intelligent Tutoring Systems, New York: Academic Press, 1982, 13 - 24

STRITTMATTER, P.(ed), Lernzielorientierte Leistungsmessung, Weinheim: Beltz Verlag, 1973

SUPPES, P., University-level Computer-assisted Instruction at Stanford: 1968-1980, Stanford, Calif.: Institute for Mathematical Studies in the Social Sciences, Stanford University, 1981

SUPPES, P., FLETCHER, J.D. & ZANOTTI, M., Performance Models of American Indian Students on Computer-assisted Instruction in Elementary Mathematics, Instructional Science, 1975, 4, 303-313

SUPPES, P., FLETCHER, J.D. & ZANOTTI, M., Models of Individual Trajectories in Computer-assisted Instruction for Deaf Students, Journal of Educational Psychology, 1976, 68, 117 - 127

SUPPES, P., JERMAN, M. & BRIAND, D., Computer Assisted Instruction: The 1965-66 Stanford Arithmetic Program, N.Y.: Academic Press, 1968

SUPPES, P. & MORNINGSTAR, M., Computer-Assisted Instruction at Stanford 1966-68: Data, Models and Evaluation of Arithmetic Programs, N.Y.: Academic Press, 1972

TAUBER, M., A Computer-aided Management System in Distance Education, European Journal of Education, 15, 285 - 297, 1980

TCHOGOVADZE, G.G., Some Steps Towards Intelligent Computer Tutoring Systems, Microprocessing and Microprogramming, 1985, 16, 1-5

TUFTE, E., The Visual Display of Quantitative Information, Cheshire, Connecticut: Graphics Press, 1985[5]

TULVING, E., Elements of Episodic Memory, London: Oxford University Press, 1983

UNGER, S. & WYSOTZKI, F., Lernfähige Klassifizierungssysteme, Berlin: Akademie-Verlag, 1981

UTTAL, W.R., ROGERS, M. HIERONYMOUS, R. & PASICH, T. Generative Computer Assisted Instruction in Analytic Geometry, Newburyport, MA.: Entelek, Inc., 1969

VanLEHN, K., Bugs are not Enough: Empirical Studies of Bugs, Impasses and Repairs in Procedural Skills, XEROX Parc, Cognitive and Instructional Sciences Group, 1981, CIS-11 (SSL-81-2) and Journal of Mathematical Behavior, 1982, 3, 3 - 72

VanLEHN, K., On the Representation of Procedures in Repair Theory, in: H.P. GINSBURG (ed), The Development of Mathematical Thinking, New York: Academic Press, 1983, 197 -252

VanLEHN, K., Learning One Subprocedure per Lesson, Artificial Intelligence, 1987a, 31, 1-40

VanLEHN, K., Towards a Theory of Impasse-driven Learning, ONR.Techn.Rep., CMU-University, Pittsburgh, USA, 1987b

VanLEHN, K. & BALL, W., A Version Space Approach to Learning Context-free Grammars, Machine Learning, 1987c, 2, 39 - 74

VanLEHN, K. & BROWN, J.S., Planning Nets: A Representation for Formalizing Analogies and Semantic Models of Procedural Skills, in: R.E. SNOW, P.-A. FEDERICO & W.E. MONTAGUE (eds), Aptitude, Learning and Instruction, Vol. II, Cognitive Process Analyses of Learning and Problem Solving, Hillsdale, N.J.: Lawrence Erlbaum Ass., 1980, 95 - 137

WALOSZEK, G., WEBER, G. & WENDER, K.F., Entwicklung eines intelligenten LISP-Tutors, Institut für Psychologie, 1986/2, Technische Universität Braunschweig

WALOSZEK, G., WEBER, G. & WENDER, K.F., Probleme der Wissensrepräsentation in einem intelligenten LISP-Tutor, in: HEYER & KREMS (eds), Wissensarten und ihre Darstellung, Informatik Fachberichte, Heidelberg: Springer (in press)

WEBER, R.J. & KOSSLYN, S.M., Computer Graphics and Mental Imagery, in: S. CHANG, T. ICHIKAWA & P.A. LIGOMENIDES (eds), Visual Languages, New York: Plenum Press, 1986, 305 - 324

WEBER, G., WALOSZEK, G. & WENDER, K.F., The Role of Episodic Memory in an Intelligent Tutoring System,in: J.A. SELF (ed), Artificial Intelligence and Human Learning: Intelligent Computer-aided Instruction, London: Chapman & Hall, 1988

WEINERT, F. (ed), Pädagogische Psychologie, Köln: Kiepenheuer & Witsch, 1967

WENGER, E., Artificial Intelligence and Tutoring Systems: Computational and Cognitive Approaches to the Communication of Knowledge, Los Altos: Morgan Kaufman Publishers, Inc., 1987
WERTZ, H., Stereotyped Program Debugging: An Aid for Novice Programmers, International Journal of Man-Machine Studies, 1982, 16, 379-392
WERTZ, H., Intelligence Artificielle: Application à l'Analyse de Programmes, Paris: Masson, 1985
WERTZ, H., Automatic Correction and Improvement of Programs, Chichester, West Sussex: Ellis Horwood Ltd,1987
WEXLER, J.D., Information Networks in Generative Computer-assisted Instruction, IEEE Transactions on Man-Machine Systems, 1970, 11, 181-190
WILLIAMS, G., The LISA Computer System, BYTE, 1983, 8(2), 33-50
WILLIAMS, G., The Apple MACINTOSH Computer, BYTE, 1984, 9(2), 30-54
WILLIAMS, G., HyperCard, BYTE, Vol.12, 109 - 117, 1987
WILLIAMS, M., HOLLAN, J. & STEVENS, A., Human Reasoning About a Simple Physical System, in: D.GENTNER & A.STEVENS (eds), Mental Models, Hillsdale, N.J.: Erlbaum Press, 1983
WOOD, W.T & WOOD, S.K., Icons in Everyday Life, in: G.SALVENDY, S.L.SAUTER & J.J.HURRELL (eds), Social, Ergonomic and Stress Aspects of Work with Computers, Amsterdam: Elsevier Science Publ., 1987, 97-104
WOOLF, B.P., Theoretical Frontiers in Building a Machine Tutor, in:G.P.KEARSLEY (ed), Artificial Intelligence & Instruction, Reading: Mass., 1987, 229-267
YAZDANI, M., Intelligent Tutoring Systems Survey, Artificial Intelligence Review, 1986,1, 43-52
YAZDANI, M., Intelligent Tutoring Systems: An Overview, in: R.W. LAWLER & M. YAZDANI (eds), Artificial Intelligence and Education, Vol. I, 183 - 201, 1987
YOB, G., Hunt the Wumpus, Creative Computing, Sept./Oct., 1975, 51 - 54
YOUNG, R.M. & O'SHEA, T., Errors in Children's Subtraction, Cognitive Science, 1981, 5, 153-177

8.   Appendices

8.1   **Appendix A:** Instructions for reading the book "Analysis of Behavior" (HOLLAND & SKINNER, 1961,p.viif., p.1f.) with an excerpt of

part I:

To the Student

With this book the student should be able to instruct himself in that substantial part of psychology which deals with the analysis of behavior - in particular the explicit prediction and control of behavior of people. The practical importance of such a science scarcely needs to be pointed out, but understanding and effective use of the science require fairly detailed knowledge. This program is designed to present the basic terms and principles of the science. It is also designed to reveal the inadequacy of popular explanations of behavior and to prepare the student for rapidly expanding extensions into such diverse fields as social behavior and psychopharmacology, space flight and child care, education and psychotherapy. This book is itself one application of the science.

How to Use the Book

The material was designed for use in a teaching machine. The teaching machine presents each item automatically. The student writes his response on a strip of paper revealed through a window in the machine. He the operates the machine to make his written response inaccessible, though visible, and to uncover the correct response for comparison.

Where machines are not available, a programmed textbook such as this may be used. The correct response to each item appears on the following page, along with the next item in the sequence. Read each item, write your response on a separate sheet of paper, and then turn the page to see whether your answer is correct. If it is incorrect, mark an "x" beside it. Then read and answer the next question, and turn the page again to check your answer.

Writing out the answer is essential. It is also essential to write it *before* looking at the correct answer. When the student, though well-intentioned, glances ahead without first putting down an answer of his own, he commits himself to only a vague and poorly formulated guess. This is not effective and in the long run makes the total task more difficult.

It is important to do each item in its proper turn. The sequence has been carefully designed, and occasional apparent repetitions or redundancies are there for good reason. Do not skip. If you have undue difficulty with a set, repeat it before going on to the text. A good rule is to repeat any set in which you answer more than 10 per cent of the items incorrectly. Avoid careless answers. If you begin to make mistakes because you are tired or not looking at the material carefully, take a break. If you are not able to work on the material for a period of several days, it may be advisable to review the last set completed.

The review sets will help you to find your weaknesses. When you miss an item in a review set, jot down the set number given in the answer space and review that set after you have completed the review set.

Set 1	PART I Reflex Behavior		
	Simple Reflexes Estimated time: 23 minutes Turn to next page and begin ▷	▷	A doctor taps your knee (patellar tendon) with a rubber hammer to test your _____ . 1-1
stimulus (tap on the knee) 1-7	Technically speaking, a reflex involves an eliciting stimulus in a process called elicitation. A stimulus _____ a response. 1-8	elicits 1-8	To avoid unwanted nuances of meaning in popular words, we do not say that a stimulus "triggers," "stimulates," or "causes" a response, but that it _____ a response. 1-9
threshold 1-15	The fraction of a second which elapses between "brushing the eye" and "blink" is the ___ of the reflex. 1-16	latency 1-16	In the patellar-tendon reflex, a forceful tap elicits a strong kick; a tap barely above the threshold elicits a weak kick. Magnitude of response thus depends on the intensity of the _____ . 1-17
threshold 1-23	The greater the concentration of onion juice (stimulus), the ____ the magnitude of the response. 1-24	greater (higher larger) 1-24	Onion juice elicits the secretion of tears by the lachrymal gland. This causal sequence of events is a(n) _____ . 1-25
elicit 1-31	In the pupillar reflex, a very bright flash of light elicits a response of greater ___ than a weak flash of light. 1-32	magnitude (intensity) 1-32	A response and its eliciting stimulus comprise a(n) _____ . 1-33
latency 1-39	A solution of lemon juice will not elicit salivation if the stimulus is ____ the threshold. 1-40	below (less than, sub-) 1-40	The latency of a reflex is the (1) ___ between onset of (2) ____ and ____ . 1-41
(1) magnitude (2) latency 1-47	Presentation of a stimulus is the "cause" of a response. The two from a(n) ____ . 1-48 Page 1	reflex 1-48	The layman frequently explains behavior as the operation of "mind" or "free will." He seldom does this for reflex behavior, however, because the ____ is an adequate explanation of the response. 1-49 Page 2

HOLLAND & SKINNER, The Analysis of Behavior, New York:McGraw Hill,1961 , pages 1+ 2

Is it true that this is an *atom*? atom	Yes, because atom is a string of characters beginning with the letter a.	Is it true that this is a list? (atom turkey) or	No, since this is actually two *S-expressions* not enclosed by parentheses. The first one is a list containing two atoms, and the second one is an atom.
Is it true that this is an atom? turkey	Yes, because turkey is a string of characters beginning with a letter.	Is it true that this is a list? ((atom turkey) or)	Yes, because the two S-expressions are now enclosed by parentheses.
Is it true that this is an atom? 1492	Yes, since 1492 is a string of characters beginning with a digit.	Is it true that this is an S-expression? xyz	Yes, because all atoms are S-expressions.
Is it true that this is an atom? 3turkeys	Yes, since 3turkeys is a string of characters beginning with a digit.	Is it true that this is an S-expression? (x y z)	Yes, because it is a list.
Is it true that this is an atom? u	Yes, because u is a string of one character beginning with a letter or digit.	Is it true that this is an S-expression? ((x y) z)	Yes, because all lists are S-expressions.
Is it true that this is an atom? *abc$	Yes, because *abc$ is a string of characters beginning with a letter, digit, or special character other than a left "(" or right ")" parenthesis.	Is it true that this is a list? (how are you doing so far)	Yes, because it is a collection of S-expressions enclosed by parentheses.
Is it true that this is a *list*? (atom)	Yes, because (atom) is an atom enclosed by parentheses.	How many S-expressions are in the list (how are you doing so far) and what are they?	Six, how, are, you, doing, so, and far.
Is it true that this is a list? (atom turkey or)	Yes, because it is a collection of atoms enclosed by parentheses.	Is it true that this is a list? (((how) are) ((you) (doing so)) far)	Yes, because it is a collection of S-expressions enclosed by parentheses.

8.2   Appendix B: Excerpt from FRIEDMAN's and FELLEISEN's "The Little LISPer" (1987)

Define the function fact. It takes a number argument, n, and computes the factorial of n, which is the result of multiplying n × n − 1 × n − 2... × 1. For instance, (fact 3) = 3 × 2 × 1 = 6. by definition, the factorial of 0 is 1.

1. **(defun fact (n)**
    (cond ((equal ⟨*ACTION*⟩**)**
    ⟨*RECURSIVECASE*⟩**))**

    I assume that you are trying to test if the number argument is equal to the number zero. There is a special function for testing equivalence to zero. Try to use that function instead of EQUAL.

    What code can you write to test if the condition for terminating case is true? Try writing a predicate.

2. *(defun fact (n)*
    *(cond ((***zero** ⟨*ACTION*⟩*)*
    ⟨*RECURSIVECASE*⟩*))*

    Did you mean zerop (y or n)? y

3. *(defun fact (n)*
    *(cond ((***zerop n) 1)**
    ⟨*RECURSIVECASE*⟩*))*

    Is the value of fact in the recursive cases calculated by:

PRESS: IF YOU WANT TO:
1   Calling fact recursively with n.
2   Multiplying n by fact of n minus 1.
3   Getting 1 2 ... n and then multiplying the results.
4   have the tutor choose

Menu choice: **3**

    That is a reasonable way to think of doing factorials but it is not a plan for a recursive function. Since you seem to be having trouble with the recursive cases, let us work through some examples and figure out the conditions and actions for each of these cases.

    The recursive relationship is the relationship between fact called with n and fact called with

PRESS   IF YOU WANT TO
1   n minus 1
2   n equal to 0
3   n plus 1
4   have the tutor choose

Menu choice: **1**

    We will consider some concrete examples. We will characterize the recursive relationship between fact called with 1 and fact called with 0

    What is the value of (fact 1)?

    Answer: **1**

    What is the value of (fact 0)?

    Answer: **1**

EXAMPLES

        fact (n)   fact (n − 1)
A. (fact 1) = 1   (fact 0) = 1

Figure 9.1

We will consider some more concrete examples. We will characterize the recursive relationship between fact called with 3 and fact called with 2

    What is the value of (fact 3)?

    Answer: **6**

    What is the value of (fact 2)?

    Answer: **2**

EXAMPLES

        fact (n)   fact (n − 1)
A. (fact 1) = 1   (fact 0) = 1
B. (fact 3) = 6   (fact 2) = 2

    Since there is only one recursive case characterized by the examples you have just worked out the condition in this case can be just coded as T. We will just focus on characterizing the action in this case.

    In examples A and B what do you have to do to get the result of fact called with n?

PRESS: IF YOU WANT TO:
1   Multiply n by one less than n.
2   Multiply n by fact of one less than n.
3   Add n to the result of fact called with one less than n
4   have the tutor choose

Menu choice: **2**

    We have now worked through a series of examples that illustrate the recursive relation. We will now return to the goal of trying to produce LISP code that specifies the recursive relation.

4. *(defun fact (n)*
    (cond ((zerop n) 1)
    (t (fact)))

    You will have to use fact at some point but right now you want to multiply.

5. *(defun fact (n)*
    (code ((zerop n) 1)
    (t **(times** ⟨*NUM*⟩ ⟨*NUM2*⟩*)))))*

What do you want to do first?

PRESS: IF YOU WANT TO:
1   Write code to get the number argument
2   Write code to get the recursive part

Menu choice: **1**

6. *(defun fact (n)*
    (cond ((zerop n) 1)
    (t (times **n (fact n)***)))*

    You cannot just code n at this point. What you want to do is subtract one from n.

7. *defun fact (n)*
    (cond ((zerop n) 1)
    (t (times n (fact **(difference)***)))))*

    Difference would work in this case but it is more appropriate to use the function SUB1 when you are subtracting 1 from a number.

Figure 9.1 continued

(ANDERSON & REISER, 1985; ANDERSON & SKWARECKI, 1986; ANDERSON, 1987)

```
8.   (defun fact (n)
        (cond ((zerop n) 1)
              (t (times n (fact (sub1 n))))))
                    ... YOU ARE DONE. TYPE NEXT TO GO ON AFTER ...
                    ... TESTING THE FUNCTIONS YOU HAVE DEFINED ...
                              THE LISP WINDOW
        = > (trace fact)
        (fact)
        = > (fact 3)
        1 ⟨Enter⟩ fact (3)
         2 ⟨Enter⟩ fact (2)
          3 ⟨Enter⟩ fact (1)
           4 ⟨Enter⟩ fact (0)
           4 ⟨EXIT⟩ fact 1
          3 ⟩EXIT⟩ fact 1
         2 ⟨EXIT⟩ fact 2
        1 ⟨EXIT⟩ fact 6
        6
```

Figure 9.1 continued

(ANDERSON & REISER, 1985; ANDERSON & SKWARECKI, 1986; ANDERSON, 1987)

8.4   **Appendix D:** A verbal description of the operational semantics of the recursive "calculation sheet" machine, an example of a diagrammatic form program and the corresponding trace

8.4.1 A verbal instruction

2.3.3 Die (rekursive) Formularmaschine

Der Gang der Berechnung einer Rechenvorschrift ist bis auf Kollateralität durch ein zugehöriges Formular festgelegt. Kommt im Formular selbst wieder eine Rechenvorschrift als Operation vor[44], so ist ein Formular d i e s e r Rechenvorschrift anzulegen („Aufruf") und deren Ergebnis schließlich rückzuübertragen. Dies gilt auch für eine rekursiv definierte Rechenvorschrift – mit der Besonderheit, daß im Lauf der Berechnung entsprechend den rekursiven Aufrufen weitere Exemplare des Formulars eben dieser Rechenvorschrift benötigt werden.

Zu j e d e m Aufruf werden in ein neues Exemplar des Formulars zunächst linksseitig die jeweiligen Argumentwerte eingetragen ('call by value'). Man nennt jedes solche Exemplar eine **Inkarnation** der Rechenvorschrift; um die Übersicht zu behalten, kann man die Inkarnationen und die entsprechenden Aufrufe im Verlauf der Berechnung durchnumerieren.

Für den rekursiven Fall ist es nun besonders bedeutsam, daß die Fallunterscheidung eine arbeitssparende Auswahl trifft: nachdem die Parameterbezeichnungen durch die linksseitig festgestellten Argumentwerte ersetzt sind, werden daher auf dem Urformular und allen folgenden Inkarnationen möglichst zuerst die Bedingungen ausgewertet und sodann die unzulässigen Zweige gekappt. Die Rekursion endet mit Inkarnationen, in denen kein Zweig mehr verbleibt, der einen rekursiven Aufruf enthält. Die ganze Berechnung **terminiert** (für einen bestimmten Parametersatz), wenn sie nur endlich viele Inkarnationen benötigt.

Die Tätigkeit eines Menschen, der auf diese Weise mit Formularen arbeitet, kann in einsichtiger Weise auch mechanisiert werden. Man gelangt so zum Begriff einer rekursiven (Gedanken-)Maschine, der **Formularmaschine,** in der die volle Freiheit der Berechnung noch erhalten ist. Man beachte, daß ein neues Exemplar eines Formulars auch dann angelegt wird, wenn die gleichen Argumente schon einmal aufgetreten sind: die Formularmaschine macht (auf der hier geschilderten Stufe) von einer möglichen Mehrfachverwendung eines Ergebnisses keinen Gebrauch.

Das oben erwähnte Kappen von Zweigen ist insbesondere dann ohne weiteres möglich, wenn in den Bedingungen keine rekursiven Aufrufe vorkommen. Noch übersichtlicher ist der Fall der **linearen Rekursion,** bei der außerdem in den einzelnen Zweigen der Fallunterscheidung höchstens e i n rekursiver Aufruf vorkommt; dann wird nämlich in jeder Inkarnation h ö c h s t e n s eine neue Inkarnation angestoßen. Fast alle bisher behandelten Beispiele fallen übrigens in diese Klasse.

Für *fac* von 2.3.2 arbeitet eine Formularmaschine wie in Abb. 59 angegeben. Typisch für die Rekursion ist das ‚Nachklappern' der Berechnung: Erst wenn die Rekursion mit der Inkarnation $fac^{(3)}$ geendet hat, werden die zurückgestellten Berechnungen in $fac^{(2)}, fac^{(1)}$ und $fac^{(0)}$ durchführbar und auch durchgeführt[45]; das Urformular $fac^{(0)}$ liefert schließlich das Endergebnis. Das Nachklappern kann in besonders gelagerten Fällen von Aufrufen zu einem bloßen Rückübertragen der Ergebnisse der einzelnen Inkarnationen degenerieren, wie Abb. 60 für das Beispiel $gcd1\,(15, 9)$, vgl. 2.3.2 zeigt. Ein solcher Aufruf heißt **schlicht.** Wenn in linearer Rekursion ausschließlich sehlichte Aufrufe vorliegen, spricht man von **repetitiver Rekursion.**

Bei linear rekursiven Rechenvorschriften ist – abgesehen von der sonstigen Kollateralität des Formulars – die Reihenfolge, in der die benötigten Inkarnationen angestoßen werden, eindeutig bestimmt. Dies ist nicht notwendig so im allgemeinen Fall: wenn in einem Zweig mehrere Aufrufe vorkommen, so erlaubt die Kollateralität unter Umständen verschiedene Reihenfolgen und sogar Parallelarbeit.

---

[44] Für primitive, d. h. den zugrundeliegenden Rechenstrukturen entstammende Operationen ist kein Formular erforderlich.

The verbal instruction stems from the pages 110-113 of BAUER & GOOS (1982).

8.4.2 A "calculation sheet" program

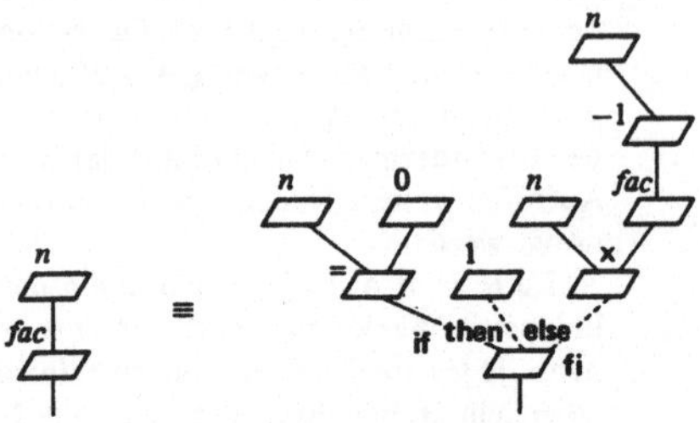

Abb. 54. Formular von *fac*

This program is shown on page 104 of BAUER & GOOS (1982).

8.4.2 A trace in computing the factorial(3)

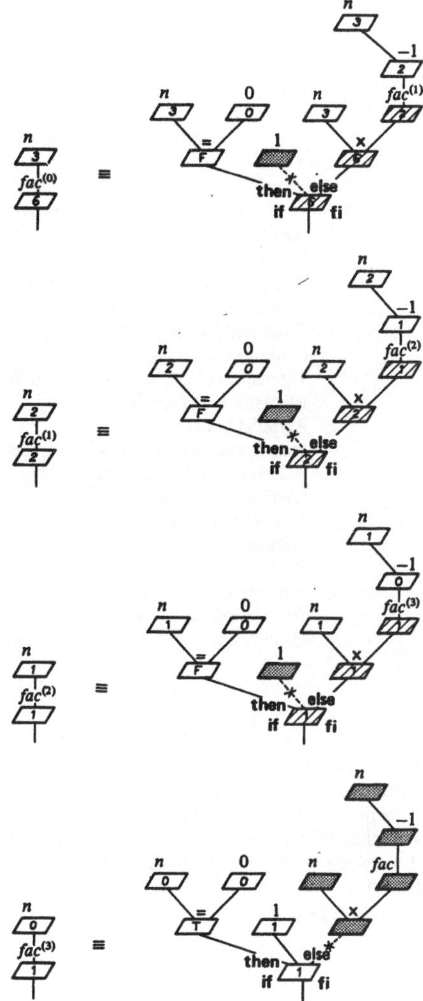

Abb. 59. Arbeitsweise der Formularmaschine am Beispiel $fac(3)$

This trace can be found on page 112 of BAUER & GOOS (1982)

Belief Systems: Ascribing Belief

Yorick Wilks
Afzal Ballim

Rio Grande Research Corridor,
Computing Research Laboratory,
New Mexico State University,
Box 30001-3CRL, Las Cruces, NM 88003, USA.

CSNET: yorick@nmsu afzal@nmsu

CONTENTS

ABSTRACT

In this decade, it has been realised that belief systems are an important part of any artificial intelligence (AI) system that interacts with individuals. For correct, and maximal behaviour it is necessary to account for the beliefs of other individuals that differ from the system's. This paper considers the work of a number of researchers on representing and reasoning with belief. Further, it describes our own work on the automatic ascription of belief (i.e, the generation of nested beliefs on demand). This ascription is accomplished by a form of default reasoning. Particular attention is paid to beliefs that are not ascribed by default (known as *atypical beliefs*.)

1. Introduction

In this decade, it has been realised that belief systems are an important part of any artificial intelligence (AI) system that interacts with individuals. For correct, and maximal behaviour it is necessary to account for the beliefs of other individuals that differ from the system's own beliefs. This paper considers the work of a number of researchers on representing and reasoning with belief. Further, it describes our own work on the automatic ascription of belief (i.e the generation of nested beliefs on demand). This ascription is accomplished by a form of default reasoning. We describe a computational model of beliefs for natural language understanding, planning and reasoning. The model is based upon prior work reported in Wilks and Bien(1979; 1983).

A general algorithm for generating points of view, based upon the notion of default reasoning, is presented and the complexities of ascribing belief to agents is discussed. The algorithm presented is embodied within a program for generating points of view known as *ViewGen*, and an example is given of viewpoint generation by *ViewGen*.

ViewGen is a program which models the beliefs of an agent known as the system. It is capable of generating nested points of view about a topic upon demand. *ViewGen* is written in Quintus Prolog.

The layout is as follows: Section 2 presents the work of other researchers on belief systems; Section 3 describes the process of constructing a point of view; Section 4 discusses cases where a default should be overridden; Section 5 presents a worked example in *ViewGen*; finally, section 6 summarises the paper.

2. Background

A point of view is a set of beliefs held about some topic by an agent. A nested point of view is a set of beliefs about some topic that one agent believes another agent believes ... another agent holds. For example agent A may believe that agent B believes that agent C has some set of beliefs about world hunger. We use a shorthand as in (figure 1) to represent a nested point of view.

Figure 1. A's view of B's view of C's view of a Topic.

2.1. Work of other researchers on belief systems

In general our work has been, since that of Wilks & Bien (1979), to construct a formalism and programs that capture the heuristic belief ascriptions that individuals actually perform in the process of understanding and participating in dialogue: that is to say, contentful, concrete beliefs and not merely meta-beliefs about the reasoning architecture of others, activities we suspect are rarely, if ever, undertaken in fact. Thus concern has been less with the powers of particular notations and proofs of their adequacy (as has been the central feature of the work of Creary 1979, Moore & Hendrix 1979, Konolige (1982; 1983; 1984a) and Attardi & Simi 1984), than with the *content* of belief ascription.

In that sense, our work has been closer in spirit to that of Perrault and his colleagues (e.g. Perrault & Allen 1980; Cohen & Levesque, 1980), though without their (then) commitment to the language of speech act theory and, most importantly, without their key assumption that the partitions within nested beliefs are all present at the beginning of the belief ascription procedures. Our work makes no such assumption: nested beliefs are not merely accessed but constructed and maintained in real time, a position we find both computationally and psychologically more plausible. The Gedanken Experiment here is to ask yourself if you already know what Mr Reagan believes the Ayatollah believes about Col.Gaddafi. Of course you can work it out, but how plausible is it that you have already pre-computed such nested belief spaces?

The work of (Maida, 1983, 1986a, 1986b) is concerned with intensional representations and with the notion of simulative reasoning. Simulative reasoning is a method whereby an agent reasons about another agent's beliefs as if they were his own beliefs. Similar notions can be found in Wilks & Bien(1979, 1983), Shadbolt(1983), Fauconnier(1985), Kobsa(1985), Ballim(1986, 1987) and in Wilks & Ballim(1987). He differs from them in that his concerns are more in line with those of Martins & Shapiro(1983), see below; i.e., problems of shared reasoning strategies between agents such as one agent determining that another agent is reasoning by *modus ponens*. Unfortunately this problem could never be solved based on a finite set of observations of a dialogue between the agents.

It seems to us much more natural to assume by default that the other's general strategies are like ours, unless we have real information to the contrary. Indeed, no finite set of dialogue observations ever could establish conclusively that another believer was using *modus ponens*. That being so, concentration on such issues that are not susceptible of proof, seems to us only to delay the central issue which is how to infer heuristically the actual contentful beliefs of other believers. However,

Maida (1983) is concerned with the very important, but we believe quite separable issue, of a heuristic rule for identifying intensional individuals under different descriptions.

Although it might appear from the title of Martins & Shapiro(1983), "Reasoning in Nested Belief Spaces", that they are concerned with nested beliefs, this is not the case. Their belief spaces do not correspond necessarily to the beliefs of a particular individual, nor to one individual's beliefs about another individual's beliefs. They are concerned with sets of facts that enable mutually planned tasks, hence their multiple belief spaces are closer to Weyhrauch's *contexts* (Weyhrauch, 1980) to the extent that both deal with ideas of separation of facts from consequences, of justifications for individual facts/consequences and of inconsistent sets.

Furthermore, Martins and Shapiro never need to consider BELIEVE or KNOW operators so there seems little justification for naming their sets belief spaces, although they do concern themselves with belief revision (also known as Truth Maintenance, cf. Doyle, 1979, 1980; de Kleer & Harris, 1979).

The work of Konolige(1982, 1983, 1984a, 1984b, 1985) is concerned with logics of belief that permit a resource-bounded account of deduction that avoids the assumption, found in many possible world models of belief (e.g., Moore, 1977), of deductive closure of belief (that we believe all the conclusions of what we believe). Konolige considers objects that he calls views (e.g., v=John,Sue,Kim is John's view of what Sue believes Kim believes). These views are exactly what we call nestings of beliefs. Konolige is not particularly concerned with the construction of these views although he does consider construction of purely introspective views (see section 1.2).

The deductive model of belief describes an agent's beliefs as a set of sentences in a formal language (known as the base set) and a deductive method for deriving consequences from those sentences. A belief subsystem is defined to be a base set of sentences, a set of inference rules and a control strategy for deducing consequences. A belief is submitted to the belief subsystem as a query of the form "is P believed?" and the subsystem will respond with YES or NO (for an ideal agent) or UND (for a real agent, i.e., a real agent can return *UNDecided* to a belief query).

Konolige further develops the notion of an *introspective belief subsystem* that is capable of reasoning about its own beliefs by submitting the belief query to a nested belief subsystem. For example, if the query *"do I believe that I believe P?"* is submitted to a belief subsystem (M) then the query *"do I believe P?"* will be submitted by M to another belief subsystem (IM). Konolige's system allows for recursive operations of this form to belief subsystems $I^n M$.

Konolige has no construction for views, but is concerned with deduction within such sets and problems with the assumption that each individual has the same deductive system. This is better covered, we suggest, as with Maida above, by some general Rationality Postulate.

Konolige's main concern is to give a resource-limited account of a deduction schema, so as to avoid the assumption (present in the possible world models of Moore et al.) that one must believe all the consequences of one's beliefs. This is undoubtedly important as a process account of deductive systems, but not relevant to the issue of the construction of the content of individual views.

McCarthy's work (McCarthy, 1979) is a first order theory of individual concepts and propositions (see Carnap, 1956). Individual concepts are similar to intensional concepts and McCarthy's purpose is to give an explanation of individual concepts in first order logic without using modal operators. Logical formalisms often include the *extensions* of objects (i.e., the actual objects, not just representations of them) and this is a drawback of McCarthy's system. McCarthy likens his work to that of Church(1951), which includes the notion of having concepts of concepts. McCarthy's claim is that this can be handled within first order logic.

Moore's work (Moore, 1977, 1980) concentrates on knowledge rather than belief, although the use of the term *knowledge* in AI is perhaps misleading. The information in AI systems labelled as knowledge frequently includes hypothetical objects and false statements. This type of information does not fit the traditional definition of knowledge in philosophy; it is more accurate to consider it as belief. A person does not necessarily know a fact because he asserts that he knows something. He knows something because he asserts a belief that is objectively true.

Moore's work is based on that of Hintikka(1962) and employs rigid designators that relate intensional concepts to their extensions. As with McCarthy, he is interested in first order representations.

On the other hand Moore & Hendrix(1979) are concerned explicitly with computational belief systems and with belief sentences. They point out a few problems that need to be tackled. One of these problems involves disambiguating the use of indexicals (terms that change meaning depending on who is using them and when they are being used, e.g., "I", "he", "now") in beliefs and of how they should be represented. They discuss Perry's contention (1977, 1979) that the indexical "I" is essential and cannot be replaced by a nonindexical description. They explain the use of "I" by assuming that the system has an individual constant in its internal language that intrinsically refers to the system itself, and that the system uses "I" in English translations of its internal language.

As with Konolige, Haas is concerned with giving a resource limited account of reasoning about beliefs. However Haas(1986) aims to give such an account firmly within the confines of first order logic. Further, he is interested in relating belief and planning and with giving an account of time in first order logic.

Haas presents a syntactic theory of belief involving quoted entities. Quoting entities in a formula allows for first-order representations of propositional attitudes. Theories of quoted entities have been developed by others (notably Quine, 1943,

1947). We discuss the quotation system developed by Haas as an example of these quoting systems. If we wished to represent that John believes that snow is white we might be tempted to represent it as in (S1).

(S1) (believe John (white snow))

Unfortunately this is not a valid first order statement because "(white snow)" denotes the truth value of the proposition that snow is white and not the proposition itself (which is what we want). In other words, (S1) represents that John believes the truth of "(white snow)" and **not** that John believes that snow is white. A quotation system overcomes this problem and allows first order expressions of belief sentences that allow for variables in the believed proposition that are quantified outside the belief sentence; e.g., (S2) expresses the proposition that John believes that Mary's phone number is some value n, and that n is the number 509-378-3425.

(S2) (some n
          (believe John ('= ('PhoneNumber 'Mary) n))
          &
          (Has-Value n 509-378-3425))

Levesque is interested in "attempting to characterise a kind of belief that forms a more appropriate basis for Knowledge Representation systems than that captured by the usual possible-worlds formalisations begun by Hintikka" (Levesque, 1984, pp. 198; see also Hintikka, 1962).

As with Konolige and Haas, Levesque is particularly interested in an account that is independent of the need for deductive closure (that all the consequences of an agents' beliefs must also be believed by the agent). Levesque's solution is to characterise two forms of belief, explicit belief (the beliefs that an agent has) and implicit belief (the consequences of an agent's beliefs).

Following from Barwise & Perry(1983), Levesque defines a *situation* to be a partial possible world that supports the truth of some sentences (those that are relevant to the current circumstances) but may not deal with the truth of other sentences (those that are not relevant to the current circumstances) at all. Explicit belief is then identified with a set of situations. The resulting logic **L** is both sound and complete; furthermore, it also has reasonable computational properties.

The work of Fagin & Halpern(1985) and Halpern & Moses(1985), extends the work of Levesque in developing logics for belief that do not require deductive closure. In Fagin & Halpern(1985), three logics are introduced: the first is an extension to Levesque's logic **L** to enable it to handle multiple agents and nested belief; the second is a logic that deals with the notion of "awareness" (the idea that an agent must be aware of a concept before having beliefs about that concept); and the third is a logic that partitions an agent's beliefs into clusters (so the agent is a "society of minds", cf. Doyle, 1983) that may contradict each other. One major lack of their work is that they are unable to handle quantified statements.

An investigation of various modal logics of knowledge and belief is given in Halpern & Moses(1985). In particular they investigate the complexity of these logics. They provide *worst-case* analyses for several of these logics and claim that most interesting cases are not worse-case but closer to *best-case*. They note that for some of these logics (such as one-knower S5) decision procedures for the satisfiability of formulae is NP-Complete (as it is for propositional logic).

 - The work of Craddock & Browse(1986) is a connectionist framework, for reasoning whether a proposition should be believed, based on a system of a) measures of certitude for propositions; and b) endorsements of propositions by other propositions (e.g., having both the beliefs p and that $p \rightarrow q$ can be seen to be endorsements for believing q). Heuristics are presented that evaluate the endorsements for propositions and give a value of certitude in the belief that the propositions are true. As opposed to many connectionist systems they have non-numeric representations of uncertainty in addition to the numeric values.

Pollack(1986) is concerned with the differing beliefs that two agents have about actions in a specific domain, and the possible failure of communication because of these differences. This work is closely related to the work of Cohen & Levesque(1980, 1985) and Allen(1983). In particular she is interested in plan inferencing and its relationship to beliefs and contends that "Judgements that a plan is invalid are associated with particular discrepancies between the beliefs that the observer ascribes to the actor when the former believes that the latter has some plan, and the beliefs that the observer herself holds" (pp. 208).

In other words the observer can determine that an actor's plan is invalid based on the differences between the beliefs that the observer has, and the beliefs that the observer believes that the actor has. Pollack holds that not only must the observer ascribe a set of beliefs to an actor that would cause the observer to believe that the actor has some plan, but he should also ascribe beliefs that justify the plan (from the actor's perspective).

The work of Taylor & Whitehill(1981) is an attempt to give an explanation of deception using models of the beliefs of agents. They present a representation for complex nestings of beliefs that uses cyclic structures. For example figure 2 represents two sets of beliefs.

The box marked 1 represents Andy's belief that Maggie is married. The box enclosed in box 1 represents a nested model, or rather a pointer to a nested model via the number inside it. The number is a reference to box 2 (box 2 is Maggie's beliefs) so we can read this as Andy's belief that Maggie believes ... (whatever is contained in box 2).

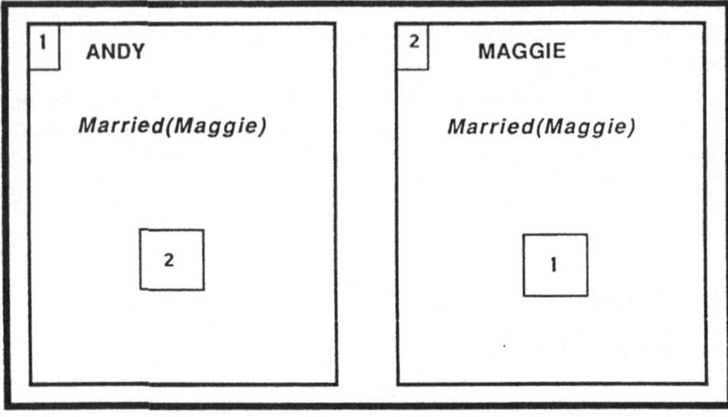

Figure 2. Cyclic Belief Structures for Andy and Maggie's Beliefs.

Box 2 represents Maggie's belief that she is married. It also contains the nested model of Andy's beliefs. From the structures in figure 2 we can create any nested belief of the form "Andy believes that Maggie believes that Andy believes..." or of the form "Maggie believes that Andy believes that Maggie believes..." simply by chasing through from one box to the next via the pointers enclosed in the boxes.

They propose a template to detect deception. Suppose M represents Maggie's beliefs and MAM represents what Maggie believes Andy believes Maggie believes. They suggest that if comparing M to MAM results in a difference, then there is a deception. They claim that MAM not being equal to M represents the intention of the deception, and that M not being equal to MA represents the success of the deception. However, they fail to realise that the inequality of M and MAM *does not represent an intention to deceive*, but rather represents a difference in beliefs between Andy and Maggie of which Andy is unaware. There are no Searlean-like intentions to this state (Searle, 1969). It may have happened because Andy is less informed than Maggie (Maggie might be expert about a topic that Andy is naive about). So rather than identifying deception they are identifying belief mismatches.

Iterated propositional attitudes are nestings of propositions involving predicates such as *BELIEVE,KNOW,WANT* and *DESIRE* and the work of Creary(1979) is an attempt to give an intensional theory of representing such nestings. Sentence (S3) is the type of sentence that Creary is interested in.

(S3) Pat believes that Mike wants to meet Jim's wife

Creary gives three possible semantic interpretations for sentence (S3): Pat believes that Mike wants to meet the person who is Jim's wife, whoever she is; Pat believes that Mike wants to meet somebody who incidently happens to be Jim's wife, a fact that may or may not be known to Mike; Pat believes that Mike wants to meet a specific person, that person happens to be Jim's wife although neither Pat nor Mike necessarily know this fact. Creary offers a system that allows for a different representation for each reading; however, his methods have been criticised as being unreadable (Maida, 1983) and as suffering from more fundamental problems (Barnden, 1983) involving the use of concept functions.

As with Creary, Barnden(1983;1986) is interested in propositional attitudes and intensional entities. Barnden points out a few difficulties with Creary's "concept-functions" (functions that act on and produce concepts) and proposes instead a concept forming function that he claims "has a more primitive and natural notation base than Creary's ...[concept function system]... has" (Barnden, 1983, pp. 280).

In particular Barnden's system avoids problems involving the quantification of variables within propositions that are themselves the objects of propositional attitudes. He achieves this by transforming quantified expressions into expressions that contain no variables. He introduces two entities: $ that is a function that returns the *standard-concept-of* some intensional concept; and ¢ a function that produces a concept from a proposition.

In Barnden(1986) he emphasises that a representational scheme can be used by a cognitive system as a basis for its cognitive processes or as a means for describing the mental states of cognitive agents. These two separate uses can be mixed as, for example, when one agent is reasoning about another agent's reasoning. Barnden claims that problems can be encountered when these two uses are not separated.

Rapaport and Shapiro (Rapaport, 1986; Shapiro & Rapaport, 1986) are concerned with intensional representation schemes, rather than extensional ones, and with the representation of *de dicto, de re, de se*, and nested beliefs, as well as the problem of quasi-indexical belief reports.

A major claim of Rapaport(1986) is that quasi-indexical belief reports pose a special problem because the quasi-indicators cannot be replaced by coreferential terms without losing the intended meaning of the sentence; i.e., quasi-indexicals are special intensional entities in their own right and should be members of any representation scheme.

It does not appear clear, however, from Rapaport's account that this should be so. Rapaport gives the example of a person, named John, who has been secretly appointed editor of *Cognitive Science*, a fact that John is unaware of; however, John believes that the editor of *Cognitive Science* is rich. John believes that he himself is not rich. Rapaport contends that we would not want a system holding these facts to infer (S4) where *he** is a quasi-indexical.

> (S4) John believes that he* is rich.

We would want the system to infer (S5) although the system could say (S6) of John.

> (S5) John believes that he* is not rich.

> (S6) John is editor of *Cognitive Science* so he* is rich.

None of this is supportive of the claim that there is a need to represent quasi-indexicals explicitly in a representation scheme. Doing so would merely move the problem of disambiguating pronominal reference from the natural language analyser/generator to the processes running over the representation scheme.

The *he** in (S4) refers to the editor of *Cognitive Science* and since John does not believe himself to be that person there is no way that the system should draw (S4) as an inference, as long, that is, as the system distinguishes between its own beliefs about the co-referentiality of intensional entities and other agents beliefs about the co-referentiality of the same intensional entities.

The *he** of (S5) refers to John himself, while in (S4) it refers to the editor of *Cognitive Science* and these resolutions of he* can only be made from John's beliefs about the co-referentiality of John and the editor of *Cognitive Science*. Rapaport's argument, therefore, is a good one for the position that disambiguating quasi-indexicals and using them in belief reports requires information of other agents' beliefs about which intensional entities are co-referential, but not an argument for incorporating quasi-indexicals into a representation scheme.

3. Heuristics for constructing points of view

Two questions need to be answered about nested beliefs. Firstly, when should a nesting of beliefs be constructed? Secondly, what decides the particular nesting (who is in it and what it is about)? In order to answer these questions first assume that the nested beliefs are being used in a dialogue system which is capable of performing the role of a participant in the dialogue.

Wilks (in Wilks and Bien(1979; 1983)) suggests a number of strategies for deciding, when to construct a nesting and what nesting to construct, using two strategies: namely the *presentation strategy* and the *insertional strategy*. The important question for a presentation strategy is: given incoming information about an individual, how many levels of nesting should the system construct?

Two forms of presentation strategy are distinguished: a *minimal strategy* which corresponds to the shallowest nesting with no level which corresponds to the speaker (such a strategy would be used where one is not interpreting the input in terms of the speaker, for example where the speaker is a person delivering a lecture and the hearer is taking notes verbatim); and a *standard presentation strategy* which is to construct a nesting corresponding to the speaker, and then to construct levels corresponding to mentioned individuals[1], appropriately. As pointed out in Wilks & Bien(1983) this standard strategy allows a hearer to either disbelieve a speaker or co-operate with him, as he chooses in much the same way as that proposed by Taylor and Whitehill(1981).

The *insertional strategy* is designed to handle the question of where to store beliefs asserted by another agent. This strategy is discussed elsewhere (Wilks & Bien 1983; Ballim 1986).

---

[1] It should be noted that a nesting need not correspond solely to individuals. We have no qualms about constructing an environment to represent the beliefs of groups of individuals, such as the view of retired generals about world terrorism.

3.1. A contextual focus of beliefs

A point of view is a collection of beliefs about some topic. The question arises of how to select this collection of beliefs.

The set of beliefs with which we begin the process of generating nested points of view should be restricted in some manner to only those beliefs which are, or may be, useful at that point to the system which is using the beliefs. In our case we are considering a language comprehension system as using beliefs to explicate a dialogue. Therefore we must have a mechanism which is capable of deciding the relevance of beliefs held, within the system, to the dialogue in question.

Our solution to this problem is essentially simple. The system's belief space is divided into a number of topic specific sub-spaces. These sub-spaces may be thought of as a less permanent version of *frames* (Minsky, 1975; Charniak, 1978) or more suitably in terms of (Wilks, 1977) as pseudo-texts (henceforth PTs). In effect, a PT is a set of unsorted, unrefined items of knowledge.

These PTs are general items and are not only stored for individual human beings, but also for groups of humans, objects, and abstract ideas. Their hierarchical and inheritance relations are discussed in Wilks (ibid).

Our method of restricting the initial set of beliefs is to form this set from a very small number PTs; for example if the system is a medical diagnostician, being used to advise a patient on thalassemia, then the initial set of beliefs may be just those concerning thalassemia. We term the initial belief set the *contextual focus*. We now turn to the process of constructing a point of view from a given contextual focus.

3.2. Generation of points of view

Points of view are represented by structures known as environments. An environment is a tuple $E = (A, \Psi)$ where A is a sequence of agents and Ψ is a set of propositions. If $A = \langle i_0, i_1, \cdots, i_n \rangle$ and $p \in \Psi$ then this is equivalent to $B_{i_0}(B_{i_1}(...(B_{i_n}p)...))$, where $B_{i_k}p$ can be interpreted as agent i_k believes p. This may be phrased as i_0 believes that i_1 believes that ... i_n believes p.

The process of generating an environment may be regarded as a decision mechanism which ascribes beliefs from one environment to another environment.

Assume that our contextual focus is as follows:

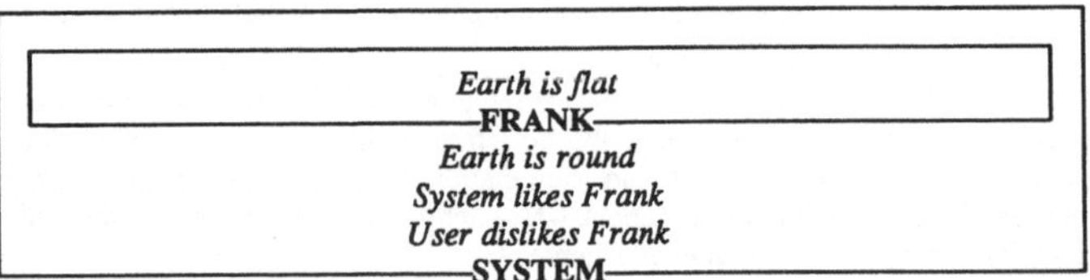

Figure 3. A Contextual Focus of Belief.

This represents the beliefs held by the system that an agent known as the User dislikes another agent known as Frank; that the system likes Frank; that the Earth is round; and that the system believes that Frank believes the Earth is flat. Given this set of beliefs how do we generate what the system believes Frank believes about the contextual focus?

The proposal (Wilks & Bien, 1979;1983) is that a nesting should be generated by a form of default reasoning, using a default rule for ascription of beliefs. The default ascriptional rule is to assume that one's view of another person's view is the same as one's own *except where there is explicit evidence to the contrary*. Applying this rule to (figure 3) we get the system's view of Frank's view (figure 4).

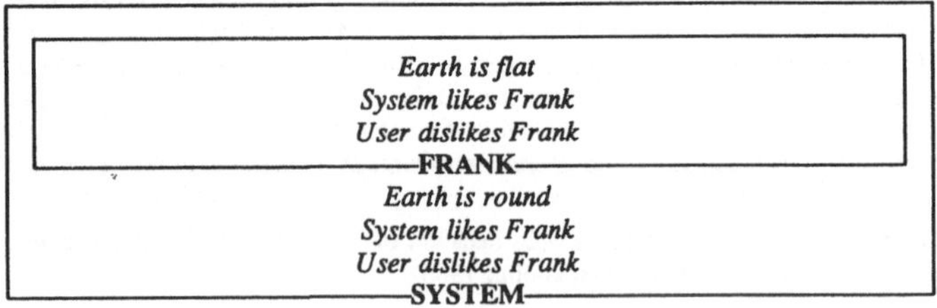

Figure 4. The Result of Applying the Default Rule to Figure 3.

Let us examine this example closely. The belief of the system in (figure 3) that the system likes Frank has been ascribed into the PT for Frank, i.e. it is now a belief of the system that Frank believes that the system likes him. The same is true of the system's belief that the user dislikes Frank. However the system's belief that the Earth is round has been superseded by the already existent belief, that the system believes Frank holds, that the Earth is flat. The result is (figure 4) and we may now reason with the environment of the system's views of Frank's views[2], (which we shall call $System_{Frank}$).

We are thus able to generate points of view for our minimal presentation strategy. The problem which now remains is how to generate nested points of view in accordance with our standard presentation strategy? We use a method called **pushing down environments**[3], Pushing down of one environment inside another means resetting values in the environment being pushed down. The transitory object achieved by this method we shall interpret as being the outer environment holder's view of the inner environment. Suppose we want to construct the system's view of the user's view of Frank this is done in two stages as follows: First by constructing the system's view of Frank, secondly by constructing the system's view of the user and then pushing the former down into the latter.

Suppose that we wish to construct the system's view of the user's view of Frank's view about some context, (we shall write this as $System_{User_{Frank}}('context')$ as a shorthand). To construct this we firstly construct the system's view of the user's view. We have available the system's view of Frank's view, which is then pushed down into the former view. For example presume that we have the contextual focus shown in (figure 5).

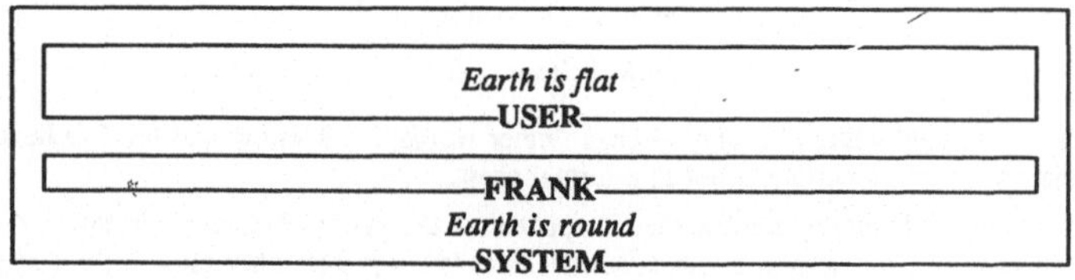

Figure 5. A Contextual Focus about the Shape of Earth.

We construct the system's view of the user's view according to our default rule of ascription to get (figure 6).

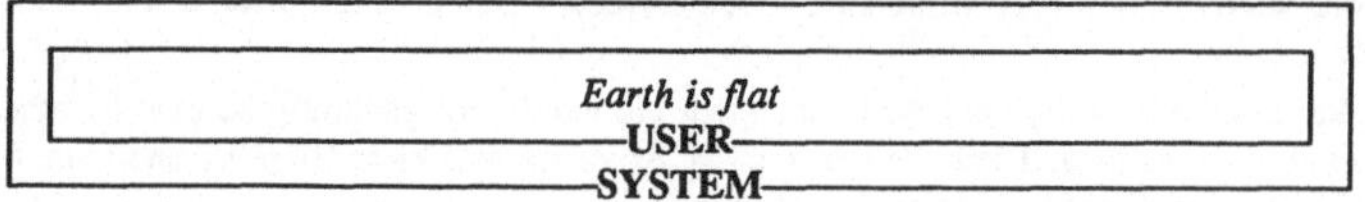

Figure 6. The System's View of the User's View of the Shape of Earth.

We have available the system's view of Frank's view which is shown in (figure 7).

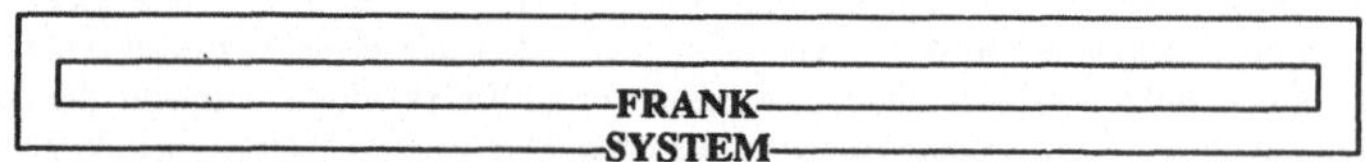

Figure 7. The System's View of Frank's View of the Shape of Earth.

Now, pushing the environment of (figure 6) down into the environment of (figure 7) results in the environment shown in (figure 8).

Figure 8. The System's View of the User's View of Frank's View of the Shape of the Earth.

To construct a deeper nesting we continually apply this method. So to construct $System_{User_{Frank_{System}}}$ we push the system's view down into the user, push the result of that down into Frank, and finally push the result of that operation down into the system. The mechanism is described in more detail in (Ballim, 1986).

---

[2] In Figure 4 the environment in question is that portion which is inside the section marked "Frank."

[3] Two distinct forms of pushing down environments are identified in (Ballim, 1986) only one of which is discussed here.

4. The nature of counter evidence to default ascription of belief

Thus far we have shown how the default rule can ascribe belief to an agent if there is no further information (as in ascribing the belief that Sally dislikes Frank, to Sally in figures 3,4) and how the rule can be overridden by an *a priori* belief which contradicts the belief which we are attempting to ascribe (as in figures 5,6). We now consider more complex cases.

4.1. Blocking belief ascription

Ascribing belief should be blocked in cases where a belief exists that an agent does not know something, or does not have a belief on some topic. Consider the scope of negation on the *"know"* operator. Given the following:

$$Smith \quad NOT-know \quad p \hspace{4cm} \text{(Figure 9)}$$

$$Smith \quad know \quad NOT-p \hspace{4cm} \text{(Figure 10)}$$

It is a parsing/translation issue to decide which form an input should take but representationally (9) implies lack of knowledge while (10) implies knowledge of a negative proposition, hence (9) should **not** be ascribed to Smith, while (10) should be (cf. Wilks, 1986). We feel that this also holds true for *beliefs*. So for the following:

$$Smith \quad NOT-believe \quad p \hspace{4cm} \text{(Figure 11)}$$

$$Smith \quad believe \quad NOT-p \hspace{4cm} \text{(Figure 12)}$$

(11) should not be ascribed while (12) should be. In other words, NOT-know and NOT-believe are explicit counter-evidence that we should not ascribe a certain belief to a certain agent.

Furthermore, example (9) is more complex than it appears. If the system believes that Smith does not know proposition p then the implication is that the system believes[4] that it does know p. Not only must (9) not be promoted, but it must also cancel the promotion of the system belief that it knows p.

4.2. Atypical beliefs

We now turn our attention to a class of beliefs, called atypical beliefs, which need a rule which is the opposite of the default rule for ascribing belief.

An atypical belief is a belief which is held by an agent but would not generally be held by other agents. The class of atypical beliefs covers such areas as self knowledge, secrets, expertise and knowledge of uncommon domains (such as the believer's hobbies, skills, personal medical history, etc.).

So, for example, the belief that the Earth is flat is atypical. An important point must be made here. In terms of a specific agent the foregoing definition is insufficient. For a belief to be considered atypical, with respect to an agent, the agent must believe the belief to be atypical, i.e., I may believe you to have an atypical belief, however, I may also believe that you think it is a typically held belief. So while I believe it to be atypical, you believe it to be typical.

Expert belief because uncommonly held is a type of atypical belief that presents special problems. Consider the case of medical knowledge. It is possible to reason about a treatment for an illness without knowing the details of the treatment. We may discuss a cure for tuberculosis without knowing the cure. This example shows that simply preventing beliefs on expertise from being ascribed to an agent is often undesirable, even though the agent is not believed to be expert on the topic of the beliefs.

Another type of atypical belief is belief which covers uncommon domains. An uncommon domain is a topic about which a particular agent has a very detailed set of beliefs that most other agents are not aware of; for example, beliefs about a particular agent's childhood. Beliefs on uncommon domains are similar to beliefs on expert domains because both types are uncommon. A belief about some agent's phone number can be treated as a belief on expertise. The experts are those people who know what the agent's phone number is, but non-experts are still capable of reasoning about the agent's phone number.

For the class of atypical beliefs the rule should be **not** to ascribe unless one has explicit evidence to justify ascribing the belief. The problem is one of representing and handling a wide range of types of atypical beliefs. The introduction of meta-beliefs is one possible solution, because meta-beliefs enable explicit representation of atypical beliefs (i.e., for atypical belief p, have the meta-belief *atypical* (p)). Due to the wide range of atypical beliefs, and to the problems that they pose, we use a special representation to handle them.

4.3. Intensional descriptions and atypical belief

McCarthy and others have suggested that lambda expressions be used to represent knowledge of values. In (Wilks, 1986) it is proposed that expertise may be expressed within a system by use of lambda expressions with restrictions on the capable evaluators of each such lambda expression. Knowing or having the belief represented by the lambda expression

---

[4] This implication is valid where p is a proposition of the form **knowing that**, but would not necessarily be valid for p if p is of a **knowing value** or a **knowing skill** form.

means that the agent is capable of evaluating the expression. So the representation for a cure for tuberculosis is:

$$(CURE-FOR \quad Tuberculosis) \quad BE \quad (\lambda(x) (CURE-FOR-TB \ x)) <MDs>$$

where the only capable evaluators are those known to be MDs (medical doctors). These lambda expressions can be viewed as intensional expressions, i.e. expressions which return the value of some intensional description (cf. Maida, 1983; Haas 1986). Beliefs involving such intensional expressions are generally atypical as shown by the problems of iterated propositional attitudes which involve intensional descriptions (Creary, 1979; Maida, 1983).

We feel that the problems of expressing beliefs about intensional descriptions are so closely aligned with those of atypical beliefs in general that a representation for differing beliefs about the referent of intensional descriptions can be used for atypical beliefs.

4.3.1. A taxonomy of meta-beliefs about values

The form of representation suggested in (Wilks, 1986) allows expressions which can only be evaluated by specific agents or classes of agents. This is a first step towards representing atypical belief, however, it is insufficient.

Consider the major factor that makes a belief atypical; some agent believes that a belief held by another agent is not commonly held. A belief about another belief is known as a meta-belief. It is the meta-beliefs about a belief that mark a belief as atypical. An atypical belief can have a large number of meta-beliefs associated with it.

These meta-beliefs can often be classified according to the relation that they define between an agent and the belief with which they are concerned. We propose a taxonomy of meta-beliefs (beliefs about what agents believe is the value of some expression) as shown in (figure 13).

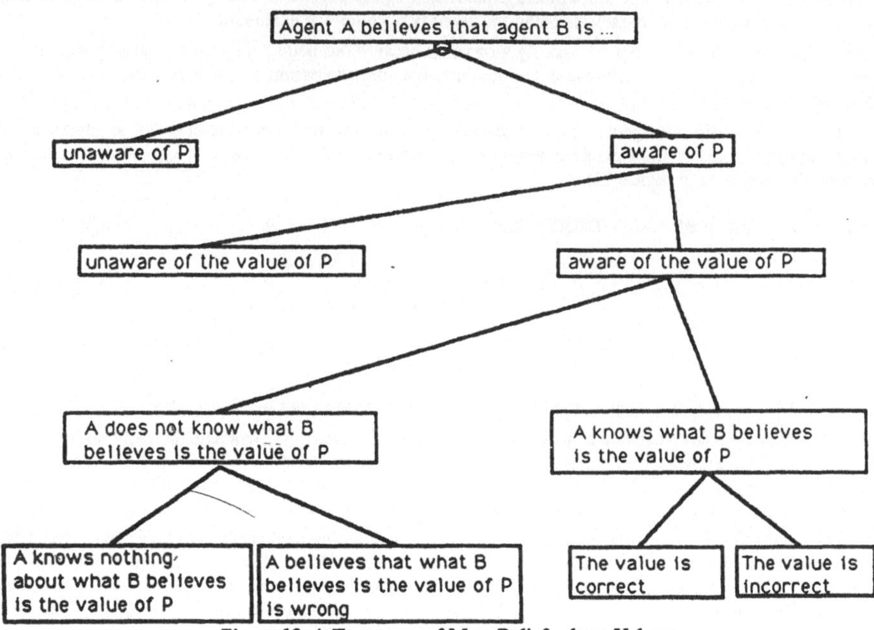

Figure 13. A Taxonomy of Meta-Beliefs about Values

Consider a belief about an agent's phone number (call this belief P), i.e., the belief is that the agent's phone number is some value. An agent (A) may have a number of meta-beliefs concerning this belief P. In figure 13 we see that agent A may believe another agent (B)[5] to be either aware or else unaware of the belief (P). Somebody who does not know John can hardly have beliefs about John's phone number, and so that person should be unaware of any beliefs about John's phone number. However, the other agent may be A himself. In that case the meta-belief is one of introspection, however it would be absurd for agent A to have a belief that he is unaware of belief P so this situation is not allowed. Introspection is discussed in detail in Konolige(1985) and in Maida(1986a).

Further types of meta-belief are possible if A believes B is aware of P. A may believe that B is unaware of the value of P. For example, I may believe that you know that John has a phone number but that you do not know what his phone number is.

If agent A believes that agent B does know the value of P, then A may either know what B believes is the value, or else A may not know what B believes is the value of P. I may know that you believe John's phone number to be "505-526-

5444'', or I may simply not know what you believe is his phone number.

If A knows what B believes is the value of P, then A may decide whether B is correct or incorrect in his belief, according to what A believes is the correct value, i.e., if I believe that John's phone number is 505-525-5444, and I believe that you believe it's 505-526-5444, then I believe that you are incorrect in your belief about John's phone number.

If A does not know what B believes is the value of P, it is possible that A can use other information to determine whether B is correct or incorrect in his belief about the value of P. For example, if you have not seen John in years, and he has moved house since you last saw him (but you do not know that he has moved house) although you believe that you know his phone number, I believe that you have his phone number wrong. I can believe this even if I do not know what his previous phone number was.

The ability to represent meta-beliefs, of the type described above, is crucial to the process of ascribing belief. *Lambda Formulas* are an extension of lambda expressions which allow the meta-beliefs of a belief to be represented with their associated belief.

4.4. Lambda formulas

Lambda expressions are finite partial functions. They are computable and map into a finite range of values. We extend the lambda expression representation to a Lambda Formula so we can represent opposing views on the value of such an expression[6]. For example,

$$(PHONE-NO-OF\ John)\ \ Be\ \ (\lambda(x)(PHONE-NO-OF\ x)\ John)<John>$$

represents an expression which evaluates to John's phone number for John, but is unevaluable to any other agent. The imposition of John as a capable evaluator of the lambda expression (henceforth λ-expression) is equivalent to adding an extra parameter to the expression; the extra parameter being the agent performing the evaluation.

The list of capable evaluators is not necessarily a constant because our beliefs may vary regarding who are the capable evaluators of an expression. Also different evaluators may evaluate the expression to different values, which is also subject to each individual's beliefs.

We want to express different agents as being capable of evaluating such an expression but to different values. We propose a more complex form of the capable evaluators list proposed in (Wilks, 1986). A typical expression in the augmented representation is shown in (figure 14).

$$(CURE-FOR\ Tuberculosis)\ \ BE\ \ (\lambda(x)\ (CURE-FOR-TB\ x))$$

$$\begin{bmatrix} < \{MDs,\ John\},\ v_0 >, \\[1ex] < \{Dan,\ Tibetan\text{-}Priest\},\ v_1 >, \\[1ex] \cdot \\ < \{Sally,\ Paul\},\ v_n >, \end{bmatrix}$$

Figure 14. Augmented Lambda Expression for the Cure for Tuberculosis

Figure 14 contains n sets of capable evaluators and the values to which they evaluate the expression. The basic set of capable evaluators has been replaced by a set of pairs, consisting of a set of capable evaluators and the value that they return. A typical entry, for example, $<\{Sally,\ Paul\},\ v_n>$, is called a Capable_Evaluators-Value pair (abbreviated to CEV pair). It is stipulated that each value v_i must be of the same structure and that the λ-expression returns this structure.

The set of CEV pairs is a set of meta-beliefs about the belief represented by the λ-expression. The CEV pairs in example 5 represent the meta-beliefs that the system believes the agents in those CEVs to be aware of there being a cure for tuberculosis, that they know a cure for tuberculosis, and that the system knows what they each believe is the cure for tuberculosis. Only one of the values $v_0, \ldots, v_n$ is believed by the system to be the correct value. The other values are considered incorrect. This covers the section "*A knows what B believes is the value of P*" in figure 13.

The set of CEV pairs is also a function table representation of the λ-expression. We refer to the λ-expression and its function table as a λ-formula.

More formally, a λ-formula is a tuple $\Lambda = (\lambda,\ \Gamma)$, where λ is a λ-expression and Γ is a function table. A function table Γ is defined to be a set of tuples of the form $\Xi = (\Delta,\ \upsilon)$, where Δ is a set of agents, known as capable evaluators, and υ is a value returned by the λ-expression.

---

[6] It may appear that talking about the value of a proposition is only valid for knowledge of values, such as phone number, etc., but not for propositions of the form "*John is here*"; however, these propositions may be treated in one of two ways: (a) they may often be rewritten to reflect a value (e.g., location of John is x), or (b) the truth or falsity of the proposition may be treated as its value. Coupling the latter case with *unknown* values (see section 4.5) provides us with the power of a Kleene three-valued logic, or a modal logic with a "*not-know-whether*" operator.

4.5. Unknown values

In the original representation, values which are unknown to an agent are represented by the agent not being a capable evaluator. In other words, awareness of the value of a λ-expression is represented by being able to evaluate the λ-expression. In figure 13 this would be equivalent to replacing the section below *"aware of the value of P"* by *"the correct value."* The original representation does not handle problems of awareness of P with sufficient power.

Being capable of evaluating the expression is still the criterion for knowing what the expression represents. Now, however, by the introduction of what we call *Uncertain Values* and *Uncertain_but_Incorrect Values*, we are able to express more with the representation.

An uncertain value is a value (of a CEV pair) which is unknown to an agent, i.e., the agent is aware that the value exists but not what the value is. This uncertain value may or may not be equal to a known value or some other uncertain value. Thus, the agent can represent the value that another agent believes is the value of a λ-expression without knowing what the value is.

Uncertain_but_incorrect values are known by the agent to be different from the value that the agent believes to be correct. In other words the value, while unknown to the agent, is believed by the agent to be wrong (the meta-beliefs that A believes that what B believes is the value of P is wrong, even though A does not know what B believes is the value of P).

An example is in order here. We annotate our representation by using ψ to represent an uncertain value and $\bar{\psi}$ to represent an uncertain_but_incorrect value (figure 15).

$(PHONE-NO-OF\ Mary)\ Be\ (\lambda(x)\ (PHONE-NO-OF\ x)\ Mary)$

$$
\begin{bmatrix}
< \{Mary,\ System\}, v_0 >, \\
< \{Dan\}, v_1 >, \\
< \{Sally,\ Paul\}, \psi_0 >, \\
< \{Fred,\ John\}, \bar{\psi}_0 >
\end{bmatrix}
$$

Figure 15. Mary's Phone Number Example with Uncertain Values

How do we interpret this structure? If this is a belief of the system then it may be interpreted as follows: The system believes that Mary and itself know the correct value[7] for Mary's phone number, namely v_0. Dan is believed to know Mary's phone number to be v_1, i.e., he knows the incorrect value, a value known to the system, but does not know that value to be incorrect. Sally and Paul both know the same phone number for Mary which may or may not be correct as the system does not know what they believe Mary's phone number to be. Finally Fred and John know Mary's phone number to be a value that the system does not know, however the system believes Fred and John to have the wrong phone number.

One problem of λ-formulas is that given some λ-expression in a nesting such that the agent at the bottom of the nesting can evaluate it, but an agent higher up in the nesting is unaware of the value of the expression, how then can the evaluation of the expression within the nesting be prevented?

For example, the λ-expression $(\lambda(x).P(x))\ [< \{Dan,System\},\ v_0 >]$, represents some function on x which Dan and the system are capable of evaluating, and resides in an environment for what the system believes Sally believes Dan believes. Sally is not a capable evaluator of the expression and so the expression should not be evaluable, even though it lies within an environment which has Dan as the innermost agent.

Should evaluation be prevented? It seems obvious that evaluation to a *specific value* should indeed be prevented. The representation allows for unknown values by means of uncertain values. What do the uncertain values represent? They are intended to allow the system to represent values that it doesn't know, but whose existence it is aware of. Thus the system is able to reason about these values without knowing what they are. In this case we wish to represent Sally being unaware of the value of P. A value called an *Unknown* value is used to represent this.

Unknown values are values which are unknown with respect to the environment in which they appear. Hence, if $(\lambda(x).P(x))\ [< \{Dan,System\},\ \mu >]$ lies within an environment which represents what the system believes Sally believes Dan believes, the expression evaluates to an unknown value (represented by μ).

We have demonstrated representations of all cases where agent B (figure 13) is believed to be aware of P. Next, we consider the case where B is unaware of P.

4.6. Awareness, and explicit & implicit mention of agents

A question is *"how to represent an agent being aware of the proposition represented by a λ-formula?"* Our solution is this: An agent is said to be aware of the proposition represented by a λ-formula if and only if that agent is either explicitly or implicitly mentioned in the set of all Δs for the λ-formula, otherwise the agent is said to be unaware of the proposition.

---

[7] Whichever set, if any, that the system lies within defines the *"correct"* value from the system's point of view.

In section 4.1 we say that a λ-formula consists of a λ-expression and a function table, and that the function table is a set of tuples $\Xi = (\,\Delta,\,\upsilon\,)$. The union of all such Δs for a given λ-formula, $(\overline{\Delta} = \bigcup_{\text{all } \Delta s \text{ in } \lambda} \Delta\,)$, is the set of all capable evaluators for the given λ-formula. An agent is explicitly mentioned if the agent is a member of $\overline{\Delta}$ and is implicitly mentioned if the agent is a member of a class of agents[8] that is explicitly mentioned in $\overline{\Delta}$. This may be seen in example 5 where MDs are capable evaluators. Hence, any agent who is an MD is capable of evaluating example 5. MDs are explicitly mentioned in this example, someone who is an MD is implicitly mentioned.

An agent who is neither explicitly nor implicitly mentioned is deemed to be unaware of the proposition that the formula represents. In the case where an agent is implicitly mentioned in more than one class of agent, the most specific class is chosen to determine that agent's view.

It may appear that this representation requires the enumeration of countless number of agents. This is avoided by the use of classes of agents. If the majority of agents believe a particular λ-formula to return the value v_i, then this may be represented by having a Ξ with "average_man" as a member of its Δ, and with its υ equal to v_i. This is the least specific class of agents possible.

4.7. Function transformations

The use of λ-formulas poses a question, what affect does ascribing a λ-formula to an agent have upon the λ-formula?

Ascribing a λ-formula often requires altering the formula. For example, ascribing a formula to an agent, who does not know the value it returns for any agent, will require changing the formula to reflect this situation.

Ascribing a λ-formula to an agent thus involves changing the function table for the formula. This is equivalent to saying that ascribing a λ-formula to an agent involves changing the function that the formula represents.

A function table Γ is a set of tuples $\Xi = (\,\Delta,\,\upsilon\,)$. The transformation function will typically involve merging some of these Ξs and introducing new ones. We are currently investigating the role that the semantics of the λ-expression plays in determining the transformation. That the semantics of the λ-expression *does* play a role may readily be seen by considering two examples. Consider two expressions, one of which pertains to Mary's phone number, and the other to a facet of Mary's health. The heuristic assumptions that the function makes is different in these two cases by virtue of the nature of the information that they contain. We can assume that Mary knows her own phone number but not that she accurately knows the state of her health. Function Transformations on λ–formulas are discussed in more detail in Ballim(1987) and Ballim & Wilks (forthcoming).

4.8. λ-expressions and meta-beliefs

We can see how λ-formulas solve the problems which were discussed in section 4. Section 4.1 describes beliefs which block the ascription of other beliefs. The role of this class of beliefs is totally subsumed by λ-formulas as this class describes lack of awareness of some proposition; lack of awareness is realised within λ-formulas by an agent being neither an explicit nor implicit agent of the formula's capable evaluators set ($\overline{\Delta}$). Atypical beliefs are characterised by their associated meta-beliefs. λ-formulas are very effective at representing meta-beliefs of atypical beliefs.

While it may appear at first glance that the introduction of λ-formulas has created more problems than it has solved, this is not true. The problem of representing atypical and expert belief is a major problem in comparison to the problems presented by λ-formulas. Furthermore, the problems presented by λ-formulas have provided important insights into belief systems and the nature of meta-beliefs about atypical beliefs.

5. A description of *ViewGen* and a medical example

ViewGen is a program which generates nested points of view. The program has a set of beliefs which are considered held by an agent known as the system. These beliefs are partitioned into topics (held in labelled PTs). An example call to the program is shown in (figure 16).

---

[8] Meaning Postulates are used to determine if an agent is a member of a particular class of agents.

399

```
| ?- viewgen([system],[thalassemia],_).

Viewpoint of [system]
 is
 [
   thalassemia  is_type_of  lambda(type_of(thalassemia),genetic_disorder)
 ]


 yes
| ?-
```

Figure 16. The System's View about Thalassemia[9]

The point of view represented in (figure 16) is the system's view about thalassemia. This view consists of one belief, namely that it is a genetic disorder.

ViewGen operates by forming a contextual focus from the PTs of the terms in the list that forms the second argument to the program. The first argument is a list of agents. This list represents the nesting that is required. The third argument is a variable which is instantiated to the structure that the program returns.

In the following example assume that the system is a medical expert conducting a dialogue with a married couple who are seeking advice about thalassemia. The system has a lambda formula for the intensional description *"type_of(thalassemia)"* shown in (figure 17).

```
            lambda(type_of(thalassemia), D,
                        [
                        [ [system, medically_informed_person],
                                        genetic_disorder ],
                        [ [avg_man], disease ]
                        ])
```

Figure 17. Lambda Formula for the type of thing that Thalassemia is

With the information that thalassemia is a type of genetic disorder the system is able to generate what it believes about them both. This point of view is shown in (figure 18).

```
| ?- viewgen([system],[thalassemia,genetic_disorder],_).

Viewpoint of [system] about [thalassemia,genetic_disorder]
 is
 [
  ( ( D is_type_of genetic_disorder and
     ( A1 suffers_from D and
       ( A2 suffers_from D and
         ( A1 married_to A2 and A3 child_of  [A1,A2] ))))
    implies A3 suffers_from D )
    thalassemia is_type_of lambda(type_of(thalassemia),genetic_disorder)
 ]

 yes
| ?-
```

Figure 18. The System's view of Thalassemia and Genetic_disorder(s)

The point of view in (figure 18) contains the belief that thalassemia is a genetic disorder. In addition it contains a complex belief the child of two people, who both have a genetic disorder, will suffer from the same genetic disorder from them[10].

---

[9] In the examples that we use beliefs are simply propositions which reside within a point of view. This propositions are skolemised so that existentially quantified variables are replaced by skolem constants and all other variables are universally quantified within a viewpoint. Variables are terms which begin with a capital letter.

[10] This is an extremely simplistic belief, but suffices for the purpose of this example. A real medical expert using *ViewGen* would contain far more complex beliefs than this.

Suppose that the couple in question are called Paul and Sally, and that the system has the beliefs about them shown in (figure 19).

```
| ?- viewgen([system],[sally,paul],_).

Viewpoint of [system] about [sally,paul]
 is
[
  sally is_type_of medically_informed_person
  sally married_to paul
  paul suffers_from thalassemia
  sally suffers_from thalassemia
]

yes
| ?-
```

Figure 19. The System's view of Sally and Paul

The important beliefs here are that the system believes that Sally is a medically informed person, and that they both suffer from thalassemia. We presume that we have reasoning mechanisms which allow us to reason with the viewpoints in figures 18 and 19 to hypothesise that any offspring of the pair will also suffer from thalassemia (something which they need to be warned about). If we presume that the system follows Gricean Maxims then we need to generate what the system believes each of them believes about thalassemia. These points of view are shown in figures 20 and 21.

```
| ?- viewgen([system,sally],[thalassemia],_).

Viewpoint of [system,sally] about [thalassemia]
 is
[
  thalassemia is_type_of lambda(type_of(thalassemia),genetic_disorder)
]

yes
| ?-
```

Figure 20. The System's View of Sally's View of Thalassemia

```
| ?- viewgen([system,paul],[thalassemia],_).

Viewpoint of [system,paul] about [thalassemia]
 is
[
  thalassemia is_type_of lambda(type_of(thalassemia),disease)
]

yes
| ?-
```

Figure 21. The System's View of Paul's View of Thalassemia

In (figure 20) the belief that thalassemia is a type of genetic disorder has been ascribed to Sally. This is because the system believes that Sally is a medically informed person, and the system believes that medically informed people know that thalassemia is a genetic disorder (see figure 17). Paul, however, is not believed to be a medically informed person. He is simply an average man[11]. The average man view of thalassemia is that it is a disease. This is just the view that the system believes Paul has about thalassemia (figure 21).

To further complicate matters, in a dialogue between three agents it can be necessary for one agent to model what the second believes the third believes, or what the third believes the second believes about the topic. So we generate what the system believes Sally believes Paul believes about thalassemia, and what the system believes Paul believes Sally believes about thalassemia. These points of view are shown in figures 22 and 23, respectively.

---

[11] *ViewGen* has a lattice of classes and a set of meaning postulates which allow Paul to be seen as an average man.

```
| ?- viewgen([system,sally,paul],[thalassemia],_).

Viewpoint of [system,sally,paul] about [thalassemia]
 is
[
  thalassemia is_type_of lambda(type_of(thalassemia),disease)
]

yes
| ?-
```

Figure 22. The System's View of Sally's View of Paul's View of Thalassemia

```
| ?- viewgen([system,paul,sally],[thalassemia],_).

Viewpoint of [system,paul,sally] about [thalassemia]
 is
[
  thalassemia is_type_of lambda(type_of(thalassemia),[u,1])
]

yes
| ?-
```

Figure 23. The System's View of Paul's View of Sally's View of Thalassemia

In (figure 22) using the beliefs about Sally and Paul the system generates that Sally believes that Paul believes that thalassemia is a disease. In (figure 23), however, the system has generated that Paul believes that Sally believes thalassemia is some kind of complex thing that he doesn't know about, represented by "[u,1]" which is an uncertain value. In other words, according to the default rule Paul believes that Sally is a medically informed person (since there is no evidence to contradict this) and hence Paul believes that Sally has a more complex belief about thalassemia than he does.

This example demonstrates the importance of nested beliefs in reasoning and dialogue, and to show the utility of our program in a system to perform reasoning about other agents, or to explicate dialogue.

6. Conclusions

As we can see, much work in AI on belief systems has, thus far, concentrated on issues such as representation of beliefs. The work presented here is concerned with the issue of establishing principles for an individual (person or computer) ascribing beliefs to another.

This work claims only to be a first implementation of a "belief engine" (Maida, 1986a) that contains plausible heuristics or the default ascription of concrete, contentful beliefs. Such a process will be needed by any project that proposes (e.g. Pollack, 1986) to model the interaction of agents planning on the basis of differing beliefs and plans. We believe no other system has yet tackled this problem in a practical way. Many extensions will be required to the current work, particularly in the treatment of the identification of intensionally distinct but extensionally identical individuals and classes.

References

Allen, J.F. (1983) Recognising Intentions from Natural Language Utterances. In *Computational Models of Discourse*, M. Brady & R.C. Berwick (eds.), Cambridge: MIT Press, 107-166.

Attardi, G. and Simi, M. (1984) Metalanguage and Reasoning Across Viewpoints. *Proc. of ECAI-84*, 315-324.

Ballim, A. (1986) Generating Points of View. *Memoranda in Computer and Cognitive Science*, MCCS-86-68, Computing Research Laboratory, New Mexico State University, Las Cruces, NM 88003, USA.

__________ (1987) The Subjective Ascription of Belief to Agents. In *Advances in Artificial Intelligence*, J. Hallam & C. Mellish (eds.), John Wiley & Sons: Chichester, England, pp. 267-278.

__________ & Wilks, Y. (forthcoming) *Artificial Believers* .

Barnden, J. (1983) Intensions as such: an Outline. In *Proceedings of the 8th International Joint Conference on Artificial Intelligence*, Karslruhe, 280-286.

__________ (1986) A Viewpoint Distinction in the Representation of Propositional Attitudes. In *Proceedings of AAAI86*, Philadelphia, 411-415.

Barwise, J., & Perry, J (1983) *Situations and Attitudes*. Cambridge: Bradford Books.

Carnap, R. (1956) *Meaning and Necessity*. Chicago: The University of Chicago Press.

Charniak, E. (1978) On the Use of Knowledge in Language Comprehension. *Artificial Intelligence*, Vol. 11, 225-265.

Church, A. (1951) A Formulation of the Logic of Sense and Denotation. In *Essays in Honour of Henry Sheffer*, P. Henle (ed.), 3-24. New York.

Cohen, P. & Levesque, H. (1980) Speech Acts and Recognition of Shared Plans. In *Proceedings of the third Biennial Conference, Canadian Society for Computational Studies in Intelligence*, 263-271.

__________ & __________ (1985) Speech Acts and Rationality. In *Proceedings of the 23rd Annual Meeting of the Association for Computational Linguistics*, 49-60.

Craddock, A.J., & Browse, R.A. (1986) Belief Maintenance with Uncertainty. In *Proceedings of the Eight Annual Meeting of the Cognitive Science Society*, 607-612.

Creary, L. (1979) Propositional Attitudes: Fregean Representation and Simulative Reasoning. In *Proceedings of IJCAI-79*, Tokyo.

de Kleer, J. & Harris, G. (1979) Truth Maintenance Systems in Problem Solving. Draft, Xerox PARC.

Doyle, J. (1979) A Truth Maintenance System. *Artificial Intelligence* 12, 231-272.

__________ (1980) A Model for Deliberation, Action and Introspection. Ph.D. Dissertation, Artificial Intelligence Laboratory, Massachusetts Institute of Technology.

__________ (1983) A Society of Mind. In *Proceedings of the 8th International Joint Conference on Artificial Intelligence*, 309-314, Karlsruhe.

Fagin, R. and Halpern, J.Y. (1985) Belief, Awareness and Limited Reasoning. In *Proceedings of the 9th International Joint Conference on Artificial Intelligence*, 491-501, Los Angeles.

Fauconnier, G. (1985) *Mental Spaces: Aspects of Meaning Construction in Natural Language*, Cambridge: The MIT Press.

Haas, A. (1986) A Syntactic Theory of Belief and Action. *Artificial Intelligence* 28, 245-292.

Halpern, J.Y. and Moses, Y. (1985) A Guide to the Modal Logics of Knowledge and Belief. In *Proceedings of the 9th International Joint Conference on Artificial Intelligence*, 480-490, Los Angeles.

Hintikka, J. (1962) *Knowledge and Belief*. Ithaca: Cornell University Press.

Kobsa, A. (1985) Using Situational Descriptions and Russellian Attitudes for Representing Beliefs and Wants. In *Proceedings of the 9th International Joint Conference on Artificial Intelligence*, 513-515, Los Angeles.

Konolige, K. (1982) Circumscriptive ignorance. In *Proceedings of AAAI82*, 202-204.

__________ (1983) A Deductive Model of Belief. In *Proceedings of IJCAI-83*, Karlsruhe, 377-381.

__________ (1984a) Belief and Incompleteness. SRI Report No. 319.

__________ (1984b) A Deduction Model of Belief and its Logics. Ph.D. Dissertation, Department of Computer Science, Stanford University, Stanford.

__________ (1985) A Computational Theory of Belief Introspection. In *Proceedings of IJCAI-85*, Los Angeles, 502-508.

Levesque, H. (1984) A Logic of Implicit and Explicit Belief. In *Proceedings of AAAI84*, 198-202, Austin.

Maida, A. S. (1983) Knowing Intensional Individuals. In *Proceedings of IJCAI-83*, Karlsruhe, 179-183.

__________ (1986a) Introspection and reasoning about the Beliefs of other Agents. In *Proceedings of Cognitive Science Society*, 187-195.

__________ (1986b) A Society of Cognitive Scientists: An Overview of the Belief Space Engine. Unpublished technical report.

Martins, J. & Shapiro, S. (1983) Reasoning in multiple belief spaces. In *Proceedings of IJCAI-83*, Karlsruhe.

McCarthy, J. (1979) First Order Theories of Individual Concepts and Propositions. In *Machine Intelligence*, 9, B. Meltzer & D. Ritchie (eds.). Edinburgh, Scotland: Edinburgh University Press, 120-147.

Minsky, M. (1975) A Framework for Representing Knowledge. In *The Psychology of Computer Vision*, Winston, P.H. (ed.). McGraw-Hill, New York.

Moore, R.C (1977) Reasoning about Knowledge and Action. In *Proceedings of the 5th International Joint Conference on Artificial Intelligence*, 223-227, Cambridge.

__________ (1980) Reasoning About Knowledge and Action. Artificial Intelligence Center Technical Note 191, SRI International.

__________ & Hendrix, G. (1979) Computational Models of Belief and the Semantics of Belief Sentences. SRI Technical Note No. 187.

Perrault, R. & Allen, J. (1980) A plan-based analysis of indirect speech acts. In *Amer. Jnl. of Computational Linguistics*, 6, 167-182.

Perry, J. (1977) Frege on Demonstratives. In *The Philosophical Review*, Vol. 86, No. 4.

__________ (1979) The Problem of the Essential Indexical. In *Nous 13*, Indiana University.

Pollack, M.E. (1986) A Model of Plan Inference that Distinguishes Between the beliefs of Actors and Observers. In *Proceedings of the Association for Computational Linguistics*, 207-214.

Quine, W.V.O. (1943) Notes on existence and necessity. In *Journal of Philosophy*, 40, 113-127.

__________ (1947) The Problem of Interpreting Modal Logic. In *Journal of Symbolic Logic*, vol. 12.

Rapaport, W.J. (1986) Logical Foundations for Belief Representation. *Cognitive Science*, 10, 371-422.

Searle, J.R. (1969) *Speech Acts, an Essay in the Philosophy of Language*. New York: Cambridge University Press.

Shadbolt, N. (1983) Processing Reference. In *Jnl. of Semantics*, 2, no. 1, 63-98.

Shapiro, S.C. and Rapaport, W.J. (1986) SNePS Considered as a Fully Intensional Propositional Semantic Network. In *Proceedings of AAAI86*, 278-283, Philadelphia.

Taylor, G.B. and Whitehill, S.B. (1981) A Belief Representation for Understanding Deception. In *Proceedings of the 7th International Joint Conference on Artificial Intelligence*, 388-393, Vancouver.

Weyhrauch, R. (1980) Prolegomena to a Theory of Formal Reasoning. *Artificial Intelligence* 13, 133-170.

Wilks, Y. (1977) Making Preferences More Active. *Artificial Intelligence*, 8, 75-97.

__________ (1986) *CRL Work on Beliefs and Computation*. Paper presented at the Workshop on the Foundations of Artificial Intelligence, University of Naples, Naples, Italy.

__________ & Ballim, A. (1987) Multiple Agents and the Heuristic Ascription of Belief. In *Proceedings of the 10th International Joint Conference on Artificial Intelligence*, 118-124, Milano, Italy.

__________ & Bien, J. (1979) Speech Acts and Multiple Environments. In *Proceedings of IJCAI-79*, Tokyo, 968-970.

__________ & Bien, J. (1983) Beliefs, Points of View and Multiple Environments. In *Cognitive Science 8*, 120-146.

Band 158: G. Cyranek, A. Kachru, H. Kaiser (Hrsg.), Informatik und „Dritte Welt". X, 302 Seiten. 1988.

Band 159: Th. Christaller, H.-W. Hein, M. M. Richter (Hrsg.), Künstliche Intelligenz. Frühjahrsschulen, Dassel, 1985 und 1986. VII, 342 Seiten. 1988.

Band 160: H. Mäncher, Fehlertolerante dezentrale Prozeßautomatisierung. XVI, 243 Seiten. 1987.

Band 161: P. Peinl, Synchronisation in zentralisierten Datenbanksystemen. XII, 227 Seiten. 1987.

Band 162: H. Stoyan (Hrsg.), Begründungsverwaltung. Proceedings, 1986. VII, 153 Seiten. 1988.

Band 163: H. Müller, Realistische Computergraphik. VII, 146 Seiten. 1988.

Band 164: M. Eulenstein, Generierung portabler Compiler. X, 235 Seiten. 1988.

Band 165: H.-U. Heiß, Überlast in Rechensystemen. IX, 176 Seiten. 1988.

Band 166: K. Hörmann, Kollisionsfreie Bahnen für Industrieroboter. XII, 157 Seiten. 1988.

Band 167: R. Lauber (Hrsg.), Prozeßrechensysteme '88. Stuttgart, März 1988. Proceedings. XIV, 799 Seiten. 1988.

Band 168: U. Kastens, F. J. Rammig (Hrsg.), Architektur und Betrieb von Rechensystemen. 10. GI/ITG-Fachtagung, Paderborn, März 1988. Proceedings. IX, 405 Seiten. 1988.

Band 169: G. Heyer, J. Krems, G. Görz (Hrsg.), Wissensarten und ihre Darstellung. VIII, 292 Seiten. 1988.

Band 170: A. Jaeschke, B. Page (Hrsg.), Informatikanwendungen im Umweltbereich. 2. Symposium, Karlsruhe, 1987. Proceedings. X, 201 Seiten. 1988.

Band 171: H. Lutterbach (Hrsg.), Non-Standard Datenbanken für Anwendungen der Graphischen Datenverarbeitung. GI-Fachgespräch, Dortmund, März 1988, Proceedings. VII, 183 Seiten. 1988.

Band 172: G. Rahmstorf (Hrsg.), Wissensrepräsentation in Expertensystemen. Workshop, Herrenberg, März 1987. Proceedings. VII, 189 Seiten. 1988.

Band 173: M. H. Schulz, Testmustergenerierung und Fehlersimulation in digitalen Schaltungen mit hoher Komplexität. IX, 165 Seiten. 1988.

Band 174: A. Endrös, Rechtsprechung und Computer in den neunziger Jahren. XIX, 129 Seiten. 1988.

Band 175: J. Hülsemann, Funktioneller Test der Auflösung von Zugriffskonflikten in Mehrrechnersystemen. X, 179 Seiten. 1988.

Band 176: H. Trost (Hrsg.), 4. Österreichische Artificial-Intelligence-Tagung. Wien, August 1988. Proceedings. VIII, 207 Seiten. 1988.

Band 177: L. Voelkel, J. Pliquett, Signaturanalyse. 224 Seiten. 1988.

Band 178: H. Göttler, Graphgrammatiken in der Softwaretechnik. VIII, 244 Seiten. 1988.

Band 179: W. Ameling (Hrsg.), Simulationstechnik. 5. Symposium. Aachen, September 1988. Proceedings. XIV, 538 Seiten. 1988.

Band 180: H. Bunke, O. Kübler, P. Stucki (Hrsg.), Mustererkennung 1988. 10. DAGM-Symposium, Zürich, September 1988. Proceedings. XV, 361 Seiten. 1988.

Band 181: W. Hoeppner (Hrsg.), Künstliche Intelligenz. GWAI-88, 12. Jahrestagung. Eringerfeld, September 1988. Proceedings. XII, 333 Seiten. 1988.

Band 182: W. Barth (Hrsg.), Visualisierungstechniken und Algorithmen. Fachgespräch, Wien, September 1988. Proceedings. VIII, 247 Seiten. 1988.

Band 183: A. Clauer, W. Purgathofer (Hrsg.), AUSTROGRAPHICS '88. Fachtagung, Wien, September 1988. Proceedings. VIII, 267 Seiten. 1988.

Band 184: B. Gollan, W. Paul, A. Schmitt (Hrsg.), Innovative Informations-Infrastrukturen. I.I.I. – Forum, Saarbrücken, Oktober 1988. Proceedings. VIII, 291 Seiten. 1988.

Band 185: B. Mitschang, Ein Molekül-Atom-Datenmodell für Non-Standard-Anwendungen. XI, 230 Seiten. 1988.

Band 186: E. Rahm, Synchronisation in Mehrrechner-Datenbanksystemen. IX, 272 Seiten. 1988.

Band 187: R. Valk (Hrsg.), GI – 18. Jahrestagung I. Vernetzte und komplexe Informatik-Systeme. Hamburg, Oktober 1988. Proceedings. XVI, 776 Seiten.

Band 188: R. Valk (Hrsg.), GI – 18. Jahrestagung II. Vernetzte und komplexe Informatik-Systeme. Hamburg, Oktober 1988. Proceedings. XVI, 704 Seiten.

Band 189: B. Wolfinger (Hrsg.), Vernetzte und komplexe Informatik-Systeme. Industrieprogramm zur 18. Jahrestagung der GI, Hamburg, Oktober 1988. Proceedings. X, 229 Seiten. 1988.

Band 190: D. Maurer, Relevanzanalyse. VIII, 239 Seiten. 1988.

Band 191: P. Levi, Planen für autonome Montageroboter. XIII, 259 Seiten. 1988.

Band 192: K. Kansy, P. Wißkirchen (Hrsg.), Graphik im Bürobereich. Proceedings, 1988. VIII, 187 Seiten. 1988.

Band 193: W. Gotthard, Datenbanksysteme für Software-Produktionsumgebungen. X, 193 Seiten. 1988.

Band 194: C. Lewerentz, Interaktives Entwerfen großer Programmsysteme. VII, 179 Seiten. 1988.

Band 195: I. S. Bátori, U. Hahn, M. Pinkal, W. Wahlster (Hrsg.), Computerlinguistik und ihre theoretischen Grundlagen. Proceedings. IX, 218 Seiten. 1988.

Band 197: M. Leszak, H. Eggert, Petri-Netz-Methoden und -Werkzeuge. XII, 254 Seiten. 1989.

Band 198: U. Reimer, FRM: Ein Frame-Repräsentationsmodell und seine formale Semantik. VIII, 161 Seiten. 1988.

Band 199: C. Beckstein, Zur Logik der Logik-Programmierung. IX, 246 Seiten. 1988.

Band 200: A. Reinefeld, Spielbaum-Suchverfahren. IX, 191 Seiten. 1989.

Band 201: A. M. Kotz, Triggermechanismen in Datenbanksystemen. VIII, 187 Seiten. 1989.

Band 202: Th. Christaller (Hrsg.), Künstliche Intelligenz. 5. Frühjahrsschule, KIFS-87, Günne, März/April 1987. Proceedings. VII, 403 Seiten. 1989.

Band 203: K. v. Luck (Hrsg.), Künstliche Intelligenz. 7. Frühjahrsschule, KIFS-89, Günne, März 1989. Proceedings. VII, 302 Seiten. 1989.

Band 204: T. Härder (Hrsg.), Datenbanksysteme in Büro, Technik und Wissenschaft. GI/SI-Fachtagung, Zürich, März 1989. Proceedings. XII, 427 Seiten. 1989.

Band 205: P. J. Kühn (Hrsg.), Kommunikation in verteilten Systemen. ITG/GI-Fachtagung, Stuttgart, Februar 1989. Proceedings. XII, 907 Seiten. 1989.

Band 206: P. Horster, H. Isselhorst, Approximative Public-Key-Kryptosysteme. VII, 174 Seiten. 1989.